蒙古侵入에 대한 崔氏政權의 外交的 對應

姜在光

1973년   전북 김제시 출생
1996년   전북대 사학과 졸업
2002년   서강대 사학과 석사학위
2007년   서강대 사학과 박사학위(문학박사)
2008년~ 경기대 사학과 강사
2009년~ 한국고대사탐구학회 총무간사
2010년~ 한국학중앙연구원 백과사전편찬연구실 전임연구원

주요 논저

「崔氏家 家奴출신 政治人의 役割과 戊午政變의 性格」(『韓國史硏究』 127, 2004)
「對蒙戰爭期 崔氏政權의 海島入保策과 戰略海島」(『軍史』 66, 2008)
「蒙古의 제1차 침공과 被陷 北界 14大城의 抗戰」(『韓國史硏究』 146, 2009)
「對蒙戰爭期 崔氏政權의 山城入保策과 地方統治」(『전쟁과 유물』 창간호, 2009)
「金俊政權의 條件附 對蒙講和 체결과 그 歷史的 性格」(『한국중세사연구』 30, 2011)
  외 다수

蒙古侵入에 대한 崔氏政權의 外交的 對應   값 40,000원

2011년 10월 1일 초판 인쇄
2011년 10월 10일 초판 발행

저   자 : 姜在光
발 행 인 : 한 정 희
편   집 : 김 송 이
발 행 처 : 경인문화사
         서울특별시 마포구 마포동 324 · 3
         전화 : 718 · 4831~2, 팩스 : 703 · 9711
         이메일 : kyunginp@chol.com
         홈페이지 : 한국학서적.kr / www.kyunginp.co.kr
등록번호 : 제10 · 18호(1973. 11. 8)

ISBN : 978-89-499-0812-0 93910
ⓒ 2011, Kyung-in Publishing Co, Printed in Korea

蒙古侵入에 대한

崔氏政權의 外交的 對應

姜在光

景仁文化社

발간사

　세계 유일의 분단국가에서 살고 있는 한국인은 "인류의 역사는 전쟁의 역사"라는 명제에 너무도 익숙하다. 아울러 戰爭論者 클라우제비쯔가 "전쟁은 정치·외교의 군사적 연장으로서 물리적 폭력을 동반한 투쟁"이라고 주장한 의미를 잘 이해하고 있다. 그만큼 정치·외교와 전쟁은 서로 불가분의 관계에 놓여 있다는 점을 동서고금을 막론하고 불변의 진리로서 강조한 말이다. 韓國史에서 가장 오랜 기간에 걸쳐 전국적인 규모로 대다수의 백성이 직·간접으로 참여한 전쟁을 꼽으라면 단연 麗·蒙戰爭을 거론할 수 있다. 여·몽전쟁 29년은 한국사에서 유례를 찾을 수 없을 정도로 장기간 고단하게 지속되었다. 전쟁기간 동안 初彫大藏經과 皇龍寺·皇龍寺九層木塔 등 우리나라의 소중한 國寶가 소실되었으며 전쟁포로 수십만이 몽고군에게 붙잡혀가는 등 그 피해 또한 막심했다. 몽고침입과 蒙古六事 이행 요구에 직면하여 崔氏政權은 정규전을 포기한 채 강화도로 遷都하여 山城入保策과 海島入保策을 유효한 對蒙戰略으로 삼아 소극적으로 전쟁을 지휘하였다. 그러나 대몽항전을 수행한 진정한 주체는 別抄軍과 農民·賤民·草賊이었다. 이들이 중심이 되어 30년 가까이 세계제국 몽고에 줄기차게 항쟁하였던 점은 인접한 동아시아 세계에서 결코 볼 수 없었던 독특한 장면이자 그 자체로 엄숙한 悲壯美를 자아내게 한다.

　고려 하층민의 여러 중요한 전투에서의 눈부신 승리와 자발적인 대몽항전을 적극적으로 인정하더라도 최씨정권의 대몽전쟁 수행 방식은 점점 더 강성해지던 몽고제국을 자극했을 뿐더러 그들을 궁극적으로 물리칠 수 없는 군사적 약점과 한계를 드러냈다. 오히려 대몽전쟁 후반부로 갈수록 對蒙和議論者(講和派)들의 외교적 노력과 조건부 협상으로 대몽전쟁을 종식시켰다는 사실이 주의를 끈다. 그러므로 과거 民族主義史觀과 內在的 發展論에 입각하여 대몽화의론자들을 附蒙輩·親元派로 매도하는 해석은 지양해야 할 줄로 안다. 몽고와 강화를 체결하기 위한 노력은 고려의 존망을 걸고 범국가적 차원에서 다양한 방식으로 이뤄졌으며 王室宗親이나 고위 文·武官 할 것 없이 중요한 인물들이 목숨을 걸고 동원되거나 자원했다는 점을 분명히 지적해두고 싶다. 하층민을 주체로 한 대몽전쟁이 지극히 치열했던 만큼이나 1259년 대몽강화로 나아가는 길도 무척 험난하고 순탄치 않았으며 지배층의 양보와 출혈을 통해 극적으로 타결되었다는 점을 통찰할 필요가 있는 것이다.

이러한 기본적인 대전제를 기저에 깔고서 저자는 민족주의사학의 허울 안에 갇혀 있던 대몽전쟁을 다시 바라보게 되었으며 특히 최씨정권의 몽고육사에 대한 대응 논리, 대몽화의론의 정권별 추이, 대몽화의론자의 층위, 강화파의 구성과 역할 등을 중점적으로 탐구하였다. 그리하여 2007년 여름에 『蒙古侵入에 대한 崔氏政權의 外交的 對應』이란 논제로 서강대 사학과에서 박사학위를 받았다. 지금 살펴봐도 논리구조나 근거제시 면에서 미흡한 점이 있는 학위논문이라고 여긴다. 그렇지만 2006년 가족 친척의 잇따른 암투병 사망으로 인한 충격을 극복하고 불철주야로 완성한 논문이라서 눈물겨운 감동을 느끼는 바도 없지 않다. 일정한 직업이 없이 오로지 학문에 전념했던 그 당시 저자의 궁핍하고 힘들었던 인생역정이 마치 대몽전쟁 극복과정과 엇비슷하다는 자기변호 심리에 빠지는 듯하다. 하지만 여·몽전쟁기의 대몽화의론·강화파 전반을 국내에서 유일하게 박사학위논문으로 다루었고 방대한 분량을 상세하게 분석하여 엮었다는 점에서 위안을 찾는다. 근래 2010년에는 경북 군위군 인각사에서 주최한 '삼국유사 학술제'에서 저자의 박사학위논문이 문화관광체육부 장관상에 선정되는 영예를 누리기도 하였다.

본서는 바로 이와 같은 저자의 박사학위논문에서 잘못된 부분을 수정하고 저자가 그간 발표해온 「崔瑀政權의 對蒙和議論 수용과 崔氏政權의 崩壞」(2010, 『한국중세사연구』28) 등 여러 편의 논문 내용을 편집하여 출판한 것이다. 먼저 제2장에서는 고려가 몽고와 兄弟盟約을 체결할 당시 최우가 화의론을 먼저 제기하여 몽고군을 철수시켰으나 이후 몽고가 제1차 침공하였을 때 엄청난 액수의 공물 납부를 요구하자 그것을 회피하기 위해 최우정권이 강화천도를 단행하여 이후부터 화·전양면론을 균형 있게 유지하려 했다는 점에 초점을 맞춰 논리를 전개하였다. 다음으로 제3장에서는 몽고침입에 대해 최씨정권이 추구한 對蒙事大外交 방식을 크게 犒饋·貢物·書信·表文·人質外交와 高宗의 出陸外交 등 6가지 외교로 나누어서 각각의 내용·특징과 그 시행 효과를 분석하였다. 제4장에서는 대몽전쟁기에 활약한 대몽화의론자들을 소극파와 적극파로 나누어 그들이 대두한 배경, 그들이 주장한 화의론의 내용과 활동모습을 조명하였다. 마지막으로 제5장에서는 최의정권이 대몽강경론보다는 대몽화의론을 보다 중시하여 대몽외교를 전개하는 과정에서 심복 내부집단에서 균열이 발생한 결과 최씨정권이 몰락하였다는 새로운 견해를 도출하였다. 또한 後期武人政權을 태동시킨 金俊政權은 즉각적인 출륙환도를 거부하는 대신 대몽화의론자들의 주장을 대폭 수용하여 정권을 유지했다는 점을 강조하였다.

본서가 출판되기까지는 여러 소중한 분들의 각별한 도움을 받았다. 먼저 저자의 석사과정 때 은사님이셨던 홍승기 교수님의 은혜를 잊기 어렵다. 은사님께서는 이미 10년 전에 저자의 박사학위 주제를 여쭤보시고 친히 논문의 장·절을 검토해주신 다음 교수직을 사임하셨다. 저자는 정신적 충격과 상심의 세월을 보냈으나 박사과정 때 지도교수님이셨던 서강대 사학과 이종욱 교수님의 교시를 받고 다시 힘을 얻었으며 서강대 정두희, 전남대 김당택, 충북대 신호철 교수님의 간접적인 지도에 따라 논문을 수정, 보완하여 박사학위논문으로 겨우 제출할 수 있었다. 은사님과 지도교수님 그리고 전공교수님들의 관심과 배려 그리고 질타가 없었다면 본서는 아예 세상에 나오지도 못했다.

한편 박사학위논문을 단행본으로 출간할 것을 권유하신 경기대 이재범 교수님의 자애를 백골난망 잊기 힘들며, 언제나 인생의 고비 때마다 조언을 마다하지 않으셨던 서강대 조범환 교수님과 한국학중앙연구원의 전경목 교수님께도 감사드린다. 또한 저자가 몸담고 있는 한국학중앙연구원 한국학정보센터의 강병수·김창겸 실장님께도 사례의 말씀을 올린다. 마지막으로 저자의 拙稿를 흔쾌히 받아주신 경인문화사 한정희 사장님과 신학태 부장님 그리고 편집을 정성껏 도맡아 처리해주신 김송이 선생님께 고마움을 표한다. 본서를 힘든 세상을 뒤로 하고 몇 년 전 하늘나라로 먼저 떠나신 저자의 일가 분들과 일반인의 상상을 초월할 정도로 평생 헌신적 삶을 살아오신 부모님께 바친다.

2011년 9월

강 재 광

<목 차>

제5장 對蒙外交의 변화와 崔竩政權

제6장 맺음말

제 1 장

머리말

高麗 後期 蒙古와의 29년 전쟁은 우리나라 역사에서 가장 치열하게 펼쳐진 異民族과의 장기항쟁이었다.[1] 기나긴 對蒙戰爭 기간 동안 崔氏政權은 和·戰 양면[2]에 걸친 抗戰論理를 나름대로 수립하여 전쟁을 지휘하였다. '戰' 측면에서는 府衛軍·州縣軍의 軍制改編을 통해서 三別抄와 州縣別抄軍을 중심으로[3] 장기항전을 이끌었으며 州縣民의 자발적인 항

---

1) 韓國史의 對外戰爭 가운데 가장 장구한 세월에 걸쳐 전국적 규모로 펼쳐진 것은 對蒙戰爭으로서 1231년 8월부터 1259년 4월까지 무려 29년간이나 이어졌다. 戰場이 고려 전국에 걸쳐 있었으며 전쟁을 주도한 계층은 別抄軍과 일반 農民·賤民이었다는 점에서 羅·唐戰爭이나 高·隋戰爭 등과 다른 특색을 보인다. 이러한 대몽전쟁은 전체 對蒙抗爭期[對蒙戰爭期(1231~1259)·條件附 對蒙講和期(1259~1270)·三別抄抗爭期(1270~1273)]의 일부이면서도 그 중핵을 이룬다.

2) 崔氏政權이 구사하였던 和·戰兩面策에서 '和'는 최씨정권 내부의 和議論者에 의한 對蒙和議論(對蒙講和論)을 의미하고, '戰'은 對蒙戰爭 기간 줄곧 일관되게 시행된 山城·海島入保策에 의거한 전쟁 방식을 의미한다.

3) 崔氏政權期 別抄軍의 編制背景과 別抄軍의 任務·役割에 관한 硏究는 다음이 크게 참고된다. 池內宏, 1926, 「高麗の三別抄について」, 『史學雜誌』 37-9 ; 1963, 『滿鮮史硏究』中世篇 3 ; 內藤雋輔, 1934, 「高麗兵制管見」, 『靑丘學叢』 15·16 ; 1961, 『朝鮮史硏究』 ; 金庠基, 1938·1939·1941, 「三別抄와 그의 亂에 就하야 (一)·(二)·(完)」, 『震檀學報』 9·10·13 ; 1948, 『東方文化交流史論攷』, 乙酉文化社 ; 閔丙河, 「崔氏政權의 支配機構」, 1973, 『한국사』 7, 國史編纂委員會 ; 1990, 『高麗武臣政權硏究』, 성균관대학교 출판부 ; 姜晋哲, 1973, 「蒙古의 侵入에 대한 抗爭」, 『한국사』 7, 國史編纂委員會 ; 林奎孫, 1973, 「高麗王朝의 警察制度」, 『東國大學論文集』 11 ; 金潤坤, 1981, 「三別抄의 對蒙抗戰과 地方郡縣民」, 『東洋文化』 20·21 ; 金塘澤, 1983, 「武臣政權時代의 軍制」, 『高麗軍制史』, 陸軍本部 ; 申安湜, 1989, 「高麗中期의 別抄軍」, 『建大史學』 7 ; 金潤坤, 1993, 「별초군의 조직」, 『한국사』 18 – 고려무신정권 –, 국사편찬위원회, 1993 ; 權寧國, 1997, 「武臣執權期의 中央軍制」, 『崇實史學』 10 ; 姜在光, 2007, 「1250~1270

쟁을 독려하였다. '和' 측면에서는 정권 내부의 和議論者(講和論者)를 통해서 犒饋·貢物(歲貢·方物)·書信·表文·人質外交와 국왕의 出陸外交 등 이른바 6대 事大外交를 효과적으로 펼쳐 蒙古軍을 철군시켰다. 또한 몽고가 집요하게 요구해 왔었던 蒙古六事[4] 가운데 歲貢納付·禿魯花派遣을 제외한 나머지 사안들의 이행을 지연시키는 한편 出陸還都 요구만큼은 완강히 거부하면서 山城·海島入保抗戰을 지속시켰다. 이와 같은 최씨정권의 독특한 항전방식은 같은 시기 몽고의 침략을 받았던 동아시아 세계에서는 발견할 수 없는 특이한 것이었다. 和·戰兩面策에 입각하여 효율적으로 몽고침략에 대응하고 驛道·漕運路를 확보하여 地方支配를 유지한 점은 최씨정권이 蒙古軍에 의해 곧바로 붕괴되지 않고 오랫동안 江都(江華京)에서 버틸 수 있었던 一要因이 되었다.

대몽전쟁의 중심에 최씨정권이 위치해 있었고 장기간에 걸친 전쟁기간과 戰場의 광역화, 고려 백성의 자위적 투쟁 등 관심 사안이 몰려 있

年代 神義軍의 對蒙抗戰과 政治活動」,『한국중세사연구』23.

4) 몽고에 臣屬하는 국가가 이행해야 할 6가지 義務事項을 말한다. 六事의 내용은 몽고에 臣屬한 국가에 따라 약간씩 달랐다. 일반적으로, 첫째 君王의 親朝와 支配層子弟를 入質시킬 것, 둘째 戶口調査를 하여 보고할 것, 셋째 蒙古軍의 他地域 遠征시에 助軍할 것, 넷째 賦稅·食糧을 輸納할 것, 다섯째 達魯花赤을 駐在토록 할 것, 여섯째 驛站을 설치할 것 등을 가리킨다(高柄翊, 1977,「高麗와 元과의 關係」,『東洋學』7, 1977, 282쪽).『高麗史』권25, 元宗 3年 12月條에서는 納質·籍民(籍編民)·置郵·助軍·軍糧輸送 등 5가지만 등장하며, 같은 내용이『元高麗紀事』世祖皇帝 3年 10月 29日條에서도 나온다. "凡遠邇諸新附之國 我祖宗 有已定之規則 必納質 而籍民 編置郵 而出師旅 轉輸糧餉 補助軍儲"(『高麗史』권25, 元宗 3年 12月 乙卯日條). 한편『高麗史』권26, 元宗 9年 2月條에서는 助軍·轉糧·民戶調査·達魯花赤設置 등 4가지가 등장한다. "爾國 誠降則 當出軍助戰 轉糧 請達魯花赤 點數民戶 爾尚胡不然"(『高麗史』권26, 元宗 9年 2月 壬寅日條). 元宗 9년에 蒙古六事가 4가지만 등장하는 것은 高麗朝廷이 國王親朝(納質)·歲貢納付·驛站設置를 어느 정도 이행하였기 때문이었다. 對蒙戰爭期 당시에는 蒙古六事 가운데 國王親朝가 가장 핵심적인 事案이었으나 高宗 46년 對蒙講和가 체결된 이후 元宗代에는 助軍·軍糧輸送·戶口調査·達魯花赤設置 등 4가지 事案의 이행문제가 뜨거운 논쟁거리로 떠올랐다.

어서 그동안 학계에서 麗·蒙戰爭이나 최씨정권기 대몽관계에 대한 연구
성과가 적지 않게 축적되어 왔다. 이 분야는 일제시대 일본인 학자들에
의해서 맨 처음 연구되었다. 箭內亘은 1918년에 「蒙古の高麗經略」을 발
표하였는데, 그는 몽고 太祖~憲宗의 高麗經略이라는 시각 하에서 몽고
군의 공략 내용을 시대별로 다뤘으며, 附錄에서 著古與殺害는 고려조정
의 의도적 행위로 규정하였다.[5] 한편 池內宏은 6년 뒤인 1924년에 「蒙古
の高麗征伐」을 제출하였다. 이 논문에서 그는 몽고군 元帥의 고려정벌
이라는 시각을 견지하면서, 蒙古軍 元帥 撒里台·唐古·阿母侃·也古·札
剌兒帶 등 5인의 6차에 걸친 高麗侵攻을 자세하게 고찰하였다.[6] 그는
대체적으로 『元史』 本紀와 洪福源傳·高麗傳을 『高麗史』 高宗世家보다
신빙할 뿐만 아니라 풍부하게 다루고 있고, 『元高麗紀事』의 내용을 충
분히 활용했지만 그 月日의 干支는 취하고 있지 않다. 氏의 논저는 箭內
亘보다 실증적이고 분석적이며 이후 여·몽전쟁사나 최씨정권의 대몽항
쟁을 연구하는 이들에게 크게 참고되고 있다.

　그러나 이들의 연구는 식민사관의 일종인 滿鮮史觀·滿蒙史觀을 고수
한 채 일본의 식민지 조선지배, 만주침략 의도 하에서 작성된 것이었다.
두 논문은 일제의 대륙진출 전초작업기관이었던 南滿洲鐵道株式會社에
서 발행한 『滿鮮地理歷史硏究報告』에 게재되어 있는 것을 통해서 그 저

---

5) 箭內亘, 1918, 「蒙古の高麗經略」, 『滿鮮地理歷史硏究報告』 4. 一章 太祖の救
　援, 二章 太宗の征伐, 三章 定宗憲宗の征伐로 구성되어 있다. 附錄으로 蒙使著
　古與の遭難과 撒兒台와 札剌亦兒台가 附記되어 있다.
6) 池內宏, 1924, 「蒙古の高麗征伐」, 『滿鮮地理歷史硏究報告』 10. 一章 緒言, 二
　章 撒里台の第一回の征伐, 三章 撒里台の第二回の征伐, 四章 高麗洪福源を逐
　ふ, 五章 唐古及び阿母侃の征伐, 六章 也古の征伐, 七章 札剌兒帶の征伐(其の
　一), 八章 札剌兒帶の征伐(其の二), 九章 世祖兵を罷む로 구성되어 있다. 蒙古元
　帥 5인의 6次에 걸친 高麗征伐이라는 시각 하에서 撒里台가 2회, 唐古·阿母侃·
　也古가 1회, 札剌兒帶가 2회 征伐을 수행하였던 것으로 파악하였다. 蒙古軍 元
　帥의 이름은 『高麗史』가 아니라 『元史』에서 모두 인용한 점이 특색이다.

술동기가 분명히 드러난다. 箭內亘과 池內宏은 몽고황제나 몽고군 원수의 고려정벌을 일제의 조선지배와 동등하게 바라보고 있으며 의도적으로『원사』본기와 홍복원전의 내용을 많이 취함으로써 고려인에 의해 펼쳐진 대몽항쟁의 본질을 놓치고 있다. 따라서 최씨정권의 화·전양면에 걸친 대응의 모습이라든가 고려 인민의 산성·해도입보 투쟁 그리고 대몽화의론의 등장과 역할 등에 관해서는 그 관심이 결여될 수밖에 없었다. 이러한 일본인 학자의 연구 경향은 1950년 이후 旗田巍에 의해서 변화되는데, 旗田巍는『元寇』를 통해서 江都政府의 30년 전쟁과 삼별초의 항쟁으로 인해 蒙寇의 침입이 최소화될 수 있었고 종국에는 일본이 그들의 침략으로부터 안전하게 되었다는 논리를 피력한 바 있다.[7] 그러나 전반적으로 일본인 학자의 여·몽관계사 연구는 대외관계와 전쟁·지리분야에 치중하여 池內宏의 연구방법론을 따르고 있는 형편이다.

일본인 학자의 이외에 歐美史學界에서 몽고의 고려침략과 몽고 측의 요구사항을 면밀히 분석한 연구자는 William E. Henthorn이 있다. 氏가 네덜란드 Leiden 대학의 사학과 博士學位論文으로 제출한 *Korea, the Mongol Invasions*는 제1편 몽고침략, 제2편 고려에 대한 몽고 측의 요구로 구성되어 있다. 제1편에서 撒禮塔·唐古·也古·札剌臺 등 4元帥의 침략과 고려의 항복을 주로 다루었고 제2편은 고려의 제반 경제적 부담을 상세히 고증하였다.[8] 그의 논문은 韓·中의 관련사료를 면밀히 분석했을 뿐만 아니라 2차적 참고문헌까지 방대하게 활용하는 등 歐美사학자로서 최초의 대몽관계 논저를 저술하였다는 점이 높게 평가된다. 그러나 몽고인의

---

7) 旗田巍, 1965,『元寇』, 中央公論社.
8) William E. Henthorn, 1963, *Korea, the Mongol Invasions*, E. J. Brill, Leiden. 氏의 논문은 전체 2篇으로 구성되어 있다. 第1篇 蒙古侵略 1章 初期段階 2章 撒禮塔의 侵略 3章 唐古·也先의 侵略 4章 札剌臺의 侵略 5章 降服과 同盟 6章 三別抄의 叛亂, 第2篇 1.降服國家에 對한 蒙古의 方針 2.高麗에서의 蒙古의 軍事行政 3.歲幣 4.造船 5.驛站 6.援軍 7.質子로 편성되어 있다.

고려침입이 그들의 世界征服途上에서 차지하는 위치에 대해서 선명한 通觀이 없고, 江華遷都抗爭에서 최씨정권의 내부적 측면 즉 행정적·군사적·경제적·정신적 실태 등에 대한 고찰이 부족한 점은 외국인 학자로서 지니는 한계라고 할 수 있다.[9] 한편 논문 군데군데 사료 판독상의 오류가 많고 지나치게 평면적으로 사료를 번역하여 서술하고 있다는 점에서 종합적인 대몽항쟁사 저서라고 치부하기에는 곤란할 듯하다.

일제시대 식민사관 하에서 진행된 일본인 학자의 연구방법을 극복하고 對蒙抗爭史를 집필한 한국인 연구자는 金庠基와 姜晋哲이며, 종합적 논저로써 대몽항쟁사를 집대성한 이는 柳在城과 尹龍爀을 들 수 있다. 먼저 金庠基는 방대한 그의 논문 「三別抄와 그의 亂에 就하야(一)·(二)·(完)」에서 別抄의 기원·임무와 역할을 상세히 고증하였고, 별초군의 대몽항전과 그 연장선상에서 삼별초의 주체적 항전을 강조하였다.[10] 그는 民族主義 歷史學 입장에서 별초군과 삼별초가 외세의 침략에 맞서 國難克服을 위해 자주적으로 투쟁한 점을 높이 평가하였다. 김상기의 연구는 한국인 학자로서 대몽관계·대몽항전 방면에 최초로 괄목할만한 업적을 남겼다는 점에서 사학사적 의미가 크다. 강진철은 「蒙古의 侵入에 대한 抗爭」에서 최씨정권의 소극적이고도 졸렬한 대몽항전자세를 비판했으며 실질적인 대몽항전의 주체는 農民과 賤民이라 하였다.[11] 항전주체가 농민·천민이라는 그의 새로운 시각은 이후 社會經濟史學이나 民衆史學에 일정한 영향을 끼쳤다.

국내에서 최초로 대몽항쟁사 단행본를 집필한 유재성은 대몽전쟁을 撤禮塔에 의한 제1차 전쟁과 唐古·阿母侃·也古·車羅大에 의한 제2차 전쟁으로 구분하고서 여·몽전쟁의 원인, 경과, 결과 그리고 그 영향에 대하

---

9) 高柄翊, 1965, 「書評: 헨손 「蒙古侵略下의 高麗」」, 『歷史學報』 29, 1965, 177쪽.

10) 金庠基, 1938·1939·1941, 「三別抄와 그의 亂에 就하야(一)·(二)·(完)」, 『震檀學報』 9·10·13.

11) 姜晋哲, 1973, 「蒙古의 侵入에 대한 抗爭」, 『韓國史』 7, 國史編纂委員會.

여 개괄적으로 서술하였다.[12] 그는 1231년부터 1259년 사이의 약 30년 여·몽전쟁은 한민족 5천 년 역사에서 유례를 찾아볼 수 없을 정도로 장기간에 걸쳐 지속된 전란이었고, 몽고족의 세계정복 역사상 유례를 보기 드물게 고려를 멸망시키지 못하고 고려의 國體를 그대로 인정해 준 점을 커다란 특성으로 지목하였다. 한편 대몽항전이 실패한 원인으로 ①무인집정의 私兵擴散으로 인한 국방태세 약화, ②고식적인 北界·東界 방어전략 고수와 전술의 다양성 결여로 인한 방어상의 허점, ③해도·산성 중심의 방어전략과 불완전한 淸野作戰으로 말미암은 전장의 광역화와 전화의 확대, ④고려지도층이 국제정세를 오판하여 對金·對南宋 협력체제를 갖추지 못하여 국제적으로 고립된 것 등을 제시하였다.[13] 유재성의 연구는 전쟁사 관점에서 대몽전쟁을 개괄한 것이므로 여·몽간의 외교문제나 화의론 등 다양한 측면을 전반적으로 그려내지 못한 한계가 있다.

이러한 연구업적을 토대로 하여 본격적인 대몽항쟁사를 집필한 이는 윤용혁이었다. 그는 자신의 역작 『高麗對蒙抗爭史硏究』에서 6차에 걸친 대몽전쟁의 추이, 대몽항쟁과 江都武人政權의 생활상, 州縣民·別抄軍의 대몽전투 26사례를 면밀히 고증하였다.[14] 윤용혁은 최씨정권의 주도 하에서 치러진 대몽전쟁을 모두 6차로 정리하였는데, 그의 시기구분은 대다수 연구자들이 따르고 있다.[15] 그는 고려의 대몽항쟁이 주목되는 요

---

12) 柳在城, 1988, 『對蒙抗爭史』, 國防部戰史編纂委員會. 『對蒙抗爭史』의 構成은 서론과 결론을 제외하고 전체 5章으로 구성되어 있다. 제1장 여·몽항쟁의 배경, 제2장 제1차 여·몽항쟁, 제3장 제2차 여·몽항쟁, 제4장 전란 이후의 여·몽관계, 제5장 여·몽항쟁의 영향으로 짜여져 있는데, 戰爭史 觀點에서 전쟁의 경과와 그 영향에 초점이 맞춰져 있다.
13) 柳在城, 1988, 위의 책, 259~266쪽.
14) 尹龍爀, 1991, 『高麗對蒙抗爭史硏究』, 一志社.
15) 尹龍爀의 對蒙戰爭 時期區分은 다음과 같다(尹龍爀, 1991, 위의 책, 40~41쪽)
　　제1차 전쟁: 高宗 18~19년(1231~1232)　　撒禮塔
　　제2차 전쟁: 고종 19년(1232)　　撒禮塔
　　제3차 전쟁: 고종 22~26년(1235~1239)　　唐古

소로써, 첫째 40여년에 이르는 항쟁의 장기성,[16] 둘째 병란의 광범한 공간성, 셋째 저항대상이 몽고제국이라는 점, 넷째 대몽항쟁이 고려 내부에 미친 영향과 後期史와의 역사적 관련성을 들었다.[17] 윤용혁의 연구는 여·몽전쟁과 주현민의 대몽항쟁을 상세히 고찰하면서 여·몽간의 외교교섭도 부분적으로 언급하고는 있으나 최씨정권의 외교적 대응이나 講和派의 구성과 동향에 관해서는 그 관심이 소홀한 측면이 있다.

이상과 같은 연구는 巨視的 構造 하에서 최씨집권기 대몽전쟁·대몽관계를 다룬 종합적인 논저이다. 그동안 한국사학계에서는 김상기를 필두로 하여 윤용혁에 이르기까지 箭內亘·池內宏의 틀에 박힌 식민사관(만선사관)에서 벗어나 고려가 주체가 된 대몽항쟁사를 집필하는데 온정열을 기울였다고 할 수 있다. 대몽항쟁사와 더불어 1970년대 이후에

       3-(1)차: 고종 22년(1235)

       3-(2)차: 고종 23~24년(1236~1237)

       3-(3)차: 고종 25~26년(1238~1239)

   제4차 전쟁: 고종 34~35년(1247~1248)   阿母侃

   제5차 전쟁: 고종 40~41년(1253~1254)   也窟

   제6차 전쟁: 고종 41~46년(1254~1259)   車羅大

       6-(1)차: 고종 41~42년(1254~1255)

       6-(2)차: 고종 42~43년(1255~1256)

       6-(3)차: 고종 44년(1257)

       6-(4)차: 고종 45~46년(1258~1259)

16) 尹龍爀은 對蒙抗戰期間을 高宗 18년(1231)~元宗 11년(1270)까지로 보아 40년 抗爭으로 인식하였다. 그는 三別抄抗爭期間을 제외시켰다. 이와는 달리 周采赫은 江東城戰役이 있었던 高宗 5년(1218)부터 三別抄抗爭이 종식되는 元宗 14년(1273)까지를 對蒙抗戰期間으로 파악하였다. 그의 견해대로라면 고려가 무려 56년 동안 항쟁한 셈이 된다(周采赫, 1974, 「高麗內地의 達魯花赤 置廢에 관한 小考」, 『淸大史林』 1, 89쪽). 高柄翊은 對蒙抗戰期間을 명시하지는 않았으나 江東城戰役 때부터 麗·蒙간의 긴장관계가 시작되어 準戰時狀態가 전개된 것이라 하였다(高柄翊, 1969, 「蒙古·高麗의 兄弟盟約의 性格」, 『白山學報』 6, 55쪽). 그러나 崔氏武人政權期 對蒙戰爭으로만 국한하면, 對蒙戰爭期間은 高宗 18~46년까지 29년이 된다.

17) 尹龍爀, 1991, 앞의 책, 9~11쪽.

는 民族主義史學과 實證史學의 주도 하에 최씨정권의 구조를 밝히기 위한 선결작업으로써 최씨정권의 정치·군사기구가 집중적으로 연구되었다.[18] 이를 통해 崔氏家가 왕조기구와 별도로 마련한 정치·군사기구를 충분히 활용하여 장기집권 했음이 선명히 드러났다. 대몽항쟁사나 정치·군사제도사의 괄목할만한 연구 진전에 발맞춰 최씨정권기 文士의 동향, 江都時代 지배층의 생활상, 高麗大藏經 조판사업, 최씨정권과 佛敎界와의 관련성에 대한 개별적인 연구들도 활발히 진행되었다.

근래에는 최씨정권의 대몽항전자세, 州縣民의 대몽항전과 그들의 최씨정권에 대한 인식, 최씨정권의 지방지배 문제가 뜨거운 논쟁거리로 떠오르고 있다. 먼저 최씨집정의 대몽항전자세에 대해서 김상기는 '武士傳統의 對外精神'을,[19] 閔丙河는 '高麗武人의 敢鬪精神'을,[20] 李瑄根은 '崔氏一族의 과감하고 치열한 精神'을[21] 높이 평가한 바 있었다. 이러한 1940~1960년대의 민족주의사학의 관점은 1970년대에 들어와 一變하였다. 閔賢九와 朴菖熙는 최씨정권의 강화천도와 대몽항전이 정권의 安全을 도모하는 것 이상은 아니었다고 꼬집었다.[22] 한걸음 더 나아가 윤용혁은

---

18) 崔氏政權의 政治機構인 敎定都監·政房·書房과 軍事機構인 都房·馬別抄·夜別抄·神義軍·家兵에 대한 연구는 헤아릴 수 없이 많다. 이들 기구를 종합적으로 다루고 있는 대표적인 논저만 제시하기로 한다. 金庠基, 1948, 「高麗 武人政治 機構考」, 『東方文化交流史論攷』, 乙酉文化社 ; 閔丙河, 1973, 「崔氏政權의 支配機構」, 『한국사』 7, 國史編纂委員會 ; 1990, 『高麗武臣政權硏究』, 성균관대 출판부 ; 金塘澤, 1987, 「최씨정권과 그 군사적 기반 - 都房·夜別抄·神義軍 조직의 정치적 배경 -」, 『高麗武人政權硏究』, 새문社 ; 1999, 『高麗의 武人政權』, 國學資料院 ; Edward J. Shultz, 2000, 「The Ch'oe House: Military Institutions」, 『General and Scholars』, University of Hawai'i Press.
19) 金庠基, 1939, 「三別抄와 그의 亂에 취하야(二)」, 『震檀學報』 10, 35~39쪽.
20) 閔丙河, 1973, 앞의 논문, 『한국사』 7, 國史編纂委員會, 202쪽.
21) 李瑄根, 1973, 『大韓國史』 3, 新太陽社, 190쪽.
22) 閔賢九, 1978, 「高麗의 對蒙抗戰과 大藏經」, 『韓國學論叢』 1, 4쪽 ; 朴菖熙, 1973, 「武臣政權時代의 文人」, 『韓國史』 7, 國史編纂委員會, 288쪽. 兩氏는 江華遷都는 崔氏政權의 保衛上 어쩔 수 없는 형편이었으며, 大藏經 조판 등 佛事

최씨정권의 졸렬하고도 극히 소극적인 대몽항전자세를 비난하였다.[23]

그러나 최씨정권의 대몽항전을 몽고의 戰爭遂行方式과 연관하여 비교적 긍정적으로 평가하는 연구도 등장하였다. 周采赫은 江東城戰役(1218)부터 실질적으로 몽고와 전쟁이 개시된 것이므로 三別抄抗爭이 종식되는 元宗 14년(1273)까지 무려 56년간 항쟁하였음을 강조하면서, 그 한가운데에 위치한 최씨정권의 대몽항전 자체는 부정하지 않았다.[24] 한편 金基德도 최우의 강화천도를 전략상으로 올바른 판단이었다고 긍정적으로 바라보았다. 반면에 그는 최씨정권의 대민수탈이 항전역량을 감소시켰다고 비판하였다.[25] 최씨정권의 대몽항전자세는 史家의 주관이 강하게 개입될 수 있는 소지가 다분하다. 그러므로 민족주의적 관점이나 反軍事政權的 情緖상에서 이 문제를 다룰 것이 아니라 그 당시 군사·외교적 측면과 사회·경제적 측면을 모두 고려하여 분석해야지 보다 역사적 사실에 접근할 것으로 믿는다.

다음으로 주현민의 대몽항전과 그들의 최씨정권에 대한 인식·태도의 경우, 최씨정권과는 별개로 在地勢力과 주현민이 주체가 되어 대몽항전을 이끌었다고 주장하는 이들이 있다.[26] 金潤坤은 일반 주현민과 더불

를 일으킨 것도 蒙古兵을 물리칠 현실적 대안이 없었기 때문이라 하였다.

23) 尹龍爀, 1977, 앞의 논문, 312~326쪽.

24) 周采赫, 1989, 「몽골 – 고려사연구의 재검토: 몽골·고려 전쟁사 연구의 시각문제」, 『애산학보』 8.

25) 金基德, 2000, 「고려시대 강화도읍사(江都史) 연구의 爭點」, 『史學硏究』 61, 96~97쪽.

26) 邊太燮, 1973, 「農民·賤民의 亂」, 『한국사』 7, 國史編纂委員會, 246~251쪽 ; 姜晋哲, 1973, 앞의 논문, 367~373쪽 ; 金潤坤, 1979, 앞의 논문, 『東洋文化』 19, 13~21쪽 ; 1981, 앞의 논문, 『東洋文化』 20·21, 30~46쪽 ; 孫弘烈, 1981, 「忠州奴軍의 亂과 對蒙抗爭」, 『湖西文化研究』 1, 8~14쪽 ; 金光哲, 1987, 「麗蒙戰爭과 在地吏族」, 『釜山史學』 12 ; 尹龍爀, 1986, 「高麗 對蒙抗爭期의 民亂에 대하여」, 『史叢』 30 ; 1991, 『高麗對蒙抗爭史研究』, 一志社, 360~390쪽 ; 申安湜, 1992, 「대몽항쟁기 민의 동향」, 『역사와 현실』 7 ; 李益柱, 1994, 「고려후기 몽고침입과 민중항쟁의 성격」, 『역사비평』 24, 258~264쪽 ; 이재범, 2004, 「대몽항전

어 草賊·流浪農民의 대몽항전을 강조하였다.[27] 李益柱는 항전의 주체인 일반민이 생존을 위해 몽고군과 싸워야 했고 다른 한편으로는 江都支配層의 과중한 수탈에도 저항해야 했으므로 13세기 대몽전쟁은 계급모순에 민족모순이 중첩된 것이며 강도지배층·일반민·몽고군 3자 사이의 관계로 설명해야 한다고 하였다.[28] 한편 최씨정권의 지방지배의 경우, 朴鍾進은 최씨정권이 강화천도를 단행했더라도 기존의 역도·조운로를 활용할 수 있었으며 政房을 통해서 지방관의 인사권을 장악하고 守令·按察使·巡問使·防護別監 등을 파견했으므로 효과적으로 지방을 지배할 수 있었다고 보았다. 그러나 高宗 40년 이후 몽고의 침략이 매해 연속되고 宣旨使用別監·蘇復別監·敎定收獲員 등의 대민수탈이 가중되면서 民心이 이탈되어 대몽항전이 어려워졌다고 해석하였다.[29] 이러한 박종진의 견해에 문제가 없는 것은 아니지만 그동안 관심 밖에 있었던 최씨정권기 대민지배에 대해서 試論을 펼쳤다는 점에서 연구사적 의의가 크다.

대체적으로 한국사학계에서 최씨정권의 대몽항쟁에 대한 평가는 1970년대 이전에는 찬양 일색이었다가 그 이후에는 비판 쪽으로 급선회되는 느낌이 강하며, 대몽항전의 주체나 성격에 대해서도 최씨정권을 돌려놓고서 다양한 견해가 표출되고 있는 것이 현실이다.[30] 전반적으로 지금까지 최씨정권의 대몽관계는 抗爭史에 초점이 맞춰져 왔고, 최씨집정과 그 휘하 抗蒙論者의 활약상을 들춰내는데 모든 노력이 경주되었다고 할 수

의 성격에 대하여-계층별 항전을 중심으로-」,『白山學報』70.

27) 金潤坤, 1979, 앞의 논문,『東洋文化』19, 13~21쪽.

28) 李益柱, 1994, 앞의 논문, 259쪽.

29) 朴鍾進, 2002,「강화천도 시기 고려국가의 지방지배」,『한국중세사연구』13, 70~101쪽.

30) 이러한 인식의 변화는 현대 군사정권에 대한 지식인들의 비판의식에서 기인한다고 보아서 좋을 듯싶다. 당시대인 1970~80년대를 살았던 사학자들의 현실인식이 그대로 고려무인정권시대에 투영되어 최씨정권의 대몽항전 방식이나 대민수탈 등을 맹비난하였던 것이다.

있다. 그런데 현재까지의 최씨정권기 대몽관계에 관한 연구는 최씨정권의 화·전양면책의 한 축을 형성했던 和議論과 講和派에 대한 심층적인 분석이 미흡한 실정이다.

최씨정권은 애초부터 抗蒙 일변도로 대몽관계를 이끌어갈 만큼 전쟁에 강한 자신감을 갖고 있지 못했다. 최씨집정은 대몽전쟁의 추이와 몽고내부 사정의 변화에 부응하여 그때마다 화의론을 들고 나와 대몽교섭에 임하였다. 최씨정권에 있어서 대몽강화의 수위 조절은 대몽전쟁 만큼이나 중요하였고, 때로는 정권의 사활을 걸어야 할 정도로 중차대한 문제였다. 이렇게 그 중요성이 부각되는 화의론·강화파에 대한 연구가 부진했던 이유는 關聯史書 상에서 화의론자의 활약상이 두드러지게 나타나지 않을 뿐만 아니라 대몽항쟁사·전쟁사 위주로 이 시기 역사가 집필되고 있는 일반적 정황 때문이라 여겨진다. 한편으로 생각이 미치는 것은, 1970년대 이후 민족주의 역사학의 전성과 더불어 內在的 發展論이 정착하게 되었는데 이러한 내재적 발전론을 견지하였던 史家들이 일제의 타율성이론과 사대성이론의 극복을 위해 외세와 타협하였던 고려 후기 강화파에 대한 비판적 시각을 표명하면서 몽고에 항복하고 出陸還都를 추진한 강화파에 대한 관심을 거의 갖지 못한 점에 기인하리라 보아진다.

그럼에도 불구하고 최씨정권기 대몽강화교섭과 화의론을 全考로 다룬 몇 편의 논문이 발표되어 이 분야 연구를 개척하였던 것은 퍽 다행스러운 일이 아닐 수 없다. 먼저 申安湜은 최씨정권의 대몽강화교섭 자세와 추이를 분석하였는데, 최씨정권의 대몽강화교섭은 정권보위를 위한 유리한 입장을 세우는 것이었고 몽고의 6차에 걸친 침략전쟁 동안 항시 대몽항전과 병행하여 수행되었음을 강조하였다.31) 다음으로 李興鍾은

---

31) 申安湜, 1993, 「高麗 崔氏武人政權의 對蒙講和交涉에 대한 一考察」, 『國史館論叢』 45, 194~214쪽. 氏가 崔氏政權의 대몽강화교섭 자세와 그 추이에 대하여 그

몽고와의 항쟁 및 화친에 있어서 무신정권이 점차 쇠퇴하는 측면과 화의
론을 주장하던 문신의 외교적 역할이 증대하여 최씨정권을 붕괴시키는
과정을 개괄하였다.[32] 두 연구자는 불모지와도 같았던 대몽강화교섭·화
의론 분야의 연구를 진척시켰다는 점에서 사학사적 의미가 자못 크다.
하지만 이들이 최씨정권 내·외부에 존재한 강화파를 모두 적출한 것은
아니며, 최씨정권기의 각 정권별 강화파의 존재 모습과 그들의 층위를
구분한 것도 아니라는 점에서 그 한계가 분명히 나타난다. 이들에 비해
李益柱는 禮部試 과거급제자의 座主－門生關係를 분석함으로써 최씨정
권기 강화파의 대체적인 윤곽을 드러냈다. 그는 최씨정권기 대몽강화를
주장하였던 문신은 좌주－문생관계를 통해서 볼 때, 任濡－兪升旦·趙冲
계열과 琴儀－崔璘·崔滋－柳璥 계열이 양립하였으며 高宗 40년 이후에
는 후자가 和議論을 선도하고 최씨정권을 붕괴시켰다고 설명하였다.[33]
이익주의 연구는 강화파의 실체를 자세히 드러냈고 그들의 외교적 역할
을 면밀히 살폈다는 점에서 의의가 있다. 그러나 그의 연구 역시 최씨정
권기 각 시기별로 강화파가 등장하게 된 배경, 그들의 다양한 층위에 대
한 분석은 다소 미흡하다고 하겠다.

本書는 이상과 같은 그간의 연구업적을 토대로 하여 최씨정권의 몽고
침입에 대한 외교적 대응과 그 변동 모습을 면밀히 분석하는데 일차적
목적이 있다. 이러한 작업을 통해서 저자는 최씨집정이 대몽전쟁 못지않
게 대몽외교를 중요시했던 측면이 선명하게 드러나리라고 기대한다. 한
편 최씨정권 내·외부에 존재하였던 강화파를 밝혀내고 그들의 對蒙事大

핵심사항들을 일목요연하게 정리한 점은 눈여겨 볼만하지만 그 자체가 화의론·강
화파에 대한 본격적인 연구가 아니라는 점에서 분명한 한계를 드러내고 있다.

32) 李興鍾, 2002, 「對蒙講和와 文臣의 役割」, 『洪景萬教授停年紀念韓國史學論叢』,
112~139쪽.

33) 李益柱, 1996, 「麗蒙講和와 講和派 세력의 대두」, 『高麗·元關係의 構造와 高麗
後期 政治體制』, 서울대 국사학과 박사학위논문, 10~37쪽 ; 1996, 「高麗 對蒙抗
爭期 講和論의 硏究」, 『歷史學報』 151, 3~32쪽.

外交에 있어서의 활동상과 대몽정책의 변화를 통해 그들이 최씨정권의 유지와 붕괴에 어떻게 활약했는지 심층적으로 분석하는 것이 부차적 목표이다. 최충헌~최의집권기까지 존재하였던 화의론자가 각 시기별로 어떠한 주장을 펼쳤으며 그들 강화파 내부의 층위는 어떠했는지에 대한 다각적인 모색이 필요하다. 이와 같은 문제의식을 염두에 두고서 저자가 각 章에서 살펴보려고 하는 사항은 다음과 같다.

먼저 제2장에서는 몽고가 兄弟盟約期에 고려 측에 과도하고도 중층적인 貢物納付를 강요함에 따라 최우정권이 그러한 요구를 감당하지 못하고 점차 화·전양면책을 입안하는 방향으로 나아가는 측면을 자세히 그려볼 것이다. 그리고 撒禮塔의 제1차 고려침공은 著古與被殺事件을 표면적 명분으로 하였을 뿐 그 실제적 목적은 고려를 굴복시켜 많은 공물을 챙기고 인질을 잡아가기 위한 데 있었고, 차후 蒙古六事 이행을 강요하는데 있었음을 입증해보려 한다. 그럼으로써 최우정권에 의해 전격적으로 단행된 강화천도의 외교적 배경이 최우선적으로는 몽고의 과도한 공물요구에 있었다는 사실이 자명해지리라고 본다. 한걸음 더 나아가 강화천도시대 산성·해도입보항전의 구체적 사례를 살펴보고 산성·해도입보책과 최씨정권의 항몽자세, 그리고 地方統治問題 3자의 상호관계를 깊이 있게 고찰해보고자 한다.

다음으로 제3장에서는 고려가 몽고와 최초로 외교관계를 맺게 되었던 고종 6년 兄弟盟約 때부터 최씨정권이 붕괴되고 대몽강화가 실질적으로 이뤄지는 고종 46년까지 최씨정권을 중심으로 펼쳐졌던 對蒙事大外交의 실행과 최씨정권의 외교전략에 대해서 분석할 것이다. 이 장에서 대몽사대외교를 크게 犒饋外交·貢物外交·書信外交·表文外交·人質外交와 고종의 出陸外交로 구분하여 각각의 내용을 다뤄 볼 것이고, 그러한 외교의 시행 결과와 그 효과가 어떠했는지에 대해서도 언급할 것이다. 이러한 작업은 그동안 최씨정권의 대몽외교를 관심권 밖에 두었던 연구경향

에 일침을 가하는 것으로써 최씨정권이 구사한 외교정책의 핵심 사안들
을 파악하는데 일정한 기여를 할 수 있으리라 기대한다.

제4장에서는 최씨정권 내부의 대몽화의론자들의 존재를 각 정권별로
밝혀보고, 그들이 화의론을 주장한 배경과 그 핵심내용을 들춰내는 한편
화의론의 시기별 변동 모습을 면밀하게 추적하려 한다. 최충헌집권기에
국제정세 상으로나 현실적으로 어쩔 수 없이 형제맹약체제를 유지하려
하였던 화의론자들을 現實的 對蒙和議論者라고 명명하고서 이들의 존재
를 뚜렷이 드러내보고자 한다. 또한 최우집권기에 본격적으로 개시된
여·몽전쟁에서 사대외교 부문을 담당한 강화파가 최우의 文士나 왕족
출신이 많았던 점을 통해서 이들이 親崔瑀政權的 화의론자였고 최우정
권의 안정에 기여했음을 입증해 볼 것이다. 한편 최항집권기에 대몽전쟁
의 전황이 불리해지면서 宰樞大臣과 최씨정권의 문객집단 내부에서 대
몽화의론이 고조되는 측면을 자세히 그려볼 것이다. 이 小節에서는 특히
太子親朝 문제를 둘러싸고 강화파 내부의 적극파와 소극파의 주장과 그
변동에 대해서 살펴보면서 이들이 당시 최항에 대신하여 대몽외교 교섭
의 주도권을 장악했음을 강조하려 한다. 이러한 선결작업이 해결된다면,
최씨정권 내에서 차지하는 강화파의 위상과 역할을 이전 연구들보다 훨
씬 뚜렷하게 조명할 수 있으리라고 본다.

마지막으로 제5장에서는 대몽관계 변화와 崔竩政權의 붕괴 사이의
상관관계에 대해서 고찰해보려 한다. 이 장의 목표는 대몽관계의 변화가
결국은 최씨정권의 심복집단 뿐만 아니라 최씨정권 내·외부의 강화파에
게도 영향을 끼쳐서 최의정권을 몰락시키게 되었던 외교적 요인이 되었
음을 상세히 고증하는 것이다. 최의가 최항의 뒤를 이어 집권하였을 때
는 대몽전쟁이 최고조에 올라 전황이 극히 불리하였던 시점으로써 그가
고종 44년 9월을 기점으로 하여 대몽전쟁보다는 대몽화의론 쪽으로 급
선회하게 되었던 정황을 포착해볼 것이다. 대몽정책의 변화 속에서 최씨

정권의 군사집단이자 항몽의 선봉에 서 있었던 家兵과 神義軍이 정치적으로 소외되었고 가병지휘관 金俊과 신의군 무관 朴希實·李延紹·林衍 등을 중심으로 최의에게 불만을 품고 있었던 反崔竩連帶勢力이 결집되어 戊午政變에 가담하는 측면을 자세히 그려볼 것이다. 더 나아가 문신으로서 반최의연대세력의 한 축을 담당하였던 柳璥을 지지하며 무오정변에 동조하였던 강화파의 존재를 추려내고 이들의 역할을 상정해 보는 것도 의미 있는 작업이 될 것이다. 한편 최씨정권이 몰락한 이후 그 세력이 강대해진 강화파가 실질적·영구적 대몽강화를 주장한 것에 대해서 金俊政權이 太子親朝에는 찬성하면서 出陸還都를 지연시키기 위해 삼별초 출신 무관을 통해서 몽고 憲宗과 담판을 벌여 '條件附 對蒙講和'를 체결하는 장면을 깊이 있게 음미해보려 한다. 이것은 곧 김준정권이 강화파의 주장을 어느 정도 수용하였지만 그들의 의도대로 끌려가지 않는 외교정책을 구사했다고 해석되는 대목이므로 반드시 언급되고 분석되어야 한다고 생각된다. 또한 그 입지가 최씨정권에 비해서 크게 약화된 김준정권과 강화파 사이의 대몽외교에 있어서 타협점과 상충점을 아울러 밝혀내는 것도 중요한 작업이 될 것이라 믿는다.

이상과 같은 작업을 통해서 몽고침입에 대한 최씨정권의 외교적 대응 모습과 대몽사대외교에서 활약한 강화파의 위상 변화가 보다 선명하게 드러나리라고 기대한다. 이 연구에서는 駙馬國體制,[34] 二重國家體制,[35] 世祖舊制體制,[36] 王府體制[37] 등 연구자마다 각기 다른 스펙트럼을 투영

---

34) 閔賢九, 1974,「高麗後期의 權門勢族」,『한국사』8, 국사편찬위원회.
35) 鄭求福, 1981,「李齊賢의 歷史意識」,『震檀學報』51.
36) 李益柱, 1996,「高麗·元關係의 構造에 대한 硏究-소위 世祖舊制의 분석을 중심으로-」,『韓國史論』36.
37) 森平雅彦, 1998,「駙馬高麗國王의 成立-元朝における高麗王の地位についての豫備的 考察-」,『東洋學報』79 ; 1998,「高麗王位下の基礎的考察-大元ウルスの一分權勢力としての高麗王家」,『朝鮮史研究會論文集』36 ; 2001,「元朝ケシク制度と高麗王家-高麗·元朝係における禿魯花の意義に關聯して」,『史學雜誌』110-2.

해서 바라보는 元干涉期 政治構造를 이해하기에 앞서 최씨정권 당대에는
어떠한 외교적 대응 논리로써 몽고와 강화교섭을 펼쳤고 외교적 실리를
얻었는가 하는 점이 논지의 중심에 서 있을 것이다. 아울러 최씨정권 각
시기별로 나타난 화의론자, 그들의 주장과 그 층위에 대한 구체적인 전모
를 밝혀내 강화파의 입장과 역할에 대한 이해의 폭을 넓혀보고자 한다.

제2장
蒙古의 貢物 강요와 江華遷都

高宗 6년(1219) 2월에 치러진 江東城戰鬪는 高麗·蒙古·東眞 연합군이 3년여 동안 고려 兩界와 중부권을 유린하였던 契丹遺種(僞遼國人)을 완전히 격멸함으로써 종결되었고 麗·蒙 사이에서는 兄弟盟約이 전격적으로 체결되었다.[1] 몽고황제 칭기스칸의 詔書에 따라 형제맹약이 체결됨으로써 고려는 몽고를 兄의 나라로 받들고 해마다 歲貢을 정례적으로 바쳐야만 되는 지위로 전락하였다. 형제맹약은 고려가 그동안 금나라에 형식적으로 事大하던 朝貢 – 冊封關係를 철회하고 새로운 맹주인 몽고에 실제적으로 복속한다는 의미가 있었으므로 고려사상 최초의 굴욕적인 외교적 사건으로 인식되었다. 이 조약의 성격에 대해서는 高柄翊의 精緻한 선행연구가 있거니와, 형제맹약은 몽고의 강압적인 요구에 어쩔 수 없이 순응하여 체결된 불평등하고도 일방적인 국제조약이었음이 밝혀졌고 강동성전투도 몽고의 침략적 성격이 다분했음이 강조되었다.[2]

그러나 고병익의 연구에서 형제맹약의 실제적 내용이라고 할 수 있는 歲貢納付 즉 정기적인 貢物進上 문제는 그다지 중요하게 취급되지 못했고 지금까지도 이 문제를 전적으로 다룬 논문은 찾아보기 힘들다. 몽고

---

1) 契丹遺種(僞遼國人)의 高麗侵攻과 江東城戰鬪에 대해서는 다음을 참고하라. 箭內亘, 1918,「蒙古の高麗經略」,『滿鮮地理歷史研究報告』4, 227~237쪽 ; 池内宏, 1922,「金末の滿洲」,『滿鮮地理歷史研究報告』10 ; 金庠基, 1961,『高麗時代史』, 500~512쪽 ; 盧啓鉉, 1994,『高麗外交史』, 甲寅出版社, 241~246쪽 ; 신안식, 2011,「고려 고종초기 거란유종의 침입과 김취려의 활약」,『한국중세사연구』30, 215~246쪽.
2) 高柄翊, 1969,「蒙古·高麗의 兄弟盟約의 性格」,『白山學報』6.

가 고려와 형제맹약을 강압적으로 체결한 다음에 공물진상부터 압력을
가해 왔고, 저고여피살사건을 트집 잡아 고종 18년 본격적으로 고려를
침공한 이후에는 공물납부가 포함된 蒙古六事의 완전한 이행을 강요하
였다. 몽고육사의 한 조항인 공물납부는 몽고의 가장 기본적인 요구사항
이었다. 이러한 점으로 미루어보아 여·몽 사이에서 최초로 갈등구조를
배태시키고 있었던 문제는 세공납부(공물진상)를 둘러싼 외교적 현안이
었음을 어렵지 않게 간파해볼 수 있다.

저자가 이 章에서 다루려는 핵심사항도 바로 세공납부 문제에 있다.
최씨정권이 강동성전투 이후 몽고와 형식적으로 兄弟盟約體制를 유지하
다가 和·戰兩面策을 서서히 입안하기 시작한 것도 몽고 측의 과중한 세
공납부 압력에 자극받았기 때문이었다. 또한 최씨정권이 독단적으로 전
격적인 江華遷都를 결행한 것은 몽고군의 예봉을 피하기 위한 전략적 차
원 이면에 과도한 세공·인질 납부를 모면하려는 외교적 대응 모습이 역
력하다. 강화천도 문제에 대해서는 對蒙講和나 開京固守의 衆論을 무시
하고 정권안보 차원에서 이뤄신 최씨정권의 독단적 행태로 평가절하하
는 경우가 지배적이다.3) 하지만 적어도 강화천도의 외교적 배경 측면에
서만 국한해서 생각해본다면, 과도한 세공납부 요구를 거부하거나 완화
시키기 위한 최씨정권의 의도가 고려지배층 일각과 왕실의 지지를 얻어
냈기에 천도가 가능했다고도 생각된다. 이처럼 세공납부 문제는 화·전
양면책 입안과 강화천도까지 연관되는 만큼 몽고가 왜 그토록 과도한 공
물을 요구했을까 하는 의문이 전제되지 않으면 안 된다. 또한 몽고의 요
구에 대한 최씨정권의 외교적 대응자세 역시 면밀히 살펴야만 세공납부
를 둘러싼 여·몽의 외교전을 이해할 수 있으리라고 본다.

---

3) 朴菖熙, 1973, 「江華島에서의 李奎報와 그의 本質」, 『한국사』 7, 國史編纂委員
   會, 287쪽 ; 姜晋哲, 1973, 「江華島 遷都와 蒙古의 再侵」, 『한국사』 7, 國史編纂
   委員會, 347쪽.

　이러한 관점에서 몽고 측의 공물납부 압력에 대한 최씨정권의 외교적
대응모습의 변화과정을 이 章에서 상세히 분석해보고자 한다. 한 걸음
더 나아가 강화천도를 전후하여 대몽대응전략으로 채택된 산성·해도입
보책과 최씨정권의 항몽자세, 그리고 지방통치문제를 서로 유기적으로
연관지어 고찰해볼 것이다.

제1절 蒙古의 歲貢압력과
崔忠獻政權의 兄弟盟約體制 유지

　고려·몽고·동진 연합군이 고종 6년 2월 14일에 거란유종을 討滅시킨
다음 같은 해 2월 20일에는 여·몽 元帥府 사이에서 형제맹약이 체결되
었는데, 이 조약은 野戰에서 행해진 임시방편의 국제조약이었다.[4] 당시
형제맹약의 주요골자는 蒙古使(收貢使) 10여 명이 매년 東眞路 방면으로
고려 東界를 거쳐 개경에 와서 歲貢을 받아가는 것이었고,[5] 이것은 이미
칭기스칸의 칙서에 그 내용이 명시되어 있었다. 따라서 이제부터는 고려
국왕이 형제맹약을 追認하는 문제가 남게 되었다. 몽고군 元帥府는 고려

---

　4) 『益齋亂稿』 권6 「門下侍郎平章事 判吏部事贈諡威烈公 金公行軍記」에서는 契
　　丹遺種 討滅이 己卯年(1219) 2월 14일, 형제맹약이 2월 20일로 명기되어 있다.
　　저자는 이 기록에 따른다. "己卯 二月 公與知兵馬事韓光衍 領十將軍兵及神騎大
　　角內廂精卒往焉 … 是月 十四日 賊勢窮 開城門 出降 王子自縊 其僞丞相以下
　　皆斬之 … 二十日 哈眞與扎剌 請趙元帥及公 同盟曰 兩國永爲兄弟 萬世子孫無
　　忘今日 我設犒師之宴 … 元帥送哈眞 至義州 公與扎剌至朝陽 會有西京齋祭使
　　之命 吳壽祺代公 送之"(『益齋亂稿』 권6, 「門下侍郎平章事 判吏部事贈諡威烈公
　　金公行軍記」).
　5) "箚剌與冲 約爲兄弟 以結世好 請歲輸貢賦 箚剌曰 爾國道遠 難于往來 每年 可
　　遣使十人 賫特赴上"(『元高麗紀事』 太祖皇帝 13年條). "元帥曰 道路甚梗 你國
　　必難於往來 每年我國遣使佐 不過十人 其來也 可賫持以去至 則道必取萬奴之地
　　境 你以此爲驗"(『東國李相國集』 前集 권28, 「陳情狀」).

조정에 형제맹약이 체결되었다는 소식을 알리고 몽고황제의 조서를 전달하기 위해서 몽고사를 고려조정에 보냈다. 그러면 이제부터 양국 사이에서 공식적인 외교전이 어떻게 전개되고 있었으며 최충헌정권의 대응 자세는 어떠했는지 살펴보자. 특히 몽고의 세공압력을 논점으로 하여 형제맹약의 성격 문제에 대해서 깊이 있게 고찰해보도록 하겠다.

> A-1. 庚寅 哈眞 遺 蒲里帒完等 十人 賫詔 來請講和 王 遺侍御史朴時允 迎之 命文武官 具冠帶 自宣義門 至十字街 分立左右 蒲里帒完等 至館外 遲留 不入曰 國王湏出迎 於是 使譯者 再三詰之 遂乘馬 入館門(『高麗史』권22, 高宗 6年 春正月 庚寅日條)
>
> A-2. 高麗王 以侍御史朴時允 爲接伴使 迎之 二十四日 遺蒲里帒也 持詔 使 高麗宣諭 國王 迎拜 設宴(『元高麗紀事』太祖皇帝 14年 1月 24日條)
>
> A-3. 辛卯 王引見于大觀殿 皆毛衣冠 佩弓矢 直上殿 出懷中書 執王手 授之 (『高麗史』권22, 高宗 6年 春正月 辛卯日條)
>
> A-4. 蒲里帒完等 更服 我國衣冠 入殿 行私禮 但揖 而不拜 及還 贈金銀器 紬 布 水獺皮 有差(『高麗史』권22, 高宗 6年 春正月 辛卯日條)

몽고군 원수 哈眞[6]과 부원수 扎剌[7]가 보낸 蒲里帒完[8] 등 10인이 칭

---

6) 蒙古元帥 哈眞은 『高麗史』 高宗世家와 『新元史』 本紀·高麗傳·洪福源傳에서 똑같이 哈眞으로, 『高麗史』 高宗世家에서는 또한 合眞·何稱으로, 『東文選』·『東國李相國集』에서는 河稱으로, 『元史』 本紀에서는 浩沁, 『元史』 洪福源傳에서는 哈赤吉, 『元史』 高麗傳에서는 合齊濟·赫辰으로, 『元高麗紀事』에서는 哈只吉·合臣·合車로, 「趙冲墓誌銘」에서는 合珍으로 각기 등장하고 있다. 모두 12가지 異稱으로 등장하고 있으나 모두 같은 인물 哈眞을 지칭한다.

7) 副元帥 扎剌는 『高麗史』 高宗世家와 『元史』 洪福源傳에서 扎剌로, 『高麗史』 高宗世家와 『新元史』 本紀에서는 札剌로, 『高麗史』·『元高麗紀事』에서는 또한 箚剌(劄剌)로도 등장한다. 『元史』 本紀에서는 扎拉으로, 『元史』 高麗傳·『元高麗紀事』에서는 札拉으로, 『東國李相國集』에서는 札臘으로, 『輿地圖書』에서는 札喇로 나오고 있다. 한편 『新元史』 札剌亦兒台豁兒赤傳에서 札剌亦兒台豁兒赤·札剌亦兒台로, 『新元史』 高麗傳·耶律留哥傳에서 札剌亦兒台로 나타난다. 모두 10가지 異稱으로 나타나고 있으나 모두 扎剌 동일인을 가리킨다.

8) 蒲里帒完은 『元高麗紀事』에서 蒲里帒也로, 『元史』 高麗傳에서는 布達로도 등

기스칸의 詔書를 가지고 와서 講和를 청하자,[9] 고종은 侍御史 朴時允을
보내서 그들을 맞아들였다. 蒲里帒完은 형제맹약이 체결된 고종 6년 2월
20일경에 개경으로 향하여 같은 달 23일에 도착한 것으로 여겨진다.[10]
A-1에서 고종은 蒲里帒完을 맞이하기 위해 문·무관에게 禮服을 갖추고
宣義門~十字街 거리까지 좌우로 도열하게 하였다. 이는 강동성에서 거
란유종을 격파한 몽고군의 戰勝을 축하하면서 몽고황제의 조서를 전달
하러 오는 몽고사에 대한 최상의 예우를 표시하기 위한 것이었다. 그럼
에도 불구하고 蒲里帒完은 使館 밖에서 머뭇거리며 국왕이 직접 나와서
자신을 맞이해야 한다고 억지를 부리며 정복자다운 태도를 보였다.

다음날인 2월 24일에 고종은 大觀殿에서 10명의 몽고사를 접견하였
다. 이때 蒲里帒完 등은 고려 衣冠으로 고쳐 입지 않고 털옷과 화살통을
찬 채로 곧장 殿上으로 올라와 품속에서 조서를 꺼내 고종의 손에 얹어
주었다. 蒲里帒完은 고종에게 여·몽 원수부 사이에 형제맹약이 체결된
소식과 아울러 칭기스칸의 조서에서 밝히고 있는 세공문제를 언급했다고
헤아려진다. 고종은 몽고사의 황당하고도 무례한 행동에 아연 실색하고

장한다. 그가 『高麗史』 권22, 高宗 8년 8월 甲子日條에 등장하는 蒲黑帶, 同書
권23, 高宗 18년 11월 辛亥日條에 나오는 蒙古 선봉대 3元帥 가운데 하나인 蒲
桃와 동일인이었을 가능성이 높다.

9) 본문의 사료 A-1에서는 哈眞이 蒲里帒完 등을 파견한 것으로 되어 있으나, 『元
高麗紀事』에 의하면 扎剌가 보낸 것으로 기록되어 있다. 扎剌는 江東城戰鬪 당
시 牒文을 고려군 진영에 보냈고, 金良鏡으로부터 軍糧 1千石을 지원받는 등 外
交와 軍需를 담당하였다. 실제에 있어 蒙古軍 元帥 哈眞보다는 副元帥 扎剌가
對高麗外交를 전담하였을 개연성이 크다.

10) 『益齋亂稿』 권6, 「門下侍郎平章事 判吏部事贈謚威烈公 金公行軍記」에 의하면,
哈眞과 扎剌는 1219년 2월 20일에 兄弟盟約이 체결되자마자 蒲里帒完을 개경으
로 보냈고, 자신들은 서둘러 거란포로를 이끌고 回軍할 채비를 하고 있었다. 포리
대완 등은 2월 23일에 개경에 도착했으며 이때 哈眞과 扎剌는 趙冲의 배웅을 받
으며 北으로 행군하여 이미 2월 己未日(23일)에는 義州에 도착해 있었던 것이다.
본문의 사료 A-1·2·3·4는 정확하게 1개월이 빠른 것인데, 『高麗史』나 『元高麗
紀事』가 오류를 범하고 있는 것이 분명해 보인다.

말았고 殿下의 문·무 대신들도 당황하여 가까이 가지 못했다. 이때 侍臣 崔先旦이 "어찌 이 더러운 오랑캐를 왕에게 접근시키겠는가. 가령 왕의 신변에 不測之變이 일어난다고 하더라도 반드시 미처 손쓸 겨를이 없을 것이다"며[11] 몽고사를 추방시키자고 대신들에게 건의하였다. 비록 최선단이 몽고사신을 추방시키자고 강변하고 있었더라도 이 당시에 이미 몽고와 형제맹약이 체결되었고 몽고군이 철수를 서두르던 시기였던 만큼 그가 對蒙强硬論을 제기한 것으로 여겨지지는 않는다.[12] 다만 최선단의 몽고사 추방 건의는 그가 勤王派 대신으로서 至尊인 고종에게 傲慢無禮를 범하고 있던 몽고사를 힐책한 것에 지나지 않는다고 생각된다.

이러한 몽고사 추방이라는 최선단의 강경 제스처는 蒲里帒完의 무례한 행동을 조금 완화시켰다. 蒲里帒完 등은 고려 대신들의 분위기가 심상치 않음을 파악하고 A-4에서처럼, 고려 의관으로 고쳐 입고 殿庭에 들어와 고종에게 예를 표하였다. 그러나 그들은 여전히 揖만 하고 拜는 하지 않음으로써 고종을 복속국 국왕으로 취급하였다. 고종은 그들이 돌아갈 때, 금·은 그릇과 비단·포목·수달피 등을 차등 있게 하사품으로 선사하였다. 고종의 하사품은 형제맹약 상에서 규정되어 있는 공물 품목과 수량은 아니었고, 단지 몽고군이 거란유종을 격멸시켜 준 것에 보답하는 사례품에 지나지 않았다.

그런데 몽고사는 왜 이토록 무례한 행동을 서슴지 않았던 것일까. 그것은 그들이 占領軍 자격으로 고려에 몽고황제의 조서를 전달하러 온 天

---

11) "侍臣 崔先旦泣曰 豈可使醜虜 近至尊耶 設有荊軻之變 必不及矣 遂請出"(『高麗史』 권22, 高宗 6年 春正月 辛卯日條).

12) 崔先旦이 몽고사 추방을 건의했다고 하더라도 그는 對蒙和議論者이거나 對蒙和議論에 근접한 인물로 여겨진다. 최선단은 몽고와의 兄弟盟約 체결을 현실적 입장에서 수용하고 있었으며 蒲里帒完의 詔書 전달에도 반대하지 않았기 때문이다. 몽고사가 무례한 행동을 하지 않았다면 최선단이 국왕을 옹호하며 몽고사를 추방하자는 발언을 하지 않았을 것이다. 이 당시 宰樞 大臣 대부분이 對蒙講和 방안을 수용하고 있었다고 생각된다.

子의 使者라는 자만심과 오만심에서 비롯된 것이었다. 蒲里侇完은 조
충·김취려와 哈眞·扎刺 사이에서 형제맹약이 체결될 즈음의 화기애애한
분위기를 무색케 할 정도로 무례했으며,[13] 그들의 고압적 행태는 이후
최충헌은 물론 고려의 宰樞大臣이 몽고사의 到來를 꺼려하는 계기를 마
련해 주었다.

당시 최충헌과 최우는 형제맹약 체결문제나 몽고사 접대문제에 직접
적으로 관여하지 않았다. 이들은 거란유종과의 전쟁 당시 都房員과 家兵
을 끌어 모아 자신의 저택에서 스스로를 옹위하며 戰勢를 관망했었다.[14]
私兵을 총동원한 崔氏父子의 정권옹위는 강동성전투가 벌어졌을 때나 이
후 蒲里侇完이 개경에 이르렀을 때에도 지속되었다. 최충헌은 고려군 원
수 조충이 자력으로 강동성에 고립 중인 거란유종을 격멸할 기회를 놓친
것을 아쉬워했고, 到來한 몽고군의 眞意를 몰라 그들의 助軍 요청을 지
연시켰었다. 그러다가 재추가 제기한 對蒙和議論의 대세에 따라 형제맹
약 체결을 인정하고 세공납부를 약속하게 되었던 것이다. 그는 거란유종
과의 3년 전쟁으로 고려 인민이 고통받았고 兩界가 피폐해져 있다는 것
을 충분히 인지하고 있었다. 따라서 몽고와의 全面戰을 원치 않았고 국
방강화의 필요성을 절감하였다. 그러므로 최충헌이 형제맹약 체결을 현
실적으로 묵인한 것은 당연한 선택이었다. 그러나 세공납부에 대한 문제
나 몽고사 입국 절차 등에 대해서 몽고 측에 최씨정권의 의사를 전달하
지 못하고 소극적으로 대처한 것은, 이후 최충헌정권이 적극적으로 대몽

---

13) 『益齋亂稿』 권6, 「門下侍郎平章事 判史部事贈諡威烈公 金公行軍記」와 『高麗
史節要』를 살펴보면, 蒙古軍 元帥 哈眞이 오히려 金就礪와 趙冲을 兄으로 모시
고 자신을 弟로 삼아 의형제를 맺고 있음이 확인되며, 형제맹약을 맺을 당시에
화기애애한 분위기가 연출되고 있다. 哈眞의 태도는 고려 장수들의 경계심을 늦
추고 그들을 회유하기 위한 유화책으로 보인다. 형제맹약 당시의 여·몽 원수부 사
이의 화기애애한 분위기는 元干涉期에 이제현의 『益齋亂稿』에서 윤색되었을 가
능성도 배제할 수는 없겠다.
14) 『高麗史節要』 권14, 高宗 3年 12月條 참조.

외교정책을 전개할 수 없는 단서를 스스로 제공한 셈이었다.

몽고사 蒲里帒完 등이 조서를 전달하고 있었을 때, 哈眞과 扎剌는 2월 23일에 이미 義州에 도달해 있었다.15) 강동성전투에 투입된 몽고군 1만의 주력은 칭기스칸의 막내동생 斡赤斤 휘하의 군대였을 것으로 짐작된다. 그러한 까닭은 斡赤斤이 東方3王家의 우두머리였을 뿐더러 지리적으로 그의 영지가 고려와 가까웠으므로 휘하 병력을 고려에 진입시키기 용이했기 때문이었다. 哈眞과 扎剌는 성공적으로 契丹遺種殲滅作戰을 마치고 고려와 형제맹약을 체결한 다음 칭기스칸과 斡赤斤이 사전에 일러둔 명령에 따라 속히 철군을 준비하였다. 이렇게 哈眞이 급히 철군하게 된 배경은, 당시 만주지역이 아직 금나라의 지배하에 있었고 고려는 몽고 본토와 멀리 떨어져 있는 곳이라는 점에서 장기주둔이 불가능했다는 견해가 있다.16) 그러나 보다 근본적인 이유는, 고려와의 형제맹약 체결이 성공했다는 점과 칭기스칸의 코라즘(花剌子模國, Khorazm) 西征으로 인하여 몽고 본토와 금나라 戰線에서 전력보강의 필요성이 제기되었기 때문이었다고 생각된다. 몽고군 원수 哈眞은 철군하기에 앞서 재침을 위한 사전 工作活動을 펼쳤다.

> B. 二月 哈眞等 還 趙冲 送至義州 蒙軍將還 奪我諸將馬以行 冲詰之曰 此皆 官馬 雖死納皮 不可奪也 蒙軍信之 有一將軍 受銀給馬 蒙軍以冲言爲誣 復 多奪馬而去 且以東眞人四十餘人 留義州曰 爾等習高麗語 以待吾復來(『高 麗史節要』 권15, 高宗 6年 2月條)

위의 사료 B를 살펴보면, 哈眞 등은 조충의 만류에도 불구하고 고려의 軍馬와 官馬를 많이 수탈해 갔다. 이러한 수탈은 遊牧民인 몽고인들이 본래 良馬를 선호한다는 사실 이외에 그들이 차후 對金戰爭을 준비

---

15) 『高麗史』 권22, 高宗 6년 2월 己未日條.
16) 池內宏, 1922, 「金末의滿洲」, 『滿鮮地理歷史研究報告』 10, 616쪽.

하기 위해서 고려의 좋은 말들을 빼앗아간 것으로 이해된다. 한편 哈眞은 동진사람 40여 인을 의주에 잔류시키면서 "너희들은 고려말을 배워두어 내가 다시 오기를 기다려라"고 말했는데, 이는 몽고가 기회가 되면 다시 고려를 공격해 오겠다는 심산의 발로였다. 강동성전투는 고작 1만의 몽고군이 도래하여 고려·동진군의 지원 속에 속전속결로 끝이 났으며 몽고군은 다른 임무를 위해 급히 철군해야 했으므로 고려 측에 군사적 압력을 계속해서 행사할 수 없었다. 그래서 哈眞은 의주에 몽고의 첩자들을 심어 두고서 고려정세를 관망코자 했던 것이라 판단된다. 이러한 哈眞의 발언은 의주를 포함한 北界 일대의 防戍軍과 州鎭軍을 긴장시켰으며, 최충헌정권에 외교적 부담감과 불안감을 안겨주는 것이었다. 의주에 남겨진 동진인 40여 인은 고려의 내부사정을 정탐하여 몽고 측에 알리는 첩자 역할을 담당했을 것이고, 韓恂·多智의 반란 당시 반란민과 동진국 사이에서 교량 역할을 수행하였을 것으로 보아진다.

한편 哈眞을 의주까지 전송하고 몽고군이 고려국경을 완전히 벗어나는 것을 지켜본 조충은 西京에 머물러 軍功의 차례를 정하려 하였다. 고려 五軍의 원수이자 개선장군이었던 조충으로서는 직권으로 당연히 군공의 서열을 정할만 했다. 그러나 최충헌은 서경에서 예측하지 못한 變亂이 일어날까 두려워 서둘러서 글을 띄워 보내 조충이 돌아오기를 재촉하였다.[17] 그는 원수 조충이 몽고와 더불어 거란유종을 격멸하고 고려 군부와 서북면 백성들에게서 큰 신망을 받게 되자 고려 五軍을 지휘하고 있던 조충을 시기질투하고 두려워 한 나머지 빨리 개경으로 귀환하라고 독촉하였던 것이다. 그래서 조충은 급히 서둘러 군사를 이끌고 개경으로 귀환하였고, 論功行賞은 최충헌이 독단적으로 행하게 되었다. 최충헌은 北征에 종군한 장수와 병사들에게 논공행상을 펼침에 있어서 유공자에게도 상을 내려주지 않아 장병들의 원성을 샀다. 이러한 원성을

---

17) 『高麗史節要』 권15, 高宗 6年 3月條.

잠재우려고 했는지 최충헌은 북정에 참여한 장수들을 사사로이 竹坂宮에서 불러 연회를 베풀어주면서 그동안의 노고를 치하했다.

　그러나 최충헌은 31개월에 걸친 거란유종과의 전쟁에 참여하여 지휘부가 모두 6차례나 교체되는 동안 위험한 전투마다 죽을 고비를 수없이 많이 넘기면서 전공을 세우고도 褒賞받지 못한 무관들의 분노를 억누르지는 못했다. 같은 해 6월에 낭장 奇仁甫가 최충헌을 암살하려다 발각되어 죽음을 당한 것이나,[18] 7월에는 대거란전쟁 유공자인데도 포상받지 못했다고 불평한 교위 孫永과 그 당여 1백여 인을 사로잡아 保定門 밖에서 참수한 사건은[19] 고려 군부 내에서 최충헌정권에 대한 반감이 크게 고조되어 있었음을 보여준다. 이러한 府衛軍의 반발에도 불구하고 최충헌이 유공자들에게 관직과 포상을 내려주지 않았던 것은, 대거란전쟁 유공자들이 자신의 정권에 도전하는 또 다른 세력으로 급부상하는 것을 두려워했기 때문이 아닐까 판단된다.

　최충헌은 몽고와의 외교전에서는 소극성을 면치 못했으면서도 대거란전쟁에서 전공을 세운 장병들에 대해서 그 대우가 너무 소홀하였다. 이는 그가 거란유종과의 장기간에 걸친 전쟁 이후에 흐트러진 民心과 軍心을 잡고 앞으로 전개될 몽고와의 외교전에 전력을 구사할 수 있는 역량을 스스로 반감시키는 결과를 초래한 것이나 다름없었다. 같은 해 7월에 첩자들의 입에서 '몽고인들이 올해 가을에 다시 온다'는 소문이 들려오자, 최충헌은 즉시 軍備 검열 태세에 돌입하였다.

　　C. 秋七月 遣戶部侍郎崔正芬等 八人 分巡北界興化道諸城 檢閱兵器儲偫軍資
　　　幷諸小城入保大城 時 諜者 有蒙古乘秋復來之語 故備之(『高麗史』 권22,
　　　高宗 6年 秋7月條)

---

18)『高麗史節要』 권15, 高宗 6年 6月條와 『高麗史』 권129, 叛逆列傳3 崔忠獻傳 참조.
19)『高麗史節要』 권15, 高宗 6年 7月條와 『高麗史』 권129, 叛逆列傳3 崔忠獻傳 참조.

고종 6년(1219) 7월에 최충헌은 戶部侍郎 崔正芬 등 8인을 시켜 북계 興化道의 모든 城들을 분담하여 순회하면서 兵器·軍糧·軍資를 검열케 하였다. 아울러 모든 小城의 인민이 大城에 들어와서 제대로 入保하고 있는지[20] 살피도록 하였다. 이러한 최충헌의 조치는 분명히 몽고의 재침을 우려한 최소한도의 대비책이었다. 몽고와의 형제맹약 체결 당시 시종일관 소극적으로 대응했던 그는 哈眞과 扎剌가 철수한 지 얼마 되지 않아 다시 몽고가 침략할 것이라는 첩자들의 정보를 전해 듣고서 북계 흥화도의 軍備 태세를 점검케 했던 것이다. 그러나 첩자들이 '몽고인들이 올 가을에 다시 온다'고 말한 것은, 실제로 몽고의 고려침공을 가리키는 것이 아니었다. 그것은 칭기스칸의 코라즘 西征을 가리키는 것임이 명백했다.[21] 20여 만 명에 가까운 몽고군이 서정을 감행했을 때,[22] 몽고의 고려 재침이 있을 것이라는 와전된 소문이 퍼진 것이다. 이러한 헛소문에도 불구하고 최충헌이 북계에서 산성입보(대성입보체계)를 서둘렀던 것을 보면, 몽고군 도래 자체가 그에게 던져 주었던 충격과 불안감은 대단했던 모양이다.

최충헌정권이 북계의 軍備를 점검하면서 몽고의 침략에 대비하고 있었을 때, 코라즘 서정을 떠난 칭기스칸을 대신하여 國務를 총괄하던 權

---

20) 崔忠獻政權은 蒙古가 再侵할 것이라는 소문을 듣고서, 北界 興化道 일대의 주민들을 大城에 入保시키는 방어책을 구사하였다. 몽고의 본격적인 침략이 개시되는 1231년 이전부터 山城入保策이 최충헌정권 내부에서 제기되었던 것이다. 大城入保策은 몽고군과의 全面的인 大會戰을 회피하는 소극적인 것이었으나 淸野入保와 연계하여 전쟁을 長期戰으로 이끌 수 있는 효과적 전략이었다고 헤아려진다. 당시에 최충헌정권 내부에서 유사시에는 흥화도 일대의 州民을 海島로 入保시킨다는 海島入保策도 구상되었을 것으로 여겨진다.

21) 칭기스칸은 아무리 늦어도 1219년 여름철에는 코라즘 西征을 떠났으므로(『元史』 권1, 本紀1 太祖 14年 夏6月條), 몽고군의 침략이 개시되었다는 소문은 이와 연관된 것으로 보아야 한다.

22) 페르시아 자료에 근거한 Franz von Erdmann의 통계에 의하면, 칭기스칸 死後 몽고의 총병력 규모는 23만 정도였고 코라즘원정 시 병력규모는 20만에 달했다고 한다 (巖村 忍, 1968, 『モンゴル社會經濟史の硏究』, 京都大學人文科學硏究所, 233∼234쪽).

皇帝 斡赤斤은 고려에 사신단을 파견하여 貢納을 독촉하였다. 이제부터 몽고는 고려가 형제맹약 당시 약속한 세공납부 의무를 이행하라는 압력을 행사하기 시작한 것이다.

> D-1. 壬辰 東北面兵馬使報云 蒙古與東眞國遣兵 來屯鎭溟城外 督納歲貢(『高麗史』권22, 高宗 6年 8月 壬辰日條)
>
> D-2. 九月 辛丑 蒙古使 十一人 東眞國 九人 來(『高麗史』권22, 高宗 6年 9月 辛丑日條)
>
> D-3. 九月 十一日 皇大弟國王 及元帥合臣 副元帥箚剌等 各 以書 令宣差大使慶都忽思 與東眞國懷遠大將軍紇石烈等 十人 抵高麗 促其入貢 高麗 尋 以方物 來進(『元高麗紀事』太祖皇帝 14年 9月 11日條)

고종 6년 8월 壬辰日에 東界兵馬使가 보고하기를, "몽고와 동진국이 병사를 보내와 鎭溟城(咸南 德源) 밖에 주둔하면서 세공납부를 독촉하고 있다"고 하였다(D-1). 그로부터 9일이 경과한 같은 해 9월 辛丑日에 몽고사 11명과 동진국사 9명이 고려에 들어왔다(D-2). 몽고사 11명은 형제맹약의 규징에 따라 고려에 최초로 들어온 收貢使였다. 최충헌정권이 북계에서 군비태세를 점검하였음에도 불구하고 몽고사신단의 입국을 허용한 것을 보면, 현실적으로 대몽강화 노선을 그대로 유지하고 있었음을 알 수 있다. 최충헌은 있을 수도 있는 몽고의 침략에 대비하는 한편 형제맹약 체제를 그대로 유지하는 현실적이고도 신중한 대몽정책을 고수하였다.

한편 D-3에서 당시 몽고사신단의 정체와 그들을 보낸 주체가 극명히 드러난다. 皇太弟國王 斡赤斤과 원수 合臣(哈眞), 부원수 箚剌(扎剌)가 제각기 宣差大使인 慶都忽思와 동진국 懷遠大將軍인 紇石烈 등 10인에게 서신을 주어 고려에 보내 入貢을 재촉했던 것이다. D-2와 D-3은 몽고사신단의 수효가 각기 20명과 10명으로 차이가 나타나고, 9월 辛丑日이 반드시 11일이 아닌 만큼[23] D-2의 내용이 D-3과 같을 지는 그 신빙성에 다소 의문이 있기는 하지만, 사신단을 보낸 주체는 황태제국왕 斡

赤斤과 哈眞·扎剌였음이 명백하다. 斡赤斤이 동방3왕가의 수장이었고 哈眞·扎剌가 그의 수하였을 가능성을 배제할 수 없다면, 몽고사신단은 斡赤斤의 명령을 받았던 것이 분명하다. 몽고사신단이 동계의 진명성을 거쳐 고려에 입국하였던 점을 통해서, 이들이 경유한 루트는 東眞路(曷懶路)였다고 할 수 있다. 또한 대체로 10명(D-2에서는 20명) 정도의 사신단을 형성한 것을 보면, 扎剌가 형제맹약 당시 몽고사 파견과 세공납부 절차에 대해서 조충에게 일러두었던 말과 부합한다.24) 몽고는 형제맹약이 체결된 그 해 가을에 사신단을 동진로 루트로 파견하여 고려 측에 공물납부를 요구하였던 것이다. 어쩌면 매년 8~9월이 고려가 세공을 납부하도록 약정된 기간이었는지도 모르겠다.

그런데 斡赤斤·哈眞·扎剌가 제각기 편지를 써서 선차대신인 慶都忽思에게 주고 공물납부를 강요하였다는 것은 공물을 받는 주체가 一元化되지 못하고 다원화·복수화되어 중층적이었다는 것을 의미한다.25) 이러한 다원화된 공물 요구는 최충헌정권을 상당히 곤욕스럽게 만들었다. 더구나 이들이 요구하는 세공 품목과 수량은 고종 8년 8월에 몽고 皇太弟斡赤斤이 요구한 것에서26) 유추해 볼 수 있듯이, 상당량에 이르렀을 것

---

23) 저자가 『高麗史』 高宗世家 陰曆 干支를 계산해 본 결과 고종 6년 9월 辛丑日은 9월 8일 혹은 9일이었다. 따라서 D-3의 9월 11일과는 2-3일 정도 차이가 난다.
24) 이 小節의 각주 5를 참조.
25) 저자는 斡赤斤·哈眞·扎剌가 제각기 書信을 蒙古使 편으로 高麗朝廷에 보내 貢物을 요구했다는 것은 이들 각자가 필요한 만큼의 貢物을 강요한 것이 아닐까 생각해 본다. 칭기스칸이 코라즘원정을 떠났을 당시 몽고 國政을 대리하던 인물은 斡赤斤이었으므로 그가 몽고를 대표하여 歲貢納付에 관한 國書를 보냈을 것이다. 그런데 哈眞·扎剌까지 書信을 보내 歲貢納付를 독촉했다는 것은 貢物을 거둬들이는 주체가 多元化된 것을 암시하지 않나 한다.
26) 皇太弟 斡赤斤은 高宗 8년 8월에 使臣 著古與를 통해서 水獺皮 1萬領, 細紬 3千匹 등 14개 품목의 歲貢을 요구한 바 있는데, 모두 그 수량이 과도하였으며 扎剌와 蒲黑帶도 사적으로 공물을 요구하였다(『高麗史』 권22, 高宗 8년 8月 甲子日 條 참조).

으로 판단된다. 거란유종과의 전쟁이 끝난 지 얼마 되지 않아 고려의 재
정상황은 매우 열악하였다. 그런데, 몽고 황태제를 비롯하여 哈眞·扎剌
등이 제각기 공물을 요구하고 있었으니 그 물품을 준비하는 것이 여간
부담스럽지 않을 수 없었다. 최충헌정권은 몽고사의 세공요구에 별다른
저항을 보이지 않고 국가 창고에 남아 있는 많지 않은 方物을 끌어 모아
그들에게 건네주었다(D-3).

그러나 몽고에의 세공은 매년 유지하도록 되어 있었고, 그들의 다원
화되고도 過度한 공물 요구는 적잖은 부담이 되었음에 틀림없다. 몽고의
세공요구는 그대로 고스란히 고려 백성들에게 전가될 것이 분명하였고,
특히 거란유종과의 전쟁으로 그 생활상이 극도로 피폐해진 兩界民들의
공납 의무는 크나큰 난관이었을 것이다. 兄弟盟約體制期라 규정할 수 있
는 최충헌집권기에 고려에 들어온 몽고사신의 내력과 그들의 활동 모습
은 다음과 같다.

〈표 2-1〉 蒙古使臣의 파견(戰場에서 使臣往來 포함) : 崔忠獻執權期

順序	王曆	時期	武人執政	使臣內歷	入國目的 使臣活動	高麗側 反應	備考
1	高宗 5년	1218. 11월?	崔忠獻	蒙古의 使臣	蒙古使 40인이 배를 타고 定州에 와서 牒文을 전하며 講和 체결을 요구함	講和를 거부	趙冲墓誌銘
2	高宗 5년	1218. 12.2		箚剌의 使者	고려 측에 軍糧 요청	軍糧을 운송	元高麗紀事
3	高宗 6년	1219. 1.14		箚剌의 使者	고려조정이 結和牒文을 보낸 것에 대한 답례	對蒙講和 수용	元高麗紀事
4	高宗 6년	1219. 2.23		蒲里帒完 등 10인	高麗朝廷에 講和 요청, 蒙古皇帝 詔書 전달, 고려국왕에게 무례함	崔先旦이 蒙古使 추방을 건의	高麗史, 哈眞이 보낸 사신
		1219. 2.24		蒲里帒也	몽고황제의 조서를 가지고 고려를 宣諭함		元高麗紀事
5	高宗 6년	1219. 9.9		蒙古使 11인, 東眞國使 9인	세공납부 독촉	歲貢 납부	高麗史
		1219. 9.11		慶都忽思, 紇石烈 등 10인	皇太弟·哈眞·箚剌의 공물납부 요구 전달	歲貢 납부	元高麗紀事

　　최충헌집권기에는 총 5차례의 몽고사 파견이 있었는데, 4회는 강동성
전투와 연관된 것이고 1회는 사료 D-2·3의 세공납부와 관련된 것이다.
강동성전투와 형제맹약 당시의 몽고사 파견은 戰時 상태에서 고려 측의
약점을 활용한 군사·외교적 압박이라 할 수 있겠고, 세공납부와 연관된
몽고사 파견은 準戰時 상태에서 형제맹약에 따른 경제적 외압이라 말할
수 있다. 반면에 같은 시기 戰場에서의 사신 교환을 포함한 고려의 사신
파견은 아래와 같다.

〈표 2-2〉 高麗의 使臣 파견(戰場에서 使臣往來 포함) : 崔忠獻執權期

順序	王曆	時期	武人執政	使臣내력	派遣目的 使臣活動	蒙古側 反應	備考
1	高宗 5년	1218. 12	崔忠獻	中軍判官 金良鏡	蒙古軍에 軍糧 1천석 지원	札剌가 접수	高麗史
2	高宗 5년	1218. 12		高宗의 使臣	牛酒를 제공하며 蒙古軍 영접	札剌가 접수	元高麗紀事
3	高宗 6년	1219. 1.13		知權閤門祗候 尹公就 中書注書 崔逸	結和牒文 발송, 對蒙講和 의지 전달	札剌가 접수하고 答謝함	元高麗紀事
4	高宗 6년	1219. 2월 초		兵馬使 金就礪	哈眞·札剌와 助軍 문제를 협상하러 十將軍과 神騎軍을 이끌고 蒙古軍 진영에 감	哈眞이 金就礪를 환영하며 兄으로 대접함	高麗史, 金公行軍記
5	高宗 6년	1219. 2.20		中軍元帥 趙冲 兵馬使 金就礪	江東城에서 契丹賊을 격멸시킨 후 哈眞·札剌와 元帥府끼리 兄弟盟約을 체결	高麗王의 兄弟盟約 승인을 얻어오라 함	高麗史 元高麗紀事
6	高宗 6년	1219. 2.23		侍御史 朴時允	蒙古詔使 蒲里岱完 奉迎	오만·무례	高麗史 元高麗紀事
7	高宗 6년	1219. (2.23)		崔義	蒙古使 9인 접대		崔義墓誌銘

　　<표 2-2>를 보면, 최충헌집권기 고려사신의 파견은 형제맹약과 연
관하여 몽고군 원수부와의 강화체결과 몽고사의 迎送에 관련된 것들뿐
이다. 그도 그럴 것이 형제맹약에 의하면 몽고 측에서만 고려에 사신을
보낼 수 있었고, 고려 측에서는 몽고국에 사신을 파견할 수 없도록 규정

되어 있었기 때문에 일방적인 면모를 이해할 수 있겠다. 여·몽 간의 형
제맹약은 고려 측에 과도한 세공납부 부담을 규정하고 있었을 뿐만 아니
라 사신왕래에 있어서도 불공평성을 전제하고 있었으므로 이 체제 하에
서 고려국은 몽고에 신속된 복속국으로 비춰졌고, 맹약을 위반할 시에는
몽고군의 침략이 정당화되는 구조를 지니고 있었다.

제2절 蒙古의 歲貢압력 가중과
崔瑀政權의 和·戰兩面策 입안

兄弟盟約體制를 성립시킨 최충헌은 몽고의 과도하고도 중층적인 세
공납부 요구에 대한 궁극적인 해답을 찾지 못한 채, 고종 6년 9월 20일
에 사망하였다. 그의 죽음은 당시 농민층과 승려, 對契丹戰爭有功者·州
鎭軍의 최씨정권에 대한 누적된 불만이라는 풀기 어려운 과제를 떠안긴
채, 국경지대의 불안을 가속화하였고 결국 義州民 叛亂의 도화선이 되었
다. 같은 해 9월에 최씨가의 권력을 승계한 최우는 강·온양면책을 추구
하면서 韓恂·多智가 주동이 되어 일어난 의주민의 반란을 조기에 진압
하는데 총력을 구사하였다. 최우는 자신의 권력강화와 대몽관계를 염두
에 두고서 한순·다지의 잔당을 제압해 나가는 한편 북계의 탐관오리와
최충헌세력의 제거에 앞장섰다.[27] 또한 최충헌이 불법적으로 탈점한 토
지를 본 주인에게 돌려주고 寒士를 많이 선발함으로써 조야의 인심을
거두기도 하였다.[28] 그 결과 최우는 정국을 안정시키고 권력기반을 다

---

27) "崔瑀聞其言 以安永麟 柳庇 俊弼 李貞壽 崔守雄 李世芬 高世霖 洪文敍 李允恭
崔孝全 宋自恭 李元美 崔諡等 嘗詔事忠獻 或爲按察使 或爲分道 分臺 監倉使
或求巨邑 侵漁無厭 分配諸島"(『高麗史節要』권15, 高宗 6年 冬10月條). "平章
事 琴儀 鄭邦輔 辭職 加儀壁上功臣 仍令致仕 貶邦輔 爲安東副使 文惟弼 爲安
西副使 於是 瀆貨之風 稍息"(『高麗史節要』권15, 高宗 7年 春正月條).

질 수 있었으며 이후 政房·書房·馬別抄·夜別抄 등과 같은 최씨정권의
정치·군사기구를 편제할 수 있게 됨으로써 장기집권의 초석을 마련하게
되었다.

최우가 3차례에 걸친 의주민의 산발적인 반란에 대응하면서 북계의
탐관오리와 최충헌세력을 제거하고 자신의 권력기반을 강화하고 있었을
무렵, 매년 몽고사가 개경에 들어와서 세공납부를 독촉하고 있었다. 그
가 內治를 어느 정도 달성하였을 때 外勢의 위협이 다시 찾아온 것이다.
최우는 최충헌대의 대몽외교 노선인 現實的 對蒙和議論을 유지하고 있
었는데, 몽고사의 과도하고 다원적인 세공납부 요구는 소극적으로 대처
해서는 해결될 수 없는 난처한 문제였다. 이 당시 몽고의 세공납부 요구
는 한층 거세지는 면모를 보이는데 그 실상이 대략 어떠하였으며 최우정
권은 어떤 대응자세를 보였는지 면밀히 검토해보자. 최우의 집권 이후
몽고 제1차 침입(1231) 이전까지 몽고사가 고려에 도래한 것을 간추려
제시하면 아래와 같다.

E- 1. 十五年 庚辰 九月 大頭領官 堪古若 著古歟 與東眞二人 復持皇大弟國
　　　王書 促高麗來貢 復以方物上(『元高麗紀事』 太祖皇帝 15年 9月條)
E- 2. 承國命 爲韃靼接伴使 往來東蕃 悉克任 胡人臨□□ 贈手環及飮器(『高
　　　麗墓誌銘集成』 金仲文墓誌銘)
E- 3. 十六年 辛巳 七月 宣差山木觲等 與東眞等 四人 傳旨 諭高麗 以伐女眞
　　　事 高麗王 奉表陳賀(『元高麗紀事』 太祖皇帝 16年 7月條)
E- 4. 八月 十月 著古歟 喜速不瓜等 先後使高麗(『元高麗紀事』 太祖皇帝 16年
　　　8·10月條)
E- 5. 己未 蒙古使 著古與等 十三人 東眞八人 幷婦女一人來 … 蒙古 東眞
　　　二十一人 皆欲上殿 傳命 我國 欲只許上价一人 上殿往復未決 日將昃
　　　乃許八人升殿 傳蒙古皇太弟鈞旨 索獺皮 一萬領 細紬 三千匹 細苧 二

---

28) "樞密院副使崔瑀 以其父忠獻 占奪公私田民 各還其主 又多拔寒士 以收人望 又
　　流其弟寶城伯珦 珦 婦翁 壽春侯沆 沆子司徒琮 承宣申宣胄 及其父家臣崔思謙
　　婢桐花 成春 獅子等 于諸島"(『高麗史節要』 권15, 高宗 7年 春正月條).

千匹 綟子 一萬觔 龍團墨 一千丁 筆 二百管 紙 十萬張 紫草 五觔 葒
花 藍笋 朱紅 各 五十觔 雌黃 光椽 桐油 各 十觔 著古與等 傳旨 訖將
下殿 各出懷中物 投王前 皆年前 所與鼺紬布也 遂不赴宴 又出元帥扎
剌 及蒲黑帶書 各一通 皆 徵求獺皮綟子紬綟子等物(『高麗史』권22, 高宗
8年 8月 己未日·甲子日條)

E- 6. 九月 蒙古安只女大王 遣這可等 旣入境 崔瑀曰 前來使 尙未暇應接 況
後來者乎 宜令東北面兵馬使 慰諭遣還 時人 謂蒙古來侵之禍 萌矣(『高
麗史節要』권15, 高宗 8年 9月條)

E- 7. 癸巳 蒙古使這可等二十三人 幷婦女一人來 督國贐(『高麗史』권22, 高宗
8年 9月 癸巳日條)

E- 8. 冬十月 蒙古使 喜速不花等 七人 來 宴于大觀殿 喜速不花等 佩弓矢 將
上殿 類會使曰 自兩國交好以來 皆以禮服 相見 況此武備 其如宴饗何
乃解而赴宴(『高麗史節要』권15, 高宗 8年 冬10月條)

E- 9. 蒙古使 三人 東眞 十七人 來 金希磾在客館 宴飮唱和 東眞使 先唱云
東君初報暖 希磾卽和云 北帝已收寒 客使曰 有何意而賦此句耶 答曰
君以春意唱 吾亦以春事和之 客使嘆服 不復詰(『高麗史節要』권15, 高宗
8年 閏12月條)

E-10. 癸巳 蒙古使 三十一人 來(『高麗史』권22, 高宗 9年 8月 癸巳日條)

E-11. 十七年 壬午 十月 詔遣使著古歟等十二人 探高麗納款之實(『元高麗紀
事』太祖皇帝 17年 10月條)

E-12. 十八年 癸未 八月 宣差山木鮮 與東眞十二人 奉皇大弟國王書 復催貢
尋獻方物(『元高麗紀事』太祖皇帝 18年 8月條)

E-13. 丙午 蒙古使 扎古也等 十人來(『高麗史』권22, 高宗 11年 春正月 丙午
日條)

E-14. 十一月 乙亥 蒙古使 著古與等 十人 至咸新鎭(『高麗史』권22, 高宗 11年
11月 乙亥日條)

E-15. 十九年 甲申 二月 宣差著古歟 復使高麗 十二月 又使其國 中途爲賊所
害(『元高麗紀事』太祖皇帝 19年 2·12月條)

E-16. 癸未 蒙古使 離西京 渡鴨綠江 但 賣國贐獺皮 其餘 紬布等物 皆棄野而
去 中途 爲盜所殺 蒙古反疑我 遂與之絶(『高麗史』권22, 高宗 12年 春
正月 癸未日條)

사료 E群에서 최우집권 이후부터 著古與[29)가 살해되기에 이르는 시
기까지 몽고사에 관련된 사료는 16가지가 발견된다. 이들 몽고사가 고려

에 도래한 횟수는 고종 7년에 1회(E-1), 8년에 6회(E-2~9), 9년에 2회
(E-10·11), 10년에 1회(E-12), 11년에 2회로써(E-13·14·15)[30) 도합 12회
에 이른다. 著古與가 피살당한 이후부터 몽고 제1차 침공 이전까지는 고
려에 몽고사가 파견되지 않았으므로 고종 7~11년까지 살펴보면 된다.
이 시기 몽고사 파견의 연대와 내용을 간략히 정리하면 다음의 표와 같다.

〈표 3-3〉高宗 7년~11년 사이의 蒙古使 파견 : 著古與被殺事件 이전

順序	王曆	時期	武人執政	使臣內歷	入國目的使臣活動	高麗側 反應	備考
1	高宗 7년	1220. 9.		堪古若, 著古歟, 東眞 2인	皇太弟 國書를 전달하고 歲貢을 재촉함	歲貢 납부	元高麗紀事
2	高宗 8년	1221. 봄		미상	세공 납부 독촉?	金仲文이 接伴使로 호송	金仲文墓誌銘
3	高宗 8년	1221. 7		宣差山木解, 東眞使 4인	女眞을 치는 일로 고려를 설득하러 옴	고려왕이 表文을 올림	元高麗紀事
4	高宗 8년	1221. 8.7	崔瑀	著古與 등 13인, 東眞 8인	皇太弟의 國書를 전달하고 過度한 歲貢 요구, 扎剌·蒲黑帶도 공물을 요구함	著古與의 무례로 蒙古使에 대해 거부 반응	高麗史, 元史
		1221. 8		著古歟	蒙古使로 파견		元高麗紀事
5	高宗 8년	1221. 9.12		這可 등 23인	歲貢(國贐)을 독촉함	蒙古使 입국 거부 반응	高麗史
6	高宗 8년	1221. 10.4		喜速不花 등 7인	歲貢 독촉?	類會使 金希磾가 蒙古使 무장 해제	高麗史, 元史
		1221. 10		喜速不瓜	歲貢 독촉?		元高麗紀事
7	高宗 8년	1221. 12.12		蒙古使 3인, 東眞使 17인	歲貢 독촉?	金希磾가 詩로써 東眞使를 감복시킴	高麗史
8	高宗 9년	1222. 8.16		蒙古使 31인	歲貢 독촉 內情탐지?		高麗史

---

29) 著古與는 『高麗史』 高宗世家에서 著古與·瓜古與·扎古也, 『新元史』 本紀와 高
麗傳에서는 著古與, 『元史』·『新元史』 洪福源傳에서는 着古與, 『元史』 高麗傳
에서 扎古雅, 『元高麗紀事』에서는 著古歟로 표기되어 있으며 모두 6가지 異稱으
로 나타난다.
30) 高宗 11년의 경우 正月에 파견된 扎古也를 著古與로 보아 총 2회로 계산하였음
을 밝혀둔다.

順序	王曆	時期	武人執政	使臣內歷	入國目的 使臣活動	高麗側 反應	備考
9	高宗 9년	1222. 10		著古歟 등 12인	고려의 納款之實을 살피러 옴		元高麗紀事
10	高宗 10년	1223. 8		宣差山木觖, 東眞使 12인	皇太弟의 國書를 전달하고 歲貢을 재촉함	歲貢 납부	元高麗紀事
11	高宗 11년	1224. 1.9		扎古也 등 10인	歲貢 독촉 內情탐지?		高麗史
		1224. 2		宣差, 著古歟 등	歲貢 독촉 內情탐지?		元高麗紀事
12	高宗 11년	1224. 11.13		著古與 등 10인	歲貢 독촉 內情탐지?	歲貢 납부, 저고어 피살	高麗史
		1224. 12		宣差, 著古歟 등	歲貢 독촉 內情탐지?		元高麗紀事

위의 <표 3-3>에서 고종 8년 7월에 몽고의 선차대신 山木觖와 東眞使 4인이 금국정벌 문제로 고려에 입국한 것을 제외하면, 거의 모두가 세공납부를 독촉하거나 세공을 거두어가기 위한 收貢使 파견이었다. 이들 몽고사는 皇太弟 斡赤斤이 파견한 國使 자격으로 고려에 들어와서 세공납부를 강요하였다(<표 3-3>의 ①, ④, ⑤, ⑩).[31] 형제맹약에서 몽고사는 曷懶路 루트로 東眞을 경유하여 오도록 되어 있었으므로 흔히 동진사를 대동하고 고려에 入境하였다. 반면에 고려 측에서는 몽고 본토에 사신을 파견할 수 없도록 몽고가 규제했으므로, 단지 東蕃(東界)[32]까지 몽고사신을 배웅하는 정도에 지나지 않았다(E-2). <표 3-3>에서 알 수 있듯이, 몽고사가 세공납부를 독촉하는 시기는 주로 8월과 9월에 집중되어 있다. 그러므로 여·몽 사이에 고려 측의 세공납부 기간은 8~9월

---

31) <표 3-3>의 ⑤번 항목에서 蒙古使 這可 등을 파견한 주체가 安只女大王인데, 그가 바로 斡赤斤(訛赤斤)이라고 생각된다. 斡赤斤은 斡辰大王 혹은 窩眞으로도 불렸는데(彭大雅·徐霆, 『黑韃事略』), 이 斡辰이나 窩眞과 安只女가 발음이 유사하므로 그가 바로 斡赤斤이라고 추정할 수 있는 것이다.

32) 金仲文墓誌銘에서 東蕃이라고 되어 있는 고유명사는 고려의 東界 혹은 東眞國 둘 중의 어느 하나일 것으로 생각된다. 兄弟盟約 당시에 고려는 몽고의 영역으로 들어올 수 없도록 규정되었기 때문에 東蕃은 고려의 동쪽 변경인 東界일 것이다.

로 약속돼 있었던 듯하다. 고종 8년에는 무려 6번이나 몽고사가 고려에 도래하였는데, 주로 세공납부 문제로 고려를 압박하면서 아울러 金國을 협공하자고 제의한 것으로 생각된다.

특히 고종 8년 8월에 고려로 파견된 사신단에 주목할 필요가 있는데, 몽고사 13인과 동진사 8인은 서로 다투어 殿上으로 올라와 황태제 斡赤斤의 國書를 전달하고자 하였다. 전상에 올라오도록 허락받은 著古與 등 8인은 과도한 공물을 요구하였다. 著古與는 고려가 전년인 고종 7년에 세공으로 바친 麤細布를 고종 앞에서 내던지는 무례를 범하였는데(E-4), 그가 고려 세공의 거친 품질과 적은 수량에 불만을 가졌음을[33] 짐작할 수 있다. 斡赤斤이 요구한 세공 품목은 '獺皮 10,000領, 細紬 3,000匹, 細苧 2,000匹, 綿子 10,000觔, 龍團墨 1,000丁, 筆 200管, 紙 100,000張, 紫草 5觔, 荭花·藍筍·朱紅 각 50觔, 雌黃·光橡·桐油 각 10觔'이었다. 전체적으로 보아 그 수량이 지나치게 많았으며, 고려 측이 감당하기 어려운 품목도 있었다.

또한 著古與는 몽고군 원수 扎剌와 蒲黑帶[34]의 서신을 전하였는데, 그들도 獺皮·綿紬·綿子 등의 물품을 요구하였다. 몽고의 세공요구는 그 주체 면에서 단일화되지 못하고 다원적인 것이었다. 더구나 황태제 斡赤斤은 고려 처녀와 中國語에 능통한 자, 각종 이름난 匠人 등 인물과 青絲·綾走絲와 같이 고려에서 생산되지 않는 물품까지 요구하고[35] 있는

---

33) 高麗 歲貢의 품질이 다소 거칠고 그 수량이 적었다는 것은 李奎報의 『東國李相國集』 前集 권28, 「蒙古國使齎廻上皇太弟書」를 통해서 잘 알 수 있다.

34) 여기서 蒲黑帶는 고종 6년 2월 24일에 高宗에게 칭기스칸의 詔書를 전달하였던 蒲里㟒完과 같은 인물이 아닌가 한다.

35) "… 但來教 以小國不曾發遣女孩兒及會漢兒文字言語人 亦不進奉諸般要底物等事 督責甚嚴 聞令惶悸 不知所圖 … 其若青絲綾走絲等物 本非我國所產 此亦前所具陳 想大國已詳之矣 … 其諸般名手匠人 亦如前書所陳 國無能者 故未能發遣 事輒違意 深恐深恐"(『東國李相國集』 前集 권28, 「蒙古國使齎廻上皇太弟書」; 『東文選』 권61, 「蒙古國使齎上皇大弟書」).

실정이었다. 이러한 과도하고도 다원화된 공물 요구는 최우정권에게 큰
부담으로 다가왔다. 당시 고려는 거란유종과의 기나긴 전쟁을 마치고 그
후유증을 치유하지조차 못했고 북계에서는 의주민 반란이 발발하여 내
전을 겪음으로써 재정상황이 좋지 못했다. 그런데도 몽고가 형제맹약을
내세워 감당할 수 없을 만큼 많은 공물을 부과하면서 고려를 압박했으므
로, 최우로서는 강한 거부감을 표명할 수밖에 없었다.

과도하고도 다원화된 세공납부에 대한 최우정권의 냉담한 반응은 몽
고사 추방시도에서 극명히 드러난다. 최우는 "이전에 온 사신도 오히려
응접할 틈이 없는데 하물며 뒤에 온 사신에 있어서랴"고 말하며, 東北面
兵馬使로 하여금 這可 등을 위로하고 타일러서 돌려보내려 하였다(E-6).
이때의 불안한 분위기는 세상 사람들이 몽고침입의 싹이 텄다고 한탄할
정도였다. 최우는 몽고사 著古與의 국왕에 대한 오만무례와 과도한 공물
요구에 분노가 치밀어서 그에 대한 접대를 소홀히 하였다.[36] 그는 這可
를 추방시키고 著古與를 냉대할 정도로 몽고 황태제 斡赤斤의 무리한
세공요구에 반감을 가지고 있었던 것이다.

고종 또한 몽고사의 무례와 몽고 측의 과도한 세공납부 요구에 극도의
불만을 가지고 있었다. 이는 고종 스스로 大觀殿에서 4품 이상의 대신들
을 불러놓고 2차로 오는 몽고사신을 영접하느냐 말아야 하느냐를 물어보
면서, 방비할 수 있는 설비를 갖추고 나서 몽고사의 입국을 거절하려 하
였던 대목에서 잘 드러난다.[37] 국왕 고종은 이 당시 抗蒙的 자세를 견지
하고 있었다. 고종이 보인 태도는 어떤 뚜렷한 대책이 있어서라기보다는
자신에게 무례하고도 오만한 몽고사가 혐오스러웠기 때문에 자연스럽게
항몽의 자세를 견지한 것이라 생각된다. 이러한 고종의 자세는 이후 최

---

36) 『高麗史節要』권15, 高宗 8年 9月條.
37) 『高麗史』권22, 高宗 8年 9月 丁亥日條. 몽고침입에 防備하자는 것은 崔瑀의 計
　　策으로서 高宗에게 그대로 上奏되었을 가능성이 크다.

우정권의 抗蒙策 구사를 더욱 용이하게 만드는 촉매제로 작용하였다.

하지만 대신들은 현실적 대몽화의론을 제기하였다. 대다수의 문·무대신들이 "저들은 군사가 많고 우리는 적은 형편에 만일 영접하지 아니하면 저들이 반드시 침습할 것이니 어찌 적은 것으로써 많은 것을 대적하며 약한 것으로써 강한 것을 대적할 수 있겠습니까"라고 말하며[38] 대몽강화 노선을 유지해야 함을 피력하였다. 이러한 화의론을 제기하고 유지하고자 하였던 이들의 범주에는 宰樞文臣을 차치해 두고서라도 우선 江東城戰役 당시 몽고와 형제맹약을 체결하였던 고려군 원수부가 포함될 것으로 판단된다. 조정대신의 현실적 대몽화의론은 軍勢의 강약을 현실적으로 인정하면서 몽고와 최대한 유리하게 협상하자는 논의였던 것으로 보인다. 몽고가 당장에 무력침공을 도발하지 않는 이상 최우로서도 어쩔 수 없이 이러한 대몽화의론을 수용할 수밖에 없었을 것이다.

최우정권이 대몽화의론을 수용하여 몽고사 這可 등의 입국을 허용하였지만 這可는 황태제 斡赤斤이 요구한 세공을 시급히 납부하라고 독촉하였다. 著古與가 개경에 도착한 지 35일만에 다시 저가가 파견되었던 이유는 著古與 일행이 고려 측으로부터 거부되었을 경우 재차 고려에 압력을 행사하기 위함이었다. 이때 고종은 몽고인들이 그 욕심이 대단하여 무릇 그들이 구하고 토색하는 것을 주면 재물이 탕진하겠고, 주지 않으면 변란이 생길 것이라 걱정했는데,[39] 조정의 의논이 결말을 보지 못하였다. 그래서 고종은 문하시중 李杭과 사천감 朴剛材를 보내어 太廟에 몽고사의 공물요구에 대한 사안을 점치게 하였다. 이러한 조치는 몽고사의 요구 수렴에는 왕실의 존망이 달려 있는 만큼 역대 제왕의 神力을 기대하였던 것으로 생각된다.

---

38) "群臣皆曰 彼衆我寡 若不迎接 彼必來侵 豈可以寡敵衆以弱敵强乎 王不悅"(『高麗史』 권22, 高宗 8年 9月 丁亥日條).

39) "王 以蒙人 谿壑其欲 凡所求索 與則財竭 否則釁生 議未決"(『高麗史節要』 권15, 高宗 8年 9月條).

著古與와 這可의 세공요구에 직면한 최우정권은 고심하면서도 미봉적인 해결책 마련에 부심하였다. 부족한 공물의 양을 채우기 위해서 宋商 鄭文擧 등 115인과 거래를 추진하였다.[40] 몽고가 요구한 세공 품목에는 고려에서 생산되지 않는 것도 있었으므로 송상과의 교역은 중요하였다. 송나라 상인 정문거가 고려에 도착한 다음날 몽고사 喜速不花(喜速不瓜) 등 7인이 개경에 들어왔다(E-8). 這可가 고려에 도착한지 22일만에 入境한 喜速不花는 著古與와 這可 등이 고려에 세공납부 압력을 행사한 이후 최우정권이 어떠한 반응을 보이고 있는지 정탐하기 위해서 파견된 듯하며, 그도 역시 황태제 斡赤斤의 세공납부 요구를 전하러 왔음이 분명하다.

또 다시 몽고사로부터 세공납부를 강요받게 된 고종은 아예 梨峴에 있는 최우의 저택으로 옮아앉았으며,[41] 항전이냐 강화유지냐를 놓고 최우와 國事를 의논했던 것으로 추측된다. 고종의 항몽의지와 몽고에의 不信은 최우와의 연대로 이어지고 있었던 것이다. 한편 최우의 저택으로 옮긴지 9일 후에 고종은 牽龍들의 격구를 관람하였고,[42] 그로부터 10일 후에 죄수를 特赦하고 조충의 아들·사위, 戰歿軍人의 자손들, 최씨집정 家率에게 爵을 하사하였다.[43] 이러한 고종의 일련의 조치는 몽고의 과도한 세공 요구에 대한 우회적인 저항이었으며, 한편으로는 거란유종과의 전쟁에서 전공을 세운 군인층에 대한 시혜를 베풂으로써 몽고와 있을 수도 있는 전쟁에 대비한 것으로 해석된다.

최우도 자신의 집에 宰樞를 불러 놓고 회의를 하는 가운데 항몽책을

---

40) 『高麗史』 권22, 高宗 8年 冬10月 甲寅日條. 宋商 鄭文擧 등 115인이 고려에 온 목적은 고려와 무역하기 위해서였는데, 고려가 몽고에 진상하는데 필요로 하는 물품을 충족시키는 교역을 행하였을 것으로 보인다.

41) 『高麗史』 권22, 高宗 8年 冬10月 戊午日條.

42) 『高麗史』 권22, 高宗 8年 冬10月 己巳日條.

43) 『高麗史』 권22, 高宗 8年 冬10月 己卯日條.

제시하였다. 남방의 여러 州·郡의 精勇軍과 保勝軍을 징발하여 宜州(함
남 德源), 和州(함남 永興), 鐵關(함남 德源) 등 要害地에 성을 쌓아 몽고
의 침입에 대비하였다.[44] 이러한 최우의 몽고침입 대비책은 남방의 州
縣軍을 징발해서 東界의 요해지에 축성하자는 것이었다. 江東城戰役 당
시 몽고가 동진군을 이끌고 동계방면으로 침입해 왔기 때문에 몽고침입
루트를 동계로 상정해 놓고 대응한 것이다.[45] 북계방면은 이미 최충헌
집권기인 고종 6년 7월에 興化道 방면의 諸城의 병기·군량·군비를 검열
한 바 있었으므로 축성까지는 필요 없었다. 그러므로 당장에 급한 동계
방면의 방어력을 한층 강화하는데 치중했던 것이라 여겨진다.

그런데 지주사 金仲龜가 愼重論과 民弊論을 제기하면서 최우의 築城
抗蒙策에 반대하였다.[46] 그는 대몽강화를 유지하면서 민생을 안정시키
는 것이 급선무라고 판단하였고, 섣부른 축성은 몽고를 자극할 우려가
있고 전쟁에서 갓 벗어난 백성들을 고달프게 만들뿐이라고 주장하였다.
재추대신이 고종의 항몽책에 반대한데 이어서 김중구도 현실적 대몽화
의론을 들고 나와 최우의 계략에 발목을 잡으려 했던 것이다. 김중구의
견해에 동조하는 재추 대신들도 많았다고 생각되지만, 최우는 자신의 축
성방어책을 강행하였다.

최우가 대몽방어책의 일환으로 동계 요해처에 축성작업을 서두르고 있
었을 때, 고종 8년 12월에 몽고사 3명과 동진사 17명이 入境하였다(E-9).
이들 몽고사는 喜速不花가 고려에 들어온 지 97일 후에 고려에 왔고 그
입경시기도 閏12월인 점으로 미루어 고려의 내부정황을 정탐하기 위해
서 파견된 듯하다. 동진사가 많이 파견된 이유는 고려의 내부정황을 자

---

44) 『高麗史節要』 권15, 高宗 8年 閏12月條.
45) 尹龍爀, 1977, 「崔氏武人政權의 對蒙抗戰姿勢」, 『史叢』 21·22, 313쪽의 각주 34
    참조.
46) "知奏事金仲龜曰 比來 州郡 被丹兵侵掠 民皆流亡 今無警急 而遽又徵發 以勞
    其力則 邦本不固 將若之何"(『高麗史節要』 권15, 高宗 8年 閏12月條).

세히 파악하여 포선만노에게 보고하기 위함이었을 것이다. 특히 고려가 동계의 요해처에 축성하고 있다는 소식은 이미 동진이 접수했을 가능성이 크기 때문에 사신을 보내서 그 眞僞를 파악하려 했을 것으로 생각된다.

최우정권과 고종의 대몽항전의지와 재추 대신들의 대몽화의론이 상충하는 가운데서도 동계 요해처에 대한 축성작업은 순조롭게 진행되어 40여 일 만인 고종 9년 정월에 종료되었다.[47] 동계의 축성작업이 완료되자 최우는 3품 이상 관리를 자기 집에 불러서 잔치를 베풀어주면서 그동안의 노고를 치하하고 축성방어책 지지를 부탁하였다. 동계방면에서 고려의 방비가 완료되자 동진은 同王 9년 7월에 韓恂·多智의 잔당과 손을 잡고 북계방면으로 쳐들어와 최우정권의 허점을 찔렀다. 제3차 의주민 반란은 의주민이 중심이 된 것이 아니라 외세인 東眞軍 1만이 주축이 되어 靜州·義州 일대를 일시 점령한 것이었으므로 순수한 민란이라 보기 힘들다. 義州防守將軍과 西京軍에 의해서 동진군사가 구축되자 제3차 의주민 반란은 조기에 종식되었고, 북계는 안정을 되찾았다.

동계방면에서의 築城이 완료되고 북계에서 제3차 의주민 반란이 진압된 이후 몽고사 31인이 고려에 도래하였다(E-10). 이들은 정기적으로 몽고사가 파견되는 8월에 고려로 왔다는 점에서 고려의 공물을 받아가기 위한 목적을 지니고 있었다고 짐작된다. 그런데 무려 31명이나 파견되었다는 점에 눈여겨 볼 필요가 있다. 대규모 사신단이 고려에 보내진 것을 통해서, 몽고가 약속한 공물 수량과 품질을 준수하라고 고려에 압력을 행사하는 한편 동계의 築城防備態勢에 대한 정보 획득과 北界民의 동향에 대해서 탐지하려 하였을 것으로 보인다. 이후 같은 해 10월에 著古與 등 12인이 파견되어 고려 측의 納款之實을 탐색하였다(E-11). 著古與는 이번 방문이 3회째인데, 그는 황태제 斡赤斤이나 원수 扎剌의 외교 참모로서 對高麗歲貢回收를 거의 전담하다시피하고 있음이 주목된다.

---

47) 『高麗史節要』 권15, 高宗 9年 春正月條.

고종 7~9년의 계속되는 몽고사의 세공독촉에 최우정권이 시달리고 있었을 때 婆速路에 주둔한 금나라 장수 亐哥下는 고려 북계를 침략하였다. 고종 10년 5월에 亐哥下는 馬山에 둔을 치고 義州·靜州·麟州에 잠입하여 노략질하였는데,[48] 義州分道將軍 金希磾가 상부의 명령이 하달되지 않았음에도 불구하고 단독으로 군사행동을 전개하여 亐哥下 군대를 격파하고 輜重 22船을 노획하는 전과를 올렸다. 그동안 개경에서 대몽외교를 맡아오던 김희제가[49] 이 시점에서 義州分道將軍으로 파견된 것을 보면, 최우는 신뢰할 수 있는 그를 최전방에 내보내 몽고-동진과 亐哥下의 침입에 대비하였다고도 생각된다. 최우는 동계에 축성하여 외적의 침입을 방어하고, 북계에는 믿을 수 있는 여러 장수들을 分道將軍으로 내보내 파속로 방면의 복잡다난한 국제정세에 대응케 하였던 것이다.

亐哥下의 침입을 격퇴시킨 지 2개월 후에, 최우는 자신의 家兵을 총동원하여 개경 羅城의 참호를 수리하였다. 崔氏家 가병의 徭役에 銀瓶 3백여 개와 쌀 2천여 석을 내어 그 비용으로 충당케 하였다.[50] 이러한 나성 수리는 동계 요해처에 축성한 이후 1년 만에 수도방위를 위해 시행한 것으로써, 몽고와 형식적으로 兄弟盟約關係를 유지하고 있을 때 내실 있는 방어망 구축에 최우가 혼신의 노력을 기울이고 있었음을 알 수 있게 해준다. 그가 솔선수범하여 자신의 가병을 동원해 나성의 참호를 수

---

48) 亐哥下가 단독으로 義州·靜州·麟州에 잠입하였는지 아니면 韓恂·多智의 殘黨이 끌어들였는지는 잘 알 수 없다. 그러나 한순·다지의 반란(제1차 의주민 반란) 당시 우가하가 협조하려다 배반한 적이 있었음을 감안한다면, 재차 의주민과 결탁을 시도했을 수도 있겠다. 우가하가 침입한 시기는 제3차 의주민 반란 이후 10개월만이다.

49) 初期 對蒙關係에서 金希磾의 외교는 특히 돋보인다. 金希磾는 高宗 8년 8월에 고려에 온 著古與가 崔瑀의 냉대에 불만을 품자 그를 달랬고, 같은 해 9월에 파견된 這可의 만행을 꾸짖었으며, 같은 해 10월에 파견된 喜速不花의 무장을 해제시킨 뒤 국왕을 알현케 하는가 하면 같은 해 閏12월에 파견된 東眞使를 詩로써 탄복케 하였다. 그는 당대 최고의 對蒙外交官으로 활약했으며 임기응변과 기지도 풍부한 장군이었다고 생각된다.

50) 『高麗史節要』 권15, 高宗 10年 秋7月條.

리하도록 했던 것은, 몽고 침입에 대비하기 위해서 최씨정권이 제일선에 나서서 애쓰고 있다는 것을 개경을 비롯한 고려 인민들에게 보여줌으로써 그들의 동조를 이끌어내려고 의도했기 때문이다. 한편 최우는 私財를 털어서 황금으로 된 13층탑과 花瓶 각각 하나씩을 만들어 興王寺에 두었다.[51] 이러한 그의 행위는 몽고침입 방지와 왕실의 부흥을 부처님께 간절히 염원한 것으로 파악된다. 더불어 고종은 같은 해 9월에 부처의 힘으로 몽고의 침입을 막게 하려는 鎭兵法席을 개최하였다. 법석을 펼침에 있어서 그 비용을 백성들에게서 추렴하지 않도록 국고에서 은병을 꺼내어 경상도는 200개, 전라도는 60개, 충청도는 40개씩 나눠주게 하였다.[52] 최우와 고종은 동계의 축성, 개경 나성의 참호 수리 이외에도 佛力을 빌어 외적의 침입을 막고자 했던 것이다.

고려가 황태제 斡赤斤의 과도하고도 무리한 세공납부 요구로 골치를 앓으면서도 동계 요해처에 성을 쌓고 북계에서 亏哥下를 물리쳤다는 소식을 접한 동진국은 같은 해 5월에 佋信·阿典·渾垣 등 8인을 고려에 보내왔다.[53] 동진국 단독으로 사신을 파견한 것은 이번이 처음이었다. 대개 몽고사의 보조자로서 몇 명의 사신을 파견했던 동진국에서 단독으로 사신을 파견했던 내막은 무엇일까. 이 당시 몽고의 칭기스칸은 코라즘 親征을 떠났으므로 요동에 신경 쓸 틈이 없었다. 황태제 斡赤斤은 동진에게도 과도한 세공납부 요구와 포악한 명령을 내렸으므로,[54] 동진국은 몽고의 압제에서 벗어나고 무역문제 등을 해결하기 위해 몰래 고려에 사신을 보낸 것으로 추정된다.

고종 10년 8월에는 宣差 山木觧과 동진사 12인이 파견되어 황태제 斡赤斤의 親書를 전달하며 세공납부를 독촉하였다(E-12). 이에 고려조정에

---

51)『高麗史節要』권15, 高宗 10年 8月條.
52)『高麗史』권22, 高宗 10年 9月 戊申日條.
53)『高麗史』권22, 高宗 10年 5月條.
54)『高麗史』권22, 高宗 11年 春正月 戊申日條.

서는 준비할 수 있는 능력이 되는 대로 공물을 납부하여 몽고사 山木艀를 돌려보냈다. 山木艀를 수행한 동진사 12인이 몽고사를 보조한 것은 형식적인 것에 불과하였고 실질적인 측면에서 그들은 고려조정에 무역 재개를 강요했을 것으로 생각된다. 이미 3개월 전에 동진국 단독으로 고려에 사신을 파견할 만큼 몽고-동진국 사이의 외교관계에서 미묘한 변화가 감지되기 때문이다. 고종 11년 정월에 이르러 동진은 다음과 같은 國書를 보내며 고려와의 연합을 제의하였다.

> F. 戊申 東眞國 遣使齎牒二道來 其一曰 蒙古 成吉思 師老絶域 不知所存 訛赤忻 貪暴不仁 已絶舊好 其一曰 本國 於靑州 貴國 於定州 各置榷場 依前買賣(『高麗史』 권22, 高宗 11年 春正月 戊申日條)

東眞國은 사신을 통해 고려 측에 2통의 국서를 전달하였다. 첫째 서신에서, 몽고 成吉思汗은 군대를 이끌고 絶域에 가 있어서 존재를 알 수 없고, 訛赤斤(斡赤斤)은 탐욕스럽고 포악하며 어질지 못하여 이미 우호관계를 끊었음을 밝히고 있다. 이는 동진이 이제 몽고의 속박으로부터 벗어났음을 고려에 알린 것으로 해석된다. 둘째 서한에서는, 본국은 靑州(함북 北靑)에 귀국은 定州(함남 定平)에 각기 榷場[55]을 두어 전과 같이 매매하자고 하였다. 동진국은 금·고려와 무역을 하지 못해서 생필품 부족에 허덕이고 있었으므로 貿易場을 설치하여 과거에 포선만노가 금나라 장수였을 때처럼 매매하자고 요청한 것이다. 고려에 보낸 2통의 공문이 요구하는 바는 첫째, 몽고의 속박에서 벗어나게 된 동진국을 정식 국가로서 인정해 달라는 것과 둘째, 상호 신뢰할 수 있는 장소에 榷場을 설치하여 무역을 자유스럽게 하자는 것이었다. 이는 동진이 고려 측에 우호관계를 수립하겠다는 의지를 보인 것과도 같았다.

---

55) 국경지대에 兩國民의 무역을 위해서 설치한 시장을 榷場이라 한다.

이러한 동진국의 대몽우호관계 철회로 인해서 몽고사는 東眞路가 아닌 파속로 루트를 경유해서 고려에 入境할 수밖에 없었다.[56] 고종 11년 정월 9일에 몽고사 扎古也 등 10인이 고려에 도래하였는데(E-13), 『元高麗紀事』에서 같은 해 2월에 著古歟를 고려에 보냈다는 기록이 있으므로 (E-15), 扎古也는 著古與(著古歟)의 異稱이 아닌가 한다. 비록 한 달 차이가 나기는 하지만 엇비슷한 시기에 같은 행동을 하고 있으므로 扎古也는 著古與임이 분명해 보인다.[57] 고종은 扎古也(著古與)에게 공물을 주고 直門下省事 馬希援에게 명하여 西京까지 전송토록 하였다. 그런데 그는 압록강에 이르자마자 명주와 베는 버리고 다만 수달피만 가지고 돌아갔다. 이러한 著古與의 행위는 고려 측에서 공물로 바친 명주와 베는 그 품질이나 수량이 마음에 들지 않는다는 불만의 표시였다.

著古與가 고려에 온지 56일 후에 동진국 사신이 고려를 방문하였다.[58] 蒲鮮萬奴는 정월 11일에 2통의 국서를 보낸 다음 고려 측의 반응을 확인해 보기 위해서 사신을 보낸 듯 여겨진다. 그러나 동진국의 기대와는 다르게 고려 측의 반응은 냉담하였다. 최우정권은 이미 동계 요해처 3곳에 축성작업까지 마친 후였고 신생국이자 몽고의 附庸國이었던 동진을 友邦으로 인식하지 않았을 뿐더러 그들과 무역할 마음조차 없었던 것이다. 이러한 고려의 냉대는 고종 14년 이후 전개된 고려-동진 전쟁의

---

56) 『高麗史』 권23, 高宗 19年 冬11月의 蒙古皇帝에게 보낸 「陳情狀」을 보면 著古與가 蒲鮮萬奴의 境內를 거쳐서 오지 않고 婆速路를 경유하여 왔다고 高麗 측이 주장하고 있음을 알 수 있게 된다.

57) 만일 扎古也가 著古與가 아니라면 高宗 11年 正月에는 扎古也가, 2月에는 著古與가 파견된 셈인데, 그래도 문제가 남는다. 같은 해 11월에 저고여가 다시 파견되었고(E-14), 12월에도 파견된 것으로 기록돼 있기 때문이다(E-15). 같은 使臣이 1년에 3번씩 파견되는 것은 상식적으로 납득이 되지 않는다. 따라서 12월에 파견되었다고 한 『元高麗紀事』의 기록은 사실은 『高麗史』의 내용대로 11월에 파견되었다고 이해하는 편이 합리적일 것이다.

58) 『高麗史』 권22, 高宗 11年 3月 癸卯日條. 蒲鮮萬奴는 蒙古使 파견시기를 피해서 3월에 사신을 파견했다.

빌미가 되었다.

최우는 몽고사와 동진사를 보낸 다음 재추와 여러 장군 등 46명을 초대하여 잔치를 베풀어 주었다. 著古與가 공물의 품질에 불만을 나타내기는 하였으나 별 소란을 피우지 않고 무탈하게 고려를 떠났고, 蒲鮮萬奴는 고려와 우호관계를 맺고자 사신을 파견하는 저자세외교를 추진하고 있는 것에 최우가 만족했던 것이다. 이 자리에서 최우는 앞으로 몽고－동진과의 외교현안을 의논하였고 자신의 항몽의지를 더욱 더 각인시켰던 것으로 생각된다. 현실적인 대몽강화를 유지하면서 최우가 몽고침입 대비책을 굳혀가는 가운데 상장군 李克仁이 최우를 암살하려한 사건이 터졌다.[59] 이극인의 최우암살기도사건은 예전에 상장군 吳壽祺가 重房의 상장군·대장군들과 힘을 합해 문신들을 도륙내고 최우세력을 견제하려다가 뜻을 이루지 못하고 죽임을 당한 사건[60] 이후에 발생한 최대의 정치사건이었다. 이극인은 오수기의 黨與로 생각되며 文臣優待政策과 重房弱化策을 구사하면서 최충헌세력을 견제·제거하고 있는 최우의 정책에 불만을 품고 거사를 계획하였을 가능성이 높다. 아무튼 이 거사는 성공치 못하고 주모자 이극인과 상장군 崔愈恭, 장군 金季鳳, 산원 朴希道·李公允 등이 죽음을 당하고 그 당여 50여 명이 유배됨으로써 최우의 권력기반은 한층 더 공고해지는 결과를 초래했다.

외침에 대한 방어체계를 어느 정도 구축하고 政敵까지 제거함으로써 대·내외적으로 최우정권이 안정을 찾아가고 있던 시기에 다시 著古與가 고려에 入境하였다. 이때는 고종 11년 11월 13일로써 저번 1월에 고려를 떠나간 지 10개월 만에 파속로 루트를 통해서 다시 온 것이다.[61] 그는 황태제 斡赤斤의 세공 독촉을 전하는 한편 시시각각 변하는 최우정

---

59) 『高麗史節要』 권15, 高宗 11年 秋7月條.
60) 『高麗史節要』 권15, 高宗 10年 春正月條.
61) 『高麗史』 권22, 高宗 11年 11月 乙亥日條.

권의 抗蒙對備의 실상을 파악하러 다시 입국했을 것으로 생각된다. 2개
월여 동안 고려에 머물렀던 著古與는 고종 12년 정월 고려가 바친 歲貢
物을 가지고 압록강을 건너가면서 수달피 이외에는 모두 들판에 버렸으
며, 돌아가던 도중에 盜賊에 의해서 피살되었다(E-16).

　고려에 5차례나 收貢使로 파견되어 압력을 행사하였던 著古與가 피
살된 이후로 몽고에서는 세공을 거둘 수 없었을 뿐만 아니라 고려의 내
부정황을 알 수 없게 되었다. 당시 몽고는 著古與 살해의 배후로 고려를
의심했지만, 사방팔방으로 전쟁을 벌이고 있었던 그들의 복잡한 국제정
세 상으로도 著古與被殺事件의 책임을 고려에 추궁할 형편이 못 되었다.
또한 著古與 피살의 진상을 파악하기 위해 고려 국경에 인접했던 몽고
사도 누군가에 의해 화살세례를 받으며 되돌아왔기 때문에 몽고－고려
간의 외교관계는 냉각되면서 오랫동안 두절되었다. 이후 고종 18년에 몽
고가 고려를 침입했을 때, 著古與 살해에 대한 추궁을 명분으로 하였다.[62]
그러나 著古與를 살해한 주체는 분명치 않으며 『元史』 洪福源傳에서는
단지 그가 귀환하던 중 '遇害'를 입었다 하고, 『元史』 高麗傳에서는 '盜
賊이 그를 죽였다'고 기록돼 있을 뿐이다.[63] 고종 18년 12월에 대몽강화
를 추진하였던 최우정권은 고종 12년 당시 著古與를 죽인 것은 고려 측
이 아니라 압록강 일대의 도적임을 항변하였다. 또한 고종 18년 봄에 파
견된 몽고사에게 화살을 쏜 것을 인정하였으나 그것은 어디까지나 金將
哥不愛가 몽고군 복장으로 갈아입고 자주 국경을 침입했기 때문에 몽고
사를 哥不愛로 오인하고 사격한 것에 지나지 않는다고 주장하였다.[64]

---

62) 『高麗史』 권23, 高宗 18年 12月 壬子日(실제로는 甲寅日) 所收 蒙古牒文 참조.

63) "壬午 冬十月 又遣着古與等十二人 窺覘納款虛實 還遇害"(『元史』 권154, 列傳41
　　洪福源傳). "十二月 又使焉 盜殺之于途 自是 連七歲絶信使矣"(『元史』 권208,
　　外夷傳95 高麗傳). 『元史』 洪福源傳과 高麗傳의 기술과는 다르게 『元史』 太宗
　　本紀에서는 高麗가 著古與를 죽였다고 기록했다.

64) 『高麗史』 권23, 高宗 18年 12月 庚辰日 所收 「上皇帝表」 참조.

그러다가 江華島로 천도한 다음 해(1232) 11월에는, 蒲鮮萬奴가 부하를 시켜 고려군 복장으로 위장하고 著古與를 습격케 하여 몽고 - 고려 사이를 이간질했으며, 금나라 장수 亏哥下가 귀국하던 著古與 등을 살해하였다고 변호하였다.[65] 이러한 고려 측의 횡설수설 때문에, 箭內亘은 저고여피살사건에 분명히 고려가 개입되어 있었고, 고려의 항변은 巧智에 지나지 않는다고 단언하였다.[66] 箭內亘은 고려 측에서 몽고황제에게 보낸 表文은 책임회피를 위한 교묘한 言動이라고 이해한 것이다.

그러나 고려조정에서 고종 18년 12월과 19년 11월에 각기 몽고에 보낸 表文 내용이 다르고 논리가 맞지 않는다고 할지라도 고려의 州鎭軍이 의도적으로 著古與를 살해하였다는 명백한 증거는 없다. 고의로 몽고사를 살해한다는 것은 몽고와의 전면전쟁을 초래할 수도 있는 중대한 사안이었으므로 고려조정이 쉽게 결행할 성질의 것도 아니었다. 아마도 著古與가 피살된 고종 12년 1월부터 고종 18년에 이르는 기간 동안 고려조정이 저고여피살사건에 대해서 거의 무지하다거나[67] 혹은 잘못 전해들은 정보에 의해서 실제내용을 오인·착각하고 있었을 가능성이 크지 않을까 한다. 당시 북계에서 哥不愛 등의 위장전술로 인한 眞蒙古軍·假蒙古軍 문제 때문에 고려군이 골치를 앓고 있었다는 점도 그러한 오인

---

65) 『高麗史』 권23, 高宗 19年 冬11月의 蒙古皇帝에게 보내는 「陳情狀」 참조. 『東國李相國集』 前集 권28, 「陳情狀」 참조. 이러한 진술 내용은 고려에 투항한 동진 사람 王好非의 진술에 의한 것이다.

66) 箭內亘, 1918, 「蒙古の高麗經略 - 附: 蒙使著古與の遭難 - 」, 『滿鮮地理歷史硏究報告』 4, 270~275쪽.

67) 尹龍爀, 1991, 「蒙古의 高麗 侵略」, 『高麗對蒙抗爭史硏究』, 一志社, 35~38쪽. 윤용혁은 몽고 측에서 高宗 12년 이후 즉각적으로 著古與被殺事件 진상조사를 위해 두 번째 사신(2차 東路使)을 고려로 보냈다가 화살공격을 받고 물러난 점을 힐책하였는데, 정작 고려는 고종 18년 봄에 蒙古使를 哥不愛로 오인하고 화살세례를 퍼부었던 점을 인정했다면서, 이는 東問西答 식의 답변으로 해석하였다. 곧 고려는 2차 東路使 사건의 진상을 제대로 이해하지 못하고 있었고, 몽고의 問責 내용 자체를 제대로 파악하지 못하였다는 것이다.

이나 착각에 일조했을 것이다.[68] 著古與가 동진국과의 관계 악화로 인해 동진로 방면으로 귀환하지 못하고 그 대신 택할 수밖에 없었던 파속로에는 金將 亐哥下나 哥不愛 등이 주둔하고 있었다는 점에서 이들에 의해서 그가 피살되었을 가능성이 보다 높다. 그렇지만 분명한 것은 저고여피살이 고려침공의 명분이 되었다는 것이며, 고려 측에서 해명하기가 매우 난처했다는 점이다. 그것의 해명을 위해서는 蒲鮮萬奴·亐哥下 등과 대질심문해야 되는데 國際情勢상 그럴 수 없었으므로 고려조정은 궁지에 몰렸고 몽고는 고려침공의 좋은 명분을 얻게 되었던 것이다.

아무튼 몽고는 고종 7~11년 사이 12회에 걸쳐 收貢使를 고려에 보내 세공납부 압력을 가해 왔으며, 이에 대해서 최우정권은 형제맹약체제를 유지하면서 동계 요해처 3곳에 축성을 서두르고 개경 나성의 참호를 수리하는 등 국방태세를 강화하였다. 몽고의 과도하고도 다원적인 세공납부 압력을 외교적으로 해결하지 못할 경우 있을 수도 있는 전쟁에 대비하여 미리 국방력을 키우고 국제정세에 대처해 나갔던 것이다. 이러한 모습은 최우정권이 그 당시 和·戰兩面策을 입안해 나가고 있었다는 결정적 증거가 되며, 본격적인 대몽전쟁에 있어서도 유효한 전략으로 계승되는 측면을 가지고 있다 하겠다.

제3절 撒禮塔의 高麗侵攻과 兄弟盟約體制의 파기

蒙古의 침입은 高宗 18년(1231) 8월에 蒙古軍이 압록강을 넘어 咸新

---

68) 金將 哥不愛 등이 蒙古軍 복장으로 압록강을 건너와 義州·麟州 일대를 寇掠했으므로 防戍軍과 州鎭軍은 진짜 몽고군인지 가짜 몽고군인지 분별하기 어려웠다. 바로 이러한 문제 때문에 北界 興化道에서는 眞蒙古·假蒙古 문제가 對蒙戰爭期 이전부터 뜨거운 논쟁거리로 급부상했던 것이다.

鎭을 포위했을 때부터 同王 46년(1259) 4월에 講和 협상이 진행될 때까지 무려 29년간 지속되었다.[69] 이 29년 사이에 몽고 太宗과 定宗의 사망과 大空位時代로 인한 전쟁의 휴지기가 2차례에 걸쳐 있었지만,[70] 蒙寇의 피해는 우리 역사상 그 어떤 침략보다도 심각한 것이었으며, 抗戰과 講和의 수위를 놓고 對蒙强硬論과 對蒙和議論의 대립·갈등도 첨예하게 대두하였던 시기였다. 崔氏武人執權期 대몽전쟁을 몽고 元帥와 전쟁의 목표설정에 따라[71] 시기구분을 시도하면 다음과 같다.

---

69) 崔氏政權期 對蒙戰爭 기간 29년에다 金俊·林衍執權期에 조건부 對蒙講和를 통한 외교적 항쟁기간 10년을 더하면 39년이 되고, 元宗 11년(1270) 6월부터 3년여 동안 전개된 三別抄抗爭 기간을 보태면 42년이 된다. 한편 高宗 6년의 江東城戰役을 몽고의 침략으로 규정하여 제1차 침입으로 파악하는 경우도 있다(周采赫, 1974, 「高麗內地의 達魯花赤 置廢에 관한 小考」, 『淸大史林』1, 89쪽). 그렇지만 강동성전역은 몽고의 본격적인 고려침략이 아니라고 생각되고, 최씨정권기와 조건부 대몽강화기, 삼별초항쟁기는 항쟁의 조건과 성격 면에서 각각 서로 다른 시기였다고 여겨지므로 일반적으로 대몽전쟁기간은 최씨정권기에 해당하는 29년으로 보아 무방하다.

70) 蒙古 太宗이 高宗 28년(1241) 11월에 사망한 이후 同王 33년(1246) 定宗 貴由가 등극하기까지 제1차 大空位時代가 개시되었다. 이 시기에 太宗의 皇后 乃馬眞씨족의 脫列哥那가 攝政하여 자신의 아들 구육을 皇帝의 位에 올려놓았다. 제2차 大空位時代는 定宗 구육이 사망하는 高宗 35년(1248) 3월부터 憲宗 蒙哥가 등극하는 同王 38년(1251) 7월까지 지속되었다. 이 시기에는 定宗의 皇后 海迷失이 攝政하였다. 이러한 2차례에 걸친 蒙古의 大空位時代는 江都朝廷으로 하여금 숨통을 트이게 해주었으며 對蒙戰爭은 소강국면에 접어들어 의례적인 使臣往來를 통해서 麗·蒙 상호간의 입장 차이만 확인할 뿐이었다.

71) 對蒙戰爭期 時期區分은 戰爭의 主體와 性格을 놓고 학자들마다 서로 다르게 설정하고 있다. 箭內亘은 蒙古 皇帝의 征伐이라는 시각 하에서 크게 太宗의 정벌과 定宗·憲宗의 정벌로 나눠 3時期로 구분했고(箭內亘, 1918, 「蒙古의 高麗經略」, 『滿鮮地理歷史硏究報告』4, 237~256쪽), 池內宏은 遠征을 감행한 蒙古 元帥의 征伐이라는 시각 하에서 전체를 6時期로 나누었으며(池內宏, 1924, 「蒙古의 高麗經略」, 『滿鮮地理歷史硏究報告』10, 122~180쪽), 이에 비해 尹龍爀은 몽고 원수의 침공과 고려의 항전이라는 시각 하에서 전체의 戰爭시기를 6차 침입, 11期로 정리하였다(尹龍爀, 1991, 『高麗對蒙抗爭史硏究』, 一志社, 40~41쪽).

제1차 전쟁: 1-(1)차: 高宗 18~19년(1231~1232),   元帥 撒禮塔   蒙古 太宗
　　　　　　1-(2)차: 고종 19년(1232) 8~12월,   元帥 撒禮塔
제2차 전쟁: 2-(1)차: 고종 22년(1235),   元帥 唐古   蒙古 太宗
　　　　　　2-(2)차: 고종 23~24년(1236~1237),   元帥 唐古
　　　　　　2-(3)차: 고종 25~26년(1238~1239),   元帥 唐古
제3차 전쟁: 고종 34~35년(1247~1248),   元帥 阿母侃   蒙古 定宗
제4차 전쟁: 고종40~41년(1253~1254),   元帥 也古   蒙古 憲宗
제5차 전쟁: 5-(1)차: 고종 41~42년(1254~1255),   元帥 車羅大   蒙古 憲宗
　　　　　　5-(2)차: 고종 42~43년(1255~1256),   元帥 車羅大
　　　　　　5-(3)차: 고종 44년(1257) 5~9월,   元帥 車羅大
　　　　　　5-(4)차: 고종 45~46년(1258~1259),   元帥 車羅大

이번 節에서는 대몽전쟁이 개시되었던 제1차 침공만을 다룬다. 제1-(1)차 전쟁은 여·몽 사이에서 형식적으로 맺어졌던 兄弟盟約關係가 완전히 파기되고 대몽외교상 君臣關係가 성립되는 단서가 되었다. 한편 이 전쟁은 安北府戰鬪에서 고려 三軍이 패배한 이후 급속하게 대몽강화가 추진되는 과정에서 몽고의 과도한 세공납부 압력과 蒙古六事 이행 요구에 견디지 못한 최우정권이 전격적으로 江華遷都를 결행하는 계기가 되었다. 또한 제1-(1)차 전쟁 이후에는 삼군 편제에 의한 정규전을 포기하고 山城·海島入保策에 의한 守城戰과 別抄軍에 의한 遊擊戰이 고착되는 만큼 최씨정권의 대몽항전자세가 정착되었다고 여겨진다. 그만큼 제1-(1)차 전쟁의 여파가 대·내외적으로 최씨정권에 큰 영향을 주었다고 볼 수 있다. 그러면 제1-(1)차 전쟁의 주요 국면과 북계에서의 몽고군 점령지, 최씨정권의 전략과 항전자세에 대해서 살펴보기로 한다.

고려가 동진국과 東界 방면에서 전쟁을 치르고 있을 무렵, 몽고는 1227년에 西夏를 멸하고 극도로 쇠퇴한 金을 압박하면서 요동의 동진과 고려에 대한 원정을 계획하고 있었다. 칭기스칸이 1227년에 서하멸망을 목전에 두고 사망한 후 2년 뒤 황위에 오른 太宗 窩闊台는 부왕의 遺業을 계승하여 3대 遠征事業을 공표하였다. 諾延出兒馬昆에게 3만 군사를 주어 페르시아를 치게 하고, 肖乃台 등이 3만군을 이끌고 欽察人의 영토를 공략하는 한편, 자신이 대군을 이끌고 金朝를 친정한다는 계획[72]이었다. 이러한 원정사업 가운데 금조 공략과 결부되어 대고려전쟁을 감행하게 되는데,[73] 그것이 바로 撒禮塔(撒里台)[74]의 제1차 고려침략이었다.

撒禮塔은 강동성전역 당시부터 고려와의 외교업무를 담당해 오던 扎刺였으며,[75] 그는 고려가 몽고사 著古與를 죽이고 형제맹약을 위반한 것을 명분으로 삼아 북계로 침입하였다. 그러나 그는 太宗의 명령에 따라 요동의 開州를 먼저 공취한 후 압록강 부근에서 고려 국경을 횡행하던 哥不愛(哥不靄)를 제거하고서[76] 고려 영토로 진입하였다. 이를 통해서 볼 때, 몽고는 哥不愛를 著古與 살해의 주범으로 여기고 처단한 것이라 할 수 있다. 또한 哥不愛는 假蒙古·眞蒙古 문제를 야기 시킨 장본인이며 著古與를 살해한 것으로 고려 측이 의심하던 亏哥下와 같은 족속이었다. 따라서 몽고는 저고여피살사건의 내막을 이미 알고 있었으며, 고려침공의 뚜렷한 명분이 없자 그 사건을 활용했음을 이해할 수 있다.[77]

---

72) 田中萃一郎 譯, 1933, 앞의 책, 304쪽.

73) 尹龍爀, 1991, 앞의 책, 41쪽.

74) 撒禮塔은 『高麗史』 世家와 『元史』·『新元史』 洪福源傳에서 撒禮塔으로, 『高麗史』 世家에서 撒里打火里赤으로, 『元高麗紀事』에서 撒里塔火里赤으로, 『元高麗紀事』와 『元史』 洪福源傳에서 撒里荅으로, 『元史』 薛闍傳에서 撒兒台로, 『東國李相國集』에 撒里打·沙打·沙打里로, 『東國輿地勝覽』에 撒歹로, 『聖武親征錄』에 撒哈塔火兒赤으로, 『元史』 吾也而傳에 撒里台로, 『元史』 本紀와 高麗傳에 薩里台로, 『元朝秘史』와 『新元史』 高麗傳에 札剌亦兒台로, 『元史』 吾也而傳에 撒里荅火兒赤으로, 『新元史』 吾也而傳과 札剌亦兒台豁兒赤傳에 札剌亦兒台豁兒赤으로, 『元史』 王珣傳에 撒里台로, 『元史』 洪福源傳과 『新元史』 本紀 및 札剌亦兒台豁兒赤傳에 撒里塔으로, 『元史』 耶律留哥傳에 撒兒台로, 『元史』 氏族表에 札剌台로, 『櫟翁稗說』에 撒塔으로 등장한다. 撒禮塔은 모두 20가지 異稱으로 나타나고 있다.

75) 周采赫, 1977, 앞의 논문, 『史叢』 21·22, 286~298쪽.

76) "太宗 命札剌亦兒台 帥北京元帥吾也而 遼王薛闍 義川等州節度使王榮祖 都提控耶律捏兒等 渡遼 先討哥不靄"(『新元史』 권132, 列傳29 札剌亦兒台豁兒赤傳).

77) 姜在光, 2009, 「蒙古의 제1차 침공과 被陷 北界 14大城의 抗戰」, 『韓國史研究』

撒禮塔을 征高麗元帥로 하는 몽고군 원수부의 진용은 北京元帥 吾也而, 遼王 薛闍, 義川等州節度使 王榮祖, 都提控 耶律捏兒,78) 移剌買奴, 壁門, 선봉대 3元帥인 唐古·迪巨·蒲桃79)로 짜여져 있었다. 몽고 원수부 가운데 撒禮塔과 蒲桃는 강동성전투에 참여한 경력이 있었고 고려 兩界의 지형을 어느 정도 파악하고 있었으며, 특히 蒲桃(蒲里帒完)는 개경에까지 와서 詔書를 전달했던 경험이 있었으므로 선봉을 自任했던 것으로 생각된다. 『高麗史』 高宗世家와 『新元史』 札剌亦兒台豁兒赤傳, 그리고 『高麗史』 趙叔昌傳·文大傳 등을 종합해 볼 때, 이들 몽고군은 크게 3개 방면으로 공격루트를 확정한 것으로80) 판단된다. 원수 撒禮塔과 북경원수 吾也而 등이 직접 이끄는 本軍(제1군)은 咸新鎭과 麟州를 거쳐 西北大路81) 방면으로 진격해 들어가고, 別動隊로 조직한 先鋒隊(제2군) 3元帥는 지름길로 함신진 남방의 寧德鎭·瑞昌縣을 공략하고 남하하여82) 本

146, 39쪽.

78) 『新元史』 권132, 列傳29 札剌亦兒台豁兒赤傳 참조.

79) 『高麗史』 권23, 高宗 18年 11月 辛亥日條.

80) 撒禮塔의 제1-(1)차 침입군의 침략 루트에 대해서는 山口修, 1972, 「蒙古と高麗(1231)－蒙古の第一次高麗侵略－」, 『聖心女子大學論叢』와 柳在城, 1988, 앞의 책, 41~46쪽, 그리고 尹龍爀, 1991, 앞의 책, 44~45쪽을 크게 참조하였다. 山口修와 尹龍爀 兩氏는 각 침공루트를 설명하면서, 蒙古軍 제2군과 제3군의 지휘부는 언급하지 않았다. 그러나 柳在城은 蒙古軍 제1·2·3군을 더 細分하여 8軍으로 나눴다. 제1군 푸타우(蒲桃) 제2군 디쥬(迪巨) 제3군 탕꾸(唐古)가 南路軍으로써 咸新鎭－麟州－龍州－鐵州－宣州－郭州를 통해 南進하였고, 제4군 왕룽쭈(王榮祖) 제5군 우예이(吾也而) 제6군 일라(移剌)가 北路軍으로써 朔州－龜州－泰州－渭州의 內陸路를 통해 南下하였으며, 제7군 마이누(買奴) 제8군 삐멘(壁門)은 本郡으로써 撒禮塔과 함께 제1·2·3군의 뒤를 따라 내려왔다고 설명하였다(柳在城, 1988, 앞의 책, 45~46쪽). 氏의 침략루트 분석에는 찬동하지만 각 지휘부의 구성은 그 해석이 너무 자의적이어서 의문점이 많다.

81) 北界의 西北大路란 義州와 麟州를 거쳐 西海岸에 인접한 龍州·郭州·安北都護府를 경유해서 西京에 이르는 大路를 의미한다. 이 西北大路는 북방 민족의 주요한 침입 경로였다.

82) 義州 남방, 麟州 동남방에 위치한 寧德鎭과 瑞昌縣을 攻取하고 최단거리로 鐵州에 이르렀던 부대는 撒禮塔의 別動隊로서 그 지휘관은 先鋒隊 3元帥인 唐古·迪

軍과 합류하기로 하고, 耶律留哥의 아들 遼王 薛闍과[83] 義川州等節度使 王榮祖를 주축으로 하는 일단의 몽고군(제3군)은 朔州·靜州를 우선 공략하고 그곳으로부터 내륙으로 깊숙이 파고들어 龜州 방면으로 진출한다는 腹案을 세워 놓았던 것으로 보인다.[84]

撒禮塔이 총지휘하는 몽고 1·2·3군은 고종 18년 8월 10~14일 사이에 함신진을 수겹으로 포위하여[85] 항복을 권유하니 防守將軍 趙叔昌이 副使 全僴과 협의하여 투항하였다. 이때 조숙창은 부친 趙冲이 扎剌(撒禮塔)와 형제맹약을 맺은 것을 상기시키면서 撒禮塔의 嚮導가 되는 것을 주저하지 않았다.[86] 함신진의 자진 투항으로 고려의 최전방 방어선은 사실상 무너지게 되었다. 撒禮塔은 부대를 셋으로 나누어 자신은 麟州로 진격하고, 제2군은 신속히 寧德鎭 방면으로 내려 보내고, 제3군은 朔州·靜州를 공격하고 內陸路로 침투하도록 명령하였다. 몽고 제1군 本陣이 인주에 도달하자 그곳의 神騎軍都領 洪福源은 부친 洪大宣(洪大純)과 더

巨·蒲桃였을 것으로 여겨진다.

83) 『元史』 권149, 列傳36 耶律留哥傳.

84) 關聯史料를 통해서 제1군은 元帥 撒禮塔이 직접 지휘해서 西北大路 상에 놓여 있는 北界城들을 공격하고, 제2군은 先鋒隊로서 唐古·蒲桃·迪巨元帥가 신속히 남하했을 것이며, 제3군의 지휘관은 추정에 불과하지만 遼王 薛闍를 중심으로 해서 內陸 방면으로 龜州城과 慈州城 등지를 공격했을 것으로 짐작된다. 어디까지나 저자의 추측에 지나지 않지만, 몽고군의 작전 실행 모습을 통해서 어느 정도 확실하다고 볼 수 있다.

85) 『高麗史』 권22, 高宗 18年 8月 壬午日條(29일)에 몽고군이 鐵州를 도륙했다고 했으며, 金坵의 『止浦集』 「過鐵州」에서 鐵州戰鬪가 15일 동안 지속되었다고 한 것을 통해서 逆算하면, 咸新鎭이 포위된 시점은 15일 이전이 되므로 8월 14일 무렵이 된다. 한편 山口修는 앞의 논문(1972, 『聖心女子大學論叢』 40, 30~34쪽)에서 撒禮塔이 8월에 咸新鎭으로 진입했다고 단정한 바 있다.

86) 『高麗史』 권130, 叛逆列傳4 趙叔昌傳 참조. 『東文選』 권43, 「將軍趙叔章讓朝淸大夫千牛衛攝大將軍表」에서 趙叔昌(趙叔章)은 자신이 對蒙講和를 이끌어 내어 功을 세우려고 했던 것이지, 蒙古軍에게 목숨을 구걸한 것이 아니라고 항변하고 있다. 그러나 그의 이러한 입장은 江華遷都를 단행한 崔瑀政權에게 무시되어 北界收復運動 때에 숙청되고 만다.

불어 자진해서 투항하였다. 그 시점은 대략 8월 14~15일 사이였다.[87]
함신진과 인주가 쉽사리 적군에게 투항해 버린 이유는, 그곳이 韓恂・多
智의 반란 당시 반개경정부의식이 고조되어 있었던 곳이고 外勢(東眞)와
도 결탁하여 최씨정권에 도전했었던 지역이었기 때문이었다. 撒禮塔이
지휘하는 제1군이 함신진과 인주를 무혈입성하자, 몽고군은 사기가 충
천한 채로 노도와 같이 龍州로 밀려왔다. 龍州副使 魏玿(魏紹)[88]는 撒禮
塔의 대군을 맞이하여 거의 한 달간 분전했지만 중과부적으로 9월 20일
에 항복하고 말았다. 투항한 魏玿를 향도로 삼지 않고 포로로 취급한[89]
撒禮塔은 9월 29일에 宣州와 郭州마저 함락시켰다.[90] 이제는 淸川江을
건너 北界兵馬使營이 있는 安北都護府로 진격해 들어갈 일만 남게 되
었다.

몽고군 제1군이 麟州에서 洪福源 무리와 합세하여 용주로 향하고 있
었을 무렵, 몽고 제2군 선봉대는 이미 寧德鎭과 瑞昌縣을 함락시켰다.
대략 8월 15일경의 일로써,[91] 몽고 선봉대는 함신진에서 투항한 防守將
軍 조숙창으로 하여금 진로 상에 놓여 있는 여러 鎭들을 자진 항복시켰
던 것 같다.[92] 선봉대를 이끌었을 것으로 여겨지는 唐古・迪巨・蒲桃元帥
는 鐵州城[93]에 이르러 8월 15일 무렵부터 29일까지 보름동안 혈전을 벌

---

87) 咸新鎭의 投降 시점이 8월 14일 이전이라면, 撒禮塔이 部隊再編과 作戰會議를
   거친 이후 麟州에 도달하여 항복받은 것은 8월 14~15일 사이의 일로 여겨진다.
88) 魏玿는 『圓鑑錄』을 지은 圓鑑國師 冲止의 부친 魏紹와 동일인물로 생각된다(秦
   星圭, 1981, 「圓鑑國師 冲止의 生涯」, 『釜山史學』 5, 58~59쪽).
89) 撒禮塔은 魏玿가 거의 1달간이나 蒙古軍에 저항한 것에 분개하여 그가 자진 투
   항했음에도 불구하고 포로로 취급하였다. 『高麗史』 권23, 高宗 18年 9月 癸卯日
   條 참조.
90) 『高麗史』 권23, 高宗 18年 9月 壬子日條.
91) 몽고 先鋒隊(제2군)가 鐵州를 함락시킨 시점이 8월 29일인데, 金坵의 「過鐵州」
   에서 鐵州城 攻防戰이 보름 정도 지속되었다고 하므로, 寧德鎭과 瑞昌縣을 항복
   시킨 일자는 대략 8월 15일쯤이 된다.
92) 『高麗史』 권130, 叛逆列傳 4 趙叔昌傳 참조.

였다. 이 당시 철주성을 지키던 장수는 鐵州防禦使 李元禎과 판관 李希
勣(李希績)이었는데, 死力을 다해 버티다가 힘이 다하자 처자식을 죽이
고 난 후 화약고에 뛰어들어 자살하였다.[94] 철주를 어렵사리 함락시킨
선봉대 3원수는 撒禮塔의 본진과 합류하여 선주·곽주 방면으로 나아갔
다고 생각된다.

한편 몽고 제3군은 함신진에서 東進하여 朔州와 靜州를 공략하였는
데, 대략 그 시기는 8월 15~25일 사이였을 것이고, 朔州·靜州가 함락된
사실은 靜州分道將軍 金慶孫과 朔州分道將軍 金仲溫이 각각 별초군을
이끌고 龜州城으로 퇴각한[95] 것에서 알 수 있다. 제3군은 8월 하순에
內陸路 상에 위치해 있는 定從鎭·寧朔鎭·安義鎭을 차례대로 공략하며[96]
남하한 것으로 여겨진다. 이 鎭들은 구주성의 보루와도 같은 小城들이었
으며, 하나씩 점령하는데 일정한 시간이 소요되었을 것이다. 내륙으로

---

93) 鐵州城은 平安北道 鐵山郡 西林洞 西林城이다(尹武炳, 1953,「高麗 北界地理考
   下」,『歷史學報』5, 47쪽). 한편『新增東國輿地勝覽』에서는 古鐵州城의 존재가
   나타나는데, 이것이 고려 때의 鐵州城일 것이며,『大東地志』에서는 鐵山에 西林
   城(西林鎭)이 존재했음을 알려주고 있다. “古鐵州城 在郡北三十五里 个屹峴北
   石築 其餘土築 周一萬五百尺 內有七井”(『新增東國輿地勝覽』권53, 平安道 鐵
   山郡 古跡條). “營倉在西林城中”(『大東地志』권23, 平安道 鐵山 倉條). “西林鎭
   北四十里山上 英宗二十三年置 命使築石城 周二千四百八十五步 …”(『大東地志』
   권23, 平安道 鐵山 鎭堡條).『大東地志』에 등장하는 西林鎭은 고려 때의 西林城
   을 改築한 것으로 이해된다.

94)『止浦集』「過鐵州」와『輿地圖書』平安道 鐵山府 壇廟條 참조.『高麗史』高宗
   世家에서는 판관 李希勣의 존재만 나타나지만,『止浦集』「過鐵州」에서는 鐵州
   守 李元禎의 존재가 드러나고,『輿地圖書』에서는 鐵州防禦使 李元禎과 판관 李
   希績이 같이 등장하고 있다.『高麗史』高宗世家의 李希勣은『高麗史』文大傳과
   『東國輿地勝覽』·『輿地圖書』의 李希績과 동일인물이다. “雙忠祠 在府南三十里
   古土城內 高麗忠臣 鐵州防禦使李元禎 判官李希績 當蒙古陷城之時 恥降於虜
   防禦使先殺其妻子 縱火于火藥庫 自焚死 判官亦自刎死”(『輿地圖書』冊23 平安
   道 鐵山府 壇廟條).

95)『高麗史節要』권16, 高宗 18년 9月條와『高麗史』권103 列傳16 金慶孫傳 참조.

96) 尹龍爀, 1991, 앞의 책, 45쪽.

침투한 제3군은 제2군에 의해서 철주가 함락된 후 얼마 안 지나서[97] 구
주성을 포위하며 공격했다.

고종 18년 8월 중순부터 개시된 몽고군의 파상적인 공격과 일부 城·
鎭의 투항으로 개경정부는 상당한 위기의식을 느꼈지만, 몽고군의 남하
에 대한 방어책 토의는 9월 2일에서야 진행되었다. 최우는 재상들을 자
신의 집에 불러 三軍을 내어 몽고병을 막을 것을 의논케 하고, 대장군
蔡松年을 北界兵馬使로 삼는 한편 여러 도의 병사들을 징발하였다.[98]
거의 한 달이 지나서야 몽고병을 막을 대책을 논의하고 있는 모습에서,
개경조정이 최초에 진짜 몽고군인지 가짜 몽고군인지 분별해 내지 못했
던 것과 연관이 있는 듯하다. 최우가 뒤늦게 몽고의 침입을 완전히 인정
하게 된 것은 平州에서 잡아온 몽고사 2인의 존재를 통해서였다고 하므
로,[99] 고려는 몽고의 침입을 반신반의하고 있었던 것이다. 북계의 巨鎭
이 하나 둘씩 적군의 수중에 떨어지고 있었을 때, 馬山[100]의 草賊 괴수
2인이 최우에게로 찾아와 스스로 투항하며 몽고병을 치는데 조력하겠다
고 자원하고 나섰다.[101] 초적이란 '國內統治輩들의 虐政에 반감을 품고
반란을 일으킨 농민군 혹은 流浪化·盜賊化된 농민들'인데,[102] 대개 그

---

97) 『高麗史』 권103, 列傳16 金慶孫傳에 의하면, 鐵州 함락 이후 곧바로 蒙古兵이
   龜州城으로 진격했음이 발견된다. 『高麗史』 高宗世家에서도 龜州城戰鬪 개시
   를 9월 3일로 분명히 확정짓고 있다.

98) 『高麗史』 권23, 高宗 18年 9月 乙酉日條.

99) 『高麗史』 권23, 高宗 18年 冬10月 壬申日條.

100) 尹龍爀은 馬山이 경상남도의 현 馬山이 아니라 京畿道 坡州를 지칭한다고 보았
    다(尹龍爀, 1991, 앞의 책, 46쪽). 『新增東國輿地勝覽』에서는 馬山驛이 坡州 남
    쪽 4里 지점에 있음을 알리고 있는데, 아마 馬山 草賊은 이 馬山驛 일대를 점거
    한 채로 開京政府를 위협했던 듯하다. "馬山驛 在州南四里"(『新增東國輿地勝
    覽』 권11, 京畿道 坡州牧 驛院條).

101) 馬山 草賊 魁帥 2명이 蒙古兵의 침입을 계기로 崔瑀를 직접 찾아와 돕겠다고
    한 것은, 한편으로는 國難을 극복하려는 자발적인 愛國心에서 그러했을 수도 있
    겠고, 다른 한편으로 생각이 미치는 것은, 그들 스스로가 草賊으로서의 삶을 청
    산하고 崔氏政權과의 대립관계에서 벗어나기를 희구하고 있었을 지도 모르겠다.

두목은 유랑농민들 가운데 무예가 출중한 자가 추대되거나, 官軍에 몸담고 있다가 중앙정부에 반기를 들고 도망친 병사 출신들이었다.[103] 이러한 아래로부터의 民草들에 의한 對蒙抗戰은 撒禮塔의 제1차 침입부터 전개되는 것인데, 초적은 정부와의 항쟁을 그만두고 위기에 봉착한 나라를 구원하고자 들불처럼 들고 일어선 것이다. 최우는 마산 초적 정예병 5千을 고려 삼군에 충원시켰고,[104] 그들의 응원에 힘입어서인지, 冠岳山 초적 둔소에 사람을 보내 괴수 5인을 설득하여 휘하 50명을 右軍에 충당시키는데[105] 성공했다. 초적의 활동지는 마산과 관악산 이외에도 전국적으로 산재했을 것이지만, 상황이 너무 급박했으므로 최우는 우선 급한 대로 마산과 관악산에서 활동 중인 초적들을 적극적으로 포섭하여 삼군에 편성한 것이다. 府衛兵에 초적까지 가세한 고려 삼군은 상장군 李子晟의 지휘 하에 9월 9일에 安北府를 향해 북상하였다.

몽고군이 서서히 安北府와 구주성을 압박하면서 구주성전투와 서경전투 그리고 동선역전투가 발발하였다. 이들 전투는 고려 측의 반격과 거센 저항을 상징하며 몽고병의 남진을 제어한 몽고 제1차 침입의 최대 격전이었다. 각각의 전투 내용과 결과에 대해서 살펴보도록 한다.

G-1. 丙戌 蒙兵圍龜州城 不克而退(『高麗史』 권23, 高宗 18年 9月 丙戌日條)

G-2. 蒙兵 至龜州 兵馬使朴犀 及朔州分道將軍金仲溫 靜州分道將軍金慶孫 與靜朔渭泰州守令等 各率兵 會龜州 犀以仲溫軍 守城東西 慶孫軍 守城南 都護別抄 及渭泰州別抄 二百五十餘人 分守三面 蒙兵大至南門

---

102) 姜晋哲, 1973, 「蒙古侵入에 대한 抗爭」, 『한국사』 7, 국사편찬위원회, 368쪽.

103) 金潤坤, 1979, 「抗蒙戰에 參與한 草賊에 對하여」, 『東洋文化』 19, 12쪽. 氏는 神騎軍 소속이었던 南京人 仁傑의 경우나 東京夜別抄 소속이었던 孛佐의 경우 모두 逃亡兵 출신으로서 草賊의 魁首가 되었음을 예증하고 있다.

104) "馬山草賊魁二人 自降 來詣崔瑀曰 我等 請以精兵五千人 助擊蒙兵 瑀大喜 賞賜甚厚"(『高麗史節要』 권16, 高宗 18年 9月條).

105) "崔瑀 遣人 往廣州冠岳山草賊屯所 誘致賊魁五人 精銳五十人 厚賞以充右軍"(『高麗史節要』 권16, 高宗 18年 9月條).

慶孫 率靜州衙內敢死士 十二人 及諸城別抄 出城將戰 慶孫 前士卒而
令曰 爾等爲國忘身 死而不退者 右別抄 伏地不應 悉令還入城 手射蒙
兵先鋒 黑旗一騎 卽斃倒 敢死士 因之奮戰 流矢中慶孫臂 血淋漓 手鼓
不止 至四五合 蒙兵却走 慶孫 整陣 吹雙小笒 還營 犀 迎拜而泣 事皆
委之 蒙兵 圍城數重 日夜攻西南北門 官軍突出擊走之 蒙兵 擒渭州副
使朴文昌 令入城諭降 犀斬之 蒙兵 抽精銳三百騎 攻北門 犀擊却之 蒙
兵 車積草木 輾而進攻 慶孫 以砲車 鎔鐵液以瀉之 燒其積草 蒙人却走
更創樓車及木床 裏以牛革 中藏兵 薄城底 以穿地道 犀 穴城注鐵液 以
燒樓車 地且陷 蒙人壓死者 三十餘人 又爇朽茨 以焚木床 蒙人 錯愕而
散 蒙人 又以大砲車十五 攻城南 甚急 犀亦築臺城上 發炮車飛石 却之
蒙人 漬薪人膏厚積 縱火攻城 灌水救之 其火愈熾 犀令取泥土 和水投
之 乃滅 蒙人 又車載草 爇以攻譙樓 犀預貯水樓上而灌之 火焰尋息 慶
孫 據胡床督戰 有砲 過慶孫頂 擊在後衛卒 身首糜碎 左右請移床 慶孫
曰 不可 我動則人心動 神色自若 竟不移 蒙兵圍城三旬 百計攻之 犀 輒
乘機應變以固守 蒙兵 不克而退(『高麗史節要』권16, 高宗 18年 9月條)

G-3. 癸巳 蒙兵 攻西京城 不克(『高麗史』권23, 高宗 18年 9月 癸巳日條)

G-4. 三軍 屯洞仙驛 會日暮 諜者來報無賊變 三軍信之 解鞍而息 有人 登山呼
曰 狄兵至矣 軍中大驚 皆潰 蒙兵八千餘人 突至 上將軍李子晟 將軍李承
子 盧坦等 五六人 殊死戰 子晟 中流矢 坦 中槍僅免 三軍始集而與戰 蒙
兵 稍却復來 擊我右軍 有散員李之茂 李仁式等 四五人 拒之 馬山賊二人
射蒙人應弦 而官軍乘勝擊走之(『高麗史節要』권16, 高宗 18年 9月條)

　　遼王 薛闍가 지휘하는 몽고 제3군은 9월 3일에 구주성을 포위하여 공
격을 개시하였다(G-1). 西北面兵馬使 朴犀(朴文成)[106]는 적군이 몰려오
기 전에 북계병마사영이 있던 安北府를 떠나 항전의 거점으로서 龜州를
삼았다. 撒禮塔의 대군을 저지하기에 안북부가 갖추고 있는 지형적 조건
이나 방어환경이 극히 불리하다고 판단했기 때문에,[107] 安北府別抄를

---

106) 龜州城戰鬪 당시의 西北面兵馬使는 朴犀이다. 그런데 그는『東文選』권26,「除
　　　宰臣朴文成李子晟宋恂任景肅敎書」에서 朴文成으로 등장한다. 이에 대해 尹龍
　　　爀은 제1차 몽고침입 이전의 성명은 朴犀이고, 對蒙講和가 이뤄진 후 그가 낙향
　　　했을 때부터의 이름은 朴文成이라고 단정하였다(尹龍爀, 1991, 앞의 책, 241쪽).
107) 尹龍爀, 1991, 위의 책, 232쪽.

거느리고 구주성에 입보했을 것이다. 한편으로 생각이 미치는 것은, 안북부의 방어는 잔류한 안북부의 병사와 고려 삼군이 맡고, 내륙 요새인 구주성의 방어는 서북면병마사 박서가 맡는다는 최우의 전략에 기초했을 가능성이 매우 높다.108) 안북부를 떠나온 박서는 구주성의 전력을 보강하기 위해서 龜州副使 이외에 靜州副使 朴得芬, 渭州副使 朴文昌, 朔州副使, 泰州副使 휘하의 별초군을 구주성으로 끌어 모았다.109) 이 다섯 고을 가운데 이미 朔州・靜州・泰州가 적의 수중에 넘어갔고 온전한 것은 龜州와 渭州뿐이었다. 또한 박서는 몽고 제3군에게 패전한 정주 분도장군 김경손과 삭주 분도장군 김중온 휘하의 군사들도 집결시켰다.110) 인근지역에서 끌어 모은 병력과 구주 자체의 군사를 합해서 구주성에 집결한 주진군과 방수군의 규모는 대략 2천~2천 5백을 상회하는 수효였을 것으로 짐작된다.111)

박서는 몽고군의 攻城戰을 효과적으로 분쇄하기 위해서 龜州城 州鎭軍 이외에 끌어 모은 병력을 성의 4면에 나눠서 배치하였다(G-2). 동・서면은 삭주분도장군 김중온이 맡고, 남면은 정주분도장군 김경손이 담당하고, 자신은 직접 북면을 지킨다는 전략을 세웠다. 또한 안북부・태주・

---

108) 여러 정황으로 미루어 짐작컨대, 崔瑀는 내륙 요지의 방어를 강화하기 위해서 西北面兵馬使 朴犀 휘하의 병력을 龜州城에 집결시키고, 安北都護府의 방어는 잔류한 安北府 병사들과 고려 三軍이 맡는다는 腹案을 세워 놓은 것 같다.

109) 『高麗史』 권103, 列傳16 朴犀傳 참조.

110) 『高麗史』 권103, 列傳16 金慶孫傳에 의거하면, 朔州分道將軍 金仲溫은 靜州分道將軍 金慶孫이 蒙古兵에게 패하여 7일 만에 龜州城으로 入保하기 이전에 이미 들어와 있었다. 그렇다면 朔州戰鬪는 대략 8월 15~20일 어간에 있었을 것으로 추정되고, 靜州戰鬪는 8월 20~25일 사이에 치러졌을 것으로 짐작된다. 정주가 함몰된 1주일(7일) 후에 김경손이 구주성에 입보했으므로 대략 9월 2일이 된다.

111) 『高麗史』 권83, 兵志3 北界 州鎭軍 龜州條에 의하면, 龜州는 行軍이 1,642명이었다. 여기에다 靜州・朔州・泰州・渭州別抄와 朴犀가 친히 인솔해 온 安北府別抄까지 더한다면 아마 군사규모는 2千을 훨씬 상회하는 규모였을 것이라고 짐작된다.

위주의 별초 250여 명을 성의 동·서·남면에 각기 배치시켰다. 9월 3일
에 몽고 제3군이 드디어 구주성의 북·서·남면을 밤낮을 가리지 않고 공
격해 오기 시작하였고 쌍방 간의 치열한 공방전이 벌어졌다. 몽고군이
구주성의 남문을 집중 공략하여 위기에 봉착하였을 때, 김경손은 자기가
데려온 靜州別抄[112] 결사대 12인을 이끌고 성 밖에서 사력을 다해 적과
싸워 그들을 물리쳤다. 이 남문 공방전에서의 승리로 구주성의 사기는
높아졌고, 병마사 박서는 김경손을 크게 위로하며 일체의 軍務를 그에게
위임하였다고 한다. 서문에서 출병한 위주부사 朴文昌은 적의 계략에 속
아 포로가 된 듯하며,[113] 그는 구주성에 들어와 항복을 권유하였다. 박
서는 지체 없이 그를 제거했으며, 항전의 기치를 높이 세웠다. 몽고군은
구주성을 자진해서 항복시키지 못하게 되자, 精騎 3백으로 박서가 지키
고 있는 북문을 집중 공략하였지만 실패하였다. 이후 그들은 樓車와 臺
床을 만들어 성 밑에 육박시켜 굴을 뚫기도 하고, 15대의 大砲車로 성안
에 포탄을 퍼붓는가 하면 사람기름으로 섶을 적셔서 불을 지른 다음 성
문을 공격하는 등 갖은 계책으로 구주성을 공략하였다. 그때마다 번번이
박서의 臨機應變과 逆攻으로 공격이 실패하게 되자, 몽고 제3군은 30여
일에 걸친 공성전을 포기하고 철수하게 된 것이다. 이 구주성전투야말로
몽고 제1차 침입의 최대 승전이라 할 수 있으며, 守城戰에 있어서는 우
리 역사상 安市城戰鬪와 더불어 가장 빛나는 승리라는 격찬을[114] 받고

---

112) 위의 사료 G-2에서는 金慶孫이 인솔해 간 12명의 決死隊를 '右別抄'라고 표기
    하고 있다. 여기서 '右別抄'는 夜別抄 가운데 하나인 右別抄일 수도 있겠으나,
    그 보다는 '이 別抄가'라고 해석해야 옳을 듯하고, 김경손이 靜州를 버리고 후
    퇴할 때 靜州 官衙에서 따라온 靜州別抄軍이었을 것으로 생각된다.
113) 朴犀가 北面을 지키고, 金慶孫이 南面을 담당하였다는 것에서, 渭州副使 朴文
    昌은 朔州分道將軍 金仲溫 등과 더불어 城의 西門을 맡았던 것으로 짐작되는
    데, 蒙古兵을 기습하는 과정에서 붙잡혀 포로가 된 듯싶다.
114) "吾東方 善守城者 安市之後 又有龜州 犀慶孫之功 誠不細矣"(『東國通鑑』 권31,
    高麗紀 高宗 18年 9月條).

있다. 전략적으로 볼 때는, 구주성의 사수로 인해서 몽고의 1개 제대의 남하를 차단시키고 撒禮塔의 本陣을 안북부 이북에 묶어두는 효과를 거두게 되었다.

구주성전투가 한창 벌어지고 있었을 무렵, 몽고의 선봉대는 9월 10일에 西京城을 포위 공격하였다. 이 당시 서경성을 지키고 있던 장수는 기록에 등장하지 않는다. 그렇지만 전통적으로 서경성은 西北大路 상에 위치한 巨鎭이자 開京과 더불어 2京을 이룰 정도로 중요시되어 왔던 북방의 別都라는 점에서, 상당한 전술 능력을 갖춘 무장들이 배치되어 있었음은 분명하다. 몽고의 선봉대일 것으로 추정되는 제2군은 서경성을 함락시키지 못하고 우회하여 남방으로 내려갈 수밖에[115] 없었다. 서경성전투는 고려가 거둔 두 번째의 값진 승리였다.

몽고 제3군이 구주성에서 발목이 묶이고, 제2군이 서경성 공함에 실패한 채 黃州·鳳州로 남하하자 북상하던 고려 三軍과의 교전이 불가피해졌다. 李子晟이 지휘하는 고려 삼군이 西海道 황주 부근의 洞仙驛에서 노숙하려 준비하던 차에, 야음을 틈타서 몽고병 8千이 엄습해 왔다. 이 동선역전투는 9월 20~29일 사이에 벌어졌는데,[116] 적의 기습으로 상장군 이자성은 流矢에 맞고, 장군 盧坦은 창에 맞아 말에서 떨어졌으며 고려군이 혼비백산하여 궤멸 일보 직전에 있었다. 이자성 등이 삼군을 정제하고 몽고병을 치니 그들이 물러났다가 다시 우리 右軍을 집중 공략하였다. 이때 馬山 초적으로 종군한 병사 2인이 몽고병에게 화살을 쏘니 시윗줄을 따라 적들이 쓰러졌으므로 삼군이 승세를 타서 적군을 패주시켰다고 한다. 이 동선역 전투에서 마산 초적들의 전공은 눈부신 것이었

---

115) 『高麗史』 권23, 高宗 18年 9月 丁酉日條에 蒙古軍이 黃州와 鳳州에 침입하였다고 한 것은, 몽고 제2군이 西京城을 함락시키지 못하게 되자 우회하여 黃州 방면으로 남하했음을 알 수 있는 대목이다.

116) 山口修, 1972, 앞의 논문, 42쪽. 氏는 『高麗史節要』에서 洞仙驛戰鬪를 9월 20일과 29일 사이에 끼워 넣고 있는 점에 착안하여 9월 하순의 일로 여기고 있다.

으며,[117] 괴멸 직전의 고려 삼군을 구원하고 적들을 다시 安北府 이북으로 밀어붙이는데 성공한 것이다.

　구주성·서경성의 승전과 동선역전투에서 고려 삼군의 분전으로 전선은 교착상태에 빠졌다. 황주·봉주까지 남하하였던 몽고 선봉대는 다시 북상하여 撒禮塔의 본진(제1군)과 합류하였고, 몽고 제1·2군은 9월 29일 宣州와 郭州를 함락시키고 안북부로 향했다. 안북부를 공격하기 전에, 撒禮塔은 10월 1일에 자신의 사자 2인을 平州에 보내 개경에 당도하도록 하였다. 사자 1명은 阿土(阿兒禿)[118]이었고, 다른 1명은 女眞人이었다.[119] 그러나 평주에서 두 사자를 감금시킨 후 몽고사의 도달 소식을 개경정부에 알렸다. 정부에서는 의논이 구구하여 혹자는 몽고사를 죽여야 한다고 하고, 혹자는 그들이 들어온 이유를 물어야 한다고 하였다.[120] 결국 최우는 殿中侍御史 金孝印을 보내 그들이 평주에 온 이유를 따져 물었다.[121] 몽고사가 가지고 온 撒禮塔의 牒文에, "몽고군사가 咸新鎭에 왔을 때 항복한 자는 다 죽이지 않았으니, 항복하지 않겠다면 끝

---

117) 洞仙驛戰鬪에서 草賊들의 활약상은 馬山 草賊 5천 명이 두드러진 戰功을 세웠다. 그러나 冠岳山 草賊 50명도 奮戰했을 것이며, 史書에서 누락된 草賊들이 이 전투에 참여하고 있었는지도 모르겠다.

118) 撒禮塔이 최초로 平州로 보낸 使者 2명 가운데 한 명이 阿土라는 사실은,『高麗史』권23, 高宗 19年 12月 壬子日條에 붙어 있는 甲寅日에 나와 있는 撒禮塔의 公文 속에서 나타난다. 한편 阿土라는 인물은 몽고－고려 사이의 講和가 체결된 이후 洪福源과 더불어 다시 開京에 와서 撒禮塔의 文牒을 전달했다.『元高麗紀事』太宗 3年條에 阿兒禿이 洪福源과 더불어 開京에 와서 撒禮塔의 文牒을 전달했다고 되어 있는데, 여기서 阿兒禿은 阿土임이 분명하다(池內宏, 1924, 앞의 논문,『滿鮮地理歷史硏究報告』10, 126～127쪽). 阿土 곧 阿兒禿은 撒禮塔의 使者로서 2번 개경에 도달한 것이다.

119)『高麗史』권23, 高宗 18年 冬10月 壬申日條.

120) 蒙古使를 죽여야 한다고 주장한 이들은 對蒙强硬論者들이었을 것이고, 蒙古使의 도착 사유를 물어야 한다고 말한 이들은 愼重論 觀望論을 전개한 부류의 大臣들이었을 것으로 생각된다.

121)『高麗史』권23, 高宗 18年 冬10月 癸丑日條.

까지 회군하지 않을 것이고, 항복하면 곧 東眞으로 떠나겠다"고[122] 적혀
있었다. 첩문을 통해서 撒禮塔은 고려의 항복을 종용하고 있었음이 드러
났고, 고려가 항복할 경우 東眞國을 토벌하러 가겠다는 의사도 전하고
있었다. 10월 20일에 郎將 池義深이[123] 평주에서 감금시켰던 撒禮塔의
사자 2인을 개경으로 데려왔는데, 조정에서 그들을 보고서야 몽고병이
침입한 것을 확실히 깨닫게 되었다. 그동안 金將 亏哥下와 哥不愛 등의
책동으로 인해서 假蒙古·眞蒙古 문제가 발생한 것은 사실이고, 몽고가
언젠가는 저고여피살사건을 추궁하리라는 것을 짐작했지만, 이처럼 대
규모 몽고군이 갑자기 침입하리라고는 예상치 못한 일이었다.[124] 몽고
본진과 안북부에서 일대 접전을 앞두고서 고려조정을 짓누르는 위압감
이 쇄도하였다. 10월 20~21일 사이에는 몽고 제3군이 구주성의 행랑
200여 칸을 파괴하고 다시 諸城의 항복한 고려군졸을 데리고 와서 新西
門 요충지 28개소에 대포를 설치하고 포탄을 날려 행랑 50칸을 파괴했
으나, 박서와 구주성민의 사력을 다한 용전으로 적군을 격퇴시킬 수 있
었다.[125]

---

122) "其牒云 我兵初至咸新鎭 迎降者 皆不殺 汝國 若不下 我終不返 降則 當向東
　　眞去矣"(『高麗史』 권23, 高宗 18年 冬10月 癸丑日條).
123) 郎將 池義深은 『元高麗紀事』 太宗 4年 3月條에 등장하는 中郎將 池義源과 동
　　일인물일 것이다. 한편 『高麗史』 권103, 列傳16 朴犀傳에서 '通譯 池義深'이라
　　고 되어 있는 것으로 보아, 그는 蒙古語에 능통하여 對蒙外交에 활약했던 것으
　　로 보인다.
124) 箭內亘은 高麗가 著古與를 살해했는데 몽고 황제 太宗에게 보낸 高麗王의 陳
　　情表文에서는 亏哥下와 蒲鮮萬奴의 책동이라고 기만하였음을 질타하였고, 몽
　　고 大軍이 來侵하리라는 사실도 이미 알고 있었을 것으로 파악하였다(箭內亘,
　　1918, 「蒙古の高麗經略-附錄:蒙使著古與の遭難」, 『滿鮮地理歷史研究報告』 4,
　　261~275쪽). 그러나 氏의 주장은 尹龍爀이 이미 비판한 바가 있고, 再論을 요
　　하지 않는다. 著古與被殺事件 이후 高麗朝廷이 東眞國과의 전쟁에 휘말려 있
　　고 몽고와 兄弟盟約關係를 일방적으로 파기시키지 않고 있었던 이상 고종 18년
　　몽고 대군의 침입을 예상하기는 어려웠을 것이다.
125) 『高麗史』 권23, 高宗 18年 冬10月 壬申日·癸酉日條.

고려 삼군이 10월 21일에 안북부에 도착하여 일정기간 大會戰을 회피한 채 수성전을 계획하여 성벽을 높이고 참호를 깊게 파고 있었을 때,[126] 撒禮塔의 본진과 선봉대 제2군이 안북부를 공격하기 시작하였다. 안북부전투는 이후 대몽관계를 획정 짓는 중요한 계기가 되었던 만큼, 그 진행의 추이를 살펴보기로 하자.

> H. 是日 三軍 屯安北城 蒙兵至城下 挑戰 三軍不欲出戰 後軍陣主 太集成 强之 三軍出陣于城外 陣主 知兵馬等皆不出 登城 望之 集成亦還入城 三軍乃與戰 蒙兵皆下馬 分隊成列 有騎兵突擊我右軍 矢下如雨 右軍亂 中軍救之 亦亂爭入城 蒙兵乘勝逐之 殺傷過半 將軍 李彦文 鄭雄 右軍判官 蔡識等 死之(『高麗史』 권23, 高宗 18年 冬10月 癸酉日條)

고종 18년 10월 21일에 안북성에 주둔하여 守城 작업을 마친 고려군은 10월 말~11월 초에[127] 몽고병의 도전을 받아야 했다. 삼군이 수성에만 전념하고 나가 싸우려 하지 않자, 後軍陣主 大集成이 출전할 것을 강요하였다. 대집성은 최우와 사적으로 친밀한 심복 都房將軍으로서[128] 그의 명령은 곧 최우의 명령과도 같았으므로 원수 李子晟으로서도 그를 제지하지는 못했다. 고려 원수부는 대집성의 출전 강요를 거부하면서 中軍·右軍陣主와 知兵馬事 등은 모두 출전하지 않았고, 오로지 後軍陣主인 대집성 만이 삼군을 몰아 성 밖으로 나갔다가 병사들을 버려두고 혼자 성으로 돌아왔다.[129] 고려 원수부 사이에서 大會戰과 수성전의 전술

---

126) 『東文選』 권26, 「閔義爲千牛衛上將軍 知御史臺事官誥」에서 高麗 三軍이 싸움이 이롭지 못하다 하여 일정기간 安北城에서 守城하면서 성벽을 높이고 해자를 깊게 파고 있었음을 알려주고 있다.

127) 高麗 三軍이 10월 21일에 安北城에 도달하여 주둔한 이후 일정기간 守城 준비에만 전념하였다는 기록(『東文選』 권26, 「閔義爲千牛衛上將軍 知御史臺事官誥」)을 통해 볼 때, 실제전투는 10월 말이나 11월 초에 개시되었을 것이다.

128) 北村秀人, 1985, 「高麗時代의 渤海系民大氏에 대하여」,『三上次男博士喜壽記念論文集』, 272~274쪽.

구사에 대해서 미묘한 알력이 있었고, 결과적으로 三軍陣主가 모두 출전하지 않았으므로 안북부전투는 제대로 수행될 리 없었다. 陣主가 없는 고려 삼군은 撒禮塔의 유인전술에 휘말려 大敗를 당한 것으로 보여진다. 몽고병 선봉대가 고려군을 깊숙이 끌어낸 다음 모두 말에서 내려 隊를 나눠 列을 짓고 정면을 응시하였고, 별도의 騎兵으로 고려의 右軍을 돌격하여 화살세례를 퍼부은 것에서 그 대강을 짐작할 수 있다.[130] 몽고 기병의 기습을 받은 우군은 곧장 무너졌으며 중군이 이를 구원하다가 역시 어지러워지니 모두 앞 다투어 안북성으로 도주하게 되었다. 이 쓰라린 안북부전투의 패전으로 삼군의 살상이 過半이 넘었으며, 장군 李彦文 鄭雄과 右軍判官 蔡識 등이 전사하였다. 고려 측으로서는 감당할 수 없는 엄청난 손실을 입게 되었고, 서북대로를 적군에게 내주게 됨으로써, 몽고와 講和를 서두를 수밖에 없는 처지가 되고 말았다.

안북부전투가 한창 진행되고 있었던 11월 초, 몽고 제3군은 3차 구주성공격을 감행하였다.[131] 이때에는 몽고군이 포로로 잡은 북계 諸城兵을 몰아 구주성을 공격했는데, 砲車 30문을 배치하고 포탄을 날려 성의

---

129) 中軍陣主 李子晟과 右軍陣主 그리고 각 知兵馬事들은 大集成의 出戰 강요에 반대하였다. 蒙古兵과 大會戰을 벌여 이길 승산이 없다고 판단해서였을 것이다. 그들은 오히려 守城戰을 전개하면서 敵軍을 피로케 한 다음 역습 기회를 잡자고 大集成에게 건의했을 것으로 여겨진다. 그러나 大集成은 그러한 제안을 묵살하고 獨斷으로 出戰을 강행하고 말았다. 대집성이 蒙古兵의 유인전술에 속아 넘어갔는지는 잘 알 수 없으나 그의 戰術 실패로 인해서 安北城이 撒禮塔의 手中으로 넘어갔으며, 西北大路가 蒙古兵에게 장악되어, 이후 몽고에 저자세로 對蒙講和 협상을 벌일 수밖에 없는 처지가 된 것이다.

130) 이러한 蒙古軍의 유인전술은 코라즘원정에서나 헝가리원정에서도 흔히 볼 수 있는 것이다. 소수의 기병과 포로들로 성 밖에서 도전해오다가 성안에서 군사를 출동시키면 깊숙이 그들을 협곡으로 유인하여 기병대를 좌·우로 보내서 협공하여 괴멸시키는 전술이었다. 이러한 전술에 三軍陣主가 출전치 않은 고려 三軍이 말려들어 크게 패한 것이라 여겨진다.

131) 蒙古 제3군의 제3차 龜州城 공격은 11월 초의 일로 여겨진다. 고려조정이 對蒙 講和를 최초로 시도하는 11월 11일 이전에 攻防戰이 벌어졌을 가능성이 크다.

행랑 50칸을 파괴하였다. 박서는 성벽이 허물어지는 즉시 보수하고 또 쇠줄로써 봉쇄하니 몽고병이 감히 다시 공격해 오지 못했다. 박서가 기습 출격하여 크게 이김으로써 제3차 대접전도 구주성의 승리로 돌아갔다. 구주성에서 패퇴한 몽고 제3군은 남방의 慈州城(慈母城)[132]에 대한 공격을 감행하였지만 慈州副使 崔椿命이 吏民을 거느리고 고수하여 끝내 항복하지 않았다. 이러한 구주성·자주성의 눈물겨운 승리에도 불구하고 府衛軍과 草賊으로 구성된 고려 삼군이 제대로 싸워보지도 못하고 대패한 것은 아쉬움으로 남는다. 고려 삼군이 안북성을 사수했더라면 제1차 전쟁은 장기화되었을 것이고, 고려 측에서 그다지 불리하지 않은 조건으로 강화를 맺을 수도 있었을 것이다.

전황이 불리해지자 최우는 11월 초부터 撒禮塔과 강화협상을 추진하였다. 11월 11일에 北界 分臺御史 閔曦가 개경에 돌아와서 權皇帝(황제 권한대행자)를 자칭하던 撒禮塔이 "貴國에서 굳게 지키려든 굳게 지키고 투항하려거든 투항하고 맞서 싸우려거든 맞서 싸우자"고 말하며, 大官人이 직접 와서 항복할 것을 종용하였다고[133] 보고했다. 민희가 개경에 돌아온 시점이 11월 11일이므로 撒禮塔의 屯所를 방문한 것은 11월 초였을 것으로 추정된다. 이때 撒禮塔은 안북부에 주둔하고 있었고, 북계 분대어사 민희는 兵馬判官 員外郞 崔桂年과 함께 三軍陣主의 지시로

---

132) 慈州城은 平安南道 順川郡 豐山面 城中洞에 소재한 慈母城이다(尹武炳, 1953, 「高麗 北界地理考」, 『歷史學報』 5, 47~48쪽). 慈母城은 『新增東國輿地勝覽』에서는 慈母山城으로 등장하는데, 石築이며 둘레가 12733尺 높이가 13尺이다. 성안 골짜기마다 샘물이 솟아나오며 세상 사람들이 99우물이라고 말한다고 한다. 高麗時代 當代에는 軍營이 성 안에 있었고 군대 창고도 있었다. "慈母山城 石築 周一萬二千七百三十三尺 高十三尺 城內每谷有泉湧出 諺云九十九井 有軍營 舊址 又有軍倉"(『新增東國輿地勝覽』 권54, 平安道 慈山郡 城郭條).

133) "癸巳 北界分臺御史 閔曦 還奏 曦與兵馬判官員外郞 崔桂年 承三軍指揮 往犒 蒙兵 有一元帥 自稱權皇帝 名撒禮塔 坐氈廬 飾以錦繡 列婦人左右 乃曰 汝國 能固守 則固守 能投拜 則投拜 能對戰 則對戰 速決了也 汝職爲何 對曰分臺官人 曰汝是小官人 大官人速來降"(『高麗史』 권23, 高宗 18年 11月 癸巳日條).

안북부 둔소에 가서 犒饋外交를[134] 펼치며 강화를 체결하려 하였다.[135] 민희는 撒禮塔에게 講和를 제안했지만, 그는 민희가 小官人에 불과하고 진정한 항복의사를 전하지 않았다고 하여 강화체결을 거부하였다.[136]

최우가 시도한 강화체결 회담이 무산되자 다시 최전선에 전운이 감돌기 시작하였다. 최우는 11월 22일에 五軍 兵馬를 더 출동시켜 몽고군을 방어케 하는 조치를 취했다.[137] 이에 대해 撒禮塔은 평주에서 자신의 特使 2인을 감금시킨 사실을 뒤늦게 알게 되어 11월 28일에 그곳을 완전히 도륙해버렸다. 평주가 함락된 지 1일 만에 몽고 제2군 선봉대는 벌써 개경 宣義門 바깥까지 도달하였다. 蒲桃元帥는 金郊에 陣을 치고, 迪巨元帥는 吾山에 屯을 치고, 唐古元帥는 蒲里에 주둔하여 개경을 압박하였다. 몽고 3원수의 선봉대는 예성강에 와서 가옥에 불을 지르고 백성들의 재산을 무수히 약탈해 가니 개경의 민심이 흉흉해졌다.

12월 1일에 이르러서는 몽고 선봉대 3원수의 군사가 개경의 4대문 밖에 와서 주둔하는 한편 왕실 사찰이었던 興王寺를 공격하였다. 상황이 급박해지자, 최우는 家兵으로 스스로를 옹위하고 분대어사 민희를 보내 몽고병을 犒饋한 다음에 몽고 3원수와 講和를 맺게 할 수밖에 없었다.[138]

---

134) 犒饋外交란 講和·和親의 뜻으로 賊兵에게 음식을 배불리 먹이는 外交를 의미한다. 犒饋外交에 대해서는 이 책의 제3장 제1절을 참조할 것.

135) 三軍陣主 가운데 後軍陣主 大集成이 崔瑀의 密使로부터 講和 협상을 추진하라는 밀명을 전해 받고서, 北界分臺御史 閔曦에게 명하여 撒禮塔의 屯所로 보냈을 것으로 생각된다.

136) 蒙古元帥 撒禮塔은 高麗의 大官人이 와서 항복하고 皇帝의 詔書를 고려가 받을 때에 撒軍하겠다고 말했던 만큼, 그는 고려가 굴복하기 전까지는 和親할 의사가 없었다고 보아 무방하다.

137) 五軍 兵馬의 추가 징발 명령은 각 道에 하달되었을 것이지만, 蒙古軍이 11월 29일에 신속히 開京을 포위함으로써 五軍을 실제적으로 편성하는 데는 실패하였다.

138) "十二月 壬子 朔 蒙兵分屯 京城四門外 且 攻興王寺 遣御史閔曦 犒之 結和親"(『高麗史』 권23, 高宗 18년 12월 壬子日條). 蒙古兵이 開京을 완전히 포위하고 그 일부가 城밖의 民家를 노략질하고 있는 가운데, 崔瑀는 최후 항전을 고

최우가 항전을 우선 보류하고 대몽강화를 결심하게 된 데에는 전략적인 측면이 주요하게 작용하였다고 판단된다. 자신의 통제 하에서 몽고와 하루바삐 강화를 체결하고 난 이후 전열을 가다듬고 和·戰 양면에 걸쳐서 再抗戰을 준비하려는 계산이 이미 깔려 있었다고 헤아려지는 것이다. 2일에 민희가 몽고사 2명과 수행원 20명을[139] 데리고 오자 고종이 知閣門事 崔珙을 接伴使로 임명하여 그들을 맞이하여 宣恩館으로 들었다. 이들 몽고사는 형식적으로는 몽고 3원수가 보낸 사신이었지만, 실제적으로는 撒禮塔이 특별히 3원수에게 밀명하여 붙여둔 特使와도 같았다. 몽고사 2인은 고려조정과 실제적인 강화협상을 추진하러 들어온 것이 아니고, 개경정부의 태도를 파악하기 위해서 보내진 듯하다. 같은 날 撒禮塔이 안북부에 있으면서 사자 3인을 보내 강화를 요청하였고, 이들은 3일에 곧바로 대궐에 이르렀다.[140] 撒禮塔의 강화체결 임무를 맡은 사자는 阿土(阿兒禿)와 洪福源외 1인이었다.[141] 이들도 역시 몽고 3원수와 함께 개경에 와 있다가 먼저 보낸 사자가 개경정부로부터 환대받자, 다음날 곧바로 개경 궁궐에 들어가 고종을 알현한 것이라고 믿어진다.

이들 몽고사 3인은 고종에게 撒禮塔의 공문을 보냈다. 그 대강은 몽고사 禾利一女에게 복종하지 않은 것에 대한 힐난, 瓜古與(著古與)被殺

집하는 것보다 그들과 조속히 講和하여 요구사항을 들어주고서 撒禮塔의 大軍을 철군시키려고 의도했을 것이다. 바로 이러한 점은 海島入保策이나 江華遷都와 결부되면서 더욱 뚜렷이 증명된다고 생각된다.

139) 『元高麗紀事』 太宗 3年 12月 2日條에는, 閔曦가 蒙古軍 元帥 휘하 44인과 더불어 王城에 들어가서 文牒을 송부하였다고 되어 있다. 이들 44인이 『高麗史』 권23, 高宗 18年 12月 癸丑日條에 등장하는 蒙古使 2인과 수행원 20인일 것이다. 『元高麗紀事』에서는 44인으로 나오고 있어서 그 수효가 『高麗史』보다 훨씬 많지만 特使는 2명이었을 것이고, 나머지는 모두 수행원이었을 것으로 판단된다.

140) 『高麗史』 권23, 高宗 18년 12月條.

141) 『元高麗紀事』 太宗 3年條에는 撒禮塔이 阿兒禿과 洪福源 2인을 개경에 보낸 것으로 되어 있다.

事件에 대한 책임 추궁, 저고여사건 진상조사 차 파견한 몽고사를 추방
시킨 사건에 대한 힐책과 더불어 고려가 순리를 거역하지 말고 귀순할
것을 강요하는 내용이었다.142) 撒禮塔은 만일 高麗王이 귀순하면 平州
人이 阿土를 포박한 사건이야 무슨 일로 되겠냐면서 항복을 종용하였다.
고종은 12월 4일에 몽고 3원수와 사신들에게 金酒器·大小盞盤·銀瓶·水
獺皮 등 각종 물품을 하사하는 方物外交를 전개할 수밖에 없었고,143) 5일
에는 왕실 종친인 懷安公 王侹을 시켜서 撒禮塔에게 토산물을 가져다주
게 하였다.144) 회안공 왕정이 고종을 대신해서 안북부에 주둔한 撒禮塔
을 만나 講和를 청했더라도,145) 몽고 선봉대의 구략은 멈추지 않았다.

---

142) “蒙使 獻王文牒一道 牒曰 天底氣力 天道將來 底言語所得不秋 底人有眼瞎了
　　有手沒了 有脚子腐了 聖旨 差撒里打火里赤軍去者 問 你每 待投拜 待廝殺 鼠
　　兒年 黑契丹 你每高麗國裏討虜時節 你每 選當不得了去也 阿每 差得扎剌何稱
　　兩介引得軍來 把黑契丹 都殺了 你每不殺了 阿每來 若阿每不將黑契丹了 你每
　　不早了 那是麽 使臣禾利一女 根底不拜來 那是麽 投了 呵差使臣瓜古與 你每
　　根底不行打來 那什麽 瓜古與沒了 使臣覓瓜古與來 你每 使弓箭將覓來 底人射
　　得回去了 那上頭管是 你每底將瓜古與殺了也 阿每覓問當來也 皇帝聖旨道 若
　　你每待廝交 阿每 一處 廝相殺住到老者 若 還要投呵依前一番去投了者去 若
　　你每 民戶根底的愛惜依前一番去投拜來下去 底使臣快快地交回來者 若要廝殺
　　你識者 皇帝大國土裏達達 每將四向周圍國土 都收了 不投 底國土都收了 你每
　　不聽得來投去了 底人都一處行打 你每不聽得來 阿每將劫擄 你每底寄不及都
　　收撫了 聽 你每根底來 高麗國王你每底民戶裏投拜了的 人依舊住坐 不投拜 底
　　人戶殺有虎兒 年投 投拜了 咱每不啻一家 來那什麽使去底使臣是阿土”(『高麗
　　史』권23, 高宗 18年 12月條).

143) 高宗 18年 12月 4日에 蒙古 3元帥에게 물품을 제공한 것으로부터 최초의 方物
　　外交가 개시된다.

144)『元高麗紀事』太宗 3年 12月 5日條에는, 고종(王皞)이 懷安公 王侹과 軍器監
　　宋國瞻 등을 보내 撒禮塔의 군대를 犒饋하였다고 되어 있다.『高麗史』의 기록
　　과 연관시켜 보면, 懷安公은 撒禮塔의 屯所에 가서 方物外交와 犒饋外交를 동
　　시에 펼친 셈이 된다.

145)『高麗史』·『元史』高麗傳,『元高麗紀事』에서는 懷安公 王侹이 講和(和議)를
　　청했다고 기록되어 있는 반면,『元史』本紀와 洪福源傳 등에서는 懷安公이 降
　　服을 청하였다고 되어 있다.

12월 6일에 몽고병이 廣州·忠州·淸州 등지로 향해 노략질을 일삼았는데, 선봉대를 지휘한 몽고 원수는 蒲桃였을 것으로 추정된다.146) 몽고 선봉대는 광주에서는 廣州民의 抗戰에 의해서, 충주에서는 奴軍雜類別抄의 善戰에 의해서147) 각기 격퇴되었다.

한편 구주성에서는 12월 10~23일 사이에 몽고 제3대와의 제4차 전투가 계속되었다. 전투 전에 撒禮塔이 通事 池義深과 學錄 姜遇昌을 보내 회안공 왕정의 편지를 주어 구주성을 항복시키려고 했으나 박서는 굳게 지키고 사신을 물리쳤다. 이윽고 전투가 개시되어 몽고군이 雲梯로써 성을 공격하려고 하므로 박서가 大于浦148)로써 받아쳐서 몽고병의 접근을 막자 드디어 몽고군이 포위를 풀고 물러났다. 이때 몽고군의 70세에 가까운 한 백전노장은 "天下 城池의 공방전을 수많이 보아왔으나 구주성처럼 호된 공격을 당하고도 끝내 항복하지 않은 성은 처음 보았다"고 하면서, 성안의 諸將들은 반드시 將相이 될 것이라고 극찬하였다고 한다.149) 이처럼 구주성전투는 3개월여 108일150) 동안 총 4차례의 공방전을 전개한 끝에 개경정부의 강화체결에 따른 항복 설유도 거부한 채로 몽고 제3군의 야욕을 결국 좌절시켰던 것이다.

懷安公이 撒禮塔에게 강화를 요청했더라도 몽고병의 寇掠이 그치지 않자 고종은 12월 16일에 사신을 시켜 撒禮塔·唐古·迪巨의 아들들에게

---

146) 蒲桃는 江東城戰役 당시 開京에 使臣으로 왔던 蒲里帒完으로 추정된다.『高麗史』권23, 高宗 18年 12月 丁卯日條에서, 高宗이 唐古·迪巨·撒禮塔의 아들들에게 土產物을 하사하는데 蒲桃와 그의 아들이 등장하지 않는다. 그러므로 그는 몽고 선봉대를 이끌고서 남행하여 廣州·忠州·淸州 등지를 횡행하였을 개연성이 크다.

147)『高麗史節要』권16, 高宗 19年 正月條 참조.

148) 大于浦란 큰 칼이 달린 守城用 무기를 말함인데, 이것으로 蒙古兵의 접근을 분쇄하였다고 한다.

149)『高麗史節要』권16, 高宗 18年 12月條.『高麗史』권103, 列傳16 朴犀傳 참조.

150) 龜州城戰鬪가 개시되는 9월 3일부터 종료되는 10월 22일까지 일수를 계산하면 108일이 된다.

토산물을 제공하였다.[151] 12월 23일에는 장군 趙叔昌이 撒禮塔의 사자 9명과 함께 실질적인 강화체결을 위한 公文 1통을 가지고 왔다. 그 공문에 "金·銀·衣服을 말 2만 필에 실어 보낼 것, 1백만 대군의 의복을 준비할 것, 眞紫羅 1만 필을 보낼 것, 좋은 수달피 2만 매를 보낼 것, 大馬 1만 필과 小馬 1만 필을 보낼 것, 왕의 자손으로서 大王·公主와 郡主 등 남자 1천 명 이외에 大官집 부녀와 大官 아들 1천 명 딸 1천 명을 인질로 보낼 것" 등을 요구하고 있었다.[152] 撒禮塔은 이러한 공물이 빨리 오면 군사가 속히 돌아갈 것이요, 늦게 오면 늦게 회군할 것이라면서 고려 측에 신속한 대응을 촉구하였다. 실로 엄청나게 과도한 액수의 공물을 부과함과 동시에 禿魯花(인질) 상납까지 관철시키려 하였던 것이다. 공물납부도 문제이지만 인질상납은 들어주기가 더욱 곤란한 사안이었다. 이를 통해 볼 때, 몽고의 제1차 침입은 고려의 완전한 복속이나 멸망을 의도하였다기보다는 경제적인 여건이 중요한 관건이었으며[153] 막대한 공물을 획득하기 위한 전쟁이었다고 볼 수 있다.[154] 실제로 몽고의 제4·5차 침입 이전에는 약탈전쟁으로서의 성격이 짙었으며, 고려 측으로부터 지속적인 공물 헌상과 군신관계를 유지하면서 出陸還都와 國王親朝 요구를 되풀이하는 정도에 지나지 않았다.

한편 撒禮塔의 사자 9인은 같은 날(23일) 烏魯土와 只賓木이 안북도호부로 갔으니 삼군진주는 權皇帝에게로 가서 항복하라고 강요하였다.[155]

---

151) 『高麗史』 권23, 高宗 18年 12月 丁卯日條.
152) 『高麗史』 권23, 高宗 18年 12月 甲戌日條의 撒禮塔이 보낸 公文 내용을 참조할 것.
153) 룩 콴텐 著 宋基中 譯, 1984, 앞의 책, 190쪽 ; 申安湜, 1993, 앞의 논문, 『國史館論叢』 45, 201~202쪽.
154) 당시 蒙古는 金나라와 전쟁을 벌이고 있었으며, 西域 및 페르시아 遠征까지 감행하고 있었으므로 막대한 軍備와 軍需物資가 필요했을 것이다. 따라서 고려 측에 과도한 貢物을 요구하여 경제적 목적을 만족시키려고 한 것은 당연한 일이었음은 再言을 요하지 않는다.
155) "使云 底使臣二人 烏魯土 只賓木 入都護 三軍陣主 詣降權皇帝所"(『高麗史』

이로써 12월 23일 이후에 삼군진주가 공식적으로 撒禮塔에게 항복하게 됨으로써[156] 제1-(1)차 전쟁은 구주성과 자주성을 제외한 북계의 모든 지역에서 종료되었다. 고종은 공물을 재촉하는 撒禮塔을 무마하기 위해서 우선 12월 26일에 唐古元帥에게 물품을 하사했고,[157] 29일에는 특별히 몽고사 9인에게도 강화를 표시하는 뜻으로 토산물을 증여하였다.[158] 같은 날 장군 曹時著를 시켜서 黃金 12斤8兩, 多般金酒器 7斤, 白銀 29斤, 多般銀酒食器 437斤, 銀瓶 116口, 紗羅錦繡衣 16벌, 紫紗襖子 2벌, 銀鍍金腰帶 2개, 紬布襦衣 2千, 獺皮 75領, 金飾鞍子具馬 1匹, 散馬 150匹을 撒禮塔에게 보냈으며, 그의 처자와 부하 장수 官人 14인에게도 물품을 나누어 주었다.[159] 撒禮塔에게 보낸 물품은 개경정부가 우선 급한 대로 마련한 토산물이었을 것이며, 강화협상을 벌인 이후로 이번이 5번째 方物 증여였다. 고려는 강화를 체결하기 위해서 될 수 있는 한 方物外交에 혼신의 힘을 기울였던 것이다. 강화조약에 따라 본격적으로 고려가 歲貢을 납부한 것은 다음 해(1232) 4월 12일에 上將軍 趙叔昌과 侍御史 薛愼이 몽고에 入朝하여 국가예물을 바친 것으로부터[160] 비롯된다.

고종은 대몽강화 체결에 일정한 공로가 있었던 장군 趙叔昌을 大將軍으로 승진시켜[161] 몽고사 9인을 동행하게 하였고, 몽고사를 통하여 몽고

권23, 高宗 18年 12月 甲戌日條).

156) 三軍陣主가 撒禮塔의 屯所(安北府)로 가서 항복한 시점은 12월 24~26일 사이였을 것으로 보인다. 12월 26일에 고종이 강화체결의 의사 표시로 다시 唐古元帥에게 물품을 하사하고 있는 대목에서 12월 26일 이전에 항복하였을 가능성이 높다고 본다.

157) "丁丑 以滿鏤鳳盖酒子 臺盞各一副 細紵布二匹 駐馬一匹 銀鍍金粧鞍橋子 滿繡韂 遣唐古元帥"(『高麗史』 권23, 高宗 18年 12月 丁丑日條).

158) "庚辰 蒙古使 賫國贐 黃金七十斤 白金一千三百斤 襦衣一千領 馬百七十匹而還"(『高麗史』 권23, 高宗 18年 12月 庚辰日條).

159) 『高麗史』 권23, 高宗 18年 12月 庚辰日條.

160) 『高麗史』 권23, 高宗 19年 夏4月 壬戌日條.

161) 高宗과 崔瑀의 입장에서는 蒙古軍의 嚮導가 되어 北界 諸城을 공략한 趙叔昌

황제 太宗에게 陳情表를 올렸다. 이 표문에서는 "저고여피살사건에 대한 해명, 蒙古使追放事件에 대한 항변, 阿土포박사건에 대한 해명, 哥不愛가 고려 城안에 숨지 않았음을 호소함과 아울러 몽고에 항복하는 문제" 등을 언급하였다.162) 이 陳情表는 고려가 著古與를 살해하지 않았고, 假蒙古의 침입으로 오인한 고려 州鎭軍이 저고여사건을 수사하러 파견된 몽고사를 추방시키고 阿土를 포박했던 잘못을 인정하면서, 몽고와의 강화가 체결되었던 만큼 예전과 같은 우호관계를 지속시키겠다는 의사를 전달하였다. 著古與를 고려 측에서 살해하지 않았음을 항변함으로써 몽고의 명분 없는 전쟁 도발을 항의하는 표문이었지만, 몽고 황제 태종은 표문의 내용을 인정치 않았다.

　다음 해(1232) 1월 1일에 몽고사신이 고려에 오자, 고종은 그를 위한 연회를 內殿에서 친히 개최하였다. 이 몽고사는 태종의 勅使로 여겨지며,163)

을 혐오하고 있었을 것이지만, 對蒙講和를 체결하는데 그가 功績을 이뤘음을 인정하지 않을 수 없었고 撒禮塔의 눈치를 보아야 했으므로 즉각적으로 大將軍에 보임시켰다고 생각된다.

162) "寄蒙使 上皇帝表曰 伏念 臣曾荷大邦之救危 完我社稷 切期永世以爲好 至于子孫 寧有二心 敢孤厚惠 伏承下詔 深疚中懷 事或可陳情 何有匿 其著古與殺了 底事實隣寇之攸作 想聖智之易明 彼所經由 亦堪證驗 其再來人使 著箭事 前此 哥不愛 僞作上國服㨾 屢犯邊鄙 邊民 久乃覺其非 今春 又値如此人等 方驅逐之 我不見人物 唯 拾所棄毛衣帛冠鞍馬等事 以帛冠之故 雖知其僞 尙疑之 藏置縣官 將俟大國來人 辨其眞贋 今以此悉付上國大軍 則無他之意於此 可知也 又阿土等縛紐事 初 不意 結親之大國 乃無故 加暴於小邦 擬寇賊之來侵 出軍師 而方戰 忽 有二人突入我軍 癡軍士 不甚考問 捕送平州 平州人 恐其逋逸 略加鎖枙 申覆朝廷 朝廷遣譯 察視以其語頗類上國 然後 解械慰訊 兼贐衣物 隨譯前去 則初 雖不明所致 其實 亦可恕之 又哥不愛人戶 於我國城子 裏入居事 此等人 嘗 與我國邊人 迭相侵伐 其爲冤讎久矣 邊民雖憂 豈容讎敵 與之處耶 事漸明矣 言可飾乎 其投拜事 往前 河稱扎剌來時 已曾投拜 今因華使之來 申講舊年之好 伏望乾坤覆露 日月照 臨鞠實察情 苟廓包荒之度 竭誠盡力 益修享上之儀"(『高麗史』권23, 高宗 18年 12月 庚辰日條).

163) 『元高麗紀事』太宗 4年 正月條에 使臣을 고려에 보내 皇帝의 勅書를 가지고 高麗를 說諭했다고 했으므로 太宗이 보낸 勅使가 분명할 것이다.

고려가 진정으로 강화를 체결하여 事大之誠을 표시하는지 알아보기 위해
서 파견되었으리라 짐작된다. 이제 몽고황제가 보낸 칙사까지 와서 강화
체결을 공식적으로 인정하는 가운데, 몽고군의 철수를 앞둔 채로, 개경정
부는 몽고의 압력 하에서 구주성·자주성에 대해 항복을 권유하기 시작
하였다. 구주성주 박서는 後軍 知兵馬事 崔林壽와 監察御史 閔曦의 항복
권유를 수차례 거부하다가 국가의 명령을 어기는 것을 어렵게 여겨 결국
성문을 열고 항복하였다.164) 구주성이 항복한 시점은 1월 1~12일 사이
일 것으로 보인다.165) 반면 慈州城主 崔椿命은 이미 12월 중순경에166)
內侍郎中 宋國瞻의 항복 권유를 거부하였었고, 이번에도167) 역시 後軍
陣主 大集成의 항복 권유를 수용치 않음으로써 결사항전의 자세를 고수
하였다.168) 결국 자주성의 항복을 받지 못한 채로, 撒禮塔이 지휘하던 몽
고 1·2·3군은 1월 11일에 철수를 시작하였다.169) 최우는 회안공 왕정,

---

164) 『高麗史節要』 권16, 高宗 19年 春正月條와 『高麗史』 권103, 列傳16 朴犀傳
    참조.
165) 『高麗史節要』에서 몽고군이 철수하기 이전에 구주성 항복 기사를 달아놓고 있
    는 점에서 그러하다. 몽고군의 철수 시기는 고종 19년 1월 11일(壬辰日)이었다.
166) 尹龍爀, 1991, 앞의 책, 243쪽.
167) 慈州城의 항복을 권유하러 後軍陣主 大集成이 파견된 시기는 龜州城의 항복을
    종용하던 때와 거의 엇비슷한 때였을 것으로 생각된다. 적어도 蒙古軍 철수 이
    전에 항복을 재차 권유한 것만큼은 사실일 것이다.
168) 『高麗史』 권103, 列傳16 崔椿命傳. 崔椿命은 慈州城을 항복시키러 온 蒙古使
    와 後軍陣主 大集成에게 화살을 쏘아 되돌려 보냈고, 그로 인해서 大集成과는
    私的인 원한을 가지게 되었다. 즉 大集成이 崔瑀에게 최후까지 抗戰을 고집한
    崔椿命을 獨斷으로 제거하라고 권유까지 한 것이다. 결국 崔瑀는 大集成의 요
    청을 들어주어 內侍 李白全을 西京으로 보내 그를 처형시키라고 명령했다. 그
    런데 西京에 있던 蒙古 官員이 "崔椿命은 우리에게는 賊이지만 당신들에게는
    忠臣이다. 이미 講和를 약속한 마당에 忠臣을 죽이는 것이 옳은 일이냐"고 반문
    하면서 극력 반대하여 겨우 목숨을 면했다고 한다.
169) 1232년 1월 11일에 철수를 개시한 것은 撒禮塔의 본진인 蒙古 제1군이었을 개
    연성이 높다. 몽고 제2군(별동대)은 忠州 권역까지 남하해서 횡행하고 있었으므
    로 그들의 철수는 몽고 제1군보다 늦었을 것으로 생각된다.

首宰(侍中) 金就礪, 대장군 奇允肅 등을 시켜 撒禮塔의 대군을 호위하여 보내게 하였다. 이로써 1231년 8월 14일을 전후한 시점부터 다음 해 1월 11일까지 6개월여 동안 펼쳐진 몽고 제1-(1)차 침입은 종결되었다.

〈표 2-4〉 撒禮塔의 제1-(1)차 침입과 주요전투

戰爭	戰鬪名	年代	戰鬪地	抗爭主體	指揮官	戰鬪內容	戰鬪形態	戰鬪結果	備考
제1(1)차 침입	鐵州城 전투	1231. 8 (高宗 18년)	平北 鐵山郡	鐵州軍民	李元禎 (鐵州守)	撒禮塔의 大軍을 맞아 15일간 항쟁	守城戰	鐵州城 도륙됨	
	龜州城 전투	1231. 9~12 (高宗 18년)	平北 龜城邑	龜州軍民, 靜州軍, 朔州軍, 安北都護府 別抄, 渭州別抄, 泰州別抄	朴犀 (西北面 兵馬使)	몽고의 4회에 걸친 대규모 공격을 智略과 臨機應變으로 격퇴	守城戰	蒙古軍이 百計로 공격해 왔으나 잘 방어하고 砲車·大于浦를 사용하며 逆攻도 감행하여 승리	龜州 → 定遠大都護府 승격
	西京 전투	1231. 9 (高宗 18년)	平壤城	西京官, 西京軍民		몽고 선봉대의 포위 공격	守城戰	몽고군이 攻城 포기	
	龍州 전투	1231. 9 (高宗 18년)	龍州城	龍州軍民	魏珩 (謂州守)	撒禮塔의 大軍을 맞아 20여 일 항쟁	守城戰	謂州副使 魏珩가 항복함	
	洞仙驛 전투	1231. 9 (高宗 18년)	황해도 鳳山郡	高麗 三軍 馬山 草賊	大將軍 李子晟	洞仙驛에 노숙을 준비한 高麗 三軍을 蒙古軍이 急襲하여 接戰함	定規戰	馬山 草賊軍의 분전으로 蒙古先鋒軍 8千을 격퇴	高麗 三軍이 安北都護府로 이동
	宣州·郭州 전투	1231. 9 (高宗 18년)	宣州城 郭州城	宣州軍民, 郭州軍民	宣州守, 郭州守	撒禮塔의 本陣이 宣州·郭州를 공격	守城戰	몽고군에게 함락 당함	
	安北城 전투	1231. 10 (高宗 18년)	평남 安州	高麗 三軍 安北府軍	上將軍 李子晟, 大將軍 大集成	撒禮塔의 大軍과 安北城에서 高麗三軍이 防禦戰을 펼침	守城戰 定規戰	高麗軍이 守城하다가 大集成의 出戰 강요로 싸워 패배함	將軍 李彦文·鄭雄, 右軍判官 蔡識이 戰死함

戰爭	戰鬪名	年代	戰鬪地	抗爭主體	指揮官	戰鬪內容	戰鬪 形態	戰鬪結果	備考
	慈州城 전투	1231. 11 무렵 (高宗 18년)	평남 順川郡	慈州軍民	崔椿命 (慈州守)	龜州城을 공격 하던 蒙古軍이 慈州城을 공격 했으나 격퇴시 키고 不降	守城戰	몽고군을 패퇴시 킨 다음, 정부의 항복 지시에도 불 응함	大集成과 崔 瑀가 죽이려 했으나 蒙古 官人이 求命
	廣州 전투	1231. 12 무렵 (高宗 18년)	경기도 廣州市	廣州民	廣州守	몽고 先鋒隊의 포위 공격	守城戰	城을 固守하며 賊 을 격퇴	
	忠州 전투	1231. 12 (高宗 18년)	忠州城	忠州의 奴軍雜類別抄	(미상)	몽고 先鋒隊의 忠州城 공격	守城戰	忠州官員과 兩 班別抄는 도주 하고 奴軍雜類 別抄가 승리	忠州奴軍의 叛亂으로 연 결

　　撒禮塔을 元帥로 하는 이 제1-(1)차 침입 기간 중에 함락시킨 곳은 『元
史』권120, 吾也而傳,[170] 『元史』권149, 移剌買奴傳,[171] 『高麗史』高宗
世家, 『高麗史』朴犀傳・金慶孫傳・文大傳・趙叔昌傳・洪福源傳, 『新增東
國輿地勝覽』권53, 平安道 昌城都護府 建置沿革條 등을 통해서 볼 때,
咸新鎭・寧德鎭・瑞昌縣・麟州・鐵州・龍州・宣州・郭州・朔州・靜州・安北府・
平州・泰州・雲州・葭州(嘉州)・昌州 등 16城이었다. 이 가운데 小城은 寧
德鎭과 瑞昌縣뿐이고 나머지 14城은 모두 大城들이다.[172] 그러므로 史
料에 등장하는 함락된 大城은 이 14城이라 할 수 있다. 史料상에 나타나

---

170) 『元史』권120, 列傳7 吾也而傳에서, 開・龍・宣・泰・葭 等 10餘城을 克受하였다
　　고 하였다. 여기서 開州는 開京이 아니라 遼東의 開州이므로 제외해야 하고, 葭
　　州는 어느 곳인지 미상이지만 그 발음상 혹시 嘉州가 아닌가 한다. "三年 又與
　　撒里答 征高麗 下受開龍宣泰葭等 十餘城"(『元史』권120, 列傳7 吾也而傳).
171) 『元史』권149 列傳36 移剌買奴傳에서, 龍・宣・雲・泰州 등 14城을 함락시켰다
　　고 하였다. "遂下龍宣雲泰等 十四城"(『元史』권149, 列傳36 移剌買奴傳).
172) 池內宏은 『元史』권149, 列傳36 移剌買奴傳에 등장하는 14城이야말로 실제적
　　으로 撒禮塔이 攻取한 大城의 총합이라고 이해하였다(池內宏, 1924, 앞의 논문,
　　『滿鮮地理歷史研究報告』10, 136~137쪽).

지는 않더라도 몽고군 1·2·3군이 반드시 공함시켰을 북계의 城·鎭들은
더 존재했으며, 그것들을 열거하면 제3군의 진로 앞에 놓여진 定從鎭·
寧朔鎭·安義鎭과 제1·2군의 진격로 앞에 위치하였던 興化鎭·博州 등이
었다. 이것들까지 합산해 보면, 撒禮塔이 제1-(1)차 고려 遠征에서 공함
시킨 城·鎭의 총합은 21개가 된다. 그 가운데서 사료 상에 등장하는 大
城이 14城만 나타나는 것뿐이다.[173] 撒禮塔이 북계 40여 城을 공취하였
다고 한『元史』太宗本紀와『新元史』권132, 札剌亦兒台豁兒赤傳은 과
장된 수치일 뿐이고 실제로는 대성 14성을 공함시켰던 것이다.[174]

　몽고의 제1-(1)차 침입의 의도는 크게 4가지 측면에서 그 의의를 상정
할 수 있지 않나 한다. 먼저 몽고 태종이 온 국력을 기울여 金朝를 공격
하고 있었으므로 금과 고려의 연결을 차단시킬 필요성이 있었다. 금나라
가 고려에 원병을 요청하지 못하도록 하기 위해서 고려를 공격할 수밖에
없었다는 이야기다. 둘째 저고여피살사건의 책임을 亐哥下·哥不愛가 아
닌 고려에 둘러대고, 고려로부터 講和를 이끌어내서 막대한 전쟁 배상물
과 공물을 획득하려고 하였다. 셋째 몽고 태종이 점차로 약탈전에서 정
복전쟁으로 轉化하는[175] 가운데 대고려관계를 변화시킬 필요성이 있었
다고 생각된다. 즉 태종은 기존의 형제맹약관계를 파기하고 고려와 군신
관계를 체결하기를 희망하였다.[176] 그는 군사행동을 통해 고려를 臣屬

---

173) 史料 상에서 撒禮塔이 攻陷시킨 大城 14개는, 咸新鎭·麟州·鐵州·龍州·宣州·
　　郭州·朔州·靜州·安北府·平州·泰州·雲州·葭州(嘉州)·昌州의 14城이 된다. 놀
　　라울 정도로 移剌買奴傳에서 언급한 14城과 그 수치가 일치한다. 하지만 사료
　　상에 등장하지 않는 博州를 더 추가한다면 실제 蒙古軍이 함락시킨 大城은 15城
　　이 될 수도 있다.
174)『元史』太宗本紀와『新元史』권132, 列傳29 札剌亦兒台豁兒赤傳 등에서 몽고
　　가 北界 40여 城을 함락시켰다고 한 것은 사실과 다르며, 그렇게 표현한 것은
　　아마도 對蒙講和가 이뤄진 후 몽고가 北界 지역에 대한 지배권을 확보했다는
　　의미를 강조하기 위해서였을 것이다(姜在光, 2009, 앞의 논문, 48~50쪽).
175) 金浩東, 1989,「蒙古帝國의 形成과 展開」,『講座 中國史』Ⅲ, 지식산업사, 263~
　　269쪽.

시키고 싶어 했던 것이다. 마지막으로 몽고와 일방적으로 國交를 단절시켜버리고 자립한 동진국을 정벌하는데 고려로부터 원군을 획득할 필요성에 대해서이다. 이 점은『高麗史』高宗世家와『元高麗紀事』太宗紀에서 누차 강조되고 있는데, 이러한 정황증거를 통해서 몽고는 고려의 원군(주로 북계 병력)을 활용하여 동진을 정벌하려는 전략을 이미 세워놓았음이 분명해 보인다. 이러한 요인들이 서로 복합적으로 작용하여 몽고의 제1-(1)차 침입이 개시된 것이다.

제4절 江華遷都의 外交的 背景과 遷都抗爭

1. 遷都會議와 崔瑀의 江華遷都 결행

최우정권은 監察御史 閔曦와 懷安公 王侹 등을 통해서 수차례의 犒饋外交·方物外交를 통해 몽고에 臣屬하겠다는 성의를 보임으로써 撒禮塔의 대군을 철수시키는 데는 성공하였다. 한편으로 몽고 太宗에게 올린 陳情表를 통해 著古與被殺事件 등을 항변함으로써 몽고가 고려를 침략할 명분이 없음을 토로하기도 하였다. 최우는 안북부전투에서 고려 삼군이 대패한 이후 몽고와의 조속한 강화체결에 혼신의 힘을 쏟으면서도 한편으로는 재항전을 다짐하기 위해 진작부터 북계 지방에서 海島入保를 지시하였고,[177] 안전하게 피난할 만한 곳을 물색하여 昇天府副使 尹綸

---

176) 蒙古 太宗이 高麗와 君臣關係를 체결하기를 희구한 점은, 高宗 19년 이후 高麗에서 蒙古皇帝에게 보낸 모든 表文에서 '稱臣'한 점에서 잘 드러난다.

177) 北界에서의 海島入保는 高宗 18년 9~10월 사이에 대대적으로 행해졌다. 咸新鎭副使 全僴이 吏民을 이끌고 薪島에 입보하였고, 撒禮塔軍을 피해 宣州와 昌州가 紫燕島에 입보했으며, 雲州·博州·郭州·孟州·撫州·泰州·殷州가 어느 海

과 녹사 朴文檥로부터 江華島 피난을 건의받기도[178] 하였다. 몽고와의 강화체결은 형식적인 것에 불과하였고, 몽고에 저항할 여력은 아직 남아 있었으므로 가장 효율적인 항전대책 마련에 최우가 부심하고 있었던 것이다.

撒禮塔이 撤軍하자마자 최우는 몽고가 다시 침공할 것에 대비하여 재항전에 박차를 가했다. 고종 19년 1월 18일에 대장군 朴敦甫를 동북면병마사로, 右諫議 劉俊公을 서북면병마사로, 崔林壽를 知西京留守로 각기 임명한 것은 그 단적인 예이다. 한편 1월 15일에 발발한 忠州官奴의 亂을[179] 무마시키고 충주전투에서 전공을 세운 奴軍都領 令史 池光守에게 校尉를 제수하고, 승려 牛本에게는 충주 大院寺 住持 자리를 내준 것도[180] 흐트러진 민심을 바로잡고 재항전을 도모하기 위함이었다. 2월 1일에는 북계로부터 고려 삼군이 철수하였는데, 3領軍을 잔류시켜 蒙古軍

島에 입보하였다. 한편 西海道에서는 黃州·鳳州가 9월 14일에 鐵島로 입보했음이 확인된다.

178) "昇天府副使尹繗 錄事朴文檥 潛置家屬于江華 乃說崔瑀曰 江華 可以避亂 瑀信之 使二人 先往審之 中道 爲蒙兵所拘"(『高麗史節要』권16, 高宗 18年 12月條).

179) 忠州官奴의 亂은 몽고 先鋒隊가 忠州城을 공격했을 때, 兩班別抄를 거느린 忠州副使 于宗柱와 奴軍雜類別抄를 지휘하기로 되어 있었던 忠州判官 庾洪翼이 모두 城을 버리고 도주한 반면 奴軍雜類別抄만이 蒙古兵을 격퇴시켰다. 그럼에도 불구하고 蒙古兵이 물러나자 于宗柱 등이 돌아와서 官衙의 銀器 등을 奴軍이 훔쳐간 것으로 일을 꾸며 주모자를 제거하려 하자 충주의 奴軍들이 분노하여 일제히 亂을 일으킨 것이다. 孫弘烈은 于宗柱 등이 奴軍을 罪주려 한 것은, 첫째 棄城에 대한 죄책감과 上部의 문책이 두려웠고, 둘째 노예들이 정부로부터 守城의 功績을 인정받는 것이 싫었기 때문이며, 셋째 于宗柱와 사이가 나쁜 庾洪翼 휘하의 奴軍雜類別抄부대가 城을 지킴으로써 그 공로가 庾洪翼에게 돌아가는 것을 시기했기 때문이었을 것으로 보았다(孫弘烈, 1981, 「忠州奴軍의 亂과 對蒙抗戰」, 『湖西文化研究』1, 11쪽).

180) "安撫別監朴文秀 還自忠州 金公鼎留州 以待平定 奴軍都領令史池光守 僧 牛本等 赴京 崔瑀 大加襃賞 以光守 補校尉 以牛本 爲忠州大院寺主"(『高麗史節要』권16, 高宗 19年 春正月條).

을 방어하게 하였다.181)

고려의 강화 요청을 받아들인 몽고 태종은 撒禮塔의 대군을 고려로부터 철수시켰지만, 也速迭兒로 하여금 探馬赤軍을 거느리고 고려에 머물러 지키게 하였다.182) 그리고 地方民政官인 達魯花赤183) 72인을 개경과 북계의 점령지와 要地에 설치하였다.184) 探馬赤軍은 몽고가 자신들 이외의 部族으로 구성한 별도의 예비부대로서185) 고려 북계에 잔류한 探馬赤軍은 契丹·女眞·漢兒 등의 諸宗族으로 구성되었다.186) 탐마적군을 북계에 잔류시킨 것은 점령지와 요지에 설치한 達魯花赤을 보호하기 위해서였다. 한편 태종은 附蒙輩 홍복원 휘하의 高麗軍民을 북계 각 요지에 분산 배치시켰다. 이 당시 미처 해도에 입보하지 못했던 北界民들은 몽고 達魯花赤과 홍복원의 통제를 받게 되었다고 볼 수 있다.187) 이렇듯

---

181) 『高麗史』 권23, 高宗 19年 2月 壬子日條.
182) 『新元史』 권132, 列傳29 札剌亦兒台谿兒赤傳.
183) 達魯花赤(Darughachi)은 地方의 民政을 감찰하는 官吏이다(池內宏, 1924, 앞의 논문, 『滿鮮地理歷史硏究報告』 10, 131쪽). 達魯花赤은 『元史』 高麗傳에서 '達嚕噶齊'로 표기되어 있기도 하다.
184) 箭內亘은 開京과 北界 40여 城을 중심으로 達魯花赤이 설치되었을 것으로 보았다(箭內亘, 1918, 앞의 논문, 『滿鮮地理歷史硏究報告』 4, 245쪽의 각주 17). 池內宏은 西海道에 達魯花赤이 설치되었는지는 극히 의문이며, 북계 주요 점령지와 개경에 설치되었을 것으로 보았다(池內宏, 1924, 앞의 논문, 『滿鮮地理歷史硏究報告』 10, 133~136쪽). 한편 周采赫은 開京과 북계 주요지역에 達魯花赤이 파견되었을 것으로 이해하였다(周采赫, 1974, 「高麗內地의 達魯花赤 置廢에 관한 小考」, 『淸大史林』 1, 96~99쪽). 저자는 達魯花赤이 몽고에 의해서 함락되지 않은 개경과 서경에 설치된 점에 착안하여 북계의 점령지 및 주요 요충지에 설치되었을 것으로 본다. 물론 북계 40여 성 전부에 達魯花赤이 설치된 것이 아님은 물론이다.
185) 探馬赤軍에 대해서는 萩原淳平, 1977, 「木華黎王國下の探馬赤軍について」, 『東洋史硏究』 36-2 등을 참조할 것.
186) 尹龍爀, 1991, 앞의 책, 54쪽.
187) 『元高麗紀事』 太宗 4年 6月條에, 洪福源이 北界 40여 州縣의 흩어진 人民을 모아서 보호하였다고 기록되어 있는데, 北界 지방에서 海島에 入保하지 않은 州縣民은 洪福源의 통제 하에 있었다고 보는 것이 정확할 것이다.

북계는 탐마적군과 홍복원 무리에 의해서는 軍事的 지배를, 達魯花赤에
의해서는 行政的 지배를 받게 되었던 것이다.

　고려에 몽고의 達魯花赤이 설치된 시초는 고종 19년 2월 17일 懷安公
王侹이 몽고사 都旦 및 그의 수행원 24명을 데리고 온 것으로부터 비롯
된다.[188) 都旦은 개경에 파견된 몽고 達魯花赤으로서[189) 대몽강화에 따
른 제반업무 수행과 개경조정의 강화의무 이행 사항을 철저히 감독하기
위해서 파견되었을 것이다. 그는 耶律留哥의 수하로서 江東城戰役에 종
군하여 동족인 契丹遺種을 섬멸케 하였던 장본인이었으며, 매우 간사하
고 교활한 자였다.[190) 都旦은 개경에 와서 대궐에 들어가 앉겠다고 엄포
하는가 하면,[191) 迎送判官 郎中 閔懷迪의 접대가 소홀하다고 하여 그를
때려죽이는 등 횡포를 부렸고,[192) 使館이 寂寂하다 하여 민가에 옮겨가
려 하므로 뇌물을 주자 그만두었다고[193) 한다. 아마 都旦은 遼王 薛闍의
수하였을 것이며, 태종의 명령으로 요동에서 파견되었을 것이다. 史書上
에서 몽고의 達魯花赤이 처음 파견된 시점은 고종 19년 5월 30일이었다.
북계 宣州와 龍岡에 達魯花赤 4인이 왔다고[194) 한 것이 바로 그것이다.
그러나 都旦이 맨 처음 개경에 達魯花赤으로서 파견된 것이 2월 17일이

---

188) "戊辰 淮安公侹 與蒙古使都旦 上下節二十四人來"(『高麗史』 권23, 高宗 19년
　　2月 戊辰日條). 池內宏은 都旦이야말로 開京의 國王과 官僚를 감독 감찰할 임
　　무를 띠고 파견된 達魯花赤으로 이해하였다(池內宏, 1924, 앞의 논문, 『滿鮮地
　　理歷史研究報告』 10, 133쪽).
189) 『東國李相國集』 全集 권28, 「答蒙古官人書」에 나오는 '達魯花赤 其在京邑者'
　　는 바로 都旦을 지칭할 것이다.
190) "都旦本契丹人 性甚姦黠 往者 請蒙兵 到江東城 滅其國兵者也"(『高麗史』 권23,
　　高宗 19年 3月 丙戌日條).
191) 『高麗史』 권23, 高宗 19年 2月 丁丑日條.
192) 『高麗史』 권23, 高宗 19年 3月 甲申日條.
193) 『高麗史』 권23, 高宗 19年 3月 丙戌日條.
194) "己酉 北界 龍岡 宣州 蒙古達魯花赤 四人來"(『高麗史』 권23, 高宗 19年 5月
　　己酉日條).

므로, 2월부터 5월말까지 차례로 북계에 達魯花赤들이 설치되었다고 보아야 한다.[195] 그리고 북계 40餘城 모두에 설치된 것이 아니라, 몽고가 함락시켰던 大城인 咸新鎭·麟州·鐵州·龍州·宣州·郭州·朔州·靜州·安北府·平州·泰州·雲州·葭州(嘉州)·昌州 14성과 西京·龍岡 등 요해처에 설치되었을 것으로 짐작된다.

몽고에서 達魯花赤을 개경에 파견하고 이후 계속해서 북계에 達魯花赤들이 들어와 지배권을 확립시키려고 하자, 최우는 2월 20일에 대신들을 典牧司[196]에 모이게 하여 도읍을 옮기는 문제에 대해서 논의하였다. 이때부터 천도문제가 공식적으로 거론된 것인데, 실상 최우정권은 천도 후보지로서 江華를 선정해 놓고서 자신의 복안을 실현시키기 위해서 전목사에서 회의를 개최했다고[197] 여겨진다. 최우가 굳이 전목사에서 宰樞會議를 개최한 것을 보면, 강화도에로의 천도를 공식화하는 가운데, 천도에 소요되는 牛·馬의 수효 파악과 분배에 관해서 대신들과 토의하기 위해서였을 것 같다.[198] 몽고와 형식적인 강화를 체결하여 의무사항인 공물납부를 이행하는 가운데, 최우는 재추 대신들을 설득하여 즉각적으로 강화천도를 추진하려 했던 것이다. 그러나 전목사 회의는 그렇게 순탄치 만은 않은 듯하여, 開京固守論者들의 압도적인 반대 속에서 결렬되었다고 판단된다.[199]

---

195) 開京·西京과 北界 주요지역에 배치된 達魯花赤 72인은 아마도 遼王 薛闍 휘하의 官吏들이었을 것으로 짐작된다.

196) 典牧司는 牧場을 관리하고 牛馬의 조달을 담당한 官廳이다. 顯宗 때 契丹 침략에 대비하여 처음 설치되었고, 文宗 때 定員과 品秩의 職制가 정비되었는데, 하부조직으로 전국에 목장을 설치하고 牧監과 奴子를 두었다. 忠烈王 24년(1298)에 司僕寺에 병합되었다(南都泳, 1964, 「典牧司에 대하여」, 『歷史學報』30, 16~36쪽).

197) 尹龍爀, 1977, 「崔氏武人政權의 對蒙抗戰姿勢」, 『史叢』21·22, 317쪽.

198) 撒禮塔이 高麗 측에 요구한 貢物 가운데 大馬 1만필, 小馬 1만필을 징발한다는 명목 하에, 실제적으로는 遷都에 소요되는 牛馬의 숫자를 파악하여 각 官廳과 王室·宰樞大臣들에게 분배하려는 의도였을 것으로 짐작된다.

개경 達魯花赤 都旦이 고종 19년 3월 14일에 요동으로 돌아가자,[200] 고종은 通事 池義深과 錄事 洪巨源을 시켜 요동에 있던 撒禮塔에게 國贐과 牒文을 전달하였다.[201] 그 첩문에 '고려 백성들을 선발하여 몽고 遼東 開州館 및 宣城山 밑에 이주시켜 농사짓도록 할 수 없다'는 내용이 적혀 있었다.[202] 撒禮塔은 대노하여 통사 지의심을 帝所로 압송하였고, 그 나머지 고려사신은 拘禁시켰다.[203] 최우정권은 태도를 바꾸어, 西京都領 鄭應卿 前靜州副使 朴得芬 등을 시켜 배 30척과 인민 3천 명을 거느리고 龍州浦를 떠나 몽고로 보냈다. 서경에 머물러 있던 홍복원이 개경정부의 요청을 받아 서경도령 정응경 휘하 3천 명을 선발하여 몽고에 보냈던 것으로 생각된다.[204] 이들 고려인 3천인은 몽고의 東眞征伐에 활용되었을 것으로 보이는데,[205] 구체적으로는 식량생산과 보급부대로

---

199) 高宗 19年 2月부터 開京과 北界 주요지에 達魯花赤이 파견되면서 몽고가 고려를 감독하고 감찰하려는 의도가 농후해졌다 하더라도, 宰樞 大臣들은 民心의 離反이나 몽고의 再侵을 우려하여 遷都에 반대하는 자들이 압도적으로 많았다고 생각된다.

200) 『高麗史』 권23, 高宗 19年 甲午日條에 開京에 있던 蒙古使 6인이 먼저 蒙古로 돌아갔다는 기록이 있는데, 開京 達魯花赤 都旦은 고려의 내부 정황을 정탐한 뒤 먼저 遼東으로 돌아간 듯하다.

201) 『高麗史』 권23, 高宗 19年 3月 甲午日條.

202) "每來文字內所 及諸般事 圖踵後回報 又閱淮安公侄所蒙手簡稱 你國 選揀人戶 赴開州館 及宣城山脚底 住坐 種田 竊思 大國所以割與分地 將使吾民耕食 則其義在所欣感 然 我國 每處 人民 牛畜物 故損失者 大夥故 這一國 區區之地 尙不勝耕墾忍 使鞠爲茂草 況 於邈遠大國之境 將 部遣甚處人物 使之耕種耶 力所不堪 理難强勉 惟 大度量之"(『高麗史』 권23, 高宗 19年 3月 甲午日條).

203) "蒙使還 遣通事池義深 錄事洪巨源等 賚國贐 寄書于撒禮塔曰 所諭物 當踵後回報 撒禮塔怒 執送義深于帝所 餘皆拘囚"(『高麗史節要』 권16, 高宗 19年 3月條).

204) 西京에서 蒙古에 투항한 高麗軍民을 지휘하면서 몽고의 達魯花赤을 보좌하고 있었던 洪福源이 開京政府의 요청을 받아들여 鄭應卿 등 3천인을 몽고 開州館 및 宣城山으로 보냈다고 여겨진다. 그는 몽고 통치 하의 북계지방에서 일정부분 고려정부와 협조하고 있었던 것이다.

205) 尹龍爀, 1991, 앞의 책, 54쪽.

이용되었을 것이다. 최우가 결국 몽고의 요구에 순응한 것은 개경정부가 대몽강화를 유지하고 있음을 보여주기 위해서였으며, 몽고의 재침을 불러들이지 않기 위해서였다.

전목사 회의가 결렬되고 계속 형식적인 강화체제가 유지되는 가운데, 고종은 4월 12일에 상장군 趙叔昌과 시어사 薛愼을 몽고에 보내 稱臣하는 表文을 올리고 貢物을 바쳤다.206) 撒禮塔의 침입으로 형제맹약관계가 파기되었으므로 고종이 몽고 태종에게 칭신하는 표문을 올리고 공물을 진상하면서 君臣關係를 수용한 것이다. 고려사신 趙叔昌·薛愼은 최초로 몽고 帝所에 파견된 것이니 이때부터 事大外交의 한 방편으로써 表文外交가207) 개시되었다고 할 수 있다.

한편 고종은 조숙창을 통해서 撒禮塔과 그의 부하 관원 16명에게도 물품을 차등 있게 주었으며 한 통의 牒文을 보냈다. 그 첩문에, '황제에게 보낼 수달피 977장을 겨우 마련했다는 것, 宗親·公主·郡主·大臣子弟를 인질로 보낼 수 없다는 것, 각종 工匠을 보낼 수 없다는 것, 咸新鎭 백성들이 배를 타고 도망쳐 풍랑을 만나 익사했으므로 조사할 수 없다는 것, 몽고가 철수한 후 탐색한 말 15필을 사신 편으로 모두 송환시켰다는 것'을208) 언급하고 있었다. 첩문의 요지는 몽고가 과도한 액수의 공물을

---

206) "夏四月 壬戌 遣上將軍趙叔昌 侍御史薛愼 如蒙古 上表稱臣 獻羅絹綾紬 各十匹 諸般金銀酒器 畵鞴 畵扇等物 仍致書撒禮塔 贈金銀器皿 匹段 獺皮 畵扇 畵鞴 以至麾下十六官 亦有差"(『高麗史』 권23, 高宗 19年 夏4月 壬戌日條).

207) 開京政府는 蒙古의 침입 이후에는 반드시 表文을 올려 어려운 실정을 陳情하면서 再侵을 방지하려고 노력했으며, 稱臣하면서 貢物을 바치는 事大外交에도 혼신의 힘을 기울여 나갔다. 이러한 外交戰略은 고종 46년 강화체결 이전까지 지속되는 모습을 보이고 있다.

208) "其書曰 前次 所輸進皇帝物件內 水獺皮 一千領 好底與來事 我國於遮箇物 前此 未嘗有捕者 自貴國徵求以後 始以百計捕之 亦未能多得故 每次 所輸貢賦 艱於准備 今所需索 其數過多 求之又難 似未堪應副 然勞搜四遐 月集日儲 猶未得盈數 粗以九百七十七領輸進 惟冀照悉 又稱國王諸王公主郡主大官人 童男五百皆 童女五百箇 湏管送來事 如前書所載 我國之法 雖 上之爲君者 唯 配

요구한 것에 대해서 현실적으로 상납 가능한 수량만을 바치게 된 것을 양해하여 달라는 것과, 인질 및 기술자를 보낼 수 없다는 것이었다.[209] 개경정부는 몽고에 歲貢을 바치고 稱臣하면서 사대하였지만, 현실적으로 몽고의 모든 요구사항을 들어줄 수 없음으로써 재침략의 불씨가 점차 살아나고 있었다. 河西元帥[210]가 金線 2필을 令公 최우에게 선물했을 때, 최우가 令公은 자신이 아니라 懷安公 王侹이라고 속여서 이규보로 하여금 글을 써 보낸 것도[211] 몽고－고려 양국 사이에서 일고 있었던 냉랭한 외교전을 보여 주는 것이다.

제1차 천도논의가 결렬된 이후 3개월이 지난 5월 22일에 최우는 대신들을 宣慶殿에 모아놓고 몽고의 침입을 방어하는 계책에 대하여 논의하였다.[212] 이때의 재추회의에서는 천도문제 뿐만 아니라 몽고의 재침을 구체적으로 방어하는 책략에 대해서도 심도 있게 의논되었을 것으로 보인다. 그러나 고려 삼군이 안북부전투에서 크게 패했었고, 아직 五軍兵

得一箇嫡室 更無滕妾故 王族之枝葉 例未繁茂 又以國之褊小故 臣僚之在列者 亦未之師師 而所娶不過一妻 則所産 或無或有 有或不多人耳 若皆發遣上國 則 誰其承襲王位及朝廷有司之職 以奉事大國耶 若 貴國撫存弊邑 使通好萬世 請 蠲省 偏方蕞土 所不得堪如此事段 以示字小扶弱之義 幸甚幸甚 又稱諸般工匠 遣送事 我國工匠 自昔欠少 又因饑饉疾疫 亦多物故 加以貴國兵馬經由大小城 堡 懼害被驅者 不少 自此 耗散而莫有地著專業者故 節次 不得押遣應命 況 刺 繡婦人 本來無 有此 皆以實告之 伏惟 諒情哀察 又於趙兵馬 處所囑當義州民 戶 檢會物色事 已曾 行下其界兵馬委令根究 則告以城守與民戶等 乘桴逃閃 因 風沒溺故 便不得顯驗 請照悉之 其餘文字內所 及一一承禀 又貴國還兵次 所留 下瘠馬 每處搜集 几十五疋 卽令收管牧養 今此 行李幷分去 奉呈"(『高麗史』 권23, 高宗 19年 夏4月 壬戌日條).

209) 撒禮塔에게 전한 牒文에서 드러난 점들은 高宗보다도 오히려 崔瑀政權의 강경한 입장을 대변하는 것이었음은 분명하다.

210) 저자의 억측이지만 河西元帥는 探馬赤軍의 首將 也速迭兒가 아닌가 생각된다.

211) "蒙古 河西元帥 遣使寄書 幷送金線二匹 其書稱令公上 蓋指崔瑀也 瑀不受曰 我非令公 以歸淮安公侹 侹亦不受 往復久之 瑀竟使學士李奎報 製侹答書以 送"(『高麗史節要』 권16, 高宗 19年 5月條).

212) "宰樞 會宣慶殿 議禦蒙古"(『高麗史』 권23, 高宗 19年 5月 辛丑日條).

馬가 징발되지 못한 상태에서 어떤 뚜렷한 방어책은 찾기 어려웠을 것이다. 더구나 최씨정권의 都房軍士와 家兵 그리고 官軍인 夜別抄만으로는 개경을 방어하는데도 벅차서 蒙古大軍을 막아내기가 역부족이었기 때문에 구체적이고도 결정적인 방책을 마련할 수 없었을 것으로 여겨진다. 이틀 후인 5월 24일에 4품관 이상이 宣慶殿에 다시 모여 방어대책을 토의하였다. 이번 제3차 회의에서는, 대다수 관원들이 "개경을 지키고 蒙古兵을 막자"고 한데 비하여, 오직 재상 鄭畝[213]와 大集成만은 "도읍을 옮기고 亂을 피해야 한다"고 주장하여[214] 의견의 일치를 보지 못하였다. 정묘와 대집성은 모두 최우와 연관된 族黨이었으며, 특히 대집성이 최우의 의사를 대변하여 강화천도를 주장했을 것으로[215] 여겨진다. 재추의 대신들은 開京固守論者들이 대부분이었지만, 그들도 蒙古兵을 방어할 뚜렷하고도 구체적인 腹案을 갖고 있지 못했다. 단지 개경이 수백 년 도읍지로서 인구가 10만이 넘고 金碧이 相望할 정도로 번창한데다가 성벽이 견고하고 식량이 풍족해서 버틸만하다는 것이 그들의 주장이었다.[216]

3차례에 걸친 천도논의와 몽고방어대책회의에도 불구하고 의견이 합치되지 못하는 가운데, 5월 30일에 북계 龍岡과 宣州에 몽고 達魯花赤

---

213) 鄭畝는『高麗史』列傳에 등장하지 않으나,「月南寺眞覺國師碑 陰記」에 '樞密院副使 鄭畝'가 나오고 있으며, 이 陰記에는 崔瑀·崔沆·崔宗峻 등 崔氏政權을 구성하였던 인물들이 열거되어 있음을 통해서 볼 때 鄭畝도 역시 崔氏家의 인물임을 쉽게 짐작할 수 있다. 한편 尹龍爀은 鄭畝가 鄭叔瞻이나 鄭晏과 같은 河東鄭氏 家門으로서 崔瑀의 妻族이었을 것으로 추정한 바 있다(尹龍爀, 1991, 앞의 책, 145쪽).

214) "癸卯 四品以上 又會議 皆曰 城守拒敵 唯 宰樞 鄭畝 太集成等曰 宜徙都避亂"(『高麗史』권23, 高宗 19年 5月 癸卯日條).

215) 尹龍爀, 1977, 앞의 논문, 317쪽.

216) "夜別抄指諭金世冲 排門而入 詰瑀曰 松京 自太祖以來 歷代持守 凡二百餘年 城堅而兵食足 固當戮力而守 以衛社稷 棄此而去 將安所都乎"(『高麗史節要』권16, 高宗 19年 6月條).

4인이 왔다. 고려 북계에 達魯花赤 배치가 완료된 것이다. 이로부터 보름후인 6월 15일에 校尉 宋得昌(宋立章),[217) 許公才,[218) 隊正 宋義[219) 등이 사신 池義深 일행으로부터 도망쳐 와서, "고려가 공문에 언급된 것들을 제대로 이행하지 않은 것에 대해 撒禮塔이 震怒하였고, 지의심을 帝所로 보내고 나머지 사신들은 모조리 拘禁시켰다"고[220) 최우에게 보고하였다. 宋得昌·許公才는 개경정부가 몽고에 대해서 공물납부와 인질 상납 등을 제대로 이행하지 않음으로써 撒禮塔에게 붙잡혔다가 극적으로 탈출해 온 고려사신단의 수행원들이었다. 『高麗史』 권23, 高宗 19年 9月條 '荅蒙古官人書'와 11月條 '荅蒙古沙打官人書'에서는 宋立章·許公才 등이 몽고대군이 재침할 것이라는 소문을 개경정부에 전했기 때문에 당황하여 강화로 천도했음을 주장하고 있다.[221) 여기서 宋立章은 몽고

---

217) 高宗 19年 6月 15日에 사신 池義深 일행으로부터 도망쳐 開京에 돌아온 宋得昌은 『高麗史』 권23, 高宗 19年 9月條 '荅蒙古官人書'와 11月條 '荅蒙古沙打官人書'에서 蒙古의 再侵 의도를 崔瑀에게 알린 宋立章이 아닌가 한다.

218) 許公才는 『高麗史』 권23, 高宗 19年 9月條의 '荅蒙古官人書'에서 宋立章과 더불어 開京으로 도망쳐 와서 崔瑀에게 蒙古의 再侵 의도를 알린 인물이다.

219) 隊正 宋義가 校尉 宋得昌(宋立章)과 동일인물인지는 확실치 않다. 그러나 『高麗史』 권124, 列傳37 尹秀傳에 의하면 尹秀의 장인인 隊正 宋義가 使臣團을 따라 蒙古에 갔다가 蒙古가 장차 高麗를 侵攻하려는 것을 알고 도망쳐 돌아와 朝廷에 고하였으므로 江華島로 國都를 옮길 수 있었다고 되어 있다. 그렇다면 尹秀傳에 등장하는 宋義는 『高麗史』 高宗世家에 나타나는 宋得昌(宋立章)과 같은 행동을 하고 있는 셈이다. 아마 추측컨대 宋得昌·宋立章·宋義는 모두 같은 한 인물을 지칭하는 것이 아닌가 한다. 다만 문제가 되는 것은 宋得昌·宋立章은 그 계급이 校尉이고 宋義는 隊正이라는 점인데, 서로 다른 인물이었을 가능성을 완전히 배제할 수 없다. "初 秀舅 隊正宋義 隨使 如蒙古 知蒙古將加兵于我 逃還以告 得遷都江華 以功 累遷樞密副使 致仕"(『高麗史』 권124, 列傳37 嬖幸2 尹秀傳).

220) "甲子 校尉 宋得昌 自池義深行李 逃來云 義深 到撒禮塔所 撒禮塔怒曰 前送文牒內事件 何不辦來執送 義深于帝所 餘皆拘囚"(『高麗史』 권23, 高宗 19年 6月 甲子日條).

221) 宋立章(宋得昌) 등이 高麗 측의 義務事項 미이행으로 인해서 撒禮塔이 震怒했던 사실만을 開京政府에 전달했을 가능성도 있겠으나, 당시 蒙古 내부에서 東

에서 탈출하여 개경으로 돌아온 최초의 逃還人으로서 몽고의 재침 의도를 최우정권에게 전달한 校尉 宋得昌과 동일인물이며, 『高麗史』 권124, 列傳37 嬖幸2 尹秀傳에 등장하는 宋義와 같은 인물로 추정된다.[222] 宋得昌(宋立章·宋義)과 許公才로부터 몽고가 재침을 준비하고 있다는 소문을 접한 최우는 즉각 재추회의를 열고 강화천도를 문제를 매듭지려 하였다.

I-1. 乙丑 崔瑀脅王 遷都江華(『高麗史』 권23, 高宗 19年 6月 乙丑日條)
I-2. 崔瑀 會宰樞於其第 議遷都 時 國家昇平旣久 京都 戶至十萬 金碧相望 人情安土 重遷 然 畏瑀 無敢發一言者 兪升旦曰 以小事大理也 事之以禮 交之以信 彼亦何名而 每困我哉 棄城郭 捐宗社 竄伏海島 苟延歲月 使邊陲之氓丁壯 盡於鋒鏑 老弱 係爲奴虜 非爲國之長計也 夜別抄指諭金世冲 排門而入 詰瑀曰 松京 自太祖以來 歷代持守 凡二百餘年 城堅而兵食足 固當戮力而守 以衛社稷 棄此而去 將安所都乎 瑀問守城策 世冲不能對 御史大夫大集成謂瑀曰 世冲 效兒女之言 敢沮大議 請斬之 以示中外 鷹揚軍上護軍金鉉寶希集成意亦言之 遂引世冲斬之 是日 瑀奏請 王速下殿 西幸江華 王猶豫未決 瑀 奪祿轉車百餘兩 輸家財于江華 京師洶洶 令有司 刻日發送 五部人戶 仍榜示城中日 遷延 不及期登道者 以軍法論 又分遣使于諸道 徙民山城海島(『高麗史節要』 권16, 高宗 19年 6月條)

최우는 6월 16일에 4번째 천도회의를 자신의 私第에서 개최하여 강화천도를 확정지으려 하였다. 몽고가 고려의 공물납부 실태에 대해서 지극히 불만을 표시하였고, 조만간에 다시 침략해 온다는 소문이 퍼지고 있었으므로 마땅한 대책을 입안하지 못한 최우로서는 매우 불안하였다. 그래서 몽고에 소극적인 외교적 대응 전략으로써 강화천도를 추진할 수밖에 없었다. 그러나 대몽화의론을 제기한 兪升旦, 재추대신들과 夜別抄

眞征伐과 高麗에의 再侵 준비 상황을 직접 보고 들은 것을 그대로 崔瑀에게 전했을 가능성도 크다고 하겠다.
222) 앞의 각주 219를 참조할 것.

指諭 金世冲 등이 개경고수론을 고집하면서 천도에 찬성치 않는 분위기가 지배적이었다. 당시 개경의 인구가 10만에 이르고 金碧이 서로 마주 볼 정도로 번화한 도시였다는 점에서 지배층이었던 문벌귀족세력은 천도를 꺼려하였다.

유승단은 "以小事大는 당연한 이치이고, 禮와 信義로써 받들면 저들(몽고)이 매번 우리(고려)를 괴롭히겠는가. 海島로 옮겨 구차하게 세월을 遷延시킨다면 변방의 장정들은 모두 鋒鏑에 쓰러지고 노약자는 모두 奴虜가 될 것이니, 천도는 국가를 위한 長計가 될 수 없다"고 주장하였다.[223] 그는 몽고의 일방적인 침입으로 형제맹약관계가 파기되고 군신관계가 성립되었다고 할지라고 그러한 국제관계를 禮·信義로써 유지하여 몽고병의 침입을 막아야 함을 강조하였다. 대몽화의론은 이 시기에 갑자기 등장한 것이 아니다. 이미 강동성전역 당시 추밀원부사 최우와 몇몇 문신들을 중심으로 하여 제기된 적이 있었고, 고종 8년에 최우가 몽고사 這可의 입국을 거부하려 하였을 때 대몽화의론자들의 반대로 무산된 점을 상기한다면, 대몽화의론을 주장하는 문·무신도 일정하게 존재하였으리라 믿어지는 것이다.

유승단의 대몽화의론은 최우와 그의 가신집단에 의해서 묵살되고 말았다. 최우는 몽고의 재침이 가시화되는 가운데 몽고의 의도대로 강화에 선뜻 응할 마음이 없었다. 재추 대신들은 감히 최우에게 천도를 부정하는 언사를 나타내지 못했지만, 천도회의 참석자가 아닌 夜別抄指諭 金世冲은 문을 밀치고 들어와[224] 개경고수를 강력히 주장하면서 최우를 힐

---

223) 이러한 兪升旦의 주장은 실제로 對蒙抗爭期 후반부에 그대로 실현되는 만큼, 和·戰兩面으로 對蒙抗爭을 전개하면서 江華島에서 최대한 버티고자 하였던 崔氏政權의 海島入保策에 대한 허점이 노출되었다고 하겠다.

224) 金世冲은 夜別抄指諭로서 正6品에 해당하는 郎將 계급이었으므로 4品 이상관 혹은 宰樞가 참석하는 遷都會議에 낄 수조차 없었다(尹龍爀, 1991, 앞의 책, 139쪽). 그는 崔瑀가 開京을 버리고 江華島로 遷都하는 것이 매우 졸렬한 소극적 방책

책하였다. 그는 "개경은 太祖이래로 3백여 년 동안 번창한 도읍지이며 성벽이 견고하고 兵食이 풍족하니 마땅히 죽을힘을 다해 사수하면 사직을 보위할 수 있는데, 이를 버린다면 장차 도읍할 곳이 어디가 있겠는가"라고 반문하였다. 당시 김세충과 의견을 같이 하는 야별초지유들도 많았으리라 생각되거니와, 최우에 의해서 창설된 야별초의 장교들조차도 강화천도에 반대하는 견해를 제시하고 있었다.225) 이들은 최우의 강화천도가 도읍지와 백성을 버리고 자신의 정권안보를 위해 도피하는 것에 지나지 않는다고 생각하여 개경에서 수성전을 전개하자고 주장했던 것이다.

최우는 강화천도가 지극히 소극적 방책임을 인정하면서도, 개경고수론을 펼친 김세충에게 "몽고병을 막을 방책이 있느냐"고 반문하였다. 김세충이 현실적으로 적절한 대책을 제시하지 못하자,226) 어사대부 대집성은 "김세충이 아녀자의 말을 본받아 감히 大義를 가로막고 있으므로 斬刑에 처하자"고 최우에게 건의했다. 鷹揚軍上將軍 金鉉寶(金鉉甫)도 역시 대집성의 의견을 옳게 여겼으므로, 결국 김세충은 참형에 처해지고 말았다. 김세충이 아녀자의 말을 본받았다고 무고한 대집성의 언변을 통해서 일반 민중들은 강화천도에 반대하고 있었음을 쉽게 짐작할 수 있

임을 들어 최우를 힐책하였다. 그러나 金世冲은 뚜렷한 開京防禦策을 마련하지 못하였고, 會議場 문을 밀치고 들어와 職位 離脫的인 행동을 하였기 때문에 大集成 등에 의해서 참소되어 斬刑을 당하고 말았다.

225) 夜別抄指諭 金世冲이 崔瑀에게 江華遷都를 반대하며 開京固守를 直言하는 모습에서, 夜別抄指諭들은 崔瑀의 私兵集團인 都房員과 家兵 指揮者들과는 다르게 武人執政의 통제가 보다 더 약했거나 무인집정과 私的 關係로 연결된 인간적 연결고리가 느슨했다고 생각되며 그들 스스로가 官軍 將校로서 國防에 관한 한 자신들의 주장을 제시할 수는 있었으리라 여겨진다.

226) 尹龍爀은 金世冲의 開京固守論이 名分은 선명하나 現實感이 부족하다고 지적하였다. 麗·蒙간의 무력충돌을 예상할 때, 開京은 防禦에 한계를 가지고 있으며, 객관적 전력 또한 劣勢에 있다는 점을 인정해야 하기 때문이다(尹龍爀, 1991, 앞의 책, 139쪽).

다. 개경고수론을 주장한 김세충을 처형하는 극단적인 방법까지 동원하면서 최우는 전격적으로 강화천도를 단행하였다.

　이 당시 강화천도론은 최우의 문·무 가신집단 사이에서는 고정불변의 確論으로 굳어져 있었다. 최우가 안북부전투 패전 이후에 피난할 만한 곳을 찾자 昇天府副使 尹繗과 錄事 朴文檥가 강화도를 추천하였으며, 고종 19년 2월 재추회의부터는 확실한 항전 대안으로서 강화천도론이 고착화되어 있었다고 생각된다. 4차례에 걸친 천도회의에서 강화천도를 지지한 인물로서 최우와 가장 밀착되어 있던 대집성과 재상 정묘, 응양군상장군 김현보,[227] 그리고 결정적인 순간에 최우의 입장을 지지하고 문·무 대신들을 설득했던 崔宗峻[228] 등을 들 수 있다. 이들은 강화천도가 귀족·대신들과 일반 백성들로부터 지지를 받지 못하는 소극적 방책임을 인정하면서도 왕실을 보존하고 몽고와 장기적인 항쟁을 펼치기 위해서는 어쩔 수 없이 천도해야 함을 역설했던 장본인들이었다. 또한 천도추진파는 권력의 속성상 최우정권과 운명을 같이 하지 않을 수 없는 자기보호적 측면이 개재되어 있었다고[229] 볼 수 있다. 이상과 같은 천도 논의에서 드러나는 각각의 입장을 도표로 정리하면 다음과 같다.

---

227) 軍府의 首長인 鷹揚軍上將軍 金鉉寶는 제3차 遷都會議까지는 江華遷都에 찬성하지 않다가 제4차 회의 때 찬성 쪽으로 급선회한 인물로 여겨진다. 그가 大集成의 의견을 옳게 여기고 夜別抄指諭 金世冲을 斬刑에 처하는 데 동의한 것만으로도 그 대강을 짐작할 수 있다.

228) "秋七月 門下侍中 崔宗峻 以年老乞退 王 不允曰 崔侍中 筮仕以來 終始一節 淸廉奉國 比來 國家多故 議論紛紜 臨機善斷 遷都衛社 功無與比 豈循常例 遽令謝事 遂賜几杖"(『高麗史節要』 권16, 高宗 29年 秋7月條). 崔宗峻은 崔瑀와도 친밀한 인물인데, 崔瑀의 장인 鄭叔瞻이 崔宗峻의 妹弟였다는 사실에서 그도 崔瑀政權에 크게 일조했던 인물이었음을 알 수 있다(朴龍雲, 1978, 「高麗時代의 定安任氏·鐵原崔氏·孔巖許氏 家門分析」, 『韓國史論叢』 3, 61~62쪽).

229) 尹龍爀, 1991, 앞의 책, 146쪽.

<표 2-5> 江華遷都 지지자와 반대론자의 입장

區分	主張者	主張 根據	結 果
江華遷都論	崔瑀, 大集成, 鄭畝, 金鉉寶, 尹繡, 朴文穡, 崔宗峻	蒙古의 再侵에 對應할 뚜렷한 方策이 없으므로 海島入保와 연계하여 都邑을 江華島로 옮겨서 抗戰하자고 주장	高宗 19년 6월 16일에 江華遷都를 전격적으로 단행
開京固守論	夜別抄指諭 金世冲, 대다수 宰樞 大臣	開京은 3백 년 都邑地로서 人口도 많고 城壁이 견고할 뿐 아니라 兵食도 풍부하여 死力을 다해 抗戰할 만하다고 주장	崔瑀가 大集成의 건의를 받아들여 金世冲을 斬刑에 처함
對蒙和議論	兪升旦	蒙古와 禮·信義로써 君臣關係를 유지하면서 事大를 하게 되면 그들의 침입을 방지할 수 있다는 입장	崔瑀政權이 수용하지 않음

최우가 강화천도를 이토록 신속하고도 전격적으로 단행한 데에는 몇 가지 이유가 있었다. 첫째, 兄弟盟約關係가 파기된 이후 몽고와 君臣關係를 체결하여 그들의 모든 요구사항들을 들어줄 수가 없었다. 몽고는 고려에 대해 고압적 태도를 보이면서 막대한 양의 세공과 왕실·대관들의 子弟까지 인질로 요구하고 있었으므로 지난날 遼·金과 같은 형식적 事大關係, 朝貢冊封關係와는 그 성격이 판이하게 달랐다.[230] 고종 18년에 전쟁을 도발한 몽고는 전쟁배상금 성격으로 과도한 공물납부를 최우선적으로 요구하였다. 그런 다음에 고종 19년 정월부터는 蒙古六事의 완전한 이행을 촉구하고 있었으므로 실제적으로 고려의 완전한 服屬을 의도한 것이나 다름없었다. 그렇기 때문에 최우정권으로서는 몽고 측의 요구사항에 대해서 강한 거부감을 느꼈다. 그들의 요구사항을 준수할 경우 令公으로서의 권위 추락과 더불어 자신의 정권안보에 대한 큰 부담으로 작용할 수 있었다. 특히 공물납부가 커다란 문제로 급부상했는데,

---

230) 만일 蒙古가 遼·金과 같은 정도의 형식적 朝貢冊封關係만 요구했다고 한다면, 崔瑀政權이 그러한 요구를 거부했을 리가 없다. 몽고의 공물요구는 정도가 너무 지나쳤으며, 小國인 高麗를 완전히 服屬시켜서 그들 마음대로 조종할 의향을 가지고 있었던 만큼 崔瑀政權이 몽고에 臣屬하기를 거부했음은 자명하다.

당시 고려의 재정은 몽고의 막대한 공물요구에 부응할 수준이 되지 못했다. 어차피 제대로 공물을 납부하지 못하여 몽고의 재침을 불러들일 바에는 최우정권이 강화천도를 결행하여 몽고와 공물납부 문제를 가지고 줄다리기 협상을 벌이는 것이 보다 현명한 선택이었다.

둘째, 海島入保와 연관하여 강화로 천도함으로써 장기적인 항전체제를 구축하기 위해서였다. 해도입보가 이미 1231년 9월부터 개시되었기 때문에 강화천도는 海島入保策의 연장선상에서 이해될 수 있는 정책이며, 최우정권의 정권보위와도 밀접한 상관관계가 있었다.231) 기존에 강화천도에 대한 肯定論과 否定論 양자가 제기되어 왔었는데, 전자는 전략적 입장에서 강화천도를 인정하였다.232) 반면 후자는 강화천도가 몽고병을 회피하여 일부 지배층의 안전을 확보하고 무신정권을 보위하자는 것에 지나지 않았음을233) 혹평하기도 하였다. 하지만 대부분의 史家들

---

231) 尹龍爀, 1982, 「高麗의 海島入保策과 몽고의 戰略變化 – 麗蒙戰爭 전개의 一樣相 –」, 『歷史教育』 32, 58~60쪽.

232) 李丙燾는 「江華島 遷都와 第二回의 蒙寇」(1962, 『韓國史 – 中世篇 –』, 震檀學會, 562~563쪽)에서 "江華遷都는 확실히 蒙古側에 대하여 敵意를 보임과 동시에 長期抗戰의 覺悟를 表示한 것"이라 하였고, 姜晋哲은 「江華島 遷都와 蒙古의 再侵」(1973, 『한국사』 7, 國史編纂委員會, 346쪽)에서 "江華島는 바다를 두려워하고 水戰에 익숙치 못한 몽고군의 침략을 막기 위해서는 가장 알맞은 저항의 거점이 될 수 있었다"고 하여 江華遷都의 戰略的 利點과 長期抗戰策과의 연관성을 긍정적으로 바라보았다. 최근에 金基德은 戰略戰術 상으로 江華遷都는 그 당시 가장 時宜適切한 선택이었다고 해석하였다(金基德, 2000, 「고려시대 강화도읍사(江都史) 연구의 爭點」, 『史學研究』 61, 96~97쪽).

233) 朴菖熙는 「江華島에서의 李奎報와 그의 本質」(1973, 『한국사』 7, 國史編纂委員會, 287쪽)에서 "高宗 19년(1232) 6월 정권의 보전을 목적으로 崔怡는 몽고 침략군과의 對戰을 회피, 강화도로 천도하였다"고 했으며, 姜晋哲은 위의 논문(1973, 『한국사』 7, 國史編纂委員會, 347쪽)에서 "강화도 천도는 일부의 지배계급만이 그들의 안전을 확보하자는 것이었다"고 하여 정치적 목적에서의 江華遷都를 혹평하기도 하였다. 金潤坤은 江華遷都가 草賊과 地方叛民들의 反政府的 活動으로부터 崔瑀가 자기정권의 안보를 보장받으려 하였던 것과도 연관된다고 해석하였다(金潤坤, 1978, 「江華遷都의 背景에 關해서」, 『大丘史學』 15·16,

이 정치적 목적을 논외로 한다면, 전략적 차원에서는 강화천도를 어느 정도 인정하고 있는 것이 대세이다. 해도입보의 차원에서 강화도가 지니는 장점은 대체적으로 네 가지로 집약된다. 첫째 水戰에 취약한 몽고군의 약점을 최대한 이용할 수 있는 도서라는 점, 둘째 육지에 핍근하면서도 조석간만 차와 潮流 등으로 적의 접근이 용이치 않다는 점, 셋째 개경과의 접근성, 넷째 지방과의 연결 혹은 漕運 등의 편의성이다.[234] 최우는 강화로 천도하여 몽고군의 예봉을 피하고 山城·海島入保策과 더불어 장기적인 항전체제로 이끌고 가면서 기존의 해상교통망을 최대한 활용하여 서해안의 도서와 내륙에 대한 통제권도 확보하려 했던 것이다.

셋째, 校尉 宋得昌(宋立章·宋義)으로부터 몽고가 재침할 것이라는 정보를 확신했기 때문이며, 당시 고려의 국방력이 契丹遺種과의 3년여 전쟁, 東眞과의 2년여 전쟁, 몽고 제1-(1)차 침입 등으로 거의 소진 상태에 있었기 때문에 강화천도를 즉각적으로 단행할 수밖에 없었다. 아마 여러 가지 요인들 가운데 셋째 요인이 최우에게 가장 직접적인 요소로 다가왔을 것이다. 宋得昌이 몽고가 재침을 준비하고 있다고 개경정부에 보고한 것을 믿어야 되느냐 불신해야 하느냐를 놓고 최우정권은 고심했다. 그러나 결국 송득창의 정보를 확신하였던 것은, 撒禮塔의 제1-(1)차 침입이 몽고의 완전한 승리가 아니어서 언제든지 재침할 가능성이 짙었기 때문이었다. 뿐만 아니라 강화체결 이후에 몽고 太宗은 達魯花赤을 北界 점

13~14쪽). 그러나 江華遷都 이후에 草賊과 地方民이 遷都反對運動을 전개하며 본격적으로 叛亂을 일으키는 점을 상기한다면 이들의 위협 때문에 江華島로 도읍을 옮겼다는 주장은 설득력이 약하다고 생각된다. 한편 尹龍爀은 江華遷都가 구체적 전략을 가지지 못한 도피적 행동이자 消極的 方策으로써 崔氏政權의 온존에 집착한 自救策에 불과하였다고 지적하기도 하였다(尹龍爀, 1977, 앞의 논문,『史叢』21·22, 317~318쪽).

234) 李丙燾, 1961,『韓國史(中世篇)』, 580~581쪽 ; 李龍範, 1977,「江華島 防禦의 歷史的 考察」,『江華島學術調査報告書』, 59쪽 ; 尹龍爀, 1991, 앞의 책, 151쪽.

령지 요소마다 배치하고 探馬赤軍을 주둔시켜 고려의 북계를 거의 장악하다시피 하여 개경정부를 압박하였다. 또한 태종은 東眞征伐을 구실로 고려에 助軍을 요청하고 거부할 경우 재침한다는 복안을 세워놓았기 때문에[235] 최우정권으로서는 위압감을 받았다. 이러한 몽고 태종의 전략을 최우가 몰랐을 리가 없고, 더구나 송득창의 보고를 전해 듣고서는 아예 다음날 강화천도를 전격적으로 단행해 버린 것이다.[236]

최우의 강화천도 의향에 대해서 야별초지유 김세충이 야별초를 대표해서 개경고수론을 제기했으나 군부의 수장이었던 응양군상장군 金鉉寶는 대집성의 의견에 찬동하면서 강화천도를 지지하였다. 최씨정권의 私兵뿐만 아니라 府衛軍도 거란유종과의 전쟁으로부터 몽고의 제1-(1)차 침입에 이르기까지 고려의 국방력이 약화된 것을 인지하고 있었으므로 어쩔 수 없이 강화천도를 찬성하게 되었다고 헤아려진다. 한편으로 최우정권 입장에서 강화천도는 송득창의 정보에 의해서 이뤄진 것이고, 몽고대병의 재침을 두려워하여 해도로 숨게 되었다고 항변할 수 있는 여지가 있었으므로[237] 대몽외교에 있어서도 하등의 불리할 것이 없었다.

이상과 같은 여러 요인들이 서로 유기적·복합적으로 작용하여 강화천도는 결행되었다. 강화천도의 직접적 배경은 국방력이 크게 약화된 상태에서 교위 송득창의 몽고재침 소문을 최우가 신빙했기 때문이었다. 하지만 강화천도의 外交的 背景으로만 국한해 본다면, 몽고 측의 과도한 공물납부 요구가 천도의 요인으로써 지목될 수 있다. 대몽강화가 체결된

---

235) 이러한 측면과 결부되어 周采赫은 蒙古의 達魯花赤 설치와 高麗에 대한 東眞 征伐軍의 요청 등이 江華遷都의 직접적 배경이 되었다고 하였다(周采赫, 앞의 논문, 1974, 『淸大史林』 1, 107~108쪽).

236) 崔瑀가 校尉 宋得昌에게서 蒙古가 再侵할 것이라는 정보를 전해 듣고서 바로 다음날 江華遷都를 결행한 데에는, 통상적으로 蒙古의 遠征時期가 7~8월에 걸쳐 있었기 때문이었다.

237) 이러한 崔瑀政權의 입장은 『高麗史』 권23, 高宗 19年 9月條 '荅蒙古官人書'에서 잘 드러난다.

시점에서 최우정권이 외교적으로 몽고의 공물납부 요구를 무마시킬 수
도 없었고 현실적으로 상당량의 공물을 진상할 수도 없었으므로 강화천
도를 전격적으로 단행해버린 것으로 이해된다. 공물납부는 몽고육사 가
운데 가장 기초적인 조항에 불과하였지만 몽고는 차후 高宗親朝와 助軍
을 비롯하여 나머지 의무사항의 이행을 강요해 올 것이 자명하였으므로
최우는 그러한 의무사항을 거부하기 위해서라도 강화천도를 단행할 수
밖에 없었다. 강화천도 그 자체만으로도 몽고에 대해서 공물납부 거부
내지 공물량 축소를 의도할 수 있었으므로 최씨정권의 외교적 대응책으
로서는 최상의 방안이었다고도 해석된다.

　고종 19년 6월 16일 최우가 고종에게 속히 궁전에서 나와 서쪽으로
향하여 강화도로 행차할 것을 주청하니, 왕이 망설이고 결정하지 못하였
다.238) 최우는 자신부터 먼저 강화도로 들어가 천도문제를 조속히 해결
하려 했는데, 祿轉車 1백여 輛을 준비하여 家財를 강화도로 옮겼다. 아
마 재추의 대신들도 녹전차와 牛馬를 할당받거나 자체적으로 준비하여
최우와 더불어 강화로 들어갔을 것이다.239) 최우는 有司에게 명하여 날
짜를 한정하여 개경 五部 백성들을 강화로 보내게 하고, "遷延하여 출발
할 기일에 이르지 못하는 자는 軍法으로 논할 것이다"고 함으로써 開京
民을 일정기한에 강화섬으로 들어오도록 규정지었다. 또한 사자를 여러
도에 보내 백성들을 섬이나 산성에 옮기도록 하였는데, 이는 두말 할 나
위 없이 山城·海島入保策과 연관된 전략구사였다. 최우는 몽고에 신속

---

238) 崔瑀와 함께 對蒙政策을 이끌어 온 高宗은 開京固守論者였을 것이지만 崔瑀의
　　威脅과 說得으로 7월 6일에 결국 江華로 移御하게 된다. 高宗이 뒤늦게 江華島
　　에 들어온 것은 앞으로 파견될 蒙古使를 맞이하여 江華遷都의 사정을 호소하기
　　위해서였으며, 다른 한편으로는 백성들의 이탈과 동요를 최대한 막아보기 위해
　　서였을 것이다.
239) 高宗 19년 2월 20일 제1차 遷都會議가 열린 곳은 典牧司였는데, 典牧司會議
　　때 이미 遷都시 祿轉車와 牛馬의 수효를 각 大臣들에게 차등 있게 분배하려는
　　계획을 수립해 놓았을 것이다.

하여 그들에게 막대한 양의 세공을 바치고 인질까지 보내는 것에 반대하
였을 뿐만 아니라 契丹遺種과의 전쟁 이후 계속된 외적과의 전쟁으로
고려의 국방력이 극도로 약화되어 있는 것을 누구보다도 잘 이해하고 있
었으므로 해도입보와 연계하여 강화천도를 전격적으로 단행한 것이었
다. 그러나 강화천도의 전략적 가치나 외교적 효과와는 상관없이 천도에
의한 항몽전략은 매우 소극적인 저항이라는 인식을 배태시켰다. 뿐만 아
니라 일반백성들과 草賊·叛民의 입장에서는 최우가 자신의 정권을 보위
하고 일부 지배층의 안전을 보장하기 위해 강화섬으로 도피하는 정도로
밖에 인식되지 못하였으므로 거국적인 항쟁을 도모하는데는 일정한 한
계를 지니고 있었다.

2. 海島入保策과 抗蒙姿勢

崔瑀政權은 몽고 제1-(1)차 침입 당시 三軍을 편성하여 安北府에서 大
會戰을 시도했으나 크게 패배한 이후로 다시는 삼군을 편제해서 몽고군
과 싸우지 않았으며 대규모 정규전은 자취를 감추었다.[240] 그래서 內地

---

240) 麗蒙戰爭에서 安北府戰鬪의 결과는 이후 戰爭의 양상을 완전히 뒤바꿔 놓는 결
   정적 계기가 되었다. 主戰論者 後軍陣主 大集成이 中軍·右軍陣主의 守城拒賊
   論을 묵살하고 무리하게 蒙古軍과의 大會戰을 치르다가 大敗하고 말았던 安北
   府戰鬪는 高麗 三軍이 蒙古軍과 平地에서 싸워보았던 최초이자 마지막 대규모
   전투였다. 安北府敗戰은 麗蒙간의 戰力 차이를 開京政府에 여실히 각인시켜 주
   었고 이후 戰爭은 山城·海島入保에 의한 淸野戰術과 別抄軍을 활용한 소규모
   局地戰을 전개할 수밖에 없었다. 이러한 고려 측의 전술은 병력의 손실을 최소
   한도로 줄여 나가면서 賊을 쉽게 지치게 하여 長期戰을 이끌 수 있는 方策이
   되었지만 山城과 海島 이외의 곳들은 철저하게 蒙古軍에게 유린당하게 되어 農
   業生産力 저하와 對民團結力 와해라는 골치 아픈 문제점도 양산하였다. 海島·
   山城入保策이 高麗王朝의 유지와 崔氏政權의 안정에는 일조했을지는 몰라도
   내륙의 州縣民에게는 최선의 계책이 되는 것은 아니었다.

에 있어서 대몽항전은 山城入保를 통한 淸野戰術을 매개로 하여 중앙의
夜別抄와 지방의 別抄軍을 주축으로 유격전·기습전·매복전 위주의 소극
적 대몽항전전술로 고착화될 수밖에 없었다. 이와 병행하여 최씨정권은
이미 몽고군의 기동전·약탈전·파괴전에 대비하여 海島入保에 의한 島
嶼·沿岸防禦策을 세워 놓았고, 이의 실행을 통해서 육지 백성의 생명과
식량·군수물자를 보존할 수 있었다. 한편 해도입보책은 최씨정권의 장
기전 구상과 그 궤를 같이하는 것으로써 최씨정권이 멸망할 때까지 단
한 번도 그 전략을 변경한 적이 없었을 만큼 최씨집권자가 믿고 의지할
수 있던 항몽전략이었다.[241] 그리고 몽고가 침입한 후 철군조건으로 제
시한 최우선 사항이 '出陸還都를 비롯하여 海島에서 백성들을 데리고
나올 것'이었음을 통해서 해도입보는 여·몽 사이의 전투에 있어서나 강
화교섭에 있어서 핵심적인 논쟁거리가 되었음을 간파할 수 있다.

최씨정권이 해도입보책과 강화천도를 최후의 항전 대안으로 확정지
은 것은 撤禮塔과의 강화체결이 타결된 고종 19년 초엽의 일이었다. 그
러나 고종 6년 7월에 戶部侍郎 崔正芬 등 8명을 시켜 北界 興化道의 모
든 성들을 분담하여 순회하면서 병기·군량·군비를 점검하고 여러 小城
들이 大城에 들어와 入保하고 있는 정황을 검열하였던[242] 것을 통해서,
이때 이후로 해도입보에 대한 方策도 세워 놓았을 개연성이 있다. 이미
고종 6년에 북계 흥화도에서 大城入保體系는 완비되었고, 이후 해도입

---

241) 海島入保에 의한 抗戰策이 積極的·進取的·最優先的 對蒙抗戰姿勢가 될 수 없
   음은 물론이다. 하지만 海島入保에 의한 消極的 策略만으로도 우리나라 戰爭史
   상 가장 긴 長期戰을 이끌어 낼 수 있었다는 점, 蒙古軍이 마음대로 水戰을 감
   행하지 못하는 약점을 이용하여 그들과 강화협상을 할 때 出陸問題를 조율할
   수 있었다는 점 등이 江都朝廷의 消極的 抗戰을 변호해 줄 수 있는 요인으로
   지적될 수 있다고 본다.
242) "秋七月 遣戶部侍郎崔正芬等 八人 分巡北界興化道諸城 檢閱兵器儲偫軍貲 幷
   諸小城入保大城 時 謀者 有蒙古乘秋復來之語 故備之"(『高麗史』권22, 高宗 6年
   秋7月條).

보책도 점차 구체화되었으리라 생각되는 것이다. 고종 6년은 최충헌집
권기 말년에 해당하므로 해도입보책을 최초로 구상한 것은 崔忠獻代이
고 그것을 구체적으로 입안했던 것은 최우집권기에 들어와서의 일이었
음은 부정할 수 없는 사실이다.

그런데 최씨정권의 해도입보책은 고종 3년(1207) 8~9월경 몽고 장군
木華黎에게 쫓긴 咸平宣撫 蒲鮮萬奴가 10여만 무리를 이끌고 고려 북계
의 어느 海島에 入保한 과거의 경력에[243] 크게 영향을 받았을 것으로
생각된다. 주지하다시피 포선만노는 후에 東眞國을 건설하여 국왕이 된
인물이다. 그 당시 金나라 咸平宣撫였던 포선만노가 몽고군에게 쫓기게
되자 해도입보를 결정해서 몽고군의 예봉을 피한 바 있었는데, 이러한
위기극복책으로써 해도입보가 고려조정에 큰 반향을 불러일으켰을 것이
다.[244] 그래서 고종 6년에 몽고의 재침에 대비하여 북계 홍화도 소속 여
러 성의 입보상황을 점검했을 때, 조심스럽게 해도입보도 구상되었으리
라 믿어진다.

이러한 역사적 맥락을 고려한다면, 저고여피살사건에 대한 외교적
부담감과 고종 17년 이후 요동에서 몽고군의 심상치 않은 전쟁 움직임
을 포착한 최우정권이 위기의식을 느끼며 유사시 북계 홍화도에 한정지
어 청천강 유역에 위치한 주·현들의 해도입보를 입안했을 것으로 추정

---

243) 池內宏은『元史』권119, 列傳6 木華黎傳의 '咸平宣撫蒲鮮等 率衆十餘萬 遁入
海島'라는 記事를 根據로 들면서, 木華黎에게 쫓긴 蒲鮮萬奴 등이 무리 10여
만을 이끌고 黃海의 어느 섬에 入保하였다고 하였다(池內宏, 1937,「金末의 滿洲」,
『滿鮮史硏究』中世 제1책, 吉川弘文館, 579쪽). 巖井大慧는 黃海의 어느 섬이
明末淸初 毛文龍의 거점이 되었던 平北 鐵山郡의 假島라고 추정한 바 있다(巖
井大慧, 1932, 앞의 논문,『東洋學報』19-4, 70~78쪽). 黃海의 섬이 假島인지
아닌지 간에 蒲鮮萬奴가 高宗 3년 8~9월경에 海島入保를 시도하여 蒙古軍의
銳鋒을 피한 것만큼은 사실이다.
244) 姜在光, 2008,「對蒙戰爭期 崔氏政權의 海島入保策과 戰略海島」,『軍史』66,
36쪽.

된다. 그러므로 해도입보책을 구상했던 시점은 고종 6년 이후이고 그것을 입안했던 시기는 같은 왕 17년 무렵이었으며 그것을 실행하였던 것은 같은 왕 18년 제1차 몽고 침입 때의 일이었다고 추론해볼 수 있다.[245]

몽고의 제1-(1)차 침입이 개시되자마자, 고종 18년(1231) 9월 14일에 黃州守·鳳州守가 백성을 거느리고 鐵島에 입보했다든가[246] 같은 해 10월에는 咸新鎭副使 全僩이 吏民을 이끌고 薪島에 입보했다고[247] 한 것은 이미 대몽전쟁 이전부터 해도입보책이 유효한 전략으로써 채택되어 있었음을[248] 방증한다. 또한 이러한 해도입보는 최우정권의 지시에 의해서 州·縣 단위로 고을 守令을 통해 집행된다는 사실도[249] 간파할 수 있다. 한편 『高麗史』 地理志에 의하면, 고종 18년에 해도로 입보한 북계 諸州를 확인할 수가 있는데, 그것들을 나열하면 아래와 같다.

　　J- 1. 高宗 十八年 避蒙兵 入于紫燕島 元宗 二年 出陸(『高麗史』 권58, 志12
　　　　地理3 宣州條)

---

245) 姜在光, 2008, 위의 논문, 37쪽.
246) "丁酉 蒙兵至黃鳳州 二州守 率民 入保鐵島"(『高麗史』 권23, 高宗 18年 9月 丁酉日條).
247) "咸新鎭報曰 國家若遣舟楫 我當盡殺留城蒙人小尾生等 然後 卷城乘舟如京 乃命金永時等三十人 具舟楫以送 果殺蒙人幾盡 小尾生先覺亡去 副使全僩率吏民 入保薪島 後 僩挈家乘舟還京 溺死"(『高麗史節要』 권16, 高宗 18年 冬10月 條). 全僩은 撒禮塔의 大軍이 咸新鎭에 이르자 형세가 어려움을 알고서 싸우지 말고 投降할 것을 防守將軍 趙叔昌에게 건의했던 인물이었다. 그러나 그가 蒙古軍의 走狗가 되기 위해서 자진 투항했다고는 보여지지 않는다. 撒禮塔의 제1·2·3군이 차례로 南下를 개시하여 北界 諸城을 공격하고 있었을 때, 그는 開京政府와 연락을 취하여 咸新鎭에 남겨진 일부 蒙古軍을 제거하고 吏民을 거느리고 鐵島로 入保하였다. 이후 開京으로 돌아오던 중 溺死하고 말았지만, 咸新鎭副使 全僩은 海島入保를 最初로 실행한 인물이었다는 점에서 주목할 만하다.
248) 尹龍爀, 1982, 앞의 논문, 『歷史敎育』 32, 58쪽.
249) 尹龍爀, 1991, 앞의 책, 184~185쪽. 해도입보 명령체계는 江都朝廷(崔氏政權) → 兩界兵馬使·5道按察使·3道巡問使 → 州·郡·縣 守令 혹은 防護別監 → 州縣民으로 전달되었다.

J- 2. 高宗 十八年 蒙兵陷昌州 州人 入于紫燕島 元宗 二年 出陸(『高麗史』
　　　권58, 志12 地理3 隨州條)

J- 3. 高宗 十八年 被蒙兵 城邑丘墟(『高麗史』권58, 志12 地理3 昌州條)

J- 4. 高宗 十八年 避蒙兵 入于海島 元宗 二年 出陸(『高麗史』권58, 志12 地
　　　理3 雲州條)

J- 5. 高宗 十八年 避蒙兵 入于海島 元宗 二年 出陸(『高麗史』권58, 志12 地
　　　理3 博州條)

J- 6. 十八年 避蒙兵 入于海島 元宗 二年 出陸(『高麗史』권58, 志12 地理3
　　　嘉州條)

J- 7. 十八年 避蒙兵 入于海島 元宗 二年 出陸(『高麗史』권58, 志12 地理3
　　　郭州條)

J- 8. 高宗 十八年 避蒙兵 入海島 四十四年 併于殷州 元宗 二年 出陸(『高麗
　　　史』권58, 志12 地理3 孟州條)

J- 9. 高宗 十八年 避蒙兵 入于海島 元宗 二年 出陸(『高麗史』권58, 志12 地
　　　理3 撫州條)

J-10. 高宗 十八年 避蒙兵 入于海島 元宗 二年 出陸(『高麗史』권58, 志12 地
　　　理3 泰州條)

J-11. 高宗 十八年 避蒙兵 入于海島 後出陸(『高麗史』권58, 志12 地理3 殷州
　　　條)

위의 사료 J群에서 고종 18년에 몽고병의 침구를 피해서 宣州·昌州
(隨州)가 紫燕島에, 雲州·博州·嘉州·郭州·孟州·撫州·泰州·殷州가 어느
海島에 각기 입보한 것을 확인할 수 있다. 이들 10州 가운데 殷州를 제
외하고는 고종 18년에 해도에 입보하였다가 모두 元宗 2년에 출륙한 것
으로 되어 있다.[250] 아마 殷州는 원종 2년 이후에 출륙했는지도 모르겠
다. 고종 18년 당시에는 宣州·昌州의 입보처인 자연도에다 앞의 鐵島·
薪島를 합하면 최소한 3개의 海島入保處가 발견되는 셈이다. 하지만 雲
州·博州·嘉州·郭州·孟州·撫州·泰州·殷州 등 8州도 북계 서해안의 어느

---

[250] 이들과 다르게 北界의 德州는 高宗 18년에 海島에 入保했다는 기록이 보이지
　　　않으며, 元宗 元年에 蒙古兵을 피해서 蘆島에 입보했다고 되어 있다(『高麗史』
　　　권58, 地理志3 德州條). 따라서 德州는 고종 18년 海島入保處에서 제외하였다.

섬에 입보했을 것이므로 해도입보는 이미 대몽전쟁 초기부터 확산되고
있었다 할 것이며, 대체적으로 고종 18년 9~10월 사이에[251] 宣州 등
10州가 해도에 입보했으리라 믿어진다. 최우집권기를 포함한 대몽항전
기간 전체 동안에 해도입보처를 모두 망라하여 제시하면 다음과 같다.

〈표 2-6〉 對蒙戰爭期(高宗 18~46년) 海島入保 사례

順序	王曆	時期	入保한 海島	入保 經過 / 對蒙抗爭 / 對蒙投降	武人 執政	入保 州郡縣
1	高宗 18년	1231. 9.14	鐵島	撒禮塔의 先鋒隊가 남하하자 黃州·鳳州守가 鐵島에 입보	崔瑀	黃州, 鳳州
2	高宗 18년	1231. 10	薪島	咸新鎭副使 全僴이 吏民을 이끌고 薪島에 입보	崔瑀	咸新鎭
3	高宗 18년	1231. 9~10	紫燕島	撒禮塔軍을 피해 宣州와 昌州가 紫燕島에 입보	崔瑀	宣州, 昌州
4	高宗 18년	1231. 9~10	(미상)	撒禮塔軍을 피해 雲州·博州·嘉州·郭州·孟州·撫州·泰州·殷州가 海島에 입보	崔瑀	雲州·博州·郭州·孟州·撫州·泰州·殷州
5	高宗 19년	1232. 6.16	江華島	撒禮塔의 再侵 소문을 듣고 崔瑀가 開京의 民戶를 강제로 江華島로 옮겨 遷都를 단행 * 昇天府副使 尹繗, 錄事 朴文檥가 강화도 피난을 건의(高宗 18년 12월)	崔瑀	開京人民
6	高宗 22년	1235. 7.22	江華島	前後左右 陳主에게 연안방어를 지시하고, 廣州와 南京 人民을 江華島로 들어오게 함	崔瑀	開京人民, 廣州·南京人民
7	高宗 22년	1235. 12	江華島	江華島 연안에 堤防을 增築함: 外城 축조와 연관	崔瑀	開京人民, 강화도 인근 州縣
8	高宗 23년	1236. 8.21	席島	席島防護別監이 몽고병 3인을 사로잡아 江都政府으로 압송	崔瑀	豊州
9	高宗 24년	1237.	江華島	강화도에 外城 축조 완료	崔瑀	開京人民, 강화도인근 州縣
10	高宗 30년	1243. 9	(미상)	최우가 安南(安南都護府)지형을 살펴 도랑을 파서 바다와 연결하려다 실패	崔瑀	安南都護府

---

251) 高宗 18년 9월 초반에 龜州城·西京城戰鬪 등 大戰鬪가 벌어졌고, 10월 하순에
는 安北府戰鬪가 치러진 점을 감안한다면 9월 중반부터 10월 초순에 이르는 시
기에 이들 10州가 海島에 입보했을 것으로 보인다. 적어도 安北府戰鬪 이전에
는 모두 북계의 海島로 옮겨갔을 것이다.

順序	王曆	時期	入保한 海島	入保 經過 / 對蒙抗爭 / 對蒙投降	武人 執政	入保 州郡縣
11	高宗 33년	1246. 5.27	蔚陵島	국학학유 權衡允과 급제 史挺純을 蔚陵島安撫使에 임명	崔瑀	경상북도 연해 州縣
12	高宗 34년	1247. 冬	莞島	阿母侃의 군대가 南道를 횡행하자 白蓮社 제2세 法主 天因이 莞島의 象王山 法華社에 들어가 입보	崔瑀	전남 康津 일대 州縣
13	高宗 35년	1248. 3	北界諸島	북계병마사 盧演에게 명하여 북계 諸城民을 海島에 입보케 함	崔瑀	北界 諸城民
14	高宗 35년	1248. 3	葦島	북계병마판관 金方慶이 葦島에 입보하여 슬기로운 지혜로 토지를 개간하고 우물을 확보	崔瑀	博州?
15	高宗 37년	1250. 8.28	江華島	강화도에 中城 축조	崔沆	開京人民, 강화도인근 州縣
16	高宗 40년	1253. 7.8	모든 海島	북계병마사가 몽고군이 압록강을 건넜다고 보고하자 최항이 5道按察使와 3道巡問使에게 海島入保를 명령	崔沆	연해안의 모든 州郡縣
17	高宗 41년	1254. 2	모든 海島	여러 道에 사신을 보내 海島에 피난할 만한 곳을 찾아 土田을 지급해 백성을 慰撫	崔沆	연해안의 모든 州郡縣
18	高宗 41년	1254. 2.16	葛島	몽고 兵船 7척이 葛島를 침입하여 30戶의 民戶를 잡아감	崔沆	宣州
19	高宗 42년	1255. 3.10	모든 海島	諸道의 郡縣에서 海島入保民을 모두 육지로 나와 농사짓고 생활하게 함: 일시적 조치	崔沆	연해안의 모든 州郡縣
20	高宗 42년	1255. 4	江華島	몽고군에게 잡혔다가 탈출하여 江都로 돌아오는 자들이 잇달음	崔沆	內地 州郡縣의 被虜脫出人
21	高宗 42년	1255. 12.30	槽島	몽고병이 배를 만들어 槽島를 공격했으나 이기지 못하고 물러남	崔沆	(미상)
22	高宗 43년	1256. 1.25	모든 海島	車羅大가 모든 섬을 공격한다고 하므로 장군 李廣과 宋君斐에게 水軍 3백을 주어 南道(전라도)로 내려가 적을 방어	崔沆	연해안의 모든 州郡縣
23	高宗 43년	1256. 1~3월	仙藏島 (仙甘島)	天安 방면으로 南下하는 蒙古兵을 피하기 위해서 天安民이 仙藏島에 입보	崔沆	天安府民
24	高宗 43년	1256. 4.8	(미상)	玄風縣人이 40척의 배를 타고 그 고을 강가에 정박하다가 추격한 蒙古兵에게 남녀와 재물을 약탈당함	崔沆	玄風縣
25	高宗 43년	1256. 4.20	大府島	大府島別抄가 仁州 경내 蘇來山 아래에서 蒙古兵 1백 명을 쳐서 격퇴	崔沆	仁州?
26	高宗 43년	1256. 4.30	牙州海島	충주도순문사 韓就가 牙州 海島에서 배 9척으로 반격하는 蒙古兵을 쳐서 격멸	崔沆	牙州

順序	王曆	時期	入保한 海島	入保 經過 / 對蒙抗爭 / 對蒙投降	武人 執政	入保 州郡縣
27	高宗 43년	1256. 5.26	東界의 海島	登州城의 식수와 식량이 고갈되자 조정에서 安邊都護府의 海島入保를 결정	崔沆	安邊都護府
28	高宗 43년	1256. 6.1	忠淸道 海島	장군 李阡을 시켜 水軍 2백을 거느리고 南道(충청도)로 내려가 몽고군을 방어케 함	崔沆	溫水縣과 그 인근 州縣
29	高宗 43년	1256. 6	押海島	車羅大가 水軍 전함 70척으로 押海島를 침공하려다가 押海島 入保民이 大砲로 應戰하므로 그만 물러남	崔沆	전남 연해 州縣
30	高宗 43년	1256. 8.22	忠淸道 海島	장군 宋吉儒를 보내 淸州 백성들을 海島에 입보시킴	崔沆	淸州
31	高宗 43년	1256. 10.12	艾島	蒙古兵 60명이 艾島를 침략하자 別抄가 모두 격멸	崔沆	龍州?
32	高宗 43년	1256	昌麟島	安北都護府가 蒙古兵을 피해 昌麟島에 입보	崔沆	安北都護府
33	高宗 43년	1256. 12	모든 海島	高宗이 海島入保民의 측은한 현실을 참작하여 시혜를 베풂: (1)海島에서 居住地까지 하루 이내이면 거주지로 나가서 농사짓는 것을 허용 (2)하루 이상이면 입보한 海島에서 土地를 지급하거나 연안의 宮院田·寺院田 지급	崔沆	연해안의 모든 州郡縣
34	高宗 44년	1257. 8	神威島	蒙古兵이 神威島를 침공하여 함락시켰으며 孟州守 胡壽가 전사	崔竩	孟州
35	高宗 44년	1257. 9.18	昌麟島	몽고 병선 6척이 昌麟島를 침공하자 甕津縣令 李壽松이 別抄를 이끌고 격퇴	崔竩	甕津縣
36	高宗 45년	1258. 1	江華島	장군 邊軾, 낭장 安洪敏, 산원 鄭漢珪를 江華收穫使로 삼았으나 이들이 백성의 재산을 긁어모아 원성을 삼	崔竩	開京人民, 강화도인근 州縣
37	高宗 45년	1258. 2	모든 海島	崔竩가 海島入保한 州縣에 대해 1년치 租稅를 면제	崔竩	연해안의 모든 州郡縣
38	高宗 45년	1258. 5	席島	金之岱의 詩文에 '北界營 在席島作'이라 하여 北界兵馬使營이 席島에 소재 *席島는 西海道 豊州 관할 / 北界兵馬使營이 席島에 설치된 것은 高宗 35년 이후임	(과도기)	豊州
39	高宗 45년	1258. 5.13	葦島	葦島에 入保한 博州人이 都領郞將 崔父, 지유 尹謙, 감창 李承璉과 別抄軍을 모두 죽이고 몽고에 투항	(과도기)	博州
40	高宗 45년	1258. 5.18	葦島	장군 朴堅과 낭장 金君錫을 시켜 葦島사람들을 타이르게 함	(과도기)	博州

順序	王曆	時期	入保한 海島	入保 經過 / 對蒙抗爭 / 對蒙投降	武人執政	入保 州郡縣
41	高宗 45년	1258. 5.21	葦島	安北別將 康之俊이 葦島로부터 항복	(과도기)	博州
42	高宗 45년	1258. 10	猪島, 竹島	동북면병마사 愼執平이 高州·和州·定州·長州·宜州·文州 등 15州의 백성들을 이끌고 猪島에서 竹島로 옮겨 입보 * 猪島 입보: 高宗 43년 5월 이후	(과도기)	東界의 高州·和州·定州·長州·宜州·文州 등 15州
43	高宗 45년	1258. 12.1	松島	東眞軍이 水軍으로 松島를 포위하고 전함을 불태움	金俊	高城縣
44	高宗 46년	1259. 2	德積島	西京과 黃州 백성들을 德積島로 이주시킴	金俊	西京, 黃州
45	高宗 46년	1259. 3.23	모든 海島	각 고을의 守令들에게 명하여 海島入保民들을 데리고 육지로 나와 농사짓게 함: 對蒙講和 체결에 따른 조치	金俊	연해안의 모든 州郡縣
46	高宗 46년	1259. 3	艾島, 葛島	艾島와 葛島에 入保한 각 驛人들이 京別抄 7인을 죽이고 몽고에 투항	金俊	艾島＝龍州? 葛島＝宜州
47	高宗 46년	1259. 6.11	江華島	江都의 內城을 허물기 시작함	金俊	開京人民, 강화도인근 州縣
48	高宗 46년	1259. 6.18	江華島	高宗이 都房에게 명하여 外城을 헐게 함	金俊	開京人民, 강화도인근 州縣

　위의 <표 2-6>에서 對蒙戰爭期間(1231~1259) 동안에 나타나는 해도 입보 관련기사는 모두 47건이다.[252] 이 가운데 해도입보처를 적시하면 鐵島·薪島·紫燕島·江華島·席島·蔚陵島·莞島·葦島·葛島·槽島·仙藏島 (仙甘島)·大府島·押海島·艾島·昌麟島·神威島·猪島·竹島·松島·德積島 등 20개 島嶼가 등장한다. 물론 이 20개 도서는 대몽전쟁기 전체 해도입보 처의 극히 일부에 불과하며 대부분이 북계 서해안에 위치한 섬들인 점이 특색이다. 이는 북계와 西海道가 몽고군의 침입 루트 상에 위치하여 그 만 큼 피해가 컸기 때문에 사료 상에서 해도입보처가 많이 등장했던 것이라 여겨진다.[253] 20개 도서 가운데 鐵島·薪島·紫燕島·江華島·席島·葦島·葛

---

252) 『高麗史』高宗世家와 地理志, 『新增東國輿地勝覽』을 중심으로 高宗 18년(1231)~ 46년(1259) 사이의 海島入保處를 모두 찾아 제시해 보았다.

253) 北界·西海道의 西海岸에 위치한 海島들이 史書에서 많이 등장하는 이유는 대체

島·槽島·仙藏島(仙甘島)·大府島·押海島·艾島·昌麟島·神威島·德積島 등
15개 섬이 서해안에 위치해 있는 해도이며, 이 중에서도 鐵島·薪島·紫燕
島·席島·葦島·葛島·槽島·艾島·昌麟島·神威島 등 10개 섬이 북계·서해
도 해상에 자리 잡고 있다. 남해안 도서는 유일하게 완도가 눈에 띄며,[254]
동해안 해도로는 울릉도·저도·죽도·송도 등 4개의 섬이 엿보인다.

대몽항전의 특성상으로 북계에 위치한 도서가 사료 상에 많이 등장할
수밖에 없는 소이가 있지만, 수많은 섬들이 펼쳐져 있는 남해안의 경우 사
료에 등장하지 않는 해도입보처를 감안해야만 할 것이다. 가령 사료 상에
서 해도입보처로 추정되는 완도를 제외하고서라도 三別抄의 항전지이자
거점이었던 진도나 남해도 같은 큰 섬들은 해도입보처였을 것이 거의 확실
하다. 이들 남해안의 주요 섬들은 직접적으로 몽고병에게 공격당하지 않았
고 입보민의 반란사건도 없었으므로 사료 상에서 등장하지 않는 것뿐이다.

남해안의 주요 섬들이 해도입보처였으리라는 점은 후에 삼별초의 항
전거점이 되었다는 것 이외에도, 漕運路의 길목에 위치하여 租稅와 軍糧
米를 수송하는 역할을 담당했음을 상기할 때 더욱 그 개연성이 높아진
다. 굳이 조세 수송과 같은 漕運이 아니더라도 珍島·南海島 등 남해안
해도입보처는 그 자체가 최씨가의 農場이었으므로[255] 농장에서 소출되

로 세 가지이다. 첫째, 北界·西海道가 蒙古軍의 주요한 침입루트이자 길목에 위
치하고 있었으므로 沿海岸에 거주한 州民들이 가까운 海島에 자연스럽게 入保
할 수밖에 없었다는 점이다. 둘째, 蒙古軍이 高宗 42년 이후 北界·西海道 海島에
대한 공격을 감행하였기 때문에 당연히 史料 상에서 특기되어 나타났다. 셋째,
高宗 45년을 전후하여 北界·西海道 海島에 入保한 軍民이 반란을 일으키고 蒙
古에 투항하는 사태가 속출하였으므로 史料 상에서 자주 등장하게 되는 것이다.
254) 『東文選』권83, 林桂一「萬德山白蓮社靜明國師詩集序」에서, 高宗 32년(1245)
白蓮社 제1世 法主인 了世를 계승한 天因이라는 승려가 高宗 34년 겨울에 胡
賊을 피하여 象王山 法華社에 들어갔다고 했는데, 象王山 法華社는 莞島에 소
재한다. 그러므로 天因은 莞島에 入保했다고 할 수 있으며 莞島가 南海岸의 주
요 海島入保處로써 기능하고 있었음을 알 수 있게 해준다.
255) 崔氏政權의 農場은 食邑 晉州 이외에 慶尙南道의 丹城·河東·南海島, 全羅南

는 곡식을 식량·군량미로써 섬에 저장해 놓고 장기항전태세를 유지했을 것이다. 또한 分司大藏都監이 설치된 남해도의 경우 八萬大藏經 조판사업과 같은 국가적 사업에 혼신의 힘을 쏟아 부었음을 인정한다면[256] 이들 남해안 도서의 역할은 전쟁수행보다는 전쟁지원 측면에서 보다 더 접근해야 하지 않을까 한다.

한편 같은 서해안 섬이라도 대몽전쟁기 말엽에는 충청도 도서가 중부지방 주민들의 입보처로써 매우 중요한 입지를 지니고 있었다. 고종 43년(1256) 4월 30일에 忠州道巡問使 韓就가 牙州 해도에서 배 9척으로 水戰을 감행하며 반격하는 몽고병을 전멸시킨 것을[257] 통해서 볼 때, 이때 아산만 도서들이 몽고군의 직접적인 침공 대상이 되었음을 알 수 있다. 몽고가 해도를 처음 공격한 것은 고종 23년(1236) 8월 21일의 席島侵攻이었으나 席島防護別監의 逆攻으로 무산되었고[258] 본격적인 해도침공은 고종 41년(1254) 2월 16일의 葛島侵攻으로부터 개시되었다.[259] 제4차

道의 昇州·和順·寶城·康津·珍島, 全羅北道의 臨陂, 그리고 江華島에 散在하여 도합 11農場이 존재하였다(尹龍爀, 1991, 앞의 책, 215~221쪽). 이 가운데 南海岸에 존재한 農場은 全羅南道의 昇州·和順·寶城·康津·珍島 慶尙南道의 晉州·丹城·河東·南海島 農場으로써 모두 9개나 된다. 그러므로 南海岸 지역에 散在한 農場이 崔氏家 農場의 거의 전부라고 해도 과언이 아니다. 특히 八萬大藏經 조판을 위해 分司大藏都監이 설치되었던 南海島와 萬全(崔沆)이 한때 용장사 주지로 있었던 珍島에 崔氏家의 農場이 설치되어 있었다는 것은 이 섬들이 崔氏家의 對蒙抗戰과 연관하여 海島入保處이자 戰鬪支援을 담당한 海島였음이 여실히 증명되는 셈이다.

256) 池內宏, 1937, 「高麗朝の大藏經」, 『滿鮮史硏究』 中世 제2책, 吉川弘文館, 568~569쪽 ; 閔賢九, 1978, 앞의 논문, 『韓國學論叢』 1, 44~47쪽 ; 兪瑩淑, 1986, 「崔氏武臣政權과 曹溪宗」, 『白山學報』 33, 179~182쪽.

257) "庚寅 忠州道巡問使 韓就 在牙州海島 以船九艘 欲擊蒙兵 蒙兵逆擊 盡殺之"(『高麗史』 권24, 高宗 43年 夏4月 庚寅日條).

258) "丙午 席島防護別監 擒蒙兵三人 檻送于京"(『高麗史』 권23, 高宗 23年 8月 丙午日條).

259) "己未 北界兵馬使報 蒙古兵船 七艘 侵葛島 虜三十戶"(『高麗史』 권24, 高宗 41年 2月 己未日條). 尹龍爀은 葛島의 위치에 대해서 언급하고 있지 않으나(尹

침입군 부원수 阿母侃이 철군하면서 葛島에 침공하여 民戶 30호를 잡아
간 것이다. 이후 제5차 침입을 개시한 車羅大가 고종 43년에 이르러 서
해안 도서들에 대해서 대대적인 침공을 감행하였는데, 이 시기에 槽
島,260) 押海島,261) 艾島262)에 대한 침공이 이뤄졌다.

龍爀, 1991, 앞의 책, 99쪽),『大東地志』권24, 平安道 宣川 島條에 葛島가 나
오고 있다.『輿地圖書』册28 平安道 宣川府 宣川 지도에는 葛島가 그려져 있
지 않으나『大東地志』권24, 平安道 宣川 島條의 기재 순서상으로 볼 때, 葛島
는 松島 주변에 위치했을 가능성이 크다.

260) 槽島는 혹시 椒島가 아닌가 생각된다. 椒島는 현재 北韓의 黃海南道 과일군에
속해 있는 섬이다. 육지에서 12km 떨어져 있고, 면적은 32.56㎢이며, 해안선 길
이는 47km에 달하는 비교적 큰 섬이다.『新增東國輿地勝覽』권43, 黃海道 豊
川都護府 山川條에 椒島가 보이는데 府의 북쪽 40里에 있었고 牧場이 존재하
였음이 확인된다. 椒島 府北四十里 海中 有牧場(『新增東國輿地勝覽』권43, 黃
海道 豊川都護府 山川條). 椒島가 軍事戰略 상으로 중요했다는 근거는 2가지
事例의 설명으로써 충분하다고 본다. 하나는 元宗 즉위년(1259) 7월에 北界別
抄都領郎將 李陽著가 군사를 거느리고 椒島로 옮기려 했다는 점과, 다른 하나
는 元宗 11년(1270) 1월에 武人執政 林衍이 몽고의 再侵과 元宗의 開京還都를
막기 위해서 神義軍을 椒島에 배치 시켰다는 점이다. 李陽著가 椒島에 배치시
키려 했던 자기 휘하의 군사는 北界別抄였고 林衍이 椒島로 보낸 군사집단은
神義軍이었다. 이처럼 중요한 순간에 椒島에 군사집단을 배치시켜 놓는다는 것
그 자체만으로도 椒島가 戰略上으로 상당히 중요한 입지를 가진 島嶼였음이 증
명되는 것이다. 현재 椒島에는 북한 해군 제9전대의 기지가 존재한다.

261) 押海島는 전남 신안군 압해면에 속해 있는데, 면적은 48.95㎢, 해안선 길이는
21.7km나 되는 커다란 섬이다.『新增東國輿地勝覽』에서는 押海島가 壓海島로
표기되어 있고, 羅州牧의 32개 島嶼 가운데 하나로 편제되어 있다. 壓海島 周六
十里 古縣基猶存(『新增東國輿地勝覽』권35, 全羅道 羅州牧 山川條).

262) 尹龍爀은 艾島의 위치가 어디인지 제시하고 있지 않다(尹龍爀, 1991, 앞의 책,
324쪽). 그러나『輿地圖書』册22 平安道 監營條의 平安道地圖를 보면 艾島가
定州 남쪽과 龍州 서쪽 海上에 각기 나타나고 있다. 또한『大東地志』권23, 平
安道 定州 島條와 龍州 島條에서 각기 艾島가 보이고 있다. 艾島는 平安道 定
州와 龍州에 각기 1개씩 그 위치가 다르게 존재하였던 것이다. 그런데 정작 문
제가 되는 것은 두 개의 艾島 가운데 車羅大의 本隊가 어느 艾島를 공격하다가
실패하였냐는 점이다. 저자 생각으로는 車羅大가 高宗 43년 10월경 北界 끄트
머리로 철수하면서 압록강에서 가까운 龍州의 艾島에 대해서 水戰을 감행하지
않았나 한다. 定州의 艾島는 육지에서 비교적 멀리 떨어져 있을 뿐만 아니라 그

車羅大는 江都로의 조운로·보급로 차단을 위해서 고종 43년 봄부터 전라남도 島嶼를 공격하려다 실패하였고 이후 아산만 일대에 놓여 있는 섬들을 집중공략하려고 했다. 江都 정부가 이러한 몽고군의 충청권 도서 침공을 막기 위해서 같은 해 6월 1일에 장군 李阡을 시켜 水軍 2백을 거느리고 南道(충청도)로 내려가 몽고군을 방어케 한 것은263) 앞뒤 정황으로 보아 쉽게 이해된다. 또한 같은 해 8월 22일에 장군 宋吉儒를 보내 淸州 백성들을 서해안 해도에 입보시킨 것도264) 충청권에서 車羅大軍과 격전을 치르고 있었기 때문이었다. 牙州 해도, 장군 李阡이 방어하려한 해도, 宋吉儒가 淸州民을 입보시킨 해도는 모두 忠淸南道 서해안 도서들이었다. 대체적으로 충청권 도서들은 남서부의 안면도·장고도·원산도·삽시도·호도·녹도와 아산만·경기만 일대에 펴뜨려져 있는 德積島 群島, 아산만 입구의 난지도·육도·풍도·입화도·선감도 등이 보인다. 이 가운데 충청남도 아산만 연해안과 가장 가까운 것은 난지도·육도·풍도·입화도·선감도이므로 한취가 몽고병을 격멸시킨 牙州 해도는 이 섬들을 지칭할 가능성이 높다고 하겠다.

북계와 동계의 도서들은 최우집권기를 지나 대몽전쟁기 후기로 갈수록 대몽전쟁이 격화되고 몽고군의 해도침공까지 감행됨에 따라 전략적으로 매우 중요하게 부각되었음은 재언을 요하지 않는다. 특히 북계의 安北都護府와 동계의 安邊都護府의 兵營이 아예 섬으로 옮겨질 정도로 이 시기 해도입보의 중요성이 더해져만 갔다. 北界兵馬使營의 경우 고종 35년 3월 북계 諸城民을 해도에 입보시키라는 강도조정의 명령을 받고

앞에 獐島 등이 놓여 있기 때문에 蒙古軍이 水戰을 감행했다면 먼저 獐島 등을 攻略한 다음에야 艾島를 침공할 수 있게 된다. 따라서 車羅大는 龍州에서 가장 가까이 있고 자그마한 艾島를 水戰으로 공격했다고 생각된다.
263) "六月 庚申 朔 遣 將軍李阡 率舟師 二百餘人 禦蒙兵 于南道"(『高麗史』권24, 高宗 43年 6月 庚申日條).
264) "庚辰 遣 將軍宋吉儒 徙淸州民 于海島"(『高麗史』권24, 高宗 43年 秋8月 庚辰日條).

서265) 어느 시점부터 昌麟島나 어느 도서에 병영을 옮겼을 가능성이 크
다. 이것은 『新增東國輿地勝覽』의 安州牧條에서 고종 43년에 안북도호
부가 몽고병을 피해서 창린도에 입보하였다고266) 한데서 그 단서를 찾
을 수 있다. 이후 북계병마사영은 고종 45년경에 석도로 옮겨졌으며,267)
원종대 어느 시기에는 다시 椵島로 변경되었다.268) 이처럼 북계병마사
영의 위치가 자주 변경된 주요 원인은 해도입보처의 안전도와 병력·군
수물자의 지원과 연관이 있는 듯하다.

이 문제와 연관하여 동계병마사영은 고종 43년 5월에 登州城 안에 식
수·식량이 고갈되었다고 동계병마사가 강도조정에 보고하므로 동해안
섬으로 입보토록 조치되었다. 1년여의 준비기간을 거쳐 車羅大의 제
5-(3)차 침입이 종결된 고종 44년 10월 이후에 동계병마사영이 저도로
옮겨졌다고 여겨지며,269) 高州·和州·定州·長州·宜州·文州 등 15개 주

---

265) 『高麗史節要』 권16, 高宗 35年 3月條 참조.
266) 『新增東國輿地勝覽』 권52, 平安道 安州牧條. 비록 高宗 43년경에 安北都護府가
　　昌麟島에 入保하였다고 되어 있으나 그 이전에 北界兵馬使營이 西海岸의 어느 섬
　　에 入保하였을 가능성을 배제하기 어렵다. 高宗 43년에 安北都護府가 昌麟島에
　　入保하였다고 한 것은 安北都護府 軍民들을 이주시킨 것을 시사하지 않나 한다.
267) 金之岱가 北界知兵馬使에 임명된 것이 高宗 45년 5월의 일이다. 그런데 그가
　　그 당시 지은 詩文에 '北界營 在席島作'이라 한 부분이 눈에 띈다. 여기서 北界
　　營이 席島에 자리 잡고 있었음을 간파할 수 있는 것이다. 그런데 이미 高宗 43년
　　에 安北都護府가 昌麟島에 入保했다 했으므로, 北界營이 昌麟島에서 席島로
　　변경되었음을 이해할 수 있겠다.
268) 元宗 10년(1269) 10월에 西北面兵馬使營記官 崔坦이 龍岡·咸從·三和縣人을
　　불러 모으고 야간에 椵島에 들어가 分司御史 沈元濬과 監倉 朴守奕, 京別抄 등
　　을 죽이고 叛亂을 일으켰는데, 椵島에 分司御史 監倉使 京別抄가 있었다는 것
　　으로 보아서 北界兵馬使營이 椵島에 있었음을 알 수 있다. 그렇다면 이전의 席
　　島에서 椵島로 北界兵馬使營이 옮겨진 것이라고 보아야 하겠다.
269) 登州城의 海島入保 명령은 이미 高宗 43년 5월 26일에 하달되었으나, 安邊都
　　護府가 소재한 登州의 중요성을 감안하여 당분간 海島入保가 지연되었다가 車
　　羅大의 제5-(3)차 침입이 종식된 高宗 44년 10월 이후에 登州를 포함하여 15州
　　의 猪島入保가 추진되지 않았을까 생각해본다. 그러한 근거는 高宗 44년 5월에

민들이 저도로 입보하였다.[270] 15州 가운데 6개 州만이 밝혀져 있으나 나머지 9개 州·鎭은 德州·元興鎭·寧仁鎭·耀德鎭·龍津鎭·永興鎭·靜邊鎭·鎭溟縣·長平縣으로 생각된다.[271] 이들 9개 州·鎭은 안변도호부와 인접해 있고 동계 주진군 편제상 都領이 모두 1인씩 존재하였으며 行軍數가 최소한 250명이 모두 넘는다는[272] 사실에서 거의 확실하다고 하겠다. 15개 州民과 더불어 猪島에 입보한 동북면병마사 愼執平은 저도가 성이 크고 사람 수가 적어 방어하기 어렵다고 판단하고 고종 45년 10월에 15州民을 죽도로 옮기려 하였다. 그러나 竹島는 섬이 좁고 우물·샘이 없어 사람들이 입보하기를 꺼려했으며 대부분 도망치고 실제로 옮겨간 자는 10에 2~3명밖에 안 되었다.[273] 이러한 사실을 토대로 동북면병마사영은 고종 44년 10월 이후에 저도로 옮겨갔다가 이후 방어 상의 문제점이 노출되자 고종 45년 10월에는 죽도로 변경되었는데, 실제로 입보한 15州民은 얼마 되지 않았음을 알 수 있다. 이후 같은 해 12월에 신집평이 죽도의 식량이 다 고갈되자 別抄를 나누어 보내 강도조정에 곡식을 요청한 것을 볼 때, 동계에서의 해도입보는 이제 극한의 상황까지 치닫고 있었음이 뚜렷이 드러난다. 그러면 강화천도를 비롯한 해도입보책

東眞騎兵 3千이 登州城을 공격했을 때 東北面兵馬使가 신속히 江都朝廷에 그러한 사실을 보고하고 있는데서 아직 海島入保가 실행되지 않았음을 어렵지 않게 추정해볼 수 있다.

270) "高和定長宜文等 十五州人 徙居猪島 東北面兵馬使愼執平 以爲猪島城大人少 守之甚難 遂以十五州 徙保竹島 島狹隘 無井泉 人皆不欲 執平强驅而納之 人多逃散 徙者十二三"(『高麗史節要』 권17, 高宗 45年 冬10月條).

271) 安邊都護府에 딸린 縣들을 제외하고 安邊都護府와 지근거리에 있는 東界 州鎭軍 編制상황을 따져보면, 이들 9개 州·鎭에는 도령이 1인씩 배치되어 있고 行軍數도 모두 250명이 넘고 있어서 高州·和州·定州·長州·宜州·文州 등 6州와 더불어 15州를 형성했을 것이며, 東北面兵馬使 愼執平의 指揮統制 하에 猪島로 入保하였을 가능성이 크다.

272) 『高麗史』 권83, 兵志3 州縣軍 東界條. 李基白, 1968(1999), 앞의 논문, 『高麗兵制史研究』, 一潮閣, 250~251쪽의 <표 3> 東界 州鎭軍 一覽表 참조.

273) 『高麗史節要』 권17, 高宗 45年 冬10月條.

의 장점과 단점은 무엇인가. 우선 장점으로 거론할 수 있는 것이 첫째, 백성과 식량·군수물자의 보존이었고 高麗王業의 유지였다. 해도입보를 추진함으로써 水戰에 약한 몽고군의 약점을 최대한 활용하여 해도에 식량과 군수물자를 옮겨다 놓을 수 있었고, 연해안 백성들을 입보시켜서 그들의 목숨을 보전시킬 수 있었다. 물론 내륙의 모든 백성들이 해도에 숨어들어올 수는 없었고 양계의 서·동해안에 인접한 州·郡·縣民의 지휘부가 우선적으로 해도에 입보하였다. 한편 국왕 고종은 강화천도로 인해 고려왕실을 몽고군의 예봉으로부터 보전할 수 있었으므로 최우정권과 더욱 밀착될 수밖에 없었다고 생각된다. 고종 19년 초부터 몽고 태종이 줄기차게 고종친조를 요구해 왔으므로 그 자신은 강화천도를 오히려 반겼을 것이다. 둘째 西北大路와 東北大路에 위치한 주현민이 해도에 입보하여 야별초·주현별초군 등과 함께 몽고군을 역습할 수 있었다. 몽고군 주력부대가 西海道를 거쳐 楊廣道 이남으로 내려가고 후속하는 보급부대가 내려올 때 해도입보민과 별초군이 이들을 기습하여 큰 피해를 준적도 있었다.[274] 셋째 해도입보책은 극히 소극적인 항전책이었지만 장기전을 이끌어낼 수 있었고 몽고군에게 수전을 감행케 하여 그들의 出血을 강요케 하였다. 넷째 대몽강화체결과 몽고군의 철군에 해도입보책이 주효하게 작용하였다. 몽고군이 내륙에서의 전쟁에 별 소득 없이 강화체결을 서두를 때, 강도조정은 출륙환도 약속 하나만으로도 몽고군의 즉각적인 철군을 이끌어 낼 수 있었다. 이와 같은 사항들은 해도입보책의 장

---

274) 그 대표적인 경우가 『高麗史』 권24, 高宗 43年 夏4月 戊寅日條와 庚辰日條이
   다. 戊寅日 즉 4월 18일에 昌麟島에 軍營을 옮겼을 西北面兵馬使가 別抄 3백
   을 後方地帶인 義州에 보내 蒙古兵 1千을 기습하였고, 庚辰日 곧 4월 20일에는
   大府島別抄가 밤에 仁州 경내 蘇來山에 나와 蒙古兵 1백 명을 敗走시킨 것이
   다. 別抄(夜別抄) 3백과 大府島別抄는 海島에 있었던 것이 분명하며 全羅道 지
   역을 攻略 중이던 車羅大軍의 허점을 노려 후방지대를 공격하여 補給線을 차단
   시키는데 성공한 것이다.

점들로 지적될 수 있지만 반면에 크나큰 단점들도 있었다.

먼저 해도입보에 의한 장기전 자체가 적극적 대몽항전자세가 아니며 육지의 山城入保民·州縣別抄軍과 연계해서 몽고군과 싸우는데 제한적이었고 강도조정 입장에서도 수많은 해도를 일률적으로 통제하기란 사실상 불가능하였다는 점을 들 수 있다. 해도입보민은 가끔씩 몽고군 후속부대를 기습하였고 강화도를 중심으로 주요 섬에 배치된 夜別抄·京別抄도 몽고군을 요격하였다. 그러나 서·동해안 섬들에 입보한 州縣民과 별초군이 똘똘 뭉쳐서 大軍을 형성하여 蒙古軍 本陣을 공격했다는 사례는 발견되지 않는다. 아예 그러한 시도조차 할 수 없다는 것이 최대의 취약점이었다. 어디까지나 해도입보는 州·縣 단위의 소규모로 실행되었고 해상에서 州·縣급 이상의 대규모 조직망은 구성할 수 없었던 것이다. 몽고군이 내륙의 전투에서 지쳤을 때, 여러 해도의 병력을 집결시켜서 그들을 격퇴시킬 수 없었다는 점은 전략상으로도 치명적인 약점과 한계를 드러내고 있는 것이라 하겠다.

다음으로 해도입보를 위해서는 입보민의 안정적인 生活與件이 철저하게 보장되어야 하고 몽고군이 물러나면 육지로 내보내야 하는데 대몽전쟁 후반부로 갈수록 그렇지를 못했다.[275] 즉 해도입보민은 입보한 해도에서 충분한 식량과 식수를 보급 받아야 하고, 전쟁기간 동안 섬 안의 토지를 지급받아 농사를 지어야 생계를 유지할 수 있는데 그런 여건을 갖춘 해도는 많지 않았을 것이고[276] 兩界兵馬使·防護別監·別抄軍指揮

---

275) 尹龍爀, 1982, 앞의 논문, 『歷史敎育』 32, 63~65쪽.

276) 北界兵馬判官 金方慶이 入保했던 葦島의 경우 농사지을 땅이 10여 里나 되었으나 潮水 때문에 개간할 수 없었다. 金方慶이 섬에 둑을 쌓아 潮水를 막고 섬 안의 土地를 개간하여 파종케 해서 食糧을 확보하였고, 빗물을 저수하는 못을 만들어 食水를 공급시켰더니 入保民의 生活與件이 한층 나아져서 걱정거리가 사라졌다고 한다(『高麗史』 권104, 列傳17 金方慶傳). 葦島의 경우는 金方慶의 機智와 善政으로 위기를 극복한 事例지만 葦島보다도 더 열악한 海島는 많았을 것이며, 金方慶과 같이 對民生活與件 改善에 노력하지 않은 地方官들도 있었다고

官 등의 전술과 현실적 생활여건 사이에서 갈등을 빚었다. 물론 강도정
부는 몽고 제4차 침입이 종결된 고종 41년(1254) 2월에 諸道에 사신을
보내 해도 피난처에 土田을 量給하도록 하였다.[277] 그리고 車羅大의 제
5-(2)차 침입이 종식된 이후 同王 43년(1256) 12월에는 해도 피난처가
本邑과 하룻길에 불과한 자는 出陸하여 경작하는 것을 허용하였다.[278]
한편 同王 45년(1258) 2월에는 해도입보 州·縣에 대해 1년치 租를 면제
하는 시혜를 베풀기도 하였다.[279] 이러한 諸施策은 해도입보민의 생활
고를 조금이나마 덜어주려는 강도조정의 노력의 산물이었다. 그러나 그
러한 정부의 노력에도 불구하고 대몽전쟁이 격화되면서 출륙이 어려워
졌고 농사를 제대로 짓지 못해 식량난까지 더해져 해도입보민의 고충은
심화되었다. 앞서 살펴본 것처럼, 동북면병마사 愼執平이 동계 15州民를
이끌고 저도에 들어갔다가 이후 생활여건이 열악한 죽도로 옮겨 입보하
려 하자 도망자가 속출했다는 것이 그 단적인 예이다. 또한 몽고군이 고
종 42년 이후로는 적극적으로 水戰까지 감행하여[280] 강도조정과 서해안
해도를 긴장시켰다.

  이러한 위기상황 속에서 오랫동안 출륙할 수 없었던 해도입보민은 섬
안에서 생활여건을 제대로 보장받지도 못하고 北界知兵馬使 洪熙와 같
이 '不恤國事'하는 관리들의 작태를 바라보고만 있었으므로 분노할 수밖
에 없었다. 고종 45년(1258) 5월에 葦島에 입보한 博州人들이 바로 그러

  생각되므로 入保民의 生計 보장은 까다로운 문제였다고 본다.

277) 『高麗史』권78, 食貨志1 田制 高宗 41年 2月條.

278) 『高麗史』권78, 食貨志1 田制 高宗 43年 12月條.

279) 『高麗史』권80, 食貨志3 賑恤 高宗 45年 2月條.

280) 尹龍爀은 蒙古軍에 의한 高麗 海島侵攻 事例를 7가지 열거하였다. 高宗 41年
    2월의 葛島침공, 42년 12월의 槽島침공, 43년초의 押海島침공, 같은 해 10월 艾
    島침공, 44년 8월 神威島침공, 44년 9월 昌麟島침공, 45년 12월 松島침공이 바
    로 그것이다(尹龍爀, 1982, 앞의 논문, 『歷史敎育』32, 76쪽). 그러나 高宗 23년
    8월에 席島防護別監이 蒙古兵 3인을 사로잡아 江都朝廷에 보냈다는 기사를 蒙
    古兵의 席島侵攻으로 볼 수 있다면 모두 8가지 海島侵攻 事例가 되는 셈이다.

한 이유 때문에 반란을 도모했다고 생각된다.[281] 최씨정권이 몰락한 이후의 일이지만, 고종 46년 3월 13~23일 사이에 艾島·葛島의 驛卒들이 경별초 7인을 죽이고 몽고군에게 투항하는 사태가 발생했으며,[282] 원종 원년 정월에는 席島·椵島의 入保民들이 모반하였다.[283] 석도는 고종 45년 경에 북계병마사영이 있던 섬이고, 북계영은 원종대에 가도로 옮겨졌는데 그러한 곳에서조차 입보민이 반란을 일으켰다는 것은 해도입보책 유지가 북계병마사의 관할권을 이미 넘어섰음을 보여주는 것이다.[284] 양계에 있어서 해도입보책이 일부 입보민에게 거부반응을 야기시키고 점차로 이반의 형태로 나타나는 것은 심사숙고해 볼 문제이다. 고종 45년 이후 북계의 해도입보민은 현실적으로 감당하기 힘든 생활고와 兵馬使·分道官·守令·監倉使 등의 고압적인 태도 그리고 그들의 '不恤國事' 때문에 반란을 일으켰고 오히려 몽고군에게 투항하기까지 하였던 것이다.

마지막으로 최씨정권이 장기전을 이끌기 위해 고압적 태도를 보이며 강제로 해도입보를 추진했으면서도 백성들에게서는 土地奪占과 불법적 收奪을 자행하여 民心을 점차 상실해가고 있었다는 점이다. 고종 44년 경 夜別抄大將軍 宋吉儒가 慶尙道水路防護別監이 되어 강제로 백성을 해도에 입보시켰는데 명령을 따르지 않을까 두려워하여 錢穀을 불태워 버렸고 그래도 해도입보를 거부하는 자가 있으면 반드시 박살내거나 가혹한 형벌을 집행함으로써 스스로 민심을 이반케 하였다.[285] 『高麗史』

---

281) "博州人 避兵 入保葦島 國家 遣 都領郎將崔乂等 率別抄 鎭撫之 州人 反殺乂 及指諭尹謙 監倉李承璡 乂所領兵 皆逃匿蘆葦間 跡而盡殺之 遂投蒙古 唯 校尉申輔周 乘小舟 逃來 告於兵馬使 卽遣兵 追之 取婦女幼弱而還"(『高麗史』 권24, 高宗 45年 5月條).

282) "北界 艾葛二島 合入 各驛人 殺京別抄七人 投蒙古"(『高麗史』 권24, 高宗 46年 3月條).

283) "癸未 席島 椵島人 謀叛 西北面兵馬使李喬 遣都領韋得柔 擊之 斬其魁 來同 等"(『高麗史』 권25, 元宗 1年 春正月 癸未日條).

284) 尹龍爀, 1982, 앞의 논문, 『歷史敎育』 32, 66쪽.

285) 『高麗史節要』 권17, 高宗 45年 正月條와 『高麗史』 권122, 列傳35 酷吏 宋吉

列傳 酷吏傳에 맨 처음 등장하는 宋吉儒는 단지 최씨집정의 해도입보 강행 명령을 충실히 수행하기 위해 고압적·위압적 수단을 총동원했다고 볼 수도 있다. 그러나 그 자신이 입보민의 전곡과 토지를 수탈하여 원성을 샀다는 점을 통해서 대몽전쟁기 후반부에 해도입보의 강행을 내륙 주현민이 바라지 않고 오히려 거부하고 있었음을 간파할 수 있다. 또한 崔沆은 집권하기 이전 승려 시절에 高利貸事業으로 주현민의 고혈을 짜내서 50만 석이나 축적했으며 정권을 잡고서는 慶尙道·全羅道 일대에 農場을 불려 나갔다. 그의 아들 崔竩는 고종 44년 9월에 강화도 내의 토지 3천 결을 자신에게 붙이고도[286] 군인과 입보민을 제대로 진휼하지 않아 원망을 받았다. 이러한 측면은 해도입보민이 최씨정권에게 등을 돌리게 되는 경제적 불만요소로 작용했던 것만큼은 부정하지 못할 사실이다. 최씨정권은 해도입보민의 생활을 어떻게든 안정시키고 지배층의 불법적인 토지·재산 수탈을 嚴禁했어야 했는데 자신들의 階級的 利害에 충실했을 뿐이었다.[287] 이런 측면에서 아무리 해도입보책이 장기전을 구사할 수 있는 최선의 대안이 되었다고 하더라도, 점차 내륙 백성들의 강한 거부와 저항을 받게 되어 대몽항전을 지속시킬 수 없는 자가당착에 빠지게 되는 결과를 초래하게 되었던 것이라 볼 수 있다.

이러한 단점들은 해도입보책이 가지고 있는 근본적인 취약점임과 아울러 최씨정권이 보인 대몽항전자세의 한계를 잘 드러내 주고 있다. 그러나 그러한 취약점·한계에도 불구하고 최씨정권은 멸망하는 순간까지 출륙환도를 거부하고 해도입보책에 의한 江都時代를 이어가려 하였다.

儒傳 참조.

286) "以江華田 二千結 屬公廩 三千結 屬崔竩家 又以河陰鎭江海寧之田 分給諸王 宰樞以下 有差"(『高麗史節要』 권17, 高宗 44年 9月條).

287) 李益柱, 1994, 「고려후기 몽고침입과 민중항쟁의 성격」, 『역사비평』 24, 261쪽. 氏는 江華遷都를 계기로 崔氏政權이 당시 支配層의 階級的 利害의 일부를 海島入保民과 內陸民에게 양보 또는 포기했어야 一般民의 생활이 안정되어 對蒙抗戰을 지속할 수 있게 된다고 역설하였다.

최우정권기에 입안되고 실행되었으며 최씨정권과 운명을 같이하였던 해도입보책은 그 자체로서 대단한 전략적 효과를 보았던 것이 사실이다. 강화천도는 해도입보의 최종결정판이었으며 몽고병이 내륙에서 소부대 단위로 공성전을 전개하도록 만들면서 해도입보민과 별초군을 통해서 육지로의 기습상륙전도 전개할 수 있었다. 그렇지만, 어디까지나 해도입보책은 州·縣 단위로 섬에 입보할 수밖에 없는 소극적 대몽항전방식의 결정체였다. 또한 해도입보민에 대한 生計 보장이 미흡하였을 뿐만 아니라 최씨가를 포함한 지배층의 계급적 이해관계의 양보가 이뤄질 수 없는 社會·經濟構造 하에서는 해도입보민의 자발적 항쟁에 의한 장기전도 점차로 수행키 어려운 局面으로 치닫게 되었던 것이라 하겠다.

3. 山城入保策과 地方統治 문제

崔氏政權은 海島入保策의 연장선상에서 강화천도를 단행하였고 내륙민에게는 山城入保抗戰을 독려하였다. 육지 州縣民과 州縣別抄軍은 山城·邑城入保에 의한 수성전략을 위주로 방어전을 전개하였다. 상황에 따라서는 城밖으로 출전하여 매복전·야간기습전·유격전 등을 통해서 몽고군에게 일정한 타격을 가할 수 있었다. 이러한 출성작전은 주현별초군 단독으로 수행하는 경우와 야별초군과 연대하여 공동으로 펼치는 경우로 양분되는데 대부분은 단독작전이 많았다. 수성전과 出城作戰의 성공 여부는 大城과 小城 사이의 연계와 주현별초군 끼리의 상호 연락체계 유지가 매우 중요한 관건이었다. 몽고군이 대규모 부대로 침입하는 경우 小城에 입보한 별초군과 入保民은 즉시 大城으로 옮겨갔을 것이고, 침입 규모가 작을 경우 그대로 농성하면서 수성전을 전개하였다고 판단된다. 龜州城戰鬪의 경우 安北都護府·靜州·朔州·渭州·泰州 등 5개 고을이 몽고군에게 함락됨에 따라 혹은 전술상의 필요에 따라 大城인 龜州城에 입보하게 되었던 것은 북계의 별초군 상호간에 연락망이 유지되고 있었음을 방증한다. 최씨집권기 대몽전투가 벌어졌던 산성·읍성의 현황을 총망라하여 제시하면 아래와 같다.

〈표 2-7〉 崔氏執權期 對蒙戰爭期 山城·邑城入保 抗戰 사례

戰爭	戰鬪名	年代	戰鬪地	城名	城의 規모	戰鬪內容·結果
제1(1)차침입	鐵州전투	1231.8 (高宗 18년)	平北 鐵山郡	西林城 (古鐵州城)	* 石築, 둘레 10500尺 * 將校 61명, 行軍 870명	撒禮塔의 大軍을 맞아 15일간 항쟁했으나 鐵州城이 도륙됨
	龜州전투	1231.9~12 (高宗 18년)	平北 龜城邑	龜州邑城	* 石築, 둘레 12335尺 높이 7尺 * 將校 115명, 行軍 1642명	蒙古軍이 4회에 걸쳐 百計로 대규모 공격을 감행했으나 朴犀가 智略과 臨機應變으로 격퇴
	西京전투	1231.9 (高宗 18년)	平壤市	西京外城	* 石築, 둘레 8200尺, 土築 둘레 10205尺, 높이 32尺 * 行軍 1950명	몽고 선봉대가 포위 공격했으나 攻城을 포기
	龍州전투	1231.9 (高宗 18년)	龍州城	龍州邑城	* 石築, 둘레 13308尺 높이 10尺 * 將校 113명, 行軍 1778명	撒禮塔의 大軍을 맞아 20여 일 항쟁하다 謂州副使 魏玿가 항복
	宣州전투	1231.9 (高宗 18년)	平北 宣川郡	東林城 (古宣州城)	* 西·北은 土築 東·南은 石築, 둘레 17562尺 * 將校 96명, 行軍 1337명	撒禮塔의 本陣이 宣州를 공격하여 함락
	郭州전투	1231.9 (高宗 18년)	평북 郭山郡	凌漢山城	* 石築, 둘레 6913尺 * 將校 68명, 行軍 966명	撒禮塔의 本陣이 郭州를 공격하여 함락
	安北城전투	1231.10 (高宗 18년)	평남 安州	安北府 邑城	* 石築, 둘레 4255尺, 높이 12尺 * 將校 110명, 行軍 1515명	高麗軍이 守城하다가 大集成의 出戰 강요로 撒禮塔 本陣과 싸워 크게 패배

戰爭	戰鬪名	年代	戰鬪地	城名	城의 규모	戰鬪內容·結果
	慈州城 전투	1231.11 무렵 (高宗 18년)	평남 順川郡	慈母城 (慈母山城)	* 石築, 둘레 12733尺, 높이 13尺	龜州城을 공격하던 蒙古軍이 慈州城을 공격했으나 崔椿命 이 蒙古軍을 패퇴시킨 다음, 정 부의 항복지시에도 불응
	廣州 전투	1231.12 무렵 (高宗 18년)	경기도 廣州市	南漢山城 (日長山城)	* 石築, 둘레 86800尺, 높이 24尺, 우물 6곳, 시내 1곳	몽고 先鋒隊의 포위 공격에도 城을 固守하며 賊을 격퇴
	忠州 전투	1231.12 (高宗 18년)	忠州城	忠州邑城	* 石築, 둘레 3650尺, 높이 8尺, 우물 3곳	몽고 先鋒隊가 忠州城 공격하 니 忠州官員과 兩班別抄는 도 주하고 奴軍雜類別抄가 싸워 승리
제 1 (2) 차 침 입	八公山 전투	1232.9월?	경북 大邱市	公山城	* 石築, 둘레 1560尺, 높이 4尺, 샘물 2곳, 도랑 3곳	撒禮塔의 先鋒隊가 公山城을 공격하여 符仁寺와 隣近을 약 탈하고 放火함(初彫大藏經 소 실)
	漢陽 山城 전투	1232.10	서울시	漢陽山城 (長漢城)	* 규모 미상	撒禮塔의 本陣이 漢陽山城을 攻陷
	廣州城 전투	1232.11~12 (高宗 19년)	廣州市	南漢山城 (日長山城)	* 石築, 둘레 86800尺, 높이 24尺, 우물 6곳, 시내 1곳	撒禮塔 本陣의 포위 공격하니 廣州民이 撒禮塔軍을 격퇴
	處仁城 전투	1232.12 (高宗 19년)	龍仁市 南四面	處仁城	* 土築, 규모 미상, 軍倉존재	撒禮塔 本陣의 포위공격을 격 퇴하고 處仁部曲民이 撒禮塔 을 射殺
제 2 (1) 차 침 입	安北府 전투	1235.閏7 (高宗 22년)	평남 安州	安北府 邑城	* 石築, 둘레 4255尺, 높이 12尺 * 將校 110명, 行軍 1515명	唐古의 主力軍이 安北都護府 를 공격 (결과 미상)
	龍岡城 전투	1235.8 (高宗 22년)	평남 龍岡	安市城 (黃龍山城)	* 石築, 둘레 12580尺 * 將校 45명, 行軍 656명	唐古軍이 龍岡城을 포위 공격 하여 城이 함락되고 守令이 납치됨
	咸從城 전투	1235.8 (高宗 22년)	평남 咸從	咸從城 (咸從邑城)	* 石築, 둘레 4334尺 * 將校 49명, 行軍 729명	唐古軍이 咸從城을 포위 공격 하여 城이 함락되고 守令이 납치됨

戰爭	戰鬪名	年代	戰鬪地	城名	城의 규모	戰鬪內容·結果
제2(1)차침입	三登城전투	1235.8 (高宗 22년)	평남 三登	三登城 (三登古城)	* 세속에서 姑城이라 하는데 둘레 1407尺 * 將校 8명, 行軍 121명	唐古軍이 三登城을 포위 공격하여 城이 함락되고 守令이 납치됨
	慈州전투	1235.7~8 (高宗 22년)	평남 順川郡	慈母城 (慈母山城)	* 石築, 둘레 12733尺 높이 13尺	唐古의 主力軍이 포위 공격하여 慈州가 함락됨 / 慈州城은 방어에 성공
	龍津鎭전투	1235.9 (高宗 22년)	함남 德源	朗門山城	* 石築, 둘레 3004척 높이 5척 * 將校 17명, 行軍 250명	蒙古·東眞軍이 龍津鎭을 공격하여 함락
	鎭溟城전투	1235.9 (高宗 22년)	함남 德源	鎭溟縣城	* 石築, 둘레 2287尺 높이 9尺 * 將校 20명, 行軍 275명	蒙古·東眞軍이 鎭溟城을 공격하여 함락
	鳳州전투	1235.9~10 (高宗 22년)	황해도 鳳山	鳳州城 (鶴鶖城)	* 石築, 둘레 8656尺, 높이 15尺, 우물 1곳, 軍倉존재	唐古軍이 鳳州를 포위 공격하여 함락
	海州전투	1235.9~10 (高宗 22년)	황해도 海州	海州山城 (首陽山城)	* 石築, 둘레 20856尺, 높이 18尺	唐古軍이 海州를 포위 공격하여 함락
	九月山城전투	1235.9~10 (高宗 22년)	황해도 九月山	九月山城	* 石築, 둘레 14386尺, 높이 15尺, 左·右倉 존재	唐古軍이 九月山城을 포위 공격하여 함락
	洞州城전투	1235.10 (高宗 22년)	황해도 瑞興郡	洞州城	* 石築, 둘레 20238尺, 높이 23尺, 우물 2곳, 연못 1곳 軍倉 존재	唐古의 主力軍에 항전했으나 洞州城이 함락
제2(2)차침입	慈州城전투	1236.7~8 (高宗 23년)	평남 順川郡	慈母城 (慈母山城)	* 石築, 둘레 12733尺 높이 13尺	唐古 主力軍의 공격에 맞서 慈州城이 항전 끝에 함락
	溫水전투	1236.9.3 (高宗 23년)	충남 牙山市	溫水城 (排方山城)	* 石築, 둘레 3313尺, 높이 13尺,	溫水城을 포위한 蒙古兵을 요격하여 2백여 명을 사살

戰爭	戰鬪名	年代	戰鬪地	城名	城의 규모	戰鬪內容·結果
	竹州城 전투	1236.9.8 (高宗 23년)	安城市 二竹面	竹州城 (竹州古城)	우물 2곳, 軍倉존재 * 石築, 둘레 3874尺	몽고군과 15일간 치열한 攻防 戰 끝에 격퇴
	大興 전투	1236.12.20 (高宗 23년)	禮山郡 大興面	任存城	* 石築, 둘레 5194尺, 우물 3곳	몽고군의 포위 공격에 守城한 후 賊을 쳐서 대파
	歸信城 전투	1236~1237 (高宗23~24)	미상	歸信城	* 규모 미상, 歸信寺 일대?	唐古軍이 歸信城을 포위 공격 하여 함락
	金山城 전투	1236~1237 (高宗23~24)	미상	金山城	* 규모 미상, 金山寺 일대?	唐古軍이 金山城을 포위 공격 하여 함락
	金洞城 전투	1236~1237 (高宗23~24)	미상	金洞城	* 규모 미상	唐古軍이 金洞城을 포위 공격 하여 함락
	淸州 山城 전투	1237 (高宗 24년)	충북 淸州市	淸州山城 (古上黨城)	* 石築, 둘레 7773尺, 우물 12곳	唐古軍이 淸州山城을 공격하 니 李世華가 蒙古兵을 격퇴
제 2 (3) 차 침 입	慶州 전투	1238.10~11 (高宗 25년)	경북 慶州市	慶州邑城	* 石築, 둘레 4075尺, 우물 80곳	唐古의 主力軍이 慶州를 노략 하고 黃龍寺九層木塔과 金堂 등이 소실됨
	昌州 전투	1240 (高宗 27년)	평북	昌州城 (昌州古城)	* 둘레 16997尺, 냇물 1곳, 우물 11곳 * 將校 68명, 行軍 971명	唐古軍이 철수하지 않고 昌州 를 약탈
	朔州 전투	1240? (高宗 27년)	평북	朔州城 (大朔州城)	* 石築, 둘레 4615尺, 높이 7尺, 샘물 11곳, 軍倉 존재 * 將校 83명, 行軍 1209명	唐古軍이 철수하지 않고 朔州 를 약탈
제 3 차 침 입	威州 전투	1247.1~6 (高宗 34년)	평북 熙川郡 淸塞鎭	淸塞鎭 (威州邑城)	* 土築, 둘레 9700尺, 샘물 7곳 * 將校 57명, 行軍 830명	阿母侃이 洪福源과 威州를 공 격하여 함락
	平虜城 전투	1247.1~6 (高宗 34년)	熙川郡 新豊面	平虜城 (柔院鎭)	* 규모 미상, 威州 東115里에 위치 * 將校 57명, 行軍 847명	阿母侃이 洪福源과 平虜城을 공격하여 함락

戰爭	戰鬪名	年代	戰鬪地	城名	城의 規模	戰鬪內容·結果
제3차침입	大峴山城 전투	1247.1~6 (高宗 34년)	황해도 瑞興郡	大峴山城	* 石築, 둘레 20238尺, 높이 23尺, 우물 2곳, 연못 1곳 軍倉존재	阿母侃이 洞州 大峴山城을 공격하여 함락
	鹽州 전투	1247.7 (高宗 34년)	황해도 延安	鹽州城 (鳳勢山城)	* 石築, 둘레 5400尺	阿母侃이 군사를 이끌고 鹽州를 함락
	東州 전투	1249.9.1 (高宗 36년)	강원도 鐵原郡	東州山城 (孤石城)	* 石築, 둘레 2892尺	東眞軍이 東州 境內에 침입하니 江都朝廷이 別抄兵을 보내 방어
	高城 전투	1249.9.23 (高宗 36년)	강원도 高城郡	全城山城	* 石築, 둘레 909尺 * 將校 14명, 行軍 225명	東眞軍이 高城을 침공하니 指諭 朴天府가 別抄兵을 이끌고 東眞軍을 격파
	杆城 전투	1249.9.23 (高宗 36년)	강원도 杆城郡	古城山城 南山城	* 石築, 둘레 403尺: 古城 山城 * 石築, 둘레 1528尺, 우물 1곳: 南山城 * 將校 16명, 行軍 250명	東眞軍이 杆城을 침공하니 指諭 朴天府가 別抄兵을 이끌고 東眞軍을 격파
	高州 전투	1250.8.6 高宗 37년	함남 高原郡	高州時城	* 둘레 1016間, 門 6곳 * 將校 58명, 行軍 800명	狄兵(蒙古兵)이 高州의 古城을 공격 / 결과 미상
	和州 전투	1250.8.6 高宗 37년	함남 永興	聖歷山城	* 石築, 둘레 2982尺, 높이 5尺 * 將校 56명, 行軍 800명	狄兵(蒙古兵)이 和州의 古城을 공격 / 결과 미상
제4차침입	登州 전투	1253.2 高宗 40년	함남 安邊	鶴城山城	* 石築, 둘레 3930尺, 높이 12尺, 우물 4곳 * 將校 46명, 行軍 675명	東眞 騎兵 3백이 登州城 공격 / 결과 미상
	椋山城 전투	1253.8.12 高宗 40년	황해도 安岳	椋山城 (楊山城?)	* 土築? 둘레 1618尺	蒙古軍이 椋山城을 공격하여 城이 함락되고 防護別監 權世候등 4,700명 도륙

戰爭	戰鬪名	年代	戰鬪地	城名	城의 규모	戰鬪內容·結果
제4차침입	禾山城 전투	1253 高宗 40년				也古軍이 禾山城을 공격해서 함락 / 禾山城=椋山城?
	廣州 전투	1253.8 高宗 40년	경기도 廣州市	南漢山城 (日長山城)	* 石築, 둘레 86800尺 높이 24尺, 우물 6곳	也古의 先鋒隊가 廣州에 침입하여 民家를 불태움 / 南漢山城 방어
	東州 山城 전투	1253.8.27 高宗 40년	강원도 鐵原郡	東州山城 (孤石城)	* 石築, 둘레 2892尺	也古軍이 東州山城을 함락 / 防護別監 白敦明이 百姓과의 불화로 패배
	春州城 전투	1253.9.20 高宗 40년	강원도 春川市	鳳儀山城 (鳳山城)	* 둘레 2463尺	按察使 朴天器가 也古軍에게 15일간 抗戰하였으나 힘이 다하여 城이 함락
	三角 山城 전투	1253 高宗 40년	강원도 春川?	三角山城 (三岳山城)	* 石築	蒙古兵이 三角山城을 공격하여 함락
	登州城 전투	1253.9월 말 高宗 40년	강원도 安邊	鶴城山城	* 石築, 둘레 3930尺, 높이 12尺, 우물 4곳 * 將校 46명, 行軍 675명	東北面兵馬使가 皇弟 松柱의 군대를 훌륭히 방어
	金壤城 전투	1253.10.1~ 高宗 40년	강원도 通川	金壤城 (金幡山城)	* 石築, 둘레 1372尺	皇弟 松柱의 蒙古兵이 金壤城을 공격 / 결과 미상
	楊根城 전투	1253.10.4 高宗 40년	경기도 楊平郡	楊根城 (咸公城)	* 石築, 둘레 29058尺	也古軍이 楊根城을 공격하자 防護別監 尹椿이 항복
	原州 전투	1253.10 初 高宗 40년	강원도 原州市	鴿原城	* 石築, 둘레 3749尺 우물 1곳, 샘물 5곳	防護別監 鄭至麟이 也古軍의 공격을 효과적으로 방어
	天龍城 전투	1253.10.9 高宗 40년	충북 忠州市	天龍城 (鳳凰城)	* 石築, 둘레 6121尺 우물 1곳	也古軍이 天龍城을 공격하자 防護別監 趙邦彦이 항복
	忠州 山城 전투	1253.10~12 高宗 40년	충북 忠州市	忠州山城 (南山城)	* 石築, 東·西·南·北門 보유 水口門 보유	防護別監 金允候가 也古軍을 70여 일간 방어 / 也古 제4차 침입 종식
	襄州 전투	1253.10 高宗 40년	강원도 束草市	權金城 (雪嶽山城)	* 石築, 둘레 1112尺 높이 4尺 * 將校 25명, 行軍 400명	皇弟 松柱의 蒙古兵이 襄州 權金城을 함락

戰爭	戰鬪名	年代	戰鬪地	城名	城의 規模	戰鬪內容·結果
제 5 (1) 차 침 입	平州城 外 전투	1253.11 高宗 40년	황해도 平山	平州城 (城隍山城)	* 石築, 둘레 7525尺 높이 20척, 우물 1곳	校尉 張子邦이 喬桐別抄軍을 이끌고 平州城外에 나가 蒙古 屯長 20명 등 다수를 殺傷
	槐州城 外 전투	1254.8 高宗 41년	충북 槐山郡	槐州城 (白和城)	* 규모 미상	散員 張子邦이 別抄를 이끌고 槐州城 밖의 蒙古兵 斥候騎 를 격파
	鎭州 전투	1254.8월경 高宗 41년	충북 鎭川郡	萬弩山城 (伊訖山城)	* 石築, 둘레 3980尺 우물 1곳	鎭州 鄕吏 林衍이 蒙古兵을 邀擊하여 크게 승리
	多仁 鐵所 전투	1254.9월경 高宗 41년	忠州市 利柳面			多仁鐵所民이 蒙古兵의 침공 을 격파 / 多仁鐵所가 翼安縣 으로 승격
	忠州 山城 전투	1254.9 高宗 41년	충북 忠州市	月嶽山城 (德周山城)	* 石築, 둘레 33670尺 샘물 1곳	忠州山城 軍民이 車羅大軍의 공격을 방어
	尙州 山城 전투	1254.10 高宗 41년	尙州市 牟東面	尙州山城 (白華山城)	* 石築, 둘레 1904尺 시내 1곳, 샘물 5곳	僧侶 洪之와 軍民이 車羅大 軍의 공격을 방어 / 蒙古 제4官 人을 射殺
제 5 (2) 차 침 입	笠岩 山城 전투	1256.3 高宗 43년	전남 長城郡	笠岩山城	* 石築, 高麗時 규모 미상	將軍 宋君斐가 蒙古兵을 大 破하고 指揮官 4명을 생포
	月嶽 山城 전투	1256.4 高宗 43년	충북 堤川市	月嶽山城 (德周山城)	* 石築, 둘레 33670尺 샘물 1곳	忠州民이 月嶽山城에서 蒙古 兵 격퇴
제 5 (3) 차 침 입	東州 전투	1257.閏4 高宗 44년	강원도 鐵原郡	東州山城 (孤石城)	* 石築, 둘레 2892尺	東眞軍 先鋒隊가 東州 경내를 侵寇 / 戰鬪 결과 미상
	登州 전투	1257.5.14 高宗 44년	함남 安邊	鶴城山城	* 石築, 둘레 3930尺 높이 12尺, 우물 4곳 * 將校 46명, 行軍 675명	東眞騎兵 3천이 登州 安邊都 護府를 공격 / 戰鬪 결과 미상
	泰州 전투	1257.5 高宗 44년	평북 泰川郡	籠吾里 山城	* 石築, 둘레 4369尺 샘물 3곳, 속칭 姑城	車羅大軍이 泰州를 공격하여 州 가 함락되고 副使 崔濟가 전사
	稷山 新昌 전투	1257.6 高宗 44년	天安市 稷山邑	蛇山城	* 土築, 둘레 2948尺 높이 13尺, 우물 1곳	瑞山人 隊正 鄭仁卿 등이 稷 山·新昌에 주둔한 蒙古軍을 夜間에 기습하여 격파

戰爭	戰鬪名	年代	戰鬪地	城名	城의 規模	戰鬪內容·結果
제 5 (3) 차 침 입			牙山市 新昌面	城山城 (鶴城山城)	* 石築, 둘레 1213尺 높이 15尺, 우물 2곳	
	瑞州 入保戰	1257.6 高宗 44년	충남 瑞山市	北山城	* 石築, 둘레 1680尺 우물 3곳	富城(瑞山) 縣尉 金周鼎이 山 城入保를 통해 몽고군에 항전함
	安城 전투	1257.6 高宗 44년	경기도 安城市	飛鳳古城	* 둘레 2里	蒙古軍 先鋒隊長 甫波大가 安 城을 함락

  * 城의 規模는 『新增東國輿地勝覽』에 의함
 ** 州鎭軍 將校·行軍數는 『高麗史』 兵志에 典據하였음
*** 崔氏政權 붕괴 이후에 해당하는 몽고 제5-(4)차 침입 때 나타나는
    山城·邑城은 廣福山城·溟州城·達甫城·岐巖城·金剛城·寒溪城을 들 수
    있고, 城이외의 입보처로서 嘉殊窟과 陽波穴이 있음.

위의 <표 2-7>에서 볼 수 있는 산성·읍성을 최씨정권 각 시기별로
열거해 보면, 우선 최우집권기에는 西林城(古鐵州城)·龜州邑城·西京城·
龍州邑城·東林城(古宣州城)·凌漢山城·安北府邑城·慈母城(慈母山城)·南
漢山城(日長山城)·忠州邑城·公山城·漢陽山城(長漢山)·處仁城·安市城
(黃龍山城)·咸從城(咸從邑城)·三登城(三登古城)·朗門山城·鎭溟縣城·鳳
州城(鶡鸚城)·海州山城(首陽山城)·九月山城·洞州城·溫水城(排方山城)·
竹州城(竹州古城)·任存城·歸信城·金山城·金洞城·淸州山城(古上黨城)·
慶州邑城·昌州城(昌州古城)·朔州城(大朔州城)·淸塞鎭(威州邑城)·平虜城
(柔院鎭)·大峴山城·鹽州城(鳳勢山城)·東州山城(孤石城)·全城山城·古城
山城·南山城 등 모두 40개 산성·읍성이 등장한다.
  최항집권기에는 高州城(高州時城)·和州城(聖歷山城)·登州城(鶴城山城)·
椋山城(楊山城)·禾山城·南漢山城(日長山城)·東州山城(孤石城)·鳳儀山城
(鳳山城)·三角山城(三岳山城)·金壤城(金幪山城)·楊根城(咸公城)·鵠原城·
天龍城(鳳凰城)·忠州山城(南山城)·權金城(雪嶽山城)·平州城(城隍山城)·
槐州城(白和城)·萬弩山城(萬賴山城·伊訖山城)·月嶽山城(德周山城)·尙州

山城(白華山城)·笠岩山城 등 21개 산성이 확인된다. 그런데 『元高麗紀
事』에서 보이는 禾山城이 혹시 椋山城이 아닐까 의심되므로[288) 최항집
권기 入保抗戰을 주도한 산성은 모두 20개가 된다. 마지막으로 최의집
권기에는 東州山城(孤石城)·鶴城山城·籠吾里山城·蛇山城·城山城(鶴城山
城)·北山城·飛鳳古城 등 7개 산성이 발견된다. 최우~최의집권기 입보
항전을 수행하였던 산성·읍성을 중복되는 것을 제외하면 모두 84개가
된다.[289)

이러한 산성들에서 모두 55건의 대몽전투가 벌어졌고 대몽전투를 치
른 산성의 수효는 총 44개에 달하는데,[290) 守城戰이 전개되지 않았던 산
성의 수효는 이보다 훨씬 많았음을 어렵지 않게 상정할 수 있다. 적어도
崔瑀代 대몽항전기간 동안에는 현재의 全羅南道와 慶尙南道까지 몽고군
이 침투하지는 않은 듯하다. 그렇기 때문에 兩界와 西海道 그리고 忠淸
道 내륙 요지의 산성에서 주요한 전투가 벌어졌으며, 당연히 그곳에 위
치한 別抄軍의 활동도 주목받게 되었다. 撒禮塔의 제1차 침공 당시 龜州
城 안에는 안북도호별초·위주별초·태주별초가 西北面兵馬使 朴犀의 지
휘 하에 입보하였고 기록에는 등장하지 않지만 정주별초·삭주별초도 입
성하여 몽고 제3군의 내륙침투를 저지하려는 작전에 임하고 있었을 것
으로 생각된다. 忠州邑城 안에는 兩班別抄와 奴軍雜類別抄가 편제되어

---

288) 『元高麗紀事』에서는 憲宗皇帝 3년 宗王 耶虎(也古)와 洪福源에게 명하여 高麗
   를 征伐케 하였는데, 禾山城·東州·春州·三角山城·楊根城·天龍城 등지를 攻拔
   하였다고 되어 있다. 기록된 순서로 보아 禾山城을 제일 먼저 攻破했음을 이해
   할 수 있다. 그렇다면 禾山城이 혹시 椋山城(楊山城)이 아닐까 한다. "憲宗皇帝
   三年 癸丑 命宗王耶虎與洪福源 同領軍征高麗 攻拔禾山城東州春州三角山城
   楊根城天龍城等處"(『元高麗紀事』 憲宗皇帝 3년 癸丑條).
289) 이 84개의 山城·邑城은 柳璥·金俊執權期에 걸쳐 있었던 車羅大의 제5-(4)차 침
   입을 제외하고서 순수하게 崔氏執權期에 국한하여 계산한 수치임을 밝혀둔다.
290) 姜在光, 2009, 「對蒙戰爭期 崔氏政權의 山城入保策과 地方統治」, 『전쟁과 유
   물』 창간호, 140~141쪽.

있었고 노군잡류별초가 몽고 선봉대를 막아냈음은 이미 살펴본 바와 같다. 扶寧別抄는 全羅北道 金堤의 歸信城과 金山城을 함락시키고 扶寧縣으로 향하던 몽고군 전초대를 高闌寺 언덕길에서 매복습격전으로 격퇴시켰다.

대몽전투가 벌어진 주요 산성에 저마다 별초군이 편제되어 있었다고 헤아려진다. 兩界와 내륙 요소요소마다 배치된 별초군은 단독작전에 있어서나, 주현별초군끼리의 연합작전에 있어서나, 그리고 야별초와의 합동작전에 있어서나 史書에 등장하지 않는 눈부신 활동으로 州·郡·縣民의 대몽항전을 이끌며 혁혁한 戰果를 올렸을 것이 분명하다. 최우정권 당시 산성입보항전은 유효한 전략으로써 번번이 몽고군의 침략을 격퇴시키는데 일조하였다.

그러나 최항정권이 들어서면서 상황은 달라졌다. 최우집권기보다 약화된 抗蒙戰力을 갖고서 최항정권은 也古의 제4차 침입과 車羅大의 제5-(1)·(2)차 침입에 대항해야만 했다. 몽고병의 침입이 격화되는 와중에 최씨정권의 心腹集團과 宰樞大臣은 대몽강화의 수위를 놓고 분열하였고, 최항정권의 산성입보책도 서서히 危機의 국면으로 접어들었다. 그러면 최항집권기에 펼쳐졌던 대몽전투와 연관하여 산성입보 사례를 통해서 최항정권의 산성입보책이 위기를 맞을 수밖에 없었던 요인과 그것의 한계점에 대해서 고찰해 보기로 하자.

앞의 <표 2-7>에서 也古의 제4차 침입 당시에 함락된 곳은 椋山城 (禾山城)·東州山城·鳳儀山城·三角山城·楊根城·天龍城·權金城(雪嶽山城) 등 7개이다.[291] <표 2-7>에서는 車羅大의 제5차-(1)·(2)차 침략 때에 함락된 산성은 전혀 보이지 않는다. 그러나 『高麗史』 高宗世家에서

---

291) 陷落된 山城이 7개가 되는 이유는 다음과 같다. 椋山城이 『元高麗紀事』의 禾山城일 것으로 보았고, 『元高麗紀事』에서 등장하는 三角山城을 포함시켰으며, 『高麗史』 高宗世家에서 襄州가 함락되었다고 한 것을 襄州 권역의 雲嶽山城(權金城)이 攻陷된 것으로 이해하였기 때문이다.

車羅大 침입 초·중반의 전투 결과가 누락된 것들이 많고 忠州山城[292]과 月嶽山城(德周山城)[293] 등지의 勝戰을 위주로 기록해 놓았기 때문으로

---

292) 忠州山城은 南山城으로 비정되기도 하는데, 충청북도 지방기념물 제31호로 지정되어 있다. 忠州 직동 錦鳳山(南山)의 동쪽 정상부(636m)에 구축되었으며 둘레 1120m의 包谷式 石築城으로 알려져 있다(忠州工業專門大博物館 編, 1984, 『忠州山城綜合地表調査報告書』, 14쪽). 地表調査의 결과에 의하면 4개소의 門口部가 있고, 3개소의 우물터, 1개소의 凹穴, 1개소의 水口가 윤곽을 남기고 있으며 성벽은 전체 1.2km이나 외벽면이 남은 부분을 1/3에도 미치지 못한다(忠州工業專門大博物館 編, 1984, 앞의 책, 82쪽). 한편 1995년도의 제2차 忠州山城 發掘調査에 의하면 기존의 우물터 3곳은 모두 숯 가마터로 밝혀졌고, 入水口·出水口가 발견되어 古代 山城의 水口로서는 처음으로 완벽한 구조가 밝혀진 것이 특징이다(忠州産業大學校博物館 編, 1995, 『忠州山城 2次 發掘調査 報告書』, 88쪽). 이러한 忠州山城의 구체적 면모가 史書에 등장하지 않는 것이 참으로 의외이다. 한편 최근에는 忠州山城을 충주의 진산이자 농지면적이 가장 크고 식수원이 풍부하였다는 大林山城으로 비정하는 견해가 있어 주목된다(최규성, 1999, 「제5차 麗蒙抗爭과 忠州山城의 位置比定」, 『祥明史學』 6, 15쪽 ; 최근영, 2000, 「忠州 大林山城考 – 忠州山城과의 관련성을 중심으로 – 」, 『中原文化論叢』 4, 忠北大 中原文化研究所, 61~62쪽).

293) 月嶽山에 소재한 德周山城은 石築이고, 둘레가 32,670尺으로써 中部內陸에서 그 규모가 가장 크다. "德周山城 在州東四十五里 石築 周三萬二千六百七十尺 內有一泉 今廢"(『新增東國輿地勝覽』 권14, 忠州牧 古跡條). 德周山城은 堤川市 寒水面과 德山面의 경계를 이루는 해발 960.4m의 月嶽山을 둘러싸고 있으며 內外城 2重 구조로 되어 있다. 月嶽南峰을 頂点으로 南으로 형성되어 上德周寺를 둘러싼 內城이 있는데 東西 너비 1.5km 南北 길이 1km가 넘고 둘레도 4km 이상이 된다. 外城은 下德周寺를 둘러싸고 있는데 東門을 정문으로 한 寒暄嶺(大院嶺, 하늘재) 관방의 진성이었으며 東西 2km 이상이고 南北 2.5km 이상이다. 『新增東國輿地勝覽』에 등장하는 德周山城은 현재의 外城에 해당한다고 본다(車勇杰, 1992, 「德周山城과 南北開門」, 『德周寺 磨崖佛과 德周山城 地表調査報告書』, 忠州工業專門大學博物館, 66쪽과 75쪽). 德周山城은 덕주골과 송계계곡의 이중 삼중의 계곡부를 이용한 대규모의 산성으로서, 이러한 關阨을 이용한 築城은 이미 고구려에서 발전된 축성 방식이라고 한다. 이 山城은 충청지역 최대의 규모를 자랑하며, 현재 4개의 郭을 두르고 있는데, 上城(內城)인 제1郭과 下城(차단성)인 제3郭이 高麗時代의 城郭으로 여겨지고, 中城인 제2郭과 外郭城인 제4郭은 朝鮮時代 後期에 修築된 것으로 추정되고 있다. 德周山城의 성벽은 기본적으로 內外夾築의 石築 城壁을 기본형으로 축조되었는데, 지형상

여겨진다. 가령 『元高麗紀事』 憲宗皇帝 5∼7年條(1255∼57)에서 "光州·
安城·忠州·玄鳳·珍原·甲向·王果(玉果) 등 諸城을 攻拔하였다"는[294] 기
록은 車羅大의 제5-(1)·(2)차 침입 당시에 함락된 산성이 최소한 7곳이
넘었다는 것을 방증해 준다. 여기서 충주성은 忠州山城이 아니라 忠州의
邑城일 것이다.[295] 玄鳳·珍原·甲向·王果 등지의 경우 甲向은 자세히 알
수는 없으나 玄鳳은 玄風縣(달성군 현풍면)에, 珍原을 珍原縣(전남 장성
군)에, 王果(玉果)를 玉果縣(전남 곡성군)에 비정할 수 있으므로, 車羅大
가 제5-(2)차 침입을 진행할 때 충청·전라·경상도 일대에서 공함한 산성
일 듯싶다. <표 2-7>과 『元高麗紀事』의 기록을 통해서 也古軍과 車羅
大軍에게 함락당한 산성은 각기 7개씩이었다. 史書에서 누락된 산성들
도 많이 산재해 있었으리라 짐작되는 바, 몽고의 제4∼5차 침입은 최항
정권의 산성입보항전에 있어서 최대의 위기국면이었다는 점은 부정하지
못할 사실이다.

이렇게 也古의 제4차 침입과 車羅大의 제5-(1)·(2)차 침입으로 인해,
최항정권의 산성입보항전체제는 일대 위기를 맞이하였다. 그러한 위기
는 최우정권 때와는 비교할 수 없을 정도로 심각한 것이었다. 산성입보
에 위기가 도래한 원인으로는 대체로 다음의 세 가지를 거론할 수가 있
겠다. 첫째 附蒙輩가 고려 산성의 위치와 병력자원·군수능력 등을 상세
히 몽고 憲宗에게 上奏함으로써 군사기밀이 누설되었다는 점을 들 수
있다. 부몽배 홍복원·閔偁·李峴 등이 그러한 주범이었을 것으로 여겨진
다. 경우에 따라서는 禿魯花로 파견된 영녕공 왕준도 군사기밀을 제공했

___

험준한 곳은 천연의 암벽 자체를 성벽으로 삼고 있다(忠北大學校 中原文化硏究
所·堤川市, 1999, 『堤川 德周山城 地表調査報告書』, 55∼57쪽).
294) "五年 六年 七年 連歲攻拔 光州 安城 忠州 玄鳳 珍原 甲向 王果等城"(『元高
麗紀事』 憲宗皇帝 5-7年條).
295) 忠州山城은 也古의 침입 때나 車羅大의 침략 시에 단 한 번도 陷落되지 않았던
護國의 산실이었고, 항상 忠州山城戰鬪를 고비로 해서 蒙古軍이 철수하곤 하였
다. 車羅大가 점령했다는 忠州城은 忠州의 邑城임이 분명하다.

을 가능성도 있다. 특히 이현은 고종 39년 1월 21일 몽고에 파견된 고려 사신이었음에도[296] 불구하고 고려를 배반하고, 也古(也窟)에게 "추수철 이전에 고려를 침공하여 貢賦가 江都로 수송되는 것을 차단시켜야 한 다"고 권유하면서[297] 스스로 고려침략의 앞잡이가 되었던 것이다. 그는 홍복원과 더불어 산성의 위치나 병력배치 등 군사기밀 사항을 也古大王 에게 전해주었을 것으로 생각된다. 也古大王이 제4차 고려침략 때 주공 격 방향을 鐵原·春川·原州·中原·忠州의 내륙지방으로 잡은 것도[298] 이 현 등의 권고에 의한 가능성이 높다. 이현은 고려가 정복되었을 때, 자신 이 고려의 達魯花赤이 되어 일정지역을 통치할 수 있는 권한을 부여받 으려고도 하였다.[299] 이러한 부몽배들의 책동은 최항정권을 매우 당황 스럽고도 곤욕스럽게 만들었으며, 산성에 파견되어 있는 防護別監과 입 보민의 항전의지를 꺾는 결과를 초래하였던 것이다. 실제로 이현의 항복 권유로 방호별감 尹椿·趙邦彦 등이 스스로 나와서 투항한 적이 있다.

둘째 也古의 제4차 침입과 車羅大의 제5-(1)차 침공이 추수철 이전에 이뤄짐으로써 농민들이 가을걷이를 제대로 할 수 없었을 뿐만 아니라, 車羅大의 제5-(2)차 침입은 고종 42년 4월에 시작되어 다음 해인 43년 10월

---

296) "三十九年 春正月 丙午 遣 樞密院副使 李峴 侍郎 李之葳 如蒙古"(『高麗史』 권24, 高宗 39年 春正月 丙午日條).

297) 『高麗史』 권130, 叛逆列傳4 李峴傳. 李峴이 高麗를 背叛한 것은 그가 2년간 蒙古에 抑留되어 있으면서 蒙古 憲宗의 등극을 지켜보았고 高麗가 곧 征服당할 것이라는 것을 예감했기 때문이었을 것이다. 하지만 그가 본래 對蒙和議者로서 崔沆의 對蒙政策에 불만을 품고 변화하는 국제정세에 편승하여 몽고에 귀부했 을 가능성도 크다.

298) 江原과 忠北 內陸地方을 중점적으로 공격한 것은 也古의 제4차 침입이 유일하 다. 나머지 제1·2·3·5차 침입은 北界의 西北大路를 타고 내려와서 開京·南京· 廣州·水州를 거쳐 忠州·尙州·大邱·慶州로 나아가든지 아니면 公州·全州·光 州로 내려가는 것이 일관된 침략 루트였다.

299) "二城降 自爲達魯花赤 率二城降民 攻忠州城 七十餘日 不下"(『高麗史』 권130, 叛逆列傳4 李峴傳).

에 종료됨으로써 2년간 내지 백성이 농사를 제대로 지을 수 없어 흉년과
기근에 시달려야 했다는 점을 지적할 수 있다. 산성입보민은 입보처에서
충분한 식량과 식수를 보장받아야 하고 몽고병이 철군했을 경우 자신의
현 거주지로 나아가 다시 농사에 힘써야 했다. 그런데 也古의 침입과 車
羅大의 침략은 모두 가을 추수철 이전 아니면 파종시기에 집중됨으로써
내륙의 백성들의 안정적인 식량 확보를 위협하였다. 때문에 절대적으로
식량이 궁핍해지고 山城에 입보하지 않으려는 백성들이 늘어갔음은 자
명한 일이다. 농업국가였던 고려의 약점을 파헤친 몽고군 원수부의 작전
이 주효하게 맞아 떨어지고 있었던 것이다. 실제로 가을걷이를 하지 못
한 아전과 백성들이 동주산성 방호별감 白敦明에게 輪番으로 성밖으로
나가 벼를 수확하게 해 달라고 요청한 것은 이러한 실정을 잘 반영해
준다. 白敦明이 그러한 요청을 거부하자 民心이 離叛하여 동주산성은 쉽
게 몽고군에게 함락되고 말았던 것이다. 동주산성의 함락은 민심이반의
시초에 불과하였다. 車羅大의 침략이 매년 계속되고 농사철을 놓치게 되
어 극심한 식량난이 이어지면서 중·북부지방 백성들이 방호별감을 죽이
거나[300] 사로잡아 몽고군에 투항하는[301] 사례까지 발생하였던 것이다.
이는 강도조정의 산성입보책이 본래 수세적인 것으로써 지니는 근본적
인 한계점 가운데 하나라고 하겠다.

셋째 최씨정권이 산성입보민의 자발적인 항전을 유발할 수 있도록 최
대한의 經濟施策을 베풀고 민생을 보살피는데 미흡했다는 점을 들 수
있다. 최씨정권은 민생을 회복시키기 위해 勸農別監(勸農使), 蘇復別監,
按撫使 등을 현지에 파견했지만 이들의 활약은 미미했고 그다지 효과도
없었다. 오히려 이들은 대민수탈을 일삼고 승진할 수 있는 뇌물을 확보

---

300) 高宗 45년 9월에 入保抗戰에 한계를 절감한 廣福山城入保民이 防護別監 柳邦
才를 죽이고 蒙古軍에 투항했다.
301) 高宗 45년 12월에 達甫城入保民이 防護別監 鄭琪를 사로잡아 蒙古軍에 투항하
였다.

하고 있었다. 이로 말미암아 최씨정권의 산성입보책에 주현민들이 등을 돌리게 되는 계기가 서서히 조성되고 있었다고 생각된다.

적어도 최항정권이 내지 백성들의 산성입보항전을 통해 車羅大의 연속되는 파상 공격을 막아내려고 하였다면, 철저히 경제적 대민시혜를 베풀어 주었어야 했다. 宣旨使用別監의 파견을 아예 중지시켜야 옳았고, 중망있는 인물들을 소복별감이나 권농별감302)으로 파견하여 백성들의 경제여력을 회복시켰어야 했다. 더 나아가 車羅大의 침입 후반부로 갈수록 中·北部지방에서 농사지을 형편이 못 되었기 때문에 고종 41년 8월 車羅大軍이 도래하기 이전에 최씨가 農場에서 소출되는 식량을 水路로 운반하여 주요 산성에 충분히 비축해 두는 방안도 마련했어야 했다. 그럼으로써 차후에 산성입보민과 주현별초군에게 심리적 불안요소를 제거시킬 수가 있었을 것이다. 내지의 주요 산성에 최씨가의 농장으로부터 소출된 식량을 비축하고 민심을 慰撫했더라면 항전하기가 보다 수월했을 것임은 두말할 나위가 없다. 즉 최항이 적극적이고도 자발적인 대몽항전을 내지 주현민으로부터 유도하려 했다면 최씨집정을 포함한 지배층도 일정부분 자기출혈을 진작부터 감수하고 산성입보항전을 지휘했어야만 했다는 이야기다. 그러나 강도지배층이 기득권의 일부를 포기하기 시작한 것은 車羅大의 침략이 최고조에 이른 시점부터였다. 고종 43년 2월에 其人에게 노는 땅을 경작케 하여 收租하였고, 文武 3품 이하부터 權務 이상에게 丁夫를 내게 하여 江華浦口를 막고 해안을 개간해서 左

---

302) 崔氏武人執權期에 勸農別監 혹은 勸農使는 모두 4차례 등장한다. 첫째는 高宗 19년 6월 江華島에 勸農別監을 두어 강화도 자체에서 식량을 안정적으로 확보하려 하였다. 둘째는 高宗 30년 2월 各道에 山城兼勸農別監을 파견하였다. 셋째는 高宗 42년 5월 諸道에 勸農使를 파견하여 車羅大의 연속되는 침략에도 불구하고 內地 백성들의 농사를 독려하였다. 넷째는 高宗 43년 4월 勸農使 金宗叙가 玄風縣에서 蒙古軍에게 죽임을 당했는데 그는 高宗 42년 5월에 파견된 勸農使임이 분명해 보인다.

屯田(梯浦·瓦浦) 右屯田(狸浦·草浦)을 만들케 함으로써 租賦를 충당하였다는[303] 것이 바로 그것이다. 이러한 지배층의 자기출혈은 내지의 산성입보항전이 더욱 더 어려워지고 있는 때와 궤를 같이 하는 것으로써 최항정권이 산성입보민에게 베푼 蘇復別監·勸農使 파견 등 대민시책이 근본적인 해결방안이 될 수 없음을 말해 주는 것이다.

對蒙抗爭期 地方統治 문제와 연관하여 생각할 수 있는 것은, 이 시기가 고려왕조의 정상적인 통치 시기가 아니라는 점이다. 때문에 기존의 兵馬使·按察使 중심의 7道 1界 체제에[304] 臨時使行體制가 추가되어 지방을 통치해 나갈 수밖에 없었다. 임시사행체제는 최씨정권이 몽고침입에 대응하여 지방통치를 보다 더 효율적으로 수행하기 위해서 苦肉之策으로 마련한 것이었다. 그것은 크게 군사적·경제적·민사적 목적에 따라

---

303) "制 諸道被兵凋殘 租賦耗少 其令州縣其人 耕閑地收租 補經費 又令文武三品以下 權務以上 出丁夫有差 防築梯浦瓦浦 爲左屯田 狸浦草浦 爲右屯田 國初選州郡鄕吏子弟 爲質於京 謂之其人"(『高麗史節要』 권17, 高宗 43年 2月條).

304) 對蒙戰爭期(1232~1258)의 地方制度는 『高麗史』 地理志에 의거해 볼 때, 7道 1界 體制였다. 즉 7道 1界는 楊廣州道, 忠淸州道, 全羅道, 尙晉安東道(慶尙州道의 改名), 春州道, 西海道, 沿海溟州道(東界의 改名), 西北面(北界)이다. 五道 兩界가 정립되는 睿宗 원년부터 對蒙戰爭이 종료되는 高宗 46년까지의 地方制 변화를 일목요연하게 정리해 제시하면 아래와 같다.

　　睿宗 원년: 5道 兩界: 楊廣忠淸州道, 全羅道, 慶尙晉州道, 西海道, 朔方道, 東北面, 西北面

　　明宗 원년: 7道 兩界: 楊廣州道, 忠淸州道, 全羅道, 慶尙州道, 晉陝州道, 朔方道, 西海道, 西北面, 東北面

　　明宗 8년: 8道 1界: 楊廣州道, 忠淸州道, 全羅道, 慶尙州道, 晉陝州道, 春州道, 西海道, 沿海溟州道, 西北面

　　明宗 16년: 7道 1界: 楊廣州道, 忠淸州道, 全羅道, 慶尙州道, 春州道, 西海道, 沿海溟州道, 西北面

　　神宗 7년: 7道 1界: 楊廣州道, 忠淸州道, 全羅道, 尙晉安東道, 春州道, 西海道, 沿海溟州道, 西北面

　　高宗 46년: 7道 1界: 楊廣州道, 忠淸州道, 全羅道, 慶尙晉安道, 東州道, 西海道, 沿海溟州道, 西北面

3분되었다.

먼저 군사적 측면에서 산성입보책과 연관하여서는 三道巡問使와 방호별감(防護使·防禦使)을 주요 요지에 파견하여 입보민을 지휘 감독하는 시스템을 구축하였다. 방호별감에 대해서는 후술하기로 한다. 삼도순문사에 대해서 살펴보면, 고종 30년(1243) 2월에 방호별감과 더불어 충청·전라·경상도에 파견되었다는 기록이 최초로 보인다.305) 고종 33년경에는 慶尙道巡問使 宋國瞻이 安東都護副使 庾碩에게 산성을 수리하라고 지시한 장면이 목격되며,306) 고종 40년(1253) 7월에는 강도정부가 삼도순문사로 하여금 산성·해도입보를 지휘토록 하였다는307) 기사가 발견된다. 고종 30년 2월에 삼도순문사가 방호별감과 더불어 파견된 것으로 보아 삼도순문사는 안찰사보다도 軍事的 目的이 더 강한 관리로 여겨진다.308) 고종 33년 무렵에 경상도순문사 송국첨은 安東都護府使 庾碩에서 산성을 수축하도록 명령하였을 뿐만 아니라 백성을 수탈하여 원성을 사고 있던 萬全(최항)과 그의 승도들을 탄핵하는 서신을 최우에게 보내기도 하였다.309) 이로보아 순문사가 입보항전체계를 감독하면서 民心의 離叛까지도 사전에 방지하려는 활동을 전개하였음을 알 수 있다. 순문사는 방호별감이나 고을 수령에게 산성수축이나 군량미·무기 확보 등을

---

305) "二月 遣諸道巡問使 閔曦于慶尙州道 孫襲卿于全羅州道 宋國瞻于忠淸州道 又遣各道 山城兼勸農別監 凡三十七人 名爲勸農 實乃備禦也 巡問使 尋以煩冗 請罷勸農別監 從之"(『高麗史節要』 권16, 高宗 30年 2月條).

306) "後爲安東都護副使 時 巡問使宋國瞻 移牒於碩 令修山城"(『高麗史』 권121, 列傳34 良吏 庾碩傳).

307) "甲申 北界兵馬使報 蒙兵 渡鴨綠江 卽移牒 五道按察 及三道巡問使 督領居民 入保山城海島"(『高麗史』 권24, 高宗 40年 秋7月 甲申日條).

308) 朴鍾進, 2002, 「강화천도 시기 고려국가의 지방지배」, 『한국중세사연구』 13, 86쪽의 각주 72. 氏는 對蒙抗爭期 당시 下三道에 군사적인 일이 많아지면서 按察使의 군사적 기능을 보완해 주기 위해서 三道巡問使가 파견되었을 것으로 추정하였다.

309) 『高麗史』 권129, 叛逆列傳3 崔忠獻傳 附 崔沆傳 참조.

지시했고 민심이반 방지 활동도 전개했던 것이다. 이러한 순문사는 송국첨의 활약상으로 미루어보건대 최씨집정의 측근 문객이 등용되었을 것으로 짐작된다.

　다음으로 경제적 측면과 연관해서 최씨정권은 敎定收獲員(收獲使)·宣旨使用別監을 내지에 파견하여 租稅·貢賦를 조달케 하였다. 관련사서에서 교정수획원은 1회, 선지사용별감은 2회 발견된다. 교정수획원의 최초 파견 시점은 분명치 않다. 그러나 최항이 고종 37년 1월에 부친 최우가 租稅徵收를 위해 各道에 보냈었던 敎定收獲員을 불러들여 인심을 얻었다는[310] 장면에서, 최우집권기에 이미 여러 차례 파견된 것만큼은 분명하다. 교정수획원이라는 명칭으로 보아서 이 사신은 교정도감의 우두머리인 최씨집정의 독단적인 직권으로 조세수취를 위해 내지에 분견된 임시사행이었을 것이다. 같은 해 또한 최항은 최우가 各道에 보냈었던 선지사용별감 羅得璜·河公敍·李瓊·崔甫侯 등을 모두 파면하여 민심을 얻으려 했다.[311] 선지사용별감은 구체적으로 무엇을 위해 파견되었는지 자세히 알 수 없다. 하지만 그 명칭으로 보아서 임금의 교지를 빙자하여 최씨정권이 백성들로부터 조세수취나 공물부과 등을 자유스럽게 할 수 있는 합법적인 재정마련의 창구였던 듯하다. 최항은 잠시 선지사용별감의 파견을 중지시켰지만 국가재정 마련과 대몽전쟁을 준비하기 위해 내지로부터 다양한 명목의 세금을 수취할 필요가 있었다. 그래서 얼마 안되어 고종 39년 8월에 다시 나득황·하공서·이경·최보후 등을 선지사용별감으로 각도에 내보내니 백성들이 모두 통분해 하였다고 한다.[312] 당

---

310) "春正月 崔沆 以敎定別監牒 除淸州雪縣子 安東眞絲 京山府黃麻布 海陽白紵布 諸別貢 及金州 洪州等處 魚梁船稅 又徵還 諸道敎定收獲員 委其任於按察使 以收人心"(『高麗史節要』권16, 高宗 37年 春正月條).

311) 『高麗史』권129, 叛逆列傳3 崔忠獻傳 附 崔沆傳.

312) "八月 崔沆 遣 羅得璜 河公敍 李瓊 崔甫侯 爲各道宣旨使用別監 初 崔怡 遣 得璜等于諸道 民甚苦之 故沆初秉政 欲得人心 皆罷之 至是復用 人皆憤之"(『高麗史節要』권17, 高宗 39年 8月條).

시 백성들 입장에서는 산성입보항전에 혹사되기도 하고 최씨정권의 재
정마련에 고혈을 짜내야 했으므로 선지사용별감의 파견을 조금도 반가
워했을 리가 없었다. 이러한 선지사용별감은 車羅大의 제5차 침공이 매
년 연속되어 백성들의 생활이 극도로 곤궁해져 몽고군에게 투항할 조짐
이 보이자 고종 43년 2월에 드디어 중지되고[313] 말았다.

교정수획원과 선지사용별감의 파견이 완전히 중단된 이후 고종 45년
1월에는 최씨정권의 마지막 무인집정 최의가 江華收獲使를 보내 강화도
내의 조세를 거둬들였으며[314] 토지 3천 결을 자신의 소유로 만들었다. 강
화수획사는 교정수획원의 연장선상에서 이해될 수 있는 임시사행이라 하
겠으며, 대몽전쟁이 최고조에 이른 시점에서 강화도 내부에서 조세문제를
해결할 수밖에 없는 최씨정권의 경제난을 엿볼 수 있는 대목이기도 하다.

마지막으로 民生安定과 관련해서는 蘇復別監·勸農使(勸農別監)·按撫
使(按撫別監) 파견에 의해 백성들의 삶을 회복시키는 것을 목표로 하였
다. 대몽전쟁기에 소복별감은 모두 2차례 발견된다. 최항정권은 車羅大
의 계속된 침략으로 내지 백성들이 도탄에 빠지자 고종 42년 2월경부터
백성들의 어려운 생활을 복구시킬 목적으로 소복별감을 내륙에 파견하
였다.[315] 그러나 黃驪·利川·川寧·楊根·竹州·陰竹 등지의 소복별감 都
祭庫判官 高鼎梅는 민생을 소생시키지 않고 오히려 酒色에 빠지는가 하
면 백성의 고혈을 긁어 사복을 채웠다.[316] 고종 43년 前 西海道蘇復別監

---

313) "是月 以蒙兵 停發六道宣旨使用別監 時 奉使者 剝民橫斂 以固恩寵 民甚苦之
　　反喜蒙兵之至"(『高麗史』 권24, 高宗 43년 2月條).
314) "崔竩 以將軍邊軾 郞將安洪敏 散員鄭漢珪 爲江華收獲使 攘奪民利 百姓嗷嗷"
　　(『高麗史節要』 권17, 高宗 45년 春正月條).
315) 蘇復別監은 전쟁피해가 컸던 지역에 파견되었던 것이 분명하다. 蒙古兵의 침입
　　을 받지 않은 고을 守令의 협조를 받아 각종 食糧·衣服 등을 추렴하여 피해지
　　역에 보냈을 수도 있고, 江都朝廷으로부터 구호물품을 피해지역에 전달했을 수
　　도 있다. 蘇復別監이 派遣地에서 백성들의 삶을 회복시키지 않고 오히려 그들
　　의 고혈을 짜냈다는 기록으로 보아 아마도 前者가 더 타당하리라 여겨진다.

宋克儇은 茛實 308斛을 최항에게 뇌물로 주어 御史를 제수 받음으로써 사람들이 조소하면서 茛實御史라고 불렀다.[317] 이처럼 본래 목적과는 다르게 소복별감 가운데 일부가 주현민을 수탈함으로써 그 지방 민심이 이반하게 되었던 것이라 하겠다.

권농사(권농별감)의 분견은 모두 4차례 등장한다. 문자 그대로 권농사는 농사를 권장하여 백성들이 안정적으로 식량을 공급받고 정착해서 살아가도록 돕기 위해 파견된 사신이었다.『고려사』권77, 百官志2 外職條를 보면, 권농사는 평시 안찰사와 監倉使가 겸직하는 것으로 되어 있다. 그러나 대몽전쟁기에 안찰사가 권농사 임무를 맡아 도내의 모든 지역에 농사를 권장하고 다닐 수는 없었을 것이므로 별도의 권농사들이 분견되었던 것이 옳다고 본다. 강화천도 이전인 고종 19년 6월에 강화 권농별감의 존재가 보이고,[318] 고종 30년 2월에 산성 겸 권농별감 37인이 내륙 거점 산성에 파견되었다가 얼마 지나지 않아서 혁파되었다.[319] 이때 혁파된 권농별감은 농사를 권장한다기보다는 오히려 산성을 수축하고 군비태세를 강화하는 방호별감이나 다름없었다. 이후 몽고원수 車羅大가 고종 41년부터 봄철 파종기나 가을 추수기를 골라 매년 침략하게 되자 농사짓기가 어려워지고 안정적인 식량공급에 차질이 발생하였다. 그러므로 최씨정권은 고종 42년 5월 諸道에 권농사를 파견하여[320] 식량문제를 해결하라고 명령을 내렸다. 이때 파견되었던 권농사들은 크게 효과를

---

316) "癸未 以都祭庫判官 高鼎梅 爲黃驪 利川 川寧 楊根 竹州 陰竹等處 蘇復別監 鼎梅不顧蘇復之意 耽于酒色 剝民爲利"(『高麗史』권24, 高宗 42年 2月 癸未日 條).

317) "前西海道 蘇復別監 宋克儇 歛茛實三百八斛 賂崔沆 卽拜御史 人號茛實御史"(『高麗史節要』권17, 高宗 43年 9月條).

318) "崔瑀 江華勸農別監 申之甫 迎前王 於紫燕島"(『高麗史節要』권16, 高宗 19年 6月條).

319) "又遣各道 山城兼勸農別監 凡三十七人 名爲勸農 實乃備禦也 巡問使 尋以煩冗 請罷勸農別監 從之"(『高麗史節要』권16, 高宗 30年 2月條).

320) "甲寅 分遣諸道 勸農使"(『高麗史』권24, 高宗 42年 5月 甲寅日條).

보지 못하였고 단지 백성들을 산성과 해도에 입보시키는 역할을 수행하였다. 고종 42년 5월에 파견되었던 권농사 金宗叙는 玄風縣에서 몽고군에게 살해되는 비운을 겪기도 하였다.[321] 고종 19년에 파견된 권농사는 강화천도에 앞서 미리 강화도 내에 식량을 확보하기 위해서 파견된 듯하며, 고종 30년에 분견된 37인의 권농사는 차라리 방호별감에 가까웠다. 하지만 고종 42년에 내지 각 곳으로 나아간 권농사는 식량확보와 민생해결이라는 목적을 띤 것이 분명해 보인다. 다만 이들은 본래의 임무를 수행하는데 제한적일 수밖에 없었다는 점을 지적해 두고 싶다.

안무사(안무별감)는 대몽전쟁기에 모두 2차례 확인된다. 최우정권은 忠州官奴의 반란을 무마시키고자 고종 19년 정월 안무별감 朴文秀와 金公鼎을 현지에 파견하였다.[322] 또 한 차례의 안무사는 고종 33년 5월에 파견된 울릉도안무사 權衡允과 史挺純의 경우이다.[323] 울릉도안무사가 어떤 임무를 수행했는지 알 수는 없지만, 아마 해도입보와 관련해서 내륙민을 울릉도에 입보시켰다고 생각된다. 그렇다면 안무사는 반란이 일어난 지역이나 해도입보처에 파견되어 백성들을 현지에 정착시키는 역할을 수행하지 않았을까 추정해본다.

이상과 같이 최씨집권기 대몽전쟁 기간에 산견되는 임시사행을 들춰보았다. 그런데 무엇보다도 대몽항쟁기는 전시라는 점과 산성입보민을 효율적으로 통제해서 입보항전을 이끌어야 한다는 당위성 때문에 방호별감이 특히 지방민 통치와 연관해서 중요하게 부각되었다. 이 시기 방호별감 파견 사례를 정리하여 제시하면 아래와 같다.

---

321) "戊辰 玄風縣人 四十餘艘 避亂 泊近縣江渚 蒙兵 追獲男女財物 殺勸農使金宗叙"(『高麗史』 권24, 高宗 43年 夏4月 戊辰日條).

322) "忠州 官奴作亂 宰樞會崔瑀第 議發兵 州判官 庚洪翼 請遣使撫諭 卽以注書朴文秀 前奉御金公鼎 假爲安撫別監 以遣之"(『高麗史節要』 권16, 高宗 19年 春正月條).

323) "甲申 以國學學諭 權衡允 及第 史挺純 爲蔚陵島安撫使"(『高麗史』 권23, 高宗 33年 5月 甲申日條).

〈표 2-8〉 高麗武人政權時代 防護別監 파견사례

區分	時期	派遣地	派遣者	結果	武人執政	備考
防護別監	고종 14년 4월	金州	盧旦	倭賊擊退	崔瑀	最初防護別監 / 倭船 2척 나포, 倭賊 30명 사살
山城 防護別監	高宗 23년 6월	*諸道			崔瑀	蒙古兵防禦를 위한 最初의 防護別監
	高宗 23년 9월	竹州	宋文胄	蒙賊擊退	崔瑀	
	高宗 23년~	淸州山城	李世華	蒙賊擊退	崔瑀	李世華墓誌銘
	高宗 30년 2월	*諸道			崔沆	山城兼勸農別監이 3道巡問使와 더불어 파견됨
	高宗 39년 7월	諸山城			崔沆	也古의 침입을 방어하기 위해 파견
	高宗 40년 8월	椋山城	權世候	陷落	崔沆	4,700여 인이 蒙古兵에게 도륙됨
	高宗 40년 8월	東州山城	白敦明	陷落	崔沆	白敦明, 東州副使·判官, 김화현령 살해당함
	高宗 40년 10월	楊根城	尹椿	항복	崔沆	尹椿이 也古의 앞잡이가 되어 原州城 항복 종용
	高宗 40년 10월	原州	鄭至麟	蒙賊擊退	崔沆	치악산 金臺城 등에서 抗戰했을 것으로 추정됨
	高宗 40년 10월	天龍山城	趙邦彦	항복	崔沆	
	高宗 40년 12월	忠州山城	金允候	蒙賊擊退	崔沆	忠州山城 승리로 也古의 제4차 침입 종결
	高宗 44년 5월	*諸道			崔竩	車羅大의 再侵을 방어키 위해 파견
	高宗 45년 8월	陽波穴	周尹	陷落	과도기	격전 끝에 함락되고 周尹은 戰死
	高宗 45년 8월	嘉殊窟	盧克昌	陷落	과도기	격전 끝에 함락되고 盧克昌은 포로가 됨
	高宗 45년 9월	廣福山城	柳邦才	殺害당함	과도기	廣福山城入保民이 柳邦才를 죽이고 蒙古軍에 투항
	高宗 45년 12월	達甫城	鄭琪	捕虜됨	金俊	達甫城民이 鄭琪를 붙잡아 蒙古軍에 넘기고 투항
	高宗 46년 2월	寒溪城	安洪敏	蒙賊擊退	金俊	和州 등 叛民과 蒙古兵을 安洪敏이 夜別抄로 격퇴
	高宗 46년 3월	金剛城	王仲宣	피난	金俊	王仲宣이 入保民 5백을 데리고 昇天城으로 피난
	元宗 11년 5월	*諸道			林惟茂	林惟茂가 再抗戰을 위해 山城別監 파견 시도

區分	時期	派遣地	派遣者	結果	武人執政	備考
水路防護別監	高宗 43~44년	慶尙道	宋吉儒		崔竩	가혹한 형벌을 가해 慶尙道民을 海島에 입보시킴
	元宗 11년 5월	*諸道			林惟茂	林惟茂가 再抗戰을 위해 水路防護使 파견 시도
海島防護別監	高宗 23년 8월	席島		蒙古兵 생포	崔瑀	席島防護別監이 水戰 감행한 蒙古兵 3인 생포
	元宗 1년 2월	濟州島	羅得璜		金俊	濟州副使 羅得璜을 濟州防護別監에 임명

위의 <표 2-8>은 고려무인집권시대에 파견된 山城・海島・水路防護別監을 총망라한 것이다. 방호별감은 총 5차례에 걸쳐 파견되었다. 제1차는 고종 14년 4월, 제2차는 同王 23년 6월, 제3차는 30년 2월, 제4차는 39년 7월, 제5차는 44년 5월에 각기 分遣되었다. 林惟茂執權期인 원종 11년 5월에 등장하는 山城別監水路防護使는 임유무가 그들을 각도에 보내 재항전을 의도하려 했을 뿐 실제 파견한 것이 아니므로 방호별감 분견 횟수에서 제외해도 좋을 듯하다. 그리고 제1차 파견은 대몽전쟁기 이전에 倭寇가 자주 출몰하는 경상남도 해안일대에 分遣된 것이었다. 그러므로 결국 대몽항쟁기에 파견된 방호별감은 제2~5차까지 총4회에 국한된다고 하겠다. 제2~5차 파견까지 산성방호별감은 총 15사례, 해도방호별감은 2사례, 수로방호별감은 1사례가 나타난다. 압도적으로 산성방호별감의 사례가 많이 등장하는데 주요 대몽전투가 내지에서 벌어지는 까닭이다. 그렇지만 산성입보와 해도입보가 거의 동시에 이루어지는 만큼 席島・濟州島 방호별감 이외에 전략거점 도서에 방호별감이 많이 파견되었으리라 짐작된다. 그리고 慶尙道水路防護別監 宋吉儒의 예에서, 수로방호별감도 필요에 따라 분견되었을 것으로 여겨지는데, 그의 임무는 대체로 해도입보를 추진하고 하천을 활용하여 몽고병의 남하를 저지 내지 지연시키는 것이었을 것이다.

그러면 이제부터는 최항정권과 방호별감의 관계, 그리고 방호별감과

兵馬使·按察使·巡問使와의 관계에 대해서 고찰해 보자. 최항은 최우의 寒士 박훤·송국첨과 都房의 실력자 周肅 그리고 명망있던 閔曦·金慶孫 등을 모조리 제거해 버리고 권력을 틀어쥠으로써 잠재적인 정적이 광범위하게 존재했던 만큼 믿을 수 없는 인물을 방호별감으로 내보낼 수는 없었다. 적어도 방호별감으로 등장하는 權世候·白敦明·尹椿·鄭至麟·趙邦彦·金允候 등은 최항이 신임하는 자들이었음에 틀림없다. 이들 모두는 과거 최우정권 내부에서 핵심적 지위를 차지하던 문객들이 아니었고 최항과 친하거나 신임할 수 있었던 자들로 생각된다. 권세후와 백돈명은 전술적 실패는 경험했지만 최후의 순간까지 몽고군과 싸우다가 전사하였고 정지린과 김윤후는 也古軍을 끝내 물리쳤다. 윤춘과 조방언은 몽고군에게 항복하였으나 윤춘의 경우 나중에 다시 최항정권에 귀순하여 왔을 때 최항이 親從將軍으로 삼는 장면에서 그도 역시 최항이 본래 신임했던 인물이었을 가능성이 크다. 也古의 제4차 침입의 최대 분수령이 되었던 충주산성전투를 승리로 이끈 김윤후는 본래 白峴院 승려 출신이었고 최항도 雙峯寺의 주지를 역임한 바 있었으므로 승려 출신으로서 각별히 총애하였을 것이다. 몽고군이 철수한 뒤 최항이 김윤후에게 특별히 監門衛 上將軍(攝上將軍)[324]을 제수한 것만 보아도 戰功에 대한 포상 차원 이외에 그를 특별히 신임하고 있었음을 방증해준다.

이들 방호별감들은 高宗 39년 7월에 任地로 파견되었다가, 也古軍이 압록강을 건넜다는 보고가 접수된 이후 고종 40년 7월에 오도안찰사·삼도순문사로부터 입보 명령을 받았다. 그러므로 지휘계통 상으로 崔氏執政 → 兩界兵馬使·五道按察使·三道巡問使 → 防護別監·守令 → 入保民의 순서로 명령이 하달되었던 것이 명백하다. 보통 방호별감은 양계 지

---

324) 『高麗史』 권103, 列傳16 金允候傳에서는 監門衛上將軍을 除授받았다고 되어 있으나, 『高麗史節要』 권17, 高宗 41年 2月條에서는 監門衛攝上將軍에 임명되었다고 하였다.

역으로 파견되면 양계병마사로부터, 5도로 분견되면 오도안찰사로부터 입보명령을 받았다. 그렇지만 이들 병마사·안찰사가 자신의 임지에서 비교적 멀리 위치하고 삼도순문사가 더 가까이 위치해 있다면 삼도순문사에게서 입보명령을 받을 수도 있었다. 그런 경우는 전라·경상·충청 3道에 파견된 방호별감에 국한해서이다.325) 下三道에 파견된 방호별감의 경우 순문사와 협조체제를 구축하면서 입보항전에 만전을 기했을 것이다.

　　방호별감은 파견지에서 단독으로 작전을 전개할 수는 있었지만 그보다 상위의 병마사·안찰사·순문사에게서 명령을 하달받았고 그들과 연대하여 산성입보망을 구축하기도 하였다. 가령 也古의 제4차 침입 당시 안찰사 朴天器는 春州城을, 방호별감 백돈명은 東州山城을, 정지린은 原州를 각기 맡아서 방어하도록 되어 있었다. 지리적으로 볼 때 이들이 담당한 곳은 江原道인데, 안찰사가 鐵原과 原州 사이의 春川에 위치함으로써 백돈명과 정지린을 통괄 지휘할 수 있는 위치에 있었다. 방호별감 정지린이 자신이 지키고 있던 原州 앞의 두 城, 곧 동주산성과 춘주성이 함락되었음에도 불구하고 부몽배 윤춘의 항복 권유를 거절한 것은 반역자인 그의 요청을 들어줄 필요가 없었을 뿐만 아니라 안찰사 박천기가 형성한 강원도 내의 산성입보방어망이 붕괴되어서는 안 된다는 절박한 심정 때문이었을 것이다. 때문에 박천기가 장렬하게 전사한 이후에도 방호별감 정지린은 치악산 등지의 산성으로 입보민을 옮겨가면서까지 항전의지를 잃지 않았던 것이다. 곧 방호별감 정지린의 경우는 자신이 파견된 道를 관할하는 안찰사와 연계되어 항전을 지휘 감독했던 것이다.

---

325) 三道巡問使는 慶尙道·全羅道·忠淸道에 파견되었다. 高宗 30년 2월에 閔曦가 慶尙州道巡問使, 孫襲卿이 全羅州道巡問使, 宋國瞻이 忠淸州道巡問使로 각기 임명된 바가 있고, 이들과 더불어 山城兼勸農別監 37인이 諸道에 파견되었다. 그러므로 巡問使와 防護別監과는 서로 어떠한 상관관계가 있음을 쉽게 간파할 수 있는데, 그것은 軍事的 側面에서의 軍備·軍糧실태 점검과 入保抗戰 지휘였을 것으로 보인다.

也古의 제4차 침입 당시 방호별감들이 지휘하였던 군사가 전혀 등장하지 않으나, 기본적으로 방호별감은 산성에 입보한 주현민을 통제하면서 주현별초군을 작전에 운용했다고 생각된다. 대몽항쟁기에는 주현군 체제가 무너지면서 전국적으로 광범위하게 주현별초군이 조직되어 있었으므로 이들을 활용하여 守城戰과 야간기습전·매복전 등을 전개했을 것이다. 동주산성 방호별감 백돈명이 성밖으로 출전시켰던 精銳 6백이나, 양근성 방호별감 윤춘이 也古軍에게 항복하였을 때 양근성에서 추려낸 精銳兵 6백은 주현별초군으로 보인다. 정예 6백은 1개 성단위로서는 상당히 큰 병력규모이며, 비정예군의 존재를 생각할 때 방호별감이 가장 믿고 의지할 수 있는 지방별초군이었을 것이다. 당시 산성입보항전체계 상에서 大城에는 정예 6백 정도의 주현별초군이 상주하고 있었을 것으로 생각된다. 또한 방호별감들이 강도정부에서 파견되었던 만큼, 전략적 요충지로 분견된 방호별감의 경우 야별초나 경별초 병력을 이끌고 왔을 가능성도 있다. 그렇지 않다면 방호별감이 요해처에 파견된 야별초부대에 도움을 요청하여 수성전과 요격전을 전개하였을 가능성도 상존한다. 그러한 대표적인 경우가 고종 46년 2월 寒溪城 방호별감 安洪敏이 야별초군을 이끌고 출전하여 登州·和州 叛民과 蒙古兵을 크게 무찌른 사례이다. 방호별감이 수성전에만 골몰하지 않고 정예병인 야별초를 이끌고 영격전을 수행하여 몽고병과 반민 모두를 격퇴시킨 것이다. 이러한 경우는 흔하지 않지만 상황에 따라서는 방호별감이 주변에 주둔한 야별초병력을 활용하여 대몽항전에 나설 수 있음을 보여준다.

최항집권기에 파견된 방호별감은 6인만이 확인되지만 실제로는 요해처 산성에 37명 이상이 분견되었을 것으로 짐작된다.[326] 임지에서 방호별감은 병마사·안찰사·순문사의 지휘를 받으면서 副使·縣令·監務를 통제할 수 있는 지위에 있었다. 대부분의 산성전투에서 守令들이 방호별감

---

326) 姜在光, 2009, 앞의 논문, 『전쟁과 유물』 창간호, 150쪽.

의 통제 하에 놓여 있는 점을 감안한다면, 방호별감은 지방관이나 주현
민의 집단적인 투몽사태를 방지하기 위해서 파견되었다는 점도 잊어서
는 안 될 것 같다. 전투력 운용 면에서 방호별감은 주현별초군 만이 아
니라 야별초까지 동원하여 대몽항전에 나설 수 있었다. 대체적으로 최항
집권기까지의 방호별감 운용은 성공적이었지만 崔竩代 파견된 방호별감
들은 점차 내지에서의 민심이반과 投蒙事態로 인하여 수난을 겪는 시대
상을 맞이하게 되었다. 이것은 崔氏家의 臨時使行에 의한 지방통치체제
가 점차로 붕괴되는 역사적 전환점에 이르게 된 것을 말해준다.

제3장

崔氏政權의 對蒙事大外交

고려는 고종 18년 8월 몽고의 침입을 받아 兄弟盟約體制가 붕괴된 이후부터 和·戰兩面策에 의거해서 對蒙事大外交를 활발하게 수행하였다. 이러한 대몽사대외교에는 犒饋外交·貢物外交·書信外交·表文外交·人質外交와 고종의 出陸外交 등 이른바 6대 사대외교가 구사되었다. 몽고침략이 절정에 달하였을 때 고려조정은 대몽강화 의사를 몽고 측에 전달하고 호궤외교·공물외교·서신외교·표문외교·인질외교를 실행함으로써 蒙古軍을 철수시키는데 부분적으로 성공하였다. 대몽사대외교를 주관하였던 주체는 崔瑀執權期에는 최씨정권이었다. 그렇지만 대몽전쟁이 치열하게 고조되었던 崔沆執權期 후반부에 이르러 대몽교섭의 주도권이 점차 王室과 宰樞 문신으로 옮아갔다. 이것은 최항이 자신의 집권기 후반부에 화·전양면책을 효율적으로 구사할 수 없을 정도로 대몽전쟁에 버거워하고 있었음을 의미한다. 대몽사대외교의 주도권을 왕실과 재추에게 상실한 최씨정권은 결국 붕괴될 수밖에 없는 내부구조를 안고 있었다고도 생각된다.

최씨정권 혹은 고려조정이 추구한 대몽사대외교는 몽고황제의 蒙古六事 요구에 맞대응하기 위해서 수행한 매우 독특한 외교방식이었다. 몽고육사는 일반적으로 國王親朝(納質)·助軍·軍糧輸送(歲貢納付)·達魯花赤設置·戶口調査·驛站設置를 지칭하거니와[1] 이러한 요구사항의 전적인 수용은 곧 실질적인 항복을 의미하였다. 그러므로 몽고육사의 전체를 수용하지 못하고 일부 사항만을 이행하면서 외교적 협상을 통해 外交戰을

---

1) 高柄翊, 1977, 「高麗와 元과의 關係」, 『東洋學』 7, 282쪽.

전개할 필요가 있었다. 고려가 실행한 대몽사대외교 가운데 공물외교와 인질외교는 몽고육사 가운데 세공납부와 납질(禿魯花파견) 의무사항을 부분적으로 충족시키는 것이었다. 그리고 서신외교·표문외교는 國王親朝를 비롯하여 나머지 의무사항 이행에 대해 항변을 하기 위해서 시행되는 경우가 대부분이었다. 그러므로 고려가 추구한 대몽사대외교는 화·전양면책 가운데 대몽강화를 위한 外交戰略으로써 중요한 비중을 차지하며 몽고육사 문제를 조율하는 역할을 담당하였다고 하겠다.

　이 章에서는 최씨정권과 고려조정이 전개하였던 대몽사대외교를 분야별로 제각기 살펴보려 한다. 몽고 제1~5차 침입 동안 펼쳐졌던 호궤·공물·서신·표문·인질외교와 고종의 출륙외교의 내용과 그 특성, 그리고 사대외교의 효과에 대해서 구체적으로 조명해보고자 한다. 기존의 최씨집권기 대몽관계연구에서 대몽사대외교를 全考로 다룬 논문은 없는 형편이다. 그러한 까닭은 관련사료가 지극히 적은데다가 고종 18~19년에 사료가 집중되어 있고 사대외교에 대한 학계의 관심이 결여되어 있었던 데서 연유한다. 그러나 이 章에서 최씨집권기 대몽사대외교를 대몽전쟁의 추이, 최씨정권의 항전자세와 연관지어 나열식으로나마 다뤄보는 것만으로도 의미 있는 작업이 될 것이라 믿는다. 논지의 전개과정에서 대몽사대외교와 對蒙和議論·講和派와의 상관관계는 가급적 회피하고,[2] 온전히 사대외교의 내용과 그 효과에 국한해서 깊이 있는 고찰을 시도해보고자 한다.

---

　2) 崔氏執權期 對蒙和議論者·講和派에 대한 언급은 본서의 제4장에서 전적으로 다룰 것이다.

제1절 犒饋外交·貢物外交의 추진

1. 犒饋外交와 對蒙事大外交의 개시

犒饋外交는 敵軍에게 음식을 후하게 대접해서 그들의 적개심을 누그러트리고 和親意思를 전달하는 외교방식이었다. 몽고군이 고려를 침입했을 때 맨 먼저 수행한 외교는 바로 호궤외교였다. 고려조정은 호궤외교를 수행하면서 蒙古軍 元帥府에 講和를 타진하는 한편 그들의 병력규모나 침입루트 그리고 작전개념의 대강을 파악할 수 있었다. 또한 몽고군의 철수를 종용하면서 몽고군 원수의 의향을 떠보는데 이 외교방법을 활용하기도 하였다. 崔氏執權期동안 호궤외교를 실행한 인물은 누구였으며, 이 외교방식의 특징과 그 효과는 어떠했는지 다음의 사료를 통해서 살펴보자.

A- 1. 十一月 二十九日 元帥 蒲桃 迪巨 唐古等 三人 領兵 至其王京城 高麗瞰遣 監察御史閔曦 郎中宋國瞻等 奉牛酒 迎之(『元高麗紀事』 太宗皇帝 3年 11月 29日條)

A- 2. 瑀遣御史閔曦 內侍郎中宋國瞻 犒慰蒙兵(『高麗史節要』 권16, 高宗 18年 11月條)

A- 3. 十二月 壬子 朔 蒙兵分屯 京城四門外 且 攻興王寺 遣御史閔曦 犒之 結和親(『高麗史』 권23, 高宗 18年 12月 壬子日條)

A- 4. 五日 國王瞰遣 懷安公王侹 軍器監宋國瞻等 詣撒里塔屯所 犒師(『元高麗紀事』 太宗皇帝 3年 12月 5日條)

A- 5. 是月 遣 起居舍人 金守精 犒阿母侃(『高麗史』 권23, 高宗 34年 8月條)

A- 6. 己酉 遣 御史朴仁基 至車羅大屯所 贈 酒果及幣(『高麗史』 권24, 高宗 41年 9月 己酉日條)

A- 7. 乙卯 蒙兵 百餘騎 到昇天城外 命大將軍崔瑛 慰論 瑛 自城上 縋下酒饌

犒之 蒙兵乃去(『高麗史』 권24, 高宗 42年 春正月 乙卯日條)

A- 8. 戊子 蒙古候兵 入開京 遣 將作監李凝 犒之(『高麗史』 권24, 高宗 44年
6月 戊子日條)

A- 9. 宰樞等 請遣王子 講和於蒙古 不聽 崔滋 金寶鼎等 力請 許之 宰樞更奏
先遣宗親 觀變然後 可遣也 乃遣永安公僖 贈車羅大 銀瓶一百 酒果等
物(『高麗史』 권24, 高宗 44年 秋7月條)

A-10. 壬寅 復遣金軾 賚酒果 銀幣 獺皮等物 如車羅大屯所 餞之 以觀其意(『高
麗史』 권24, 高宗 44年 8月 壬寅日條)

위의 사료 A群에서 최씨정권기 동안 호궤외교는 모두 9가지 사례가
발견된다. 이 9가지 호궤외교 판단기준은 고려 측에서 蒙古軍 屯所에 음
식이나 酒果를 전달해 준 것을[3] 근거로 하였다. 사료 A-1·2·3·4는 撒禮
塔의 제1-(1)차 침입기, A-5는 阿母侃의 제3차 침입기, A-6·7은 車羅大
의 제5-(1)차 침입기, A-8·9·10은 車羅大의 제5-(3)차 침입기에 시행된
호궤외교이다. 먼저 A-1·2를 살펴보면, 고종 18년 11월 29일에 唐古·蒲
桃·迪巨元帥가 이끄는 몽고 선봉대가 개경을 포위하자 고종이 監察御史
閔曦와 郞中 宋國瞻을 蒙古軍 3원수 진영에 보내 몽고군을 호궤했음을
알 수 있다. A-3에서 몽고군 3원수가 고려조정의 호의에도 불구하고 다
음날인 12월 1일에 興王寺를 공격하자 고종은 민희를 다시 보내 그들을
호궤하고 화친을 맺게 하였다. 몽고군 선봉대가 홍왕사를 침범한 것은
11월 29일의 호궤외교에 만족치 못하고 고려 측의 호의를 의심하는 가
운데 실질적인 화친체결을 의도했기 때문이었다. 고려조정은 연이어 감
찰어사 민희를 몽고군 선봉대 원수부에 보내 호궤외교를 펼치고 결국 그
들과 화친을 맺을 수밖에 없었다. 한편 A-4는 고종 18년 12월 5일에 왕
실종친으로서 국왕을 대신하여 懷安公 王侹이 軍器監 宋國瞻 등을 데리

---

3) 酒果를 蒙古軍 元帥府에 보낸 사례도 넓은 의미에서 犒饋外交의 범주에 넣을 수
있는 성질의 것으로 파악하였다. 酒果를 蒙古軍 元帥에게 제공한 사례는 A-6·9·
10으로써 전체 犒饋外交 가운데 3회이다.

고 撒禮塔의 둔소를 방문하여 몽고군을 호궤하였음을 밝히고 있다. 회안공 왕정이 호궤외교를 펼친 것은 실제적인 정규전의 종료를 의미하며 사실상 고려조정이 몽고군에게 항복한 것이나 다름없었다. 그러나 고려 입장에서 생각해보면, 호궤외교를 통해서 몽고군 원수부와 강화를 체결한 다음 그들을 철군시키고 遷都抗爭으로 곧바로 나아간다는 복안을 실행에 옮겼을 뿐이라고 여겨진다.

A-1·2·3·4는 撒禮塔의 제1-(1)차 침공 당시 安北府戰鬪에서 高麗 三軍이 크게 패하여 어쩔 수 없이 대몽강화를 급속히 체결할 수밖에 없었던 정황을 알려준다. 최우정권은 대몽강화를 체결하기에 앞서 호궤외교를 시행하여 몽고군 원수부에 화친의 뜻을 전하고 그들의 공격을 완화시키고자 의도하였다. 호궤외교는 戰場에서만 펼쳐지는 특이한 외교방식이었으며 본격적인 방물·서신·표문외교의 수행에 앞서 시행되는 전초전 성격의 외교전술이기도 하였다. 이 외교를 수행하면서 고려사신은 몽고군의 대체적인 병력수, 전투력, 진격로를 짐작할 수 있었고 그러한 내용을 최우에게 전달할 수 있었을 것이다. A-1·2·3·4에서 호궤외교를 수행할 사신을 고종이 파견한 것으로 기록해 놓고 있으나, 실상 최우정권이 고종의 형식적인 재가를 받은 다음 보낸 것으로 보아야 할 것이다. 그것은 군기감 송국첨이 최우의 寒士 출신이었다는 점과[4] 감찰어사 민희 역시 고종 20년에 北界收復運動에 나선 親崔瑀勢力이었다는[5] 점에서 그러하다. 최우는 국왕의 협조 하에 자신의 寒士 출신이나 자신이 신임할 수 있었던 인물을 대몽외교 전선에 투입했던 것이다.

撒禮塔의 제1-(1)차 침공 이후에는 한참 동안 호궤외교가 보이지 않다가 A-5에서 起居舍人 金守精이 阿母侃의 군사를 호궤하고 있음이 확인된다. 김수정이 몽고군을 호궤한 시점이 고종 34년 8월이었으므로 고종

---

4) 金尙範, 1995, 「崔瑀의 執權과 寒士」, 『高麗武人政權硏究』, 서강대 출판부, 218쪽.
5) 『高麗史』 권23, 高宗 20年 12月條 참조.

18년 12월 5일 이후부터 이때 이전까지 호궤외교가 한 차례도 시행되지 않은 셈이다. 즉 고려조정은 撒禮塔의 제1-(2)차 침입(1232)이나 唐古의 제2-(1)·(2)·(3)차 침입(1235~1239) 당시에는 호궤외교를 시행하지 않았다. 그러한 까닭은 최우정권에 의해 고종 19년 6월 강화천도가 전격적으로 결행되고 同王 20년에 北界收復運動이 성공한 이후 江都朝廷 내에서 和議論보다는 抗戰論이 보다 더 우세한 가운데 몽고군을 호궤할 필요가 없었기 때문이었다. A-5에서 김수정이 몽고군을 호궤한 이유는 제1차 大空位時代를 마감하고 등극한 몽고황제 定宗이 고종 34년에 고려침공 명령을 阿母侃에게 내렸기 때문이었다. 최우정권은 김수정을 阿母侃 屯所에 파견하여 몽고병을 호궤하면서 강화의사를 전하고 철군을 요청했을 것으로 짐작된다.

최우가 사망하고 어렵사리 권력을 승계한 최항은 고종 40년 也古의 제4차 침입에 맞서 宰樞의 대몽화의론을 억누르고 강경한 항몽책으로 버텼다. 그러했으므로 也古가 쳐들어왔을 때 그는 호궤외교를 펼치지 않았다. 그러나 也古가 물러나자마자 고종 41년 8월에 車羅大가 곧바로 제5-(1)차 침공을 개시하자 상황은 달라졌다. 忠州山城戰鬪를 계기로 하여 질풍노도와도 같았던 也古의 침입을 물리친 최항정권이 車羅大의 연속 침공을 받게 되자 몽고군의 예봉을 피하고 그들과 강화하려는 자세를 보여야만 하였다. 따라서 A-6에서 강도조정은 고종 41년 9월 10일에 御史 朴仁基를 車羅大의 둔소에 보내 敵將에게 酒果를 제공하면서 강화의사를 전하였다. 또한 A-7에서 同王 42년 1월 17일에 대장군 崔瑛을 昇天城으로 보내 그곳을 침범한 車羅大의 斥候騎 1백 명을 호궤하게 하여 퇴병시켰다. 이후 최항은 車羅大의 연속된 제5-(2)차 침공 시에는 호궤외교를 시행하지 않았다. 그것은 車羅大가 강화조건으로서 최항과 고종의 出降을 요구했기 때문에 몽고군 원수부에 강한 적개심을 가졌기 때문이었다.

화·전양면에 걸쳐 어렵게 대몽항전을 지속시켰던 최항이 고종 44년 4월에 사망하고 그의 孽子 崔竩가 집권하자, 宰樞 대신들이 대몽교섭의 주도권을 완전히 장악하고 고종과 더불어 대몽외교를 주관해 나가기 시작하였다.6) 이들은 대몽화의론을 적극적으로 제기하는 가운데 車羅大의 제5-(3)차 침입 당시 호궤외교를 수차례 시행하여 몽고군을 철군시키는데 성공하였다. 바로 A-8·9·10이 그러한 사정을 잘 말해주고 있다. A-8·9·10은 불과 3개월 사이에 호궤외교를 3차례나 시행했음을 전해주고 있는데, 최의정권이 재추대신의 화의론에 의존하여 호궤외교를 통한 대몽강화를 희망하고 있었다고도 헤아려진다. 먼저 A-8을 보면, 車羅大의 제5-(3)차 침입이 고종 44년 4월에 개시되고 이어 척후병이 6월 5일에 개경에 들어오자 고종은 將作監 李凝을 보내 그들을 호궤하였다. 다음으로 A-9에서 고종은 대몽강화조건으로 왕자를 몽고에 입조시키기에 앞서 같은 해 7월에 왕실종친인 永安公 王僖를 車羅大의 둔소에 보내 酒果를 하사하면서 그에게 철군을 요청하였다. 마지막으로 A-10에서 고종은 侍御史 金軾을 車羅大 행영에 보내서 酒果를 다시 내리면서 대몽강화와 철군에 대한 車羅大의 의향을 떠보았다.

이러한 9가지 사례의 호궤외교는 고려시대 對蒙戰爭에서만 볼 수 있는 특이한 경우이며, 본격적인 사대외교를 전개하기 전에 적군의 예봉을 둔화시키고 고려 측의 강화의사를 전달하기 위해서 시행되었다는 의미를 가진다. 사료 A群에서 나타난 호궤외교의 내용을 일목요연하게 정리하여 제시하면 아래와 같다.

---

6) 崔竩執權期 對蒙交涉과 對蒙和議論者의 양태에 대해서는 본서의 5장에서 상세히 다룰 것이므로 이 부분에서는 崔竩代 對蒙交涉과 講和派의 역할에 대한 언급은 회피한다.

〈표 3-1〉 崔氏執權期 對蒙戰爭에서 나타나는 犒饋外交

順序	王曆	時期	武人執政	使臣내력	派遣目的·使臣活動	蒙古側反應	備考
1	高宗18년	1231.11.29	崔瑀	監察御史 閔曦 郎中 宋國瞻	高宗이 閔曦·宋國瞻을 보내 唐古·蒲桃·迪巨 陣營에 牛酒를 보내며 맞이함		高麗史節要 元高麗紀事
2	高宗18년	1231.12.1	崔瑀	御史 閔曦	蒙古兵이 興王寺를 공격하자 高宗이 閔曦를 보내 蒙古兵을 犒饋하고 和親을 체결	고려와 和親을 체결	高麗史 元高麗紀事
3	高宗18년	1231.12.5	崔瑀	懷安公 王侹 軍器監 宋國瞻	撒禮塔에게 土産物 제공하고 몽고군을 犒饋함		高麗史 元高麗紀事
4	高宗34년	1247.8	崔瑀	起居舍人 金守精	阿母侃의 군사를 犒饋함		高麗史
5	高宗41년	1254.9.10	崔沆	御史 朴仁基	車羅大에게 酒果와 幣物을 제공		高麗史
6	高宗42년	1255.1.17	崔沆	大將軍 崔瑛	昇天城에 도착한 몽고 騎兵 1백 명을 犒饋함		高麗史
7	高宗44년	1257.6.5	崔誼	將作監 李凝	개성에 들어온 몽고 척후병을 犒饋함		高麗史
8	高宗44년	1257.7	崔誼	永安公 王僖	車羅大에게 銀瓶·酒果 등을 선사하고 철병 요청		高麗史
9	高宗44년	1257.8.20	崔誼	侍御史 金軾	車羅大 屯所에 가서 酒果·銀幣 등을 주고 그의 의향을 떠 봄		高麗史

위의 <표 3-1>에서 최씨집권기에 호궤외교를 담당했던 인물은 閔曦·宋國瞻·王侹·金守精·朴仁基·崔瑛·李凝·王僖·金軾 등 모두 9명이 나타난다. 이들은 최우집권기의 민희·송국첨·왕정·김수정, 최항집권기의 박인기·최영, 최의집권기의 이응·왕희·김식으로 구분해 볼 수 있다. 대체적으로 호궤외교는 王室宗親이나 御史(侍御史)가 수행했던 측면이 두드러지는데, 그것은 호궤외교가 대몽사대외교 가운데 맨 처음 시행되는 것이기 때문에 국왕을 대신할 수 있는 왕실종친과 국왕과 연계되어 있는 어사(시어사)가 몽고군 원수부에 파견되어 강화의사를 전달했기 때문이라 여겨진다. 그렇더라도 최우집권기에는 최우와 연관된 민희와 송국첨이 호궤외교를 담당했던 측면에서 최항·최의대와 뚜렷이 구별된다.

2. 蒙古軍 元帥府에의 方物外交와
蒙古皇室에의 歲貢外交

犒饋外交가 시행된 다음에는 貢物外交가 전개되었다. 공물외교는 크게 두 가지로 구분된다. 戰場에서 蒙古軍 元帥府에게 펼치는 方物(土物)外交와 몽고황제에게 바치는 歲貢外交가 바로 그것이다. 전쟁터에서 몽고군 元帥나 副將들, 使者에게 지급한 방물은 그 수량과 횟수가 일정치 않았다. 전쟁의 위기국면이 지속될수록 전장에서의 방물외교 횟수는 늘어만 갔고 그렇지 않을 경우 상황은 정반대였다. 반면에 몽고황제에게 進獻하는 세공외교는 1년에 2회로 규정되어 있었다.7) 대체적으로 세공외교는 對蒙戰爭期 이전인 兄弟盟約期부터 시행되어 왔었는데, 그때는 1년에 1회, 8~9월에 세공납부를 시행한 듯하다.8) 撒禮塔의 고려침공으로 兄弟盟約關係가 파기된 이후 과도한 세공납부 문제가 크나큰 외교적 현안으로 떠올랐고 이를 감당하지 못한 최우정권은 江華遷都를 단행해 버렸다. 이후 撒禮塔의 제1-(2)차 침입~唐古의 제2-(3)차 침입 때까지 세공납부를 중단해오다가 唐古의 제2-(3)차 침입 이후 최씨정권이 임시적으로 대몽강화를 체결하면서 다시 몽고에 세공을 납부하기 시작하였다. 撒禮塔이 고려를 침공하여 공물납부 압력을 가하였던 고종 19년에 세공을 2번 바친 것으로 생각되므로9) 이때부터 1년에 2회 납부규정이 마련

---

7) "越辛卯歲以來 不幸 爲蒙人所寇 國家禍亂 不可殫言 嗟呼 竭我琛贐 歲常兩度 恪修貢賦 而懲責尤加 …"(『高麗史』권24, 高宗 41年 12月 甲申日條).
8) 본서 제2장 2절 「蒙古의 歲貢압력 가중과 崔瑀政權의 和·戰兩面策 입안」을 참조.
9) 高宗 19년 4월 12일에 上將軍 趙叔昌과 侍御史 薛愼이 최초로 몽고에 入朝하여 表文을 전하고 稱臣하면서 歲貢外交를 전개하였다. 이후 같은 해 11월(『元高麗紀事』에서는 10월) 將軍 金寶鼎과 郞中 趙叔昌(趙瑞璋)이 몽고에 入朝하여 陳情表와 陳情狀을 전하였다. 이때 歲貢外交도 더불어 시행되었을 것으로 추정된다. 이렇게 본다면 高宗 19년에 歲貢外交가 모두 2차례 시행된 셈이다. 그것은 撒禮

된 듯하다.[10] 그러한 규정은 흔히 春秋進貢 내지 春秋進獻으로 불렸다. 최씨집권기 몽고군 원수와 몽고황실에 제공하였던 공물외교(방물·세공외교) 실행 사례를 모두 적출하면 아래와 같다.

B-1. 乙卯 以金酒器 大小盞盤各一副 銀瓶 水獺皮 衣紬紵布等物 贈送于三元帥 又贈使者有差(『高麗史』권23, 高宗 18年 12月 乙卯日條)

B-2. 丙辰 遣淮安公侹 以土物 遣撒禮塔(『高麗史』권23, 高宗 18年 12月 丙辰日條)

B-3. 丁卯 遣人 遺唐古迪巨及撒禮塔之子 銀各五斤 紵布十四匹 鼺布二千匹 馬鞍馬纓等物(『高麗史』권23, 高宗 18年 12月 丁卯日條)

B-4. 丁丑 以滿鏤鳳盖酒子 臺盞各一副 細紵布二匹 騂馬一匹 銀鍍金粧鞍橋子 滿繡韂 遣唐古元帥(『高麗史』권23, 高宗 18年 12月 丁丑日條)

B-5. 遣將軍曹時著 以黃金十二斤八兩 多般金酒器 重七斤 白銀二十九斤 多般銀酒食器 重四百三十七斤 銀瓶一百十六口 紗羅錦繡衣十六 紫紗襖子二 銀鍍金腰帶二 及紬布襦衣二千 獺皮七十五領 金飾鞍子具馬一匹 散馬一百五十匹 遣撒禮塔 又以金四十九斤五兩 銀三百四十一斤 銀酒器 重一千八十斤 銀瓶一百二十口 細紵布三百匹 獺皮一百六十四領 綾紗襦衣 鞍馬等物 分贈妻子及麾下將佐十四官人 以趙叔昌拜大將軍 偕行(『高麗史』권23, 高宗 18年 12月 庚辰日條)

B-6. 蒙使六人 先還 遣通事池義深 錄事洪巨源等 賚國贐 寄書于撒禮塔(『高麗史』권23, 高宗 19年 3月條)

B-7. 夏四月 壬戌 遣上將軍趙叔昌 侍御史薛愼 如蒙古 上表稱臣 獻羅絹綾

塔이 高宗 18年 제1차 침공을 개시한 이후 麗·蒙 사이에서 歲貢納付를 1년에 2회로 규정한 것과 연관이 있지 않나 한다.

10) 李益柱는 唐古의 제2-(3)차 침입 이후인 高宗 26년에 對蒙講和가 체결되면서 이 때 1년에 2회 歲貢納付 규정이 마련되었을 것으로 이해하였다(李益柱, 1996, 『高麗·元關係의 構造와 高麗後期 政治體制』, 서울대 국사학과 박사학위논문, 16쪽). 실제로 高宗 26년 이후에는 1년에 2차례 이상 고려 측에서 몽고에 朝貢使를 보낸 것이 확인된다. 그러나 撒禮塔이 고려침공을 개시한 후 高宗 19년 4월과 11월에 高麗使가 몽고에 入朝하여 表文을 올리고 과도한 공물납부를 陳情하는 장면을 통해서 이때부터 歲貢納付가 1년에 2회 규정되어 있었다고 헤아려진다. 그러나 撒禮塔이 處仁城에서 戰死한 이후부터 唐古侵入期까지 그러한 歲貢外交는 崔瑀政權의 抗蒙意志에 따라 차단되었을 뿐이다.

횟수가 명백히 인정되지만, 세공외교는 그 횟수가 9회 밖에 되지 않는 점에 의문을 제기할 수 있다. 몇몇 특정시기를 제외하고는 매년 몽고에 歲貢使가 2회 이상 파견되었음에도 불구하고 세공외교가 겨우 9회밖에 나타나지 않는다는 것은, 관련사서에서 공물납부 사항을 기재하지 않았기 때문이다. 즉 고려사신의 몽고파견 기록은 많이 등장하지만, 세공납부 기사는 거의 나타나지 않기 때문에 정기적인 사신파견을 세공사로 파악하여 세공납부 횟수를 추정할 수 있다. 이러한 가정을 바탕으로 시행되었을 것으로 추정되는 세공외교까지 포함하여 공물외교의 횟수와 내용을 정리하면 아래의 도표와 같다.

〈표 3-2〉崔氏執權期 貢物外交(方物外交·歲貢外交) 시행

順序	王曆	時期	武人執政	使臣 내력	派遣目的 使臣活動	蒙古側 反應	備考
1	高宗 18년	1231. 12.4	崔瑀	(미상)	唐古·迪巨·蒲桃 원수에게 물품 제공: 方物外交		高麗史
2	高宗 18년	1231. 12.5	崔瑀	懷安公 王侹 軍器監 宋國瞻	撒禮塔에게 土産物 제공하고 몽고군을 犒饋함		高麗史 元高麗紀事
3	高宗 18년	1231. 12.16	崔瑀	(미상)	唐古·撒禮塔의 아들에게 물품을 제공		高麗史
4	高宗 18년	1231. 12.26	崔瑀	(미상)	唐古에게 물품 제공		高麗史
5	高宗 18년	1231. 12.29	崔瑀	將軍 曹時著	撒禮塔과 그 처자, 부하 장수들에게 국가예물을 제공		高麗史
6	高宗 19년	1232. 3	崔瑀	通事 池義深	撒禮塔에게 국가예물과 서신을 전달		高麗史
		1232. 3	崔瑀	中郎將 池義源 錄事 洪臣源 金謙?	撒禮塔 屯所에 국가예물과 文牒을 전달		元高麗紀事
7	高宗 19년	1232. 4.12	崔瑀	上將軍 趙叔昌 侍御史 薛愼	國贐과 表文을 받들고 몽고에 入朝 / 撒禮塔에게 書信 * 書信내용: 貢物·人質상납에 대한 고려의 항변		高麗史 元高麗紀事
		1232.	崔瑀	侍御史 薛愼 大將軍 趙叔璋	薛愼이 副行李使가 되어 몽고 궁궐에 들어가 국가의 중요한 일들을 처리		薛愼墓誌銘

順序	王曆	時期	武人執政	使臣 내력	派遣目的 使臣活動	蒙古側反應	備考
8	高宗 26년	1239. 12.12	崔瑀	新安公 王佺 少卿 宋彦琦 將軍 金寶鼎 등 148인	高宗 대신 王室 宗親인 新安公 王佺이 入朝, 表文을 받들고서 朝貢	다음 해 3월에 사신파견	高麗史 元高麗紀事
9	高宗 27년	1240. 3	崔瑀	右諫議大夫 趙修 閤門祗候 金成寶	表文 전달과 歲貢 납부		元高麗紀事
		1240. 4	崔瑀	右諫議 趙脩 閤門祗候 金成寶	表文 전달과 歲貢 납부	9월에 사신파견	高麗史
10	高宗 27년	1240. 6	崔瑀	堂後 金守精	堂後 金守精이 唐古 屯所에 가서 牒文과 方物 전달		高麗史
11	高宗 27년	1240. 12	崔瑀	禮賓少卿 宋彦琦 御史 權韙	表文 전달과 歲貢 납부 (* 禿魯花 대상자 통지)	다음 해 4월에 사신파견	高麗史
		1240. 12	崔瑀	禮賓少卿 宋彦琦 侍御史 權違	使臣團을 이끌고 入貢		元高麗紀事
12	高宗 28년	1241. 4	崔瑀	永寧公 王綧과 衣冠子弟 10인, 樞密院使 崔璘 將軍 金寶鼎	몽고에 禿魯花 파견 / 表文 전달 / (歲貢 납부)	8월에 사신파견	高麗史
13	高宗 29년	1242. 5.13	崔瑀	侍郎 宋彦琦 中郎將 李陽俊	(表文 전달과 歲貢 납부)	12월에 사신파견	高麗史
14	高宗 30년	1243. 1.23	崔瑀	樞密院副使 崔璘 秘書少監 金之岱	方物(歲貢) 납부		高麗史
15	高宗 30년	1243. 7	崔瑀	柳卿老, 丁晉	(몽고에 가을 歲貢 납부)	10월에 사신파견	高麗史
16	高宗 31년	1244. 4.23	崔瑀	員外郎 任咽壽 郎將 張益成	(表文 전달과 歲貢 납부)	7월에 사신파견	高麗史
17	高宗 32년	1245. 4.15	崔瑀	員外郎 朴隨 郎將 崔公瑨	(表文 전달과 歲貢 납부)		高麗史
18	高宗 32년	1245. 10.21	崔瑀	新安公 王佺 大將軍 皇甫琦	高宗 대신에 新安公 王佺이 다시 入朝 / (歲貢 납부)	고려사신을 억류시킴	高麗史
19	高宗 35년	1248. 2	崔瑀	樞密院使 孫抃 秘書監 桓公叔	(表文 전달과 歲貢 납부)		高麗史
20	高宗 35년	1248. 10.19	崔瑀	郎將 張俊貞 祗候 張曄	(表文 전달과 歲貢 납부)		高麗史
21	高宗 36년	1249. 4.10	崔瑀	郎將 金子珍 校書郎 沈秀之	(몽고 定宗의 붕어에 따른 弔問使 파견, 歲貢 납부)		高麗史
22	高宗 36년	1249. 6.14	崔瑀	侍郎 安戬 郎將 崔公柱	(表文 전달과 歲貢 납부)		高麗史
23	高宗 37년	1250. 1.27	崔沆	郎中 崔章著	(崔瑀사망 소식 전달과 歲貢 납부)		高麗史

順序	王曆	時期	武人執政	使臣 내력	派遣目的 使臣活動	蒙古側 反應	備考
24	高宗 37년	1250. 2.24	崔沆	樞密院副使 崔滋 中書舍人 洪縉	表文 전달과 歲貢 납부 * 江都의 出陸의사를 전달	6월에 사신파견	高麗史
25	高宗 37년	1250. 7	崔沆	左司諫 鄭蘭 郎將 魏公就	(表文 전달과 歲貢 납부)	12월에 사신파견	高麗史
26	高宗 38년	1251. 2.22	崔沆	同知樞密院事 崔璟 上將軍 金寶鼎	(表文 전달과 歲貢 납부)		高麗史
27	高宗 38년	1251. 7.9	崔沆	少卿 林惟式 郎將 趙元奇	(表文 전달과 歲貢 납부)	10월에 사신파견	高麗史
28	高宗 39년	1252. 1.21	崔沆	樞密院副使 李峴 侍郎 李之葳	(表文 전달과 貢物 납부) * 새 황제 憲宗 즉위 축하 사절	7월에 사신파견	高麗史
29	高宗 40년	1253. 9.3	崔沆	大將軍 高悅	也古가 철수하면 내년에 國王·臣下가 親朝할 것이라는 書信 전달 / 方物外交 전개	也窟이 高悅을 억류시킴	高麗史
30	高宗 40년	1253. 11.4	崔沆	永安伯 王僖 僕射 金寶鼎	高宗의 書信 전달, 也古에게 土物 제공		高麗史
31	高宗 40년	1253. 11.16	崔沆	永安伯 王僖	也古에게 國贐禮物을 주면서 退兵을 요청	憲宗이 也古를 召還	高麗史
32	高宗 40년	1253. 12.28	崔沆	安慶公 王淐	몽고의 요구에 의한 고려 王子의 親朝, 貢物 납부		高麗史
33	高宗 41년	1254. 3	崔沆	秘書少卿 李守孫 四門博士 金良瑩	(表文 전달과 歲貢 납부) * 懿州에 3년간 구류 당해 그곳에서 사망	懿州에 구류함	高麗史
34	高宗 41년	1254. 閏6.8	崔沆	中書舍人 金守精	(表文 전달과 歲貢 납부)		高麗史
35	高宗 41년	1254. 8.22	崔沆	大將軍 李長	車羅大 등에게 물품 선사	群臣의 出陸시 辮髮강요	高麗史
36	高宗 41년	1254. 9.10	崔沆	御使 朴仁基	車羅大에게 酒果, 幣物 제공		高麗史
37	高宗 42년	1255. 1.17	崔沆	平章事 崔璘	몽고에 方物을 바치고 철병을 요청하는 表文을 올림	車羅大가 使臣을 보내 옴	高麗史
38	高宗 42년	1255. 6.9	崔沆	侍御史 金守剛 郎將 庾資弼	몽고에 方物을 바치고 철병을 요구	車羅大軍 철수	高麗史
39	高宗 43년	1256. 5.14	崔沆	高宗	高宗이 昇天闕로 出陸하여 蒙古使를 맞고 方物外交 실행		高麗史 高宗出陸 3회

順序	王曆	時期	武人執政	使臣 내력	派遣目的 使臣活動	蒙古側 反應	備考
40	高宗 44년	1257. 5.5	崔竩	起居注 金守剛 郎將 秦世基	몽고군 철수와 對蒙講和를 추진 / (表文 전달과 歲貢 납부)		高麗史
41	高宗 44년	1257. 7	崔竩	永安公 王僖	車羅大에게 銀甁·酒果 등을 선사하고 철병 요청		高麗史
42	高宗 44년	1257. 8.20	崔竩	侍御史 金軾	車羅大 屯所에 가서 酒果·銀幣 등을 주고 그의 의향을 떠 봄		高麗史
43	高宗 44년	1257. 12	崔竩	安慶公 王淐 左僕射 崔永	太子 대신에 安慶公 王淐이 몽고에 入朝 / (表文 전달과 歲貢 납부)		高麗史

* 派遣目的·使臣活動에서 ( )로 묶은 부분은 추정한 내용임

〈표 3-3〉 崔氏執權期에 시행된 貢物外交와 시행되었을 것으로 추정한 歲貢外交

年度	貢物外交(方物·歲貢 外交) 시행	추정한 歲貢外交	備考
高宗 18년 (1231)	12. 4 미상: 방물외교 12. 5 懷安公 王侹: 방물외교 軍器監 宋國瞻 12.16 미상: 방물외교 12.26 미상: 방물외교 12.29 將軍 曹時著: 방물외교		崔瑀執權期, 撒禮塔의 제1-(1)차 침입
高宗 19년 (1232)	3.某日 通事 池義深: 세공외교 錄事 洪巨源 金謙 4.12 上將軍 趙叔昌: 세공외교 侍御史 薛愼	11.某日 將軍 金寶鼎, 郎中 趙瑞璋	崔瑀執權期, 撒禮塔의 제1-(1)차 침입
高宗 26년 (1239)	12.12 新安公 王佺: 세공외교 少卿 宋彦琦 將軍 金寶鼎		崔瑀執權期, 唐古의 제2-(3)차 침입
高宗 27년 (1240)	4.某日 右諫議 趙脩: 세공외교 閤門祗候 金成寶 6.某日 堂後 金守精: 방물외교 12.某日 禮賓少卿 宋彦琦: 세공외교 御史 權韙		崔瑀執權期, 임시적 대몽강화기
高宗 28년 (1241)		4.某日 樞密院使 崔璘, 軍 金寶鼎	崔瑀執權期, 임시적 대몽강화기

年度	貢物外交(方物·歲貢外交) 시행	추정한 歲貢外交	備考
高宗 29년 (1242)		5.13　侍郎 宋彦琦 　　　中郎將 李陽俊	崔瑀執權期, 임시적 대몽강화기
高宗 30년 (1243)	1.23　樞密院副使 崔璘: 세공외교 　　　秘書少監 金之岱	7.某日 柳卿老, 丁琄	崔瑀執權期, 임시적 대몽강화기
高宗 31년 (1244)		4.23　員外郎 任咽壽 　　　郎將 張益成	崔瑀執權期, 임시적 대몽강화기
高宗 32년 (1245)		4.15　員外郎 朴隨 　　　郎將 崔公瑨 10.21　新安公 王佺 　　　大將軍 皇甫琦	崔瑀執權期, 임시적 대몽강화기
高宗 35년 (1248)		2.某日 樞密院使 孫抃 　　　秘書監 桓公叔 10.19　郎將 張俊貞 　　　祇侯 張暐	崔瑀執權期, 阿母侃의 제3차 침입
高宗 36년 (1249)		4.10　郎將 金子珍 　　　校書郎 沈秀之 6.14　侍郎 安戩 　　　郎將 崔公柱	崔瑀執權期, 임시적 대몽강화기
高宗 37년 (1250)		1.27　郎中 崔章著 7.某日 左司諫 鄭蘭 　　　郎將 魏公就	崔沆執權期, 임시적 대몽강화기
高宗 38년 (1251)		2.22　同知樞密院事 崔璟 　　　上將軍 金寶鼎 7. 9　少卿 林惟式 　　　郎將 趙元奇	崔沆執權期, 임시적 대몽강화기
高宗 39년 (1252)		1.21　樞密院副使 李峴 　　　侍郎 李之葳	崔沆執權期, 임시적 대몽강화기
高宗 40년 (1253)	9. 3　大將軍 高悅: 방물외교 11. 4　永安伯 王僖: 방물외교 　　　僕射 金寶鼎 11.16　永安伯 王僖: 방물외교 12.28　安慶公 王淐: 세공외교 　　　參知政事 崔璘		崔沆執權期, 也古의 제4차 침입
高宗 41년 (1254)	8.22　大將軍 李長: 방물외교 9.10　御史 朴仁基: 방물외교	3.某日 秘書少卿 李守孫 　　　四門博士 金良鎣 閏 6. 8 中書舍人 金守精	崔沆執權期, 車羅大의 제5-(1)차 침입
高宗 42년	1.17　平章事 崔璘: 세공외교 6. 9　侍御史 金守剛: 세공외교		崔沆執權期, 車羅大의

年度	貢物外交(方物·歲貢外交) 시행	추정한 歲貢外交	備考
(1255)	郎將 庾資弼		제5-(2)차 침입
高宗 43년 (1256)	5.14 미상, 高宗: 방물외교		崔沆執權期, 車羅大의 제5-(2)차 침입
高宗 44년 (1257)	7.某日 永安公 王僖: 방물외교 8.20 侍御史 金軾: 방물외교	5. 5 起居注 金守剛 12.某日 安慶公 王淐, 左僕射 崔永	崔竩執權期, 車羅大의 제5-(3)차 침입
횟수	총 23회	총 19회	

위의 <표 3-2·3>에서, 관련사서에서 공물외교(방물·세공외교)가 시
행된 횟수는 23회이며, 시행되었을 것으로 추정되는 세공외교 사례는
18회이다. 추정사례 18회는 『고려사』에서 몽고에 정기적으로 입조하였
던 使行을 정리한 것인데, 표문외교와 더불어 세공외교를 펼쳤을 것으로
가정한 것에 기초하였다. 이러한 이해가 가능하다면, 최씨집권기에 전개
된 공물외교는 모두 41회에 달하게 된다. 공물외교를 시행하였던 고려사
신은, 王侹·宋國瞻·曹時著·池義深·洪巨源·金謙·趙叔昌·薛愼·王佺·宋彦
琦·金寶鼎·趙修·金城寶·金守精·權韙·崔璘·金之岱·高悅·王僖·王淐·李
長·朴仁基·金守剛·庾資弼·金軾 등 25명이 발견된다. 반면 공물외교 가
운데 세공외교를 시행하였을 것으로 추정되는 고려사신은 金寶鼎·宋彦
琦·李陽俊·柳卿老·丁瑨·任咽壽·張益成·朴隨·崔公瑨·王佺·皇甫琦·孫
抃·桓公叔·張俊貞·張暐·金子珍·沈秀之·安戩·崔公柱·崔章著·鄭蘭·魏
公就·崔璟·林惟式·趙元奇·李峴·李之葳·李守孫·金良鎣·金守精·金守
剛·王淐·崔永 등 33인이 확인된다. 공물외교 시행자와 세공외교 시행
추정자를 모두 합산해보면, 왕정·송국첨·조시저·지의심·홍거원·김겸·
조숙창(조서장)·설신·왕전·송언기·김보정·조수·김성보·김수정·권위·
최린·김지대·고열·왕희·왕창·이장·박인기·김수강·유자필·김식·이양
준·유경로·정진·임인수·장익성·박수·최공진·황보기·손변·환공숙·장
준정·장위·김자진·심수지·안전·최공주·최장저·정란·위공취·최경·임

유식·조원기·이현·이지위·이수손·김양영·최영 등 52명이 된다.

이 52명의 공물외교 시행자와 세공외교 시행 추정자의 명단 가운데서
도 특히 두드러진 활약을 보인 인물은 왕전·왕희 등 왕실종친과 송언
기·최린 등 문신이다. 왕전과 송언기는 崔瑀代에 왕희와 최린은 崔沆代
에 각기 공물외교를 통해서 몽고군의 철수를 이끌어내고 임시적 대몽강
화를 체결하는데 크나큰 공적을 세웠다.

이상과 같은 공물외교의 시기구분과 내용구분을 통해서, 최씨집권기
방물외교·세공외교의 추이와 특성에 대해서 살펴보자. 최우정권이 최초
로 몽고군 원수부에 방물을 전한 것은 고종 18년 12월 4일이었다. 개경
을 포위한 唐古·迪巨·蒲桃元帥에게 和親하겠다는 뜻으로 金酒器·大小
盞盤各 1副, 銀瓶·水獺皮·衣紬·紵布 등의 방물을 제공하였던 것이 공물
외교의 시초이자 방물외교의 개시였다(B-1). 다음날 5일에는 懷安公 王
侹이 撒禮塔의 둔소를 방문하여 土物(방물)을 바치고 공식적으로 국왕을
대신하여 강화를 맺었다(B-2). 그러나 이러한 방물외교에도 불구하고 蒲
桃元帥가 지휘하는 선봉대의 병력은 개경에서 광주·충주·청주 등지로
남하하여 닥치는 대로 구략하였다. 아마 이러한 攻勢를 통해서 撒禮塔은
고려를 압박하여 더 많은 방물을 얻어내려고 획책한 듯하다. 몽고군 선
봉대가 남하하자 개경정부에서는 이전보다 더 많은 방물을 몽고군 원수
부에 제공하지 않을 수 없었다.

그래서 같은 해 12월 16일에는 唐古·迪巨 및 撒禮塔의 아들에게 각기
銀 5斤, 紵布 10匹, 麤布 2000匹, 馬韉·馬纓 등의 방물을 보냈다(B-3).
같은 달 23일에는 몽고사 9인이 와서 엄청난 공물 액수를 요구했는데,[11]
이러한 몽고의 요구에 부응하기 위해 26일에는 唐古元帥에게 滿鏤鳳盖
酒子·臺盞 각기 1副, 細紵布 2匹, 駪馬 1匹, 銀鍍金粧鞍橋子, 滿繡韉 등
을 전달하였다(B-4). 이것으로도 모자라 같은 달 29일에는 몽고사에게

---

11)『高麗史』권23, 高宗 18年 12月 甲戌日條 참조.

황금 70斤, 白金 1300斤, 襦衣 1000領, 馬 170匹을 주어 돌려보냈다. 한편 장군 曹時著를 시켜 황금 12斤8兩, 多般金酒器 7斤, 白銀 29斤, 多般銀酒食器 437斤, 銀瓶 116口, 紗羅錦繡衣 16벌, 紫紗襖子 2개, 銀鍍金腰帶 2개, 紬布襦衣 2千, 獺皮 75領, 金飾鞍子具馬 1匹, 散馬 150匹을 撒禮塔에게 보냈다(B-5). 그리고 撒禮塔의 처자와 부하 장수, 官人 14명에게 금 49斤5兩, 은 341斤, 銀酒器 1080斤, 銀瓶 120口, 細紵布 300匹, 獺皮 164領, 綾紗襦衣, 鞍馬 등의 방물을 주었다(B-5). 12월 29일에 지급한 방물의 양은 소국인 고려 입장에서는 실로 엄청난 것이었으며, 고려조정이 이러한 막대한 경제적 출혈을 감수하고 나서야 몽고군의 차후 군사행동을 막을 수 있었다. 撒禮塔의 제1-(1)차 침입은 외교·군사적 목적을 충족시키는 것 이외에도 몽고의 탐욕스런 경제적 욕구에서 비롯된 것이었다고 볼 수 있는 것이다.

이렇듯 고종 18년 12월 몽고와의 강화가 체결된 이후 방물외교는 모두 5차례에 걸쳐 진행되었다. 그러한 방물외교를 통해서 몽고군의 철수를 이끌어내고 對蒙講和를 체결하는 데는 성공하였다.『고려사』에서 개경정부가 몽고군 원수부에 보낸 방물의 품목 하나하나의 수량을 정확히 기재하고 있는 것은 그 당시 고려가 방물외교를 통해 강화를 이끌어내려고 노력했던 장면을 솔직히 묘사했다고 본다. 최우정권이 12월에만 무려 5차례에 걸쳐서 몽고군 원수부에 방물을 보낸 것은 무期에 그들과 강화를 체결하여 몽고군을 철수시키기 위한 전략적 계산이었다. 더 나아가 遷都抗爭을 준비하기 위한 苦肉之策이기도 하였던 것이라 생각된다.

고종 18년에 이어 개경정부의 공물외교는 세공외교의 모습으로 전환되어 다음 해 江華遷都 이전까지 2차례 지속되었다. 먼저 고종 19년 3월 14일에 通事 중낭장 池義深과 錄事 洪巨源, 金謙 등을 시켜 撒禮塔에게 國贐을 전달하였다(B-6). 지의심 등이 撒禮塔에게 보낸 國贐이란 몽고와의 강화조약에 명시된 세공이었을 것이 분명하다. 그런데 撒禮塔은 공물

의 양이 매우 적다고 크게 노하면서 지의심 등을 帝所로 잡아갔다. 撒禮
塔의 그러한 적대적인 행위는 고려가 약속한 貢物納付量을 준수하지 않
았기 때문에 표출된 것이지만, 몽고가 그것을 빌미로 고려에 대한 재침
을 준비하고 있었다는 방증이기도 하다. 다음의 세공외교는 4월 12일에
나타난다. 상장군 趙叔昌과 시어사 薛愼이 몽고에 입조하여 稱臣하는 表
文을 올리고 羅·絹·綾·紬 각 10匹, 諸般金銀酒器, 畵韂, 畵扇 등의 세공
을 바쳤다(B-7). 이와 더불어 조숙창 등은 金銀器皿, 匹段, 獺皮, 畵扇,
畵韂 등을 撒禮塔에게 전하고 그 부하 관원 16명에게까지 방물을 차등
있게 주었다(B-7). 고종 19년 3월과 4월의 세공외교는 대몽강화를 지속
시키려는 의례적 성격이 강한 것이었다고 생각된다. 특히 최우정권이 4월
12일에 撒禮塔에게 방물을 전하면서 書信을 통해 몽고의 과도한 공물납
부 요구에 대해서 구구절절이 항변하고 있었다는 것은 이제 바야흐로 공
물외교에 의한 임시적 대몽강화가 한계에 봉착하고 있었다는 것을 암시
해주며, 몽고와의 전쟁이 임박하고 있었음을 시사해준다.

최우가 고종 19년 6월 16일에 강화천도를 전격적으로 단행하고 北界
를 수복한 다음부터 唐古의 제2-(2)차 침입 때까지는 몽고에 대한 공물
외교는 사료 상에서 보이지 않는다. 최우정권이 강화천도를 결행하고 山
城·海島入保策에 의한 대몽항전을 선언한 만큼 몽고에 규정된 액수대로
공물을 바치는 저자세 세공외교를 펼칠 필요는 없었다. 그러나 唐古의
제2-(3)차 침입으로 인해서 慶州가 도륙되고 皇龍寺 전체가 소실되자 상
황은 달라졌다. 강도조정은 커다란 위기의식을 느끼고 다시 공물외교를
전개하려 하였다. 고종 25년(1238) 12월 24일에 장군 金寶鼎과 어사 宋
彦琦를 몽고에 입조케 하여 표문을 전달하고 貢納할 것을 약속한 것이
다. 이후 고종 26년(1239) 12월 12일에 新安公 王佺, 소경 송언기, 장군
김보정 등 148인을 몽고에 입조케 하여 朝貢하였다(B-8).

江都朝廷이 세공외교를 재개한 결과 얼마 안 있어 唐古의 침입은 종

식되었고 唐古는 당분간 북계에 주둔하면서 고려의 동태를 감시하였다.
세공납부 문제가 일단락된 이후부터는 蒙古六事 이행을 둘러싼 여·몽간
에 외교전이 치열하게 전개되었다. 다음 해 고종 27년 4월에는 右諫議 趙
脩와 閤門祗候 金成寶가 세공을 납부하였고(B-9), 6월에는 堂後 金守精
이 북계에 주둔한 唐古에게 방물을 전하였다(B-10).[12] 이 사이 몽고 태
종은 강도조정에 詔書를 보내 出陸還都와 國王親朝·禿魯花上納, 助軍,
戶口調査 등을 요구해 왔다.[13] 태종은 고려의 세공납부 만으로는 만족
하지 않았으며 몽고육사 가운데서 핵심사안이라 할 수 있는 국왕친조·
독로화상납, 호구조사를 강요하고 있었다. 최우정권은 우선 고종 27년
12월에 禮賓少卿 宋彦琦, 御史 權韙를 몽고에 입조케 하여 세공을 바치
고(B-11) 몽고조정의 의향을 떠보았다. 다음 해인 고종 28년(1241) 4월
에는 永寧公 王綧과 衣冠子弟 10인을 독로화로 파견함과 아울러 추밀원
사 崔璘, 장군 김보정 좌사간 김겸을 반행케 하였다. 왕준을 독로화로
入質시켰을 때에 세공도 함께 납부했을 가능성이 크다. 적어도 고종 28년
까지는 몽고육사 가운데 세공납부와 독로화상납을 이행하면서 대몽강화
를 이끌어낼 수는 있었다.

이후 고종 29~36년 사이의 최우집권기 공물외교는 오로지 1회만 등
장한다. 고종 30년인 1243년 1월 23일에 추밀원부사 최린과 비서소감
金之岱를 몽고에 보내 方物을 바쳤다는 것이 바로 그것이다(B-12). 그러
나 고종 29~36년 사이에 고려사가 몽고에 파견된 횟수는 모두 11차례
나 된다. 앞서 말했듯이, 이 11차례의 사신파견에서 공물외교 곧 세공외
교가 전개되었을 가능성을 배제하기 어렵다.

---

12) 본문의 B-10에서는 金守精이 唐古에게 方物을 전했는지 자세히 알 수 없으나 『東
    文選』 권62, 朴暄撰 「答唐古官人書」를 보면 方物을 전달했음이 확인된다. 俾我
    小邦 萬世出力供職 幸甚幸甚 輕略不腆土宜 幷別紙奉寄 伏惟領納(『東文選』 권62,
    朴暄撰 「蒙古官人書」).
13) 『元高麗紀事』 太宗皇帝 12年 5月條 참조.

崔沆은 집권한 이후 의례적인 세공사를 몽고에 정기적으로 파견하여 임시적 대몽강화를 유지하였다. 그러나 그러한 그의 노력은 수포로 돌아 갔다. 제2차 大空位時代를 마감하고 몽고 憲宗이 등극하여 강도조정에 출륙환도와 몽고육사 이행을 강력히 요구했을 때 최항이 그것을 거부함에 따라 여·몽 사이에서는 다시 전쟁이 발발하였다. 也古를 수반으로 하는 제4차 침입군이 고종 40년 4월에 침입을 개시하고 8월에는 서해도의 중요한 요새였던 椋山城과 중부내륙의 관문이었던 東州山城을 차례로 함락시켰다. 전황이 불리해지자 최항정권은 같은 해 9월 3일에 대장군 高悅을 也古의 둔소에 보내서 방물외교를 펼쳤다. 고열은 金銀酒器·羅紬·紵布·獺皮·笠帶 등의 방물을 也古에게 전하고 阿母侃 이하 諸將들에게도 물품을 증여하면서 강화조건를 타진하였다(B-13). 也古는 고려 측의 방물외교에 만족하지 않고 중부내륙에 대한 공세를 강화하여 같은 해 9월 21일에 春州城을 함락시키고 10월 초순에는 楊根城·天龍山城의 항복을 받아냈다. 그런 다음 10월 10일경 곧바로 忠州山城을 공격하였다. 전황이 극히 어려워지자 최항은 대몽교섭의 주도권을 고종과 재추에게 넘겨주었고, 고종은 같은 해 11월 4일에 永安伯 王僖와 僕射 김보정을 시켜 也古와 副將 阿母侃·亐悅·王萬戶·洪福源 등에게 방물을 제공하였다(B-14). 방물외교를 전개하면서 몽고군에게 저자세로 강화조건을 제시하는 한편 그들의 철군을 요청했을 것이 분명하다.

한편 B-15를 유심히 살펴보면, 고종 40년 11월 16일에 也古가 重病을 얻어 정예 1천을 이끌고 北還하였음을 알려준다. 그는 부장 阿母侃과 홍복원 등에게 충주산성전투를 지속하라고 당부하면서 몽고로 귀국할 차비를 서둘렀다. 그러나 也古가 중병에 걸려 북환하였다는 것은 사실과 다르다. 그가 사적인 원한관계로 인하여 諸王 塔剌兒의 진영을 습격하였는데, 몽고 황제 헌종은 이러한 사태를 보고받고서 즉시 也古를 몽고로 불러들였던 것이다.[14] 카사르 가문의 也古와 斡赤斤 가문의 塔剌兒는

'東方 3王家'이면서도 서로 사이가 좋지 않아 전투지에서도 분쟁하였을 가능성이 높다.[15] 이들이 무엇 때문에 분쟁했는지는 알 수 없지만 전략 전술의 차이나 전리품 분배문제 등을 놓고서 다투었다고 추측된다. 따라서 也古가 重病을 얻었다고 한 것은 실제와 다르며, 자신의 북환에 따라 몽고군의 사기가 저하될 것을 우려하여 스스로 병에 걸린 것처럼 조작한 것에 지나지 않는다고 본다. 也古가 11월 16일에 귀환하기 시작하자, 고종은 영안백 왕희를 보내 방물외교를 펼쳤는데, 왕희는 舊京 保定門 밖까지 也古를 따라가 國贐을 제공하며 퇴병을 청하였다(B-15). 也古는 고려왕이 출륙해서 몽고사를 맞이하고 태자가 친조한다면 철군하겠다고 강화조건을 대폭 낮추었다. 이에 강도조정 내에서 대몽강화가 급속히 추진되어 결국 왕자 안경공 왕창이 몽고에 입조하게 되었다. 재추는 김보정으로 하여금 안경공을 반행케 했으나 고종은 태자친조를 주장하며 대몽강화체결을 소리높여 외쳤던 최린으로 하여금 김보정을 대신케 하여 안경공을 따라가게 하였다.[16] 이때 황제에게 보낼 進奉과 몽고 관인, 영녕공의 妃主·妃母, 홍복원 등에게 증여한 金·銀·布帛이 이루 헤아릴 수 없이 많았다(B-16). 이때 안경공 왕창과 최린이 대몽강화의 선결작업으로 시행한 방물외교의 규모를 가히 짐작할 수 있겠다.

몽고 헌종은 附蒙輩 閔偁으로부터 영녕공 왕준이 고려왕자가 아니며 고려가 항복한 諸城의 관리들을 주살하였다는 참소를 듣고 분노하여 車

---

14) 池內宏, 1924, 앞의 논문, 『滿鮮地理歷史研究報告』 10, 165쪽 및 190쪽.

15) 스기야마 마사아키 著 임대희·김장구·양영우 譯, 1999, 『몽골 세계제국』, 신서원, 266쪽.

16) 李興鍾은 高宗이 金寶鼎대신 崔璘으로 하여금 安慶公 淐을 伴行케 한 것은, 왕이 文臣 崔璘을 무인출신 金寶鼎보다 훨씬 믿음직하게 생각하였기 때문이라 하였다(李興鍾, 2002, 「對蒙講和와 文臣의 役割」, 『洪景萬敎授停年紀念韓國史學論叢』, 133쪽). 일면타당한 해석이다. 그러나 也古의 제4차 침입 당시 崔璘이 줄기차게 太子入朝를 주장하며 對蒙講和체결을 요청하였던 점을 상기한다면 국왕이 그에게 對蒙講和外交를 맡길 만한 이유가 설명된다.

羅大에게 재침 명령을 내렸다. 이로써 車羅大의 제5-(1)차 침입이 고종 41년 8월에 곧바로 개시되었다. 중부내륙에서 몽고군 선봉대와 크고 작은 交戰이 벌어지고 있었을 무렵, 강도조정은 같은 해 8월 22일에 대장군 李長을 장단 普賢院에 주둔하고 있었던 車羅大에게 보내 金·銀·酒器·皮幣 등 方物을 제공하면서 대몽강화의사를 타진하였다(B-17). 그러나 이장은 車羅大와 대몽강화를 체결하는데 실패했다고 보여진다. 그는 江都로 돌아와서 車羅大가 말한 2가지 사안을 전달하였다. 하나는 君臣·百姓이 출륙하면 변발시키겠다는 것이었고, 다른 하나는 未出陸 시에는 고려국왕을 잡아가겠다는 것이었다.[17] 이장의 보고내용을 통해서 볼 때, 몽고 제5차 침입은 강도조정의 출륙을 이끌어 내기 위한 완전한 정복전쟁이었고, 전쟁이 장기화하리라는 것을 암시하고 있었다. 몽고군 원수부의 강경한 자세를 누그러뜨리기 위해서 강도조정은 다시 방물외교를 재개하였다. 고종은 같은 해 9월 10일에 어사 朴仁基를 車羅大의 둔소로 보내 幣物을 전하였다(B-18). 그러나 車羅大는 강도조정의 강화 제의를 거부하고 계속 남하하여 忠州山城·尙州山城을 공격하였으며 崔氏家의 농장이 위치한 경상남도 진주 근처까지 구략하였다. 也古의 제4차 침입에 이어 車羅大의 연속된 침략으로 대몽전쟁사상 가장 큰 피해를 당하게 되자, 강도조정은 고종 42년 1월 17일 평장사 최린을 시켜 몽고에 세공외교를 펼치면서 罷兵을 청하였다(B-19). 최린의 세공외교는 어느 정도 결실을 거둬 그 달에 차라대가 북계로 잠시 철군하게 되었다.

몽고 헌종은 고종 42년(1255)에 車羅大와 홍복원에게 고려정벌을 명하면서 원수 車羅大에게 '征高麗馬步軍都元帥 兼領尙書省事'라는 職銜을 주었다.[18] 이것은 憲宗이 車羅大에게 고려침공의 모든 권한을 위임

---

17) "長還奏 車羅大云 君臣百姓出陸則 盡剃其髮 否則 以國王 還 如一不從 兵無回期"(『高麗史』 권24, 高宗 41年 8月條).

18) "改命札剌兒帶 洪福源 征高麗馬步軍都元帥 兼領尙書省事"(『新元史』 권6, 憲宗 5年條).

하는 동시에 그에게 대병력을 주어 보내면서 이번 전쟁에서 반드시 고려
를 정복하라는 의지의 표현과도 같았다. 고려 內地의 州縣民이 농사지을
수 있는 기회를 주지 않고 또한 충분한 전력보강과 휴식을 취할 틈을
허용치 않겠다는 것이 몽고 헌종의 생각이었다. 이러한 몽고 측의 전략
은 車羅大의 제5-(4)차 침입까지 계속 이어지며 내지 주현민의 민생을
극도로 피폐케 하였으며 抗戰能力을 감퇴시켰다. 차라대가 고종 42년 5월
에 곧바로 제5-(2)차 침입을 개시하자, 강도조정은 6월 9일에 侍御史 金
守剛과 郎將 庾資弼을 몽고에 보내 공물을 바치게 하며 세공외교를 펼
쳤다(B-20). 시어사 김수강은 몽고 헌종에게 세공을 바치고 君臣出陸·太
子入朝 등을 약속하며 몽고군철수를 요청하였던 것으로 짐작된다. 이때
車羅大는 서해안 도서들에 대해 水戰을 감행하면서까지 해도침공 야욕
을 적나라하게 드러냈다. 해도침공은 江都直攻을 의도하면서 漕運路를
끊어놓아 해상을 봉쇄하겠다는 몽고군 원수부의 극단적인 압박전술이었
다. 그러나 고종 43년에 들어와 牙州 연해안 도서 침공에 실패하였고 押
海島 침공도 수포도 돌아갔으며 서북면병마사가 지휘한 別抄와 大府島
別抄 등 고려 별초군의 역공에 자주 시달렸다. 그래서 여·몽 사이에 강
화협상이 급물살을 탔다. 車羅大는 강도조정의 대몽강화 노력이 사실인
지 알아보기 위해서 사자를 昇天府로 보냈다. 몽고군 원수부에서 사신을
보내오자 고종은 대몽강화체결을 위한 강도조정의 노력을 몽고 측에게
확인시키기 위해서 승천부에 몸소 출륙하였다. 고종은 車羅大의 사자 30인
을 昇天館에서 맞이하여 연회를 베풀고 그들에게 金銀·布帛·酒器 등 방
물을 제공하면서 몽고군의 철수를 요구하였다(B-21). 시어사 김수강의
세공외교와 승천부 출륙까지 감행한 고종의 방물외교는 성과를 거두어
車羅大의 제5-(2)차 침입군을 철수케 하였다.

崔竩가 집권한 고종 44년 4월에 몽고 憲宗은 강도조정이 태자친조와
출륙환도를 이행하지 않자 다시 車羅大에게 재침 명령을 하달하였다. 이

로써 車羅大의 제5-(3)차 침입이 개시되었는데, 고종은 永安公 王僖를 파견해 車羅大에게 銀瓶 1백 개를 주면서 대몽강화의사를 전달하였다(B-22). 한편 고종은 같은 해 8월 20일에 侍御史 金軾을 시켜서 車羅大의 둔소에 가서 銀幣·獺皮 등 물품을 제공하면서 방물외교를 펼치게 하였다(B-23). 이러한 연속적인 방물외교와 강도조정의 강화노력으로 인하여 車羅大의 제5-(3)차 침입은 5개월 만에 종식되었다.

이상과 같은 사례 분석을 통해서 공물외교는 전장에서 몽고군 원수와 부장 그리고 사자에게 베푸는 방물외교와 몽고황실에 진헌하는 세공외교로 구분됨을 알 수 있었다. 공물외교는 호궤외교 이후에 시행되는 경우가 많았으며 더러는 호궤외교와 더불어 실행되기도 하였다. 또한 전장에서 시행되는 방물외교는 의례히 서신외교를 수반하였으며, 몽고에의 세공외교는 표문외교와 동반하는 경우가 많았다. 전체적으로 보아 공물외교는 몽고육사 가운데 세공납부 조항을 이행하는 측면이 있음과 동시에 몽고군공격 완화 내지 몽고군의 철군을 목표로 시행되었다.

제2절 書信外交·表文外交의 전개

1. 書信外交와 撤軍外交

犒饋外交와 方物外交를 수행한 다음에는 書信外交가 수행되었다. 서신외교는 흔히 戰場에서의 방물외교와 더불어 수행되기도 하였는데, 蒙古軍 元帥府와 강화협상을 전개하여 몽고군을 철수시키기 위한 외교전술의 하나였다. 그러면 崔氏執權期에 나타나는 서신외교의 내용과 특징, 그리고 최씨정권과 고려조정이 서신외교를 통해서 궁극적으로 달성하고자 했던 바가 무엇이었는지에 대해서 공구해보도록 하자.

C-1. 冬十月 癸丑 朔 蒙古二人 持牒 至平州 州卽囚之 以聞 朝議紛紛 或云 可殺 或云 當問其由 乃遣 殿中侍御史金孝印 往問(『高麗史』권23, 高宗 18年 冬10月 癸丑日條)

C-2. 壬申 郎將李義深 押平州所囚蒙古二人 到京 一是蒙古人 一是女眞人 自 此 國家始信蒙古兵也(『高麗史』권23, 高宗 18年 冬10月 壬申日條)

C-3. 癸巳 北界分臺御史 閔曦 還奏 曦與兵馬判官員外郎 崔桂年 承三軍指揮 往犒蒙兵 有一元帥 自稱權皇帝 名撒禮塔 坐氈廬 飾以錦繡 列婦人左右 乃曰 汝國 能固守 則固守 能投拜 則投拜 能對戰 則對戰 速決之也 汝職 爲何 對曰分臺官人 曰汝是小官人 大官人速來降(『高麗史』권23, 高宗 18年 11月 癸巳日條)

C-4. 十二月 壬子 朔 蒙兵分屯 京城四門外 且 攻興王寺 遣御史閔曦 犒之 結 和親(『高麗史』권23, 高宗 18年 12月 壬子日條)

C-5. 翼日 曦 又往蒙古屯所 偕蒙使二人 下節二十人 以來 命知閣門事崔璘 爲 接伴使 備儀仗 出迎宣義門外 入宣恩館(『高麗史』권23, 高宗 18年 12月 癸丑日條)

C-6. 辛卯冬 韃靼人來 公以迎送副使 共□胡人 日夕不離者 凡四旬 其得彼心 無有闕擧越(「金仲文墓誌銘」제13~15행)[19]

위의 사료 C群은 撒禮塔이 고종 18년 8월 고려를 침공한 이후 같은 해 말까지의 서신외교 추정 사례이다. 본격적인 서신외교는 고종 19년부 터 사서에 등장하므로 고종 18년 후반부에 전개되었을 것으로 생각되는 서신외교를 추려낼 필요가 있다. 먼저 C-1에서 平州人이 撒禮塔의 사자 2인을 옥에 감금시켰을 때, 조정에서 10월 1일 殿中侍御史 金孝印을 보 내 몽고사에게 도착 사유를 묻고 있음이 확인된다. 김효인은 이때 몽고 사가 지니고 있었던 撒禮塔의 牒文을 전해 받았을 것이고, 20여일 가까 이 평주에 머무르면서 서신외교를 펼쳤을 것으로 짐작된다. 한편 C-2를 보면, 10월 20일에 낭장 池義深이 몽고사 2인을 압송하여 개경에 도달 하였는데, 몽고사 1명은 몽고인(阿土·阿兒禿)이었고,[20] 다른 1명은 여진

---

19) 金龍善, 1997, 『高麗墓誌銘集成(改訂版)』, 한림대 아시아문화연구소, 368~369쪽.
20) 平州人이 감금시킨 蒙古使者가 阿土였다는 사실은, 『高麗史』권23, 高宗 19年

인이었다. 그동안 진짜 몽고군 가짜 몽고군 문제로 골치를 앓아오던 개
경조정은 이로부터 진짜 몽고병이 침략한 사실을 알게 되었다고 한다.
낭장 지의심은 通事 역할을 하였는데,[21] 그는 몽고어를 구사할 수 있는
통사였으므로 실제적인 서신외교는 그가 도맡아 처리했다고도 여겨진
다. C-3을 살펴보면, 최우정권이 安北府 패전 이후에 北界分臺御史 閔曦
를 撒禮塔의 둔소로 보내 강화를 체결하려 시도했던 사실이 포착된다.
이때 撒禮塔은 權皇帝로 자처하면서 고려의 大官人이 직접 와서 항복하
라고 엄포하며 강화체결을 거부하였다. 최우정권이 같은 해 11월 초에
파견한 민희는 고려조정의 공문을 撒禮塔에게 전달하여 강화협상에 임
했다고 생각되므로 그는 서신외교를 수행했음이 분명하다.

　이상은 대몽강화 체결이전에 서신외교가 시행되었을 것으로 추정한
것들이고, C-4·5·6은 본격적으로 대몽강화가 체결되는 시점에서의 서신
외교 추정 사례이다. 먼저 C-4에서 어사 민희는 같은 해 12월 1일에 개
경을 포위하고 홍왕사를 공격한 몽고군 선봉대 3원수를 호궤하면서 和
親을 맺었다. 이 당시 민희는 최우의 밀명을 받고 몽고군 3원수 가운데
대표자와 서신외교를 전개했을 가능성이 크다. 그가 고려조정을 대표하
여 '結和親'하였다는 대목에서 더욱 더 그러한 개연성이 높다. 민희는
호궤외교를 먼저 베풀었으므로 그는 이날 호궤외교와 서신외교를 동시
에 수행했던 셈이 된다. 12월 2일에 민희가 몽고사 2인과[22] 수행원 20인
을 데리고 오자 고종이 知閣門事 崔珙을 接伴使로 임명하여 그들을 맞
이하게 한 다음 宣恩館으로 들였다(C-5). 접반사 최공은 몽고사 2인을

12月 壬子日條 附 甲寅日條에 등장하는 撒禮塔의 文牒 안에서 알 수 있다.『元
　　高麗紀事』太宗皇帝 3年條를 보면, 阿兒禿이 洪福源과 더불어 開京에 와서 撒
　　禮塔의 文牒을 전달한 것으로 되어 있는데, 여기서 阿兒禿은 바로 阿土로 짐작된다.
21) 蒙使六人 先還 遣通事池義深 錄事洪巨源等 賚國贐 寄書于撒禮塔曰(『高麗史』
　　권23, 高宗 19年 3月條).
22) 蒙古使 2인은 阿土와 洪福源이다.

접대하면서 고종과 몽고사 사이에서 서신외교를 펼쳤을 가능성이 높아 보인다. 이때 몽고사 2인은 撒禮塔의 특명을 받고 파견되었을 것이다. 그 특명은 첫째, 고려조정으로부터 항복 문첩을 받아오라는 것이고, 둘째 고려에 부과할 세공의 품목과 수량 그리고 세공 횟수를 일방적으로 전달하라는 것으로 추정된다. 그러므로 접반사 최공이 고려정부와 몽고사 사이에서 오가며 서신외교를 전개했음이 분명하다. 한편 C-6의 「金仲文墓誌銘」을 보면, 김중문이 대몽강화가 체결되었을 때 迎送副使가 되어 몽고인(韃靼人·胡人) 곁에 무려 40여 일이나 붙어 있으면서 대몽외교를 수행했음이 발견된다. 그가 40여 일이나 주야로 몽고 사신 곁에 있었다는 것은 여·몽 사이에서 치열하게 대몽강화협상이 펼쳐졌음을 의미하며, 이 과정에서 김중문이 서신외교를 전개하였다고 보인다.

이제부터는 고종 19~44년까지 최씨정권 혹은 고려조정이 펼쳤던 서신외교의 내용과 성격, 그리고 그 추이와 결과에 대해서 살펴보기로 한다. 강화천도 이전의 서신외교는 주로 몽고의 과도한 貢物納付 요구와 人質上納 강요에 대한 항변이 주종을 이루고, 천도 이후에는 강화조건 타진과 몽고군의 철군을 부탁하는 내용이 대다수이다. 먼저 撒禮塔이 보낸 牒文에 대해서 강화천도 이전에 시행된 서신외교의 실상과 그 결과에 대해서 분석해 보기로 하겠다.

몽고군 원수 撒禮塔은 고종 18년 12월 3일에 개경정부에 사신을 보내서 몽고사 著古與(瓜古與)를 살해한 죄를 추궁하고 著古與被殺事件을 조사하러 간 몽고사를 활로 쏘아 돌려보낸 것을 힐책하였다. 더불어 그는 고려의 완전한 항복을 종용하였다.[23] 같은 해 12월 23일에 이르러서는 몽고사 9명을 개경에 보내 본격적으로 蒙古六事의 일부인 貢物納付를 요구하기 시작하였다. 이 당시 撒禮塔이 보낸 첩문을 통해서 공물납부의 대체적인 내용과 몽고가 실제 의도하는 바에 대해서 살펴보도록 하자.

---

23) 『高麗史』 권23, 高宗 18年 12月 壬子日條의 蒙古文牒 참조.

D. 牒曰 蒙古大朝國皇帝 聖旨 專命撒里打火里赤 統領大軍 前去高麗國 問
當如何殺了著古與使臣乎 欽奉聖旨 我使ँ稍馬去 使臣到投拜了 使臣令
公 將進底物件 應生交送 這些箇與物將來 底物去 我□沒一箇中 底物布
子與來 予麼我 要底好金銀 好珠子水獺皮鵝嵐 好衣服 與來 你道足 但言
者 不違 你與金銀衣服 多 合二萬匹馬 馱來者 小 合一萬匹馬 馱來者 我
底大軍 離家 多日 穿將來 底衣服都壞了也 一百萬軍人衣服 你斟酌與來
者 除別進外 眞紫羅一萬匹 你進呈將來 底你將來 底水獺二百三十箇 好
麼與紫箇來 如今 交上好水獺皮二萬箇 與來者 你底官馬裏 選鍊 一萬箇
匹 大馬 一萬匹 小馬 與來者 王孫男姟兒一千 底 公主 大王 每等郡主 進
呈皇帝者 外 大官人母女姟兒 亦與來者 你底太子將領大王 令子 幷大官
人男姟兒 要一千箇 女姟兒 亦是 一千箇 進呈皇帝做扎也者 你這公事 疾
忙句當了合 你已後早了 你底里地里穩便快和也 這事不了合 你長日睡合
憂者 有我使臣 呼喚稍馬軍去 我要底物件 疾忙交來 軍也疾來 遲交來 持
我軍馬遲來 爲你高麗民戶 將打得莫多少物件 百端拜告郡裏足得 你受惜
你也民戶 我這裏飜取要金銀財物 你道骨肉出力 這飜語異侯異侯休忘了者
據國王好好 底投拜上頭使 得使臣交道與 我手軍去 爲你底百姓 上休交相
殺 如此道得去也 交他舊日自在 行路通泰者 依上知之(『高麗史』 권23, 高
宗 18月 12月 甲戌日條)

위 사료 D에서 몽고의 고려침공 명분과 그들의 요구사항이 摘記되어
있다. 우선 蒙古大朝國 황제의 聖旨로써 撒里打火里赤(撒禮塔)을 시켜
대군을 거느리고 고려에 가서 著古與 사신을 죽인 이유를 묻게 했음을
알 수 있다. 이를 통해 몽고가 저고여피살사건을 명분으로 해서 고려를
침략했음이 명백히 확인된다. 한편 撒禮塔은 자신이 보낸 사자 稍馬가
개경에 도착하거든 그에게 순종해야 하며 또한 貢物을 요구한 수량대로
바쳐야 할 것을 엄명하였다. 그는 고려와 12월 5일에 강화를 체결한 만
큼 이제는 강화조건으로 貢納을 요구했던 것이다. 撒禮塔이 요구했던 것
은 비단 공물만이 아니었고 人質도 포함되어 있었다. 그러한 몽고 측 요
구사항을 그대로 나열하면 아래와 같다.

(1) 高麗가 바치는 金銀과 衣服은 많으면 말 2만 필, 적으면 말 1만 필에 실어 보낼 것
(2) 蒙古 1백만 大軍의 衣服을 고려가 참작해 주어야 함
(3) 眞紫羅 1만 필을 보낼 것, 水獺皮 230매를 眞紫羅와 함께 보낼 것
(4) 이번에 좋은 水獺皮 2만 매를 보낼 것
(5) 고려의 좋은 말 가운데 큰 말 1만 필과 작은 말 1만 필을 보낼 것
(6) 王의 子孫으로서 皇帝에게 보낼 公主와 大王, 모든 郡主 등 남자 1천 명 이외에도 大官집 婦女도 보내며 高麗의 太子·將領·大王의 子弟들과 아울러 大官의 아들 1천 명과 딸 1천 명도 皇帝에게 보낼 것

　몽고의 요구사항은 모두 6가지로 집약된다. (1)~(5)항은 貢物에 대한 것이고, (6)항은 인질상납에 관한 것이다. (1)~(5)항의 공납요구는 한 결같이 그 액수가 너무 과도한 것이 특징이다. (1)항에서 금은·의복을 말 2만 필 아니면 말 1만 필에 보내라고 한 것이나, (5)항의 大馬·小馬 각기 1만 필씩을 보내라고 한 것에서, 적어도 말만 하더라도 자그마치 3만 필은 확보되어 있어야 했고,[24] 말 2(1)만 필에 실어 보낼 금은·의복이 충당되어야만 했다. 이것은 고려 측이 감당할 수 있는 능력을 이미 초과한 액수이며, 撒禮塔이 고려조정의 경제력을 고갈시키려고 의도한 것이나 다름없었다. 몽고 측은 고려가 스스로 나와서 강화를 체결한 만큼 그러한 고려 측의 약점을 최대한 활용하여 과도하기 짝이 없는 공물량을 부과한 것이다. 다음으로 (2)항은 몽고 1백만 대군의 軍服을 제작하여 보내달라는 것인데, 몽고초원을 통일했을 때 몽고 軍勢가 9만 정도였고 코라즘 西征에 나설 때는 23만을 헤아렸기 때문에[25] 실제로는 1백만 대군을

---

24) 고려가 준비해야 할 말은 최대 4만 필에서 최소 3만 필이었다. 이 액수는 고려 측으로서 감당하기 어려웠음은 물론이고, 軍馬까지 총동원하고서야 겨우 충당할 수 있는 수량이었다. 때문에 開京朝廷이 이 요구사항을 액면 그대로 수용하기 곤란했음은 두 말할 필요조차 없다.
25) 巖村 忍, 1968, 『モンゴル社會經濟史の研究』, 京都大學人文科學研究所, 233~234쪽.

보유하고 있지 못했다. 그러나 몽고군 전체가 입고도 남을 1백만 벌을 요구한 것은 역시 고려조정의 경제능력을 고갈시키고 자신들의 경제적 욕구를 충족시키기 위함이었다. 또한 (3)과 (4)항은 眞紫羅 1만 필과 水獺皮 2만 매를 보내라는 것인데, 이 역시 과도한 수치였음은 두 말할 필요조차 없다.

이러한 공납요구에 더하여 (6)항에서는 인질상납까지 추가되었다. 몽고 太宗에게 보낼 公主·大王, 郡主 등 남자 1천 명 이외에도 大官집 부녀, 太子·將領·大王의 자제들, 大官의 아들 1천 명과 딸 1천 명을 보낼 것을 강요하였다. 몽고의 공납요구도 감당하기 힘든 것이었지만 인질강요는 더더욱 개경조정의 몽고에 대한 감정을 악화시켰다. 몽고가 고종의 자손과 대관집 부녀, 대관의 자·녀 1천 명씩을 보내라고 한 것은 아예 고려의 지배층을 몽고에 臣屬시키고 고려를 자기 마음대로 통제하기 위해서였다고 생각된다. 그러므로 그러한 인질상납요구는 개경정부 입장에서 쉽사리 수용하기 곤란하였다.

고종 18년 12월에 대몽강화가 체결되고 고려조정으로부터 수많은 공물을 획득한 撒禮塔은 새로운 요구사항을 추가하였다. 그것은 "고려 백성들을 선발하여 開州館 및 宣城山 밑에 이주시켜 농사짓도록 하라"는 것이었는데, 懷安公 왕정이 撒禮塔으로부터 전해들은 것을 서신으로 개경정부에 알린 것이었다.[26] 몽고는 蒲鮮萬奴의 동진국 정벌을 위해서 고려 농민들로부터 안정적으로 식량을 공급받아야 할 필요성 때문에 이러한 요구를 해 왔던 것으로 생각된다. 직접적인 助軍 요구는 아니더라도 간접적인 군사지원의 범주에 포함될 수 있는 고려농민 移住 문제는 뜨거운 논쟁거리로 떠올랐다. 최우정권은 통사 지의심 편으로 撒禮塔에게 거부의사를 밝히며 서신외교를 수행케 하였다.

---

26) 『東文選』 권61, 李奎報撰 「送蒙古國元帥書」 참조.

E. 每來文字內所 及諸般事 圖蹱後回報 又閱淮安公徔所蒙手簡稱 你國 選揀
   人戶 赴開州館 及宣城山脚底 住坐 種田 竊思 大國所以割輿分地 將使吾
   民耕食 則其義在所欣感 然 我國 每處 人民 牛畜物 故損失者 大夥故 這一
   國 區區之地 尙不勝耕墾忍 使鞠爲茂草 況 於邈遠大國之境 將 部遣甚處
   人物 使之耕種耶 力所不堪 理難强勉 惟 大度量之(『高麗史』 권23, 高宗
   19年 3月 甲午日條)

위의 사료 E는 몽고가 開州館 및 宣城山으로 고려의 백성을 이주시켜
농사짓게 해 달라고 한 것에 대한 고려 측의 답변이다.[27] 최우정권은
"도처에 죽은 사람과 손실된 가축이 대단히 많기 때문에 本國의 얼마
되지 않는 땅도 다 경작하지 못하여 무성한 풀밭을 만들고 있거든 하물
며 머나먼 귀국 경내에 장차 어느 곳 백성을 파견하여 농사를 짓게 하겠
는가"라고 하면서 거부의사를 분명히 밝혔다. 몽고가 遼東 땅에서 농사
지을 고려 인민을 원한 것은 그들로부터 식량·군량을 확보받고 그것을
바탕으로 해서 동진국을 치기 위해서였다. 때문에 최우정권은 우회적으
로 몽고 측의 요구를 정중히 거부한 것이다. 그러나 몽고의 요청을 거부
할 경우 撒禮塔이 재침하여 억지로 고려 백성들을 요동으로 이끌고 갈
우려가 있는 데다가 몽고군 30명이 宣州 쌀창고를 털어가는 등 약탈행
위까지 이어지자[28] 태도를 돌변하였다. 최우정권은 몽고의 요청을 결국
수용하여 西京都領 鄭應卿과 이전 靜州副使 朴得芬 등을 시켜 선박 30척
과 뱃사공 3천 명을 거느리고 龍州浦를 떠나 요동으로 가게 하였다.[29]
서경도령 정응경은 당시 서경에 주둔하고 있었던 附蒙輩 洪福源의 협조
하에서 선발된 인민들을 이끌고 용주포를 떠났을 것으로 믿어진다. 즉

---

27) 사료 E는 『東國李相國集』 前集 권28, 「送蒙古國元帥書」가 原典이다.
28) "蒙古軍 三十餘人 復入境 發宣州倉米三十石 而去"(『高麗史』 권23, 高宗 19年
    3月條)
29) "遣西京都領鄭應卿 前靜州副使朴得芬 押船三十艘 水手三千人 發龍州浦 赴蒙古
    從其請也"(『高麗史』 권23, 高宗 19年 3月條)

西京에 주둔해 있던 홍복원이 개경정부의 요청을 받아들여 서경도령 정
웅경 휘하 3천 명을 몽고에 보냈던 것으로 생각되는 것이다. 최우정권이
서경도령 정웅경 등 3천 명을 요동 땅에 보낸 것은 당시 비밀리에 추진
하고 있었던 遷都會議를 감추고 몽고의 간접적인 군사지원 요구를 들어
주는 자세를 취함으로써 그들과의 분쟁거리를 최소화하기 위한 책략이
었다.

강화천도 직전의 서신외교는 고종 19년 4월 12일에 상장군 趙叔昌과
시어사 薛愼에 의해서 수행되었다. 이들 고려사신은 몽고 태종에게 表
文을 바치러 몽고에 입조하기 전에, 먼저 撒禮塔을 만나 서신을 전달하
였다.

F. 其書曰 前次 所輸進皇帝物件內 水獺皮 一千領 好底與來事 我國於遮箇物
   前此 未嘗有捕捉者 自貴國徵求以後 始以百計捕之 亦未能多得故 每次 所
   輸貢賦 艱於准備 今所需索 其數過多 求之又難 似未堪應副 然旁搜四遠
   月集日儲 猶 未得盈數 粗以九百七十七領輸進 惟冀照悉 又稱國王諸王公
   主郡主大官人 童男五百箇 童女五百箇 湏管送來事 如前書所載 我國之法
   雖 上之爲君者 唯 配得一箇嫡室 更無媵妾故 王族之枝葉 例未繁茂 又以
   國之褊小故 臣僚之在列者 亦未之師師 而所娶不過一妻 則所産 或無或有
   有或不多人耳 若皆發遣上國 則誰其承襲王位及朝廷有司之職 以奉事大國
   耶 若 貴國撫存弊邑 使通好萬世 請蠲省 偏方蕞土 所不得堪如此事段 以
   示字小扶弱之義 幸甚幸甚 又稱諸般工匠遺送事 我國工匠 自昔欠少 又因
   饑饉疾疫 亦多物故 加以貴國兵馬經由大小城堡 懼害被驅者 不少 自此 耗
   散而莫有地著專業者故 節次 不得押遣應命 況 刺繡婦人 本來無 有此 皆
   以實告之 伏惟 諒情哀察 又於趙兵馬 處所囑當義州民戶 檢會物色事 已曾
   行下其界兵馬委令根究 則告以城守與民戶等 乘桴逃閃 因風沒溺故 便不得
   顯驗 請照悉之 其餘文字內所 及一一承稟 又貴國還兵次 所留下瘠馬 每處
   搜集 凡十五疋 卽令收管牧養 今此 行李幷分去 奉呈(『高麗史』권23, 高宗
   19年 夏4月 壬戌日條)

위의 사료 F는 최우정권이 李奎報를 통해서 撒禮塔에게 보낸 서신인

데,30) 크게 5가지 사항에 대해서 항변하고 있다. 먼저 몽고 황제에게 상
납할 水獺皮 1천 장을 보내라는 문제에 대해서는, 이번에 요구한 것도 숫
자가 너무 많고 구하기가 어려워 사방으로 모으고 저축하여 겨우 977장
을 모아 보내니 그렇게 알기를 바란다고 통보했다. 고종 18년 12월 23일
자의 몽고첩문에서는 수달피 2만 장을 구해 오라고 되어 있었는데, 이번
撒禮塔에게 보낸 서신에서는 황제에게 바칠 수달피 액수가 1천 장으로
되어 있다. 이것은 여·몽 간의 외교교섭을 통해서 몽고의 과도한 공물
액수가 점차 줄어들었든지 아니면 황제에게 최상품으로 進上하라는 수
달피 액수가 1천 장인지도 모르겠다. 아무튼 개경정부는 최선을 다해서
977장을 모았고 몽고가 요구한 액수 전량을 충족시키지 못하므로 이해
하여 달라고 호소한 것이다.

둘째 國王·諸王·公主·郡主·大官人의 童男 5백 명, 童女 5백 명을 보
내라고 한 것에 대해서는 다음과 같이 항변하였다. 고려가 소국인데다
一夫一妻制를 결혼풍습으로 하고 있고 왕실이 번창하지 못하며 관리의
수효가 매우 적으며 더러는 결혼하지 않은 관리도 있기 때문에 몽고가
요구한 대로 인질을 보낼 수 없다고 하였다. 고려 법령에 아무리 높은
임금이라도 오직 한 사람의 정실이 있을 뿐이요 기타 잉첩을 두지 못하
게 되어 있으므로 왕실의 자손이 번성하지 못하고 있음을 지적하였다.
또한 나라가 작기 때문에 정부 대신들도 그 수가 많지 않아 2,500명을
넘지 못하고31) 그들도 한 사람에게만 장가를 들기 때문에 자녀가 더러
없기도 하고 있기도 한데 있다손 치더라도 그 수가 그리 많지가 않음을

---

30) 本文의 사료 F는 『東國李相國集』前集 권28, 「送撒里打官人書」와 『東文選』 권61,
李奎報撰 「送撒里打官人書」가 原典이다.
31) 本文에서는 '臣僚之在列者 亦未之師師'라고 표현하였다. 여기서 臣僚의 班列에
오른 자가 師師에 이르지 못한다고 되어 있는데, 師는 2,500명의 단위임을 감안
할 때, 文臣 전체가 正1品~從9品 벼슬까지 2,500명이 안 되는 것을 표현했다고
보여진다.

호소하였다. 고종 18년 12월 23일자의 몽고첩문에서는 대관인의 아들 1천 명과 딸 1천 명을 보내오라고 했는데 비해서 同王 19년 4월 12일자의 서신에서는 대관인의 아들 5백 명과 딸 5백 명으로 절반이 감소되어 있다. 이것은 그동안 여·몽 양국이 외교협상을 통해서 인질의 수효를 줄였다는 것을 방증하지만[32] 그 사실성은 확인하기 어렵다. 개경정부는 몽고가 고려를 보호하여 영원한 우호관계를 유지하려거든 지역이 좁은 나라에서 감당하기 어려운 요구조건을 삭감함으로써 너그러운 태도를 표시한다면 고맙겠다고 陳情하였다.

셋째 각종 기술자를 보내달라고 한 문제에 대해서는 교묘하게 회피하였다. 예로부터 고려는 기술자가 적은데다가 흉년과 질병으로 인해 많은 사람이 죽었고 몽고병의 침입을 받고 나니 大·小의 城에서 피해를 입고 쫓겨난 자가 많아서 본토에 안착하여 자기 기술로 전업을 하는 자가 없으므로 요구대로 보내지 못한고 하였다. 수놓는 부녀자 기술자는 본래 없으므로 보내기 어렵다고 잘라 말했다. 몽고가 고려에 기술자를 보내달라고 한 것은 고종 18년 제1차 침입 때부터가 아니라 형제맹약이 체결되고 난 직후부터였다.[33] 물론 고려조정에서는 그러한 요청을 거부하는 것으로 일관하였다. 고려의 匠人들을 몽고에 모조리 빼앗기고 나면 항전능력을 완전히 상실하기 때문에 그들의 요구사항을 들어줄 수가 없었다.

넷째 趙兵馬에게 義州(咸新鎭) 백성들을 조사·탐색하라는 문제는 몽

---

32) 李奎報가 고의로 童男·童女 각기 1천 명씩을 5백 명으로 표기했다고는 보이지 않는다. 高宗 18년 12월 23일부터 同王 19년 4월 12일까지 麗·蒙 사이에 使臣이 왕래하면서 貢物納付와 人質上納에 대한 문제를 서로 조율했다고 생각되며, 대체적으로 과도한 貢物과 人質의 수효는 감소되지 않았을까 추정해 본다.

33) 『東國李相國集』 前集 권28, 「蒙古國使齎迴上皇大弟書」와 『東文選』 권61, 李奎報撰 「蒙古國使齎上皇大弟書」를 보면, 蒙古 皇大弟(皇太弟) 斡赤斤이 高麗 측에 貢物 뿐만 아니라 中國語 능통자, 처녀, 각종 기술자를 보내 올 것을 엄포하였음이 잘 드러난다.

고 측에서 咸新鎭副使 全僩이 吏民을 이끌고 薪島로 도망친 사건을 추궁한 것이다. 여기서 趙兵馬는 서북면병마사 조숙창으로 여겨진다. 몽고가 쳐들어 왔을 때 조숙창은 咸新鎭의 防守將軍이었다. 그는 撒禮塔에게 곧장 투항하고 향도가 되어 諸城을 항복시킨 다음에 대몽강화를 이끌어낸 공적을 인정받아 승승장구하여 상장군으로서 서북면병마사에까지 올랐다. 본래 조숙창의 관할구역이었던 함신진에서 副使 전간이 몽고병을 제거하고 신도로 입보하였으므로 몽고 측에서 조숙창으로 하여금 그 사건의 전말을 알아오게 하는 한편 도망친 함신진 백성을 조사하라고 명령했던 것이다. 고려조정은 서북면병마사 조숙창의 보고에 의하면, 그 성(함신진)의 책임자가 백성들과 함께 배를 타고 도망하다가 풍랑으로 인하여 모두 침몰되었기 때문에 사실을 쉽게 해명할 수 없다고 하면서 양해를 구하였다. 몽고에 투항하였던 조숙창도 개경정부의 난처한 상황을 이해하고 최우정권의 지시에 순응한 듯하다.

마지막으로 蒙古馬 송환 문제에 대해서는, 몽고군사가 철수할 때 남겨두고 간 여원 말들을 각처에서 수색한 것이 모두 15필인데, 이것을 제때에 수용하여 기르게 하였다가 금번 고려사신 편으로 모두 돌려보냈음을 언급하였다. 몽고는 전통적으로 말을 귀하게 여기고 良馬는 비싼 값을 치르고서라도 반드시 확보하려는 풍습이 남아 있었다. 따라서 전쟁 당시에 도망친 말이나 고려군에게 빼앗긴 말들을 되돌려 달라고 요청한 듯하며, 고려조정에서는 그 요구를 이행하려고 노력하는 모습을 보였다.

전체적으로 보아서, 고종 19년 4월 12일에 撒禮塔에게 보낸 서신의 요지는 지나치게 과도한 공물납부와 인질상납 요구를 들어줄 수 없다는 것으로, 이후 撒禮塔의 제1-(2)차 침입의 빌미가 되었다고 생각된다. 대고려외교를 전담하던 撒禮塔에게 보낸 이 서신에서 최우정권은 과도한 공물량과 인질수에 격분하면서 그 수효를 줄여줄 것을 적극적으로 부탁

하였다. 4월 12일의 서신은 이러한 고려 측의 요청을 몽고가 거부할 경
우 재항전할 수도 있다는 것을 암시하는 것이나 다름없었다. 강화천도
직전까지는 撒禮塔에게 전한 서신이 더 이상 등장하지 않는다. 그러므로
고려조정의 공식 입장은 바로 4월 12일의 서신에 모두 집약되어 있다고
보아서 큰 무리가 아니다. 또한 그것은 최우정권의 공식적인 입장이었을
것이고, 몽고의 태도가 변하지 않는 이상 재항전으로의 결심이 더욱 더
굳어지는 계기가 되었다고 판단된다.

　고종 19년 5월에 河西元帥 곧 探馬赤軍의 총지휘자 也速迭兒는 고려
조정의 상황이 심상치 않음을 파악하고 令公 최우에게 金線 2필을 선물
하며 우호적인 태도를 보였다. 최우는 즉각적으로 하서원수의 호의를 거
부하는 서신외교를 펼쳤다.

> G. 蒙古 河西元帥 遣使寄書 幷送金線二匹 其書稱令公上 蓋指崔瑀也 瑀不受
> 曰 我非令公 以歸淮安公侹 侹亦不受 往復久之 瑀竟使學士李奎報 製侹答
> 書以送(『高麗史節要』 권16, 高宗 19年 5月條)

　사료 G를 살펴보면, 최우는 자신이 令公이 아니고 회안공 왕정이 令
公이라면서 그에게 금선을 돌려주고 이규보로 하여금 河西元帥에게 고
맙다는 회답편지를 쓰게 하였음이 확인된다. 이러한 최우의 태도는 몽고
에 대한 깊은 반감과 적개심 때문에 나타난 것이며, 직접적으로는 4월
12일 서신의 연장선상에 있었다. 최우는 하서원수의 선물조차도 거부하
면서 몽고의 입장 변화가 없다면 재항전을 모색할 수도 있다는 경고의
메시지를 표출하였다. 그는 5월 22일에 宣慶殿에 재추를 모아 천도논의
와 몽고방어책을 토의하였는데, 이러한 측면은 4월 12일에 撒禮塔에게
보낸 서신과 5월에 하서원수에게 보낸 서신의 性格을 잘 드러내 준다
하겠다.

　몽고의 과도한 공물납부 요구에 반감을 품은 최우정권이 고종 19년

6월 16일 전격적으로 강화천도를 결행하고 곧이어 北界收復運動까지 전
개하자 같은 해 8월 撒禮塔의 제1-(2)차 침공이 재개되었다. 撒禮塔이 다
시 침공하자 최우정권은 강화천도의 배경을 해명하는 서신외교를 펼쳤다.

> H. 九月 荅蒙古官人書曰 伏 蒙幕府 遠涉千里 辱臨弊境 首貽誨音 欣感欣感
> 但 所詰數段事 實 非我國本意 深以此爲恐 敢布腹心 惟冀 大度矜之 其所
> 稱 你者 巧言語 說得我 出去後 却行返變了 入海裏 住去 不中的人 宋立
> 章 許公才 那 兩箇來的 說謊走得來 你每 信那人言語 呵返了也 事我國與
> 上朝通好久矣 頃 有宋立章者 來言 上國 將舉大兵 來征弊邑 其言 有不可
> 不信者 百姓聞之 驚駭祇氣 過半逃閃 城邑爲之幾空 盖 雷霆一振 天下同
> 驚 以是 予亦不能無懼 又慮 些小遺民 若 一朝掃地 皆逋則 恐 不得歲輸
> 貢賦 以永事大國 因 與不多殘口 入瘴毒卑濕之地 以求苟活耳 寧 有他心
> 耶 皇天后土 實監之矣 又稱 達魯花赤 交死則死 留下來如 今 你每 拿縛
> 者事 右 達魯花赤 其在京邑者 接遇甚謹 略不忤意 大國 豈 不聞之耶
> 又 於列城 委令 厚對 其間 容或有不如國敎者 予亦不能一一知之 惟 上國
> 明考焉 其拿縛上朝使人 無有是理 後可憑勘知之 又稱 你本心 投拜 出來
> 迎我者 本心 不投拜 軍馬出來 與我廝殺者 今聞 大軍布露原野 雖大國不
> 諭之 其在小國禮 當親自迎犒 然 弊邑之移于窅深偏地 本非上國所令 而固
> 不能無咎責故 且恐 且悉 未以時展謁耳 其投拜之心 一也 豈 有二哉 且 小
> 國雖愚暗 旣知畏服大國之義 其嚮仰有年矣 豈 於今日 乃生叛逆之心耶 仰
> 冀 明鑑赦過 字小撫存外藩 實予之望也(『高麗史』 권23, 高宗 19年 9月條)

위의 사료 H에서 최우정권은 撒禮塔이 의문을 제기한 3가지 사항에
대해서 차례로 그에게 해명하였다.[34] 먼저 撒禮塔이 "고려가 교묘한 말
로 몽고를 설복시키고 떠난 뒤에는 대번에 태도를 돌변하여 바다 섬으로
들어갔으며 일을 옳게 처리하지 못하는 宋立章·許公才 두 사람의 말은
거짓이었는데 고려가 그 말을 곧이듣고 몽고를 배반했다"고 힐문한 것
에 대해서 이렇게 답변하였다. 저번에 송입장이 와서 몽고가 대군을 동

---

34) 사료 H는 『東國李相國集』 前集 권28, 「答蒙古官人書」와 『東文選』 권61, 李奎
　　報撰 「答蒙古官人書」가 原典이다.

원하여 고려를 치려 한다고 했으므로 믿지 아니할 수 없었고, 백성들이 놀라 다 도망쳐서 얼마 되지 않은 백성들을 모아 누습한 곳으로 들어가 나라를 유지하려 했을 뿐이라고 반박하였다. 撒禮塔은 고려조정이 송입장·허공재 2인의 말을 곧이듣고 강화도로 천도한 것은 명백한 반역행위임을 강조하였던 반면에 최우정권은 강화천도가 몽고 재침에 대한 방어책일 뿐만 아니라 王業維持策으로써 최후로 선택한 방안이었다고 꼬집었다.

다음으로 撒禮塔은 "達魯花赤이 죽을 지경에 있고 몽고에서 보내 온 사람을 고려가 포박하였다"고 힐문하였다. 이에 대해 강도조정은 "西京에 있는 몽고 達魯花赤을 잘 접대하였고 여러 고을에 있는 達魯花赤도 지시를 내려 후대하게 하였는데, 혹시 국가의 지시대로 하지 못한 곳이 있다면 일일이 알지 못하니 몽고 측에서 명백히 알아보기 바란다"고 회답하였다. 실제로 몽고군이 점령하였던 北界 14성과 주요지에 주둔한 達魯花赤은 강도조정의 북계수복운동으로 위험에 직면해 있었던 것만큼은 사실이었다.[35] 그러나 그들 스스로도 探馬赤軍·洪福源軍이라는 무력적 기반을 가지고 있었으므로 일방적으로 고려군에게 축출 당하지는 않았고[36] 서경을 비롯한 몇몇 곳에서는 그대로 현상을 유지하였다고 생각된다. 達魯花赤 암살·축출 문제를 둘러싼 撒禮塔의 힐문이나 최우정권의 답변은 모두 자기 입장을 合理化하려는 언변에 지나지 않았다.

마지막으로 撒禮塔이 "고려가 진심으로 순종하려거든 나와서 우리를 영접하고, 진심으로 순종하지 않겠거든 군사를 출동시켜 싸우자"고 한

---

35) 周采赫, 1974, 「高麗內地의 達魯花赤 置廢에 관한 小考」, 『淸大史林』 1.

36) 史料 상에서는 나타나지 않지만 西北大路 상에 위치한 北界의 諸城에서 達魯花赤들을 암살하고 探馬赤軍을 축출한 경우가 있었을 가능성도 배제하기 어렵다. 더구나 『蒙古秘史』에서는 探馬赤軍의 首將 也速迭兒가 撒禮塔의 제1·(2)차 침입 때 동행하는 것으로 보아서 그가 高宗 19년 7~8월 사이에 고려의 北界收復運動에 밀려서 일단 遼東으로 후퇴했을 가능성도 있는 것이다.

것에 대해서는 우회적으로 회피하였다. 최우정권은 "고려가 물 깊은 벽지로 옮긴 것은 본래 몽고가 시킨 바가 아니거늘 진실로 자기 책임을 느끼지 아니할 수 없는 바이므로 두렵고 부끄러워 몽고군사를 영접하지 못하였을 뿐이고 몽고를 순종하는 마음은 한결같거늘 어찌 딴 마음을 품을 수 있겠느냐"며 반문하였다. 撒禮塔은 고려조정이 出陸還都하여 몽고군을 맞이해야만 진심으로 순종하는 것이라고 한데 비해서 강도조정은 육지에 있으나 섬에 있으나 몽고를 섬기는 마음만 한결같으면 된다는 논리를 펼치고 있었다. 결국 강도조정은 강화천도의 불가피성, 達魯花赤의 처우에 대한 항변을 통해서 몽고가 다시 침략한다면 항전할 수밖에 없음을 공표한 것이라고 할 수 있다.

撒禮塔은 강도조정이 전혀 出陸還都할 뜻이 없음을 알고 한때지만 江都直攻을 계획하기도 하였다. 고종 19년 9月에 撒禮塔은 전함을 건조하며 泰州의 鄕吏 邊呂를 사로잡아 강화로 가는 水路를 물어보았으나 그가 매우 험하다고 할 뿐 끝내 발설하지 않으므로 포기하였었다.[37] 그리고서는 곧바로 내지 공략을 위해 선봉대를 경상도 방면으로 침투시켜 大邱 符仁寺를 공격해서 初彫大藏經을 소실케 하였다. 자신은 그해 10月에야 남진을 개시하여 漢陽山城을 공취하였다. 水戰에 의한 강도직공을 포기한 몽고군이었지만 그들의 선봉대가 대구를 표략하고 撒禮塔의 본진이 한양산성을 공취하기에 이르자 강도조정은 크나큰 위기감에 사로잡혔다. 撒禮塔은 강도조정에 3가지 사항을 요구하였고 최우정권은 이에 대해서 서신외교를 전개할 수밖에 없었다.

> Ⅰ. 冬十一月 答蒙古沙打官人書曰 前者 大國 以王不出交大官人 出來爲諭小國 如前書所載 雖 畏懼大國 入處于此 以勤仰之心 有加無已 故 不敢違忤嚴命 已遣大官人某 詣幕下 方候寵荅 而復以國王不出交崔令公 出來事及

---

37) 『新增東國輿地勝覽』권54, 平安道 泰川縣 人物 邊呂條 참조.

之 所諭踵至如此 弊邑將若之何 伏望 幕下諒窮迫之情 小示以寬 以副傾企
之望 幸甚 其所輸皇帝處國贐 則雖 竭力盡誠 勤於准備 方 小國之移徙也
唯 與不多人民倉卒 入於水內 所轉財物 亦爲欠少故 以微薄土物 聊欲表誠
耳 今蒙鈞旨諭及 更罄所有小添前數 奉進 慙恐慙恐 趙兵馬 宋立章 發遣
事 叔璋 自上國回來次 不幸 値心腹之疾 至令 猶未安較故 未卽發遣 所謂
宋立章者 我國之遷移 莫不因其言 而其後 我國兩番去使佐 自上國還來言
立章所言 本非上國之意 不可謂之實 於是 朝廷僉議 以爲此人非特以浮說
妄言 動搖衆心 亦使萬人 逃閃 至令一國大遷于此地 罪不可赦 遂捕送深寶海
島 久矣 今 依來命 已遣人 卽其所將收拿發來者 伏惟照悉(『高麗史』권23,
高宗 19年 冬11月條)

위의 사료 I에서 沙打官人(撒禮塔)이 大官人 최우를 接待使로 보내지
않은 것을 질책하였고, 고려의 國贐이 적으니 몽고가 이전에 지정한 수
효에 더 보태서 공물을 보내라고 엄포하였으며, 趙兵馬과 송입장을 잡아
보내라고 강요하였음을 알 수 있다.[38] 이 3가지 사안에 대해서 먼저 최
우정권은 崔令公(최우)을 몽고군의 접대사로 내보내기 어려운 사정을 변
호하였다. 고려의 무인집정으로서 대몽항전을 총지휘하고 있었던 최우
가 몽고군이나 몽고사의 접대사로 나갈 수 없는 노릇이었기 때문이었다.
撒禮塔이 최우를 육지로 나오라 한 것은 강도조정의 출륙 의향을 떠봄
과 아울러 적당한 고려침공의 명분을 만들기 위해서였다고 생각된다.

다음으로 撒禮塔이 고려정부에서 보내온 國贐 곧 공물이 너무 적다고
불평하면서 이전의 수효에 좀 더 보태서 공물납부를 수행하라고 엄포한
것에 대해 항변하였다. 강화천도 당시 몇 명 안 되는 백성들을 섬으로
데려왔고 실어온 재물도 얼마 안 되므로 몽고가 요구하는 액수대로 토산
물을 바치기 어렵다고 통보하였다. 최우정권은 몽고가 부과한 과도한 공
물량을 차치해 두고서라도 강화천도로 인해서 공물외교, 그것도 세공외

---

38) 本文의 書信은 『東國李相國集』前集 권28, 「答沙打官人書」와 『東文選』 권61,
   李奎報撰 「答沙打官人書」가 原典이다.

교의 현실적 어려움을 호소한 것이다.

마지막으로 趙兵馬(조숙창)와 宋立章(宋得昌·宋義)을 잡아 보내는 문제에 대해서, 조숙창은 속병을 앓고 있으므로 보내기 어렵고, 송입장은 해도에 유배보냈으므로 나중에 잡아보낼 것이라고 하였다. 撒禮塔이 조숙창을 보내라고 한 것은 몽고황제가 요구한 國王親朝와 助軍 문제에 대해서 답변하는 表文을 받들고 입조하라는 것을 의미한다고 보여진다.[39) 송입장을 잡아보내라고 한 것은 그가 개경정부에 몽고군의 재침 준비 소식을 알렸기 때문에 治罪하기 위해서였을 것이다. 조숙창과 송입장의 송환 문제를 유보하면서, 최우정권은 송입장이 몽고군의 침입 소식을 허위보고함으로써 군중의 마음을 동요시키고 백성들을 도망치게 하였으며 나라의 수도를 江華로 옮기게 한 장본인이었다고 힐책하였다. 즉 최우정권은 강화천도와 적은 공물상납의 원인이 송입장의 잘못된 허위보고에 있었다고 하여 모든 책임을 그에게 떠넘김으로써 강화천도와 대몽항쟁의 면죄부를 얻으려 하였다. 최우는 과거에 송입장으로부터 몽고군 재침 소문을 전해 듣고서 전격적으로 강화천도를 단행하였었다. 그렇지만 撒禮塔의 제1-(2)차 침입이 본격적으로 진행되면서 위기가 닥치자 강화천도의 원인을 그에게 모조리 떠넘김으로써 면책하려는 외교적 술책을 구사하였던 것이다.

고종 19년 11월에 최우정권은 撒禮塔의 요구사항을 부분적으로 수행하기 위해 장군 김보정 등을 시켜 몽고에 입조케 하여 陳情表를 올리게 하면서[40) 더불어 撒禮塔에게 서신을 전달케 하였다. 그 書信의 내용과

---

39)『元高麗紀事』太宗皇帝 4年 10月條에 趙叔昌이 高宗의 表文을 받들고 入朝했다고 되어 있다. 그러나 여기서의 10월은『高麗史』권23, 高宗 19年 冬11月條에 등장하는 '上皇帝陳情表'를 통해서 볼 때, 11월이 맞다고 여겨진다. 따라서 趙叔昌은 11월에 蒙古에 入朝한 것이라 할 수 있는데, 결국 江都朝廷이 撒禮塔의 요구를 들어준 셈이다.

40)『元高麗紀事』太宗皇帝 4年 10月條에서는 郎中 趙瑞璋이라는 인물이 將軍 金

江都政府의 의도하는 바에 대해서 살펴보자.

> J. 又荅撒禮塔書曰 所諭皇帝處回去文字事 一一祗稟 已具表章 尋發遣使介前
> 去 伏惟 照悉 我國如前書所載 雖 畏懼大國 入處山海之間 其所以仰奉上朝
> 尙爾一心 以是 今 聞大軍之入境 卽遣使佐謹行迎問之 禮繼蒙辱 旣釣旨申
> 遣使人 賷不腆酒果禮物 勞問左右則 小國之無他 亦於此可知也 苟 以一心
> 事之 不關地之彼此 冀幕府 不必以遷徙爲咎 待之如舊則 實小國萬世之福
> 也 所遣詣皇帝處 一行使人 先就幕下 聽取處分 其使人之進退行止禍福生
> 死 皆在幕府之掌握 伏望 曲加扶護 善爲指揮 兼差幕下使人 道達於皇帝闕
> 下 永護小邦則 予亦敢不感至銘骨耶 其大官人投拜事 小國 業已畏懼 入此
> 幽僻之中則 雖 大官人心志 耗喪 日益以拙 月益以鈍 未遽趍造左右聽命 憧
> 惶顚倒 罔知所裁 惟 大度寬之(『高麗史』 권23, 高宗 19年 冬11月條)

위의 사료 J는 고종 19년 11월 후반에 강도조정이 陳情表·陳情狀을
김보정 편으로 몽고에 보낼 때, 撒禮塔에게 첨부한 서신이다.[41] 이 서신
에서는 3가지 사항에 대해서 撒禮塔에게 통보하고 있다. 먼저 진실로 한
마음으로 받든다면 지역의 멀고 가까움은 상관할 바가 아니므로 고려가
都邑을 옮긴 것에 대해 굳이 탓하지 말고 이전과 같이 대해 준다면 萬代
의 행복으로 될 것이라 하였다. 강도조정은 撒禮塔이 다시 쳐들어오자
사신을 보내 맞이하였고, 酒果·禮物로써 몽고군을 위로했으니[42] 고려가

寶鼎과 함께 蒙古에 入朝했음이 확인되는데 趙瑞璋은 趙叔昌이 분명하다. 그런
데 『高麗史』 高宗世家에서는 高宗 19年 12월까지 趙叔昌을 몽고에 使臣으로 파
견하지 않았음을 밝히고 있다. 그렇다면 趙瑞璋과 趙叔昌이 다른 인물일 가능성
과, 『元高麗紀事』의 기록이 잘못되었을 가능성이 상존하게 된다. 저자는 『高麗
史』 高宗世家의 기록대로 趙叔昌을 몽고에 보내지 않고 다만 將軍 金寶鼎을 고
宗 19年 11월에 入朝시켰다고 본다.

41) 本文의 書信은 『東國李相國集』 前集 권28, 「答沙打里書」와 『東文選』 권61, 李
奎報撰 「答沙打里書」가 原典이다.

42) 史料 상에서는 등장하지 않지만 高宗 19年 11月條의 '荅撒禮塔書'를 통해서 高
宗 19年 8~11월 사이에 犒饋外交와 戰場에서의 方物外交가 펼쳐졌음을 이해할
수 있다.

딴마음이 없는 것을 알 수 있으므로 그에게 강화천도를 탓하지 말 것을
부탁한 것이다. 즉 고려가 강화로 천도했더라도 이전과 같이 호궤외교·
공물외교를 통해 몽고군을 맞이했으니 천도문제는 論外로 해야 한다는
주장이다.

다음으로 몽고 황제께 보낼 고려사신 일행을 먼저 撒禮塔 둔소에 보
내서 지시를 받게 하였으니 그들을 잘 보호하고 지휘하는 동시에 황제께
가서 말씀드리게 해달라고 부탁하였다. 이는 고려사신 일행의 生死禍福
이 일체 撒禮塔의 처분에 달린 만큼 그들을 잘 보호하고 대접해서 몽고
에 입조케 해 달라고 요청한 것이다. 이 당시 撒禮塔 둔소로 보낸 고려
사신은 장군 김보정 등이 분명하며 이들은 고종의 陳情表·陳情狀을 몽
고에 보낼 의무를 띠고 있었다. 撒禮塔은 이때 마침 廣州山城을 공격하
여 苦戰하고 있었지만, 이들 고려사신을 人質로 붙잡지 않고 몽고 帝所
에 보낼 수밖에 없었다. 그는 고종 19년 7월 1일의 몽고 詔書에 대한
답장으로서 고려 측의 表文을 반드시 몽고조정에 보내야만 했기 때문에
김보정 등을 그대로 보냈다고 생각된다.

마지막으로 몽고가 고려의 大官人을 보내라고 한 데 대해서는, 대관
인이 풀이 꺾이고 날이 갈수록 점점 심기가 편치 못하여 갈 수 없으니
송구스러울 따름이라고 하였다. 여기서 대관인은 최우라고 생각되거니
와 최씨집정의 지휘통제를 받고 있던 강도조정이 최우를 撒禮塔 둔소에
보내 투항시킬 수는 없었고 그렇게 할 의사도 없었다. 역시 대관인 최우
를 撒禮塔 幕下에 보내서 투항하는 예를 갖추라는 것도 고려를 침공하
기 위한 하나의 구실에 불과한 것이었다.

이상과 같이 사료 J에서 최우정권은 몽고에 보낼 고려사신의 처우를
撒禮塔에게 부탁함과 아울러 그가 최씨집정의 강화천도를 탓하지 말 것
을 요청하였다. 또한 대관인 최우를 幕下로 보내 항복할 수 없음도 통보
하였다. 고종 19년 11월 후반에 '荅撒禮塔書'가 작성될 무렵에는 撒禮塔

이 廣州山城에서 패배 일보 직전에 있었다고 생각된다. 그렇기 때문에 최우정권이 撒禮塔의 요구사항 가운데 일부를 거부할 수 있었던 것이다.

광주산성전투에서 패배한 撒禮塔은 몽고로부터 고려로 귀환하고 있었던 고려사신들을 이미 인질로 붙잡아 두었다. 그는 고려사신단을 인질로 삼아 대고려전쟁에 활용할 속셈이었다. 그러한 사정은 다음의 고려측 서신을 통해서 잘 확인된다.

> K. 荅大官人書曰 今月某日 忽 奉來敎備 詳鈞候動止萬順 欣喜倍常 但 所稱
> 皇帝處回去文字事 邇來 久 未審皇帝聖體何 似禮宜伻問起居 況 復蒙幕府
> 所諭 如此 予 亦 豈不思奉荅天子之休命耶 然 年前 大軍之辱臨弊邑也 我
> 國 累次 所遣送佐 及其負擔下卒 輒 蒙鈞慈 遂旋回遣前來故 使者之往來
> 絡繹 略無疑懼於心者 是幕府所鑑知也 今聞 前所遣皇帝處兩番去使人 被
> 寵命 將還 適値大軍之方戾弊境 反見勒留 未還 又小國聞 大軍入境 卽發
> 遣使介 謹行 迎犒之禮 而其使人及負擔禮物人卒 至今 未蒙放遣回來 愚聞
> 古者 兵交使在其間 今則異於是兵交 非所意也 小國聞大兵之臨境 猶 不敢
> 稽遲 粗以不腆信餉 勞問行李之勤 而反被拘留 其在國人 愚惑之心得不疑
> 且懼哉 然則 其遣以大官人奉書于皇帝闕下 愈所疑懼也 伏惟 諒之(『高麗
> 史』권23, 高宗 19年 12月條)

위의 사료 K는 撒禮塔이 강도조정에서 몽고황제에게 회답편지를 보내라고 요청한 일에 대해서 항변한 서신이다.[43] 최우정권은 몽고조정에 파견한 두 차례의 고려사신 일행과 撒禮塔軍을 맞이하러 보낸 使者 · 人夫를 撒禮塔이 자신의 진영에 압류해놓고 있는 상황이므로 더욱 의구심이 생겨 회답편지를 보낼 수 없다고 하였다. 결국 몽고군 원수 撒禮塔이 고려사신을 붙잡아두고 있으므로 두렵고 의구심이 생겨 황제께 표문을 보낼 수 없다고 역설하였던 것이다. 사료 K의 '荅大官人書'는 撒禮塔이 살아있을 적에, 적어도 處仁城戰鬪를 앞두고 있는 시점에서 撒禮塔의 둔

---

43) 本文의 書信은 『東國李相國集』 前集 권28, 「答蒙古大官人書」와 『東文選』 권61, 李奎報撰 「答蒙古大官人書」가 原典이다.

소에 보낸 것으로 이해된다. 이때 撒禮塔은 광주산성 전투에서 패퇴하고 새로운 돌파구를 찾아 處仁城 방면으로 남하하고 있었다고 생각된다.

撒禮塔이 붙잡아두었다는 두 차례의 고려사 일행은 누구였을까. 고종 19년 11월에 몽고에 파견한 김보정 일행은 아니었을 것으로 믿는다. 撒禮塔 입장에서 이들은 고려왕의 표문을 가지고 곧장 몽고에 입조해야 했으므로 보내주었다고 생각되기 때문이다. 그렇다면 고종 19년 3월에 撒禮塔 둔소에 파견된 通事 중낭장 池義深 일행과 4월 12일에 몽고조정에 파견된 시어사 薛愼의 사행이 귀국하던 도중에 요동에서 이미 撒禮塔에게 붙잡혔을 것으로 판단된다. 撒禮塔이 고종 19년 8월에 제1-(2)차 침입을 개시했을 때 이들 고려사신단은 함께 고려로 들어오게 되었을 것이다. 특히 撒禮塔 軍中에 붙잡혀 있었던 설신은 撒禮塔이 남진 공격을 의도하자 "우리나라 속담에 異國 大官으로 南江(禮成江)을 건너는 자는 불길하다"고 하며 남침을 적극적으로 만류하였다. 그러나 撒禮塔이 남진을 강행하여 결국 處仁城에서 전사하고 말았다.[44) 이 설화는 후대에 가공된 것이지만 설신이 撒禮塔의 제1-(2)차 침입 개시 때부터 인질로 잡혀 있었음을 알려준다.

강도조정은 고종 19년 12월 초에 고려사신 송환 문제를 놓고서 몽고 撒禮塔과 치열한 외교전을 펼쳤는데, 그가 處仁城戰鬪에서 전사함으로써 이 문제의 해결에 급물살을 타게 되었다. 다음은 고려사신 放還을 다룬 같은 해 12월의 마지막 서신인데 그 당시 여·몽 사이의 외교전 모습을 구체적으로 보여주고 있다.

L. 十二月 寄蒙古大官人書曰 今月某日 我國使介至 伏聞 帥府新統大軍 始開 蓮幕 未及旬朔 先聲大震 凡 列國之人 莫不拭目改觀 庶幾蒙被德蔭者 皆 是 況 若區區弊邑 其欣躍之心 倍萬常倫也 兼蒙鈞慈憫 我國兩番去行李之

---

44) 『新增東國輿地勝覽』 권10, 京畿道 龍仁縣 古跡 處仁城條 참조.

久淹者 今 悉放遣此 亦 銘感罔極言所不旣也 所諭 予及崔令公之出來事
如前上舊帥府書所陳 我等 旣畏懼大國 入此山海之間 則其於出覲 日益滋
怵所以 難之耳 傾仰之心 一也 寧有他哉 伏惟 閣下諒情而寬之 兼所諭趙
兵馬發遣事 其寢疾 至今猶未佳裕故 未卽依敎 不然 叔璋之往來 上國慣矣
豈今憚其行哉 宋立章者 前已承舊帥府所及 其時 卽差人就所配海島 收拿
發來 待之久矣 然 以此時 風水甚惡 邈無消息故 未卽捉遣 惶恐惶恐 前所
遣 詣大皇帝處 我國使佐之進退 專在閣下之指揮 伏望 善爲之辭 道達於皇
帝闕下 幸甚(『高麗史』권23, 高宗 19年 12月條)

　위의 사료 L은 강도정부가 고려사신을 방환시켜 준 것에 대해서 사례
하고 고종친조 등을 실행하기 어려움을 호소하는 서신이다.[45] 본문의
'寄蒙古大官人書'는 受信者가 누구인지 불분명하다. 그렇지만 이 서신이
고종 19년 12월에 보내졌다는 점과 '帥府新統大軍 始開蓮幕 未及旬朔
先聲大震'이라는 문구, '如前上舊帥府書所陳'이라는 글귀를 통해서, 수
신자는 撒禮塔 사후 新元帥府를 구성한 副將 帖哥(鐵哥)일 것으로[46] 여
겨진다. 몽고군 원수부가 새롭게 대군을 통솔했다는 것이나 舊帥府에 대
응하는 新帥府의 존재로 미루어 보아 사료 L은 강도정부가 帖哥에게 보
낸 서신이 분명해 보인다. 그런데『高麗史』권23, 高宗 19年 12月條에
등장하는 사료 L은 앞의 K보다 먼저 등장하여 時差의 선후관계를 판별
하는데 혼선을 주고 있다. 저자는 사료 L이 K보다 먼저 기록되어 있지만
나중의 사실을 전하는 것이라 확신하는데, 그 이유는 撒禮塔의 사후 新
元帥府를 꾸린 帖哥와 강도조정이 외교전을 펼치고 있다는 점 때문이다.
또한 사료 K는 撒禮塔이 살아 있을 때, 적어도 처인성전투를 앞둔 고종
19년 12월 초반부에 작성된 서신이라 믿어지는 까닭이다.
　帖哥는 撒禮塔이 處仁部曲의 자그마한 土城에서 어이없게도 전사하

---

45) 本文의 書信은『東國李相國集』前集 권28,「送蒙古大官人書(壬辰 十二月)」와
　　『東文選』권61, 李奎報撰「送蒙古大官人書」가 原典이다.
46) 池內宏, 1924, 앞의 논문,『滿鮮地理歷史硏究報告』10, 147~148쪽.

고 말자 크게 당황하여 전투를 일체 멈추고 강도조정과 외교적 협상을 통해서 현안을 풀어나가려고 애쓴 듯하다. 그는 오랫동안 撒禮塔에게 억류되어 왔던 2차에 걸친 고려사신단을 모두 석방하고 강도조정에 고종·최우의 親朝와 조숙창·송입장의 송환을 요구하였다. 帖哥가 방환한 고려사신단은 고종 19년 3월과 4월에 몽고에 파견된 사신단이었는데, 이 때 설신이 방환되어 강도로 돌아왔음은『新增東國輿地勝覽』권10, 京畿道 龍仁縣 古跡 處仁城條에서 확인된다. 강도정부는 帖哥의 고려사신 방환이라는 호의적인 태도에 감사해 하면서도 그가 요구한 사항들에 대해서는 모두 거부의사를 표명하였다.

먼저 고종과 최우의 친조 문제는 날이 갈수록 몽고군의 위력이 두려워져 국왕과 崔令公의 심기가 약해졌으므로 가기 어렵다고 통보하였다. 이는 몽고의 침략을 배제한 채로 入朝 문제를 풀어나가겠다는 강도조정의 외교전략이었다. 다음으로 조숙창의 身病이 낫지 않으므로 몽고에 사신으로 보내기 어렵다고 알렸으며, 宋立章(宋得昌·宋義)은 해도에 귀양 보냈다가 다시 소환하려는데 풍파가 심하고 소식이 막연하여 보내지 못한다고 호소하였다.

결국 처인성전투의 승리를 통해서 산성·해도입보에 의한 대몽항전 수행에 어느 정도 자신감을 회복한 최우정권은 帖哥의 요구사항을 모두 거부한 셈이다. 內地 주현민의 강렬한 항쟁으로 撒禮塔의 제1-(2)차 침입이 실패하자 몽고군이 연말부터 철수하려고 준비하는 시점에서 고종친조나 조숙창·송입장 송환 요구를 들어줄 필요가 없었던 것이다. 최우정권은 撒禮塔이 漢陽山城을 공함시키고 남진했을 때는 송입장을 잡아 보낼 것을 약속했다가 처인성전투의 승리 이후에는 태도를 돌변하여 이를 보낼 수 없다고 한 것도 대몽전쟁이 유리하게 전개되었기 때문에 가능하였다. 최우정권은 처인성전투의 승리에 고무되어 고종 18년 12월에 몽고가 요구한 공물납부, 인질상납 문제는 차치해 두고서라도, 同王 19년

초부터 몽고가 줄기차게 요구해온 국왕친조, 조군, 戶口調査 등의 몽고
육사를 거부하였다. 최우는 자신감에 찬 어조로 동진국에 서신을 보내
그간의 대몽전쟁 과정을 설명하고 협조를 부탁하였다.

> M. 荅東眞書曰 夫 所謂蒙古者 猜忍莫甚 雖和之 不足以信之 則我朝之與好
> 非必出於本意 然 如前書所通 越 己卯歲 於江東城 勢有不得已 因有和好
> 之約 是以 年前 其軍馬之來也 彼雖背盟棄信 肆虐如此 我朝以謂寧使曲
> 在彼耳 庶 不欲效尤故 遂 接遇如初 以禮遺之 今 國朝 雖遷徙都邑 當其
> 軍馬之來 則猶待之彌篤 而彼 尙略不顧此意 橫行遠近外境 殘暴寇掠 與
> 昔尤甚 由是 四方州郡 莫不嬰城堅守 或阻水自固 以觀其變 而彼益有吞
> 啖之志 以圖攻取則 其在列郡 豈 必拘國之指揮 與交包禍之人 自速養虎
> 被噬之患耶 於是 非特守而已 或往往有因民之不忍 出與之戰 殺獲官人
> 士卒 不爲多矣 至今年 十二月 十六日 水州屬邑 處仁部曲之小城 方 與
> 對戰 射中魁帥撒禮塔 殺之 俘虜亦多 餘衆潰散 自是 祿氣不得安止 似已
> 回軍前去 然 不以一時鳩集而歸 或先行 或落後 欲東欲北故 不可指定日
> 期 又莫知向甚處去也 請 貴國密令偵諜 可也(『高麗史』권23, 高宗 19年
> 12月條)

위의 사료 M은 최우정권이 처인성전투에서 승리한 후, 그동안 몽고
국과 형식적인 君臣關係를 맺어온 것에 대해서 해명하고 撒禮塔의 제
1-(2)차 침입에 맞서 고려 주현민이 거국적인 항쟁을 전개했음을 알린
서신이다.[47] 사료 M에서 강도조정은 시기심 많고 잔인한 몽고와 본심에
서 사이좋게 지낸 것은 아니며 江東城 和親 때문에 그들을 대우한 것임
을 천명하였다. 그리고 고종 18년에 몽고 軍馬가 왔을 때 몽고군의 포악
함과 방자함이 극에 달하였어도 고려는 그들에게 잘못이 있을지언정 고
려 측이 잘못한 바는 없으며 처음처럼 예로써 대접하여 철군시켰음을 강
조하였다. 또한 강화천도 이후 몽고군이 다시 쳐들어 왔을 때에도 더욱

---

47) 本文의 書信은 『東國李相國集』前集 권28, 「荅東眞別紙」와 『東文選』 권61, 李
　　奎報撰 「荅東眞別紙」가 原典이다.

두텁게 대접했건만 그들은 잔인하고 포악하게 약탈하고 횡행하였다고 비난하였다.

그래서 고려의 각 州郡이 산성과 해도에 입보하여 몽고군에 저항하고 있는 속사정을 전달하였다. 산성·해도에 들어가서 지키고 있을 뿐만 아니라 때때로 백성들이 참지 못해서 나가 싸워 몽고 관인과 사졸을 죽인 것도 많았다고 알렸다. 특히 금년(1232) 12월 16일에 이르러 水州에 속한 處仁部曲의 小城에서 괴수 撒禮塔을 사살시키고 많은 포로를 획득했다고 대서특필하였다. 아울러 몽고병 무리가 산산이 흩어져 버렸는데, 날짜를 정하지 못하고 어느 방향으로 갈지 모르니 동진국이 비밀리에 정탐해 보는 것이 좋을 것이라고 충고하였다.

위의 '咨東眞書'는 처인성전투 승리 이후에 대몽전쟁 수행에서 어느 정도 자신감을 회복한 최우정권이 동진국과 느슨한 연대관계를 맺어보고자 하는 의도를 드러내고 있다. 즉 고려가 동진국과 적대관계에 놓이게 되지 않게 하기 위해서 고려의 사정을 알려 대몽항전 전선을 동진국과 함께 형성해보자는 의도를 표출한 것이다. 그러나 강도조정은 적극적으로 동진국과 군사협력체제를 갖춰 몽고군에 대항할 정도의 대동진관계를 유지하지는 않았다. 동진국은 고종 12~14년 사이에 東界를 쳐들어왔던 또 다른 적국이었기 때문이다. 아무튼 처인성전투의 승리는 과거 적국이었던 동진국와의 우호관계를 수립하려는 외교적 노력으로까지 이어졌다.

이상 6건의 외교 사례는 강화천도 이후 고종 19년 12월까지 최우정권에 의해 펼쳐진 서신외교였다. 이 시기의 서신외교는 대체적으로 몽고의 과도한 공납·인질 요구에 저항하는 형태로 나타났다. 이에 부가하여 고려사신의 처우를 부탁한다든지 고종·최우의 친조가 불가하다는 내용도 담고 있었다. 고종 19년 12월 16일 처인성전투에서 승리한 이후 당분간 강도조정의 서신외교는 보이지 않는다. 몽고군이 별 소득 없이 철군했으

므로 군이 그들에게 저자세로 서신외교를 펼치지 않아도 되었기 때문이
다. 그러나 唐古가 고종 22년(1235) 윤7월에 제2-(1)차 침입을 개시하여
내지를 휩쓸고 제2-(3)차 침공 시에는 경주를 구략하면서 皇龍寺 전체를
불사르는 데까지 이르자 상황은 달라졌다. 강도조정은 어사 宋彥琦와 장
군 김보정을 몽고에 보내 대몽강화 협상을 추진케 했으며, 唐古와 晉卿
丞相에게 서신을 주어 고려의 어려운 경제형편을 호소하였다.

> N-1. 冬寒 伏惟台體起居何若 不勝瞻竚 小邦事件 一如前之再三所達 曾於己
> 卯辛卯兩年 投拜講和已後 謂可聊生 擧國欣喜 亦天地神明 所證知也 噫
> 小國之今玆情狀 皆帥府大官人所臨親見 予復何言 閣下其不爲小憐耶 恐
> 懼顚沛 猶未遑安 伏望鈞慈 特於皇帝冕旒之下 善陳實狀 以一言之重 完
> 護小邦 恩及萬世 則其爲欣感 曷可勝陣 謹以些小不腆土宜 輕瀆尊嚴 惟
> 冀檢納(『東國李相國集』 前集 권28, 「送唐古官人書」 / 『東文選』 권61,
> 李奎報撰 「送唐古官人書」)
> N-2. 季冬 伏惟鈞體佳勝萬福 予竊伏海濱 聞高誼之日久矣 今丞相閣下 以公
> 才公望 黼黻帝化 經濟四海爲己任 雖千里之外 想趨鼎席 倍萬瞻企 小國
> 曾於己卯辛卯兩年 投拜講和以來 擧一國欣喜 方有聊生之望 惟天日照臨
> 言可飾哉 其享上之心 尙爾無他 近因上國大軍 連年踵之 故人物凋殘 田
> 疇曠廢 由是阻修歲貢 大失禮常 進退俱難 以俟萬死之罪 孰爲之哀哉 但
> 丞相閣下 通詩書閑禮樂 好文墨位宰相 則其古人所謂修文來遠之意 豈
> 不畜之於腦次耶 幸今以土地輕薄所産 遣使介奉進皇帝闕下 惟冀丞相閣
> 下 少諒哀祈 以下國小臣可矜之狀 善爲敷奏 導流帝澤 更不遣軍興 保護
> 小邦 俾予遺殘民 得全餘喘 則其嚮仰閣下 祝台壽萬年 烏有窮已 謹以不
> 腆風宜 餉于左右 庶或領納 無任惶悚之至(『東國李相國集』 前集 권28,
> 「送晉卿丞相書」 / 『東文選』 권61, 李奎報撰 「送晉卿丞相書」)

위의 사료 N-1·2는 어사 송언기가 고종 25년(1238) 12월 무렵에 唐
古와 晉卿丞相에게 각기 전했을 것으로 생각되는 서신들이다. 이들 서신
은 모두 이규보가 撰한 것들이며 그 내용도 비슷하다. 唐古의 계속된 침
입으로 인해 강도정부의 경제적 어려움이 가중되어 공납을 제대로 할 수

없으므로 唐古元帥와 晉卿丞相이 그러한 고려의 실정을 몽고황제께 잘 이야기해서 선처를 구해 달라고 호소하는 내용이다. 물론 이들 서신에서는 唐古·晉卿丞相에게 얼마의 土産物을 제공하면서 그들의 외교적 도움을 요청하고 있음이 확인된다. 그러므로 어사 송언기 등은 방물외교와 더불어 서신외교를 수행한 셈이 된다. 먼저 N-1에서, 강도조정은 고려의 현재 정황은 帥府 大官人(唐古)이 몸소 목격한 바이므로, 황제의 어전에서 고려의 딱한 실정을 잘 말씀드려 한 마디의 귀중한 말로 小國을 완전하게 보호해 준다면 그 감사함을 어찌 다 말로 하겠느냐고 하였다. 송언기는 북계에 주둔한 唐古元帥에게 토산물을 제공하며 방물외교를 펼친 다음에 서신을 건네고 몽고에 입조했을 것이다.

다음으로 N-2는 이규보가 평소에 존경하고 흠모해 왔던 몽고의 晉卿丞相에게 서신을 주어 외교적 노력으로 전쟁을 중지시키고 고려의 백성과 遺俗을 보전케 해 달라고 요청한 것이다. 이규보는 특별히 晉卿丞相에게 토산물을 전달하면서 그가 몽고 태종에게 고려의 어려운 처지를 잘 아뢰어서 다시는 몽고군을 파견하지 않도록 하고, 고려를 보호해 줄 것과 아울러 얼마 안 되는 고려 백성들의 남은 목숨이나마 보전케 해 줄 것을 당부하였다. 여기서 晉卿丞相이란 耶律楚材를 가리키며, 그는 몽고제국 形成期에 劉秉忠·史天澤·王鶚 등과 더불어 文翰을 맡으면서 제국의 토대를 닦아놓은 인물이었다.[48] 이규보는 그러한 耶律楚材와 개인적 유대관계·친분관계를 유지하면서 그를 통해 적극적인 외교술을 구사함으로써 위기에 처한 고려의 국난을 극복하려 하였던 것이다.

사료 N-1·2에서 나타난 외교적 노력의 결과, 唐古의 침략은 중단되었고 고종 26년 이후로 여·몽 사이에서 강화교섭이 다시 활발히 전개되었다. 강도조정은 1년에 2회 몽고에 공물을 바치는 세공외교를 전개하여 대몽강화의 틀을 잡았지만, 출륙환도와 국왕친조·호구조사 등 몽고육사를

---

48) 張東翼, 1997, 『元代麗史資料集錄』, 서울대학교 출판부, 48쪽.

이행할 의사가 없었다. 고려가 계속해서 출륙환도를 거부하고 태종이 친히 요구한 몽고육사마저 이행하지 않자 唐古軍은 북계지방에서 제한적·국지적인 군사행동을 감행하였다. 대략적으로 고종 27년 4월 이후에 唐古軍이 昌州·朔州를 공함하였다고 보여진다.[49) 이것은 唐古의 제2-(3)차 침략이 완전히 종식된 것이 아니라 북계에서 제한적으로 지속되고 있었음을 말해 주는 것이다.

唐古軍이 완전히 철수하지 않고 북계에서 제한적인 군사작전을 통해 昌州·朔州를 함락시키자, 강도조정은 고종 27년 6월에 堂後 金守精을 唐古의 병영에 보내[50) 그를 회유하는데 총력을 기울였다. 이때 김수정은 唐古에게 서신 1통을 전달하였다.

O. 夏序方廻 伏惟長生天氣力蒙古大朝國皇帝福蔭裏帥府大官人閣下茂膺千福 小邦全賴撫存之力 更有聊生之望 雖至愚夫愚婦 猶感大恩 曩者歲在己卯 投拜上國使佐十介 歲初小邦 親自賚去爲式 何圖波速路人 遮出害上國 官軍戻止 謹遣親兄淮安公迎犒問慰 具說端由 官軍釋疑而返 我以萬世出力供職爲望 累遣使介 敬輸國賦 及戊戌十二月 發遣金寶鼎宋彦琦等 押信朝貢 己亥六月 續遣盧演金謙等 朝覲如前 既而先遣金寶鼎 受皇帝聖旨廻來 又於是年十二月 以親弟新安公 賚持流例貢賦 復奉別進方物 具表文幷遣 未知行邁何似 目今盧演金謙等 受詔廻到 稱說大官人閣下欣對我親弟新安公 累句宴慰 仍發伴使 護送帝所 俄聞此言 喜抃萬千 但所諭至鴨江 令民戶住著耕種 當使佐往來之際 供對酒饌 傳騎馬疋事 且閣下以覆護小邦爲念 予敢不以此爲喜 且如閣下 備知凋殘旣極 曷可卒速連絡而地着乎 間或有可爲之勢 雖些小人 每已令住着 迎對使臣 至若尤敗

---

49) "是歲 攻拔 昌州等處"(『元高麗紀事』太宗 12年條) ; "乙未 帝命 唐古拔都兒 與福源 進討 攻拔 龍岡咸從二縣 鳳海洞三州山城及慈州 又拔金山歸信 昌朔州"(『元史』권154, 列傳41 洪福源傳). 『元史』洪福源傳에는 唐古와 洪福源의 침략이 乙未年(1235) 한해에 이뤄진 것처럼 기술되어 있으나, 실제로는 唐古의 제2-(1)차 침입 때인 乙未年(1235)에 龍岡·咸從·鳳州·海州·洞州를 함락시켰고, 제2-(2)차 침입 당시인 丙申年(1236)에 慈州·金山城·歸信城을 공함시켰으며, 제2-(3)차 침입의 末尾인 庚子年(1240)에 昌州·朔州를 공략하였던 것이다.

50) "六月 遣 堂後 金守精 如唐古屯所"(『高麗史』권23, 高宗 27年 6月條).

之處 特差發官人 准備他處酒果米糧 輸到這裏 迎送甚勤 自後漸次人物
蘇息 則一依所諭 抑又諭及使佐之來也 入予居所祗對事 顧予居所卑陋不
勝慚愧 特營別殿 敬迎詔書 又構別館 接飯使佐 是其敬攀對故개 今依通
示 至于居所 迎入宴慰 其或以洪福源父 於本城裏往來事 聽取是人關白
云 年老病深 不堪遠路行邁 而又進仕京都 爵好廩厚 計產饒贍 安心以事
佛功德爲業 奈何返往敗亡本城裏住坐耶 是甚未便 辭語牢切 固難奪志
如上數段底事 惟大官人閣下 俯諒情實 益加存撫 俾我小邦 萬世出力供
職 幸甚幸甚 輕略不腆土宜 幷別紙奉寄 伏惟領納(『東文選』 권62, 朴暄
撰 「答蒙古官人書」)

위의 사료 O는 朴暄이 지은 「答蒙古官人書」인데, 최우정권의 명령에
의해서 김수정이 고종 27년(1240) 6월에 唐古 둔소를 방문하여 전달한
것이다. 이 서신에는 唐古가 요구하였던 3가지 사항과 그것에 대한 강도
조정의 답변이 잘 드러나 있다. 먼저 당고가 고려조정에 요청하였던 사
항들에 대해서 살펴보자. 첫째, 압록강 유역의 民戶를 충실케 하여 몽고
사가 왕래할 때면 술·음식을 공대하고 馬匹을 전하여 타게 하도록 요청
하였다. 둘째, 몽고사가 江都에 가면 고려왕의 居所에 모셔 공경하게 접
대할 것을 요구했다. 셋째, 洪福源의 아버지 洪大純을 本城(麟州城)[51] 안
으로 자유스럽게 왕래토록 하라고 부탁했다. 첫째는 驛站制 정비와 연관
되는 것이고, 둘째는 몽고사의 접대를 극진히 하라는 것이며, 셋째는 홍
복원의 부친 홍대순의 자유를 보장하라는 것이었다.

첫째 요구사항에 대해서 최우정권은 북계의 凋殘이 이미 성하였으니
백성들을 토착케 하기 어렵고 따라서 驛站을 관리하며 몽고사를 접대하
기 곤란하다고 하였다. 그리고 殘敗한 지방의 역참은 강도조정에서 官吏
들을 차출하여 酒果米糧을 준비했다가 그곳에 실어 보내 몽고사를 후하

---

51) 唐古가 말한 本城은 洪大純의 본거지 麟州城이거나 唐古가 주둔하고 있는 北界
의 어느 城이었을 가능성이 상존한다. 저자는 本城이 곧 麟州城이었을 공산이 크
다고 본다.

게 접대하고 있음을 항변하였다. 둘째 요구에 대해서는, 특별히 別殿을 지어 삼가 조서를 맞이하였고, 또 別館을 세워 몽고사에게 식사를 대접하였으므로 공경하여 접대할 만큼 했다고 주장하였다. 마지막으로 洪大純의 자유스러운 행동 보장에 대해서는, 홍대순이 늙고 병이 깊어 먼 길을 갈 수 없고, 강도에서 벼슬하여 후한 祿俸에 넉넉한 生計를 보장받고 있는데 어찌 패망한 本城에 왕래해야 하느냐며 반문하였다. 최우정권은 이러한 고려 측의 입장을 김수정을 통해 唐古에게 전달하였던 것이다. 김수정은 唐古元帥에게 약간의 토산물을 제공하며 이러한 강도정부의 답변을 전하고 唐古軍의 군사행동을 그만둘 것을 설득하였다.

고종 27년 이후 고종 40년 이전까지 서신외교는 관련사서에서 전혀 등장하지 않는다. 그러한 까닭은 그 시기가 몽고의 제1·2차 대공위시대와 맞물려 있음으로 해서 몽고의 외압이 고려에 비교적 미치지 않았을 뿐더러 阿母侃의 제3차 침공에 관한 기사가 거의 공백에 가깝기 때문이다. 그러나 고종 40~44년까지 서신외교는 간간이 등장하는데, 이 시기는 也古의 제4차 침입과 車羅大의 제5-(1)·(2)·(3)차 침입이 연속되는 기간인 만큼 당연히 서신외교 횟수도 많이 발견된다. 관련 서신외교를 모두 망라하여 적출해 보면 아래와 같다.

P-1. 己未 王遣 郞將 崔東植 致書 于也窟屯所曰 小邦 臣服上國 以來 一心無二 出力供職 庶蒙庇護 萬世無虞 不圖 天兵奄臨弊邑 罔知其由 擧國兢惕 惟 大王諒我誠懇曲 賜哀憐(『高麗史』권24, 高宗 40年 8月 己未日條)

P-2. 戊寅 遣 大將軍 高悅 致書 也窟大王曰 小邦 不敢違忤聖旨 已於昇天府白馬山下 築城郭 營宮室 但 東北界捕獺人 是懼 未得畢 構出居 今 大軍入境 國人驚駭 罔知所措 惟 大王矜恤 班師 俾我東民 悉皆 按堵則 當 明年 躬率臣僚 出迎帝命 若其虛實 遣一二使价 審之 可知也(『高麗史』권24, 高宗 40年 9月 戊寅日條)

P-3. 十一月 戊寅 永安伯僖 僕射金寶鼎 致書于也窟 阿母侃 亐悅 王萬戶 洪福源等 遺土物(『高麗史』권24, 高宗 40年 11月 戊寅日條)

P-4. 戊戌 王荅也窟書曰 前者 僕射 金寶鼎還 大王諭以 若能 出迎使者卽 當
回軍 遂 遣蒙古大等 十人以來 竊惟 出迎使者 近無其例 況 値天寒風勁
以老病之軀 豈敢 涉海 然 大王之敎 不敢違也 祗率臣僚 出迎使者 意 謂
大王不違舊約 卽還軍旅 今 承明敎 欲留兵一萬 置達魯花赤之語 若果如
此 安得保其無患 復都舊京耶 請 寢其事 以惠東民 若乃圻城子事 小邦 元
來俗 不露居 又 海賊 無時 虜掠 是用未卽壞去 後當依命(『高麗史』권24,
高宗 40年 11月 戊戌日條)

P-5. 荅胡花官人書曰 其所湏金銀 自昔 不產於小邦 其於納貢 猶未易辦 獺皮
紵布 自興兵以來 民皆驚竄 難以做辦 今略 爲信具 如別紙(『高麗史』권24,
高宗 40年 11月 戊戌日條)

P-6. 遣 門下平章事崔璘 如車羅大屯所 請罷兵 車羅大言 崔沆奉王出陸則 兵
可罷(『高麗史節要』권17, 高宗 41年 冬10月條)

P-7. 乙亥 復遣 愼執平于車羅大屯所 寄書云 大兵回來 惟命是從(『高麗史』권24,
高宗 43年 夏4月 乙亥日條)

P-8. 宰樞 又遣金軾 告車羅大曰 待大軍回歸 太子親朝帝所 車羅大許之曰 回
軍後 王子 可與松山等 偕來 於是 禁掠 昇天府 甲串江外 及諸島人民(『高
麗史』권24, 高宗 44年 8月 戊子日條)

　위의 사료 P群은 崔沆~崔竩執權期 서신외교를 시행한 사례이다. 서
신외교가 흔히 호궤외교·방물외교 다음에 시행되므로 호궤외교나 방물
외교를 시행했을 경우에 서신외교가 동반되었을 가능성을 배제할 수 없
다.[52] 하지만 고종 40~44년 사이에『고려사』와『고려사절요』에서 발견
되는 서신외교는 8회에 지나지 않는다. P-1·2·3·4·5는 也古의 제4차 침
입기, P-6은 車羅大의 제5-(1)차 침입기, P-7은 車羅大의 제5-(2)차 침입
기, P-8은 車羅大의 제5-(3)차 침입기에 시행된 서신외교 사례이다. 먼저
P-1에서, 也古가 제4차 침략을 개시하여 椋山城을 함락시키자 고종 40년

8월 13일에 최항정권은 낭장 崔東植을 也古의 陣營으로 보내 고려의 딱한 처지를 호소하는 서신을 보냈다. 그 서신에는 "고려가 한마음 한뜻으로 大國에 職貢을 닦고 있는데, 뜻밖에 몽고대군이 들이닥쳐 그 이유를 알 수 없고 전국이 두려워하고 있으니 大王(也古)은 애석하고 가련하게 보아 달라"는 감정적인 호소였다. 也古는 "몽고황제가 고려왕이 늙고 병든 것을 칭하여 입조를 거부하지나 않을까 염려하여 그 眞僞를 시험하고자 하니 왕이 오고 아니 오는 것을 6일 이내로 다시 와서 알리라"고 최동식에게 강요하였다.[53] 최항정권이 몽고의 강화조건 가운데 하나인 고종의 '出迎蒙使'를 끝내 거부하자 也古는 東州山城을 공함시켰다.

이에 P-2에서, 최항정권은 같은 해 9월 3일에 대장군 高悅을 也古의 둔소에 보내서 몽고군이 철수한다면 내년에 국왕과 신하들이 입조하여 황제의 명을 받들겠다고 전하였다. 강도조정은 서신외교를 통해서 '先蒙古軍撤收 後 君臣入朝'를 표명한 것이다. 그러나 이러한 서신외교에도 불구하고 也古는 최동식과 고열을 억류시킨 다음 李松茂를 강도로 보내서 "諸城의 항복 牒文을 받아오라"고 엄포하였다.[54] 그는 강도조정과 講和할 생각이 전혀 없었던 것이며, 오히려 내륙 諸城의 완전한 항복을 요구하였다.

也古가 春州城을 도륙하고 楊根城·天龍山城의 항복을 받아낸 이후 忠州山城을 공격하자, P-3에서 같은 해 11월 4일에 영안백 왕희와 복야 김보정이 也古의 둔소를 방문하여 서신외교를 펼쳤다. 이때는 앞 小節에서 살펴보았듯이, 최항이 대몽교섭의 주도권을 이미 국왕과 재추에게 내준 시점이었다. 그러므로 왕희 등은 국왕과 재추가 대몽강화·몽고군철군

---

53) "時 也窟在土山 受國書 使人謂東植曰 帝慮 國王稱老病 不朝 欲驗眞否 王之來否 限六日 更來報 東植答曰 兵聞 主上 豈 能速來 也窟曰 爾何能來"(『高麗史』 권24, 高宗 40年 8月 己未日條).

54) "也窟 拘留 悅及崔東植 遣李松茂云 受爾國諸城降牒而來"(『高麗史』 권24, 高宗 40年 9月 戊寅日條).

을 위해서 파견했다고 보아 정확할 것이다. 영안백 왕희 등이 전개한 시
신외교의 내용은 P-3에서 나타나지 않으나, '先 蒙古軍撤收 後 太子入朝'
였을 것으로 여겨진다. 충주산성전투가 치열하게 전개되고 있었던 10월
26일에 4품관 이상 회의에서 태자친조 쪽으로 대몽강화의 방향을 잡았
기 때문에[55] 그러한 강화조건을 전달했을 것으로 추측된다.

　也古가 2달에 이르도록 충주산성을 함락시키지 못하고, 황족 塔刺兒
의 진영을 습격하는 불미스런 사태를 야기시켜 몽고 憲宗으로부터 소환
명령을 받자 대몽전쟁에 청신호가 켜졌다. 也古는 北還하면서 같은 해
11월 23일에 강도조정에 사람을 보내 達魯花赤과 1萬 군사를 고려에 주
둔케 하고 山城을 헐어버릴 것을 요구하였다. 그 부하 관인 胡花는 金
銀·獺皮·紵布 등 물품을 요청하였다. 也古와 胡花의 요구사항은 뜻밖의
변수로 인해 전황이 교착상태에 빠지게 되자 강도조정을 압박하여 자신
들의 본래 목적을 관철시키려는 의도가 농후했다. 강도조정은 이러한 也
古·胡花의 요구에 대해서 거부의사를 밝히는 서신외교를 실행하였다.
P-4에서 고려조정은 "也窟大王(也古)이 '국왕이 출륙하여 몽고사를 영접
하면 회군하겠다'고 말해 놓고 지금 와서 군사 1만을 남기고 達魯花赤을
둔다고 하면 無患을 어찌 보장받을 수 있고 옛 서울로 다시 도읍할 수
있겠는가"라고 회답하였다. 또한 城子를 허무는 것에 대해서는, 고려 풍
속에 노숙하여 이슬을 맞는 일이 없고 해적이 때때로 와서 약탈하므로
즉시 산성을 파괴할 수 없음을 간곡히 호소하였다. P-4의 서신외교를 통
해서 고종과 재추는 북계에의 몽고군 주둔과 達魯花赤 설치를 반대하였
고, 산성을 파괴하라는 요청도 거부하였다. 한편 P-5에서 강도조정은 胡
花 관인에게 서신을 보내 "금·은은 예로부터 고려에서 생산되지 않아
공납을 판단하기 어렵고, 獺皮·紵布는 몽고침입 이후로 백성들이 흩어

---

55) "辛未 命 宰樞 致仕 及文武四品以上 議却兵之策 僉日 莫如太子出降"(『高麗史』
　　권24, 高宗 40年 冬10月 辛未日條).

져 숨었으므로 판별하기 어렵다"고 통보하면서, 別紙에 있는 공물을 정
표로 삼아 보냈다. 고려는 胡花가 요구한 금·은·달피·저포의 공납을 적
절한 이유를 들어 거부했던 것이다. 이렇듯 也古와 胡花의 요구를 거부
할 수 있었던 근본적인 계기는 也古의 北還과 충주산성전투의 승리였음
은 재언을 요하지 않는다.

也古가 물러난 뒤 얼마 안지나 車羅大가 고종 41년 8월에 제5-(1)차
침입을 개시하자 고려는 대몽전쟁사상 유례없는 큰 피해를 당하게 되었
다.56) 그것은 車羅大가 중부내륙을 다시 집중적으로 공격하고 더 나아
가 경상도를 구략하게 됨으로써 나타난 것이다. 매해 몽고병의 연속된
침략을 받자 P-6에서 문하평장사 崔璘은 고종 41년(1254) 10월에 車羅
大의 둔소를 방문하여 退兵을 간청하는 서신외교를 펼쳤다. 최린은 몽고
군이 철수하면 태자가 입조하고 군신이 출륙하겠다는 의사를 전달했을
것으로 추정된다. 그러나 車羅大는 최항이 고종을 모시고 출륙해서 항복
해야만 철군할 수 있다고 하여 장기전을 의도하였다. 최린이 고종 42년
1월에 표문을 받들고 몽고에 입조하여 고려의 어려운 사정을 호소하면
서 철군을 요청하자 헌종은 車羅大에게 잠시 철군할 것을 명령하였다.
그러나 車羅大는 완전히 고려영토를 벗어난 것이 아니라 대부분의 병력
을 북계에 주둔시키고 휴식을 취하면서 재침을 준비하고 있었다.

전력보강과 전투편성을 끝마친 車羅大는 고종 42년 5월에 제5-(2)차
침입을 개시하였고 해를 넘겨 고종 43년에는 서해안 일대의 海島侵攻을
노골화하였다. 대대적인 몽고군의 해도침공에 직면하여 최항정권은 크
나큰 위기감에 사로잡혔다. P-7에서 최항정권은 대장군 愼執平을 車羅
大의 둔소에 보내 "대병이 철군한다면 그 어떠한 요구사항도 수렴하겠
다"는 서신을 보냈다. 신집평은 야별초대장군 宋吉儒와 더불어 최항정

---

56) "是歲 蒙兵所虜男女 無慮二十萬六千八百餘人 殺戮者不可勝計 所經州郡 皆爲煨
爐 自有蒙兵之亂 未有甚於此時也"(『高麗史』권24, 高宗 41年 12月 丁亥日條).

권 내에서 대몽강경론의 최후의 보루와도 같은 존재였으며 해도입보를
강력하게 추진해 왔었던 인물이었다. 그러했던 그가 車羅大에게 서신외
교를 펼쳤고, 서신외교의 내용도 '태자친조·군신출륙'과 같은 몽고의 요
구사항을 수용하겠다는 것으로 추정되므로 무언가 석연치 않은 점이 있
다. 설령 그가 재추의 대몽화의론의 여세에 따라 서신외교를 실행에 옮
겼다고 하더라도 최항정권이 의도하는 바는 따로 있었던 듯싶다. 그것은
최항정권이 신집평의 서신외교를 통해서 몽고군 원수부에 대몽강화 의
사를 전달하여 그들을 안심시킨 뒤에 대반격작전을 구사한다는 전략과
연관이 있었다. 실제로 고종 43년 4월 18일에 서북면병마사가 別抄 3백
으로 義州에 주둔중인 몽고군 1천을 쳐서 크게 패배시켰고,[57] 같은 달
20일에 大府島別抄가 仁州 蘇來山 아래로 나아가 몽고군을 격파하였으
며,[58] 같은 달 30일에 忠州道巡問使 韓就는 牙州 인근 해도에서 전선
9척으로 水戰을 감행한 몽고병을 격멸시켰다.[59] 이러한 3가지 전승 사
례는 車羅大軍의 후방을 교란하는 대반격작전의 성격을 지니며, 전라남
도에서 작전 중인 車羅大의 본진에게 보급을 차단하고 퇴로를 불안케
하는 목적을 가지고 있었다. 따라서 P-7의 서신외교는 車羅大에게 대몽
강화 의사를 전달하여 몽고군의 공격력을 둔화시킨 다음에 대반격작전
을 구사하겠다는 위장전술이 내재되어 있었다 할 것이다.

　마지막으로 나타나는 서신외교는 P-8이다. 宰樞가 시어사 金軾을 車
羅大의 둔소에 보내 "대군이 회군할 때를 기다려 황제가 계신 곳에 태자
가 친조할 것이다"는 강도조정의 대몽강화조건을 서신으로 전달케 하였

---

57) "戊寅 西北面兵馬使馳報 遣別抄三百 擊蒙兵一千于義州"(『高麗史』 권24, 高宗
　　43年 夏4月 戊寅日條).
58) "庚辰 大府島別抄 夜出 仁州境蘇來山下 擊走蒙兵百餘人"(『高麗史』 권24, 高宗
　　43年 夏4月 庚辰日條).
59) "庚寅 忠州道巡問使 韓就 在牙州海島 以船九艘 欲擊蒙兵 蒙兵逆擊 盡殺之"(『高
　　麗史』 권24, 高宗 43年 夏4月 庚寅日條).

다. 시어사 김식은 몽고군의 철수조건으로 태자친조를 제시했던 것이다. P-8은 고종 44년(1257) 8월 6일인데, 최의집권기에 해당하며 車羅大의 제5-(3)차 침입이 종결 단계에 이르렀을 시점이었다. 앞 小節에서 언급했 듯이, 최의집권기에는 애초부터 대몽교섭의 주도권을 무인집정 대신 재추와 국왕이 장악했기 때문에 재추와 국왕이 車羅大의 진영에 사자를 보내서 강화조건을 협상하였고 종국에는 몽고군을 철군시키는데 성공하였던 것이다. 그러한 정황은 비록 확실히 서신외교라고 단정 지어 말할 수 없지만, 將作監 李凝을 甫波大의 둔소에 보내 철병을 요구한 데서[60] 잘 드러난다. 한편 시어사 김식이 같은 해 6월 12일에 稷山에 주둔한 甫波大의 진영에 나아가 강화협상을 전개하여 몽고사 3인을 강도로 데려오고,[61] 같은 달 29일에는 몽고사 3인과 더불어 車羅大의 진영에 도달하여 강화조건을 조율하는 것에서[62] 잘 알 수 있다. 최씨정권 가운데 가장 짧았던 최의집권기에는 재추와 국왕의 대몽강화 교섭이 가장 활발하게 나타나는 면모를 포착할 수 있으며, 고종 44년 8월 6일의 서신외교가 그 절정을 이룬다고 하겠다.

이상과 같이 撒禮塔의 제1-(1)차 침입기 당시 대몽강화를 체결하는 시점에서 추정해 본 서신외교, 강화천도 이전에 시행된 서신외교, 강화천도 이후 고종 19년 12월까지 시행된 서신외교, 고종 26년 이후 시행된 서신외교, 也古와 車羅大의 제4~5차 침입기인 고종 40~44년까지의 서신외교를 제각기 살펴보았다. 시기별로 저마다 시행된 서신외교는 그 내용과 성격 면에서 차이점이 있었다. 강화천도 이전에 시행된 서신외

---

60) "蒙兵 至南京 遣李凝 請退兵 甫波大云 去留 在車羅大處分"(『高麗史』 권24, 高宗 44年 6月條). 將作監 李凝은 이보다 먼저 6월 5일에 開京에 이른 蒙古兵에게 음식을 제공하는 犒饋外交를 펼친바 있다.

61) "乙未 蒙兵 至稷山 遣 侍御史金軾 詣屯所 請客使三人來"(『高麗史』 권24, 高宗 44年 6月 乙未日條).

62) "壬子 金軾 伴客使 如車羅大屯所"(『高麗史』 권24, 高宗 44年 6月 壬子日條).

교는 주로 몽고의 과도한 공납 요구와 인질상납 강요에 저항하는 형태
를 띠었다. 강화천도 이후 고종 19년 12월까지 시행된 서신외교에서는
대개 강화천도의 당위성을 변호하고 송입장·조숙창을 몽고로 잡아 보
낼 수 없음을 알렸으며, 국왕과 최우가 출륙하여 몽고사를 접대할 수
없을 뿐만 아니라 몽고에 친조할 수도 없음을 전하였다. 한편 몽고에 친
조하여 표문을 바칠 고려사신에 대한 처우를 부탁하기도 하였다. 고종
26년에 재개된 서신외교에서는 당고와 진경승상에게 고려의 어려운 경
제상황을 참작하여 줄 것과 당고의 군사행동을 자제할 것을 부탁하였
다. 고종 40~44년 사이에 실행된 서신외교는 몽고군 원수부에 철군을
요청하고, '태자친조·군신출륙' 등 대몽강화조건을 전달하였다. 전반적
으로 서신외교는 전쟁이 발발하였을 경우 몽고군 원수부와 강화조건을
협상하고 몽고군의 철수시기를 조율하기 위해서 전개되었던 것을 부정
하기 어렵다. 그러면 앞서 살펴본 서신외교를 모두 정리하여 도표로 제
시하면 아래와 같다. 여기에는 서신외교 추정 사례까지 포함하였음을 밝
혀 둔다.

〈표 3-4〉 崔氏執權期에 시행된 書信外交

順序	王曆	時期	武人執政	蒙古軍 陣營에 파견된 使臣	派遣目的 使臣活動	蒙古側 反應	備考
1	高宗 18년	1231. 10.1	崔瑀	殿中侍御史 金孝印	平州에 감금된 蒙古使 2인에게 몽고군의 침략 이유를 질문	撒禮塔이 平州를 도륙함	高麗史
2	高宗 18년	1231. 10.20	崔瑀	郎將 池義深	蒙古使 2인을 개경에 데려옴 * 蒙古使: 阿土와 여진인	고려의 항복 강요	高麗史
3	高宗 18년	1231. 11.11	崔瑀	北界分臺御史 閔曦	귀환 보고: 權皇帝 撒禮塔이 高官이 와서 항복할 것을 강요		高麗史 귀환 사례
4	高宗 18년	1231. 12.1	崔瑀	御史 閔曦	蒙古兵이 興王寺를 공격하자 高宗이 閔曦를 보내 蒙古兵을 犒饋하고 和親을 체결	고려와 和親을 체결	高麗史 元高麗紀事

順序	王曆	時期	武人執政	蒙古軍 陣營에 파견된 使臣	派遣目的 使臣活動	蒙古側 反應	備考
5	高宗18년	1231.12.2	崔瑀	御史 閔曦 知閣門事 崔珙	閔曦가 蒙古使 2인과 함께 오자 崔珙이 接伴使가 되어 蒙古使를 영접	使臣團 44인이 高宗에게 文牒을 송부	高麗史元高麗紀事
6	高宗18년	1231.12	崔瑀	迎送副使 金仲文	金仲文이 迎送副使가 되어 蒙古使를 40여 일이나 접대		金仲文墓誌銘
7	高宗19년	1232.3	崔瑀	通事 池義深	撒禮塔에게 국가예물과 書信을 전달		高麗史
		1232.3	崔瑀	中郎將 池義源 錄事 洪臣源 金謙?	撒禮塔 屯所에 국가예물과 文牒을 전달		元高麗紀事
8	高宗19년	1232.4.12	崔瑀	上將軍 趙叔昌 侍御史 薛愼	國贐과 表文을 받들고 몽고에 入朝 / 撒禮塔에게 書信 * 書信내용: 貢物·人質상납에 대한 고려의 항변		高麗史元高麗紀事
		1232.	崔瑀	侍御史 薛愼 大將軍 趙叔璋	薛愼이 副行李使가 되어 몽고 궁궐에 들어가 국가의 중요한 일들을 처리		薛愼墓誌銘
9	高宗19년	1232.5	崔瑀	(미상)	崔瑀가 河西元帥에게 선물로 받은 金線을 되돌려 주는 書信外交 시행		高麗史
10	高宗19년	1232.9	崔瑀	(미상)	蒙古官人에게 書信을 주어 江華遷都의 사정을 변호		高麗史
11	高宗19년	1232.11	崔瑀	(미상)	沙打官人에게 書信을 보내 崔瑀를 接待使로 보낼 수 없음과 趙叔昌·宋立章을 잡아 보낼 수 없음을 통보		高麗史
12	高宗19년	1232.11	崔瑀	(미상)	撒禮塔에게 書信을 보내 皇帝에게 파견한 高麗使의 처우를 부탁		高麗史
13	高宗19년	1232.12	崔瑀	(미상)	蒙古大官人에게 書信을 보내 억류된 高麗使를 석방한 것에 사례하고, 高宗·崔瑀의 親朝는 어렵다고 통보		高麗史
14	高宗19년	1232.12	崔瑀	(미상)	蒙古大官人에게 書信을 보내 高麗使가 다시 蒙		高麗史

順序	王曆	時期	武人執政	蒙古軍 陣營에 파견된 使臣	派遣目的 使臣活動	蒙古側 反應	備考
					古軍 진영에 억류돼 있으므로 의구심이 생겨 황제께 答書를 보낼 수 없다고 통보		
15	高宗 19년	1232. 12	崔瑀	(미상)	東眞國에 書信을 보내 處仁部曲의 小城에서 撒禮塔을 사살했으며 몽고군이 철수했음을 통보		高麗史
16	高宗 21년	1234. 2.3	崔瑀	將軍 金寶鼎	몽고군 진영에 사신으로 파견: (書信外交)	東眞에 騎兵 1백 명 잔류	高麗史
17	高宗 25년	1238. 12	崔瑀	御史 宋彦琦 將軍 金寶鼎	唐古와 晉卿丞相에게 書信을 주어 고려의 현 상황을 선처해 줄 것을 부탁		東國李相國集 東文選
18	高宗 27년	1240. 6	崔瑀	堂後 金守精	堂後 金守精이 唐古 屯所에 가서 牒文과 方物 전달		高麗史
19	高宗 40년	1253. 8.13	崔沆	郎將 崔東植	蒙古 大軍이 이유 없이 쳐들어 왔으니 고려를 선처해 달라고 호소	高宗의 出陸 여부를 6日 이내로 통보 요구	高麗史
20	高宗 40년	1253. 9.3.	崔沆	大將軍 高悅	也古가 철수하면 내년에 國王·臣下가 親朝할 것이라는 書信 전달 / 方物 外交 전개	也窟이 高悅을 억류	高麗史
21	高宗 40년	1253. 11.4	崔沆	永安伯 王僖 僕射 金寶鼎	高宗의 書信 전달, 土物 제공		高麗史
22	高宗 40년	1253. 11.16	崔沆	永安伯 王僖	也古에게 國贐禮物을 주면서 退兵을 청함	憲宗이 也古를 召還	高麗史
23	高宗 40년	1253. 11.24	崔沆	(미상)	高宗이 也古에게 軍士 1만 잔류와 達魯花赤설치 불가, 성벽 파괴 불가를 전달		高麗史
24	高宗 40년	1253. 11.24	崔沆	(미상)	몽고관리 胡花에게 고려의 土物 공급이 어렵다고 통보		高麗史
25	高宗 41년	1254. 10	崔沆	叅知政事 崔璘	車羅大에게 철병 요청		高麗史
26	高宗 43년	1256. 3	崔沆	大將軍 愼執平	車羅大 屯所에 파견, 강화 조건 협상 / (書信外交)		高麗史
27	高宗 43년	1256. 4.15	崔沆	大將軍 愼執平	車羅大 屯所에 가서 蒙古兵이 철수한다면 그 어떠한 요구도 수용하겠다고 전달		高麗史

順序	王曆	時期	武人執政	蒙古軍 陣營에 파견된 使臣	派遣目的 使臣活動	蒙古側 反應	備考
28	高宗 44년	1257. 6	崔誼	將作監 李凝	南京에 이른 蒙古兵에게 철군 요구 / (書信外交)	선봉대장 甫波大가 거부	高麗史
29	高宗 44년	1257. 6.12	崔誼	侍御史 金軾	稷山에 가서 甫波大의 使者 3인을 데리고 옴		高麗史
30	高宗 44년	1257. 6.29	崔誼	侍御史 金軾	몽고사 3인과 더불어 車羅大의 屯所로 파견	車羅大가 使臣 18명 파견	高麗史
31	高宗 44년	1257. 7	崔誼	永安公 王僖	車羅大에게 銀瓶·酒果 등을 선사하고 철병 요청		高麗史
32	高宗 44년	1257. 8.6	崔誼	侍御史 金軾	車羅大에게 몽고군이 철수할 때 太子가 親朝할 것임을 천명 / 書信外交		高麗史

* 派遣目的·使臣活動에서 ( )로 묶은 것은 추정한 내용임

〈표 3-5〉 崔氏執權期 시행된 書信外交와 추정해 본 書信外交 사례

年度	書信外交 시행	書信外交 추정	備考
高宗 18년 (1231)		10. 1 殿中侍御史 金孝印 10.20 郎將 池義深 11.11 北界分臺御史 閔曦 12. 1 御史 閔曦 12. 2 御史 閔曦, 知閣門事 崔璘 12.某日 迎送副使 金仲文	崔瑀執權期 撒禮塔의 제1-(1)차 침공

高宗 19년 (1232)	3.某日 通事 中郎將 池義深
	        錄事 洪巨源, 金謙
	4.12 上將軍 趙叔昌
	        侍御史 薛愼
	5.某日 미상: 河西元帥에게 보냄
	9.某日 미상: 撒禮塔에게 보냄
	11.某日 미상: 撒禮塔에게 보냄
	11.某日 미상: 撒禮塔에게 보냄
	12.某日 미상: 撒禮塔에게 보냄
	12.16~ 미상: 帖哥에게 보냄
	12.16~ 미상: 東眞國에 보냄
			崔瑀執權期 撒禮塔의 제1-(2)차 침공

高宗 21년 (1234)		2. 3 將軍 金寶鼎	崔瑀執權期 北界收復運動期

年度	書信外交 시행	書信外交 추정	備考
高宗 25년 (1238)	12.某日 御史 宋彦琦, 　　　　將軍 金寶鼎		崔瑀執權期 唐古의 제2-(3)차 침공
高宗 27년 (1240)	6.某日 堂後 金守精		崔瑀執權期 임시적 對蒙講和期
高宗 40년 (1253)	8.13　　郞將 崔東植 9. 3　大將軍 高悅 11. 4　永安伯 王僖, 僕射 金寶鼎 11.24 미상: 也古,胡花에게 보냄	11.16　　永安伯 王僖	崔沆執權期 也古의 제4차 침공
高宗 41년 (1254)	10.某日 叅知政事 崔璘		崔沆執權期 車羅大의 제5-(1)차 침공
高宗 43년 (1256)	4.15　　大將軍 愼執平	3.某日 大將軍 愼執平	崔沆執權期 車羅大의 제5-(2)차 침공
高宗 44년 (1257)	8. 6　　侍御史 金軾	6.某日 將作監 李凝 6.12　侍御史 金軾 6.29　侍御史 金軾 7.某日 永安公 王僖	崔竩執權期 車羅大의 제5-(3)차 침공
횟수	총 18회	총 13회	

　　앞의 <표 3-4·5>를 살펴보면, 최씨집권기 동안 시행된 서신외교는 모두 18회가 발견되며, 시행되었을 것으로 추정해 본 서신외교는 총 13회이다. 시행된 서신외교 18사례는 本節에서 이미 검토해 보았다. 서신외교를 수행한 인물은 池義深·洪臣源·金謙·趙叔昌·薛愼·宋彦琦·金寶鼎·金守精·崔東植·高悅·王僖·崔璘·愼執平·金軾 등 모두 14인이다. 반면 서신외교를 시행하였을 것으로 추정되는 인물은 金孝印·池義深·閔曦·崔玒·金仲文·金寶鼎·王僖·愼執平·李凝·金軾 등 10인이다. 서신외교를 시행한 인물과 시행하였을 것으로 추정한 인물들 사이에는 중복된 경우가 있는데, 지의심·김보정·왕희·신집평·김식 등 5인이 바로 그러하다. 중복되는 5인을 제외하면 서신외교는 추정사례까지 포함하여 모두 15인의 고려사신에 의해서 실행되었던 셈이다.

　　대몽전쟁의 전반적인 추이와 연관지어 서신외교 실행을 분석해보면,

강화천도를 전후한 시점에서는 최우의 항몽의지대로 서신외교가 추진되었다. 그러나 고종 25년을 기점으로 하여 여·몽 사이에서 대몽강화가 급속히 추진되면서 최우는 몽고의 요구를 어느 정도 수용하는 가운데 서신외교를 펼쳤다. 최항집권기에 들어와서 也古의 제4차 침입이 개시되자 최항은 낭장 최동식과 대장군 고열을 통해 서신외교를 전개하면서 몽고군의 철군을 요구했다. 그러나 전황이 불리하게 전개되면서 최항은 대몽교섭의 주도권을 국왕과 재추에게 넘겨주었고 이후 서신외교는 왕실종친인 왕희와 복야 김보정, 평장사 최린 등이 주관하였다. 그 시점은 고종 40년 10월이었으며 이후 대몽외교·대몽교섭은 국왕과 재추가 도맡아 처리하게 되었다. 최의집권기에는 고종 44년 6~8월 사이에 서신외교를 수차례 시행하면서 車羅大軍의 철군을 이끌어내기도 하였다. 이처럼 서신외교는 처음에는 최씨집정의 항몽의사를 전달하는 것으로부터 시작되었으나 점차 대몽항전 역량이 크게 감퇴해 나감에 따라 국왕·재추의 대몽강화의지를 알리는 방향으로 급선회하는 성격을 지닌다 하겠다.

2. 表文外交와 蒙古六事 조율

犒饋外交와 方物·書信外交가 차례대로 시행된 다음에는 일반적으로 表文外交가 전개되었다. 표문외교는 高麗朝廷의 공식적인 입장을 表文에 집약하여 몽고황제에게 전하는 외교방식인데, 고려사신이 표문을 몽고황제에게 전달하면서 아울러 歲貢外交를 펼쳤다. 대개 표문외교는 戰場에서 서신외교로 해결하지 못한 외교현안을 표문을 통해 몽고황제에게 陳情함으로써 고려조정이 몽고군철수를 위하여 최후로 실행에 옮기는 外交戰術이었다. 고려조정은 표문외교를 통해서 몽고군철수를 의도하였고, 고려의 현실정과 난관을 몽고황제에게 알림과 동시에 몽고가 요구해 왔던 蒙古六事 문제를 조율해 나갈 수 있었다. 그러므로 몽고육사 문제를 조율한다는 측면에서도 표문외교는 매우 중요하였다. 고려정부 가 死活을 걸고 표문외교에 나선 것도 몽고육사 문제를 고려 입장에서 유리하게끔 해결하려고 했기 때문이었다. 그러면 崔氏政權期 對蒙戰爭 期間 동안 나타나는 표문외교의 사례를 하나씩 분석해보면서, 각각의 표 문외교가 몽고육사 문제와 어떠한 상관관계를 지니고 있으며 어떠한 결 과를 낳고 있는지에 대해서 심층적으로 분석해보기로 한다. 또한 표문외 교가 대몽강화에 어떠한 영향을 주었으며 이 외교를 실행하였던 고려사 신의 면모에 대해서도 구체적인 분석을 시도해보고자 한다.

兄弟盟約期에 몽고는 몽고육사 가운데 공물납부를 요구해 왔었는데, 그 수량이 과도하였고 공납을 받는 주체가 다원화되어 있었다. 그럼에도 불구하고 고려조정은 몽고의 요구사항을 대체적으로 지켜서 형제맹약체 제를 유지해 나갔다. 그러나 著古與被殺事件을 명분으로 撒禮塔이 고려 를 침공하고 나서부터 형제맹약체제가 붕괴되었을 뿐만 아니라 종전보 다 훨씬 과도한 공물납부 요구에 직면하게 되었다. 비단 納貢 요구만이 아니라 人質上納까지 추가되었다. 撒禮塔의 제1-(1)차 침입부터 몽고는 몽고육사 가운데 납공과 納質, 2가지 사안을 요구해 왔던 것이다. 최우 정권은 安北府 패전 이후에 몽고와 講和를 신속히 체결하는데 모든 노 력을 경주했으며, 몽고의 납공·납질 강요에 맞대응하기에 앞서 몽고의 고려침공이 부당한 것임을 표문을 통해서 항변하였다. 최우는 고종 18년 29일에 대장군 趙叔昌으로 하여금 몽고사신에게 표문을 전달케 하여 5가 지 사안에 대해서 陳情하였다.

Q. 寄蒙使 上皇帝表曰 伏念 臣曾荷大邦之救危 完我社稷 切期永世以爲好 至 于子孫 寧有二心 敢孤厚惠 伏承下詔 深疚中懷 事或可陳情 何有匿 其著 古與殺了 底事實隣寇之攸作 想聖智之易明 彼所經由 亦堪證驗 其再來人 使 著箭事 前此 哥不愛 僞作上國服樣 屢犯邊鄙 邊民 久乃覺其非 今春

又値如此人等 方驅逐之 我不見人物 唯 拾所棄毛衣帛冠鞍馬等事 以帛冠
之故 雖知其僞 尙疑之 藏置縣官 將俟大國來人 辨其眞贋 今以此悉付上國
大軍 則無他之意於此 可知也 又阿土等縛紐事 初 不意 結親之大國 乃無
故 加暴於小邦 擬寇賊之來侵 出軍師 而方戰 忽 有二人突入我軍 癡軍士
不甚考問 捕送平州 平州人 恐其逋逸 略加鑠梏 申覆朝廷 朝廷遣譯 察視
以其語頗類上國 然後 解械慰訊 兼贐衣物 隨譯前去 則初 雖不明所致 其
實 亦可恕之 又哥不愛人戶 於我國城子 裏入居事 此等人 嘗 與我國邊人
迭相侵伐 其爲寃讎久矣 邊民雖憂 豈容歸敵 與之處耶 事漸明矣 言可飾乎
其投拜事 往前 河稱扎剌來時 已曾投拜 今因華使之來 申講舊年之好 伏望
乾坤覆露 日月照 臨鞠實察情 苟廓包荒之度 竭誠盡力 益修享上之儀(『高
麗史』권23, 高宗 18年 12月條)

위의 사료 Q에서 최우정권은 저고여피살사건, 蒙古使追放事件, 阿土
捕縛事件, 哥不愛 고려거주 문제, 몽고에 항복하는 문제 등을 몽고 황제
에게 항변하였다. 먼저 고종 12년 정월에 있었던 저고여피살사건에 대해
서는, 著古與가 오고 간 경로를 보더라도 이웃나라 소행임을 증명할 수
있을 것이라고 하면서 고려의 소행이 아님을 애써 陳情하였다. 실제로
著古與는 婆速路로 고려에 들어왔고 그 방면으로 돌아가다가 죽음을 당
했으니 이웃나라의 소행임을 증명할 수 있다는 것이다. 고려조정에서는
著古與가 이웃나라 즉 金나라의 溫迪罕, 亏哥下, 哥不愛 등에 의해서 피
살되었을 가능성이 높다고 판단하였던 것으로 보인다.

둘째 몽고사신추방사건에 대한 해명은 조금 난해하다. 두 번째 온 사
신이[63] 화살을 맞은 것에 대해서는, 이에 앞서 哥不愛가 몽고군 복장으
로 변장하고 여러 번 고려 변경을 침입했었는데 오랜 시일이 지나서야
변경백성들은 그가 몽고인이 아님을 알았고, 올해(고종 18년) 봄에 또 그
와 비슷한 사람을 만나 그들을 몰아내려 할 즈음에 이내 인적이 없어지
고 다만 버리고 간 털옷·백관·말안장 등만 줍게 되었는데 이번에 몽고

---

63) 著古與被殺事件의 진상조사를 위해 고종 12년경 高麗 국경에 파견된 蒙古使臣
을 말한다.

원수부에 그것들을 모두 보냈으니 맞는지 확인해 보라고 하였다. 개경정부는 몽고군 복장으로 변장하고 자주 고려 국경을 침입한 金將 哥不愛를 몰아내는 과정에서 몽고사신추방사건이 우발적으로 발생했을 가능성만큼은 인정하였다. 그러나 이것은 고려조정의 잘못된 판단임이 명백하다. 두 번째 온 사신은 고종 12년 이후 가까운 시기에 저고여피살사건을 조사하러 압록강 근처에서 화살세례를 받고 되돌아간 사신을 말한다. 그런데 올해 봄에 哥不愛와 비슷한 부류의 사람들이 몽고군 복장으로 침입하였을 때에 그들을 몰아낸 시점은 고종 18년(1231)이었다. 따라서 개경정부가 사건의 先後關係를 제대로 파악하지 못하고 몽고사추방사건이 哥不愛를 격퇴시키는 과정에서 우발적으로 일어났을 가능성을 인정했던 것이다.

셋째 고종 18년 10월 1일에 있었던 阿土捕縛事件에 대해서는 분명히 고려 측의 실수를 인정하였지만 고의적인 것이 아님을 강조하였다. 즉 우호관계를 맺고 있는 몽고에서 까닭 없이 우리나라에 횡포한 행동을 가하리라고는 생각하지 않았고 도적이 와서 침범하는 것으로 여겼는데, 웬 사람 두 명이 고려군 진영으로 달려오므로, 우리 군사들이 따져보지도 않고 平州로 잡아 보냈던 것이라고 해명하였다. 그리고 정부에서 通譯을 보내 阿土 등의 언어가 몽고인과 비슷함을 안 다음에야 수갑을 벗기고 위로하는 동시에 의복까지 주어서 통역과 함께 개경에 도달케 했음도 밝혔다. 최우정권은 처음에는 비록 고려 측의 조치가 분명하지 않았으나 사실은 이것도 양해할 만한 일이라고 치부했던 것이다.

넷째 哥不愛 등이 고려 북계의 성안에 들어와 거주한다는 헛소문에 대해서는 강경하게 그것을 거부하였다. 개경조정은 哥不愛가 예전에 고려 변방사람들과 서로 치고 싸워서 원수가 된 지 이미 오래이니 변방사람들이 원수와 성안에서 같이 살 수 없다고 강조하였다. 실제로 哥不愛는 북계 어느 성으로 옮겨와 거주하지 않았으며 고려 측에서나 몽고 측에서나 반드시 제거해야만 될 요주의 인물이었다. 당시 몽고는 고려가 금장 哥不愛와 연합하여 몽고군에 저항하고 있는 것으로 오인하고 있었던 듯하다.

마지막으로 몽고에 항복하는 문제는 이전의 兄弟盟約에 기초하여 시행할 것임을 약속하였다. 예전에 何稱(哈眞)과 扎刺 등이 왔을 때 몽고에 항복하는 문제는 이미 약속되었고, 금번에 몽고사가 온 것을 계기로 하여 종전의 우호관계를 거듭 토의하였음을 밝혔다. 몽고와 강화를 체결함에 있어서 과거 강동성전역을 매듭짓고 형제맹약을 맺었을 당시의 강화조약에 기초하여 새롭게 우호관계를 창출해 나가겠다고 언약하였던 것이다. 실제로 撒禮塔은 고종 18년 12월 당시 몽고육사 전체의 이행을 요구하지 않고 공물납부와 인질상납 만을 우선적으로 강요하고 있었으므로 고려조정에서 형제맹약 당시의 기준을 떠올리는 것은 어쩌면 당연한 일이었는지도 모른다.

이러한 최우정권의 의사를 담고 있는 표문은 최우의 지시에 의해 李奎報가 작성해서 올린 것이다.64) 최우정권은 자신의 文臣 門客을 통해 對蒙交涉의 가장 중요한 창구 중의 하나인 표문외교를 장악하고 있었다. 몽고의 제1-(1)차 침입 때 개경이 포위당하자 최우는 어쩔 수 없이 대몽강화외교를 펼칠 수밖에 없었는데, 이때 이규보가 散官으로서 대몽관련 문서를 모두 작성하였다. 그러한 공로를 인정받아 그는 正議大夫 判秘書省事 寶文閣學士 慶成府詹事에 기용되었다.65) 이규보는 이후 參職에 이

---

64) 『高麗史』에 등장하는 高宗 18년 12월 29일자의 表文은, 『東國李相國集』前集 권28, 「蒙古行李賫去上皇帝表」가 原典이다.

65) 高宗 17년(1230)에 잘못한 일도 없이 李奎報는 (猬)島에 유배되었다. 그 때 같은 죄로 유배된 사람이 세 명인데 모두 정직하여 거리낌 없이 말하며 사리에 밝은 관리(達官)였다. 同王 18년(1231)에 사면을 받아 서울로 돌아왔는데, 이 때 몽고가 침략하여 오니 散官으로 무릇 講和에 관한 모든 문서를 담당하였다. 同王 19년(1232) 4월에 正議大夫 判秘書省事 寶文閣學士 慶成府詹事로 기용되었다. "庚寅 以無妄 流于□島 其時 以同罪被流者 三人 皆正直 敢言之達□也 辛卯

를 때까지 典誥를 겸임하여 최우정권의 文翰官으로서 명성을 드높였다.[66] 그는 분명히 親崔瑀政權的 文士라고 할 수 있다. 이후 표문과 書狀은 대부분 그가 전담했을 정도로 활약이 두드러졌는데, 뛰어난 논리와 진심어린 言辭으로 몽고 측의 부당하고 무리한 요구사항의 철폐 내지 축소를 호소하여 외교적 성과를 거두기도 하였다. 아무튼 최우정권의 지시를 받은 이규보에 의해 대몽전쟁기의 표문 작성이 최초로 이루어졌고 대장군 조숙창 편으로 몽고사에게 전달되었다.

몽고 太宗은 고종 19년(1232) 1월 1월에 자신의 칙사를 개경에 보내[67] 國王親朝와 蒲鮮萬奴 정벌을 위한 助軍을 공식적으로 요구해오기 시작하였다.[68] 고종 18년 12월에 대몽강화가 체결되었을 때, 납공·납질 요구를 해온 것에 더하여 이제는 본격적으로 몽고육사의 나머지 사항들을 이행하라고 강요해온 것이다. 몽고의 거듭된 요구에 대응하기 위해 최우정권은 고종 19년 4월 12일에 상장군 趙叔昌과 侍御史 薛慎을 몽고에 입조케 하여 稱臣하는 표문을 전달케 하였다. 몽고에 고려사신이 입조하여 황제에게 표문을 올린 것은 이번이 최초의 사례가 된다. 태종에게 올린 표문의 내용은 구체적으로 알 수는 없다. 하지만 稱臣하는 표문을 바

蒙宥還京師時 猭狚來□ 公以散官 凡講和文字 皆任之 壬辰 四月 起爲正議大夫判秘書省事寶文閣學士慶成府詹事"(金龍善, 1997, 앞의 책, 374쪽의「李奎報墓誌銘」제13~15행).

66) 崔瑀政權에 있어서 文士로서 李奎報의 위치는 영국 크롬웰정권에 있어 밀턴과 흡사했다.

67) "十九年 春正月 壬午 蒙使來"(『高麗史』권23, 高宗 19年 春正月 壬午日條). "正月 遣使 持璽書 諭高麗"(『元高麗紀事』太宗皇帝 4年 壬辰 正月條).

68) 蒙古 太宗이 高宗 19년(1232) 1월 1일부터 高宗親朝와 助軍을 요구해 왔다는 것은, 本文에서 다룰『高麗史』권23, 高宗 19年 冬11月條의 '上皇帝陳情表'를 통해서 그 대강을 짐작할 수 있다. 기존 연구자들은 撒禮塔의 제1-(2)차 침공 당시 고려가 國王親朝 요구를 거부했다는 점을 지적하고 있으나(申安湜, 1993, 앞의 논문,『國史館論叢』45, 203쪽) 몽고는 이미 高宗 19년 1월부터 國王親朝를 요구해 왔고 이때부터 高宗親朝 문제가 첨예화되었다고 말할 수 있다.

쳤다는 것은 기존의 兄弟盟約關係를 스스로 파기시키고 君臣關係를 인정하겠다는 내용을 포함하고 있었을 것으로 추정된다. 더불어 조숙창과 설신이 몽고에 입조하기 전에 撒禮塔에게 전달한 서신의 내용을 통해서 볼 때,[69] 과도한 납공·납질 요구에 대한 항변도 깃들어 있었을 것으로 생각된다. 조숙창이 올린 표문에는 국왕친조와 조군이 불가하다는 내용은 가급적 회피했을 것 같은데, 그 이유는 만일 국왕친조·조군을 거부하는 표문을 올렸을 경우 몽고의 재침을 불러들이는 격이 되기 때문이다. 때문에 납공·납질의 수량을 감소시켜 줄 것을 부탁하는 내용을 담은 표문을 바쳤다고 이해된다.

몽고 태종은 고종 19년 5월에 다시 칙사를 보내[70] 국왕친조와 조군 그리고 호구조사 등을 요구해왔다.[71] 당시 최우정권은 몽고의 공납요구 하나를 들어주기도 벅찼다. 그런데 몽고 태종이 국왕친조·조군·호구조사 등을 요구해 왔으므로 몽고육사 전체를 이행할 의사가 없었다. 그래서 몽고의 요구에 대한 가장 현실적이고도 적절한 외교적 대응방안을 선택한 것이 강화천도였다. 몽고 태종은 고려가 강화천도를 단행한 것을 반역행위로 간주하고 撒禮塔에게 제1-(2)차 침공을 명령하였다. 撒禮塔은 같은 해 10월경에 漢陽山城을 함락시키고 11월 초에는 廣州山城을 공격하였다. 최우정권은 한양산성이 함락당하고 광주산성마저 위기에 봉착하자 강도조정은 곧바로 장군 金寶鼎 등을 몽고에 보내 표문을 올리게 하여[72] 고려의 어려운 현상황을 陳情하였다. 김보정 등은 몽고 태

---

69) 바로 앞 小節 高宗 19년 4월 12일의 書信外交 내용 참조.
70) "五月 復降旨 諭高麗"(『元高麗紀事』太宗皇帝 4年 壬辰 5月條).
71) 『高麗史』권23, 高宗 19年 冬11月條의 '上皇帝陳情表' 참조.
72) "十月 國王 㬚 遣將軍金寶鼎 郎中趙瑞璋 上表 陳情"(『元高麗紀事』太宗皇帝 4年 10月條). 『元高麗紀事』에서는 10월에 金寶鼎과 趙瑞璋이 蒙古에 入朝하여 上表했다고 되어 있으나 이들은 『高麗史』권23, 高宗 19年 冬11月條의 기록을 통해서 11월에 파견된 것이 거의 확실하다. 여기서 趙瑞璋은 趙叔昌으로 보여지는데, 高宗 19년 11월의 書信外交에서 '趙叔昌의 병이 깊어 蒙古에 入朝시킬 수

종에게 陳情表와 陳情狀을 올렸는데, 각각의 내용과 최우정권의 외교적 대처방안에 대해서 살펴보자.

> R. 上皇帝陳情表曰 下國 有傾輸之懇 膠漆益堅 上朝加譴責之威 雷霆忽震 聞命怖悸 失聲籲呼 伏念 臣猥以庸資 寄于荒服 仰戴天臨之德 擧國 聊生篤馳星拱之心 嚮風滋切 夫 何徵詰 若此 稠重 力所不堪 宜將誠告言 如可復當以實陳 其詔旨所及 添助軍兵 征討萬奴事 緊僻土是居 弊邑本惟小國 況大軍所過 遺民 能有幾人在者 尙瘡痍之餘加之 因饑疫而艶故 莫助天兵之用 無奈違帝命之嚴罪 雖莫逃 情亦可恕 其親身朝覲事 自聞繼統 早合觀光矧 外臣榮覲於九天 固所望也 然 藩位難虛於一日 玆實恐焉 其出入戶 使撒禮塔見數事 洊舌所傳 大兵將討 在愚民而易惑 擧恒產而多逃 衆所同爲 勢 難固禁 顧家戶 蕭然如掃 乃反爲茂草之場 若 君臣子爾獨存 懼未辨苞茅之貢 庶收殘口 永事大邦 雖 潛藏江海之間 猶夢寐雲霄之上 實畏懼之所致 冀聖明之不疑心 苟一於始終 地何論於彼此 伏望 存蓬艾之生 儻許全於一國 奉山野之賦 必不後於諸侯(『高麗史』 권23, 高宗 19年 冬11月條)

앞의 사료 R은 광주산성전투가 한창 진행되고 있었을 무렵에 김보정 등이 몽고에 입조하여 태종에게 올린 진정표이다.[73] 이 진정표는 고종과 최우정권의 입장을 명백히 드러내 주고 있다. 그 대강은 몽고의 지나친 공물 요구, 각종 현안의 추궁에 대한 해명이 주된 내용이었다. 먼저 포선만노 토벌에 고려군사를 조군하지 못한 이유에 대해서 변명한 점이 눈에 띈다. 고려가 본래 약소국인데다 몽고군의 침공을 받아 백성들이 흩어져버리거나 기근·질병 등으로 백성 사망자가 다수 발생하였음을 지적하면서 조군이 사실상 불가능함을 역설하였다. 그러나 이러한 변명거리를 제쳐두고서라도 사실상 고려는 몽고에 조군하기를 꺼려하였다고

없다'는 내용이 계속 등장하는 것으로 보아, 高宗 19년 11월에 蒙古에 入朝한 이는 將軍 金寶鼎 등이었다고 보여진다. 그러나 趙瑞璋이 趙叔昌과 동일인물이 아닐 경우에 趙瑞璋과 金寶鼎이 고종 19년 11월에 몽고에 입조했을 가능성도 있다.

73) 本文의 陳情表는 『東國李相國集』前集 권28, 「陳情表」와 『東文選』 권39, 李奎報撰 「陳情表」가 原典이다.

할 수 있다. 고종 19년 1월부터 7월까지 몽고 태종은 포선만노 정벌을 위한 고려 측의 군사지원을 계속 요구해왔는데 11월 후반까지도 고려는 완강히 거부했던 것이다. 포선만노의 東眞國도 당시에 항몽자세를 유지하고 있었고 강도조정이 동진국과 느슨한 제휴를 추진하려고 했으므로 몽고 측을 돕는다는 것은 상상할 수 없는 일이었다. 조군 그 자체는 몽고에의 臣屬을 의미하며 독자적인 군사지휘권을 상실한다는 것을 말하므로 더욱 더 수용하기 곤란하였다. 따라서 조군 문제는 쉽사리 해결될 수 없었다.

다음으로 국왕친조 문제에 대해서 고종은 우회적 표현으로 친조할 수 없음을 토로하였다. 몽고 태종이 황제의 位에 올랐을 때, 마땅히 진작 가서 인사를 드렸어야 옳은 일이고, 더군다나 멀리 떨어져 있는 고려왕으로서는 몽고제국을 구경하는 것이 宿望이었다면서 친조해야 하는 原則論과 當爲性은 인정하였다. 그러나 국왕 자리는 하루라도 비워두기 어려우므로 친조하기가 어렵다고 호소하였다. 고려왕의 친조문제는 포선만노 정벌을 위한 조군문제와 더불어 고종 19년 초부터 제기되었다.[74] 몽고황제 입장에서 국왕친조 건은 조군 문제보다도 본질적인 면에서 훨씬 중요하였다. 고려왕이 직접 몸소 帝所에 와서 朝覲한다는 것은 실질적인 복속을 의미할뿐더러 몽고 황제가 고려국왕을 인질로 잡아 놓을 수도 있었다. 설령 그렇게 하지 않더라도 입조한 고려왕에게 외교적·군사적 압력을 행사하여 몽고의 목적을 충족시킬 수 있는 효과도 기대되었다. 따라서 국왕친조 문제는 고종 19년 이후 출륙환도와 더불어 가장 중요한 사안으로 떠올랐으며 강도조정 측에서는 절대 양보할 수 없는 중차대한 강화협상 조건이었다.

---

74) 『元高麗紀事』太宗皇帝 4年 正月條와 5月條 그리고 『高麗史』권23, 高宗 19年 春正月 壬午日條와 秋7月 庚辰日條에는 모두 蒙古詔使가 고려에 파견된 것으로 나온다. 이 蒙古使는 高宗의 親朝와 蒲鮮萬奴 征伐을 위한 助軍 문제를 說諭하기 위해 고려에 파견되었을 것이다.

마지막으로. 撒禮塔에게 戶口調査를 허용하지 않은 이유에 대해서는, 백성들이 전쟁 소문을 듣고 재산을 챙겨 모두 도망하였기 때문이라고 답변하였다. 그러나 호구조사 문제는 몽고육사 가운데서 達魯花赤 설치와 연관되는 중요한 사안으로써 고려백성 호구의 몽고에 의한 실질적 지배를 의미하므로 수용하기 곤란하였다. 강도조정은 達魯花赤과 探馬赤軍·洪福源軍이 설치되어 있는 북계의 大城 14곳과 주요지에 대해서 고종 19년 7~8월 사이에 북계수복운동을 전개하였다. 이는 몽고군에게 상실한 북계의 수복을 의미하는 측면도 있었지만 達魯花赤들로 하여금 제대로 호구조사를 못하게 방해하려는 측면도 내재되어 있었다고 보여진다. 만일 몽고가 고려의 호구수를 완벽히 파악하여 공물량을 확정짓고 인질납부와 조군 등을 요구해 온다면 약점을 잡힌 강도조정으로서도 계속해서 거부하기만 하는 데는 힘에 버거웠을 것이다. 곧 호구조사는 達魯花赤 설치와 곧장 연결되어 있었고 공물납부·인질상납·조군 등에 결정적인 영향을 미쳤으므로 강도조정에서는 거부할 수밖에 없었다.

한편 고종과 최우정권은 강화천도에 대한 抗辯도 잊지 않았다. 몽고에 대한 사대는 한결 같고 계속해서 공납할 것이니 수도가 어느 곳에 있든지 문제될 것이 없다는 것이 고려조정의 입장이었다. 수도를 강화도로 옮겼더라도 세공외교·표문외교를 통한 사대외교를 지속시킬 것이므로 몽고에 대한 충성심과 信心은 변치 않을 것임을 표명하였다. 이러한 항변은 강화천도 결행에 대한 면죄부를 얻으려는 것으로써 몽고 측에 강도정부가 약점을 잡히지 않으려는 정략적 계산과도 같았다.

결국 고종 19년 11월의 「上皇帝陳情表」에서 최우정권은 몽고 측에서 제기한 몽고육사 가운데 국왕친조, 조군, 호구조사를 거부하였다. 국왕친조, 조군, 호구조사는 몽고육사 가운데서도 중요한 항목이었고 최우정권은 그것을 수용할 경우 정권유지가 불가능해지므로 수용하기 어려웠다. 이러한 3개 항목의 이행거부는 강도정부가 강화천도를 계기로 해서 대몽항전을 지속하여 장기전을 구사하겠다는 의지의 표현이었다. 또한 최우정권은 1건의 陳情狀 올려서 천도항쟁의 정당성과 몽고 재침의 부당성을 역설하였다.

S. 又狀曰 臣以一二所望事件 已具表言之 猶有鬱結於心 未盡陳露者於表內 不得備載申以狀陳布之 弊邑本海外之小邦也 自歷世以來 必行事大之禮 然後 能保有其國家故 頃嘗 臣事于大金 及金國鼎逸 然後 朝貢之禮始廢矣 越 丙子歲 契丹大擧兵 闌入我境 橫行肆暴 至己卯 我大國 遣帥河稱扎臘 領兵來救 一掃其類 小國以蒙賜 不資講投拜之禮 遂 向天盟告 以萬世和好 爲約 因請歲進貢賦所便 元帥曰 道路甚梗 你國 必難於來往 每年 我國遣 使佐 不過十人 其來也 可賫持以去 至則 道必取萬奴之地境 你以此爲驗 其後 使佐之來 一如所約 每 我國輒付 以國贐禮物 輸進闕下 獨於甲申年 使臣著古與 不以萬奴之境 而從婆速路來焉 然 依舊 接遇甚謹 又付以國贐 前去 其後 使价之來者 稍至間闊 小國 竊怪其故 久而聞之 則于加下 遮出 中路 殺了上件使臣所致也 如此已後 于加下僞作上國服㨾 入我北鄙 殘敗 三城 萬奴 亦攻破束鄙二城 其服色 亦如之 自是 踵來侵伐 不絶 又 萬奴與 上國使佐之向我國者 紿言 高麗背你國 愼勿前去 使佐不聽 且欲知眞僞 遂 便行李 則先遣其麾下人 僞爲我國服著及弓箭 潛伏兵於兩國山谷之間 潛候 行李 出射趫羿 因令伴行人 報云 高麗所作 如此 背逆明矣 請停前去 固令 還焉 然 適有 自萬奴麾下逃來王好非者 細說其事故 我國得知之 無幾何 聞大兵入境小國 以通好之故 殊不意 上國之兵 而久乃知之 然 莫識所以行 兵之故 帥府撒禮塔 大官人移文言 你國 殺我使臣著古與 及射東路使臣 何 也 以此 行兵 問罪耳 我國 已會知之縷細故 具以實對之 更行投拜之禮 大 國亦詳兩人所詐 豁然大寤 遂許班師矣 方 大軍之還 國尋遣兩番去行李 奉 進國信禮物於皇帝闕下 而君臣因相賀曰 比來 以道路不通 阻修朝觀之禮 大乖 從前和好之本意 常 以此爲慮 今 旣遣使 達誠則 是固可賀 而又 大國 常 以于加下萬奴之罪 歸于我 我國 無以自明 懼代他人受誣 而賴大軍親臨 根究 使上國之疑 渙然如冰釋則 吾屬知免矣 始可以寧心定慮 一專於奉事 上朝之日也 未幾 忽 有宋立章者 從池義深行李 詣在上國 逃來言 大國將 擧大兵 來討 已有約束 百姓聞之 驚駭顚蹶 其逃閃者 多矣 俄又 聞北界一 二城逆民等 妄諭 其城達魯花赤 殺戮平民 又殺臣所遣內臣 此人 是候上國 使佐值行李 則迎 到京師者也 而乃殺之 因以作亂 聲言 大國兵馬來也 又 聞 上國使佐到義州 令准備大船一千艘 待涉軍馬 於是 擧上下 無不震悸

其逃之者 又過半矣 逋戶殘廬 歷歷相望 鞠爲茂草 見之 不能無悵然矣 君
臣 竊自謀曰 若 遺民盡散則 邦本空矣 邦本空則 其將 與誰 歲辦貢賦 以事
上朝耶 不若趂 此時 收合殘民餘衆 入處山海之間 粗以不腆土物 奉事上國
不失藩臣之名 上計也 盖 以心之所屬 不關於地 苟 以一心事之 想上國何
必以此爲咎耶 於是 遂定計焉 然則 我國之遷徙于此 不過此意耳 寧有他心
哉 天地神明實鑑之矣 不意 大國以浮說所傳 遣之 以大兵臨蒞弊境 凡所經
由 無老弱婦女 皆殺之 無赦 故擧一國 喪情 失氣顚倒 怖懼 莫有聊生之意
且 君是天也 父母也 方 殷憂大戚如此 而不於天與父母 而又於何處訴之耶
伏望 皇帝陛下 推天地父母之慈諒 小邦靡他之意 勅令大軍回轅返斾 永護
小國則 臣更努力竭誠 歲輸土物 用表丹悃 益祝皇帝千萬歲壽 是臣之志也
伏惟 陛下小加憐焉(『高麗史』 권23, 高宗 19年 冬11月條)

위의 사료 S는 고종 19년 11월에 몽고황제에게 보낸 진정장인데 같은
달에 진정표를 올렸을 당시 더불어 태종에게 올린 狀啓이다.[75] 이 진정
장은 같은 해 11월에 이규보가 작성한 것인데, 역시 장군 김보정 등이
몽고 태종에게 바쳤다고 생각된다. 앞서 살펴본 진정표보다는 이 진정장
에서 고려와 몽고 사이의 외교전 양상을 보여준다. 저고여피살사건과 몽
고사추방사건의 책임을 고려 당국으로 보느냐 亐哥下·蒲鮮萬奴의 책동
으로 보느냐의 시각 차이가 발견되며 강화천도의 당위성을 애써 호소하
고 있는 장면이 포착된다. 강도조정은 亐哥下가 몽고사신 著古與를 살해
했으며 고려 북계 3城을 공취하였고 蒲鮮萬奴 역시 동계의 2城을 격파
했는데, 亐哥下와 萬奴가 한통속으로서 몽고사신을 죽이고 몽고와 고려
사이를 이간질했던 장본인이라고 주장하였다. 哈眞이 예전에 "몽고사가
고려에 들어갈 때는 동진국 경로를 통해서 갈 것이니 그것을 징표로 하
라"고 하였는데, 이 약속은 대체로 지켜졌으나 유독 고종 11년에 著古與
만은 파속로 루트로 고려에 왔다가 귀국하였고 나중에 알아보니 亐哥下
가 著古與를 죽였다는 것이다.

---

75) 本文의 狀啓는 『東國李相國集』 前集 권28, 「同前狀」과 『東文選』 권48, 李奎報
　　撰 「陳情狀」이 原文이다.

한편 저고여피살사건을 조사하러 파견된 몽고사에게 화살세례를 퍼부어 되돌린 사건에 대해서는 다음과 같이 해명하였다. 포선만노가 휘하에게 고려인 복장을 입히고 弓劍을 차게 하여 고려 사람으로 위장한 다음 저고여피살사건의 진상을 조사하러 파견된 몽고사에게 활을 쏘아 몽고로 되돌려 보냈던 것이라고 하였다. 이를 입증해 줄 수 있는 증거로써 萬奴의 부하 王好非란 자가 고려에 투항해서 그러한 사실을 있는 그대로 보고했다고 주장하였다. 이러한 몽고사추방사건에 대한 해명은 고종 18년 12월 23일에 몽고 황제에게 보낸 표문과는 완전히 다른 것이다. 가령 고종 18년 12월 23일자의 표문에서는 "몽고군 복장으로 자주 국경을 침범하였던 哥不愛의 소행인 줄 알고 올해(1231) 봄에 몽고사를 추방시켰을 가능성도 있다"고 인정했던 반면에, 고종 19년 11월의 진정장에서는 "과거(고종 12년경)에 포선만노의 휘하 군사들이 고려군 복장을 입고 몽고사에게 화살세례를 퍼부어서 되돌려 보냈다"고 함으로써 蒲鮮萬奴의 책동을 규탄하였다. 이렇게 몽고사추방사건에 대한 인식이 뒤바뀌게 된 것은, 고려조정에서 그간 사건의 진상을 나름대로 파악했을 가능성과 포선만노가 실제로 여·몽 사이를 이간질했을 가능성이 상존한다. 어느 쪽이라도 고려조정이 몽고사추방사건은 고종 18년 봄에 일어난 사건이 아니라 고종 12년에 가까운 어느 시기에 발생한 사건인 점을 인지했다는 점과 그 사건이 포선만노의 책략에 의한 것으로 규정했다는 점이 중요하다.

이러한 저고여피살사건과 몽고사추방사건을 몽고 측에서 항상 고려의 책동으로 둘러씌워 모함을 받을까 두려웠는데 다행히 몽고군사가 와서 직접 사실을 규명함으로써 2가지 사건에 대한 의문이 시원스럽게 풀리도록 해줘서 고맙다고 하였다. 이것은 撒禮塔의 제1-(1)차 침입이 종결되고 대몽강화가 체결되었을 때, 몽고군 원수부에서 저고여피살사건과 몽고사추방사건의 책임을 고려 측에 돌리지 않았음을 의미한다고 보여

진다. 즉 撤禮塔은 고려가 著古與를 죽이지 않았으며 저고여피살사건을
조사하러 파견된 두 번째 몽고사를 추방시키지 않았다고 확약해 준 적이
있었다고 생각되는 것이다. 사실이 그러하다면 저고여피살사건과 몽고
사추방사건은 그 眞犯 여부에 상관없이 고려 침공의 명분으로 활용된
셈이다.

한편 강화천도에 대해서는 어쩔 수 없는 처지를 최대한 변호하였다.
宋立章(宋得昌·宋義)이라는 자가 고려사 池義深을 따라 요동에 있다가
도망쳐 돌아와서 몽고대군이 다시 와서 고려를 치기로 이미 약속되어 있
다고 전하므로 백성들이 놀라 허둥지둥 도망친 자들이 많았다고 하였다.
또한 북계의 한두 성에서 일어난 반역의 무리들이 그 성의 達魯花赤을
추동하여 백성들을 살육하고 강도조정에서 보낸 사신을 죽여 반란을 일
으키면서[76] 몽고군사가 다시 온다고 떠들어댄 것을 지적하였다. 그리고
몽고 사신이 義州에 와서 큰 배 1천척을 준비하여 군사들을 渡江시키려
한다는 말을 듣고 도망한 자가 태반이 되고 빈집들이 도처에 허다하여
풀밭으로 변했다고 하였다. 그러므로 강화천도는 난리 통에 흐트러진 얼
마 안 되는 백성들을 모아 작은 해도에 들어감으로써 나라를 보전하여
몽고에 대해 영원히 朝貢하기 위해서라는 논리를 내세웠다. 따라서 강화
천도 자체를 몽고가 비판해서는 안 되며 고려조정이 천도하게 된 배경도
몽고 재침이 조성했다고 논박하였던 것이다.

이와 같은 진정장에서 최우정권은 著古與를 살해한 것은 金將 亏哥下
였고, 저고여피살사건을 진상조사하러 파견된 몽고사를 추방시킨 것은
포선만노였으며, 강화천도는 몽고 재침 소문에 놀라 어쩔 수 없이 몇 명
안되는 백성을 끌어모아 누습한 해도에 들어갔던 것뿐이라고 해명하였

---

76) 高宗 19년 7월에 內侍 尹復昌이 北界 주둔 達魯花赤들의 武裝을 해제하려다 오
   히려 그들에게 被殺된 사건과 8월에 西京巡撫使 大將軍 閔曦와 司錄 崔滋溫이
   西京 주재 達魯花赤를 제거하려다가 西京人이 도리어 叛亂을 일으킨 사건을 말
   한다.

다. 이 진정장을 통해서 고려를 침공할 명분이 없는 몽고가 고려를 침략하는 것은 지극히 부당하며 아울러 천도항쟁이 정당한 것임을 강조한 것이라 하겠다.

사료 S의 진정장을 몽고 태종에게 올린 이후 광주산성과 處仁城에서 몽고군을 격퇴시켰고, 몽고군 원수 撒禮塔이 처인성에서 전사함에 따라서 부장 帖哥는 전의를 상실한 채 고려 땅에서 완전히 철수하였다. 이후 고종 20년부터 최우정권은 몽고에 세공외교와 표문외교를 전개하지 않고 항몽태세를 더욱 군혔다. 반면 몽고 태종은 고종 20년(1233) 4월 24일에 조서를 보내 고려가 범한 5가지 罪를 추궁하면서 출륙환도와 더불어 국왕친조·조군·공납 등을 요구해왔다.77) 이는 몽고의 선전포고나 다름없는 것이었다. 그러나 당시 몽고 태종은 고종 20년 5월에 친히 金의 수도 汴京을 포위하여 공함시키는데 총력전을 기울이고 있었으며, 皇子 貴由는 9월에 동진국 수도 南京城을 함락시키는 등 金·東眞 방면에서 전쟁을 동시에 수행하고 있었으므로 고려에 재침할 여유가 없었다. 그렇지만 1233년 4월 24일자 조서의 선전포고와 동진·금의 잇따른 멸망은 강도조정이 크나큰 위기의식에 사로잡히게 하였다.

결국 唐古의 제2차 침입이 고종 22년(1235) 閏7월에 개시되어 同王 25년(1238)에 이르기까지 전국을 휩쓸었다. 蒙寇의 피해가 撒禮塔의 제1차 침입과는 비교가 안 될 정도로 심각해지고 북계민 趙玄習·李元祐가 2천인을 이끌고 몽고에 투항하자78) 최우정권은 그동안 잠잠했던 표문외교를 다시 재개할 수밖에 없었다. 위기에 몰린 최우가 표문외교를 통해서

---

77) "夏四月 蒙古詔曰 自平契丹賊 殺剳刺之後 未嘗 遣一介赴闕 罪一也 命使 賞訓 言省諭 輒 敢射回 罪二也 爾等 謀害著古與 乃稱萬奴民戶殺之 罪三也 命 汝進 軍 仍令汝弼 入朝 爾敢抗拒 竄諸海島 罪四也 汝等 民戶不拘執見數 輒 敢妄奏 罪五也"(『高麗史』 권23, 高宗 20年 夏4月條).『元高麗紀事』太宗皇帝 5年 癸巳 4月 24日條 참조.

78)『元高麗紀事』太宗皇帝 10年 戊戌 5月 12日條 참조.

대몽강화를 이끌어내고 전쟁을 종식시키고자 했음은 두말할 필요조차 없겠으나, 최씨집정 자신이 정권 내부의 문사들로부터 강화 제의를 수용하여 표문외교를 전개했다고도 헤아려진다. 최우정권은 고종 25년 12월 24일에 장군 김보정과 어사 宋彦琦를 몽고에 입조케 하여 표문을 전달케 하였다.[79] 무릇 6년 만에 다시 표문외교를 재개한 것이다.

> T. 上表曰 自惟 僻陋之小邦 必湏庇依於大國 矧 我應期之聖 方 以寬臨 其於 守土之臣 敢 不誠服 申以兩年之講好 約爲萬歲之通和 投拜以來 聊生有冀 盖昔 己卯 辛卯 兩年 講和以後 自謂 依倚愈固 舉國欣喜 惟 天地神明知 之 豈謂 事難取 必信 或見疑 反煩君父之譴訶 屢降軍師 而懲詰 民無地著 農不時收 顧 玆茂草之場 有何所出 惟 是苞茅之貢 無奈未供 進退俱難 憧 惶罔極 因念 與其因循一時 而姑息 孰若冒昧萬死而哀號 玆 殫瘠土之宜粗 達微臣之懇 伏望 但 勿加兵革之威 俾全遺俗 雖不腆海山之賦 安有曠年 非止于今 期以爲永(『高麗史』 권23, 高宗 25年 冬12月條)

위의 사료 T는 강도조정이 몽고의 계속된 침입으로 인해 공납하기 어려운 형편을 호소한 진정표이다.[80] 지난 己卯年(1219)과 辛卯年(1231)에 강화한 뒤로 고려가 몽고국에 의지함이 굳어 온 나라가 기뻐했는데 뜻하지 않게 君父(蒙古皇帝)의 견책을 받게 되어 여러 번 몽고병의 전화를 입었기 때문에 백성들이 살 땅이 없고 농사를 못 지어 소출이 없는 딱한 현실을 있는 그대로 진술하였다. 그래서 잡풀만 무성한 땅에 무슨 소출이 있겠으며, 띠풀로 감싼 공물조차 進供하지 못하니 진퇴양난이라 하였다. 그러므로 강도조정은 몽고가 무력으로 고려를 위협하지 않고 遺俗을 보전케 해준다면 고려에서 생산되는 변변치 못한 공물이라도 해마다 반드시 납부할 것을 약속하겠다고 하였다. 즉 몽고의 군사적 침략을 배제

---

79) 『高麗史』 권23, 高宗 25年 冬12月條. 『元高麗紀事』 太宗皇帝 10年 12月 24日 條 참조.

80) 本文의 陳情表는 『東國李相國集』 前集 권28, 「表」와 『東文選』 권39, 李奎報撰 「陳情表」가 原典이다.

한 조건으로 몽고와 강화협상을 추진한 것이다. 어사 송언기와 장군 김보정은 帝所에 나아가 唐古軍의 철수를 전제조건으로 해서 공물납부를 이행하겠다고 약속하며 대몽강화를 이끌어 내려고 의도하였다. 이때 공물납부는 撒禮塔이 고종 18년 12월에 고려와 강화를 맺을 때 1년에 2회 공납하도록 한 ~~규정~~을 그대로 확정지었다고 생각된다. 그동안 고려 측에서 공납을 이행하지 않았으므로 몽고 태종 입장에서는 고려가 스스로 표문외교를 전개하며 공납을 이행하겠다고 확약한 것에 만족할 수 있었을 것이다.

최우정권이 세공외교와 표문외교를 재개함에 따라 고종 26년부터 여·몽 사이에서 강화교섭이 활발히 진행되었다. 고종 26년(1239) 4월에 몽고사 甫可阿叱 등 12인이 와서 조서를 통해 국왕친조를 요구하였고,[81] 5월 11일에는 洪福源의 族屬을 취하였다.[82] 강도조정은 6월에 起居舍人 盧演과 詹事府注簿 金謙으로 하여금 표문을 받들고 몽고에 입조케 하였다.[83] 노연 등이 가지고 간 표문의 내용은 전혀 알 수 없지만, 고종친조의 불가함을 항변하는 것이었다고 보여진다. 몽고 태종은 8월에 詔使 甫加波下 등 137인을 보내서 다시 고종친조를 강도 높게 요구하였다.[84]

---

81) "二十六年 夏四月 蒙古 遣甫可阿叱等二十人 賫詔來 諭親朝 王迎詔于梯浦館 是月 蒙兵還"(『高麗史』 권23, 高宗 26年 夏4月條). 『元高麗紀事』太宗皇帝 11年 5月 1日 詔書 내용 참조.

82) "十一日 詔告取 洪福源族屬"(『元高麗紀事』太宗皇帝 11年 5月 11日條). 『高麗史』高宗世家에서는 5월 11일에 蒙古詔使가 高麗에 왔다는 記事가 없다. 아마 4월에 온 蒙古使가 5월 11일까지 江都朝廷에 머무르고 있다가 高麗朝廷의 동태를 감시하면서 洪福源의 族屬을 取하는 詔書를 전했을 가능성이 높다.

83) "六月 遣 起居舍人 盧演 詹事府注簿 金謙 奉表 如蒙古"(『高麗史』 권23, 高宗 26年 6月條) ; 六月 瞰 遣其禮賓卿盧演 禮賓少卿 金謙 充進奉使副 奉表 入朝(『元高麗紀事』太宗皇帝 11年 6月條). 『高麗史』에서 起居舍人 盧演 詹事府注簿 金謙이 『元高麗紀事』에서는 禮賓卿盧演 禮賓少卿 金謙이라고 되어 있어 그 벼슬이 다르다. 그리고 盧演이 進奉使이고 金謙이 進奉副使였음도 추가로 확인된다.

84) "秋八月 蒙古遣 甫加波下等 一百三十七人來 更徵王親朝"(『高麗史』 권23, 高宗

이때 김보정·송언기 등이 甫加波下를 따라 환국했다.[85) 甫加波下 등이 가져온 조서에는 다음과 같은 사항들을 摘記하고 있었다. 첫째 고려사신이 歲貢하는 정성을 다하겠다고 말했으므로 몽고조사를 보내 가져오라고 했다는 것, 둘째 고종의 모친 柳氏가 서거했다는 사실을 보고받았다는 것, 셋째 庚子年(1240)에 고종이 친히 朝見할 것이었다.[86) 조서에서 말하고 있는 사항들을 염두에 둘 때, 고종 26년 6월에 몽고에 파견된 노연 등이 세공을 지속시키겠다고 약속하였고 고종의 어머니 유씨가 서거하였으므로 지금 친조할 수 없다는 점을 태종에게 上奏하였을 것으로 보인다. 그러므로 태종이 고려사 노연의 보고를 신빙하고서 甫加波下 등 137인을 보내 공물을 가져오라고 명했으며[87) 유씨의 상례기간이 끝나는 경자년에 고종친조를 확정지은 것이라 하겠다.

그러나 강도조정으로서는 경자년에 반드시 고종이 친조해야 한다는 태종의 嚴命을 수용하기 곤란하였다. 다만 세공외교를 통해 몽고와 군신

26年 秋8月條) ; "十月 十三日 降旨 宣諭曉曰 據來具奏悉 云緬貢誠忱 輒申感戴 已具陳於前表 據回降宣諭 已令元使賫去 又奏先妣柳氏 傾逝 仰瞻天闕 未由所訴 如有所奏 實能拜降出力 仰於庚子年 親身朝見 但有條畫事件 至日省諭 如違元表 誣奏 我國焉能知 上天其監之"(『元高麗紀事』太宗皇帝 11年 10月 13日 條). 『高麗史』에서는 보가파하 등이 8월에 고려에 파견된 것으로 되어 있으나 『元高麗紀事』에서는 10월 13일에 詔書를 내려 高麗王을 說諭하였다고 하였다. 『元高麗紀事』의 月日이 잘못되었든지 아니면 8월에 파견된 蒙古使가 10월까지도 高麗에 滯留하고 있었든지 두 가지 가능성이 상존한다.

85) "九月 寶鼎彦琦 從詔使 還國"(『元高麗紀事』太宗皇帝 11年 9月條). 金寶鼎과 宋彦琦가 9월에 蒙古詔使를 따라 還國했다고 하였으나 『高麗史』의 기록에 의하면 8월에 蒙古使 甫加波下 등이 파견되었으므로 이때 金寶鼎·宋彦琦가 동행하며 歸國했을 것이다.

86) "十月 十三日 降旨 宣諭曉曰 據來具奏悉 云緬貢誠忱 輒申感戴 已具陳於前表 據回降宣諭 已令元使賫去 又奏先妣柳氏 傾逝 仰瞻天闕 未由所訴 如有所奏 實能拜降出力 仰於庚子年 親身朝見 但有條畫事件 至日省諭 如違 元表 誣奏 我國焉能知 上天其監之"(『元高麗紀事』太宗皇帝 11年 10月 13日條).

87) 甫加波下 등 137인이 江都朝廷에 파견된 主目的은 高麗의 歲貢을 運輸해 가기 위함이었다.

관계를 지속시키고 표문외교를 통해서는 국왕친조의 불가함과 고려의
어려운 경제상황을 항변하려 하였다. 고종의 친조를 받아들이기 어려웠
던 최우정권은 新安公 王佺과 少卿 송언기, 장군 김보정 등 148인을 몽
고에 파견하였다.[88] 12월 12일에 신안공은 김보정·송언기 등 148인과
더불어 몽고에 표문을 바치고 入貢하였다.[89] 회안공 왕정이 사망한 이
후 신안공 왕전은 王室宗親의 대표로서 고종 대신에 입조한 것이었다.
신안공의 입조는 고려국왕을 대신한 것이었던 만큼 강도조정으로서는
몽고에 최대한의 성의를 보인 것이라 할 수 있었다. 그러나 몽고 태종은
고종이 친히 입조한 것이 아니었으므로 그것에 큰 의미를 두지 않았고
고려가 대규모 사신단을 파견하여 조공했을 뿐이라고 치부하였다.

고려왕의 친조가 이뤄지지 않자 몽고 태종은 고종 27년(1240) 3월에
몽고 詔使 豆滿阿叱 등 7인을 고려사신 노연 등과 함께 강도에 파견하여
자신의 의사를 전달하였다.[90] 『元高麗紀事』를 통해서 태종이 요구한 사
항은 고종이 친조할 것, 해도에서 나올 것, 民戶를 點數할 것, 禿魯花를
보낼 것, 몽고에 귀부한 인민을 살상하고 약탈한 과오를 저지른 자들을
붙잡을 것 등이었다.[91] 이 5가지 사항 중에서도 이른바 국왕친조, 출륙
환도, 호구조사, 인질(禿魯花)상납 등이 핵심사항이었다. 이 가운데서도
국왕친조·호구조사·인질상납은 몽고육사에 포함되어 있던 조항들로써

---

88) "冬十二月 遣 新安公佺 少卿宋彦琦 如蒙古"(『高麗史』 권23, 高宗 26年 冬12月
    條).

89) "十二月 十二日 瞰遣 其新安公王恮 與寶鼎彦琦等 一百四十八人 奉表 入貢"(『元
    高麗紀事』 太宗皇帝 11年 12月 12日條).

90) "二十七年 春三月 盧演等 與蒙古使 豆滿阿叱等 七人 來"(『高麗史』 권23, 高宗
    27年 春3月條). 『元高麗紀事』에서는 蒙古詔使가 5월에 와서 詔書內容을 宣諭하
    였다고 하였으나 『高麗史』 高宗世家의 3월이 정확하다고 본다. 그리고 高麗使
    盧演은 이때 豆滿阿叱 등과 함께 高麗에 歸國하게 되었다.

91) "五月 詔諭瞰曰 … 遷出海島 點數民戶 出禿魯花 捉拏有過之人 惟此四事 諭
    去"(『元高麗紀事』 太宗皇帝 12年 5月條).

줄기차게 몽고가 요구해오던 것들이었다. 당시 몽고는 금나라와 동진국을 이미 멸망시켰으므로 고려에 助軍 요구는 해오지 않았다. 따라서 여·몽 사이에 출륙환도가 가장 중요한 외교현안으로 떠올랐고 몽고육사 가운데서는 국왕친조가 그 다음 難題로 급부상하였다. 국왕친조 이외의 몽고육사 가운데서 호구조사와 禿魯花上納이 중요하게 언급되었다. 호구조사는 민정관인 達魯花赤이 설치되어야 가능한 것으로써 공물납부·조군·인질상납에 결정적인 영향을 끼치는 만큼 국왕친조에 버금가는 까다로운 조건이었다. 아무튼 최우정권 입장에서는 출륙환도와 몽고육사 가운데 국왕친조·호구조사는 절대로 양보할 수 없는 사안이었다.

이렇듯 몽고 태종의 요구사항을 모두 들어줄 수 없는 처지였으므로, 최우정권은 고종 27년 4월에 右諫議大夫 趙脩와 閤門祗候 金成寶를 몽고에 보내 표문을 받들고 공물을 바치게 하였다.[92] 강도조정은 지속적으로 몽고에 공물을 바치는 방물외교를 전개하여 대몽강화의 틀을 잡고, 표문외교를 통해서는 출륙환도와 국왕친조·호구조사의 불가함을 호소하였을 것으로 생각된다. 고종 27년 4월 이후로는 『고려사』나 『원고려기사』에서 표문외교가 등장하지 않는다. 그러나 고종 27~39년까지는 고려사신이 1년에 2회 정도 몽고에 파견되어 세공외교를 전개하였으므로 이때 표문외교가 함께 시행되었으리라 믿어진다.

강도조정에서는 고종 27년(1240) 12월에 예빈소경 송언기와 어사 權韙(權違) 등을 몽고에 다시 보내서 공물을 바치며 세공외교를 지속시켰다.[93] 송언기 등은 몽고 태종에게 표문을 올려 고종이 입조하기 어려운

---

92) "夏四月 遣 右諫議趙脩 閤門祗候金成寶 如蒙古"(『高麗史』권23, 高宗 27年 夏 4月條) ; "十二年 庚子 三月 晬遣 右諫議大夫趙修 閤門祗候金成寶等 奉表貢 獻"(『元高麗紀事』太宗 12年 3月條). 『元高麗紀事』에서는 3월에 趙修·金成寶 등이 蒙古에 파견되었다고 했으나 『高麗史』高宗世家에서 말하고 있는 4월이 옳을 것이다.
93) "冬十二月 遣 禮賓少卿 宋彦琦 御史 權韙 如蒙古"(『高麗史』권23, 高宗 27年

이유를 설명하고 독로화를 몽고에 보낼 것 등을 약속했다고 생각된다.[94] 唐古軍이 북계에서 제한적인 군사행동을 개시했으므로 강도정부가 몽고 육사 가운데 하나인 독로화 파견을 허락한 것이다.

최우정권은 고종 28년 4월에 王族 永寧公 王綧을 고종의 친아들이라 가장하고, 衣冠子弟 10명을 선발하여 독로화가 되게 하였는데, 이때 추밀원사 崔璘, 장군 김보정, 좌사간 金謙 등이 영녕공과 동행하였다.[95] 최린 등은 아울러 표문외교와 세공외교를 수행하였을 것으로 짐작된다. 당시 북계에 주둔하고 있었던 몽고군 장수 吾也而가 영녕공을 데리고 몽고로 갔다.[96] 吾也而는 唐古의 제2차 침략 당시 고려가 몽고와 강화하려면 고종의 아들을 독로화로 파견해야 된다고 고집해오던 인물이었다.[97] 강도정부는 몽고 제2차 침입으로 전황이 악화되고 북계에서 민심이 離叛되자 吾也而의 주장을 수용하였던 것이다. 이로써 최우정권은 고종 27년 3월에 몽고 황제가 조서를 통해서 요구한 국왕친조·호구조사·독로화파견 등 몽고육사 가운데 인질상납만을 이행한 것이었다. 기존에 시행하고 있었던 세공납부에 더하여 독로화를 파견함으로써 몽고육사 중에서 2가지 사안을 실행에 옮긴 셈이다. 그러나 강도조정은 몽고가 요구한 국왕친조·호구조사 등 다른 까다로운 핵심사안들은 여전히 준수하지 않았다. 그렇더라도 몽고 측에서는 고종의 親子인 영녕공 왕준이 입조한다면

冬12月條) ; "十二月 暾遣 其禮賓少卿宋彦琦 侍御史權違 充行李使 入貢"(『元 高麗紀事』太宗皇帝 12年 12月條).

94) 高宗 27년(1240) 12월에 禮賓少卿 宋彦琦 등이 蒙古에 入朝하여 蒙古 太宗에게 貢物을 進獻하였다고만 되어 있지 이들이 表文을 올렸는지는 확실치 않다. 그러나 이들은 高宗의 表文을 올려 禿魯花 問題를 반드시 언급했을 것으로 추정된다.

95) "二十八年 夏四月 以族子 永寧公綧 稱爲子 率衣冠子弟十人 入蒙古 爲禿魯花 遣 樞密院使 崔璘 將軍 金寶鼎 左司諫 金謙 伴行 禿魯花 華言 質子也"(『高麗史』권23, 高宗 28年 夏4月條).

96) 『元史』권120, 列傳7 吾也而傳 참조.

97) "吾也而 諭之曰 若能以子爲質 當休兵 十三年 遣其子綧 從吾也而 來朝"(『元史』권120, 列傳7 吾也而傳).

고려왕이 친조한 것이나 다름없다고 판단했을 법하다. 몽고 태종에게는 영녕공 왕준의 입조를 고려의 굴복과 臣屬으로 평가할 소지가 있었던 것이다. 그래서 태종은 북계에 주둔한 唐古軍을 점차 철수시키기 시작했다고 생각된다.

북계에서 철수하기 전에 唐古는 고종 28년(1241) 4월에 伊恃·合剌阿叱 등 4인을 보내왔다.[98] 唐古는 세공납부 및 인질의 추가파견에 대하여 압력을 행사하였을 것으로 보인다. 그는 같은 해 9월에도 伊恃·合剌阿叱 등을 강도조정에 보내와 고려의 몽고육사 이행을 독촉하고 내부정황을 정탐케 하였다. 비록 고려가 영녕공 왕준을 독로화로 파견하여 굴복의사를 표현하였지만 高宗親朝, 戶口調査, 達魯花赤設置, 助軍, 驛站設置 등 다른 요구사항이 관철된 것은 아니었다. 더군다나 강도조정의 출륙환도는 요원해 보였고 여·몽 사이에서 첨예하게 대립하게 하는 불씨가 되고 있었다. 따라서 몽고가 고려와의 외교적 교섭을 통해 강화의 돌파구를 찾고 있던 때에 唐古는 고종 28년 후반부까지는 북계에 잔류하여 재침에 대비하고 있었다고 보아야 한다. 고종 29년(1242) 이후에 唐古가 직접 강도조정에 사자를 파견한 기록이 전혀 없는 것을 통해서,[99] 그는 고종 28년 말에는 요동으로 귀환하였을 것으로 생각된다. 요동으로 철군했더라도 唐古가 그곳에서 여·몽 사이의 외교교섭이 결렬될 경우를 대비하여 재침을 준비하고 있었음은 물론이다.

唐古가 물러난 뒤 강도조정은 고종 29년 5월 13일에 시랑 송언기와 중낭장 李陽俊을 몽고에 파견하였다.[100] 사료 상에서 송언기 등의 활동

---

98) "唐古 遣 伊恃合剌阿叱等 四人來"(『高麗史』 권23, 高宗 28年 夏4月條).

99) 高宗 29년(1242) 이후에 唐古가 단독으로 江都朝廷에 使臣을 보낸 事例는 발견되지 않는다. 이를 통해서, 北界에 잔류한 唐古軍이 高宗 28년 말경에 완전히 철수하지 않았나 추정해 본다.

100) "五月 甲午 遣 侍郎宋彦琦 中郎將李陽俊 如蒙古"(『高麗史』 권23, 高宗 29年 5月 甲午日條).

은 나타나지 않는다. 그렇지만 이들은 몽고에 공물납부를 통한 세공외교를 지속시켰을 것이며 표문외교를 통해서는 몽고육사 문제를 조율해나갔을 것으로 판단된다. 이때 이후로 강도조정은 보통 文臣 1명, 武臣 1명을 묶어 2명을 몽고에 보냈다. 문·무신을 각기 1명씩 보낸 것은 대몽외교에 있어서도 文·武交差制를 시행했던 면모를 보여주지만 최우정권이 대몽외교에 임했던 문신들을 견제하기 위한 측면도 있었다고 헤아려진다. 이해 12월 18일에는 몽고사 30명이 고려를 방문하였다.[101] 이들은 강도조정에 출륙환도와 국왕친조·호구조사를 계속해서 요구했을 것으로 여겨지며 보다 직접적으로는 收貢使로서 파견되었을 것이다. 최우는 이들 몽고사에게 金·銀·皮幣를 제공하는 방물외교를 펼쳐[102] 그들의 고압적 태도를 누그려뜨리려고 하였다.

강도조정은 고종 30년(1243) 1월 23일에 추밀원부사 최린과 秘書少監 金之岱를 몽고에 보내서 방물을 바쳤다.[103] 최린 등은 세공을 납부하기 위해서 몽고에 파견되었음이 분명하고 그는 세공외교를 지속했다고 생각된다. 최린의 외교는 정례적·의례적인 세공납부와 연관된다고 보여진다. 고려조정은 세공납부와 禿魯花派遣을 실행하였던 만큼 지속적인 대몽강화유지를 위해 최소한도의 노력을 경주했던 것이라 하겠다. 그리고 몽고 입장에서도 태종이 사망한 이후 定宗 貴由가 고종 33년(1246)에 즉위할 때까지 大空位時代를 맞이했으므로 고려 측에 군사행동을 마음대로 감행할 수 없는 처지였다. 고종 30년 7월에 柳卿老와 丁瑨이 파견된 것,[104] 같은 해 12월 13일에 낭중 유경로가 다시 보내진 것,[105] 31년

---

101) "冬十二月 乙丑 蒙古使 三十人來"(『高麗史』 권23, 高宗 29年 冬12月 乙丑日條).
102) "十二月 蒙古使 三十人來 及還 贈金銀皮幣"(『高麗史節要』 권16, 高宗 29年 12月條).
103) "三十年 春正月 庚子 遣 樞密院副使 崔璘 秘書少監 金之岱 如蒙古 獻方物"(『高麗史』 권23, 高宗 30年 春正月 庚子日條).
104) "秋七月 遣 柳卿老 丁瑨 如蒙古"(『高麗史』 권23, 高宗 30年 秋7月條).
105) "十二月 甲申 遣 郎中 柳卿老 如蒙古"(『高麗史』 권23, 高宗 30年 12月 甲申日條).

(1244) 4월 23일에 원외랑 任咽壽와 낭장 張益成이 파견된 것,106) 32년
(1245) 4월 15일에 원외랑 朴隨와 낭장 崔公璆이 파견된 것은107) 의례적
인 사신 파견이었다. 이러한 사신 파견은 高官을 필요로 하지 않았고 문
신은 員外郞, 무신은 郞將 정도의 현직관을 주로 몽고에 보냈다. 그리고
이들 고려사신은 주로 세공외교를 추진했고, 표문을 올려 출륙환도와 고
종친조의 불가함을 재차 항변하였을 것으로 여겨진다.

이러한 고려의 의례적인 사신파견에 몽고 측은 당황하였고 크게 불만
을 품었던 것 같다. 고종 31년 7월 6일에 몽고사 阿土가 파견된 것을
끝으로108) 阿母侃의 제3차 고려침공이 있을 때까지 더 이상 蒙古詔使가
강도조정에 보내지지 않은 것이 그것을 증명한다. 이 당시 파견된 阿土
는 撒禮塔의 제1-(1)차 침입 때 개경조정에 勸降使로 보내졌던 바로 그
사람이었다고 판단되는 바, 고종 31년 강도조정에 최후통첩을 하기 위해
서 왔다고도 여겨진다. 최우정권은 몽고육사의 부분적 이행과 의례적인
사신파견에 몽고 측이 불만을 품고 있는 것을 눈치채고, 고종 32년 10월
21일에 신안공 왕전과 대장군 皇甫琦를 몽고에 보냈다. 물론 신안공 왕
전은 고종을 대신해서 몽고에 입조한 것인데 이번이 두 번째 몽고 방문
이었다. 그러나 불행하게도 그는 다음 해(1246) 즉위한 定宗에 의해서 4년
간 몽고에 억류당하고 마는 신세가 된다. 그것은 정종이 고려와 잠시 체
결한 강화체제를 깨뜨리고 다시 전쟁을 도발하였기 때문이었다.

몽고 정종은 고려가 끝내 출륙환도를 거부하고 고종친조 등 몽고육사
의 이행에 주저하자 다시 침략전쟁을 일으켰다. 몽고의 제1차 대공위시
대가 마감되자 그동안 추진되지 못했던 대외정복사업이 다시 재개된 것

---

106) “夏四月 壬辰 遣 員外郞 任絪壽 郞將 張益成 如蒙古”(『高麗史』 권23, 高宗 31年
  夏4月 壬辰日條).
107) “己卯 遣 員外郞 朴隨 郞將 崔公璆 如蒙古”(『高麗史』 권23, 高宗 32年 夏4月
  己卯日條).
108) “秋七月 乙巳 蒙古使 阿土等 來”(『高麗史』 권23, 高宗 31年 秋7月 乙巳日條).

이다. 고종 34년(1247) 7월에 드디어 阿母侃의 제3차 고려침략이 개시되었다. 阿母侃은 이미 폐허가 된 西北大路를 별 무리 없이 내려와 鹽州에 주둔하였고,[109] 本陣을 여러 小部隊로 나누어 전라도·경상도 방면으로 내려보내 강도조정이 굴복할 때까지 약탈과 파괴를 일삼았다.

그러자 강도조정에서는 고종 35년(1248) 2월에 추밀원사 孫抃과 비서감 桓公叔을 몽고에 파견하였다.[110] 이들은 세공외교와 더불어 적극적인 표문외교를 전개하였을 것으로 생각된다. 반면에 최우는 北界兵馬使 盧演에게 명하여 북계 諸城民을 해도에 입보하게 함으로써[111] 대몽항전체제를 다시금 가다듬었다. 같은 해 3월에 몽고 定宗이 사망하자 阿母侃의 제3차 침입은 점차 종국으로 치닫게 되었다. 이후 강도조정은 같은 해 10월 19일에 낭장 張俊貞과 지후 張暐를 몽고에 보냈고,[112] 고종 36년(1249) 4월 10일에는 낭장 金子珍과 교서랑 沈秀之를 몽고에 弔問使로 파견했으며,[113] 같은 해 6월 14일에는 시랑 安戩과 낭장 崔公柱를 몽고로 내보냈다.[114] 정종의 갑작스런 사망은 강도조정이 阿母侃의 침입이라는 대외적 위기상황에서 벗어나게 해 준 好材였다. 정종의 사망 이후에 몽고에 파견된 고려사신은 세공외교를 기본으로 하면서 표문외교를 통해 고려의 어려운 현실정을 참작해줄 것을 요청했을 것으로 보인다.

---

109) "秋七月 蒙古元帥 阿母侃 領兵來 屯鹽州"(『高麗史』권23, 高宗 34年 秋7月條).

110) "三十五年 春二月 遣 樞密院使 孫抃 秘書監 桓公叔 如蒙古"(『高麗史』권23, 高宗 35年 春2月條).

111) "三月 命 北界兵馬使 盧演 盡徙 北界諸城民 入保海島"(『高麗史』권23, 高宗 35年 3月條).

112) "壬辰 遣 郎將 張俊貞 祗侯 張暐 如蒙古"(『高麗史』권23, 高宗 35年 冬10月 壬辰日條).

113) "庚戌 遣 郎將 金子珍 校書郎 沈秀之 如蒙古"(『高麗史』권23, 高宗 36年 夏4月 庚戌日條). 北界兵馬使가 몽고 定宗의 사망소식을 전달한 것이 高宗 36年 正月 이므로 같은 해 4월에 파견된 高麗使臣은 弔問 사절임이 분명하다.

114) "癸丑 遣 侍郎 安戩 郎將 崔公柱 如蒙古"(『高麗史』권23, 高宗 36年 6月 癸丑 日條).

특히 고종 36년 2월 20일에 신안공 왕전이 몽고에 4년간 억류되어 있다
가 정종의 사망 이후 고려로 방환조치된 것은[115] 몽고 조정대신들이 다
시 고려와 강화를 체결하고자 노력하고 있었음을 시사해준다. 또한 제2차
대공위시대에 섭정을 맡았던 定宗의 皇后 海迷失이[116] 고려와의 전쟁을
멈추고 같은 해(1249) 8월 15일 강도조정에 宣諭使를 보내 비교적 유화
적인 태도로 출륙환도와 고종친조의 시기를 유보해주었다.[117] 이러한
몽고 황후 海迷失의 대고려온건정책은 몽고 내부의 사정에 기인하는데,
황위계승권 분쟁을 비롯한 몽고제국의 현위기를 먼저 극복하기 위해 고
려 측에 온화한 자세를 견지한 것이다.

최우가 사망하고 최씨가의 권력을 승계하였던 최항은 고종 36년 11월~
37년 3월 사이에 몽고에 2차례의 고려사를 파견하여 대몽강화체제를 유
지하였다. 최항정권은 고종 37년 1월 27일에 郎中 崔章著를 몽고에 보
내[118] 최우의 사망소식을 전하고 세공을 납부함으로써 차기정권도 지속
적으로 군신관계 유지를 희망한다는 의사를 제시했다. 같은 해 2월 24일
에는 추밀원부사 崔滋와 중서사인 洪縉을 몽고에 입조케 하여[119] 표문
외교를 통해서 출륙환도를 준비하고 있음을 알렸을 것으로 추정된다. 실
제로 최항정권은 昇天府 臨海院 옛터에 궁궐을 지어 출륙하려는 태도를

---

115) "辛酉 新安公佺 還自蒙古"(『高麗史』 권23, 高宗 36年 閏2月 辛酉日條).
116) 定宗 貴由가 1248년 3월에 사망하자 그의 皇后 海迷失이 다음 쿠릴타이가 개
    최될 때 까지 섭정을 맡아보았다. 그녀는 窩闊台 家系의 皇位繼承權을 확립시
    키고자 자신의 친아들 아니면 貴由의 조카에게 皇位를 넘겨주고 싶어했지만, 帝
    國의 실력자 拔都가 유럽원정의 영웅이었던 蒙哥를 新皇帝에 옹립함으로써 蒙
    哥가 1251년 大汗의 位에 올랐다(룩 콴텐 著 宋基中 譯, 1984, 앞의 책, 民音社,
    228쪽).
117) 『元高麗紀事』 定宗皇帝 己酉年 8月 15日條의 皇后太子懿旨 참조.
118) "三十七年 春正月 癸巳 遣 郎中 崔章著 如蒙古"(『高麗史』 권23, 高宗 37年 春
    正月 癸巳日條).
119) "己未 遣 樞密院副使 崔滋 中書舍人 洪縉 如蒙古"(『高麗史』 권23, 高宗 37年
    2月 己未日條).

가장하고 있었다.120) 그러므로 최자 등이 몽고에 파견되어 강도조정이
출륙환도를 준비하고 있다고 보고했던 것이 분명하다. 같은 해 3월 18일
에는 낭중 최장저가 귀국하여 몽고가 왕실종친과 홍복원의 부친 洪大純
의 입조를 요구한다고 하였다.121) 4개월 후인 7월에는 좌사간 鄭蘭과 낭
장 魏公就를 몽고에 보내 세공외교와 표문외교를 전개하였을 것으로 추
정된다.

　　이렇듯 최항이 집권하자마자 여러 차례 몽고에 고려사신을 파견한 것
은 자신의 권력기반이 아직 공고하지 못했고 수차례의 政敵 제거로 인해
江都支配層의 지지를 받지 못했기 때문에, 외교전에 총력을 기울인 것이
라 하겠다. 표면적인 대몽강화가 지속되는 가운데, 고종 37년 6월 7일에
몽고사 多可와 無老孫 등 62인이 와서 강도조정이 昇天府에 출륙하는
정황을 살폈는데, 이들은 국왕의 영접을 요구하였다.122) 多可 등은 고려
의 출륙정황을 면밀히 살핀 다음에 홍복원의 부친 홍대순을 데리고 몽고
로 돌아갔을 것으로 보인다. 같은 해 12월 25일에 몽고사 洪高伊 등 48인
이 와서 昇天館에서 고종의 영접을 요구하였다.123) 洪高伊 등은 강도의
梯浦宮에서 開京還都의 시기상조를 인정하면서 북계의 방비를 튼튼히
하고 민생을 회복시킬 것을 촉구하였으며,124) 한편으로 최항정권이 中
城을 축조하는 이유를 캐물었다.125) 洪高伊가 다른 몽고사보다 유화적

---

120) “遣 大將軍李世材 將軍愼執平等 始營宮闕 于昇天府臨海院 舊基”(『高麗史』
　　 권23, 高宗 37年 春正月條).
121) “三月 癸未 崔章著 還自蒙古云 北朝徵 宗親及洪福源父 入朝”(『高麗史』권23,
　　 高宗 37年 3月 癸未日條).
122) “庚子 蒙古使 多可無老孫等 六十二人來 審出陸之狀 到昇天府館 責王出迎江
　　 外 王不出 遣 新安公佺 迎入江都”(『高麗史』권23, 高宗 37年 6月 庚子日條).
123) “丙辰 蒙古使 洪高伊等 四十八人來 止昇天館日 俟王出迎 乃入”(『高麗史』권23,
　　 高宗 37年 12月 丙辰日條).
124) “三十八年 春正月 壬戌 朔 王在梯浦宮 宴洪高伊 高伊 謂王曰 國之北鄙 殘破
　　 已甚 如家無藩籬 何可復都舊京 宜據江 以自固 我當歸 奏皇后 無令東擾 王悅
　　 待之彌厚”(『高麗史』권24, 高宗 38年 春正月 壬戌日條).

인 태도로 고종을 대우한 것으로 보아 본래 고려인 출신 附蒙輩로 생각
된다. 그렇지만 그가 中城築造를 詰問했다는 것은 본래 임무가 진정으로
고려가 출륙환도하려는 의사가 있는지 타진하기 위한 것이었음을 알 수
있게 해준다. 그는 고려조정을 최대한 안심시키면서 한편으로 최항정권
의 출륙환도 위장과 中城築造 사실을 몽고조정에 그대로 보고했다고 여
겨진다.

洪高伊가 몽고로 귀환한 뒤 고종 38년 7월에는 제2차 대공위시대를
마감하고 헌종 蒙哥가 등극하여[126] 한 차례의 회오리바람을 예고했다.
헌종은 칭기스칸 이후 가장 용맹스럽고 지혜로운 君主라는 품평을 들을
정도로 뛰어난 자질과 결단력을 가진 인물이었다.[127] 그는 황제에 등극
하자마자 고종 38년 10월 18일에 몽고사 將困과 洪高伊를 강도로 보내
고종친조와 개경환도를 강력히 요구하였다.[128] 최항정권은 고종 39년 1월
21일에 樞密院副使 李峴과 侍郎 李之葳를 몽고에 입조시켜 출륙환도와
고종친조 문제에 대해서 변명하였다. 이현 등은 이때 표문외교를 전개했
을 것으로 보인다. 이현은 최항의 밀명에 따라 "승천부에 궁궐을 이미 조
성하여 올해 6월에 출륙하고자 한다"고 헌종에게 보고하였다. 그러나 헌
종은 그 말을 신빙하지 못해 우선 이현 등을 抑留시켰다.[129] 그리고서는

---

125) "丁卯 王命 館伴 宴蒙使 蒙使曰 爾國 旣降 欲就陸 何以城爲 對曰 宋賊船往來
　　故 築城以偹 實無他也"(『高麗史』 권24, 高宗 38年 春正月 丁卯日條).

126) 憲宗 蒙哥는 당시 蒙古皇室의 최대 실력자 拔都의 추대에 힘입어 등극할 수 있
　　었다. "諸王拔都 木哥 阿里不哥 唆亦哥禿 塔察兒 大將兀良合台 速你帶 帖木
　　迭兒 也速不花 咸會于阿剌脫忽剌兀之地 拔都首建議推戴 … 拔都卽申令於衆
　　衆悉應之 議遂定"(『元史』 권3, 憲宗 卽位年 戊申條).

127) 룩 콴텐 著 宋基中 譯, 1984, 앞의 책, 229쪽.

128) "乙巳 蒙古使 將困 洪高伊等 四十人來 至昇天館"(『高麗史』 권24, 高宗 38年
　　冬10月 乙巳日條) ; "戊申 王出迎于梯浦 皇帝新卽位 詔 國王親朝 及令還舊
　　京"(『高麗史』 권24, 高宗 38年 冬10月 戊申條).

129) "三十九年 春正月 丙午 遣 樞密院副使 李峴 侍郎 李之葳 如蒙古"(『高麗史』
　　권24, 高宗 39年 春正月 丙午日條) ; "李峴 亦隨軍而來 貽書云 吾二年見留 觀

같은 해 7월 16일에 多可와 阿土 등 37인을 강도로 보내 "고종이 출륙하여 몽고사를 맞이하면 백성이 출륙하지 않아도 좋으나 그렇게 하지 않으면 고려를 정벌하겠다"고 하는 최후통첩으로서의 조서를 보내왔다.[130] 이때 조정에서는 太子를 몽고에 보내 재침을 막아야 한다는 對蒙和議論者들 가운데 적극파가 대두하였으나[131] 최항세력과 대립하였으나 최항은 그러한 화의론을 묵살해버렸다. 헌종은 고종의 '出迎蒙使'라는 다소 완화된 강화조건을 제시하여 강도조정을 설득하였으나 최항은 그것마저 거부하고 항전태세를 강화하였다.

최항정권은 이와 같은 몽고의 고종친조·개경환도 요구를 거부하면서 한편으로는 헌종의 완화된 요구조건을 수용치 않으면서 나름대로 재항전을 위한 작업에 착수하였다. 대체적으로 고종 37년 3월부터 39년 10월까지 군사력 보강 작업을 시행하였다. 먼저 고종 37년 3월에 북계 昌州人을 安岳縣으로, 威州人을 殷栗縣으로 옮겨 西京畿內·西海道로 이주시킴으로써[132] 허약해진 북계를 일부분 포기하고 서경·서해도의 군사력을 강화하였다. 둘째 강도의 방어체계를 강화하기 위하여 고종 37년 8월 28일부터 11월 15일까지 中城을 축조하였다.[133] 셋째 고종 39년 7월에 각도

其行事 …"(『高麗史節要』 권17, 高宗 40年 秋7月條).

130) "戊戌 蒙古使 多可 阿土等 三十七人來 帝密勑多可等曰 汝到彼國 王出迎于陸則 雖百姓未出 猶可也 不然則 待汝來 當發兵致討 多可等至 王遣新安公佺 出迎之 請蒙使入梯浦館 王乃出見 宴未罷 多可等 以王不從帝命 怒而還昇天館"(『高麗史』 권24, 高宗 39年 秋7月 戊戌日條).

131) "丙辰 王命 宰樞及文武四品以上 議荅詔 或言 太子親朝 或言 王老病 未得親朝 爲辭 待更詰 遣太子親朝 未晩"(『高麗史』 권24, 高宗 38年 冬10月 丙辰日條).

132) "北界 昌州 請入近地 許之 移于安岳縣 先是 威州 亦遷 于殷栗縣 自此 北界州民 皆 內徙 西京畿內 及西海道"(『高麗史』 권23, 高宗 37年 3月條).

133) "庚申 築 江都中城"(『高麗史』 권23, 高宗 37年 8月 庚申日條) ; "十二月 丙午 以崔沆 爲門下侍中"(『高麗史』 권23, 高宗 37年 12月 丙午日條) ; "以築中城功 拜崔沆 爲門下侍中 封晉陽侯開府 讓不受"(『高麗史節要』 권16, 高宗 37年 冬12月條).

에 山城防護別監을 分遣하였다.[134] 防護別監의 파견은 헌종의 조서를 받고난 직후여서 최항정권의 항전의지를 대변해주는 것이라 볼 수 있다. 넷째 고종 39년 8월에 充實都監을 세워 閑人·白丁을 點閱하여 各領의 부족한 軍額에 충당하였다.[135] 마지막으로 고종 39년 10월에 西京留守官을 다시 복구시켜 북계의 중심 방어선을 구축하였다.[136] 이러한 여러 정책은 최항정권이 대몽항전을 각오하겠다는 의사의 표출이었으며, 재추의 대몽화의론자들의 입지에 제동을 걸고 대몽전쟁·대몽교섭의 주도권을 장악하려는 의도의 소산이었다.

결국 몽고의 모든 요구사항을 거부한 최항정권은 전쟁을 선택하였다. 몽고 헌종도 완화된 강화조건을 내걸었음에도 불구하고 최항정권을 설득하는데 실패하자 고종 39년 10월에 諸王 也古(也窟)[137]에게 출정 명령을 내렸다.[138] 당시 몽고군 원수부의 진용은 원수 也古를 필두로 하여 阿母侃·塔剌兒(塔察兒)·王榮祖·石剌(收國奴)·亐悅·洪福源·李峴·永寧公 王綧 등이 副將으로 나섰고[139] 阿豆·胡花·蒙古大는 전장에서 사자 역할을[140] 하였다. 也古와 塔剌兒는 서로 사이가 매우 좋지 않은 皇族 출신

---

134) "是月 分遣 諸山城防護別監"(『高麗史』 권24, 高宗 39年 秋7月條).
135) "立充實都監 點閱閑人白丁 補各領軍隊"(『高麗史節要』 권17, 高宗 39年 8月條).
136) "冬十月 復置西京留守官 自畢賢甫之亂 西京廢爲丘墟 至是始置"(『高麗史節要』 권17, 高宗 39年 冬10月條).
137) 也古는 칭기스칸의 동생 哈撒兒의 長男인데, 총 7가지 異稱으로 등장한다.『高麗史』高宗世家와『新元史』本紀에서는 也古로,『元高麗紀事』와『元史』憲宗本紀 그리고『元史』王準傳에서는 耶虎로,『高麗史』高宗世家에서는 也窟로,『元史』王榮祖傳에서는 也忽로,『新元史』王準傳에서는 也苦로,『元史』石剌傳에서는 也菩로,『元史』憲宗本紀에서는 伊克으로 각기 등장한다. 耶虎·也窟·也忽·也苦·也菩·伊克은 也古의 異稱이다.
138) "冬十月 命諸王也古征高麗"(『元史』 권3, 憲宗 2年 冬十月條).
139) 『高麗史』 권24, 高宗 40年 夏4月 甲寅日條.『高麗史』 권130, 叛逆列傳4 李峴傳.『高麗史節要』 권17, 高宗 40年 秋7月條.『高麗史』 권24, 高宗 40年 11月 戊寅日條.『元史』 권3, 憲宗 3年 癸丑 春正月條.『元史』 권149, 列傳36 王珣傳 附 王榮祖傳.『元史』 권149, 列傳36 耶律留哥傳 附 石剌傳.

이었고,[141] 阿母侃·王榮祖·洪福源은 늘 고려 침략의 선봉에 섰던 인물들이었으며, 추밀원부사 이현은 몽고에 사신으로 파견되었다가 고려를 배신하고 부몽배로 탈바꿈하여 이번 전쟁에 자원하고 나섰다.

也古는 고종 40년 7월 8일에 제4차 고려침공을 개시하여 8월 12~13일 사이에 서해도의 椋山城, 같은 달 27일에 春州道의 東州山城, 9월 21일에 春州城, 같은 달 모일에 三角山城을 각기 함락시켰다. 그리고 10월 4일에 楊根城 방호별감 尹椿이 자진 항복하였고, 같은 달 9일에는 天龍山城 방호별감 趙邦彦이 고심 끝에 也古軍에 투항하였다. 이로써 중부내륙 전선이 연쇄적으로 무너지고 있었다. 그러나 앞 小節에서 살펴보았듯이, 10월 10일경에 개시된 충주산성전투에서 也古가 충주산성을 함락시키지 못하고 오히려 皇族 塔剌兒의 진영을 습격하는 사태를 일으켜 헌종으로부터 소환명령을 받게 되었다. 이 시점 이후부터 몽고군은 충주산성전투에 전의를 상실하였고 여·몽 사이에서는 강화협상이 급속히 추진되었다. 재추의 화의론자들은 태자 대신에 安慶公 王淐을 몽고에 입조시켜 몽고군을 철군시키자는데 의견을 모았다. 이러한 고려 측의 강화조건을 몽고군 부원수 阿母侃이 전격적으로 수용함으로써 모든 전투가 중지되었다. 안경공 왕창은 최린과 더불어 고종 41년 1월 3일에 아모간의 둔소에 도착하여 몽고군을 犒饋하여 그들을 철군시켰고, 이후 몽고에 입조하여 표문외교를 전개했을 것으로 추정된다. 그러한 표문외교는 고종이 와병 중에 있어 국왕 대신에 안경공 자신이 몽고에 입조하게 되었다는 것과 조만간에 昇天闕로 출륙하겠다는 내용이었을 것으로 생각된다.

안경공 왕창의 몽고 입조를 통해서 잠시나마 대몽강화를 성립시킨 최항정권은 고종 41년 3월에 秘書少卿 李守孫과 四門博士 金良璧을 몽고

---

140) 『高麗史』권24, 高宗 40年 5月 丙申日條 ; 『高麗史』권24, 高宗 40年 11月 庚寅日條 ; 『高麗史』권24, 高宗 40年 11月 丁酉日條.
141) 『元史』권3, 憲宗 3年 癸丑 春正月條.

에 보냈고,[142] 閏6월 8일에는 中書舍人 金守精을 몽고에 보냈다.[143] 이
들 고려사신은 출륙환도는 승천궐을 중심으로 서서히 준비하고 있으며
고종이 老患 중이므로 太子入朝는 차후에 가능하다는 논리를 펼치면서
헌종을 설득했을 것으로 추정된다. 그러나 몽고조정의 반응은 무척 냉담
하였던 것 같다. 이수손과 김양영이 이후 3년 동안이나 억류당하면서 몽
고의 懿州에서 사망한 것을 볼 때, 헌종은 고려사가 上奏한 내용을 믿지
않았음이 분명하다.

몽고 헌종은 강도조정이 실질적으로 출륙환도를 추진하고 있는지 알
아보기 위하여 몽고사 多可를 급히 보냈다. 같은 해 7월 17일에 多可
등이 온다는 소식을 접한 고종은 즉시 승천궐로 출륙하여 多可를 맞이
함으로써[144] 출륙의 제스처를 취했다. 多可는 비록 국왕이 出迎하여 항
복의사를 표시했다고 하지만 실질적인 抗蒙勢力인 崔沆·李應烈·周永
珪·柳璥 등의 미출륙을 힐난하였다.[145] 그는 최항정권의 핵심 4인방이
출영하여 항복해야만 진정으로 항복한 것이라고 엄포하였다. 이는 앞으
로의 대몽관계는 국왕인 고종을 포함하여 권력을 잡고 있는 權臣들과의
관계가 중요해지는 계기를 마련함으로써 무인정권의 실제적인 항복을
몽고가 요구하고 있었다는 것을 방증해준다. 또한 多可는 강도조정이 항
복한 諸城의 관리를 고려측이 誅殺한 것을 책망하였다. 이에 고종이 조
방언·정신단을 불러 올려 多可와 면대시킴으로써 고려가 그들을 誅殺하
지 않았음을 증명하였다.[146] 이러한 고종의 처분은 미약하나마 몽고사

---

142) "是月 遣 秘書少卿李守孫 四門博士金良璧 如蒙古 拘留三年 死于懿州"(『高麗
史』 권24, 高宗 41年 3月條).

143) "閏月 己卯 遣 中書舍人 金守精 如蒙古"(『高麗史』 권24, 高宗 41年 閏6月 己
卯日條).

144) "丁巳 王聞 蒙使 多可等來 移御 昇天新闕"(『高麗史』 권24, 高宗 41年 秋7月
丁巳日條).

145) "戊午 蒙古使 多可等 五十人 賣文牒來 諭曰 國王 雖已出陸 侍中崔沆 尙書李應
烈 周永珪 柳璥等 不出 是爲眞降耶"(『高麗史』 권24, 高宗 41年 秋7月 戊午日條).

의 횡포를 막고 사태를 해명하는 효과를 가져왔다.

몽고 헌종은 고려의 태도가 변하지 않자 車羅大로 하여금 東國(高麗)의 일을 주관케 하고 병사 5천을 이끌고 치게 하였다. 같은 해 7월 22일 車羅大가 압록강를 건넘으로써 몽고의 제5-(1)차 침입이 개시되었다.[147] 다음날인 23일에 몽고사 多可가 돌아갔는데,[148] 그는 자신이 돌아가면 몽고대군이 철군할 것이라고 강도조정을 속였다.[149] 多可는 최항세력의 출륙환도를 이끌어내지 못하자 고려의 경계심을 이완시키기 위해서 자신이 돌아가면 대군이 철수할 것이라고 거짓말을 하였던 것이다. 이러한 多可의 속임수를 전혀 눈치채지 못하고 있던 강도조정은 그에게 표문을 전달하여 몽고 헌종에게 고려의 어려운 현실정을 호소하였다.

U. 多可還 附表曰 王人驟降 聖訓稠加 擧國惝惶 瞻天籲列 伏望 霽雷霆之威 回日月之明 備問來使之親觀 商酌讒人之妄訴 使越境風馳驍騎 一時 卷還 令涉江陸處之弊封 萬世永保(『高麗史』 권24, 高宗 41年 秋7月 癸亥日條)

위 사료 U에서 강도조정은 "부디 고려의 실정을 친히 살피고 간 多可의 말을 듣고 몽고 조정에서 참소하는 자의 말을 참작하여 고려를 보살펴 달라"고 헌종에게 진정하였다. 여기서 몽고조정에서 고려를 참소하는 자란 몽고 제4차 침입을 제의하였던 이현과[150] 제5차 침입의 빌미를

---

146) "仍責 誅降城官吏 王 徵趙邦彦 鄭臣旦 乘傳入京 見于多可 以示不誅"(『高麗史』 권24, 高宗 41年 秋7月 戊午日條).

147) "壬戌 西北面兵馬使報 車羅大等 帥兵五千 渡鴨綠"(『高麗史』 권24, 高宗 41年 秋7月 壬戌日條).

148) 多可還(『高麗史』 권24, 高宗 41年 秋7月 癸亥日條).

149) "時 多可給云 吾歸則 大兵可回 國家信之 令州縣 護送 於是 擧邑被掠者 甚多"(『高麗史』 권24, 高宗 41年 秋7月 癸亥日條).

150) 李峴은 也古에게 가을철 수확기 직전에 고려를 侵攻하면 江都政府가 貢賦를 거둘 수 없어 재정이 궁색해 질 것이라고 하면서 그 시기에 고려를 공격할 것을 건의하였고, 결국 그의 건의를 수렴한 也古는 제4차 高麗侵攻을 단행하였다(『高麗史』 권130, 叛逆列傳4 李峴傳).

제공하였던 閔偁과[151] 같은 부몽배를 가리킴이 분명해 보인다. 이 표문
은 강도조정 내의 講和派에 의해서 작성된 것으로 여겨지는데, 절실하게
대몽강화 유지를 희구하고 있기 때문에 그러한 추정이 가능하다고 본다.
그러나 몽고사 多可의 속임수로 인해 북계의 많은 州縣民이 그를 호송
하다가 몽고군에게 약탈당하거나 사로잡혔다. 이러한 多可의 책략은 이
미 車羅大와 사전에 약속된 것이었다고 보여진다. 車羅大가 7월 22일에
침공을 개시하였고 하루 뒤에 多可가 돌아갔으므로 몽고사의 속임수는
서해도와 북계의 인민을 많이 생포하기 위해서 벌인 책동에 지나지 않았
다. 고종은 몽고사 多可의 속임수에 개탄하고 車羅大의 급속한 남진에
위협을 느껴 곧바로 7월 23일에 강도로 돌아와버렸다.[152]

車羅大는 고종 41년 8월부터 12월까지 고려의 내륙을 휩쓸고 지나갔
다. 車羅大軍은 전년에 也古가 큰 피해를 주었던 중부내륙을 다시 강타
한 다음 경상도지방을 집중적으로 구략하였다. 車羅大의 제5-(1)차 침입
의 피해는 역사상 유례가 없을 정도로 참혹한 것이었다. 고종 41년 한
해에만 포로된 자가 206,800명이었고 살육당한 자는 이루 헤아릴 수 없
었으며, 몽고군이 지나간 州·郡은 모두 잿더미가 되었다고[153] 한 부분
에서 그러한 피해의 정도와 크기를 가히 짐작할 수가 있다. 이렇게 큰
피해를 당한 것은 몽고사 多可의 속임수도 한 몫 했겠지만, 也古의 제4차
침입에 곧바로 이은 車羅大의 제5-(1)차 침입의 충격파가 그대로 전달되
었기 때문이었다. 몽고군은 강도조정이 쉴 틈을 주지 않고 공격의 고삐
를 더욱 죄었고 강화교섭을 거부한 채 고려의 완전한 항복을 종용하면서

---

151) 閔偁은 黃驪縣 사람으로서 蒙古에 투항하여 附蒙輩가 되었다. 그는 蒙古 憲宗에
　　게 永寧公 王綧은 고려왕의 親子가 아니며, 고려에서 也古에게 투항하였던 諸城
　　의 관리를 모두 誅殺하였다고 고변함으로써 蒙古 憲宗이 車羅大에게 제5-(1)차
　　침공을 명령하는 빌미를 제공하였다(『高麗史節要』 권17, 高宗 41年 秋7月條).
152) "是日 王還江都"(『高麗史』 권24, 高宗 41年 秋7月 癸亥日條).
153) "是歲 蒙兵所虜男女 無慮二十萬六千八百餘人 殺戮者不可勝計 所經州郡 皆爲煨
　　燼 自有蒙兵之亂 未有甚於此時也"(『高麗史』 권24, 高宗 41年 12月 丁亥日條).

중부내륙과 경상도를 집요하게 구략했기 때문에 몽고의 침략사상 가장 큰 피해를 당할 수밖에 없었다. 아마 생각건대 고종 41년 한해의 포로 206,800명은 也古의 제4차 침입과 車羅大의 제5-(1)차 침입에서 발생한 포로의 총합이라고 생각된다. 也古의 제4차 침입군도 고종 41년에 철군했기 때문에 상당수의 포로를 이끌고 몽고로 귀환하였을 것이다. 따라서 고종 41년 한해에 발생한 엄청난 수효의 포로는 몽고 제4차 침입과 제5-(1)차 침입의 합산이라고 보아 무방하다.

몽고 제5-(1)차 침입의 특징이라면 경상도지방을 집중적으로 공략하였다는 점에 있었다. 특히 경상도지방에 대한 공격은 5차에 걸친 전체 몽고 침입 가운데서도 가장 현저한 피해를 입혔다. 또한 개경에서 忠州에 이르는 요지인 黃驪·利川·川寧·楊根·竹州·陰竹 등의 지역을 구략하여 회복이 불가능할 정도로 심대한 피해를 낳게 하였다. 그것은 고종 42년 2월 16일에 都祭庫判官 高鼎梅를 黃驪·利川·川寧·楊根·竹州·陰竹 등지의 蘇復別監으로 삼았다는데서[154] 가히 짐작하고도 남음이 있다.

車羅大는 고종 41년 12월 16일 경에 모든 전투를 종료하고 북상하기 시작하였다. 강도조정은 車羅大軍이 철군을 개시함에 따라, 1월 17일에 평장사 최린을 시켜 몽고에 세공외교를 펼치고 표문을 올려 罷兵을 청하였다.

> V. 遣平章事崔璘 如蒙古 獻方物 仍乞罷兵 表曰 皇威遠格 聖訓驟加 無地措躬 籲天以實 恭惟 皇帝陛下 廓乾坤之度 察貝錦之讒 疾速班師 哀矜有衆 則 咸承仁化 得聊生 而出居 嘉與後昆 至永世 而供職(『高麗史』권24, 高宗 42年 春正月 乙卯日條)

위 사료 V에서 최린은 표문외교를 통해서 "몽고황제가 넓은 도량으

---

154) "癸未 以都祭庫判官 高鼎梅 爲黃驪 利川 川寧 楊根 竹州 陰竹等處 蘇復別監 鼎梅不顧蘇復之意 耽于酒色 剝民爲利"(『高麗史』권24, 高宗 42年 2月 癸未日條).

로 그럴듯한 거짓 참소에 속지 말고 속히 군사를 철수시킴으로써 고려 백성을 불쌍히 여긴다면 육지에 나와 생활할 것이며 영원히 직책을 받들 것"이라는 강도조정의 의사를 전달하였다. 그는 몽고 헌종에게 부몽배의 거짓 참소에 속지 말고 고려의 어려운 사정을 참작하여 몽고병을 철군시켜 준다면 군신이 출륙할 것이며 몽고에 職貢을 계속 유지할 것임을 약속하였다. 이러한 최린의 표문외교를 끝으로 더 이상의 표문외교는 사료 상에서 발견되지 않는다.

그러나 車羅大의 제5-(2)차 침입이 개시되었을 때, 고종 42년(1255) 6월 9일 시어사 金守剛과 낭장 庾資弼이 몽고에 입조하여 세공외교를 전개하였던 점을155) 통해서 김수강 등은 표문외교를 더불어 시행하였을 것으로 추정된다. 또한 同王 44년(1257) 5월 5일에 起居注 김수강과 낭장 秦世基가 몽고에 입조하여 철병을 요청한 것으로156) 미루어보아 역시 이때 표문외교가 시행되었을 것이다. 특히 김수강이 車羅大의 제5-(2)·(3)차 침입 당시에 연속해서 몽고에 입조하여 헌종으로부터 몽고병철수를 이끌어내고 있다는 것은157) 그의 출중한 외교적 수완을 보여줌과 동시에 그가 표문외교를 전개하였을 개연성을 높여준다. 한편 몽고 제5-(3)차 침입군의 철군조건으로써 同王 44년 12월에 안경공 왕창이 몽고에 입조하였을 때도 표문외교가 시행되었을 것으로 여겨진다.

이상과 같이 표문외교 시행 사례를 검토하여 그 내용과 결과, 성격에 대해서 살펴보았다. 그러면 지금까지 분석해왔던 최씨집권기 표문외교를 총망라하여 제시하면 아래의 표와 같다. 여기에는 표문외교를 시행하였을 것으로 추정한 사례까지도 포함하였음을 밝혀둔다.

---

155) "甲戌 遣 侍御史金守剛 郎將庾資弼 如蒙古 進方物"(『高麗史』권24, 高宗 42年 6月 甲戌日條).

156) "五月 戊午 遣 起居注金守剛 郎將秦世基 如蒙古"(『高麗史』권24, 高宗 44年 5月 戊午日條).

157) 『高麗史』권102, 列傳15 金守剛傳 참조.

〈표 3-6〉 崔氏執權期 表文外交 사례

順序	王曆	時期	武人執政	使臣내력	派遣目的 使臣活動	蒙古側 反應	備考
1	高宗 18년	1231.12.29	崔瑀	大將軍 趙叔昌	著古與被殺事件, 蒙古使追放事件, 阿土포박사건 등을 해명하는 表文을 전달		高麗史
2	高宗 19년	1232.4.12	崔瑀	上將軍 趙叔昌 侍御史 薛愼	國贐과 表文을 받들고 몽고에 入朝 / 撒禮塔에게 書信 * 書信내용: 貢物·人質상납에 대한 고려의 항변		高麗史 元高麗紀事
		1232.	崔瑀	侍御史 薛愼 大將軍 趙叔璋	薛愼이 副行李使가 되어 몽고 궁궐에 들어가 국가의 중요한 일들을 처리		薛愼墓誌銘
3	高宗 19년	1232.10 (1232.11)	崔瑀	將軍 金寶鼎 郎中 趙瑞璋	高宗의 表文을 올리고 陳情함		元高麗紀事
	高宗 19년	1232.11	崔瑀	(미상)	몽고 황제에게 陳情表를 올려 貢物 납부와 蒲鮮萬奴정벌 문제에 대해 항변		高麗史
	高宗 19년	1232.11	崔瑀	(미상)	몽고 황제에게 狀啓를 올려 著古與被殺事件과 蒙古使追放事件 등을 나름대로 해명		高麗史
4	高宗 25년	1238.12	崔瑀	將軍 金寶鼎 御史 宋彦琦	高宗의 表文 전달: 蒙古의 침입을 배제하고 貢納 약속	다음 해 4월에 사신 파견	高麗史
	高宗 25년	1238.12.24	崔瑀	將軍 金寶鼎 御史 宋彦琦	高宗의 表文을 가지고 몽고에 入朝		元高麗紀事
5	高宗 26년	1239.6	崔瑀	起居舍人 盧演 詹事府注簿 金謙	高宗의 表文 전달	8월에 사신 파견	高麗史
		1239.6	崔瑀	禮賓卿 盧演 禮賓少卿 金謙	進奉使 盧演과 副使 金謙이 表文을 받들고 몽고에 入朝		元高麗紀事
6	高宗 26년	1239.12.12	崔瑀	新安公 王佺 少卿 宋彦琦 將軍 金寶鼎 등 148인	高宗 대신 王室 宗親인 新安公 王佺이 入朝함, 表文을 받들고서 朝貢	다음 해 3월에 사신 파견	高麗史 元高麗紀事
7	高宗 27년	1240.3	崔瑀	右諫議大夫 趙修 閤門祇候 金成寶	表文 전달과 歲貢 납부		元高麗紀事
		1240.4	崔瑀	右諫議 趙脩 閤門祇候 金成寶	表文 전달과 歲貢 납부	9월에 사신 파견	高麗史
8	高宗 27년	1240.12	崔瑀	禮賓少卿 宋彦琦 御史 權韙	歲貢 납부 / (表文 전달) (* 禿魯花 대상자 통지)	다음 해 4월에 사신 파견	高麗史
		1240.12	崔瑀	禮賓少卿 宋彦琦 侍御史 權違	使臣團을 이끌고 入貢		元高麗紀事

順序	王曆	時期	武人執政	使臣내력	派遣目的 使臣活動	蒙古側 反應	備考
9	高宗 28년	1241.4	崔瑀	永寧公 王綧과 衣冠子弟 10인, 樞密院使 崔璘 將軍 金寶鼎	몽고에 禿魯花 파견 / (表文 전달과 歲貢 납부)	8월에 사신 파견	高麗史
10	高宗 29년	1242.5.13	崔瑀	侍郎 宋彦琦 中郎將 李陽俊	(表文 전달과 歲貢 납부)	12월에 사신 파견	高麗史
11	高宗 30년	1243.1.23	崔瑀	樞密院副使 崔璘 秘書少監 金之岱	方物(歲貢) 납부 / (表文 전달)		高麗史
12	高宗 30년	1243.7	崔瑀	柳卿老, 丁晉	(가을 歲貢 납부와 表文 전달)	10월에 사신 파견	高麗史
13	高宗 30년	1243.12.13	崔瑀	郎中 柳卿老	(몽고에 表文 전달)		高麗史
14	高宗 31년	1244.4.23	崔瑀	員外郎 任咽壽 郎將 張益成	(表文 전달과 歲貢 납부)	7월에 사신 파견	高麗史
15	高宗 32년	1245.4.15	崔瑀	員外郎 朴隨 郎將 崔公瑨	(表文 전달과 歲貢 납부)		高麗史
16	高宗 32년	1245.10.21	崔瑀	新安公 王佺 大將軍 皇甫琦	高宗 대신에 新安公 王佺이 다시 入朝 / (表文 전달과 歲貢 납부)	고려 사신을 억류시킴	高麗史
17	高宗 35년	1248.2	崔瑀	樞密院使 孫抃 秘書監 桓公叔	(表文 전달과 歲貢 납부)		高麗史
18	高宗 35년	1248.10.19	崔瑀	郎將 張俊貞 祗侯 張暐	(表文 전달과 歲貢 납부)		高麗史
19	高宗 36년	1249.4.10	崔瑀	郎將 金子珍 校書郎 沈秀之	(定宗의 사망에 따른 弔問使 파견) (表文 전달과 歲貢 납부)		高麗史
20	高宗 36년	1249.6.14	崔瑀	侍郎 安戠 郎將 崔公柱	(表文 전달과 歲貢 납부)		高麗史
21	高宗 37년	1250.1.27	崔沆	郎中 崔章著	(崔瑀사망 소식과 表文 전달)		高麗史
22	高宗 37년	1250.2.24	崔沆	樞密院副使 崔滋 中書舍人 洪縉	(表文 전달과 歲貢 납부) * 江都의 出陸의사를 전달	6월에 사신 파견	高麗史
23	高宗 37년	1250.7	崔沆	左司諫 鄭蘭 郎將 魏公就	(表文 전달과 歲貢 납부)	12월에 사신 파견	高麗史
24	高宗 38년	1251.2.22	崔沆	同知樞密院事 崔璟 上將軍 金寶鼎	(表文 전달과 歲貢 납부)		高麗史
25	高宗 38년	1251.7.9	崔沆	少卿 林惟式 郎將 趙元奇	(表文 전달과 歲貢 납부)	10월에 사신 파견	高麗史
26	高宗 39년	1252.1.21	崔沆	樞密院副使 李峴 侍郎 李之蔵	(表文 전달과 貢物 납부) * 새 황제 憲宗 즉위 축하사절	7월에 사신 파견	高麗史

順序	王曆	時期	武人執政	使臣내력	派遣目的 使臣活動	蒙古側反應	備考
27	高宗 40년	1253.12.28	崔沆	安慶公 王淐	몽고의 요구에 의한 고려 王子의 親朝, 貢物 납부, (表文 전달)		高麗史
28	高宗 41년	1254.3	崔沆	秘書少卿 李守孫 四門博士 金良鎣	(表文 전달과 歲貢 납부) * 燧州에 3년간 구류 당해 그곳에서 사망	燧州에 구류	高麗史
29	高宗 41년	1254.閏6.8	崔沆	中書舍人 金守精	(表文 전달과 歲貢 납부)		高麗史
30	高宗 41년	1254.7.23	崔沆	(미상)	고려실정을 자세히 살핀 몽고사 多可의 말을 경청할 것을 아뢰는 表文을 올림		高麗史
31	高宗 42년	1255.1.17	崔沆	平章事 崔璘	몽고에 方物을 바치고 철병을 요청하는 表文을 전달	車羅大가 使臣을 파견	高麗史
32	高宗 42년	1255.6.9	崔沆	侍御史 金守剛 郎將 庾資弼	몽고에 方物을 바치고 철병을 요구 / (表文 전달)	車羅大軍 철수	高麗史
33	高宗 44년	1257.5.5	崔竩	起居注 金守剛 郎將 秦世基	몽고군 철수와 對蒙講和를 추진 / (表文 전달과 歲貢 납부)		高麗史
34	高宗 44년	1257.12	崔竩	安慶公 王淐 左僕射 崔永	太子 대신에 安慶公 王淐이 몽고에 入朝(表文 전달과 歲貢 납부)		高麗史

* 派遣目的·使臣活動에서 ( )로 묶어놓은 부분은 추정한 내용임

〈표 3-7〉崔氏執權期 시행된 表文外交와 시행되었을 것으로 추정한 表文外交

年度	表文外交 시행	表文外交 추정	備考
高宗 18년 (1231)	12.29　大將軍 趙叔昌		撒禮塔의 제1-(1)차 침공 최초의 表文外交
高宗 19년 (1232)	4.12　上將軍 趙叔昌, 侍御史 薛愼 11.某日 將軍 金寶鼎		撒禮塔의 제1-(2)차 침공 4.12일에 趙叔昌과 薛愼이 최초로 蒙古入朝
高宗 25년 (1238)	12.24　御史 宋彦琦, 將軍 金寶鼎		唐古의 제2-(3)차 침공
高宗 26년 (1239)	6.某日 起居舍人 盧演 詹事府注簿 金謙 12.12 新安公 王佺, 少卿 宋彦琦 將軍 金寶鼎		임시적 對蒙講和期

年度	表文外交 시행	表文外交 추정		備考
高宗 27년 (1240)	4.某日 右諫議 趙脩 　　　 閣門祇候 金成寶	12.某日	禮賓少卿 宋彦琦 　　　 御史 權趬	
高宗 28년 (1241)		4.某日	樞密院使 崔璘, 　　　 將軍 金寶鼎	
高宗 29년 (1242)		5.13	侍郎 宋彦琦, 　　　 中郎將 李陽俊	
高宗 30년 (1243)		1.23 7.某日 12.13	樞密院副使 崔璘 　　　 秘書少監 金之岱 柳卿老,丁瑨 郎中 柳卿老	
高宗 31년 (1244)		4.23	員外郎 任呬壽, 　　　 郎將 張益成	
高宗 32년 (1245)		4.15 10.21	員外郎 朴隨, 　　　 郎將 崔公瑨 新安公 王佺, 　　　 大將軍 皇甫琦	
高宗 35년 (1248)		2.某日 10.19	樞密院使 孫抃 　　　 秘書監 桓公叔 祇侯 張暐, 郎將 張俊貞	阿母侃의 제3차 침공
高宗 36년 (1249)		4.10 6.14	郎將 金子珍, 　　　 校書郎 沈秀之 侍郎 安戩, 　　　 郎將 崔公柱	
高宗 37년 (1250)		1.27 2.24 7.某日	郎中 崔章著 樞密院副使 崔滋 　　　 中書舍人 洪縉 左司諫 鄭蘭, 　　　 郎將 魏公就	
高宗 38년 (1251)		2.22 7. 9	同知樞密院事 崔璟 　　　 上將軍 金寶鼎 少卿 林惟式 　　　 郎將 趙元奇	
高宗 39년 (1252)		1.21	樞密院副使 李峴 　　　 侍郎 李之葳	
高宗 40년 (1253)		12.28	安慶公 王淐 　　　 叅知政事 崔璘	也古의 제4차 침공

年度	表文外交 시행		表文外交 추정	備考
高宗 41년 (1254)	7.23	미상	3.某日 秘書少卿 李守孫 　　 四門博士 金良璧 閏 6. 8 中書舍人 金守精	車羅大의 제5-(1)차 침공
高宗 42년 (1255)	1.17	平章事 崔璘	6. 9　侍御史 金守剛 　　 郎將 庾資弼	車羅大의 제5-(2)차 침공
高宗 44년 (1257)			5. 5　起居注 金守剛, 　　 郎將 秦世基 12.某日 安慶公 王淐, 　　 左僕射 崔永	車羅大의 제5-(3)차 침공
횟수	총 9회		총 25회	

위의 <표 3-6·7>에서 최씨집권기에 시행된 표문외교는 총 9회이고, 시행되었을 것으로 추정해 본 표문외교는 모두 25회에 이른다. 표문외교를 실행한 고려사신은 조숙창·설신·김보정·송언기·노연·김겸·왕전·조수·김성보·최린 등 10명이 발견된다. 이 10명 가운데 왕실종친은 왕전이고, 문신은 설신·송언기·노연·김겸·조수·김성보·최린 등 7명이며, 무신은 조숙창·김보정 등 2인이다. 반면 표문외교를 수행하였을 것으로 추정되는 고려사신은 송언기·권위·최린·김보정·이양준·김지대·유경로·정진·임인수·장익성·박수·최공진·왕전·황보기·손변·환공숙·장위·장준정·김자진·심수지·안전·최공주·최장저·최자·홍진·정란·위공취·최경·임유식·조원기·이현·이지위·왕창·이수손·김양영·김수정·김수강·유자필·진세기·최영 등 40명이 등장한다. 이 가운데 왕실종친은 신안공 왕전과 안경공 왕창이고, 문신은 송언기·권위·최린·김지대·유경로·정진·임인수·박수·손변·환공숙·장위·심수지·안전·최장저·최자·홍진·정란·최경·임유식·이현·이지위·이수손·김양영·김수정·김수강·최영 등 26명이며, 무신은 김보정·이양준·장익성·최공진·황보기·장준정·김자진·최공주·위공취·조원기·유자필·진세기 등 12명이다.

　표문외교를 시행했거나 시행했을 것으로 추정되는 고려사신들 가운데 송언기·최린이 몽고에 4번 입조했고, 김수강이 2번 몽고에 파견되었다. 무신으로서는 김보정이 5번, 조숙창이 2번 몽고에 입조하였는데, 특히 김보정은 최씨집권기를 통해서 문·무신 가운데 가장 활발하게 대몽외교에 나선 인물로서 평가된다. 강화천도 이후 대몽강화에 있어서는 송언기의 대몽외교가 두드러지며, 최항대 태자친조를 주장하며 몽고군의 철군을 위해 헌신적인 노력을 기울였던 인물로서 최린이 돋보인다.

대체적으로 표문외교를 수행한 고려사신은 문신 1명, 무신 1명으로 구성되었으며, 보통 1년에 2회 정도 사신이 파견되었다. 몽고 황제의 국왕친조 요구가 거세질 경우에는 왕실종친인 신안공 왕전과 안경공 왕창이 고종을 대신하여 고려사신단을 이끌며 몽고에 입조하였다. 여·몽 사이의 외교전 양상을 총체적으로 보여주는 표문외교는 시기별로 그 내용에 일정한 변화가 있었다. 먼저 고종 18년 당시에는 표문을 통해서 몽고의 고려침공이 부당한 것임을 항변하였다. 강화천도가 단행된 고종 19년에는 몽고의 과도한 납공·납질 요구에 항의하였고, 아울러 몽고육사 가운데 국왕친조·조군·호구조사의 불가함을 호소하는데 중점을 두었다. 고종 20~24년까지는 처인성승첩 이후 최씨정권의 항몽자세가 오히려 강화되면서 표문외교가 시행되지 않았다. 이후 唐古의 제2-(3)차 침공 때 경주가 도륙되고 황룡사가 소실되는 등 내륙 주현민의 피해가 가중되면서 몽고군 철수를 위한 방편으로 표문외교가 재개되었다. 고려조정은 고종 25년의 표문외교에서 1년에 2회 세공을 지속적으로 납부할 것을 약속하였고 同王 26~27년의 표문외교에서는 출륙환도와 국왕친조 문제에 대한 항변을 위주로 외교전을 전개하였다. 고종 28년의 표문외교에서는 독로화 파견 대상자를 확정지어 몽고육사 가운데 납질 의무를 이행하였음을 밝혔다. 이후 고종 29~39년까지의 표문외교는 관련사서에서 등장하지 않지만 의례적·정기적 사신파견과 납공의무 이행에 대한 내용으로 점철되었으리라 생각된다. 몽고 제4~5차 침입 당시의 표문외교는 출륙

환도 시기를 조율하고 고종 대신에 태자 혹은 왕자가 몽고에 입조토록
하여 몽고군의 철수를 이끌어내는 방향으로 활용되었다.

전체적으로 보아서 표문외교는 호궤·방물·서신외교 다음에 시행되었
는데, 세공외교와 함께 동반하여 추진되기도 하였다. 이 외교방식을 통
해서 강도조정이 몽고의 과도한 납공·납질 요구에 항변함으로써 그 수
량을 감소시킬 수 있는 외교적 효과를 가져왔으며, 국왕친조·조군·호구
조사 등 몽고육사 이행에 대해서도 적절한 거부 이유를 제시함으로써 몽
고와 그 문제에 대해서 협상할 수 있는 토대를 마련하였다. 표문외교는
최씨정권과 강도조정이 표문을 통해서 몽고황제를 설득하고 고려 측 입
장을 전달할 수 있는 외교적 통로였고 몽고군철수를 위해서 구사할 수
있는 최후의 보루와도 같았다.

제3절 人質外交와 高宗의 出陸外交

몽고는 고종 6년(1219) 고려와 兄弟盟約을 맺은 이후 人質上納을 요
구해 왔다. 그 당시 對高麗政策을 전담하였던 皇太弟 斡赤斤(訛赤斤)은
최우선적으로 공물 납부를 강요하였지만 그에 못지않게 다양한 인질을
요구해 왔던 것이다. 다음의 사료는 그러한 정황을 잘 말해준다.

> W. … 但來教 以小國不曾發遣女孩兒及會漢兒文字言語人 亦不進奉諸般要
> 底物等事 督責甚嚴 聞令惶悸 不知所圖 … 其諸般名手匠人 亦如前書所
> 陳 國無能者 故未能發遣 事輒違意 深恐深恐(『東國李相國集』前集 권28,
> 「蒙古國使齎廻上皇太弟書」/『東文選』권61, 李奎報撰 「蒙古國使齎上
> 皇大弟書」)

앞의 사료 W를 자세히 살펴보면, 몽고 황태제 斡赤斤이 요구한 인질

의 대상과 범위는 실로 광범위해서 각종 匠人, 中國語에 능통한 자, 처녀
에 이르기까지 다양했음을 알 수 있다. 斡赤斤이 이러한 다양한 인질을
요구한 시점은 자신의 주관 하에 蒙古國書를 고려에 보냈던 고종 7년
혹은 8년이었다고 헤아려진다.[158] 당시 고려·동진국과의 외교문제를 전
담하였던 칭기스칸의 막내동생 황태제 斡赤斤은 매우 탐욕스럽고 포악
했던 인물이었다. 그러했던 그가 자신의 특사 著古與를 수차례 고려에
보내서 세공납부 압력을 행사하였고 그것도 모자라서 인질상납까지 강
요해 왔던 것이다. 이러한 納質 요구를 최우정권은 강경하게 거부하였
다. 최우는 몽고의 공납요구는 능력이 되는 대로 들어주었지만 납질요구
만큼은 거부로 일관해 왔다. 斡赤斤의 이러한 납질요구는 저고여피살사
건을 계기로 여·몽 사이의 외교관계가 두절됨에 따라서 사라졌다가 고
종 18년 撒禮塔의 제1-(1)차 침입 당시에 다시 여·몽 사이의 중요한 외
교현안이자 강화조건으로 떠올랐다. 撒禮塔이 개경정부에 보낸 牒文에
는 인질상납의 대상과 수량이 摘記되어 있다. 그 부분만 발췌하여 제시
하면 다음과 같다.

> X. 王孫男姟兒一千 底 公主 大王 每等郡主 進呈皇帝者 外 大官人母女姟兒
> 亦與來者 你底太子將領大王 令子 幷大官人男姟兒 要一千箇 女姟兒 亦
> 是 一千箇 進呈皇帝做扎也者(『高麗史』 권23, 高宗 18年 12月 甲戌日條)

撒禮塔이 요구한 인질은 사료 X에서 대개 王族·大官人의 자제나 부
녀자였음이 확인된다. 몽고는 국왕의 자손으로서 남자아이 1천 명, 公主·

---

158) 兄弟盟約期에 皇太弟 斡赤斤이 高麗에 國書를 보낸 것은 3회 포착된다. 斡赤
斤은 高宗 7년 9월(『元高麗紀事』), 同王 8년 8월(『高麗史』·『元史』), 同王 10년
8월(『元高麗紀事』)에 國書를 지닌 蒙古使를 고려에 보내 歲貢納付 압력을 가
해 왔다. 그런데 高宗 8년에만 모두 5번의 蒙古使가 고려에 왔고 그 중에서 4번
은 歲貢納付 압력을 가하기 위해서 파견되었다는 점을 상기한다면, 아마 高宗
8년 이전이나 그 즈음에 人質上納 요구도 병행해서 가해 왔을 것으로 추정된다.

大王·郡主, 대관인의 부녀자, 太子·將領·大王의 아들, 대관인의 아들 1천
명, 딸 1천 명을 황제에게 보내라고 요구하였다. 이러한 몽고 측의 인질
요구에서 가장 까다로운 문제는 역시 국왕의 자손 남자아이 1천 명과 대
관인의 부녀자 및 대관인의 아들·딸 각기 1천 명씩을 가급적 빨리 보내
라는 것이었다. 이러한 요구를 수용한다면 고려왕족의 씨가 말라버리고
高麗官人階層이 완전히 붕괴되어 몽고에 영구히 臣屬되어 버리는 결과
를 초래하기 때문에 개경정부로서는 이행하기 곤란하였다. 몽고 측은 이
러한 고려조정의 약점을 활용하여 講和交涉에서 자신들이 유리한 고지
를 점령한 채 고려 측에 압력을 행사하고자 했던 것이라 믿어진다. 撒禮
塔이 이처럼 많은 수의 인질을 요구했을 뿐만 아니라 그 대상이 모두
왕족 아니면 대관인으로 한정한 데는 고려 지배층 자녀를 인질로 붙잡아
두어 고려를 완전히 복속시키려는 저의를 보였다고 할 수 있다. 또한 이
들 인질을 몽고황실에서 관리감독하여 차후에 고려를 정벌하는데 앞잡
이로 활용하거나 고려에 외교·군사적 압력을 행사할 때 사용하려고 획
책하였을 것이 분명하다. 실제로 禿魯花로 파견되었던 永寧公 王綧은 고
려 측에 유리한 활동을 했다기보다는 몽고세력에 영합하면서 자신의 세
력기반을 키우는 한편 고려침략에도 종사하는 등 附蒙輩로서의 모습이
보다 역력하였다. 위의 사료 X에서 撒禮塔은 왕족과 대관인의 자녀를
인질로 보내달라고 요구하고 있었으며, 한편으로 그는 고종 19년 초반부
터 각종 장인과 수놓는 婦女 등을 몽고에 보낼 것을 촉구하고 있었다.
그 어떤 몽고조서나 牒文에서도 고려의 장인을 요구하는 대목은 발견되
지 않는다. 그러나 고종 19년 4월 12일에 撒禮塔에게 보낸 고려 측의
書信에서 "고려는 장인이 본래 적은데다가 凶年·疾病·兵禍로 인해 그들
이 많이 죽거나 흩어져서 형편상 보낼 수 없고, 원래 수놓는 부녀는 없
다"고 하면서 장인의 발송을 거부하였다.[159] 이 서신을 통해서 몽고가

---

159) "又稱諸般工匠遣送事 我國工匠 自昔欠少 又因饑饉疾疫 亦多物故 加以貴國兵

고려 장인들의 수준 높은 기술을 익히 전해듣고 있었음을 간파할 수 있다. 개경정부는 또한 같은 서신에서 "고려는 왕실의 자손이 번창하지 못하고 대관인도 一夫一妻制를 따르고 있어 자손이 적기 때문에 國王·諸宗親·公主·郡主·大臣의 아들 5백 명과 딸 5백 명을 몽고에 보낼 수 없다"고160) 못 박았다. 왕실·종친의 자손과 대신들의 자녀들을 모두 보내더라도 몽고가 요구하는 인질수를 채울 수 없었기 때문에 개경정부로서는 선뜻 응하기 어려웠고 거부감만 더해갔던 것이다.

몽고는 이렇게 왕실·종친·대관인의 자녀와 각종 匠人만을 요구해 온 것은 아니었다. 대몽강화가 체결된 이후 遼東에 주둔해 있던 撒禮塔은 고종 19년 2월 17일에 達魯花赤 都旦을 시켜 懷安公 王侹에게 자신의 서신을 주어161) 고려조정에 전달케 하였다. 그 서신에는 "고려 백성들을 선발하여 開州館 및 宣城山 밑에 이주시켜 농사짓도록 하라"고 씌어 있었다.162) 몽고는 고려의 농민들을 차출하여 開州館과 宣城山 밑에 이주시켜 농사를 짓게 함으로써 일거양득의 효과를 노렸다고 헤아려진다. 하나는 북계의 농민을 선발하여 요동 땅을 일구면서 농사에 전념케 함으로

馬經由大小城堡 懼害被驅者 不少 自此 耗散而莫有地著專業者故 節次 不得押遣應命 況 刺繡婦人 本來無 有此 皆以實告之 伏惟 諒情哀察"(『高麗史』권23, 高宗 19年 夏4月 壬戌日條).

160) "又稱國王諸王公主郡主大官人 童男五百皆 童女五百箇 湏管送來事 如前書所載 我國之法 雖 上之爲君者 唯 配得一箇嫡室 更無滕妾故 王族之枝葉 例未繁茂 又以國之褊小故 臣僚之在列者 亦未之師師 而所娶不過一妻 則所産 或無或有 有或不多人耳 若皆發遣上國 則誰其承襲王位及朝廷有司之職 以奉事大國耶 若 貴國撫存弊邑 使通好萬世 請鐲省 偏方蕞土 所不得堪如此事段 以示字小扶弱之義 幸甚幸甚"(『高麗史』권23, 高宗 19年 夏4月 壬戌日條).

161) 『高麗史』권23, 高宗 19年 3月 甲午日條의 撒禮塔에게 전달한 書信 참조. 한편 懷安公 王侹은 高宗 19년 2월 17일에 蒙古使 都旦 및 그의 수행원 24명을 데리고 開京에 왔다. 아마 撒禮塔이 高麗朝廷에 보낸 書信은 2월 17일에 蒙古使 都旦 편으로 懷安公 王侹을 거쳐 開京政府에 전달되었을 것이다.

162) "每來文字內所 及諸般事 圖踵後回報 又閱淮安公侹所蒙手簡稱 你國 選揀人戶 赴開州館 及宣城山脚底 住坐 種田"(『高麗史』권23, 高宗 19年 3月 甲午日條).

써 북계 州鎭軍의 방어력을 현저히 떨어뜨리려는 속셈이 엿보인다. 다른 하나는 이들 고려 농민들로부터 안정적인 식량을 확보받아 東眞國을 멸망시키려는 의도가 있었다. 이러하다면 몽고가 고려의 농민들을 선별하여 開州館 및 宣城山 밑에 이주시켜 농사짓도록 하려 했던 것은 인질상납과 간접적인 助軍을 모두 충족시키는 것이었다. 즉 고려 농민들을 농사기술자로 파악하여 장인에 준하는 존재로 생각하고 인질을 납부받으려는 책동이었음과 아울러 蒲鮮萬奴의 동진국 정벌을 위한 간접적인 군사지원을 고려로부터 얻어내려는 이미 철저히 계산된 책략이었다.

고려정부는 몽고와의 전쟁으로 도처에서 죽은 사람과 손실된 가축이 대단히 많아 본국의 얼마 안 되는 땅도 다 경작하지 못하여 무성한 풀밭을 만들고 있는데 하물며 머나먼 몽고 경내에 백성들을 보내 농사를 짓게 할 수는 없다면서 거부의사를 분명히 밝혔다.[163] 그러나 이미 撒禮塔이 요구했었던 왕실·종친·대관인의 자녀 상납과 각종 匠人 발송요구에 비한다면 농민이주 문제는 보다 수월한 편이었다. 거부만 하기에는 대의명분 면에서나 군사적 실력 면에서나 모두 역부족이었다. 따라서 개경정부는 방향을 급선회하여 고종 19년 3월 15~30일 사이에 몽고의 농민이주 요청을 수락하였다.

> Y. 遣西京都領鄭應卿 前靜州副使朴得芬 押船三十艘 水手三千人 發龍州浦
>   赴蒙古 從其請也(『高麗史』 권23, 高宗 19年 3月條)

위의 사료 Y에서 개경정부는 西京都領 鄭應卿과 이전 靜州副使 朴得芬 등을 시켜 함선 30척과 水手 3천 명을 거느리고 龍州浦를 떠나 開州館·

---

163) "竊思 大國所以割與分地 將使吾民耕食 則其義在所欣感 然 我國 每處 人民 牛畜物 故損失者 大夥故 這一國 區區之地 尙不勝耕墾忍 使鞠爲茂草 况 於邈 遠大國之境 將 部遣甚處人物 使之耕種耶 力所不堪 理難强勉 惟 大度量之"(『高 麗史』 권23, 高宗 19年 3月 甲午日條).

宣城山으로 가게 하였다. 결국 최우정권도 몽고의 농사기술자 발송 요구를 들어준 셈이며 넓게 보아서는 인질외교를 수행한 것이나 다름없었다. 최우가 서경도령 정응경을 시켜서 몽고에 보낸 水手 3천 명은 撒禮塔이 요구했던 고려의 북계 농민이었을 것이고, 그들은 西京을 비롯한 북계 諸城에서 차출된 인원이었다고 보여진다. 그 북계 諸城이라는 것도 실상은 撒禮塔의 제1차 침입군이 공함시키거나 점령한 14大城을 가리키는 것이 분명하다. 또한 서경도령이라는 직함을 가지고 있는 정응경이 농민 3천을 통솔하고 있는 점에서 그가 북계 14대성에서 선발한 농민들을 거느렸다는 추정이 가능하다. 더구나 당시 서경은 부몽배 홍복원이 지휘하는 投蒙高麗軍民과 達魯花赤이 장악하고 있었다. 그러므로 서경도령 정응경은 홍복원의 지시를 받고 몽고로 파견되었을 것으로 보인다. 따라서 개경조정이 서경도령 정응경을 시켜 농민 3천을 몽고에 보냈다고 한 기록은 실제로는 최우정권이 홍복원의 협조 하에 서경을 비롯하여 14대성의 농민들을 차출하여 요동 땅으로 파견했던 것을 의미한다고 생각된다.

撒禮塔의 여러 가지 인질상납 요구 가운데 개경정부는 오로지 농사기술자 3천 명의 파견만을 이행하였다. 나머지 왕실·종친·대관인의 자녀를 보내는 문제와 장인 발송 건은 결코 이행할 의사가 없었고 실행하지도 않았다. 최우가 고종 19년 6월 16일에 강화천도를 결행한 데에는 전략적 측면에서 여러 가지 요인을 지적할 수 있겠지만 몽고의 공납 강요와 더불어 이러한 인질상납 요구를 회피하기 위한 측면도[164] 배제할 수가 없다. 몽고의 인질상납 강요는 국왕·최우의 親朝 문제와 항상 결부되

---

164) 반드시 人質派遣 문제와 연결되는 것은 아니지만 『高麗史』권23, 高宗 19年 冬 11月條의 「荅撒禮塔書」에서 "高麗의 大官人을 보내서 蒙古軍에게 投降하라 한 데 대해서는, 우리가 벌써 두려워 이 궁벽한 곳(강화도)에 들어왔던 만큼 大臣들도 풀이 꺾이고 날이 갈수록 심기가 편치 못하여 갈 수 없다"고 되어 있다. 崔瑀를 비롯한 高麗의 大官人이 蒙古軍 屯所에 나아가서 항복하는 것을 피하고자 江華遷都를 단행했다는 일면이 엿보인다.

면서 강도조정을 괴롭혔다. 최우정권의 강화천도와 北界收復運動에 자극받은 몽고 太宗은 出陸還都와 國王親朝를 요구하면서 撒禮塔으로 하여금 제1-(2)차 침략을 지시하였지만 내륙 산성입보민들의 결사항전에 가로막혀 패퇴하고 말았다. 撒禮塔의 전사 이후 소강기를 거치다가 唐古의 제2차 침입 때는 내륙에 대한 철저한 약탈전·파괴전이 자행되었다. 이때 출륙환도와 몽고육사 가운데 국왕친조·戶口調査·人質上納이 주요한 현안으로써 떠올랐고, 강도조정으로서는 전쟁을 종식시키기 위해서 몽고의 요구조건 가운데 어느 하나를 이행해야만 했다. 몽고육사 가운데 국왕친조·호구조사보다는 인질상납이 강도조정 입장에서 보다 이행하기 수월한 요구사항이었다.

더구나 唐古의 제2-(3)차 침입 때 몽고 장수 吾也而는 계속해서 강화조건으로 禿魯花派遣을 요청하고 있었다. 독로화란 본래 왕자나 종친·대관인의 자제를 인질로 삼아 일정기간 동안 몽고황제를 宿衛케 하는 것으로,[165] 이것은 칭기스칸이 스스로 복속시킨 모든 王公·諸侯의 자제들을 質子軍으로 편성하여 親衛隊로 삼았던 것에서 유래한다.[166] 1206년 칭기스칸이 千戶長·百戶長·十戶長의 자제들로 구성된 1만 명의 친위대(Keshig)를 구성할 때 1천 명의 宿衛, 1천 명의 晝衛, 8천 명의 勇士로 조직하여 이를 모두 四班으로 나누어 교대근무를 시켰으므로 되르벤 케식(Dorben Keshig, 四怯薛)이라고 불렸다. 바로 이러한 質子軍으로 구성된 친위대가 케식텐(Keshigten), 즉 '은총을 받은 사람들'이라고 불렸듯이 칭기스칸은 이들에게 千戶長보다도 높은 지위를 부여하였다고 한다.[167] 그러므로 몽고제국 영역 안에서 독로화는 몽고황제에게 절대적

---

165) "護衛四十人 以質子在宿衛者攝之 質子國語 覩魯花"(『元史』 권80, 輿服志3 儀衛 殿上執事條) ; "或取諸侯將校之弟 充軍 曰質子軍 又曰禿魯華軍"(『元史』 권98, 兵志1).

166) 梁義淑, 1993, 「麗·元 宿衛考 – 新羅의 對唐 宿衛外交와의 比較 중심으로 – 」, 『東國史學』 27, 10쪽.

으로 충성하고 그 반대급부로 황제로부터 신임과 높은 관직을 보장받을
수 있는 위치에 있었다. 몽고초원의 여러 부족들 사이에서 칭기스칸의
독로화가 된다는 것은 어쩌면 명예스러운 일이었는지도 모른다.

그러나 강도조정 입장에서는 몽고의 군사적 압력에 굴복하여 어쩔 수
없이 파견해야 될 독로화는 어디까지나 인질일 뿐이며, 몽고육사 가운데
그나마 수용할 수도 있는 성질의 것이었다. 최우정권은 고종친조·호구
조사, 達魯花赤 설치는 당장에 수용하기 어려웠다. 그것은 실질적인 고
려의 복속을 의미하기 때문이었다. 그러므로 공물납부를 통한 歲貢外交
를 지속시키면서 고종 27년(1240) 12월에 禮賓少卿 宋彦琦를 몽고에 입
조시켜 독로화 파견을 약속하였다.[168] 드디어 최우정권이 몽고육사 가
운데 하나인 납질 요구, 즉 독로화파견을 이행하여 임시적으로 대몽강화
를 체결할 수 있었다.

> Z-1. 二十八年 夏四月 以族子 永寧公綧 稱爲子 率衣冠子弟十人 入蒙古 爲
>   禿魯花 遣 樞密院使 崔璘 將軍 金寶鼎 左司諫 金謙 伴行 禿魯花 華言
>   質子也(『高麗史』권23, 高宗 28年 夏4月條)
>
> Z-2. 王綧 高麗淸化侯璟之子也 封永寧公 太宗十三年 暾遣綧 率質子十五人 入
>   爲禿魯花 僞稱暾子 綧善騎射 讀書通大義(『新元史』권176, 列傳73 王綧傳)

고종 28년 4월에 대몽전쟁사상 최초로 고려조정은 왕족 영녕공 왕준
을 필두로 한 衣冠子弟를 독로화로 몽고에 보냈다(Z-1). 영녕공은 본래
淸化侯 璟의 아들로서 이때 質子 15인을 이끌고 몽고에 독로화로 파견
되었는데(Z-2),[169] 그는 고종의 아들로 위장하여 보내진 만큼 몽고황실

---

167) 金浩東, 1989, 앞의 논문, 『講座 中國史』Ⅲ, 지식산업사, 257쪽.
168) 『元高麗紀事』太宗皇帝 11年 12月條에는 禮賓少卿 宋彦琦가 歲貢만 納付했
    다고 되어 있긴 하지만, 틀림없이 그는 表文外交를 통해서 禿魯花 대상자를 보
    고했다고 생각된다.
169) 본문의 사료 Z-1에서는 永寧公 王綧이 衣冠子弟 10명을 거느리고 蒙古에 파견

에서 그의 입지는 고려왕자와도 같았다. 왕준은 고려사신 추밀원사 최
린, 장군 김보정, 좌사간 김겸과 더불어 蒙將 吾也而의 인도를 받으며
몽고에 입조하였고 이후 독로화 임무를 수행하게 되었다. 고려가 몽고육
사의 하나인 인질상납 의무를 이행하자 唐古軍은 고려에서 점차로 철수
하였고 이후 여·몽 사이에서 출륙환도와 고종친조 문제를 둘러싸고 치
열한 외교전이 벌어지는 국면으로 치달았다.

영녕공 왕준을 중심으로 한 독로화 파견에는 강도조정과 몽고황실 양
자 모두에게 특정한 목적이 숨어 있었다. 먼저 강도조정 입장에서는 몽
고의 계속되는 국왕친조 요구를 무마시키고 대몽강화교섭을 용이하게
진행시키기 위해서 영녕공 왕준 등을 독로화로 파견하였다. 특히 고종의
친자인 太子 王倎이나 安慶公 王淐을 독로화로 내보낼 수 없었으므로
영녕공을 '愛子'라고 속여서 파견하였는데 몽고에서는 당시에 그 사실을
몰랐다. 몽고는 고종 26년(1239) 8월에 甫加波下 등 137인을 강도에 보
내 다음 해(1240) 반드시 고종이 친조할 것을 엄명하였기 때문에[170] 최우
정권은 고종 대신 왕실종친이었던 新安公 王佺을 입조시켰다. 그러나 왕
실종친의 입조만으로는 몽고황제를 만족시킬 수는 없었다. 따라서 왕족
중에서 준수한 자를 선택하여 고종의 '愛子'라고 위장해서 몽고에 독로
화로 파견하기로 결정했는데 그가 바로 영녕공 왕준이었다. 顯宗의 넷째
아들 平壤公 王基의 7代孫이었던 왕준은[171] 그의 列傳에 의하면 용모가
아름다울 뿐만 아니라 기마에 능하고 활을 잘 쏘았으며 독서를 통해 大
義에 통달하였다고[172] 되어 있다. 이러한 뛰어난 자질을 갖춘 19세의 영

되었다고 되어 있는데 비해서, Z-2에서는 質子 15인을 이끌고 蒙古에 入朝하였
다고 기록돼 있다.

170) 『元高麗紀事』太宗皇帝 11年 10月 13日 詔書 내용 참조.『元史』권208, 外夷
傳95 高麗傳 참조.

171) 『高麗史』권90, 宗室傳에 의거하여, 平壤公 王基로부터 永寧公 王綧에 이르는
直系만 간추리면 平壤公 王基－王瑛－王禎－王杞－王珹－王沆－王璟－王綧
의 家系圖가 그려진다. 王綧은 平壤公 王基의 7代孫인 셈이다.

녕공 왕준은 독로화가 될 충분한 자격이 있었으며 몽고 황제의 되르벤
케식(四怯薛)에 포함되어 짧은 기간 동안 숙위 임무를 맡았던 것으로 보
인다.[173] 그는 이후 황제에 의해 遼陽에 거주하던 홍복원의 사택으로 보
내져서 홍복원의 도움을 받으며 함께 살았다. 강도조정은 영녕공을 몽고
황실에 보냄으로써 그가 고려에게 유리한 대몽외교를 펼쳐줄 것을 기대
하였고, 실제로 定宗이 사망한 뒤 여·몽 간에 표면상의 平和時代가 오랫
동안 유지되기도 하였다.

　다음으로 몽고 입장에서는 왕실·종친·대관인의 자제를 납질시킬 것
을 고종 18년부터 누차 강요하였는데도 불구하고 고려가 그러한 요구를
거절해 오다가 이번에 영녕공 왕준을 보내오자 그것은 자신들의 외교적
승리라고 인정하면서 크게 고무되었다. 그리고 그 당시까지 고려가 인질
외교를 수행한 것은 서경도령 정응경 편으로 북계 농민 3천 명을 開州
館·宣城山으로 옮겨온 것뿐이었다. 비록 그것이 인질외교의 범주에는
포함되더라도 엄격히 말해서 농민 3천은 농사기술자이지 인질이라고 할
수 없었다. 그러므로 고종의 '愛子'라고 떠들어대는 영녕공 왕준의 입조
와 그의 四怯薛에서의 근무는 강도조정이 몽고황제에게 굴복한 것이라
고 自評하게 만들었다.[174]

　이것은 표면적인 현상일 뿐이고 몽고가 영녕공 왕준을 독로화로 받아

---

172) 『高麗史』 권90, 宗室傳. 『元史』 권166, 列傳53 王綧傳 참조.
173) 永寧公 王綧이 四怯薛에서 宿衛 근무를 하였다는 기록은 없다. 하지만 永寧公
　　도 짧은 기간이나마 四怯薛에서 근무했다고 생각된다. 蒙古皇帝는 投蒙高麗軍
　　民 支配方式에 따라 그를 遼陽에 거주하던 洪福源의 집으로 보내서 함께 高麗
　　軍民을 統治하도록 하였을 것으로 보인다.
174) 룩 콴텐은 永寧公 王綧이 禿魯花로 파견된 것을 고려의 蒙古에의 실질적 服屬
　　으로 이해하였다(룩 콴텐 著 宋基中 譯, 1984, 앞의 책, 民音社, 219쪽). 그러나
　　禿魯花 파견은 蒙古六事 가운데 하나일 뿐이며 高宗親朝를 회피하기 위해 수행
　　된 측면이 있었을 뿐만 아니라 이후에도 몽고침략이 계속되었던 만큼 룩 콴텐의
　　주장에 동의하기 어렵다.

들였던 실제 목적은 그를 고려침략과 대고려외교의 앞잡이로 활용하기 위해서였다고 생각된다. 실제로 그는 고종 40년 7월 也古의 제4차 침략에 종군하여 고려와 강화를 체결하는데 공적을 세운 경력이 있었다.[175] 다른 한편으로는 요동에서 軍勢를 확장시키면서 실력자로 부상하고 있었던 홍복원을 견제하고 投蒙高麗軍民을 이간질시키기 위해서 영녕공 왕준이 필요하였다.[176] 몽고는 遼瀋地域과 고려 兩界民에 대해서 포용정책을 구사하면서도 以夷制夷策을 통해 고려인들끼리 서로 시기하고 다투게 함으로써 몽고에 대항할 수 없도록 하였다. 이러한 몽고의 대고려민 전략은 주효하여 나중에 동계의 和州 권역에 雙城摠管府가 두어졌고 북계의 慈悲嶺 이북에는 東寧府가 설치되었다. 요심지역에 있어서도 상황은 마찬가지여서 영녕공 왕준이 고려민 관할권을 두고서 홍복원 일가와 분쟁하여 종국에는 홍복원을 모함해서 죽였다. 영녕공은 강도조정의 위기모면책으로써 독로화로 파견된 인질외교의 산물이었다. 그렇지만 그는 몽고황제에 대한 충성과 대고려전쟁 功動 등으로 몽고제국 내에서 영향력 있는 인물로 성장하였고 급기야는 홍복원마저 무너뜨렸다. 강도조정이 파견한 독로화 영녕공은 고려보다는 몽고황제에게 유리한 정치·외교적 활동을 추구했던 것이다.

최우정권이 영녕공을 고종의 愛子라고 칭하며 몽고에 독로화로 파면하면서 몽고육사 가운데 납질요구는 어느 정도 충족시켰다. 몽고가 고종

---

175) 永寧公 王綧은 蒙古에 있어서 軍事的 侵略의 역할보다는 高麗 측에 몽고의 要求事項을 전달하고 對高麗講和를 이끌어 내는데 주로 활용되었던 듯하다. 그것은 也古의 제4차 침입 당시 永寧公 綧이 崔沆에게 書信을 보내서 "太子나 安慶公 淐이 蒙古에 入朝한다면 蒙古軍이 반드시 철수할 것이다. 만일 그렇지 않다면 나의 族屬을 滅하여도 좋다"고 高麗 측을 설득하고 있는 장면에서 분명히 드러난다(『高麗史』 권17, 高宗 40年 7月條).

176) 金惠苑, 1999, 『高麗後期 瀋王研究』, 이화여대 박사학위논문, 16쪽 ; 李貞信, 2004, 「永寧公 王綧을 통해 본 고려와 몽고관계」, 『고려시대의 정치변동과 대외정책』, 景仁文化社, 237~238쪽.

28년 이후에 추가적인 인질상납 요구를 했는지 자세히 알 수 없으나 설령 그렇게 했더라도 최씨정권은 추가적인 납질을 거부했다고 생각된다. 납질 의무사항은 몽고육사의 하나로서 대몽강화를 위해서 필요했지만 인질상납으로 인해서 잠재적인 반고려세력을 키울 의도가 없었기 때문이었다. 독로화로 파견된 인물들은 대개 몽고황제에게 충성을 다했고 대고려전쟁에 활용되었기 때문에 최씨정권으로서는 추가적인 납질요구를 거부했다고 보여지는 것이다.

〈표 3-8〉 최씨집권기 인질외교 사례

順序	王曆	時期	武人執政	使臣내력	派遣目的·使臣活動	蒙古側 反應	備考
1	高宗19년	1232.3	崔瑀	西京都領 鄭應卿 前靜州副使 朴得芬	선박 30척에 農民 3천 명을 이끌고 몽고 開州館으로 가서 농사짓는 인원을 전달	몽고 영토로 고려 농민 이주를 요청	高麗史
2	高宗28년	1241.4	崔瑀	永寧公 王綧과 衣冠子弟 10인, 樞密院使 崔璘 將軍 金寶鼎	永寧公 王綧과 衣冠子弟 10인을 몽고에 禿魯花로 파견	8월에 사신을 파견	高麗史元史

최우정권은 高宗親朝를 회피하기 위해서 영녕공과 衣冠子弟 15인(10인)을 독로화로 파견하여 인질외교를 적극적으로 실행하였음에도 불구하고 이후 지속적으로 蒙古詔使로부터 국왕친조 요구를 강요받아야 했다. 고종 29년(1242) 12월 18일에 강도에 파견된 몽고사 30인이나, 同王 30년 (1243) 10월 21일에 고려에 도착한 伊加大·阿土·奴臣 등 24인이나, 31년 (1244) 7월 6일에 파견된 阿土 등은 국왕친조를 분명히 요구했을 것으로 생각된다. 同王 36년(1249)에 파견된 몽고황후 海迷失의 宣諭使는 고종의 친조를 최우선적으로 표명하였다.[177]

물론 몽고가 고종친조를 요구해 온 것은 훨씬 이전부터였다. 고종친

---

177) 『元高麗紀事』 定宗皇帝 己酉年 8月 15日條의 皇后太子懿旨 참조.

조 문제는 『高麗史』 권23, 高宗 19年 冬11月條의 「上皇帝陳情表」에서 처음으로 등장하지만, 같은 해 7월 1일에 개경 宣義門에 당도한 몽고 詔使가 고종에게 건넨 조서에서도 그 문제를 어떤 식으로든 언급했으리라 믿어진다. 비단 고종 19년 7월 1일자 조서에서만 국왕친조를 언급하지는 않았으리라 생각된다. 그것은 『元高麗紀事』 太宗皇帝 4年 正月·5月 條에도 고려에 조사를 보내 국왕을 說諭했다고[178] 되어 있는 장면을 통해서, 고종 19년 정월부터 몽고 太宗이 줄기차게 고종친조를 嚴命해 왔으리라 판단되는 것이다.

이러한 고종친조 문제는 고종 19년 이후 몽고육사 가운데 가장 중요한 사안이었다. 몽고 태종은 고려가 국왕친조를 계속 거부해 오자 고종 26년(1239) 8월에 甫加波下를 강도에 보내[179] 다음 해인 庚子年(1240)에 고종이 친히 몽고 皇宮에 올 것을 엄포하기까지 하였다. 국왕친조 문제가 대몽외교 현안 가운데 난제로 급부상하자 최우정권은 신안공 왕전을 국왕 대신 입조시켰다. 신안공은 고종 26년 12월 12일과 同王 32년 10월 21일에 2차례나 몽고에 입조했는데, 그는 국왕친조 문제가 최고조에 달했던 시점에서 항상 고종을 대신하여 몽고에 파견되었다. 신안공을 입조시킨 것은 강도조정의 대안이었으며 일시적인 위기에서 벗어나려는 미봉책에 불과하였다. 그래서 앞서 살펴보았듯이, 吾也而의 독로화 파견 요구를 결국 수용하여 영녕공 왕준을 愛子라고 속여 몽고황실에 보냄으

---

178) "四年 壬辰 正月 遣使 持璽書 諭高麗"(『元高麗紀事』太宗皇帝 4年 壬辰 正月條) ; "五月 復降旨 諭高麗"(『元高麗紀事』太宗皇帝 4年 壬辰 5月條). 江華遷都 이전에 2번이나 蒙古詔使가 開京에 派遣되었음을 알 수 있고, 이들이 高宗 親朝를 강도 높게 要求했을 것임은 자명하다.

179) 『元高麗紀事』에서는 蒙古詔使가 9월에 江都에 도착하였고, 10월 13일에 詔書를 건네주면서 庚子年(1240)에 國王이 親朝할 것을 강요하고 있다. 『高麗史』에서 8월에 도착하였다고 한 것과는 月日의 차이가 발견되는데, 저자는 『高麗史』의 8월을 따르면서 10월 13일까지 蒙古使가 江都에 체류하고 있었을 가능성도 배제하지 않는다.

로써 국왕친조를 잠시나마 회피하는 데는 성공했던 것이다.

그러면 몽고 황제들은 왜 몽고육사 가운데 국왕친조를 최우선적으로 요청하였던 것일까. 이에 대한 해답은 여러 측면에서 제시할 수 있다. 먼저 몽고 황제는 고려국왕을 반드시 입조시키고 그를 강·온 양면으로 회유하여 자신의 정치·외교적 목적을 만족시키려고 했을 것으로 생각된다. 입조한 고려왕이 대몽강경론자라면 제거할 수도 있고[180] 혹은 인질로 잡아둘 수도 있을 것이다. 그렇지 않고 대몽화의론자라면 고려왕을 배후에서 조종하여 고려로부터 실질적인 항복 내지 복속을 의도했을 것이 분명하다. 여하튼 고려국왕이 친조하는 것 자체가 몽고황제에게는 전쟁에서 승리한 것보다도 더 값진 것이었음은 부정하지 못할 일이다.

다음으로 국왕친조가 성사된다면 몽고육사의 다른 의무사항들은 저절로 실행될 수밖에 없었다. 納質·助軍·貢納(軍糧輸送)·戶口調査·達魯花赤設置·驛站制整備 등의 문제는 국왕이 친조하여 복속의사를 보인 이상 일정한 수순을 밟아 차례대로 시행되기 마련이다. 국왕이 친조한 마당에 몽고육사의 다른 의무사항을 거부하기란 좀처럼 어려웠을 것이고 별다른 대의명분도 없기 때문이다.

마지막으로 몽고에 臣屬한 고려왕을 활용하여 최씨정권을 전복시키기 위해서이다. 최우정권은 강화천도를 결행하고 산성·해도입보책에 의한 대몽항쟁 전략을 구사하면서 장기전을 계획하였고 어느 정도 성과를 거두고 있었다. 최우집권기에 몽고군은 매번 내륙을 휩쓸고 약탈·파괴를 일삼았지만 강도를 直攻할 형편은 되지 못했고 철군조건으로 몽고육사의 일부 사항과 출륙환도를 요구하는 정도에 지나지 않았다. 실질적인 대몽항전을 이끌고 있었던 자는 고려왕이 아니라 崔氏執政이었다. 이러한 상

---

180) 실제로 西夏遠征 길에서 죽음에 임박하였던 칭기스칸은 자신이 사망하기 전에 여러 王子들을 불러서 西夏王과 그 王子들이 入朝하면 제거해 버리라고 명령하기도 하였다. 國王親朝를 강요하여 蒙古에 敵對的이던 敵國의 國王을 제거할 수만 있다면 그 보다 더 효과적인 外交戰術은 없었던 것이다.

황 속에서 고려왕의 친조가 성사되고 몽고가 그를 회유하는데 성공하기만 한다면 고려무인정권을 붕괴시키기는 그만큼 쉬워지는 것이다. 실제로 최씨집권기 이후의 사실이기는 하지만 몽고세력에 의지하여 출륙환도와 왕권회복을 시도한 元宗이 林惟茂政權을 무너뜨리고 1세기에 걸친 무인정권시대에 종지부를 찍는 장면은 바로 이러한 추정을 가능케 해준다.

국왕친조는 몽고 측에 있어서 이러한 여러 가지 전략적 효과를 수반하는 것이었다. 때문에 몽고 역대 황제들이 집요하고도 끈질기게 고려왕의 친조를 요구해온 것이다. 반대로 강도조정 측에서는 그러한 이유들 때문에 절대로 고종친조를 양보할 수 없었다. 이러한 고종친조에 대한 이해의 상충이 여·몽 간에 장기전을 배태시켰다. 金俊·柳璥 등에 의해 최씨정권이 몰락하고 형식적으로나마 왕정복고가 이루어진 고종 46년에 강도조정이 강화의사를 표시하기 전까지는 국왕의 친조란 있을 수 없었다. 이때도 고종이 친조한 것이 아니라 太子 王倎이 입조한 것이었고 왕전은 憲宗이 對南宋戰線에서 사망했기 때문에 그를 배알치 못하고 皇太弟 忽必烈을 만났을 뿐이었다. 太子가 몽고에 입조하자 金俊政權은 차기 국왕을 安慶公 淐으로 내정하려는 음모까지 획책하였다. 그만큼 국왕친조 문제는 출륙환도와 더불어 여·몽 양국 사이에서 최대의 외교적 현안으로 떠올라 한 치도 양보할 수 없는 외교전을 야기시켰던 것이며 고려가 몽고에 굴복하고서야 실현될 수 있었다.

강도조정이 국왕친조를 거부하고 신안공 왕전을 2번이나 대신 입조시키는가 하면 영녕공을 고종의 愛子라고 하여 독로화로 보내면서 일시적으로 국왕친조 미이행에 대하여 면책을 얻으려 하자 몽고에서는 친조 대신에 국왕의 출륙을 우선적으로 요구해오기 시작하였다. 당장에 고종친조가 어렵다면 우선 몽고에 대한 충성과 성의를 보인다는 의미에서 고려왕이 육지로 출륙해서 몽고사신을 맞이하라는 것이었다. 이러한 몽고 측의 변화는 최항집권기인 고종 39년부터 보이기 시작한다.[181] 그러나 최항정권은 고종이 출륙해서 몽고사신을 맞이하는 것조차도 강경하게 거부함으로써 也古의 제4차 고려침공의 빌미를 스스로 제공하였다. 也古의 침입 이후부터는 여·몽 사이에서 몽고군의 철군조건의 하나로써 반드시 언급되는 것이 고종의 '出迎蒙使'였다. 그러면 也古의 제4차 침입과 車羅大의 제5-(1)·(2)차 침입에 있어서 고종의 출륙외교 상황과 그 성격에 대해서 고찰해 보고자 한다.

(a)-1. 辛卯 王渡江 迎于昇天新闕 夜別抄 八十人 衷甲以從 蒙古大 謂王曰 自大軍入境以來 一日死亡者 幾千萬人 王 何惜一身 不顧萬民之命乎 王若早出迎 安有無辜之民 肝腦塗地者乎 也窟大王之言 卽皇帝之言 吾之言 卽也窟大王之言也 自今 以往萬世 和好 豈不樂哉 遂 酣飮而去 王還江都(『高麗史』 권24, 高宗 40年 11月 辛卯日條)

(a)-2. 丁巳 王聞 蒙使 多可等來 移御 昇天新闕(『高麗史』 권24, 高宗 41年 秋7月 丁巳日條)

(a)-3. 甲辰 王行昇天闕 宴客使 仍贈 金銀 布帛 酒器等物 有差(『高麗史』 권24, 高宗 43年 5月 甲辰日條)

위의 사료 (a)群은 최씨집권기에 고종이 출륙외교를 시행한 3가지 사례이다. 이외에도 고종 45년 5월 5일과 같은 해 9월 28일에 고종이 몸소 출륙외교를 실행에 옮겼지만, 그것은 최씨정권이 붕괴된 이후의 사실이므로 논외로 하겠다. 먼저 (a)-1에서 也古의 제4차 침공이 막바지에 이른 고종 40년 11월 17일에 국왕이 夜別抄 80인을 데리고 昇天闕로 출륙하여 也古가 보낸 몽고사 蒙古大와 강화협상을 추진하고 있음이 확인된다. 이는 고종이 승천궐로 나와서 몽고사를 맞이한 최초의 출륙외교 사례가된다. 사료 (a)는 충주산성전투에서 발목이 붙잡힌 也古가 몽고군 원수부 내부에서 분쟁을 일으켜 헌종으로부터 소환당하는 시점이었다. 也古의 北還은 강도조정으로 하여금 적극적으로 대몽강화에 임하게 하는 기폭

---

181) 『高麗史』 권24, 高宗 39年 秋7月 戊戌日條 참조.

제가 되었다. 고종은 출륙하여 也古의 사자 蒙古大 등을 만나보기만 하면 철군조건을 이행할 수 있었기 때문에 지체 없이 11월 17일 昇天闕로 향하였던 것이다. 이때 야별초 80명이 속에 갑옷을 입고 국왕을 동행하였는데, 이들 야별초는 牽龍行首를 겸직한 夜別抄指諭가 지휘했을 것으로 보인다.182) 또한 이들 야별초 군사는 국왕의 근위대이자 不測之變에 대비하기 위한 결사대였던 것으로 생각된다. 고종은 자신이 직접 출륙하여 몽고사신을 맞이한 만큼 蒙古大에게 조속한 撤軍을 요구했을 것이다. 몽고사 蒙古大는 고종의 출륙이 늦어 백성들이 도륙당했던 것을 詰難하면서 앞으로 萬世에 걸치도록 和好하자고 하였다. 蒙古大가 고종을 힐책한 속사정은 따로 있었다. 즉 그는 몽고군이 忠州山城에 발이 묶여 고전을 면치 못하고 있던 상황에서 원수 也古마저 소환당하게 되자 어쩔 수 없이 저자세로 대고려강화를 이끌어낼 수밖에 없었던 사정을 숨긴 채로 고려왕을 맹비난했던 것이다. 그러나 고종은 몽고군의 철군조건이었던 '고종출륙 태자입조' 가운데 적어도 하나는 실현함으로써 대몽강화에 적극적으로 임하였다.

다음으로 (a)-2에서 고종 41년 7월 17일에 국왕은 몽고사 多可 등이 온다는 소식을 접하고서 즉시 昇天闕로 출륙하여 多可를 맞이하였다. 고종이 昇天府로 출륙한 것은 이번이 2번째였다. 몽고 헌종은 강도조정이 실질적으로 출륙환도를 추진하고 있는지 알아보기 위하여 몽고사 多可를 급히 보낸 것이었다. 고종의 출륙은 강도조정이 출륙환도 의사가 있다는 것을 보이기 위한 위장전술이었고, 아울러 고려왕이 출륙하여 몽고사를 맞이하면 침범치 않겠다는 헌종의 약속을 이행한 것이었다. 그러나 이러한 고종의 출륙외교에도 불구하고 몽고 헌종은 車羅大에게 제5-(2)차 침공을 명령했으며, 몽고사 多可는 몽고로 돌아갈 때 몽고군이 철군할 것

---

182) 실제로 「尙書都官貼」을 보면, 夜別抄指諭 徐均漢과 趙文柱는 牽龍行首 職을 겸하고 있음이 확인된다.

이라고 강도조정을 속여서 북계민들이 車羅大軍에게 많이 사로잡히는 사태가 발생하였다. 그러므로 강도조정은 몽고의 철군조건을 신빙할 수 없게 되었고, 차라대의 제5차 침입은 장기화될 수밖에 없었다.

마지막으로 (a)-3을 보면, 고종 43년 5월 14일에 국왕이 승천부로 출륙하여 車羅大의 사자를 맞이하여 연회를 베풀고 그들에게 방물외교까지 펼쳤다. 이번이 고종 40년 11월, 41년 7월에 이어 3번째 출륙외교였다. 고종이 승천부에 출륙한 것은 車羅大가 제5-(2)차 침공 당시 철군조건으로 '國王出陸 太子親朝'를 내걸었기 때문에 최소한 국왕출륙을 이행하기 위해서였다. 고종은 몽고군 원수부의 철군조건의 50%를 이행함으로써 대몽강화의지를 강하게 천명하였다. 이제부터는 태자친조 문제의 조율과 더불어 몽고군 원수부 측에서 자신들의 군사행동에 변화를 가져와야만 했다. 당시 車羅大는 고종 43년 4월에 접어들어 고려의 大反擊作戰에 시달리고 있었으며 대대적으로 계획한 서해안 해도침공이 수포로 돌아가고 있었다. 따라서 그 역시 고려와 적절한 선에서 강화협상을 추진할 필요가 있었다. 이러한 맥락에서 고종의 출륙외교가 이뤄졌고 이후 몽고군이 철수하게 되었던 것이다.

〈표 3-9〉 對蒙戰爭期 高宗의 出陸外交

順序	王曆	時期	執權者	高宗의 外交活動	蒙古側 反應	備考
1	高宗 40년	1253. 11.17	崔沆	高宗이 夜別抄 80명을 데리고 昇天府로 出陸하여 蒙古使 蒙古大와 講和협상을 추진	高宗의 늦은 出陸을 힐난함	高宗出陸 1회
2	高宗 41년	1254. 7.17	崔沆	昇天府로 出陸하여 蒙古使 多可에게 出陸 의향을 전달	진정한 항복이 아니라고 주장	高宗出陸 2회
3	高宗 43년	1256. 5.14	崔沆	高宗이 昇天闕로 出陸하여 蒙古使를 맞이하고 方物外交 실행		高宗出陸 3회
4	高宗 45년	1258. 5.5	柳璥	昇天闕로 出陸하여 蒙古使 波養 등 9인을 引見		高宗出陸 4회
5	高宗 45년	1258. 9.28	柳璥	昇天闕에 出陸하여 蒙古使를 맞이하고 講和를 협상		高宗出陸 5회

위의 <표 3-9>는 대몽전쟁기 고종의 출륙외교 사례 5건을 정리한 것이다. 이 가운데 1~3항이 최씨집권기에 해당하는 고종의 출륙외교 사례이다. 고종의 출륙외교가 공식화되는 것은 고종 40년 11월 이후이며, 이때 이후로 고종의 승천부(승천궐) 출륙은 곧 撤軍外交가 가시화되었음을 의미했다. 고종의 출륙외교만으로 부분적이나마 몽고군을 철수시킬 수 있었다는 것은 몽고 황제가 고종친조가 현실적으로 실행되기 어렵다는 것을 인정했다는 것을 말한다. 또한 몽고에서 고종친조보다는 태자친조 쪽으로 몽고육사의 의무사항을 변경해가고 있었다는 것을 암시해주지 않나 한다.

제4장

崔氏政權 내부의 對蒙和議論者

崔氏政權은 蒙古侵入에 맞서 和·戰兩面策으로 대응하였다. 최씨집정은 抗戰 일변도로 대몽정책을 고정시키지 않았으며 항전과 講和를 융통성있게 조율함으로써 장기집권할 수 있었다. 山城·海島入保策에 의한 守城戰과 別抄軍 중심의 遊擊戰을 토대로 몽고군과 長期戰을 이끌면서 몽고침략의 주요 고비마다 對蒙講和를 들고 나와 몽고군을 철군시키기도 하였던 것이다. 화·전양면책 가운데 몽고와의 講和·和親·和議·和平을 담당했던 이들은 和議論者였다. 이들은 최씨정권의 政房·書房 등에 몸담고 있었던 문신 문객이었거나 정권에 협조하였던 宰樞 대신들, 그리고 정권 외부의 문신과 왕실종친으로 구분될 수 있을 것이다. 최씨정권에 협조했던지 아니면 정권 외부에 위치해 있었던지 간에 대몽강화를 추진하여 몽고군을 철수시키고 高麗王業을 유지하는 한편 民生을 구제한 화의론자들의 역할을 중시하여 그들의 주장과 활약상을 구체적으로 드러내야 한다고 본다.

관련사서에서 최씨집권기 對蒙和議論者의 존재는 뚜렷하게 등장하지 않는다. 단지 최우의 東界 築城防禦策에 반대하였던 金仲龜, 江華遷都에 반대한 兪升旦이나 고종 말년에 太子親朝를 주장하며 대몽강화를 추진하였던 崔璘·崔滋·金寶鼎 정도가 등장할 뿐이다. 그리고 몽고와 강화협상을 추진하기 위해서 고려조정에서 개최한 宰樞會議·兩府會議와 四品官이상 회의에서 講和論議가 가끔씩 나타나지만 역시 화의론자의 존재를 파악하기는 힘들다. 이러한 난점 때문에 그동안 이 분야 연구가 제대로 진척되지 못했으리라 생각되기도 한다. 그러나 근래에 대몽강화교섭이나 대몽화의론에 대한 연구가 몇몇 발표되어 이해의 폭을 넓혀주고 있다. 申安湜은 최씨정권의 대몽강화교섭 자세를 대몽전쟁 시기별로 분석하면서 강화교섭은 정권보위를 위한 유리한 입장을 세우는 것이었고, 상황변화에 따라 몽고에 대한 순종·거부·지연과 재침략이 환원되는 형태였다고 결론지었다.[1] 李益柱는 고려무인정권기 과거급제자 명단을 통해 座主-門生關係를 밝혀내고 이들이 對蒙抗爭期에 화의론자로서 활약하는 모습을 개괄하였다. 대체적으로 대몽항쟁기의 講和派는 崔洪胤·琴儀-崔璘-柳璥 계열과 李知命·任濡-趙冲·兪升旦·李奎報 계열이 존재한 것으로 설명하면서 前者가 대몽전쟁기 후반에 화의론을 주도하였고 최씨정권의 전복에 참여했다고 이해하였다.[2] 李興鍾은 대몽전쟁기에 문신들이 使臣으로서 몽고에 파견되어 강화를 체결하거나 몽고군이 침략했을 때 화의론을 제기하는 장면을 분석하면서 이 시기 문신들의 외교적 역할이 점차로 증대되는 측면을 비중 있게 다루었다.[3]

이러한 대몽강화교섭·대몽화의론에 대한 연구는 불모지와 같은 이 분야를 개척했다는 점에서 높게 평가되지만 몇 가지 한계를 드러내고 있다. 먼저 최씨정권에 있어서 각 정권별로 대몽화의론의 등장시기, 그 내용과 특성, 그리고 대몽화의론자의 면모가 구체적으로 드러나지 않았다. 다음으로 대몽화의론과 대몽전쟁의 상호 연관성에 대한 분석이 미흡하다. 가령 대몽화의론은 대몽전쟁이 불리하게 전개될 경우에 흔히 제기되었는데 그럴 경우에 강화파에 의해서 제기된 대몽강화조건은 무엇이며 그것이 어떻게 변화해 나가는지 심층적인 분석이 요망되는 것이다. 마지막으로 최항집권기 也古·車羅大의 침입 당시에 나타나는 화의론의 여러

---

1) 申安湜, 1993, 「高麗 崔氏武人政權의 對蒙講和交涉에 대한 一考察」, 『國史館論叢』 45, 194~214쪽.
2) 李益柱, 1996, 「高麗 對蒙抗爭期 講和論의 研究」, 『歷史學報』 151, 18~32쪽.
3) 李興鍾, 2002, 「對蒙講和와 文臣의 役割」, 『洪景萬教授停年紀念韓國史學論叢』, 129~139쪽.

충위에 대해서 관심이 부족하다. 최씨정권기 대몽화의론은 사실상 최항 집권기 후반부에 그 전모가 완전히 드러난다고 해도 과언이 아닌데, 이 시기에 최씨집정의 통제권 밖에서 대두하였던 화의론의 여러 충위에 대한 접근이 부족한 것이다.

저자는 이러한 여러 가지 사항들을 염두에 두면서, 최씨정권 내부의 대몽화의론자들의 면모와 그들이 제기한 화의론의 내용, 그리고 강화파의 충위를 들춰내보고자 한다.[4] 최씨정권 내부의 화의론자들은 최씨정권 각 시기별로 주장한 내용이 달랐다고 판단된다. 그것은 최씨집정의 대몽외교·대몽교섭 주도권 장악과 관련이 있으며 대몽전쟁의 추이와도 연관된다고 본다. 최씨집정의 통제 하에서 대몽강화가 추진되느냐 아니면 통제권 밖에서 강화파 나름대로 대몽강화를 실행에 옮기느냐가 중요한 관건이 되리라고 생각되는데, 최항집권기 후반부를 기점으로 하여 이 문제를 집중적으로 조명해보려 한다. 아울러 화의론자들의 정치세력화에 주목하여 기존의 연구에서 주목한 좌주－문생관계를 다시 분석해보고, 재추 문신 사이에서 대몽화의론이 고조되는 측면을 자세히 그려어떤 모습으로 등장하여 최씨정권의 유지에 기여했으며, 최씨정권의 붕괴에 어떤 역할을 하였는지에 대한 궁극적인 해답을 찾을 수 있기를 기대한다.

第1節 崔忠獻執權期 對蒙和議論者와 現實的 對蒙講和

高麗가 蒙古와 공식적으로 國際關係를 맺은 것은 고종 6년(1219) 2월

---

4) 崔氏政權 외부에서 對蒙和議論을 제기한 이들도 많이 있었다고 생각된다. 그러나 이들은 關聯史書에서 그 이름이 등장하지 않는다. 對蒙外交·對蒙交涉은 崔氏政權 내부의 文臣 門客이나 崔氏家와 긴밀하게 연결되어 있던 宰樞 文臣이 주도하고 있는 것으로 보아서 우선 崔氏政權 내부의 和議論者를 분석해서 그들 주장과 역할의 변화 모습을 살피는 것이 중요하다고 여겨진다.

江東城戰役에서 契丹遺種을 함께 격멸시킨 다음 兄弟盟約을 맺고 나서부터이다. 그러나 고려조정이 형제맹약을 체결하기까지의 과정은 그렇게 순탄치 못하였다. 哈眞과 扎剌(撒禮塔)가 이끄는 蒙古軍이 고종 5년 겨울에 갑작스럽게 도래하여 고려 측에 군량과 군사를 지원해줄 것을 강요하였기 때문에 崔忠獻政權은 대몽외교의 접근방법을 찾지 못하고 안절부절하고 있었다. 그런데 이때 최씨정권 내부에서 대몽강화를 체결해야 한다는 견해가 적극적으로 제기되었다.

> A. 先是 蒙古國 遣四十餘人 賫牒 乘船 □□□定州 請如今日 講和事 朝廷議以爲莫是契丹遺種 一般人 僞作蒙古文字 名復讎契丹 實欲□□□耶 遂不報 及是□□之馳聞方棘 而朝臣猶執前議 依違未決者久矣 唯今樞密使崔公曰 以元帥 走□□□□□□□□皮□□贗 而妄奏如是耶 力開說 □ 會群公然後 □稍解且許講(「趙冲墓誌銘」제23~26행)

위의 사료 A는 「趙冲墓誌銘」인데, 여기에서 강동성전역 이전부터 몽고가 고려 측에 강화를 요청해 왔음과 樞密使 崔公의 對蒙和議論이 발견된다. 사료 A에서 강동성전역이 있기 전에 몽고에서 사신 40여 인에게 牒文을 주고 그들을 배에 태워 동계의 定州로 보냈음을 알 수 있다.[5] 이때 고려조정에서는 거란유종의 속임수라고 여기고 蒙古牒文에 응답하지 않았다. 즉 조정에서 의논하기를, "이들이 거란유종인지 알 수가 없고, 누군가가 거짓 몽고 문자로 글을 써서 거란에게 복수한다는 것을 명분으로 삼지만 실은 (우리나라를 도모하려고) 하는지도 모른다"고 하여, 마침내 응답을 보류했던 것이다. 몽고는 이 당시 거란유종을 치기 위해 고려 측에 助軍 요청을 한 것이 분명하다. 그러나 고려조정은 眞蒙古軍·

---

5) 蒙古에서 使臣 40여명을 高麗 東界 定州로 보낸 것은 본격적으로 哈眞과 扎剌가 東界로 진입하기 전이었을 것으로 생각되므로, 高宗 5년(1218) 11월경이었거나 그 이전이었다고 헤아려진다.

假蒙古軍 문제로 골치를 앓고 있었고 몽고를 오랑캐 중에서 가장 凶悍하다고 여기고 있었으므로[6] 쉽사리 호응하지 않았다.

　이러한 고려조정의 분위기는 강동성전역 때까지 지속되었다. 고종 5년 12월에 扎刺가 고려 측에 군량지원과 조군을 요구하였을 때, 조정의 신하들은 이전의 논의를 고집하여 오랫동안 확실하게 결정하지 못하였다. 오직 추밀사 최공이 "몽고원수가 거짓되고 망령되게 우리나라에 알려오지는 않을 것이므로, 몽고와 講和해야 한다"고 힘써 말하였다. 이와 같이 최공의 대몽화의론에 여러 대신들이 동조하고 나섬으로써 몽고군 원수부에 군량지원을 약속하게 되었던 것이다. 여기서 추밀사 최공은 崔瑀라고 생각되거니와,[7] 대몽화의론은 최씨정권의 내부에서 제기되었다고 볼 수 있다. 최우가 대몽강화를 제기한 까닭은 몽고군이 거란유종 토멸과 형제맹약을 명분으로 고려에 도래한 만큼[8] 그들의 요구를 거절하여 괜한 고려침공의 빌미를 제공하지 않기 위해서였다. 또한 몽고군과 협조하여 거란유종을 격멸시킨 다음 몽고군 원수부와 국제조약을 체결하여 몽고군을 신속하게 철수시키기 위함이었다. 그러므로 최우의 現實的 對蒙和議論은 宰樞 大臣들뿐만 아니라 집권자 최충헌의 마음을 움직여서 결국 몽고군 원수부의 요구사항을 수렴하게 되었던 것이라 하겠다.

　　B-1. 我以尙書省牒 荅曰 大國興兵救患弊封 凡所指揮悉皆應副 趙冲 卽輸米
　　　　一千碩 遣中軍判官金良鏡率精兵一千護送(『高麗史節要』권15, 高宗 5年
　　　　12月條)

---

6) "時 蒙古東眞雖以破賊救我爲名 然蒙古於夷狄最凶悍 且未嘗與我有舊好以故 中外震駭 疑其非實 朝議亦依違 未報"(『高麗史節要』권15, 高宗 5年 12月條).
7) 「趙冲墓誌銘」에서 崔忠獻은 上宰 晋康侯로 등장하므로 樞密使 崔公은 崔氏家사람이라고 여겨지는데 곧 崔瑀라고 생각된다.
8) "哈眞遣通事趙仲祥 與我德州進士任慶和 來牒元帥府曰 皇帝以丹兵逃在爾國 于今三年 未能掃滅 故遣兵討之 爾國 惟資糧是助 無致欠闕 仍請兵 其詞 甚嚴 且言帝命破賊之後 約爲兄弟"(『高麗史節要』권15, 高宗 5年 12月條).

B-2. 十四年 己卯 正月 十三日 高麗遣 知權閣門祗侯尹公就 中書注書崔逸
奉結和牒文 送箚剌行營(『元高麗紀事』 太祖皇帝 14年 正月 13日條)

최충헌은 몽고군 원수부로부터 군량·군사 지원 요청에 당황하면서도
최우의 현실적 대몽화의론을 수용하여 尙書省을 통해 몽고의 요구사항
을 들어주겠다는 첩문을 보냈다(B-1). 이어서 高麗 五軍 원수 趙冲은 고
려조정의 명령을 받자마자 중군판관 金良鏡으로 하여금 1천 병사를 거
느리고 군량 1천 석을 몽고군 원수부에 전달토록 하였다. 이 시점은 고
종 5년 12월 중순경으로 추정된다.9) 김양경은 이때 "몽고군은 孫吳兵法
에 의거해 작전한다고 하는데 나도 兵書를 읽어 그 내용을 알므로 몽고
군의 동태를 정탐하러 가보겠다"고 자원하였다.10) 그가 몽고군 원수부
에 군량을 지원하는데 선뜻 자원했던 것은 몽고군 원수부와 강화를 체결
하는 것이 당시 국제정세 상으로 시급한 일이라고 판단했기 때문이었다.
그러므로 문신 김양경이 비록 戰場에 있었다 하더라도 그 역시 최우의
대몽화의론에 동조하고 있었음은 부정하지 못할 것이다.

김양경이 哈眞과 扎剌에게 군량을 지원하자, 이들 몽고군 원수는 형
제맹약 체결을 인정하는 고려국왕의 공식 문첩을 받아올 것을 요구하였
다.11) 그러나 고려조정은 夷狄 가운데서 몽고가 가장 흉폭하다고 여기
고 있었고 일찍이 그들과 우호관계를 맺은 적이 없었으므로 몽고가 고려
와 형제맹약을 맺으려는 眞意를 의심하였다. 이때 조충은 몽고를 의심할

---

9) 『元高麗紀事』에서는 金良鏡이 軍糧 1천 석을 蒙古軍 元帥府에 전달한 시점이
高宗 5년 12월 2일이라고 명시하고 있다. 그러나 蒙古軍이 東界의 和州·猛州·順
州·德州 4城을 攻破하고 江東城으로 향한 시점은 『高麗史』 高宗世家를 통해서
高宗 5년 12월 1일이므로 『元高麗紀事』의 일자를 신빙할 수 없다. 아마 金良鏡
은 高宗 5년 12월 중·후반에 蒙古元帥府 측에 군량지원을 이행하였을 것으로 생
각된다.
10) 『高麗史』 권102, 列傳15 金仁鏡傳 참조.
11) "請兩國約爲兄弟 當白國王 受文牒來則 我且還奏皇帝"(『高麗史節要』 권15, 高
宗 5年 12月條).

것이 없다며 최충헌정권을 안심시키는데 주저하지 않았다.[12) 고려군 원수 조충은 고려군 최고사령관으로서 몽고군 원수부의 화친의사를 파악한 이상 대몽화의론을 지지하고 있었음이 분명하다. 최충헌은 몽고군 원수부에 군량을 지원한 이후 대략 1개월 정도 시간을 소모하면서 형제맹약을 추인하는 고종의 공식 문첩을 보내지 않았다. 또한 군사지원 문제도 잠시 보류해두었다.

그러나 최충헌은 고심 끝에 최우의 현실적 대몽화의론과 조충의 강화체결 주장을 수락할 수밖에 없었다. 그것은 몽고군 원수부가 김양경으로부터 군량을 지원받았음에도 불구하고 강동성 공격을 주저하며 시간만 소비하였기 때문이었다. 몽고군 원수 哈眞은 계속해서 군사지원을 요청했는데 고려가 그에 불응하자 격분하면서[13) 강동성전투를 지연시키고 있었던 것이다. 몽고군은 고려의 조군없이는 아예 강동성전투를 치를 생각조차 없었던 것이 분명하다. 최충헌정권의 입장에서는 거란유종을 격멸시키는 것도 중요했지만 보다 더 시급한 것은 별 탈 없이 몽고군을 철수시키는 것이었다. 때문에 최충헌은 고종 6년(1219) 1월 13일에 知權閤門祗候 尹公就와 中書注書 崔逸을 扎刺 행영에 보내 몽고와 강화를 체결하겠다는 첩문을 전달하였다(B-2). 이 첩문에는 '고려가 몽고에 어느 일자에 군사지원을 할 것이고, 거란유종 격멸 이후에 형제맹약을 맺겠다'는 내용이 포함되어 있을 것으로 추정된다.

이렇듯 최충헌이 대몽강화 노선으로 급선회한 데에는 몽고군 원수부에서 고려 측의 군사지원과 형제맹약 체결을 조건으로 하여 시간지연작전을 구사한 것도 주요한 一要因이었지만, 고려조정 내부에서 현실적 대몽화의론이 급부상한 것도 무시할 수 없을 듯하다. 몽고군이 12월 초반

---

12) "沖 獨以爲勿疑 駝聞不已 蒙古怒其緩 呵責甚急 沖隨勢從宜 輒和鮮之"(『高麗史節要』 권15, 高宗 5年 12月條).

13) 『益齋亂稿』 권6, 「門下侍郎平章事 判吏部事贈諡威烈公 金公行軍記」 참조.

부터 강동성을 포위하여 1개월 이상을 머뭇거리고 있는데, 고려가 그들의 요구사항을 들어주지 않는다는 것을 구실로 삼아 北界의 諸城을 공격할 수도 있다는 불안감이 재추의 대신들을 엄습했을 것이다. 따라서 재추 대신들은 처음에는 몽고의 眞意를 몰라 경계했다가 추밀사 최우의 대몽화의론을 수용하고서부터는 최소한 조군을 약속해 주어야지 戰禍를 면할 수 있다는 외교적 계산을 하였을 것으로 생각된다. 최충헌 자신도 이러한 재추의 대몽화의론을 수용하여 윤공취와 최일에게 첩문을 전달토록 했을 것이다. 結和牒文을 扎剌에게 직접 전달한 윤공취와 최일 스스로가 고려조정 내에서 대몽강화 체결을 주장했던 문신이었을 가능성도 짙다.

　1219년 1월 13일에 고려조정이 結和牒文을 扎剌 행영에 보냈으므로 이제 고려 측의 군사지원은 기정사실화되었다. 慈州城[14)에서 군사훈련

---

14) 金就礪 휘하의 高麗軍이 휴식과 군사훈련을 하기 위해 들어간 慈州城은 平安南道 順川郡 城中洞에 있는 慈母山城(慈母城)이다(尹武炳, 1953, 「高麗 北界地理考」, 『歷史學報』 5, 47~48쪽). 慈母城은 『新增東國輿地勝覽』에서는 慈母山城으로 등장하는데, 石築이며 둘레가 12733尺 높이가 13尺이다. 성안 골짜기마다 샘물이 솟아나오며 세상 사람들이 99우물이라고 말한다고 한다. 高麗時代 當代에는 軍營이 城 안에 있었고 군대 창고도 있었다. "慈母山城 石築 周一萬二千七百三十三尺 高十三尺 城內每谷有泉湧出 讀云九十九井 有軍營 舊址 又有軍倉"(『新增東國輿地勝覽』 권54, 平安道 慈山郡 城郭條). 또한 『大東地志』에서는 慈母山城 안에 井泉이 많아 水源이 풍부함을 보여주고 있으며 朝鮮朝 仁祖代에 修築되어 둘레가 4761步이고, 雉城 24, 砲樓 18, 池 18, 城門 3, 將臺 1, 暗門 3, 水口門 1곳이 존재하였음을 전하고 있다. "慈母山城 西三十里 有古石城 內多井泉 有軍營古址 仁祖朝修築 屬于監營 周四千七百六十一步 雉城二十四 砲樓十八 池十八 城門三 將臺一 暗門三 水口門一 有萬子樓觀魚亭 寺刹十二"(『大東地志』 권22, 平安道 慈山 城池條). 한편 『輿地圖書』에서는 『新增東國輿地勝覽』과 『大東地志』의 城둘레 계산을 절충하고 있으며, 城의 높이가 15尺임을 알려주고 있다. "慈母山城 在府西三十里 石築 周回十三里 以尺計之則 一萬二千七百三十三尺 以步計之則 四千七百六十一步 高十五尺 女墻高五尺 堞九百九 垜八百三十五 砲穴二千五百五十六 雉二十四 砲樓十八處 暗門三處 將臺一處 暗門一處 水口門一處 砧臼三百五十坐 池塘十八處 穿井九十九處"(『輿地圖書』 册27 平安

과 휴식을 취하던[15] 고려 원수부는 다시 몽고에의 조군 문제로 시간을
끌었는데, 모든 장수가 몽고군 원수부에 가기 꺼려하는 마당에 병마사
金就礪가 자원하고 나섰다. 김취려는 己卯年(1219) 2월 초순에 知兵馬使
韓光衍[16]과 더불어 神騎·大角·內廂과 10將軍 휘하의 정예병 1만을 거
느리고서 몽고군 진영으로 나아갔다. 그는 진군하기에 앞서 "나라의 利
害가 바로 오늘에 달렸으니 만일 저들의 뜻을 어겼다가 뉘우친들 무슨
소용이 있겠는가"라고 조충에게 말하면서,[17] 고려조정이 강화를 표시한
만큼 빨리 몽고군과 합세해야 함을 피력하였다. 김취려의 언변을 통해서
그 역시 대몽강화에 찬동하고 있었음이 확인된다.

  김취려가 몽고군 원수부에 도착하자 哈眞은 그의 위풍당당한 모습과
기이한 외모에 탄복하면서 그를 兄으로 모시고 상석에 앉히며 사적으로
兄弟關係를 맺었다. 이러한 哈眞의 행동은 고려군 사령관 김취려의 경계
심을 늦추고 그를 자신이 의도하는 대로 끌어가기 위한 유화책이었다.
김취려가 몽고군 원수부에서 환대받았다는 소문이 조충에게 전해지자
그도 역시 며칠 후에 군사를 이끌고 哈眞을 만나러 갔다. 哈眞은 조충이
김취려보다 연장자임을 깨닫고 그를 형으로 대접하였고 주연을 베풀면

道 慈山府 城池條).
15) "上命 學士趙沖 爲中軍元帥 大□公 爲之使□ 與元帥行□洞州成殷州 頭頭受敵
  俱見捷焉 及據慈州城 欲養兵 以觀賊變"(金龍善, 1997, 앞의 책, 363쪽의 「金就
  呂墓誌銘」 제14~16행).
16) 趙沖을 元帥로 하는 고려 四軍에서 知兵馬事는 본래 李延儒였는데, 이 당시에
  韓光衍으로 교체되었고 그가 金就礪와 더불어 몽고군 진영으로 간 것을 보면, 한
  광연이 조충과 더불어 明宗 20년에 같이 과거에 급제한 同年이었다는(『東國李相
  國集』 全集 권25, 「同年宰相書名記」) 점을 묵과하기 어렵다. 趙沖은 믿고 의지
  할 수 있었던 同年 韓光衍을 金就礪에 딸려 보낸 것이다.
17) "初 哈眞 屢責添入諸將 皆憚於行 金就礪曰 國之利害 正在今日 若違彼意 後悔
  何及 趙沖曰 是吾意也 然此大事 非其人 不可遣 就礪曰 事不辭難 臣子之分 吾雖
  不才 請爲公一行 沖曰 軍中之事 徒倚公重 公去可乎 就礪乃與知兵馬事韓光衍
  領十將軍兵及神騎 大角內廂精卒往焉"(『高麗史節要』 권15, 高宗 6年 春正月條).

서 조충과 김취려에게 유화적인 태도를 보였다. 아마도 哈眞의 이러한
행태로 볼 때, 그는 칭기스칸의 勅使 자격으로 고려에 파병된 듯하며[18]
고려 원수부와 和氣靄靄한 분위기를 만들어 강동성전역에서 고려군을
든든한 지원군으로 활용하려고 했음직하다.[19] 여·몽 원수부 사이에서
화친이 맺어지자 강동성에 농성중인 거란유종에 대한 공격계획이 구체
적으로 수립되고 곧 실행에 옮겨져 고종 6년 2월 14일에 강동성전투가
종결되었다. 2월 20일에는 조충·김취려와 哈眞·扎剌 사이에 형제의 맹
약을 체결하였다. 같은 해 1월 13일에 結和牒文을 扎剌에게 보낸 이래
거의 한 달 만에 野戰에서 양국 원수부끼리 국제조약을 맺은 것이다.

이상과 같이 몽고군 도래로부터 형제맹약이 체결되기까지 대몽화의
론을 주장했던 인물은 최우였고, 그의 주장에 동조하면서 結和牒文을 몽
고군 원수부에 전달했던 이는 윤공취와 최일이었으며, 야전에서 몽고군
을 보조하고 몽고와 강화를 체결하였던 고려군 원수부는 조충·김취려·
김양경·한광연 등이었다. 이들 가운데 최우는 강화논의를 최초로 제기
했으며 조충·김취려는 몽고와 있을 수도 있는 전쟁을 회피하고 가급적
빨리 몽고군 원수부의 요구사항을 들어주어 몽고군을 철수시키기 위한
방편으로 조군을 이행하고 형제맹약을 체결하였다.

강동성전역과 형제맹약체결 당시에 몽고와의 강화를 희구했던 인물
은 대체적으로 위에서 살펴본 바와 같다. 그런데 조충의 同年(과거에 같
이 급제한 친우)으로서 조충이 거란유종을 격멸하고 개선했을 때 환영해
준 陳湜·劉冲基·尹于一·李百順 등도 현실적 대몽화의론 계열에 포함될
것으로 믿는다.[20] 진식·유충기·윤우일·이백순 등은 자신의 同年 조충

---

18) 周采赫, 1977, 앞의 논문, 292쪽.
19) 蒙古軍 元帥 哈眞과 金就礪 趙冲 사이에서 벌어진 酒宴에서의 和氣靄靄한 분위
    기 묘사는 원간섭기인 후대에 李齊賢이『益齋亂稿』에「金公行軍記」를 실으면서
    그 내용을 과장하고 윤색했을 가능성이 크다.
20)『補閑集』권 上에서, 趙冲이 契丹遺種을 격멸하고 개선했을 때 韓光衍·陳湜·劉

과 한광연이 강동성전역에서 승리하고 몽고군 원수부와 별 무리 없이 형제맹약을 체결한 것을 축하해주었으므로, 넓게 보아서 이들이 대몽강화 유지를 찬성했다고 생각되는 것이다. 한편 고종 6년 2월 23일에 蒙古詔使 蒲里帒完을 맞이했던 朴時允, 같은 날 몽고사 9인을 접대하였던 崔義도[21] 이러한 현실적 대몽화의론을 제기했거나 찬동했던 인물들로 보여진다.

최충헌집권 시기에 대몽관계는 몽고군의 동계 진입으로부터 시작되었으며 대몽외교는 형제맹약 체결로 귀결되었다. 최충헌은 자신의 아들 최우의 현실적 대몽화의론을 수용하여 몽고군 원수부 측에 군량을 지원해주었고 강화를 희망한다는 의사를 표시하기 위해 結和牒文을 그들에게 전달하였다. 이후 조충·김취려를 수반으로 하는 高麗 五軍은 몽고군에 助軍함으로써 거란유종을 격멸시켰으며, 형제맹약을 체결하여 몽고군을 철군시킬 수 있었다. 그러나 근본적으로 형제맹약은 몽고 측의 강압적·일방적 요구에 의해 체결된 만큼 고려 측으로서는 불평등 조약이나 다름없었고 형제맹약체제는 고려 측에 외교상 취약점을 전제하고 있었다. 첫째 매년 8~9월에 몽고 측에 그들이 요구하는 歲貢을 바쳐야 했

沖基·尹于一이 잔치를 베풀어 주었음이 확인되고, 평소에 趙沖이 劉沖基·李百順 등과 獨樂院에서 자주 어울렸다는 것으로 보아 趙沖의 同年들 가운데서도 이들과 친밀하였음을 알 수 있겠다. "時 文安公文順公 韓陳兩副樞 劉司成沖基 尹直講于一 皆其同牓 醵宴以賀"(『補閑集』 권 上). "趙文正公 與劉侍御沖基 李司諫百順 及諸門弟 遊獨樂院"(『補閑集』 권 上). 趙沖이 蒙古軍 元帥府와 兄弟盟約을 체결하였다는 점에서 그리고 그가 이후 抗蒙的인 태도를 견지하지 않았다는 점에서 現實的인 對蒙和議論을 견지했다고 추정된다. 그와 친밀하였던 韓光衍·陳湜·劉沖基·尹于一·李百順 등도 趙沖과 더불어 現實的 對蒙和議論을 주장하였다고 생각된다.

21) "是後 蒙古國使 九人 入朝 人面獸心 人皆諱近 公承命 處置 無不畏伏 滿朝冠□率 皆嘆伏 別有功績越"(金龍善, 1997, 앞의 책, 340~341쪽의 「崔義墓誌銘」 제10~12행). 「崔義墓誌銘」에서는 蒙古使가 이때 9명 파견되었다고 되어 있고, 崔義가 蒲里帒完 등 蒙古使를 접대함에 있어 특별한 공적을 세웠음을 알려준다.

다. 둘째 몽고 측에서만 매년 10명 남짓한 사신단이 東眞路(曷懶路)를
통해 고려 동계로 들어와 왕도에 이를 수 있었으며 고려 측에서는 몽고
에 사신을 보낼 수 없었다. 셋째 차후 몽고 측에서 군량과 군사지원을
요청하면 이를 거부하기가 곤란하였다. 이러한 제규정을 통해서 형제맹
약은 몽고가 고려를 의도하는 대로 이끌고 가기 위한 외교 전략이었음을
이해할 수 있는 것이다.

제2절 崔瑀執權期 對蒙和議論者와 政權保衛

崔瑀執權期에 나타나는 對蒙和議論에 대해서는 그 내용과 성격 면에
서 크게 세 시기로 구분해서 고찰해 볼 수 있다. 고종 7~12년의 兄弟盟
約期에 나타나는 현실적 대몽화의론, 同王 19년 江華遷都단행기에 등장
하는 兪升旦의 대몽화의론, 同王 18~36년 對蒙抗爭期의 대몽화의론이
바로 그것이다. 각 시기별로 등장하는 대몽화의론은 그 내용과 성격이
모두 다르므로 그 추이를 살펴볼 필요성이 제기된다. 이 小節에서 특히
주목해서 다뤄보고자 하는 것은 대몽항쟁기에 최씨정권에 협조하였던
문신이나 최씨정권 문사들의 화의론이다. 이들은 최우집권기에 國王親
朝·出陸還都 등을 주장하며 실질적 대몽강화를 주장하지 않았고 주장할
수도 없었다. 최우정권 내부의 화의론자들은 몽고와 강화협상을 벌여 몽
고군을 철군시키고 임시적이나마 강화체제를 성립시키는데 성공했으므
로 최우의 화·전양면책을 지탱시켰다고도 해석된다. 더 나아가 그들은
활발한 대몽교섭을 통해서 고려의 대몽외교를 책임짐으로써 결과적으로
최우정권을 보위하는데 기여하였다. 그러면 최우집권기의 각 시기별로
나타나는 대몽화의론의 내용과 화의론자의 활동상에 대해서 분석해보기
로 한다.

　최우가 최씨가의 권력을 승계하였을 때는 대외적으로 몽고의 歲貢納付 압력이 가중되었던 시기였다. 고종 6년 9월부터 東眞路(曷懶路)를 통해 고려에 입국한 蒙古使는 皇太弟 斡赤斤의 國書를 전하면서 세공을 요구하기 시작하였다. 급기야 同王 8년에는 몽고사가 모두 6차례나 고려를 방문하였으며 그 가운데 5회는 收貢使로서 세공을 거둬가거나 독촉하는 임무를 맡고 있었다.[22] 특히 고종 8년 8월 7일에 고려에 파견된 收貢使는 최우와 고종의 반몽감정을 자극하였다. 著古與 등 몽고사 13인은 서로 다투어 殿上으로 올라와 斡赤斤의 국서를 전달하려 하였으며, 지나치게 과도한 공물을 요구했을 뿐만 아니라 고종 7년에 고려가 바친 麤細布를 국왕 앞에 내던지는 무례를 저질렀다. 또한 斡赤斤 이외에 扎剌(撒禮塔)와 蒲黑帶가 별도로 제시한 공물도 요구하였던 것이다. 최우는 몽고사 著古與의 과도하고도 다원적·중층적인 공물요구와 국왕 앞에서의 오만하고도 무례한 태도에 반감을 품으면서 같은 해 9월에 東界로 들어온 몽고사 這可를 추방하려고 하였다.[23] 이러한 최우의 몽고사추방 시도에 국왕 고종이 동의하면서 大觀殿에서 4품 이상관 회의가 개최되었다. 이때 고종은 이해 2차로 오는 몽고사 這可에 대한 영접 여부를 물으면서, 방비할 수 있는 설비를 갖추고 국방력을 강화하여 몽고사의 입국을 거절하려는 태도를 보였다.[24] 그러나 조정대신들은 최우와 고종의

---

22) 高宗 8년 한 해에만 蒙古使가 모두 6차례나 파견되었다. 「金仲文墓誌銘」을 통해서 高宗 8년 봄에 蒙古使가 파견되었음을 알 수 있다. 이외에 같은 해 7월에 宣差 山木觡와 東眞使 4인이 왔고, 8월 7일에 著古與 등 13인과 東眞使 8인이 왔으며, 9월 12일에 這可 등 23인이 왔다. 이어서 10월 4일에 喜速不花 등 7인이 도달했으며 12월 12일에는 蒙古使 3인과 東眞使 17인이 高麗를 방문해서 歲貢을 독촉하였다. 이 가운데 高宗 8년 7월에 파견된 蒙古使는 金國征伐을 위해 高麗 측으로부터 助軍을 요청하기 위한 목적을 지니고 있었고, 나머지 5회의 蒙古使派遣은 모두 收貢使로서 歲貢을 거둬가거나 독촉하기 위해서 고려에 도달하였다.

23) "九月 蒙古安只女大王 遣這可等 旣入境 崔瑀曰 前來使 尙未暇應接 況後來者乎 宜令東北面兵馬使 慰諭遣還 時人 謂蒙古來侵之禍 萌矣"(『高麗史節要』 권15, 高宗 8年 9月條).

몽고사추방 시도에 반대하는 의사를 표명하였다.

C. 群臣皆曰 彼衆我寡 若不迎接 彼必來侵 豈可以寡敵衆以弱敵強乎 王不悅
(『高麗史』권22, 高宗 8年 9月 丁亥日條)

위의 사료 C에서 群臣의 몽고사추방계획 반대의사가 드러난다. 조정
대신들은 "저들은 군사가 많고 우리는 적으니 만일 몽고사를 영접하지
않으면 저들이 반드시 내침할 것이니, 어찌 적은 수로 많은 적을 적대하
며 약한 것으로써 강한 것을 대적할 수 있겠나이까"라고 고종을 설득하
였다. 4품 이상관 회의에서 재추를 비롯한 대신들은 軍勢의 强弱을 현실
적으로 인정하면서 兄弟盟約體制를 유지해야 한다고 주장하였다. 이러
한 현실적 대몽화의론을 주장했을 것으로 생각되는 이들은 재추대신 李
延壽·金義元 등과[25] 몽고와 형제맹약을 체결하였던 김취려·한광연·김
양경 등이었을 것이다. 또한 강동성전역 당시 結和牒文을 몽고군 원수부
에 보냈던 윤공취와 최일도 이러한 화의론에 동조했을 것으로 생각된다.
특히 김취려 등은 강동성전역 당시에 몽고군의 실제 전투능력과 군사규
모에 대해서 인지하고 있었으므로 그들과의 전쟁을 회피해야 한다는 차
원에서 현실적 대몽화의론을 제의했을 것으로 여겨진다.

앞 小節에서 살펴본 것처럼 최우 본인도 본래는 현실적 대몽화의론자
였다. 다만 그가 몽고사 這可를 추방하려고 시도했던 것은, 몽고사의 지
나친 공물 요구뿐만 아니라 그들의 고압적인 태도와 국왕 앞에서의 오만
무례 때문이었다. 그러나 사료 C에서 드러나듯이, 당시 고려조정의 전반
적인 대세는 현실적 대몽화의론이 우세했다. 집권자 최우나 국왕 고종으

---

24) 『高麗史』권22, 高宗 8年 9月 丁亥日條 참조.
25) 高宗 8년 閏12월 15일에 10인에 대한 인사발령을 단행하였는데, 대체적으로 宰
樞급 大臣들이 엿보인다. 李延壽·金義元·史洪紀·文惟弼·金就礪·鄭通輔·韓光
衍·李勘·貢天源 등은 現實的 對蒙和議論을 제기하였다고 생각된다.

로서도 몽고가 당장에 침입하지 않는 이상 이러한 여론을 묵살할 수는 없었다고 헤아려진다. 그래서 최우정권의 몽고사추방 시도는 계획으로만 그쳤고 몽고와의 형제맹약체제는 그대로 유지되었다. 著古與가 물러간 이후 這可·喜速不花가 연이어 고려에 입국하였고 세공납부를 독촉하였다. 그러자 최우는 기존의 형제맹약체제는 그대로 유지시키면서 있을 수도 있는 전쟁에 대비하여 동계 요해처 宜州·和州·鐵關 등 3곳에 축성작업을 서두르며 화·전양면책을 서서히 입안하기 시작하였다. 이때 지주사 金仲龜가 최우의 抗蒙策에 반대하는 의사를 제시하였다.

> D. 知奏事金仲龜曰 比來 州郡 被丹兵侵掠 民皆流亡 今無警急 而遽又徵發
> 以勞其力則 邦本不固 將若之何(『高麗史節要』 권15, 高宗 8年 閏12月條)

김중구는 "契丹遺種의 침략으로 백성이 대개 유망하였고 지금 경비가 급하지 않은데 백성을 징발하여 그들을 수고롭게 함으로써 邦本이 견고해지지 못한다면 장차 그것을 어찌 할 것인가"라고 힐문하였다. 그는 거란유종과의 3년여에 걸친 전쟁으로 경제가 피폐해지고 백성들의 삶이 고단한데 그들을 役徒로 징발하는 것은 邦本을 굳게 하지 못하는 것이라고 주장하였던 것이다. 그래서 그는 형제맹약체제를 유지하면서 民生을 안정시키는 것이 최우선 과제이며 섣부른 축성은 몽고의 의심을 받아 그들의 침략을 불러올 가능성이 있다고 지적하였다. 김중구는 이렇게 民弊論과 愼重論을 제기하며 최우의 동계 요해처 축성방어책에 반대하였는데, 그의 견해는 현실적 대몽화의론의 범주에 속하는 것이라고 이해된다. 그러나 점차로 화·전양면책을 준비하고 있었던 최우정권으로부터 그의 주장은 수용되지 못했다.

고종 12년 이후에는 대몽화의론이 등장하지 않는데, 그것은 著古與가 고종 12년 1월에 압록강 근처에서 도적에게 피살된 이후 여·몽 사이에 국교가 단절되어 몽고사의 세공압력이 없었기 때문이었다. 형제맹약기에 있어서 현실적 대몽화의론자들은 최우의 몽고사추방계획을 무산시켰고, 동계 요해처 축성사업에 제동을 걸기도 하였다. 그러나 과도하고도 다원적인 세공납부 압력 문제로 인한 여·몽 관계가 점차로 경색되면서 형제맹약체제 유지를 위한 이러한 화의론의 입지는 점차 약화되고 있었다.

고종 18년 8월에 몽고 太宗이 著古與被殺事件을 명분으로 삼아 撒禮塔(扎剌)에게 고려를 침공할 것을 명령함으로써 몽고 제1-(1)차 침입이 개시되었다. 이 침입으로 인해서 형제맹약체제는 일방적으로 파기되었고 같은 해 12월 여·몽 사이에서는 강화가 체결되어 君臣關係가 성립되었다. 세공은 1년에 春秋 2회 납부하도록 규정되었고, 북계 大城 14성과 요해처에는 몽고의 達魯花赤과 探馬赤軍이 배치되었다. 撒禮塔은 전쟁배상금 성격으로 엄청난 수량의 공물을 요구하였고 왕실·대관인의 자제와 부녀자를 인질로 보내라고 요구하였다. 蒙古六事 가운데 우선 납공과 납질부터 강요해 온 것이다. 고종 19년 초에는 국왕친조와 助軍 요구가 추가되었다. 납공·납질 강요에 최우정권은 전면적으로 저항하면서 몽고 방어책과 遷都問題를 수차례 논의하였다. 고종 19년 3월에 몽고에 납공하러 파견되었던 通事 池義深 使行으로부터 교위 宋得昌(宋立章·宋義)이 도망쳐 돌아와 몽고가 재침할 것이라는 소문을 전하면서, 최우정권의 천도강행 방침은 확정되었다. 같은 해 6월 15일 제4차 천도회의에서 최우는 大集成·鄭畝·金鉉寶·崔宗峻·尹繗·朴文穠 등 천도지지파의 후원에 힘입어 開京固守論者를 억누르고 천도문제를 일단락지었다. 그런데 이 회의에서 兪升旦은 대몽화의론을 제기하며 遷都抗戰策을 비난하였다.

E. 兪升旦曰 以小事大理也 事之以禮 交之以信 彼亦何名而 每困我哉 棄城郭 捐宗社 竄伏海島 苟延歲月 使邊陲之氓丁壯 盡於鋒鏑 老弱 係爲奴虜 非爲國之長計也(『高麗史節要』 권16, 高宗 19年 6月條)

위의 사료 E에서, 유승단은 "小國이 大國을 섬기는 것은 당연한 이치
이고, 禮로써 섬기고 信으로써 사귀면 몽고가 무슨 명목으로 매번 우리
나라를 괴롭히겠는가"라며, 禮·信으로써 몽고에 事大하여 그들의 재침
략을 막아야 한다고 주장하였다. 또한 그는 "성곽(개경)을 버리고 종묘·
사직까지 훼손시키면서 海島(강화도)로 숨어들어가 구차하게 세월을 끌
면서 변방의 장정들은 모두 적군의 鋒鏑에 죽게 하고 노약자는 奴虜가
되게 하는 것은 국가의 長計가 아니다"고 하면서, 강화천도를 강력하게
반대하였다. 유승단은 육지 백성들의 삶을 도외시한 최우정권의 해도입
보책이 궁극적인 대몽항전책이 될 수 없음을 논파하면서, 몽고와 강화체
제를 유지하는 것만이 살길이라고 호소하였다. 유승단의 대몽화의론은
의례적 성격이 강한 고려의 對金事大關係를 염두에 두고서 그 상대를
몽고에 대한 것으로 전환시킴을 의미할 것이다.[26] 그의 주장은 개경고
수론과 더불어 당시 개경 문벌귀족의 2대 대안이었는데, 형제맹약기의
현실적 대몽화의론의 맥락을 계승하고 있는 측면이 농후하다. 유승단과
同年이었던 皇甫緯·李奎報·韓光衍·陳湜·劉冲基·尹于一·申禮·崔克文·
尹儀·金延脩·李百順[27] 등과 조충의 아들로서 몽고군에 자진 투항한 다
음 대몽강화체결에 일정한 공훈을 세웠던 趙叔昌도 발언은 하지 않았지
만 크게 보아 유승단의 대몽화의론을 지지하는 범주에 포함되어 있었을
것으로 생각된다.

---

26) 尹龍爀, 1991, 앞의 책, 137쪽.
27) 『東國李相國集』 前集 권25, 「同年宰相書名記」, 『補閑集』上 「趙文正公器識」,
『補閑集』上 「劉學士義」, 『東國李相國集』 前集 권9, 「劉同年冲祺見和次韻荅之」,
『東國李相國集』 前集 권36, 「趙冲誄書」, 『梅湖遺稿』「梅湖公小傳」, 『東國李相
國集』 前集 권27, 「爲同年薦崔相國書」, 『東國李相國集』 前集 권11, 「尹同年儀」,
『東國李相國集』前集 권13, 「訪金同年延脩家用古人詩韻」, 『補閑集』序, 『高麗
墓誌銘集成』「李奎報墓誌銘」, 「韓光衍墓誌銘」 등에서 등장하는 兪升旦의 同
年은 모두 11명이다. 이들의 座主는 李知命과 任濡였고, 모두 明宗 20년에 科擧
에 합격하였다.

夜別抄指諭 金世冲이 개경고수론을 주장하다가 최우로부터 참형을 당하는 공포분위기 속에서 유승단이 천도를 반대하는 대몽화의론을 제기하기란 쉽지 않았을 것이다. 그러나 그는 康宗이 태자로 있었을 때 侍學으로 등용되었고, 고종이 어렸을 적에 守宮署丞으로서 글을 가르쳤던 사부였으며 右諫議大夫를 역임한 바 있었으므로[28] 거리낌없이 강화천도의 불가함을 논박할 수 있었다고 헤아려진다. 왕실의 스승이자 간관으로서 유승단은 儒敎的 事大名分論으로써 화의론을 제기했던 것이다. 그의 대몽화의론은 형제맹약기의 현실적 대몽화의론을 계승하면서 몽고 측에 보다 더 事大之誠을 다하여 강화체제를 확고히 하자는 것이었다.

그러나 천도회의에서는 강화천도론과 개경고수론이 주요 논의대상이었고 화의론은 관심대상에서 제외되었다. 몽고의 재침이 불을 보듯 뻔하게 예고되었던 국제정세 속에서, 더구나 북계 大城 14성을 達魯花赤과 探馬赤軍이 지배하고 있던 상황에서 유승단의 주장은 최우에게 채택되지를 못했다. 또한 유승단의 대몽화의론은 몽고에 어느 정도 수준으로 事大해야 되는가 하는 문제도 심각하게 고려해보아야 했다. 遼·金에 대한 사대처럼 朝貢册封關係를 유지하면서 上國으로 떠받드는 정도라면 최우정권은 굳이 강화천도를 강행하지 않았을 것이다. 가령 몽고는 과도한 공물납부는 차치해 두고서라도 고려의 완전한 복속을 의도하면서 국왕친조·납질·조군·호구조사 등 몽고육사를 강력하게 요구해왔으므로 항전해서 그들을 물리치지 못할 바에는 철저하게 항복하고 그들의 요구사항을 모두 들어주어야만 했다. 따라서 유승단이 희망했던 그러한 사대관계는 수립되기가 어려웠을 것으로 본다. 그러므로 최우는 유승단이 말한 대몽화의론의 요지는 잘 이해했으면서도 그의 견해를 채택하지 않은 것이다.

최우정권은 유승단의 대몽화의론을 묵살하고 고종 19년 6월 16일 강화천도를 단행하였다. 강화천도 이후 대몽화의론은 대몽강경론에 압도

---

28)『高麗史』권102, 列傳15 兪升旦傳 참조.

되어 적극적으로 제기되지 못하였다. 그러므로 형제맹약기에 현실적 대
몽화의론을 제기하였던 재추 대신이나 천도회의에서 유승단의 화의론에
동조하였던 문신들은 최우정권의 화·전양면책을 점차로 지지하면서 對
蒙講和交涉에 나섰다고 생각된다. 즉 기존의 현실적 대몽화의론자들은
강화천도를 계기로 최우정권의 항몽론이 강경해지자 적극적인 강화의사
를 제기하지는 못했지만 최우정권의 대몽교섭·대몽외교에 일정부분 참
여하여 강화체결을 위해 활약하였다는 이야기다. 최우집권기에 대몽사
대외교를 통해서 최씨정권의 화·전양면책을 유지시키고 더 나아가서는
몽고와 임시적으로 강화를 체결했던 대표적 인물로 宋國瞻과 宋彦琦를
들 수 있으며 표문작성을 전담하여 외교전을 이끌었던 중핵적 인물로서
李奎報와 河千旦을 거론할 수 있다.

F-1. 高宗朝 拜監察御史 蒙古元帥撒禮塔 大擧入境 王遣淮安公侹 講和 國瞻
    從行 及至 與撒禮塔 言辭色嚴正 撒禮塔嘉歎(『高麗史』 권102, 列傳15
    宋國瞻傳).
F-2. 蒙古兵 二百餘騎 聲言捕獺 直入嘉朔龜泰四州之境 實欲剽掠 彦琦 率數
    騎 往諭之 蒙古兵乃退 自是 四使蒙古 講和 七年之間 邊境稍安 … 三十
    三年 王欲復使 講和 適彦琦遘疾 宰相 相謂曰 宋之生 國之福 宋之亡 國
    之憂也(『高麗史』 권102, 列傳15 宋彦琦傳).
F-3. 時 蒙古兵壓境 屢加徵詰 奎報久掌兩制 製陳情書表 帝感悟 撒兵(『高麗
    史』 권102, 列傳15 李奎報傳).
F-4. 千旦 利安縣人 性質直 長於文章 一時表箋 皆出其手(『高麗史』 권102,
    列傳15 河千旦傳).

위의 사료 F-1에서 송국첨이 撒禮塔의 제1차 침입 당시에 懷安公(淮
安公) 王侹을 보필하며 撒禮塔의 屯所를 찾아가 강화회담을 하였는데,
그 언사가 매우 엄정하여 적장의 감탄을 받았음을 알 수 있다. 송국첨이
撒禮塔의 둔소를 방문한 것은 고종 18년 12월 5일이었거니와, 이때 그
는 회안공과 더불어 犒饋外交와 方物外交를 전개하면서 撒禮塔의 남진

공격을 저지시키고 여·몽 사이에 강화를 성립시켰다. 송국첨은 최우의 寒士 출신으로서 최우정권을 대표하여 撒禮塔과 최초로 강화회담을 펼친 것이라 할 수 있다. F-2를 보면, 몽고기병 2백이 수달을 잡는다고 핑계하고 嘉州·朔州·龜州·泰州 4州의 지경을 침범하므로 송언기가 數騎를 데리고 가서 몽고병을 타일러 되돌려 보냈는데, 이 일이 있은 이후로 그가 몽고에 4번이나 사신으로 파견되었음을[29] 확인할 수 있다. 송언기는 宋恂의 아들이며 구주성·죽주성 전투의 영웅 宋彦庠의 동생인데,[30] 그가 몽고병을 설득하여 되돌려 보냈다고 한 때는 唐古의 제2-(3)차 침입 말엽이었다고 여겨지며, 그는 대몽교섭의 적임자로 평가되어 대몽외교를 거의 전담하게 되었다. 그가 대몽외교를 맡아본 이후로 7년 동안 국경이 평온했다고 하며, 고종 33년에 국왕이 다시 사신으로 파견하려 했으나 병이 깊어 보낼 수 없는 상황이었다. 그때 재상들이 "송언기의 병이 나으면 국가의 행복이요 그가 사망하면 국가의 재앙이 될 것이다"고 말했을 정도로 송언기는 그 당시 대몽강화외교에서 중요한 인물이었다.

한편 F-3에서, 이규보는 몽고침입 이후 오랫동안 兩制를 담당하여 몽고 측에 陳情하는 書·表를 보내 몽고황제를 감동시킴으로써 몽고군을 철병케 하였다고 하여, 그의 외교문서 작성 능력과 그 역할을 높게 평가하고 있다. 이규보가 사신으로서 대몽외교를 전담했다기보다는 표문·서장을 작성하여 외교전을 펼쳤고, 그 외교적 성과가 상당했음을 간파할 수 있다. 실제로 『고려사』 고종세가에 등장하는 거의 대부분의 표문·서신은 이규보가 지은 것들이며, 대몽전쟁기 전반기의 표문외교·서신외교의 실상을 보여준다. 이규보와 더불어 F-4에서 하천단도 한 시대의 表·

---

29) 宋彦琦는 모두 4차례나 蒙古에 파견되어 對蒙講和外交를 수행하였다. 제1차는 高宗 25년 12월의 表文外交, 제2차는 同王 26년 12월 12일의 表文外交·方物外交, 제3차는 同王 27년 12월의 方物外交, 제4차는 同王 29년 5월 13일의 對蒙外交였다.

30) 『高麗史』 권102, 列傳15 宋彦琦傳. 『鎭川宋氏大同譜』 참조.

箋이 다 그의 손에서 나왔을 만큼 표문 작성을 도맡아 처리하였다. 그는 최우의 한사 출신으로서 대몽강화 외교를 위한 표문작성에 전념하였는데, 그 시점은 이규보가 사망한 이후였다고 생각된다.

이들 4인은 최우집권기 대몽강화 외교에 있어서 두드러진 활약을 보였던 사례에 불과하다. 실제로 최우는 자신의 문신 문객들과 왕실종친을 최대한 활용하여 대몽외교전에 나섰고, 그 성과 또한 주목할만했다. 강화천도 이후 대몽강화에 나섰던 인물들은 대개 親崔瑀政權的 文士들이었으며 이들의 대몽외교는 최우정권의 보위와도 밀접한 연관이 있었다. 그러면 최우집권기에 시행된 대몽사대외교의 사례와 그러한 외교를 펼쳤던 인물들의 면모를 살펴보기로 하자.

〈표 4-1〉 崔瑀執權期 犒饋外交·貢物外交·表文外交·人質外交와 高麗使臣

年代	犒饋外交	貢物外交	表文外交·書信外交	人質外交
高宗 18년 (1231)	11.29 監察御史 閔曦 郎中 宋國瞻 12. 1 御史 閔曦 12. 5 懷安公 王侹 軍器監 宋國瞻	12. 4 미상 12. 5 懷安公 王侹 軍器監 宋國瞻 12.16 미상 12.26 미상 12.29 將軍 曹時著	12.29 大將軍 趙叔昌: 表文	
高宗 19년 (1232)		3.某日 通事 池義深 錄事 洪巨源 金謙 4.12 上將軍 趙叔昌, 侍御史 薛愼	3.某日 通事 池義深: 書信 錄事 洪巨源 金謙 4.12 上將軍 趙叔昌: 表文 侍御史 薛愼 9.某日 미상: 書信 11.某日 미상: 書信 11.某日 將軍 金寶鼎: 表文 郎中 趙瑞璋 11.某日 將軍 金寶鼎: 狀啓 郎中 趙瑞璋 11.某日 미상: 書信=撒禮塔 12.16 이후 미상: 書信=帖哥 12.某日 미상: 書信=撒禮塔 12.16 이후 미상: 書信=東眞國	3.某日 西京都領 鄭應卿 前靜州副使 朴得芬

年代	犒饋外交	貢物外交	表文外交·書信外交	人質外交
高宗 21년 (1234)			(2. 3 將軍 金寶鼎: 書信)	
高宗 25년 (1238)			12.24 御史 宋彦琦: 表文 將軍 金寶鼎	
高宗 26년 (1239)		12.12 新安公 王佺 少卿 宋彦琦 將軍 金寶鼎	6.某日 起居舍人 盧演: 表文 詹事府注簿, 金謙 12.12 新安公 王佺: 表文 少卿 宋彦琦 將軍 金寶鼎	
高宗 27년 (1240)		4.某日 右諫議 趙脩 閤門祗候 金成寶 6.某日 堂後 金守精 12.某日 禮賓少卿 宋彦琦 御史 權韙	4.某日 右諫議 趙脩: 表文 閤門祗候 金成寶 6.某日 堂後 金守精: 書信 (12.某日 宋彦琦: 表文)	
高宗 28년 (1241)			(4.某日 樞密使 崔璘: 表文)	4.某日 永寧公 王綧 衣冠子弟 15人 樞密使 崔璘 將軍 金寶鼎
高宗 29년 (1242)		5.13 (侍郎 宋彦琦) (中郎將 李陽俊)	(5.13 侍郎 宋彦琦: 表文)	
高宗 30년 (1243)		1.23 樞密院副使 崔璘 秘書少監 金之岱 7.某日 (柳卿老, 丁瑨) 12.13 (郎中 柳卿老)	(1.23 樞密院副使 崔璘: 表文) (7.某日 柳卿老,丁瑨: 表文) (12.13 郎中 柳卿老: 表文)	
高宗 31년 (1244)		4.23 (員外郎 任咽壽) (郎將 張益成)	(4.23 員外郎 任咽壽: 表文)	
高宗 32년 (1245)		4.15 (員外郎 朴隨) (郎將 崔公瑨) 10.21 (新安公 王佺) (大將軍 皇甫琦)	(4.15 員外郎 朴隨: 表文) (10.21 新安公 王佺: 表文)	
高宗 34년 (1247)	8.某日 起居舍人 金守精			
高宗 35년 (1248)		2.某日 (樞密院使 孫抃) (秘書監 桓公叔) 10.19 (郎將 張俊貞) (祗候 張暐)	(2.某日 樞密使 孫抃: 表文) (10.19 祗候 張暐: 表文)	

年代	犒饋外交	貢物外交	表文外交·書信外交	人質外交
高宗 36년 (1249)		4.10 (郞將 金子珍) 　　　(校書郞 沈秀之) 6.14 (侍郞 安戩) 　　　(郞將 崔公柱)	(4.10 校書郞 沈秀之: 表文) (6.14 侍郞 安戩: 表文)	
총횟수	총 4회	총 22회(10회 추정)	총 30회(14회 추정)	총 2회

* ( )로 묶어 놓은 것은 추정한 것임

　　앞의 <표 4-1>에서 최우집권기에 犒饋外交 4회, 貢物外交(方物外交 +
歲貢外交) 22회, 表文·書信外交 30회, 人質外交 2회가 시행되었음을 알
수 있다. 이러한 對蒙事大外交가 말해주는 것은 몽고침입이 최고조에 달
하여 최우정권이 위기에 직면했을 때 추진된 대몽화의론의 推移이다. 호
궤외교·공물외교·서신외교·표문외교·인질외교는 물론 최우정권의 철저
한 통제와 감시 하에서 수행되었다. 그렇지만 그러한 사대외교가 추진되
었다는 것은 宰樞와 일반 문·무신의 대몽화의론을 최우정권이 통제하면
서 조율했기에 가능했을 것이다. 강화천도 이후 고종 36년 이전까지의
대몽화의론이 관련사서에서 등장하지 않고 사신파견 기사만 보이고 있
다는 것은 화의론자들의 활동이 형제맹약기에 존재하였던 현실적 대몽
화의론자보다 다소 후퇴하였음을 말해준다.

　　그러나 강화천도 이후 최우집권기에 화의론자들은 최씨집정에게 대
몽강화 의사를 적극적으로 밝힐 수는 없었더라도, 대몽강화 외교를 전담
하는 것을 통해서 자신들의 주장을 최우에게 건의할 수는 있었다고 보여
진다. 따라서 이들의 존재를 가볍게 보아 넘기기 어렵다. 최우집권기에
표문작성을 전담했던 이규보·하천단과 표문외교·공물외교를 주로 맡아
보았던 송국첨·송언기·김보정·김수정·최린·조수·손변·김지대 등은 최
우집권기에 있어서 親崔瑀政權的 화의론자였다고 보아도 좋을 듯싶다.
이들 모두가 몽고에의 실질적인 복속을 위해서 대몽강화를 추진했던 것
은 아니다. 그들은 어디까지나 江都朝廷이 처한 현실적 위기를 극복하고
고려왕조의 독립과 최씨정권의 안전을 보장하기 위해서 대몽강화에 나섰

던 만큼 형제맹약기의 현실적 대몽화의론자들과는 비교된다고 생각된다.

그런데 사대외교를 수행하였던 친최우정권적 화의론자들 가운데 최우가 친히 선발한 한사가 눈에 띄어 주목된다. 최우는 기존의 중앙세력과 이렇다 할 연관성이 없는 지방 鄕吏層 자제나 중앙의 末端官吏 자제들이 과거에 급제하고 '能文能吏'의 자격을 갖추었을 경우에 薦擧를 통해서 이들을 선발하였다. 그들이 최우집권기의 한사였는데, 政房에서 인사행정을 맡아보고 書房에서는 표문 등 외교문서를 작성하였으며[31] 사대외교의 수행을 위해서 몽고에 파견되기도 하였다. 그러면서 이들은 점차 정치적으로 성장할 수 있는 기회를 잡게 되었다. 대체적으로 최우집권기 한사로서 주목되는 인물들을 열거하면, 李淳牧·趙文拔·李需·金坵·李湊·金敞·宋國瞻·朴暄·河千旦·兪千遇·張鎰·金之岱 등 12명이 발견된다.[32] 이들은 지방에 근거를 두고 있던 향리층의 자제였으며 能文能吏의 실무형 인사기준에 합당하였을 뿐 아니라 최우와 그 심복들에 의해 추천받았다는 점을 통해서 대체로 한사의 자격조건에 부합된다고 본다. 이러한 12명의 한사 가운데 송국첨·하천단·김지대·김구만이 사대외교나 표문작성에 관련된 자들이다. 최우의 한사 송국첨은 文克謙 – 崔洪胤·琴儀 계열의 門生으로서 撒禮塔의 제1-(1)차 침입 당시에 호궤외교·방물외교를 주로 담당하였다. 송국첨의 同年 하천단은 이규보가 사

---

31) 金尙範, 1995, 앞의 논문, 『高麗武人政權硏究』, 서강대 출판부, 220~227쪽.

32) 洪希承, 2003, 『崔瑀 執權期에 등용된 寒士의 政治的 成長』, 서강대 석사학위논문, 16~17쪽의 <崔瑀執權期의 寒士> 名單을 참고하였다. 洪希承은 金尙範이 제시한 寒士들인 李奎報·金仁鏡·趙文拔·李淳牧·金敞·宋國瞻·朴暄·兪千遇·金之岱·金坵·張鎰 가운데(金尙範, 1995, 앞의 논문, 『高麗武人政權硏究』, 서강대 출판부, 218쪽), 李奎報와 金仁鏡을 제외시켰다. 洪希承이 李奎報와 金仁鏡을 제외시킨 이유를 들지는 않았지만 아마도 이들이 明宗대에 科擧에 及第한 인물들이며 이미 中央에서 활약하고 있었다는 점을 고려했을 성싶다. 그리고 李需·李湊·河千旦을 寒士 명단에 새롭게 추가하였다. 李需·李湊·河千旦을 포함시킨 것은 이들이 地方出身으로서 能文能吏 자격을 갖추고 있을 뿐 아니라 崔瑀나 그 側近에 의해서 推薦받았다는 사실을 근거로 제시하였다.

망하자 대몽관련 표문작성을 도맡아 처리하였다. 李知命·任濡－趙冲 계열의 門生 김지대는 고종 30년 1월에 최린과 함께 몽고에 입조하여 세공외교를 수행한 바 있다. 한편 金仁鏡의 門生이었던 김구는 고종 19년에 급제한 후 최우와 崔滋에 의해 천거되어 文翰을 주로 담당하였고 더러는 표문도 작성하였다.

이렇게 볼 때, 최우와 그 심복집단의 천거에 의해서 선발된 한사들 가운데 일부가 호궤외교·공물외교·표문외교 등 사대외교를 수행하고 있는 것을 확인할 수 있다. 최우의 한사에는 崔洪胤·琴儀 계열, 李知命·任濡－趙冲 계열, 金仁鏡 계열의 문생이 모두 포함되어 있다. 특히 그러한 한사 가운데서도 최홍윤·금의의 문생들의 대몽외교 활동이 두드러진다. 최우의 한사 송국첨·하천단은 동기생인 최린·최자·손변·조수 등과 더불어 同時代에 대몽외교를 맡아보고 있는 것이다. 이는 최홍윤·금의의 문생들이 그들 座主의 정치적 영향력에 힘입어 최씨정권과 밀착될 수 있었다는 것을 방증해준다. 즉 금의가 최충헌의 친근한 黨與였으므로[33] 그의 문생들은 최충헌과 최우의 눈에 들었을 것이며, 최우집권기에 들어와서 重房의 상·대장군 세력을 약화시키고 문사우대정책을 펼쳐나갔던 최우에게는 금의의 문하생들이 정략적으로 필요하였다고 생각된다.[34] 최우는 금의의 문생을 비롯한 여러 문사들 가운데 能文能吏의 실무형 문사를 선발하여 정방·서방에서 근무시키고 더러는 자신의 통제 하에서

---

33) "明宗 十四年 中魁科 籍內侍 崔忠獻 當國 求文士 有李宗揆者 薦儀 遂詔事忠獻 歷敎華要"(『高麗史』 권102, 列傳15 琴儀傳).

34) 崔瑀의 입장에 있어서 琴儀는 崔忠獻의 黨與인데다가 賣官賣職과 不正腐敗에 연루된 인물이었으므로 제거시켜야 할 대상이었다. 그러나 琴儀가 科擧考試官이 되어 선발한 崔璘·崔滋·宋國瞻·孫抃·河千旦·趙脩·李淳牧 등은 崔瑀의 文士優待政策에 따라 반드시 필요한 인재들이었고 그 중에서도 宋國瞻·河千旦·李淳牧 등은 崔瑀가 직접 선발한 寒士였다. 琴儀의 門生들이 李知命·任濡의 門生들 다음으로 번창하게 된 것은 琴儀의 정치적 영향력 때문만이 아니라 崔瑀의 寒士 선발과 文臣優待策에 기인한바 크다고 하겠다.

대몽외교를 수행케 하였던 것이다. 그렇다고 하더라도 최우에게 선발된 이들 문사들은 대몽전쟁이 불리하게 전개될 경우, 대몽화의론을 견지하면서 主君인 최우에게 강화책을 건의하여 최우정권의 화·전양면론 가운데 한 축인 강화 부분을 떠받치고 있었다고 볼 수 있다. 또한 대몽외교를 맡아보았던 최우의 한사 송국첨·하천단과 최린·최자·손변·조수 등은 같은 동기생들이었던 만큼 최우가 사망한 이후 대몽화의론의 수위를 조절할 수 있는 하나의 정치세력으로 결집될 가능성을 지니고 있었다.

제3절 崔沆執權期 對蒙和議論의 고조와 講和派의 층위

1. 也古의 제4차 침입과 對蒙和議論

高宗 36년 11월에 崔氏家의 권력을 승계한 崔沆은 몽고의 제2차 大空位時代에 편승하여 몽고침입을 받지 않은 채로, 기존의 대몽강화체제를 유지할 수 있었으며 政敵을 제거하고 자신의 권력기반강화 작업에 박차를 가할 수 있었다. 그러나 몽고 憲宗 蒙哥가 고종 38년 7월에 등극하여[35] 高宗親朝와 出陸還都를 강력하게 요구하고서부터는[36] 여·몽 사이의 외교관계가 급속히 경색되었다. 憲宗의 詔書에 대해 강도조정에서는 고종친조 대신에 태자친조 문제를 놓고 對蒙和議論이 대두하여 최항세력과 대립하였다.

---

35) "諸王拔都 木哥 阿里不哥 唆亦哥禿 塔察兒 大將兀良合台 速你帶 帖木迭兒 也速不花 咸會于阿刺脫忽剌兀之地 拔都首建議推戴 … 拔都卽申令於衆 衆悉應之 議遂定"(『元史』 권3, 憲宗 卽位年 戊申條).

36) "戊申 王出迎于梯浦 皇帝新卽位 詔 國王親朝 及令還舊京"(『高麗史』 권24, 高宗 38年 冬10月 戊申日條).

G. 丙辰 王命 宰樞及文武四品以上 議苔詔 或言 太子親朝 或言 王老病 未得
   親朝 爲辭 待更詰 遣太子親朝 未晚(『高麗史』권24, 高宗 38年 冬10月 丙
   辰日條)

위의 사료 G에서, 고종이 宰樞와 문·무 4품 이상을 불러 모아 헌종의
詔書에 답할 것을 의논케 했음이 발견된다. 4품 이상관 회의를 무인집정
인 최항이 주관치 못하고 고종이 맡고 있다는 것은 그 만큼 조정 내에
대몽화의론자들이 급부상했음을 말해준다. 이들 대몽화의론자들은 크게
두 가지 부류로 나뉘어 의견을 개진했다. 하나는 太子를 親朝시켜야 된
다는 입장으로써 대몽화의론자들 가운데 積極派가 이러한 層位에 포함
된다. 다른 하나는 고종이 老病을 앓고 있으므로 친조할 수 없다고 말하
고 다시 힐책받게 되면 그때 태자를 입조시켜도 늦지 않다는 견해였다.
이 주장은 기존의 무인집정이 적절한 이유를 들어서 고종친조를 거부한
것과 그 궤를 같이하는 것으로써 대몽화의론 가운데 消極派가 이에 해
당한다고 할 수 있다. 대몽화의론에도 이렇게 여러 층위가 존재하고 있
었던 것이다. 다만 소극파의 경우 최항과 긴밀하게 연결되어 있던 인물
들이 포함되어 있었을 것 같다. 중요한 문제는 태자친조를 주장한 적극
파이던지 유보적 태도를 취한 소극파이던지 간에 최항 최측근의 항몽론
자들을 압도할 만큼 조정 여론의 대세는 화의론 쪽으로 기울고 있었다는
점이다. 이미 고려조정은 최항정권과는 별개로 강력한 대몽항전보다는
대몽강화의 수위를 놓고 外交戰을 감행하는 단계로 진입했다는 것에서
대몽화의론자의 政治勢力化에 주목해볼 필요가 있다.

   강도조정은 헌종의 고종친조와 개경환도 요구를 수락할 수 없음을 알
리기 위해서 고종 39년 1월 21일에 추밀원부사 李峴과 시랑 李之葳를 몽
고에 보냈다.[37] 이현 등은 고종이 老病을 앓고 있어 친조하기 어려우며

---

37) "三十九年 春正月 丙午 遣 樞密院副使 李峴 侍郎 李之葳 如蒙古"(『高麗史』권24,
   高宗 39年 春正月 丙午日條).

개경환도를 위해서 昇天府 新闕을 조성하였다는 정도의 기존 입장만 전
했다.38) 몽고 헌종은 강도조정이 皇命을 어겼다 하여 이현 등을 억류시
키고, 몽고사 多可와 阿土 등 37명을 강도조정에 보내와서 出陸의 情況
을 살피고 침공의 명분 만들기 작업에 착수하였다.

> H. 秋七月 蒙古 遣 多可阿土等 三十七人來 審出陸之狀 初 李峴之如蒙古也
> 崔沆謂曰 若詰問出陸 宜荅以今年六月乃出 峴未至蒙古 東京路官人 阿母
> 侃 通事洪福源等 請發兵伐之 帝已許之 及峴至 帝問爾國出陸否 對如沆
> 言 帝又問留爾等 別遣使審視 否則如何 對曰 臣於正月發程 已於昇天府
> 白馬山 營宮室城郭 臣敢妄對 帝乃留峴 遂遣多可等來 密勅曰 汝到彼國
> 王出迎于陸則 雖百姓未出 猶可也 不然則 速回 待汝來 當發兵致討 峴書
> 狀官張鎰 隨多可來 密知之 具白王 王以問沆 對曰 大駕不宜輕出江外 公
> 卿皆希沆意 執不可 王從之 遣新安公佺 出江迎之 請蒙使入梯浦館 王乃
> 出見 宴未罷 多可等以王不從帝命 怒而還昇天館 時人謂沆 以淺智 誤國
> 大事 蒙兵必至矣(『高麗史節要』권17, 高宗 39년 秋7月條)

위의 사료 H는 최항정권과 몽고 헌종의 출륙환도를 둘러싼 外交戰
모습을 상세히 보여주는데, 國王出迎 문제가 최대의 쟁점으로 떠오르고
있다. 최항은 고종 39년 1월 21일에 이현을 몽고에 보낼 때, "만일 황제
가 出陸을 詰問하거든 마땅히 금년 6월에 육지로 나오겠다고 대답하시
오"라고 단단히 당부해둔 바 있다. 이것은 최항정권의 출륙환도 지연책
이었다. 그러나 이러한 최항의 의도는 이현이 몽고에 도착하기도 전에
헌종이 東京路官人 阿母侃과 通事 홍복원의 고려침공 요청을 수락함으
로써 무산되는 듯하였다. 이현이 몽고에 도착하여 최항이 시킨 대로 "6월
에 출륙할 것이며, 이미 정월에 昇天府 白馬山에 궁실과 성곽을 지었으
니 어찌 망녕되게 감히 대답할 수 있겠느냐"며 반문하였다. 이러한 고려

---

38) 결국 李峴은 高宗 38년 10월 29일에 개최된 4品以上官 會議에서 의결된 高宗親
朝 불가, 太子親朝 유보 입장을 蒙古 憲宗에게 전했을 것으로 보인다.

사신의 上奏를 우선 유보해 두고 몽고 헌종은 7월 16일에 多可 등을 보내서[39] 출륙정황을 살피게 한 것이다. 이때 헌종은 多可 등에게 密旨를 내려, "고려왕이 출륙하여 몽고사를 맞이하면 백성이 육지로 나오지 않아도 좋으나, 그렇지 않으면 속히 돌아오라. 네가 돌아올 때를 기다려 고려를 치겠다"고 하였다. 헌종은 강도조정의 출륙환도에 앞선 선결과제로써 고종의 '出迎蒙使'를 최우선적으로 지목했던 것이다.

몽고사 多可를 수행하여 따라온 이현의 書狀官 張鎰[40]이 이러한 헌종의 밀지를 간파하여 몰래 고종에게 전하였고, 고종은 최항을 불러 현안을 논의하였다. 최항은 大駕가 가벼이 江都 밖으로 나가는 것은 옳지 못하다고 말하였고,[41] 公卿이 모두 최항의 의사를 따르고 불가함을 고집하므로 고종도 어쩔 수 없이 따랐다. 최항이 고종의 出迎蒙使를 반대한 것은 곧 몽고와의 一戰을 감수하겠다는 의사표시였다. 지금까지 고종이 출륙하여 몽고사신을 맞이한 전례가 없었을 뿐더러 국왕이 '出迎蒙使'하게 되면 그 보다 더한 요구를 계속 해 올 것이기 때문에 아예 사전에 차단시킬 필요가 있었던 것이다. 결국 고종은 자신 대신에 新安公 王佺을 출륙시켜 몽고사를 맞이하였고 그들을 梯浦館에 영접하면서 연회를

---

39) "戊戌 蒙古使 多可 阿土等 三十七人來"(『高麗史』 권24, 高宗 39年 秋7月 戊戌日條).

40) 張鎰은 崔瑀代 선발된 寒士였다. 그는 科擧에 급제하고도 발탁되지 못해 15년간 落鄕하여 집에서 생활하다가 按察使 王諧의 눈에 들어 천거 받아 直史館이 되었다. 어렵사리 관직을 얻은 張鎰은 이 시점에서는 高麗使 李峴의 書狀官 자격으로 몽고에 파견되었다. 그는 崔沆代 對蒙外交에 있어서 河千旦·金坵 등과 더불어 表文外交의 한 축을 담당했다고 여겨진다.

41) 李益柱는 崔沆이 高宗 39년 6월까지 出陸하겠다고 高麗使臣을 통해 몽고 憲宗에게 전하였으면서 정작 蒙古使 多可가 왔을 때 高宗의 出陸을 막았던 것은 崔沆政權의 對蒙政策이 일관성이 결여된 것이라 하였다(李益柱, 1996, 「麗蒙講和와 講和派 세력의 대두」, 『高麗·元關係의 構造와 高麗後期 政治體制』, 서울대 국사학과 박사학위논문, 19쪽). 그러나 저자가 보기에는 高宗 39년 6월까지 出陸還都하겠다고 한 것은 崔沆政權의 출륙지연책에 불과한 것으로써 대몽정책의 일관성 문제와는 별 상관이 없는 듯하다.

베풀어주었다. 多可 등은 고려왕이 帝命에 복종하지 않았다 하여 화를 내며 昇天館으로 되돌아갔다. 이 당시 사람들은 최항이 천박한 지혜로써 국가의 大事를 그르쳐 몽고병을 불러들이게 되었다고 비난하였다. 世人들이 최항의 대몽정책을 비난했다는 것은 그만큼 전쟁회피와 대몽강화에 대해 열망하였다는 반증이기도 하다.

최항은 고종의 출륙을 허용치 않음으로써 결국 몽고와의 전쟁을 선택하였다. 그는 고종 39년 7월에 諸山城에 防護別監을 分遣했고, 8월에는 充實都監을 세워 閑人·白丁 가운데 驍勇者를 各領의 군대에 보충시켰으며, 10월에는 西京留守官을 다시 두어 대몽항전의 최전방 방어선을 형성케 했다. 이는 모두 몽고와의 일전에 대비한 일련의 조처들이었다. 다음 해 고종 40년 4월 6일에는 이전에 몽고에 잡혀 갔다가 탈출해서 돌아온 原州人이 두 가지 극비사항을 강도조정에 전하였다.[42] 하나는 "阿母侃·洪福源이 헌종에게 고려가 강도에 겹성을 쌓고 육지로 나와 귀순할 의사가 전혀 없다"고 했다는 것이었다. 다른 하나는 "몽고황제가 자기 아우 松柱를 시켜 군사 1만을 거느리고 東眞國을 경유해서 동계로 나아가게 하였고, 阿母侃과 홍복원은 자기 휘하의 군사를 거느리고 북계로 달려갔는데 그들이 모두 大伊州에 진을 쳤다"는 것이었다.[43] 실제로 이 당시 皇弟 松柱는 東眞騎兵 3백으로 하여금 登州를 포위케 하였고,[44] 也古大王은 북계 방면으로 병사 30명을 보내 약탈을 자행하였다.[45] 이러

---

42) 이러한 逃還人의 존재는 이후 神義軍 창설의 단서가 된다. 이들은 蒙古軍 陣營에서 탈출해서 극적으로 귀환한 만큼 그 누구보다도 抗蒙意識이 철저했으며 江都朝廷에 의해서 전폭적으로 수용되었다. 이들이 제공해준 군사정보는 崔氏政權의 對蒙抗爭에 긴요하게 활용되었을 것이다.

43) "甲寅 原州民 被擄蒙古者 還言 阿母侃 洪福源 詣帝所 言高麗築重城 無出陸歸款意 帝命皇弟松柱 帥兵一萬 道東眞國 入東界 阿母侃 洪福源 領麾下兵 趣北界 皆屯大伊州"(『高麗史』 권24, 高宗 40年 夏4月 甲寅日條).

44) "東界兵馬使馳報 東眞三百騎 圍登州"(『高麗史』 권24, 高宗 40年 2月條).

45) "夏四月 庚戌 北界兵馬使報 狄兵 三十餘人 入寇"(『高麗史』 권24, 高宗 40年 夏

한 일련의 행위는 본격적인 침입에 앞선 예비 군사행동이었다. 也古는 같은 해 5월 19일에 阿豆 등 16인을 江都에 보내[46] 고려조정에 최후통 첩을 전한 듯하다. 고종은 阿豆 등을 梯浦宮에서 맞이하고 그들에게 金·銀·布帛을 차등 있게 제공함으로써 방물외교를 펼쳤다.

최항정권은 也古의 사자 阿豆의 고종친조·출륙환도 요구를 끝내 거부하고 대몽항전의지를 군혔다. 也古는 阿豆가 아무런 성과 없이 돌아오자 압록강을 넘어 침공을 개시하였다. 이에 최항은 5道按察使와 3道巡問使에게 산성·해도입보를 명령하였다.[47] 也古의 제4차 침략이 개시되자 선봉대는 古和州로 향하였다. 몽고 선봉대가 古和州로 향한 것으로 보아 皇弟 松柱에게 也古의 본격적인 침략을 알리고 양동작전을 전개하려 했음을 알 수 있다. 也古의 本陣이 남하를 개시하였지만 永寧公 王綧과 附蒙輩 이현은 다시 한 번 강도조정에 마지막으로 고종의 出迎을 설득하였다.

> I. 永寧公綧 在蒙古軍 貽書崔沆曰 去年 秋 皇帝 怒大駕不渡江迎使 發兵問罪 吾無計沮之 白帝曰 臣願將帝命 諭本國 令復都舊京 子孫萬世 永修藩職 帝 勅臣曰 汝與本國宰臣 歸到爾國 諭以朕命 使之出陸 國王若出迎 卽當退兵 今 國之安危 在此一擧 若上不出迎 須令太子若安慶公出迎 必退兵 社稷延基 萬民按堵 公亦長享富貴 此上策也 如此而兵若不退 族予一門 願除狐疑 善圖 不失今時 後無悔恨 李峴 亦隨軍而來 貽書云 吾二年見留 觀其行事 殊異前聞 實不嗜殺人 去今年賜詔 條件固非難事 何不出迎 國家如欲延其基業 可遣一二人出降 令東宮若安慶公 出迎陳乞 庶可退兵 願公善圖 宰樞 會議 皆曰出迎便 崔沆曰 春秋貢奉不絶 前遣三次使价 三百人未還 而猶若是 今雖出迎 恐爲無益 萬一執東宮若安慶公 至城下邀降 何以處之 皆曰 侍

4月 庚戌日條).

46) "五月 丙申 蒙古也窟大王 遣 阿豆等 十六人來 王迎于梯浦宮 贈金銀布帛 有差"(『高麗史』 권24, 高宗 40年 5月 丙申日條).

47) "甲申 北界兵馬使報 蒙兵 渡鴨綠江 卽移牒 五道按察 及三道巡問使 督領居民 入保山城海島"(『高麗史』 권24, 高宗 40年 秋7月 甲申日條).

中議是 出迎議寢(『高麗史節要』권17, 高宗 40年 秋7月條)

위의 사료 I에서 영녕공 왕준은 몽고군 진영에 있으면서 최항에게 서
신을 보냈다. 그는 "황제께서 국왕이 강도에서 나와 몽고사를 맞이하면
군사를 돌이키겠다고 말씀하셨다"면서, 국가의 安危가 이 일 하나에 달
렸으니 고종이 마땅히 출영해야 됨을 역설하였다. 만일 국왕의 출영이
여의치 않다면 太子나 安慶公 王淐이 출영해야 하는데, 그러할 경우 몽
고병이 반드시 철군할 것임을 確約하였다. 만일 그렇지 않다면 자신의
一門을 滅해도 좋다고 하였다. 고려조정에서 파견한 禿魯花 영녕공 왕준
은 이때에 이르러 몽고의 고려침공에 활용되었는데, 그는 강도조정과 교
섭하여 對高麗講和를 이끌어내는 임무를 주로 맡았다고[48] 생각된다.

한편 왕준과 더불어 이현도 최항에게 서신을 보내 출항을 종용하였
다. 그는 也古를 따라 종군했을 시점에서는 이미 부몽배로 돌변해 있었
다. 이현은 "2년 동안 억류되어 몽고의 行事를 지켜보니 그들은 살인을
즐기지 않으며 몽고황제의 조서에 제시된 조건이 까다로운 일이 아니므
로 한 두 사람이 출항하고 東宮이나 安慶公이 몽고사를 맞이하여 철군
을 요청한다면 반드시 퇴병할 것이니 公(崔沆)은 잘 판단하라"고 말했다.
결국 이현은 태자나 안경공을 출륙시켜서 몽고사를 맞이하면 몽고군이
철군할 것이므로 강도조정의 대몽강화를 요구했던 것이다.

영녕공과 이현의 서신을 접수받은 강도조정은 곧바로 宰樞會議를 개
최하였다. 재추는 누가 되었든지 간에 '出迎蒙使'하는 것이 옳다고 의견
을 모았다. 대몽화의론자 가운데 적극파는 태자를 출영시키려고 했을 것
이고, 소극파는 안경공 왕창을 내보내려고 의도했을 것으로 짐작되지만,
이들 모두가 '出迎蒙使'할 것을 최항에게 요청하였다. 적어도 재추는 대

---

48) 李貞信, 2004, 「永寧公 王綧을 통해 본 고려와 몽고관계」, 『고려시대의 정치변동
과 대외정책』, 景仁文化社, 226쪽.

몽화의론이 우세했으며 몽고와 강화하여 전쟁을 막아보려고 노력하였던 것이다. 그러나 최항은 지금까지 歲貢을 바쳐왔음에도 이전에 3차에 걸쳐서 몽고에 보낸 고려사신 3백여 명이 돌아오지 못했음을[49] 지적하면서 출영하더라도 無益한 일이 되지나 않을까 주저하였다. 그리고 그는 만일 동궁과 안경공을 몽고군이 잡아가서 諸城 아래서 항복을 요구하면 어떻게 대처하겠느냐고 재추를 힐난하였다. 최항은 이러한 이유를 들어 재추의 화의론을 묵살하고 대몽항전의 기치를 더욱 바짝조였다.

　최항이 태자나 안경공의 출영마저도 거부하자 也古는 고종 40년 8월 12일에 헌종의 조서를 강도에 보내 최후통첩을 하였다.[50] 이번이 벌써 3번째 '出迎蒙使' 설득이었다. 憲宗의 조서는 크게 2가지 내용을 전하고 있었다. 첫째는 蒙古六事 불이행을 힐책하는 것이었다. 고종친조와 제2차 禿魯花 파견 등을 포함하여 達魯花赤設置·戶口調査·助軍·驛站設置 등은 하나도 실현된 것이 없었다. 헌종은 고종친조를 실현시켜 나머지 의무사항을 차례대로 관철시키려고 했으므로 강도조정이 몽고육사를 이행하지 않는 것을 비난했던 것이다. 둘째 고종이 皇命을 거역했으므로 皇叔인 也古를 보내 고려를 치게 했음을 밝혔다. 헌종은 고려가 자신의 명령을 받아들이고 정성을 보인다면 철병할 것이고 명령을 거역한다면 은혜를 베풀지 않겠다는 것을 천명하였다.[51] 몽고 헌종의 조서는 그야말

---

49) 3차에 걸친 高麗 使臣團은 구체적으로 어느 시점에 걸친 것인지는 명확치 않다. 그러나 也古의 제4차 침입 직전의 3차에 걸친 使行이라고 본다면, 아마 高宗 38년 2월 22일의 同知樞密院事 崔璟 上將軍 金寶鼎의 使臣團, 같은 해 7월 9일의 少卿 林惟式과 郎將 趙元奇 使臣團, 高宗 39년 1월 21일의 樞密院副使 李峴과 侍郎 李之蔵의 使臣團을 지칭하는 것이 아닌가 한다. 李峴이 抑留되었다는 점에서 어느 정도 확실하다고 하겠다.

50) "戊午 蒙古元帥 也窟 遣人 傳詔於王"(『高麗史』 권24, 高宗 40년 8月 戊午日條).

51) "其詔 責以六事曰 朕欲 自自日所出 至于所沒 凡有黎庶 咸令逸樂 緣 汝輩逆命 命皇叔也窟 統師往伐 若迎命 納款 罷兵以還 若有拒命 朕必無赦"(『高麗史』 권24, 高宗 40年 8月 戊午日條).

로 최후통첩의 성격이 짙었으며 황명을 어길 경우 고려를 철저하게 유린하고 정벌하겠다는 야욕을 드러낸 것이었다.

헌종의 최후통첩에도 불구하고 최항정권은 항전을 굳게 다짐하였다. 8월에 也古軍 본진이 西海道 椋山城을 점령하고 4,700여 명을 도륙하자 江都朝廷은 낭장 崔東植을 也古의 진영에 보내 "뜻밖에 몽고군이 들이닥친 이유를 알 수 없고 전국이 두려워하고 있으니 大王은 가련한 고려의 처지를 선처해 달라"고 부탁하였다.[52] 최동식의 파견은 최항정권 내의 대몽화의론자들의 주장에 의한 것일 가능성이 높다. 也古는 황제께서 고려왕이 늙고 병든 것을 칭하여 입조하지 않을까 염려하여 그 眞僞를 시험하고자 하니 왕이 오고 아니 오는 것을 6일 이내로 알려오라고 하였다.[53] 최동식은 전란 중이므로 국왕께서 어찌 속히 출륙할 수 있겠느냐며 也古를 비난했지만, 그는 "그러면 너는 여기에 어떻게 왔느냐"면서 최동식을 힐난하였다. 皇弟 松柱 휘하의 몽고군 3천이 高州·和州 경계에 진을 치고, 也古의 선봉대가 벌써 廣州에 침입하여 민가에 불을 지르자[54] 재추에서 대몽화의론이 다시 고개를 내밀었다.

  J. 庚午 宰樞會議 若東宮 若安慶公 率三品一員 乞降便否(『高麗史』 권24, 高宗 40年 8月 庚午日條)

8월 24일에는 재추가 회의를 열고 동궁이나 안경공이 3品官 1명을 데

---

52) "己未 王遣 郞將 崔東植 致書 于也窟屯所曰 小邦 臣服上國 以來 一心無二 出力供職 庶蒙庇護 萬世無虞 不圖 天兵奄臨弊邑 罔知其由 舉國兢惕 惟 大王諒我誠懇曲 賜哀憐"(『高麗史』 권24, 高宗 40年 8月 己未日條).

53) "時 也窟在土山 受國書 使人謂東植曰 帝慮 國王稱老病 不朝 欲驗眞否 王之來否 限六日 更來報 東植答曰 兵間 主上 豈 能速來 也窟曰 爾何能來"(『高麗史』 권24, 高宗 40年 8月 己未日條).

54) "蒙兵 三千 來屯高和二州之境 候騎 三百餘 至廣州 焚燒廬舍"(『高麗史』 권24, 高宗 40年 8月條).

리고 나가서 항복을 청하는 문제를 논의하였다. 재추는 전쟁이 더 확산되기 전에 대몽강화의 수위를 놓고 고심했던 듯하다. 당시 대몽화의론자들은 태자를 출륙시켜야 하느냐 안경공을 내보내야 하느냐를 놓고 적극파와 소극파로 나뉘어 의견이 대립되었지만, 그 중 누구더라도 '出迎蒙使'하여 대몽강화를 이끌어내야 한다는 데는 의견의 일치를 보았다.

고종 40년 8월 27일에 東州山城이 함락되고 같은 달에 몽고 척후기가 전주 班石驛까지 남하하자, 강도조정은 9월 3일에 대장군 高悅을 也古의 진영에 보내 강화협상을 시도하였다. 고열이 전한 서신에는 다음과 같은 3가지 사항이 摘記되어 있었다. 첫째 몽고황제의 명을 어길 수 없어서 이미 승천부 백마산 아래 성을 새로 쌓고 궁궐을 지었음을 알렸다. 둘째 북계와 동계에 와서 수달사냥을 하는 자들이 무서워 昇天闕 공사를 마치지 못하였고 강도에서 출거하지도 못한 상황에서 몽고의 대군이 지금 국경을 넘어오매 백성들이 두려워 어찌할 바를 모른다고 하소연하였다. 셋째 也古大王이 고려의 사정을 참작하여 군대를 철수한다면 내년에 국왕과 신하들이 친조하여 황제의 명을 받겠다고 약속하였다.[55] 대장군 고열을 통해 전달한 강도조정의 협상안은 '몽고군이 철수한 후에 고종이 몸소 친조하겠다'는 것이었다. 이 협상안은 대몽화의론자들이 현시점에서 태자를 출영시켜야 한다는 주장에서 한 걸음 뒤로 물러선 것이고, 최항정권도 대몽강경자세를 조금 늦추고 화의론자들의 주장을 수용하여 의견의 합치를 본 것이다. 따라서 최항정권과 재추의 대몽화의론이 절충한 형태의 강화협상안이었던 셈이다.

대몽강화 협상안을 제시한 최항정권은 也古에게 金·銀·酒器·羅紬·紵布·獺皮·笠帶 등의 물품을 제공하며 방물외교를 펼쳤다.[56] 전황이 守勢

---

55) "戊寅 遣 大將軍 高悅 致書 也窟大王曰 小邦 不敢違忤聖旨 已於昇天府白馬山下 築城郭 營宮室 但 東北界捕獺人 是懼 未得畢 構出居 今 大軍入境 國人驚駭 罔知所措 惟 大王矜恤 班師 俾我東民 悉皆 按堵則 當 明年 躬率臣僚 出迎帝命 若其虛實 遣一二使价 審之 可知也"(『高麗史』 권24, 高宗 40年 9月 戊寅日條).

에 몰렸을 때 전개하였던 전형적인 방물외교였다. 그런데 也古는 강도조
정의 대몽강화협상안에 만족하지 못하고 고열과 최동식을 억류시켜버렸
다. 그리고서 李松茂에게 諸城의 항복 첩문을 받아가지고 오라고 엄포하
였다.[57] 也古의 명령을 받았던 이송무는 이전에 억류되어 있었던 고려
사였거나 이번에 고열과 더불어 也古 둔소에 파견되었던 자로 보인다.
몽고군 원수부가 諸城의 항복 첩문을 얻어오라고 한 것은, 최항정권이
제시한 강화협상안에 불만을 느낀 나머지 자신에게 항전하고 있는 諸山
城의 항복이 실질적으로 필요했기 때문이었다. 그리고 진심으로 강도조
정이 강화하기를 원한다면 제산성이 항복하여 항전을 포기해야 한다는
것이 그의 생각이었다.

也古가 강도조정의 협상안을 거부하고 산성의 항복을 종용하는 등 강
경한 입장을 고수하자 재추는 다시 회의할 수밖에 없었다. 9월 3일 재추
회의의 결과, 몽고대군이 먼저 철수하면 후에 君臣이 육지로 나오고 州
縣도 따를 것임을 알렸다.[58] 최항정권의 협상안은 그대로 '先 蒙古軍撤
收 後 君臣出陸'입장이었다. 이로써 실제적으로 여·몽 간의 강화협상은
결렬되었다. 也古의 본진은 중부권 내륙을 강타하여 9월 21일에 이르러
서는 按察使 朴天器가 사수하던 春州城을 도살하였다. 冬月 29일에 也
古는 그동안 억류시켰었던 고열을 강도에 보내 최후통첩을 전하였다. 그
는 "국왕이 조서대로 出降하면 마땅히 철군하겠으나 그렇지 않다면 일
전을 각오해야 할 것이다"고 위협하였다.[59] 전황이 몽고군 측에게 유리

---

56) "仍 遺金銀酒器 羅紬 紵布 獺皮 笠帶等物 其諸將阿母侃等 亦 皆贈遺"(『高麗史』
    권24, 高宗 40年 9月 戊寅日條).

57) "也窟 拘留 悅及崔東植 遺李松茂云 受爾國諸城降牒而來"(『高麗史』 권24, 高宗
    40年 9月 戊寅日條).

58) "宰樞會議答曰 大軍 若還則 君臣出陸 州縣安往"(『高麗史』 권24, 高宗 40年 9月
    戊寅日條).

59) "甲辰 高悅還 言也窟曰 國王 如詔 出降 便當 回軍 不然 可一戰也"(『高麗史』
    권24, 高宗 40年 9月 甲辰日條).

하게 전개되어 나가자, 국왕의 출영이 아니라 출항까지 요구해온 것이
다. 也古는 '國王 先出降 蒙古軍 後撤收' 입장을 고수하면서, 중부내륙에
서 남진을 계속하여 10월 4일에 楊根城 防護別監 尹椿의 항복을 받아냈
고, 9일에는 天龍山城 방호별감 趙邦彦이 투항하였다. 皇弟 松柱 휘하의
몽고군은 10월 21일에 襄州까지 남하하여 설악산 정상부에 위치한 權金
城마저 함락시켰다. 그야말로 강도조정은 풍전등화의 위기감 속으로 휩
쓸려갔다. 바로 이러한 위기상황 속에서 대몽화의론 가운데 적극파의 의
견이 다시 등장하였다.

> K. 辛未 命 宰樞 致仕 及文武四品以上 議却兵之策 僉曰 莫如太子出降 王怒
> 使承宣李世材 詰之曰 遣太子則 可保無後患耶 議從誰出 宦者 閔陽宣進曰
> 崔侍中 亦 可其議 王怒稍霽曰 宰樞善圖之 王 又遣世材 就崔沆問 誰可使
> 蒙軍者 沆奏曰 此 非臣所決 惟上裁之(『高麗史』권24, 高宗 40年 冬10月
> 辛未日條)

위의 사료 K에서 고종이 10월 26일 국가비상상황에서 宰樞·致仕·文
武四品以上에게 명하여 몽고병을 물리칠 계책을 의논토록 하였다. 모두
태자가 출륙하여 항복하는 것이 上策이라고 하였다. 也古의 본진에 의해
서 중부내륙 거점의 諸山城이 모두 무너지고 있는 상황에서 대몽화의론
가운데 적극파의 견해대로 조정여론이 수렴되고 있었던 것이다. 이 시점
에서는 종전에 안경공 왕창의 출영을 지지하던 인물들도 대몽강화조건
의 수위를 높여 태자의 出降을 주장했다고 생각된다. 고종은 조정의 여
론이 '太子出降' 쪽으로 수렴되자 분노하며 "태자를 보내면 후환이 없으
리라는 것을 보장할 수 있느냐? 누구의 의견을 쫓았는가?"라고 承宣 李
世材에게 힐문하였다. 宦者 閔陽宣이 崔侍中(최항)도 역시 그 의견을 따
랐다고 아뢰었다. 그러므로 고종은 노기가 조금 풀어져서 재추가 알아서
잘 처리하도록 하였다. 이후 고종은 승선 이세재를 최항에게 보내서 누

구를 몽고군 진영에 보낼 것인지 자문하였으나, 최항은 "小臣이 결정할
바가 아니므로 오로지 임금께서 裁可하소서"라고 하며 답변을 회피하였
다. 최항마저도 대몽화의론을 어쩔 수 없이 수용한 상황에서 대몽강화에
관한 모든 사항을 국왕 고종에게 一任시킨 것이다. 곧 무인집정 자신도
재추 대신들의 대몽화의론을 묵살할 수 없을 정도로 대몽항전에 버거워
하고 있었으며, 최악의 경우 太子出降까지도 고려하고 있었던 것이다.

　也古는 10월 중순경에 忠州를 약탈·파괴하고 忠州山城을 포위공격하
기 시작하였다. 강도조정은 11월 4일에 永安伯 王僖와 복야 金寶鼎을 시
켜 也古에게 서신을 보내고 阿母侃·亐悅·王萬戶·洪福源 등에게 토산물
을 제공하면서 서신외교와 방물외교를 동시에 추진하였다.[60] 也古에게
보낸 서신의 내용은 확인되지 않지만, 몽고군철수와 동시에 태자나 안경
공을 몽고에 입조시킬 것을 약속한다는 내용으로 추정된다. 한편 고종은
영녕공 왕준에게 별도의 서신을 보내, 매우 절박한 심정으로 也古를 설
득하여 몽고군을 철수시켜 줄 것을 부탁하였다.[61] 전황이 악화되자 고
려의 국왕이 '愛子'라고 속여 보내면서 10여 년 동안 별 관심을 두지 않
았던 영녕공에게 간청을 하는 지경이 되었던 것이다.[62] 고종은 영녕공
이 몽고 측에 의해서 고려침략에 활용되고 있었지만 그가 본래 고려의
왕족이었고 대고려강화의 선봉에 위치해 있었던 만큼 실낱같은 희망을

---

60) "十一月 戊寅 永安伯僖 僕射金寶鼎 致書于也窟 阿母侃 亐悅 王萬戶 洪福源等
　　遺土物"(『高麗史』 권24, 高宗 40年 11月 戊寅日條).
61) "兼賜書永寧公綧曰 昔爾入侍天庭之日 出自誠心 決然獨斷 以一介孤身 代三韓
　　萬姓而往者 豈以一身之安危憂樂 爲慮哉 但爲國爲家 庶全忠孝耳 十餘年間 險
　　阻艱難 千態萬狀 殆不可容說 雖然 夙志如彼 能不益殫誠懇 永安社稷乎 且邈在
　　萬里外 猶望庇於本國 幸今至此 三韓萬姓 冀蒙力護 想爾意何如也 矧又孝誠所
　　格 天地尙有感動 今大王以寬仁字小爲任 苟或見爾孝懇 哀哀有不可忍之者則 其
　　有不動心哉 汝當切迫陳達 俾大軍解圍返旆則 非特老人悅懌 擧一國更生矣 其忠
　　孝兩全 流名萬世 正在此時"(『高麗史節要』 권17, 高宗 40年 11月條).
62) 李貞信, 2004, 앞의 논문, 『고려시대의 정치변동과 대외정책』, 경인문화사, 229쪽.

걸고 애원해 보았던 것이리라 믿어진다.

절체절명의 위기가 강도조정에 드리워졌지만, 충주산성에서는 방호별 감 金允侯 이하 州縣民·別抄軍이 기적 같은 저항을 지속시키고 있었다. 어느덧 11월 16일에 이르렀건만 也古軍은 충주산성을 공함시키지 못하고 주저하였다. 이러는 와중에 몽고군 내부에서 큰 변란이 일어났다. 총사령관 也古가 평소에 불화하여 틈이 벌어져 있었던 皇族 諸王 塔察兒의 진영을 습격한 것이다. 이 사건이 헌종에게 보고됨으로써 也古는 몽고로 소환되었다. 그는 諸王 塔察兒의 진영을 습격하면서 작은 부상을 당한 듯이 여겨지는데, 病에 걸렸다고 허위소문을 고려 측에 퍼뜨렸다.[63] 也古는 정예병 1천을 거느리고 본국으로 돌아가면서 阿母侃·洪福源에게 충주산성 공격을 부탁하였다. 也古의 소환은 절대적 위기에 몰렸던 최항정권으로서는 가뭄에 단비와도 같은 행운이었다. 이때 강도조정은 영안백 왕희 등을 보내 방물외교를 펼치면서 也古의 철군을 요청했다. 영안백 왕희는 舊京(開京) 保定門 밖까지 也古를 수행하면서 國贐禮物을 그에게 주고 몽고병 전체의 철수를 요청한 것이다. 그러나 也古는 영안백을 힐책하면서 "고려왕이 강도에서 나와서 몽고사를 맞이하면 철군하겠다"고 하였다. 그는 蒙古大 등 10인을 강화체결 사자로 삼아 昇天闕에 보냈다.[64] 也古는 충주산성을 함락시키지 못하고 또한 諸王 塔察兒와의 불미스런 사건을 저지른 채 철군의 명분을 찾지 못하고 있다가, 영안백 왕희의 事大外交에 힘입어 고종의 '出迎蒙使'를 조건으로 철군을 서둘렀다. 春州城 함락 당시만 해도 고종의 出降을 요구하던 그가 이제는 憲宗의 소환명령에 쫓기듯 北還하면서 고종의 출영만이라도 이끌어내려고 혼신의 힘을 다했던 것이다.

---

63) "也窟 在忠州 得病 卜者曰 久留則 難返 也窟 留 阿母侃洪福源 守之 率精騎一千 北還"(『高麗史』 권24, 高宗 40年 11月 庚寅日條).

64) "也窟責云 國王出江外 迎吾使价則 兵可退也 遂 遣蒙古大等 十人來"(『高麗史』 권24, 高宗 40年 11月 庚寅日條).

고종은 也古의 철군조건을 전격적으로 수용하였다. 최항정권으로서도 위기국면의 탈출구로서 고종의 대몽강화 교섭을 최대한 활용하려 했을 것이다. 11월 17일에 고종은 강화도를 떠나 昇天府 新闕에 도착하여 몽고사 蒙古大 등을 직접 인견하였다. 이때 夜別抄 80인이 속에 갑옷을 입고 국왕을 시종하였다. 牽龍軍이 아니라 야별초가 국왕을 호위하였다는 것은 견룡군 자체가 허실화되어 있었기 때문이기도 하지만 당시 최씨집정이 정예군이었던 야별초의 甲士들을 추려내서 국왕의 호위를 맡겼기 때문이라 생각된다. 또한 야별초지유가 견룡군을 지휘하고 있었던 당시 정황도 고려되어야 한다. 고종을 알현한 蒙古大는 왕을 힐난하였다. 그는 "하루 사망자가 수천 수만에 이르는데 왕은 어찌 만백성의 목숨을 돌보지 않고 一身의 안위만을 돌보는가. 왕이 일찍 출영했더라면 어찌 무고한 백성들이 도륙당했겠는가?"라고[65] 모든 책임을 고종에게 떠넘겼다. 그러면서 지금부터 萬世에 이르기까지 여·몽이 서로 和好할 것을 촉구하였다. 蒙古大가 그럴 듯한 논리와 명분으로 고종을 힐난했지만 충주산성을 비롯한 내륙 주현민의 완강한 저항과 也古의 소환으로 인해서 고종의 출항을 이끌어낼 수 없었으므로 전쟁의 책임을 고종에게 돌린 것에 불과하였다. 아무튼 高宗–蒙古大의 회담이 성사됨에 이르러 임시적이나마 대몽강화 교섭이 급물살을 탔다.

也古는 철수하기 이전 11월 23일에 사자를 보내서 고려에 達魯花赤을 두고 城을 헐겠다고 하였으며 아울러 官人 胡花는 金銀·獺皮·紵布 등의 물품을 요구하였다.[66] 也古는 자신이 총사령관이 되어 진행한 이번 제4차 침입에서 중부내륙 지방 諸山城을 함락시킨 것 이외에는 별다

65) "蒙古大 謂王曰 自大軍入境以來 一日死亡者 幾千萬人 王 何惜一身 不顧萬民之命乎 王 若早出迎 安有無辜之民 肝腦塗地者乎"(『高麗史』 권24, 高宗 40年 11月 辛卯日條).
66) "丁酉 也窟 遣人 來言 置達魯花赤 及坼城子事 其官人 胡花 亦 索金銀 獺皮 紵布等物"(『高麗史』 권24, 高宗 40年 11月 丁酉日條).

른 성과를 거두지 못했기 때문에 강화조건으로 達魯花赤 설치와 諸城破壞를 내걸었다고 해석된다. 특히 達魯花赤 설치는 몽고육사 가운데 하나였으며 戶口調査를 위해 반드시 필요하였다. 호구조사가 가능하다면 세공납부와 조군을 철저히 실행시킬 수 있었다. 또한 達魯花赤을 통해서 고려의 내정을 간섭하고 통제할 수 있었다. 따라서 그 전제 작업이 되는 達魯花赤 설치는 매우 중요한 현안으로 몽고가 인식하고 있었던 것이다. 그리고 諸城을 파괴하겠다는 것은 몽고군이 매번 침략하였으나 淸野戰術에 입각한 山城入保策에 가로막혀 소기의 목적을 이루지 못하였으므로 산성을 무너뜨려 대몽항전 자체를 포기하게 하려는 의도였다. 한편 也古의 부하 胡花는 고려 측에 土産物을 요구하여 이번 전쟁에서의 경제적 대가를 확보하려 하였던 것으로 생각된다.

이러한 몽고군 원수부의 억지 요구에 대해서 고종은 11월 24일에 也古에게 서신을 보내서, 몽고병 1만을 남기는 일과 達魯花赤 설치 그리고 城子를 파괴하는 일에 대해서 강한 거부감을 표시하였다.[67] 먼저 고종은 국왕이 출륙하여 몽고사를 맞이하면 곧바로 回軍하겠다고 해놓고서 지금 와서 군사 1만을 남기고 達魯花赤을 둔다고 하면 無患을 어찌 보장받을 수 있겠으며 옛 서울로 다시 도읍할 수 있겠느냐며 也古를 힐난하였다. 다음으로 城子를 허무는 것에 대해서는 고려 풍속에 노숙하여 이슬을 맞는 일이 없고 해적이 무시로 와서 약탈하므로 즉시 성을 파괴할 수 없음을 간곡하게 호소하였다. 고종의 이러한 항변은 최항정권의 공식적인 거부입장과도 같았다. 몽고군의 주둔과 城子의 파괴는 최항정권의

---

67) "戊戌 王荅也窟書曰 前者 僕射 金寶鼎還 大王諭以 若能 出迎使者卽 當回軍 遂遣蒙古大等 十人以來 竊惟 出迎使者 近無其例 況 値天寒風勁 以老病之軀 豈敢 涉海 然 大王之敎 不敢違也 祇率臣僚 出迎使者 意 謂大王不違舊約 卽還軍旅 今 承明敎 欲留兵一萬 置達魯花赤之語 若果如此 安得保其無患 復都舊京耶 請 寢其事 以惠東民 若乃坏城子事 小邦 元來俗 不露居 又 海賊 無時 虜掠 是用未卽壞去 後當依命"(『高麗史』 권24, 高宗 40年 11月 戊戌日條).

항몽전력을 현저히 떨어뜨리는 것인 만큼 최항세력은 고종과 더불어 적극 반대에 나섰다고 이해된다. 한편 같은 날 최항정권은 胡花 官人에게 서신을 보내 金銀·獺皮·紵布 등의 토산물을 納貢하기 어렵다고 통보하였다.[68] 胡花가 요구한 공물의 수량이 과도한데다가 전란으로 인해 納貢해야 할 품목의 수량을 맞출 수가 없었기 때문에 정중히 토산물 제공을 거부했다고 보인다.

也古는 고종의 昇天闕出陸을 성사시켰지만 강도조정으로부터 아무것도 얻어내지 못한 채로 12월 초에 北還하였다. 그의 뒤를 이어 대고려 강화에 나선 것은 副將 阿母侃이었다. 阿母侃은 12월 8일에 강도조정에 자신의 사자를 보냈는데, 고종이 梯浦館에서 그를 인견하였다.[69] 고종과 阿母侃의 사자는 몽고군 주둔 문제, 達魯花赤설치 문제, 城子파괴 문제, 土産物 貢納 액수 문제 등에 대해서 한 치의 물러섬 없는 外交戰을 펼쳤다고 추정된다. 얼마 후 12월 18일에 몽고병이 충주산성의 포위를 풀고 물러났다는 반가운 소식이 전달되었다. 몽고군이 70여 일 동안 충주산성을 공격했으나 방호별감 낭장 김윤후가 官奴文書를 소각하고 身分解放까지 추진하면서 下層民의 전투를 독려한 결과 충주민이 극적인 승리를 거둘 수 있었다.[70] 충주산성의 영웅적인 투쟁은 몽고군의 철수를 가속화시켰고, 풍전등화의 위기에 몰린 최항정권을 구해냈다.

충주산성에서 몽고군이 패퇴하고 물러나자 강도조정에서는 다시 대몽강화를 추진하여 몽고병을 완전히 철수시키자는 논의가 진행되었다.

---

68) "荅胡花官人書曰 其所湏金銀 自昔 不產於小邦 其於納貢 猶未易辦 獺皮 紵布 自興兵以來 民皆驚竄 難以做辦 今略 爲信具 如別紙"(『高麗史』 권24, 高宗 40年 11月 戊戌日條).

69) "十二月 壬子 幸梯浦館 引見 阿母侃使佐"(『高麗史』 권24, 高宗 40年 12月 壬子日條).

70) "忠州報 蒙兵解圍 時 被圍凡七十餘日 兵食幾盡 防護別監郎將金允侯 諭厲士衆曰 若能效力 無貴賤悉除官爵 焚官奴簿籍 以示信 又分給所獲牛馬 人皆效死 蒙兵稍挫 遂不復南"(『高麗史節要』 권17, 高宗 40年 12月條).

몽고군을 철군시키자는 데에는 대몽화의론자들 사이에서 적극파와 소극
파가 따로 없었던 듯하다. 이 문제와 관련해서 다음의 사료를 살펴보자.

> L. 遣 安慶公淐 如蒙古 初 宰樞請遣淐 乞班師 王不允 叅知政事崔璘 獨奏曰
> 愛子之情 無貴賤一也 然 不幸有死別者矣 殿下何惜一子乎 今民之存者 十
> 二三 蒙兵不還則 民失三農 皆投於彼 雖守一江華 何以爲國 王不得已而頷
> 之 宰樞欲使僕射金寶鼎 從安慶公以行 王以璘代之 凡進奉 及饋遺蒙古諸
> 官人 永寧公妃主 妃母 洪福源等 金銀布帛 不可勝計 府庫皆竭 科歛百官
> 銀布 以充其費(『高麗史節要』권17, 高宗 40年 12月條)

위의 사료 L에서 재추가 안경공 왕창을 보내 몽고군을 철수시킬 것을
고종에게 간청하고 있음이 발견된다. 충주산성에서 승리한 12월 18일
이후에 대몽강화 논의가 전격적으로 진행되었음을 알 수 있고, 대몽화의
론자들은 서로 의견을 조율하여 결국 안경공을 몽고군 둔소에 보내기로
의결하였던 것이 분명하다. 고종은 재추의 주청을 윤허치 않았다. 이때
참지정사 崔璘이 고종을 독대하며 "지금 백성 가운데 생존자가 10에
2~3명이요 몽고병이 돌아가지 않으면 백성이 농사를 짓지 못해 결국
그들에게 투항하고 말 것입니다"고 하면서 고종을 적극적으로 설득하였
다. 최린은 내륙 州縣民의 생계보장과 그들의 집단적인 투항사태를 방지
하는 차원에서라도 왕자를 몽고에 입조시켜 철군을 이끌어내야 한다고
역설한 것이다.

이러한 발언을 통해서 최린은 대몽화의론자 가운데 적극파의 핵심인
물이었음이 분명하다. 그는 최초에는 태자의 입조를 주장했다가 也古가
北還하고 阿母侃이 충주산성에서 물러나자 안경공의 입조를 지지했다고
생각된다. 결국 고종은 최린의 대몽화의론에 승복하였다. 재추가 복야
김보정으로 하여금 안경공을 從行시키고자 했으나 고종이 최린으로 대
신하게 하였다. 고종이 김보정 대신에 최린으로 하여금 안경공을 伴行케

한 것은, 최린의 간절하고도 애절한 대몽화의론에 감흡했기 때문이었다. 그리고 대몽강화를 추진함에 있어 무신 출신인 김보정보다 문신의 대표자인 최린이 보다 더 적절하리라는 판단에 의해서였다.[71]

안경공 왕창과 최린은 12월 28일에 몽고군의 진영으로 향했다.[72] 이들은 몽고황제에게 바칠 進上品과 몽고 諸官人, 영녕공의 妃主·妃母, 홍복원 등에게 줄 金·銀·布帛을 馬·車에 싣고 방물외교를 펼쳤다. 이때 준비한 방물이 이루 헤아릴 수 없이 많아 府庫가 텅 비게 되어 백관의 銀·布를 추렴하여 안경공의 使行에 충당하였다. 이런 측면에서 대몽강화의 수행에 있어서 江都支配層의 자기출혈도 있었음에 주목해야 할 것이다. 고종 41년 1월 3일에 안경공은 阿母侃의 둔소에 이르러 잔치를 베풀고 군사를 호궤하니 阿母侃이 몽고군을 돌이켰다.[73] 이로써 몽고의 제4차 침입은 우여곡절 끝에 여·몽 사이에 승자가 없는 채, 대몽강화가 성사됨에 따라 종식되었다. 최항정권은 1월 10일에 강도에 국한하여 계엄령을 해제하였다.[74]

也古의 제4차 침입에서 대몽관계와 관련해서 특히 주목되는 것은 대몽화의론 가운데 적극파가 대두했다는 점이다. 제4차 침입 이전부터 태자친조를 주장했던 이들이 태자친조 유보론과 안경공 친조론을 제기한 이들과 더불어 의견을 조율하면서 대몽교섭을 주도해나가려고 시도했다. 전쟁이 개시되자 이들 적극파 화의론자들은 최항정권과 타협하여 '先 蒙古軍撤收 後 太子親朝' 방침을 대안으로 확정지어 놓고 전황을 지켜보았다. 그러나 也古軍에 의해서 중부내륙이 유린되고 전황이 매우 절

---

71) 李興鍾, 2002,「對蒙講和와 文臣의 役割」,『洪景萬教授停年紀念韓國史學論叢』, 133쪽. 氏는 高宗이 崔璘으로 대신하게 한 것은, 使臣의 역할을 수행함에 있어서 王이 文臣 崔璘을 金寶鼎보다 훨씬 믿음직스럽게 생각했기 때문이라고 해석하였다.
72) "壬申 遣 安慶公淐 如蒙古"(『高麗史』권24, 高宗 40年 12月 壬申日條).
73) "丁丑 安慶公淐 至蒙古屯所 設宴 張樂 饗士 阿母侃還師"(『高麗史』권24, 高宗 41年 春正月 丁丑日條).
74) "甲申 京城解嚴"(『高麗史』권24, 高宗 41年 春正月 甲申日條).

망적이었을 때, 대몽교섭은 최항의 손을 이미 떠났으며 재추대신이 대몽
화의론을 다시 내세웠다. 기적과 같은 충주산성의 승리와 也古의 북환으
로 사태가 급전환되자, 대몽강화는 급물살을 탔으며, 적극파와 소극파의
의견조율에 따라 안경공 왕창이 阿母侃의 둔소에 파견됨으로써 몽고군
은 철수하게 되었던 것이다. 也古의 제4차 침입군은 내지 주현민의 불굴
의 항전과 강도의 대몽화의론자들의 노력에 의해서 물리칠 수 있었다고
보아 과언이 아닐 것이다.

2. 車羅大의 제5차 침입과 對蒙和議論

也古의 제4차 침입 당시 최항정권은 몽고군철수 방안을 놓고 최린 등
대몽화의론자들과 갈등하기도 하였지만 전쟁 말엽에는 타협하여 안경공
을 阿母侃의 둔소에 파견하였다. 그럼으로써 몽고군은 철수하게 되었고,
최항정권은 재항전을 위한 시간적 여유를 다소나마 벌게 되었다. 최항은
소경 朴汝翼과 낭장 鄭子璵를 시켜 몽고군철수 여부를 탐지케 하였고,
몽고군에게 항복했던 天龍山城·楊根城을 안무하였다.[75] 그런 다음 이적
행위를 했던 자들을 제거하는 작업에 착수하였다. 먼저 고려사로 파견된
宰相 이현이 也古軍의 향도가 되어 여러 산성에 항복을 권유하고 양근
성·천룡산성의 達魯花赤까지 되어 반역행위를 했으므로 고종 41년 1월
26일에 그를 棄市刑에 처하고 그의 가문을 籍沒하였다.[76] 다음으로 2월
1일에는 몽고군에 쉽게 투항했다 하여 천룡산성 방호별감 趙邦彦과 黃
驪縣令 鄭臣旦을 해도에 귀양보냈다.[77] 또한 같은 달에는 몽고군에게

---

75) "遣 少卿 朴汝翼 郎將 鄭子璵等 往探蒙兵還否 兼安撫 天龍楊根 二城"(『高麗史』
　　권24, 高宗 41年 春正月條).
76) "李峴 棄市 籍其家 其子之瑞之松之壽之柏永年 皆沉于海 峴妻妹及壻 並流于
　　島"(『高麗史節要』 권17, 高宗 41年 春正月條).

함락당한 襄州와 東州를 縣令 치소로 강등시키고 金城(金壤城)을 감무 치소로 격하시켰다.[78] 이러한 여러 조치들은 也古의 제4차 침입 당시 역 적행위를 했거나 제대로 항전하지 못한 곳에 대한 治罪의 성격이 짙었 으며, 최항정권이 재항전을 다짐함에 있어서 부몽배나 투항한 지역의 처 우에 대한 좋은 본보기로 삼으려고 했음을 이해할 수 있다.

반면에 최항정권은 2월에 也古 본진의 침공을 충주산성에서 좌절시 키고 극적인 승리를 연출한 충주산성 방호별감 김윤후에게 監門衛 攝上 將軍을 제수하였다. 그리고 나머지 軍功者와 官奴·白丁에 이르기까지 관작을 차등 있게 내려주었다.[79] 4월에는 충주를 國原京으로 승격시켰 다.[80] 이러한 일련의 포상은 충주민의 대몽항전에 대한 논공행상이었음 은[81] 재론을 요하지 않는다. 방호별감 김윤후는 충주산성이 위기에 처 했을 때, "貴賤을 가리지 않고 죽기로 싸워준다면 官爵을 내리겠다"고 하면서 충주민의 항전의지를 북돋우며 뛰어난 지휘력을 발휘했는데, 실 제로 2월에 충주민은 신분고하를 막론하고 전공자의 경우 집단적으로 포상받게 된 것이다. 이와 더불어 최항은 2월 11일에 鄭準·崔坪·林景弼 을 모두 樞密院副使에 임명하였다.[82] 이들이 추밀원부사에 등용된 자세 한 이유는 알 수 없다. 최평 등은 對蒙和議論者 가운데 소극파로서 적극 파와 조율하여 몽고군 철수에 일정한 공을 세운 凡崔沆勢力이었다고 생 각된다. 이러한 論功行賞은 최항이 也古의 제4차 침입 시기에 대몽화의

---

77) "二月 甲辰 朔 流天龍城別監趙邦彦 黃驪縣令鄭臣旦 于海島"(『高麗史』권24, 高宗 41年 2月 甲辰日條).
78) "二月 降襄州東州 爲縣令 金城爲監務"(『高麗史節要』권17, 高宗 41年 2月條).
79) "以忠州山城別監 郞將金允侯 爲監門衛攝上將軍 其餘 有軍功者 及官奴白丁 亦 賜爵 有差"(『高麗史節要』권17, 高宗 41年 2月條).
80) "陞忠州 爲國原京"(『高麗史節要』권17, 高宗 41年 夏4月條).
81) 尹龍爀, 1984, 「13세기 몽고의 침략에 대한 호서지방민의 항전 - 고려 대몽항전 지역별 검토(1) - 」, 『湖西文化硏究』4, 10쪽.
82) "甲寅 以鄭準 崔坪 林景弼 並爲樞密院副使"(『高麗史』권24, 高宗 41年 2月 甲 寅日條).

론자들을 제압하지 못함으로써 실추된 자신의 위상을 회복시키고 다시금 대몽항전자세를 가다듬으려 했던 의도와 궤를 같이 한다고 본다.

최항정권은 몽고와 어렵사리 강화가 체결된 만큼 공물·표문외교를 지속시키기 위해서 고종 41년 3월에 秘書少卿 李守孫과 四門博士 金良璧을 몽고에 보냈다. 그러나 이들은 이후 3년이나 억류당해 懿州에서 사망하였다.[83] 몽고가 고려사를 억류시켰다는 것은 제4차 고려침공의 결과에 대해 심한 불만을 느끼고 있었다는 반증이며, 조만간 재침할 것이라는 전조를 제공하는 단서였다. 몽고가 고려사신을 억류시키자 강도조정은 閏6월 8일에 중서사인 金守精을 몽고에 보내[84] 사대외교를 펼치면서 내부정황을 정탐해오게 하였다. 김수정이 몽고로 파견된 지 1개월 후인 7월 17일에 몽고사 多可 등이 온다는 소문이 들려왔다.[85] 이에 고종은 昇天府 新闕로 移御하였다. 고종이 승천부 새 대궐로 출륙해서 옮아 앉아 몽고사 多可 등을 맞이하려 했던 것은, 강도조정의 출륙환도 이행 노력을 보이기 위한 위장전술이었고, 아울러 고종이 출륙하여 몽고사를 맞이하면 침범하지 않겠다는 憲宗의 강화조건을 이행하기 위해서였다. 이때 몽고사 多可 일행을 따라 安慶府[86] 典籤 閔仁解가 환국하여 두 가지 기밀사항을 강도조정에 전하였다.

> M. 安慶府 典籤 閔仁解 還自蒙古 曰公初至蒙古 帝以爲實永寧公綧母弟 禮待甚厚 黃驪人閔倩 訴於帝曰 綧非王親子也 且高麗 族誅李峴 降城官吏 亦皆誅殺 帝謂綧曰 汝前稱王子 何哉 對曰 臣少養宮中 以王爲父 以后爲

---

83) "是月 遣 秘書少卿李守孫 四門博士金良璧 如蒙古 拘留三年 死于懿州"(『高麗史』 권24, 高宗 41年 3月條).

84) "閏月 己卯 遣 中書舍人 金守精 如蒙古"(『高麗史』 권24, 高宗 41年 閏6月 己卯日條).

85) "丁巳 王聞 蒙使 多可等來 移御 昇天新闕"(『高麗史』 권24, 高宗 41年 秋7月 丁巳日條).

86) 安慶公 王淐의 府를 말한다.

母 不知非眞子也 今來使臣崔璘 實前日率我入質者也 請問諸璘 帝以問璘
對曰 綧乃王愛子 非眞子也 前進表章 皆在可驗 帝曰 愛子與親子異乎 曰
愛子者 養人之子 以爲已子也 若所生子則 何更稱愛乎 帝驗前表 皆稱愛
子 帝然之不問 謂綧曰 汝雖非王子 本是王親 久處吾土 已爲吾黨 更何歸
哉 奪阿侃馬三百匹 賜之 使車羅大 主東國 乃以兵五千來(『高麗史節要』
권17, 高宗 41年 秋7月條)

   민인해가 전한 기밀사항 중 하나는 헌종이 車羅大로 하여금 東國(고
려)을 주관케 하여 車羅大는 군사 5천을 이끌고 고려로 향했다는 것이었
다. 다른 하나는 부몽배 黃驪縣人 閔偁이 "영녕공 왕준은 고종의 親子가
아니며, 고려에서 이현의 집안을 주살하였고 항복한 諸城의 관리들도 역
시 제거하였다"고 헌종에게 고변하였다는 것이다. 특히 문제가 되는 것
은 후자였다. 민칭은 이현과 같은 부몽배이자 반역자였다. 그의 고변으
로 인해 몽고 헌종은 영녕공 왕준이 왕자가 아니라는 사실을 알게 되었
고, 이번에 입조한 안경공이 진짜 왕자라는 것을 깨닫게 되었다. 헌종이
영녕공에게 그 문제를 힐문하자 그는 자신이 왕자가 아니라 王族임을
토로했고, 최린은 영녕공이 고종의 親子가 아니라 '愛子'임이 예전 表文
에 적혀 있다고 주장하여 위기를 모면하였다. 결국 민칭의 고변은 몽고
헌종으로부터 車羅大의 제5차 침입을 낳게 되는 계기를 제공하였다. 몽
고의 제4차 침입 이후부터는 고려인 반역자에 의해서 대고려전쟁이 수
행되는 악순환이 지속되게 된 것이다.

   7월 18일에 몽고사 多可 등 50인이 강도조정에 文牒을 전하면서, 국
왕은 이미 출륙했으나 崔沆·李應烈·周永珪·柳璥 등이 육지로 나오지 않
았으니 진심으로 항복한 것이 아니라고 하였다.[87] 최항 이외에 多可가
지목한 이응렬·주영규·유경 등은 親崔沆勢力으로 보아서 크게 틀리지

---

87) "戊午 蒙古使 多可等 五十人 賚文牒來 諭曰 國王 雖已出陸 侍中崔沆 尙書李應
   烈 周永珪 柳璥等 不出 是爲眞降耶"(『高麗史』 권24, 高宗 41年 秋7月 戊午日條).

않을 것이다. 이웅렬은 후에 林惟茂의 妻父가 되는 사람으로 대몽강경론의 핵심적 지위에 있었던 인물이었다. 여기에 최린의 門生인 유경이 포함되어 있었다는 점이 특이하다. 그는 최항정권의 대몽항전을 지탱시켜 주는 문신 문객으로서 대몽화의론자 중에 소극파에 속한다고 보여진다. 그래서 대몽강화에 있어서 적극파와 의견을 조율하는 임무를 수행하고 있었을 것으로 여겨진다.[88] 최항 등이 출륙하여 항복해야지 진정한 出降이라고 엄포한 것은, 앞으로의 대몽강화는 國王뿐만 아니라 權臣들의 출륙도 전제되어야 함을 밝힌 것이다. 이것은 곧 몽고의 대몽강화조건이 더욱 더 집요해지고 대고려전쟁이 장기화되리라는 것을 암시하는 것이었다. 또한 多可는 몽고 제4차 침입 당시에 항복한 고려의 諸城 관리들을 주살한 것을 책망하였다. 이에 고종은 섬에 유배보냈던 조방언·정신단을 불러 올려 多可와 면대시킴으로써 고려가 항복한 諸城의 관리를 주살하지 않았음을 증명하였다.[89]

여·몽 사이에서 출륙환도 문제를 둘러싸고 한 치의 물러섬 없는 外交戰을 벌이고 있었을 무렵, 고종 41년 7월 22일 車羅大가 5천 군사를 이끌고 압록강을 건넘으로써[90] 몽고의 제5-(1)차 침입이 개시되었다. 7월 23일에 강도조정은 多可 편으로 표문을 올렸다. 그 표문에서는, 부디 황제께서 고려의 실정을 친히 살피고 간 多可의 말을 듣고 참소하는 자의 말을 참작하여 고려를 보살펴 달라는 내용으로[91] 점철되어 있었다. 그

---

88) 柳璥은 자신의 座主였던 崔璘과는 다른 政治的 性向을 지닌 인물이었다. 崔璘이 積極派 對蒙和議論者였던 반면에 柳璥이 그러했다는 흔적을 찾을 수 없다. 오히려 崔氏政權의 핵심 文臣 門客으로서 활동한 측면이 농후하다. 그는 崔沆의 政房員으로서 消極派 和議論者였다고 생각된다.

89) "仍責 誅降城官吏 王 徵趙邦彦 鄭臣旦 乘傳入京 見于多可 以示不誅"(『高麗史』 권24, 高宗 41年 秋7月 戊午日條).

90) "壬戌 西北面兵馬使報 車羅大等 帥兵五千 渡鴨綠"(『高麗史』 권24, 高宗 41年 秋7月 壬戌日條).

91) "多可還 附表曰 王人驟降 聖訓稠加 擧國惶惶 瞻天籲列 伏望 霽雷霆之威 回日

런데 이날 多可는 강도조정의 경계심과 방어체계를 이완시키기 위해서 자신이 돌아가면 대군이 철수할 것이라고 거짓말을 하였다. 그의 속임수로 인해 고려의 많은 州縣民이 그를 호송하다가 몽고군에게 사로잡히거나 약탈당하였다.[92] 고려조정이 승천부에 新闕을 만들어놓고서 출륙환도를 위장했던 반면에 몽고사 多可는 몽고대군이 철수할 것이라고 고려를 속였던 것이므로, 쌍방 간에 치열한 外交戰과 心理戰이 전개되는 모습을 엿볼 수 있다.

多可가 돌아간 7월 23일에 고종은 다시 강도로 돌아왔다.[93] 多可가 고려조정을 속인데다가 車羅大의 남진에 따른 위기감이 고조되었기 때문에 강도로 귀환한 것이다. 최항정권은 車羅大의 제5-(1)차 침입에 대비하기 위해서 경상·전라 2道의 야별초 각기 80인씩을 상경시켜 京城을 守衛토록 하였다.[94] 이 야별초 160인은 고종 39년 充實都監을 통해 지방에서 새로 선발된 병력이었을 것이다. 8월 19일에는 1월에 몽고에 입조했었던 안경공 왕창이 몽고사 10인과 더불어 강도에 돌아왔다. 헌종은 고종이나 太子 倎이 입조한 것이 아니었으므로 전쟁을 다시 개시하면서 안경공을 고려로 돌려보낸 것이다. 고종은 梯浦宮에서 몽고사에게 연회를 베풀어주었고, 안경공에게 사람을 보내 헌옷을 새옷으로 갈아입히고 서둘러 궁궐로 들어오게 하니 왕과 左·右 大臣들이 울지 않는 사람이 없었다.[95]

月之明 備問來使之親觀 商酌讒人之妄訴 使越境風馳驍騎 一時 卷還 令涉江陸 處之弊封 萬世永保"(『高麗史』 권24, 高宗 41年 秋7月 癸亥日條).

92) "時 多可給云 吾歸則 大兵可回 國家信之 令州縣 護送 於是 擧邑被掠者 甚多" (『高麗史』 권24, 高宗 41年 秋7月 癸亥日條).

93) "是日 王還江都"(『高麗史』 권24, 高宗 41年 秋7月 癸亥日條).

94) "癸酉 慶尙全羅二道 各遣 夜別抄八十人 守衛京城"(『高麗史』 권24, 高宗 41年 8月 癸酉日條).

95) "安慶公淐 還自蒙古 蒙使十人偕來 王幸梯浦 宴慰 蒙使曰 帝勑 臣等 伴公護行 萬里風塵 恐有不寧 今日 幸無恙還國 吾等 甚喜 仍請獻爵 王許之 淐初至江都 遣人奏曰 臣久染腥膻之臭 經宿乃進 王曰自爾去後 祈天禱佛 曷日相見 今幸好

車羅大의 제5-(1)차 침입이 개시된 지 한 달여 만인 8월 20일에 몽고병 斥候騎가 충북 槐州城까지 남하하자,[96] 최항정권은 같은 달 22일에 대장군 李長을[97] 몽고병둔소인 普賢院에 보내 車羅大·余速禿·甫波大 등 몽고원수와 영녕공·홍복원 등에게 金銀酒器·皮幣를 제공하였다.[98] 이러한 방물외교는 최항정권 내부의 대몽화의론자들의 요청에 의해서 시행되었을 가능성이 높다. 이장은 곧바로 돌아와 車羅大의 강화조건을 전달하였다.

N. 長還奏 車羅大云 君臣百姓出陸則 盡剃其髮 否則 以國王 還 如一不從 兵無回期(『高麗史』 권24, 高宗 41年 8月條)

車羅大의 조건은 크게 2가지였다. 하나는 군신과 백성이 출륙하면 모두 변발시키겠다는 것이었다. 이것은 고려 인민을 몽고식으로 변발함으로써 몽고의 신하임을 표시하겠다는 의지의 표현이었으며, 곧 고려를 복속국으로 삼겠다는 뜻이었다. 다른 하나는 군신·백성이 출륙하지 않을 경우 고려왕을 붙잡아가겠다는 것이었다. 이것은 고종친조를 요구하는 것으로 이해된다. 車羅大는 자신이 제시한 이 두 가지 조건 중 어느 하나라도 이행되지 않으면 전쟁이 장기화될 것임을 천명하였다. 그러므로 車羅大의 제5-(1)차 침입은 완전한 高麗征服을 목표로 감행되고 있었음을 어렵지 않게 추정해볼 수 있는 것이다.

還 何宿於外 悉焚爾所著衣裳 更衣卽來 至夜泪入謁 王及左右 皆爲之流涕"(『高麗史節要』 권17, 高宗 41年 8月條).

96) "庚寅 蒙兵候騎 屯槐州城下 散員張子邦 率別抄 擊破之"(『高麗史』 권24, 高宗 41年 8月 庚寅日條).

97) 大將軍 李長이 崔沆의 명을 받고 車羅大의 屯所에 나아가 方物外交를 펼쳤다는 것은 그가 崔沆의 都房員이었을 개연성을 높여 준다.

98) "壬辰 命大將軍李長 詣蒙兵屯所普賢院 贈 車羅大 余速 禿甫波大等 元帥 及永寧公綧 洪福源 金銀酒器皮幣 有差"(『高麗史』 권24, 高宗 41年 8月 壬辰日條).

車羅大의 강화조건을 접수한 최항정권은 몽고군 원수부를 달래기 위해서 다시 사대외교를 펼쳤다. 9월 10일에 御史 朴仁基를 車羅大 둔소에 보내서 酒果와 幣物을 전하여,[99] 호궤외교와 방물외교를 동시에 추진하였다. 車羅大는 이러한 사대외교에 아랑곳하지 않고 남하하여 忠州山城을 공격하였다. 그는 제4차 침입의 최대 격전장이었고 也古가 끝내 함락시키지 못한 충주산성을 다시 공격한 것이었다. 그러나 충주산성 내에서 精銳軍(別抄軍)을 추려내어 맹렬히 몽고병을 역공하므로 9월 14일에 포위를 풀고 남하할 수밖에 없었다.[100] 충주산성에서 패퇴한 車羅大軍은 9월 하순경부터 尙州山城을 공격하였다고 보여진다. 상주산성에서 쌍방 간에 치열한 공방전이 전개되던 와중에 黃嶺寺 승려 洪之라는 인물이 몽고군의 제4官人을 射殺하였고, 사졸 사망자가 과반에 이르자 車羅大는 10월 19일에 포위를 풀고 물러났다.[101]

일부 전투에서의 눈부신 승리에도 불구하고 경상도 권역으로 전화가 확대되자 강도조정 내의 대몽강화 여론이 거세진 듯하다. 이러한 대몽화의론자들의 여론에 따라 최항정권은 참지정사 최린을 車羅大 둔소에 보내 罷兵을 청하였다. 대몽화의론자 가운데 적극파에 속했던 최린을 몽고군 원수부에 보내 강화협상을 추진토록 한 것이다.

> O. 遣 門下平章事崔璘 如車羅大屯所 請罷兵 車羅大言 崔沆奉王出陸則 兵可罷(『高麗史節要』 권17, 高宗 41年 冬10月條)

사료 O에서, 車羅大가 최린에게 말하기를, "최항이 왕을 받들고 출륙

---

99) "己酉 遣 御史朴仁基 至車羅大屯所 贈 酒果及幣"(『高麗史』 권24, 高宗 41年 9月 己酉日條).

100) "癸丑 車羅大 攻忠州山城 風雨暴作 城中人抽精銳 奮擊之 敵鮮圍 遂南下"(『高麗史』 권24, 高宗 41年 9月 癸丑日條).

101) "戊子 車羅大 攻尙州山城 黃嶺寺僧 洪之 射殺第四官人 士卒死者 過半 遂鮮圍而退"(『高麗史』 권24, 高宗 41年 冬10月 戊子日條).

하면 罷兵할 수 있다"고 하였다. 이로써 사실상 최린의 대몽강화외교는 실패한 것이며, 車羅大는 고려 내륙을 공략하면서 장기전을 구상하고 있었다. 최항이 고종을 모시고 출륙하라는 조건은 강도조정으로서는 도저히 수용할 수 없었기 때문에 여·몽 간에 장기전이 불가피하게 되었던 것이다.

車羅大가 강화교섭에 적극적으로 응하지 않고 강도조정이 수용하기 곤란한 조건을 제시하는 가운데, 같은 해 10월에 고종은 宰臣을 시켜 太廟(太廟九室)에 제사를 지내고 기도를 드리면서, 하늘의 명령으로 위엄을 보이심으로써 叛逆者(附蒙輩)들의 반란 모략을 좌절시키고 여러 지역의 파괴된 산성들을 보존케 해달라고 기원하였다.[102] 또한 같은 해 12월에는 神廟에서 山川神靈들에게 合祭를 지냈다. 合祭를 지낸 大義는, '국가의 죄악을 용서하고 백성들의 죽어가는 목숨을 불쌍히 여기며 시급히 神靈의 威力을 발휘하여 더러운 몽고군을 격파함으로써 나라의 위엄을 다시 연장시키고 백성의 목숨을 살려줄 것을 간곡히 호소하는 것'이었다.[103] 이러한 12월의 山川神祇에 대한 合祀를 통해서 고종과 최항정권의 몽고군격퇴에 대한 염원을 엿볼 수 있으며, 神義軍 창설동기에 대한 단서를 제공해주고 있다는[104] 점에서 대단히 중요한 意義가 있다.

대몽강화 체결에 실패한 최린은 12월 26일에 강도조정에 귀환하여 "車羅大가 최항이 왕을 받들고 육지로 나와야지 철병하겠다"고 하였음을 공식적으로 전달하였다.[105] 이러한 몽고군 원수부의 공식입장을 전달받은 최항은 항전을 더욱 더 결심하면서 비밀스런 또 하나의 別抄軍

---

102) 『高麗史』 권24, 高宗 41年 冬10月條의 '祈告大廟' 부분 참조.
103) 『高麗史』 권24, 高宗 41年 12月 甲申日條의 '山川神祇 合祭' 부분 참조.
104) 저자는 이러한 山川神祇에 대한 合祭의 내용을 통해서, 위기에 몰린 崔沆政權에 의해서 高宗 41년 12월 이후에 神義軍이 창설되었다고 본다.
105) "甲午 崔璘還奏曰 臣至陝州丹溪 見車羅大 言 崔沆奉王出陸則 兵可罷"(『高麗史』 권24, 高宗 41年 12月 甲午日條).

인 神義軍을 창설하였다고 생각된다. 車羅大의 강경노선 때문에 대몽화
의론자들도 돌파구를 찾지 못하고 대몽교섭에 난국을 맞이하였다. 車羅
大의 제5-(1)차 침입이 종료된 고종 41년 한 해에 몽고군에 사로잡힌 자
가 무려 20만 6천 8백여 명이었고 살육당한 자는 이루 헤아릴 수 없었으
며, 몽고병이 지나간 州·郡은 모두 다 잿더미가 되었고 몽고병란 가운데
가장 막대한 피해를 입었다.106) 그 만큼 也古의 제4차 침입에 곧 이은
車羅大의 제5-(1)차 침입의 피해가 컸음을 말해준다. 포로 206,800여 명
은 也古軍과 車羅大軍이 획득한 수치의 總計라고 생각되는 바, 그것은
也古軍이 고종 41년 1월에 철수했으므로 也古軍에게 사로잡힌 포로도
계산에 넣어야 하기 때문이다. 몽고사 多可의 奸計를 활용하여 車羅大가
北界·西海道 인민을 많이 포로했으며, 중부내륙·경상도에서 많은 백성
을 사로잡았다는 데서 그러한 사정을 추정해볼 수 있다.

　車羅大는 경상도 陜州 丹溪까지 남하했다가 고종 41년 12월 중순 이
후 북상한 듯하며, 다음 해인 고종 42년 1월 3일에 20騎를 甲串江 밖에
보내 무력시위를 했다.107) 1월 5일에는 逃還人 大丘人이 강도로 도망쳐
와서 보고하기를, "몽고황제가 車羅大에게 철병을 지시했고 몽고군이
압록강을 건너갔다"고 하였다.108) 대구인의 보고는 정확한 것인지는 알
수 없으나 몽고군 진영에서 떠도는 소문을 듣고 그대로 강도조정에 전달
했을 것으로 보인다. 이때 실제로 몽고군의 일부가 휴식과 병력충원을
위해 압록강을 건너 본국으로 귀환했을 가능성이 크다. 몽고 헌종은 車
羅大가 많은 포로를 획득하는 데는 성공했으나, 충주산성·상주산성에서
패퇴하여 고려를 굴복시키지 못하자 병력을 충원시키기 위해서 車羅大

---

106) "是歲 蒙兵所虜男女 無慮二十萬六千八百餘人 殺戮者不可勝計 所經州郡 皆爲煨
　　燼 自有蒙兵之亂 未有甚於此時也"(『高麗史』권24, 高宗 41年 12月 丁亥日條).
107) "辛丑 蒙兵 二十餘騎 到甲串江外"(『高麗史』권24, 高宗 42年 春正月 辛丑日條).
108) "癸卯 被虜大丘民逃還言 蒙古帝勅車羅大促還師 蒙兵屯北界者 已渡鴨綠江(『高
　　麗史』권24, 高宗 42年 春正月 癸卯日條).

軍의 일부를 철군시켰을 것으로 생각된다. 車羅大는 전열을 가다듬으면서 1월 17일에 1백기를 昇天城 밖에 보내 시위하였다.[109) 승천성에 도달한 몽고기병은 車羅大의 사자일 가능성도 있으며, 철군에 앞서 고려 측의 반응을 짚어보기 위한 목적을 띠고 있었을 것 같다. 최항은 대장군 崔瑛에게 명하여 그들을 慰諭하게 하였는데, 최영이 성위로부터 酒饌을 줄로 묶어 아래로 내려 보내 몽고병을 犒饋하니 그들이 물러갔다. 전통적인 사대외교의 하나였던 호궤외교가 성공한 셈이다. 대장군 최영이 최항의 명령을 받은 점으로 미루어 그는 최항의 都房武人이었을 것이며, 호궤외교를 펼친 점으로 보아 그는 대몽강경론자라기보다는 대몽화의론자에 가까운 인물이었을 것으로 추정된다. 같은 날 최항정권은 평장사 최린을 몽고에 보내 세공을 바치고 철병을 청하는 표문을 올리게 하였다.[110)

P. 表曰 皇威遠格 聖訓驟加 無地措躬 籲天以實 恭惟 皇帝陛下 廓乾坤之度 察貝錦之讒 疾速班師 哀矜有衆則 咸承仁化 得聊生 而出居 嘉與後昆 至永世 而供職(『高麗史』 권24, 高宗 42年 春正月 乙卯日條)

표문에서 고종은, "몽고황제가 넓은 도량으로 그럴듯한 거짓 참소에 속지 말고 속히 몽고군을 철수시킴으로써 고려 백성을 불쌍히 여긴다면 육지로 나와 생활할 것이며 영원히 직책을 받들 것이다"고 다짐했다. 강도조정은 '先 蒙古軍撤收 後 出陸還都' 입장을 표명한 것이다. 또한 몽고조정 내의 부몽배의 거짓 참소를 믿지 말 것도 부탁하였다. 고종은 부몽배의 참소에 따른 몽고침입에 대응하여 적극파 화의론자인 최린으로 하여금 표문외교를 전개하여 대몽강화의 돌파구를 찾게 하였던 것이다.

---

109) "乙卯 蒙兵 百餘騎 到昇天城外 命大將軍崔瑛 慰諭 瑛 自城上 縋下酒饌 犒之 蒙兵乃去"(『高麗史』 권24, 高宗 42年 春正月 乙卯日條).

110) "遣平章事崔璘 如蒙古 獻方物 仍乞罷兵"(『高麗史』 권24, 高宗 42年 春正月 乙卯日條).

고종 42년 1월 18~21일 사이에 車羅大는 舊京 保定門 밖에 와서 주 둔하였고,[111] 2월 4일에 그는 阿豆와 仍夫 등 4인을 강도조정에 보내왔 다.[112] 이들 사자는 고려의 내부정황을 탐지하기 위해서 파견된 듯 여겨 지며, 강도조정의 출륙환도와 고종·최항의 출영을 강력하게 요구했을 것으로 짐작된다. 여·몽 사이에서 강화교섭이 진행되기 이전에 交河縣 人이 車羅大軍 후미를 기습공격하여 격퇴시켰었는데 최항정권은 交河縣 人이 노획한 몽고마필을 兩府宰樞에게 나누어주었다.[113] 한편 2월에는 登州別抄가 鐵嶺에 진을 치고 노숙하고 있었던 몽고병을 쳐서 섬멸하였 다.[114] 이 두 차례의 승리는 車羅大軍의 철수를 가속화시켰다고 생각된 다. 逃還人 대구사람의 보고에서처럼, 車羅大의 제5-(1)차 침입군의 일부 가 철군한 상태에서 고려 州縣民과 州縣別抄軍에 의해서 몽고군 일부대 가 격멸당하기까지 하였던 것이다. 따라서 車羅大는 대고려강화교섭을 포기하고 철수를 서둘렀다고 판단된다. 車羅大는 강도를 위협하여 외교 적 성과를 얻어내려고 했던 듯하나 그마저도 실패하고 말았다.

車羅大軍이 물러가자 최항은 2월 27일 강도에서 계엄령을 해제하였 다.[115] 3월 10일에는 그동안 전투와 기근에 지친 백성들을 위무하고자 제도의 郡縣에서 산성·해도입보민을 모두 다 육지로 나오게 해서 농사 짓고 생활하게 하였고,[116] 三稅 이외의 일체의 雜稅를 면제해주었다.[117]

---

111) "車羅大 屯于舊京保定門外"(『高麗史』권24, 高宗 42年 春正月條).
112) "二月 辛未 車羅大 遣 阿豆仍夫等 四人來"(『高麗史』권24, 高宗 42年 2月 辛 未日條).
113) "壬戌 以交河縣人 所獲蒙古馬匹 分賜兩府宰樞"(『高麗史』권24, 高宗 42年 春 正月 壬戌日條).
114) "蒙兵 屯宿鐵嶺 登州別抄 挾攻殲之"(『高麗史』권24, 高宗 42年 2月條).
115) "甲午 京城解嚴"(『高麗史』권24, 高宗 42年 2月 甲午日條).
116) "三月 丙午 諸道 郡縣入保山城海島者 悉令出陸 時 公山城 合入郡縣 粮盡道 遠者 飢死甚衆 老弱塡壑 至有繫兒於樹而去者"(『高麗史』권24, 高宗 42年 3月 丙午日條).
117) "三月 以諸道郡縣 經亂凋弊 蠲三稅外雜稅"(『高麗史節要』권17, 高宗 42年

또한 첨서추밀원사 최평이 봄에 큰 기근이 들어 백성 가운데 사망자가 많으므로 창고를 열어서 구휼할 것을 청하니 그렇게 하였다.[118] 이것은 백성들의 삶을 회복시키기에는 턱없이 부족한 대책이었으나 그런대로 강도조정의 지배층이 자신들의 權益 일부를 내놓은 최소한도의 對民施策이었다. 이때 영녕공 왕준을 따라 몽고에 입조하여 동고동락해 왔던 弓箭陪郞將 蔡取和가 이적행위를 하고 있는 영녕공을 맹비난하고 逃還을 시도하였다가 발각되어 죽임을 당하는 사건이 발생하였다.[119] 채취화의 逃還 시도는 몽고의 고려침공이 거듭 실패하면서 附蒙勢力 사이에 갈등이 심화되고 있었음을 말해주며 영녕공 왕준이 점차 親蒙派로 돌변해가고 있었다는 것을 증명해준다.

최항정권이 車羅大의 제5-(1)차 침입이 종결된 이후 대민구제사업에 박차를 가하고 있었을 때, 4월 26일에 북계병마사로부터 급보가 들려왔다. 그것의 내용은 몽고병이 義州·靜州의 사이에 주둔했는데 兄弟山으로부터 大府城에 이르기까지 들판에 가득찼다는 것이었다.[120] 북계병마사의 급보를 통해서 볼 때, 몽고 헌종이 車羅大의 제5-(2)차 침입을 위해 대대적으로 병력을 충원하고 전투편성을 완료한 것으로 이해된다. 4월에는 비로소 길이 트여서, 몽고군에게 붙잡혔다가 강도로 도망쳐 오는 백성들이 계속 잇달았다.[121] 車羅大軍이 북계로 대부분 철수하고 병력을 새로 공급받았기 때문에 西海道 이남의 우역과 도로가 트였던 것이

3月條).

118) "簽書樞密院事 崔坪奏 今春大饑 民多死亡 請發倉賑恤 從之"(『高麗史節要』권17, 高宗 42年 3月條).

119) "北界兵馬使報 永寧公綧 隨蒙兵還 綧在楊根時 弓箭陪郞將 蔡取和曰 捐妻子 從公 絶域者 欲安國家耳 今無一毫事利國 與叛臣無異 遂逃還 逆竪鄭子明 以告綧 綧遣人追斬之"(『高麗史節要』권17, 高宗 42年 3月條).

120) "辛卯 北界兵馬使報 蒙兵 屯義靜州之境 自兄弟山 至大府城 彌滿原野"(『高麗史』권24, 高宗 42年 夏4月 辛卯日條).

121) "是月 道路始通 兵興以來 骸骨蔽野 被虜人民逃入京城者 絡繹不絶 都兵馬使 日給 米一升 救之 然 死者無筭"(『高麗史』권24, 高宗 42年 夏4月 癸巳日條).

다. 이때 被虜人이었다가 강도로 도망쳐 오는 사람들이 끊임없이 이어졌
는데, 이들 가운데는 州縣別抄軍이나 官軍도 포함되어 있었다고 보여진
다. 이러한 逃還人들 가운데 용력자는 고종 42년 4~7월경에 창설되었
다고 생각되는 神義軍에 편제되었을 것이다. 최항정권은 5월 3일에 4품
이상 관원들에게 백성을 안정시키고 몽고군을 방어할 계책을 각자 제기
하게 하였다.[122] 이에 5월 19일 諸道에 勸農使를 파견하여 백성들의 농
사를 권장하고 식량문제를 해결하려 하였다.[123] 그러나 최씨정권의 창
고와 國庫를 풀어 구휼하지 않고 권농사를 보내 농사를 권장하는 것은
몽고의 재침을 앞두고 성과를 기대하기 어려웠다.

5월 12일에 몽고기병 3백이 龍岡·咸從縣에 침입하여 농민의 牛馬를
약탈해갔다.[124] 같은 달 16일에는 동진 기병 1백이 高州·和州로 들어갔
다.[125] 이로써 본격적으로 車羅大의 제5-(2)차 침입이 兩界로부터 개시
되었다. 車羅大의 제5-(2)차 침입이 개시되자 강도조정은 6월 9일에 시
어사 金守剛과 낭장 庾資弼을 몽고에 보내 方物을 바치게 하였다.[126] 김
수강 등은 이때 비단 세공외교만을 전개한 것이 아니라 철병을 청하는
표문외교까지 더불어 수행했을 것으로 여겨진다. 최항정권은 김수강 등
을 몽고에 보내 우선 강화를 청하면서 군사적 대응도 병행하겠다는 의사
를 보인 것이다. 車羅大軍은 8월 18일에 淸川江 이남에서 노략질을 자행
하면서[127] 본격적으로 남하하기 시작하였다. 이윽고 8월 24일에 몽고기

---

122) "五月 戊戌 令四品以上 獻安民禦敵之策"(『高麗史』 권24, 高宗 42年 5月 戊戌
   日條).
123) "甲寅 分遣諸道 勸農使"(『高麗史』 권24, 高宗 42年 5月 甲寅日條).
124) "丁未 北界報 蒙兵 三百餘騎 寇龍岡 咸從等縣 掠農民牛馬而去"(『高麗史』 권24,
   高宗 42年 5月 丁未日條).
125) "辛亥 東界兵馬使報 東眞兵 百餘騎 入高和州"(『高麗史』 권24, 高宗 42年 5月
   辛亥日條).
126) "甲戌 遣 侍御史金守剛 郎將庾資弼 如蒙古 進方物"(『高麗史』 권24, 高宗 42年
   6月 甲戌日條).
127) "壬午 北界報 蒙兵 抄略 淸川江內"(『高麗史』 권24, 高宗 42年 8月 壬午日條).

병 20명이 승천부에 들어왔고,[128] 최항은 강도에 계엄령을 내렸다. 4월
에 북계에서 전투편성과 전력보강을 마무리한 몽고군 선봉대가 8월 하
순경에는 강도 근처까지 남하했던 것이다.

車羅大軍의 남하와 더불어 고려사 최린이 9월 14일에 귀국하였다. 그
는 몰래 먼저 강도에 들어와서 고종에게 "車羅大·永寧公이 大兵을 거느
리고 서경에 도달하였고, 척후기는 이미 金郊에 도달하였다"고 上奏하
였다.[129] 최린의 적정보고가 전해지자, 곧바로 宰樞會議가 소집되었다.
9월 16일의 재추회의에서는 대신들이 몽고사를 후하게 대접하더라도 몽
고군의 침략이 매년 계속되고 있는 만큼 별 소용이 없다는 것이 大勢였
다.[130] 이러한 의견은 최항세력이나 소극파 화의론자들의 주장이었을
것이다. 이들은 몽고사를 잘 접대해도 無益한 일이며, 괜히 몽고사에게
강도의 內情을 탐지 당하게 되고 그들에게 트집이나 잡히지 않을까 우
려했다고 생각된다. 반면에 최린은 자주적 입장에서 대몽화의론을 제기
하였다.

Q. 璘曰 若 不得已 遺使于帝所則 今來使 不可不擯接(『高麗史』 권24, 高宗
　　42年 9月 己酉日條)

최린은 "몽고와 和親하려면 우선 몽고사를 잘 대접해야 하며 필치 못
할 사정이 발생하여 몽고에 고려사가 파견될 경우도 있으므로 더더욱 그
러해야 한다"고 주장하였다. 이러한 최린의 주장은 대몽화의론을 지지
했던 대신들의 마음을 움직여 결국 몽고사를 영접하는 방향으로 나아갔

---

128) "戊子 蒙兵 二十餘騎 到昇天府 京城戒嚴"(『高麗史』 권24, 高宗 42年 8月 戊
　　子日條).
129) "丁未 崔璘與蒙古使 六人來 留客使于昇天館 先入奏云 車羅大 永寧公 領大兵
　　到西京 候騎 已至金郊"(『高麗史』 권24, 高宗 42年 9月 丁未日條).
130) "己酉 宰樞議云 館待客使雖厚 無益"(『高麗史』 권24, 高宗 42年 9月 己酉日條).

다. 9월 17일에 고종이 梯浦에 나아가 몽고사를 맞이하고 18일에는 연회까지 베풀어주었던 것이다.[131)

고종 42년 10월경에 이르러 車羅大의 본진은 漢江 이남을 공략했던 것으로 추정되며 몽고군의 일부는 충주까지 남하하였다. 10월 2일에 충주의 정예군은 大院嶺을 넘어온 몽고병 1천을 迎擊하여 격살하였다.[132) 也古의 제4차 침입과 車羅大의 제5-(1)차 침입을 모두 좌절시킨 충주에서 이번에 또 눈부신 전과를 올린 것이다. 고종은 11월에 조서를 내려 최항의 대몽항전과 江都中城·宮闕·宗廟 건설 등 치적을 칭송하였고,[133) 12월 28일에는 최항을 中書令에 임명하기까지 하였다.[134) 이러한 일련의 조치는 車羅大의 연속되는 침입과 까다로운 강화조건으로 인해 대몽강화체결이 어려운 시점에서 대몽강경론·항몽론을 굳히려는 최항정권의 의도와 궤를 같이하는 것이라 하겠다.

車羅大의 제5-(2)차 침입이 해를 넘기며 지속되자 고종 43년 1월 1일 正月 朝會 祝賀儀式은 생략되었다.[135) 1월 25일에는 車羅大軍이 모든 海島를 공격하려 한다는 소문이 들려왔다.[136) 車羅大의 선봉대가 이미 충청·전라도로 내려가서 해도 공략을 준비하고 있었던 것이며, 車羅大의 제5-(2)차 침입의 주목표는 해도공함에 있었다. 따라서 최항정권은 장

---

131) "庚戌 王出迎于梯浦"(『高麗史』 권24, 高宗 42年 9月 庚戌日條) ; "辛亥 宴蒙使"(『高麗史』 권24, 高宗 42年 9月 辛亥日條).

132) 冬十月 乙丑 蒙兵 踰大院嶺 忠州 出精銳 擊殺千餘人(『高麗史』 권24, 高宗 42年 冬10月 乙丑日條).

133) "詔曰 旦粤相周 蕭曹佐漢 君臣相資 古今一揆 歲辛卯 邊將失守 蒙兵闌入 晉陽公崔怡 躬奉乘輿 卜地遷都 再造三韓 嗣子侍中沆 匡君制難 遷都以後 城闕完備 宗廟告成 萬世永賴 朕甚嘉嘆 其益封食邑 加贈考妣 進秩二子 沆辭不受"(『高麗史節要』 권17, 高宗 42年 11月條).

134) "庚寅 以崔沆 爲中書令 奇允肅 爲門下侍郎同中書門下平章事 李君卿 知門下省事 趙脩 爲政堂文學致仕"(『高麗史』 권24, 高宗 42年 12月 庚寅日條).

135) "四十三年 春正月 癸巳 朔 放朝賀"(『高麗史』 권24, 高宗 43年 春正月 癸巳日條).

136) "丁巳 王聞 蒙古兵 謀攻諸島"(『高麗史』 권24, 高宗 43年 春正月 丁巳日條).

군 李廣과 宋君斐로 하여금 水軍 3백 명을 거느리고 전라도 방면으로
내려 보내 몽고군을 방어케 하였다.[137] 이때 매년 연속된 몽고병란과 연
관하여 최항은 2월에 6道의 宣旨使用別監 파견을 중지시켰다.[138] 백성
들이 선지사용별감의 수탈에 괴로워해서 오히려 몽고병이 오는 것을 반
가워했을 정도였으므로 더 이상 버티지 못하고 이때 와서 혁파해버린 것
이다.

최항정권은 車羅大軍의 해도침공 야욕에 불안과 공포를 느끼며 한편
으로는 방어태세를 강화하고 다른 한편으로는 강화협상을 시도하였다.
최항은 3월에 대장군 愼執平을 車羅大의 둔소로 보내[139] 몽고군의 동태
를 살피는 한편 강화조건을 타진케 하였다. 신집평은 나중에 동북면병마
사가 되어 동계의 15州人을 이끌고 해도입보를 추진하는 것으로 보아서
대몽강경론자로서 최항의 최측근 都房武人으로 여겨진다. 車羅大의 제
5-(2)차 침입 중반부터 최항은 대몽화의론자보다는 자신이 믿고 의지할
수 있는 武人을 車羅大의 둔소로 내보내 강화협상을 추진하였다. 재추에
서 들끓고 있던 대몽화의론을 억누르고 최항 자신이 대몽교섭을 주도해
나가겠다는 심산이었다. 3월 27일에 車羅大의 본진이 窄梁 바깥에 와서
대대적인 무력시위를 전개하자, 최항은 都房을 시켜 중요한 곳들을 지키
게 하였다.[140] 이때 車羅大는 강도침공을 부분적이나마 시도했다고 생
각된다. 28일에는 전라도 長城에서 장군 宋君斐가 지휘하는 官軍과 입

---

137) "遣 將軍 李廣 宋君斐 領舟師三百 南下 禦之"(『高麗史』 권24, 高宗 43年 春正
月 丁巳日條). 宋君斐가 笠岩山城에 들어가 蒙賊을 크게 물리치는 장면으로 보
아서, 李廣·宋君斐는 全羅道 방면의 海島와 沿岸을 방어하기 위해서 急派되었
음이 틀림없다.
138) "是月 以蒙兵 停發六道宣旨使用別監 時 奉使者 剝民橫斂 以固恩寵 民甚苦之
反喜蒙兵之至"(『高麗史』 권24, 高宗 43年 2月條).
139) "遣 大將軍 愼執平等 于車羅大屯所"(『高麗史』 권24, 高宗 43年 3月條).
140) "戊午 蒙兵 到窄梁外 崔沆 使都房 分守要害"(『高麗史』 권24, 高宗 43年 3月
戊午日條).

보민의 분전으로 笠岩山城戰鬪를 승리로 이끎으로써[141] 몽고 선봉대의 해도침공을 차단시켰다.

> R. 壬申 愼執平 自蒙兵屯所還言 車羅大 永寧公云 若 國王出迎使者 王太子
> 親朝帝所 兵可罷還 否則 以何辭而退乎(『高麗史』 권24, 高宗 43年 夏4月
> 壬申日條)

4월 12일에 車羅大 둔소에 파견되었던 신집평이 돌아와서, "車羅大·永寧公은 고종이 출륙해서 몽고사를 맞이하고 태자가 親朝한다면 罷兵할 수 있다"고 보고했다. 종전에 車羅大가 최항이 고종을 받들고 출륙해서 항복하면 철병하겠다고 한데서 한 걸음 양보한 강화조건이었다. 이러한 변화는 영녕공 왕준의 입김이 어느 정도 작용한 것으로 생각된다. 車羅大의 강화조건 완화로 인해서 강도조정에서는 다시 대몽화의론이 심화될 분위기가 확산되고 있었다고 보여진다.[142] 이날 車羅大와 영녕공은 潭陽에 주둔하고, 洪福源은 海陽에 주둔하여,[143] 전라남도의 島嶼들을 공략함으로써 강도로 통하는 海上漕運路를 봉쇄할 의도를 가지고 있었다. 4월 13일에 개최된 재추회의에서는 몽고군을 철수시킬 계책을 내놓지 못하고 있었다.[144] 이때 재추회의에서 고종의 出迎蒙使 문제는 차

---

141) "己未 李廣 宋君斐 趣靈光 約分道擊之 蒙兵知而有備 廣還入島 君斐保笠巖山城 城中强壯 悉投於敵 唯老幼在 一日 君斐 佯出羸弱數人於城外 以示之 蒙兵以爲粮盡 引兵至城下 君斐率精銳 奮擊敗之 殺傷甚多 擒官人四"(『高麗史』 권24, 高宗 43年 3月 己未日條).

142) 高宗 43년 4월 12일 이전에는 車羅大의 講和條件이 너무 까다로워 수용하기 곤란했기 때문에 積極派 和議論者라고 하더라도 마땅한 對蒙講和方策을 찾지 못하였다. 그러나 4월 12일에 愼執平이 보고한 바에 따라 國王이 出迎蒙使하고 太子가 親朝한다면 蒙古軍을 철수시킬 수 있었으므로 宰樞에서 다시 對蒙和議論이 제기되었을 것임은 분명해 보인다.

143) "時 車羅大 永寧公 屯潭陽 洪福源 屯海陽"(『高麗史』 권24, 高宗 43年 夏4月 壬申日條).

144) "癸酉 宰樞會議 退兵之策 計無所出"(『高麗史』 권24, 高宗 43年 夏4月 癸酉日條).

치해두고서라도 항전론자와 화의론자 사이에서 태자친조 문제를 쉽게 해결 짓지 못했다고 추측된다. 태자친조는 고려가 몽고에 실질적으로 항복하는 것이나 다름없었으므로 몽고군과의 전쟁의 향배가 어떻게 전개될지 모르는 상황에서 쉽게 결정할 성질의 것이 아니었다.

> S-1. 王曰 儻得退師 何惜 一子出迎(『高麗史』 권4, 高宗 43年 夏4月 癸酉日條)
>
> S-2. 乙亥 復遣 愼執平于車羅大屯所 寄書云 大兵回來 惟命是從(『高麗史』 권24, 高宗 43年 夏4月 乙亥日條)

적극파 화의론자들이 태자친조를 적극적으로 주장함으로써 고종도 어쩔 수 없이 "몽고군을 물러가게 할 수만 있다면 어찌 一子의 出迎을 애석하게 생각하겠는가"라고 말하며 수락했던 것이리라 믿어진다(S-1). 결국 4월 15일에 최항은 신집평을 車羅大의 둔소로 보내서 몽고병이 철수한다면 그 어떠한 요구도 듣겠다고 전하였다(S-2). 대몽화의론이 재추에서 확산되어 나가자 최항정권마저도 태자친조를 조건으로 대몽강화교섭을 허용하고 말았던 것이다.

최항정권은 대장군 신집평을 통해서 '高宗出迎 太子親朝'를 조건으로 대몽강화를 추진하는 한편 4월 중순경부터 후방지역에 대한 기습공격 명령을 내렸다. 4월 18일 西北面에서 別抄 3천이 義州에 주둔 중인 몽고병 1천을 쳐서 크게 물리쳤고,[145] 20일에는 大府島別抄가 仁州 경내 蘇來山 밑으로 나가서 몽고병 1백 명을 패주시켰다. 또한 30일에는 충주민이 月嶽山城에 입보하여 충주읍성과 충주산성을 공략한 몽고병을 끝내 물리쳤다.[146] 특히 의주전투에서 몽고군을 격퇴한 것은 車羅大軍의 후

---

145) "戊寅 西北面兵馬使馳報 遣別抄三百 擊蒙兵一千于義州"(『高麗史』 권24, 高宗 43年 夏4月 戊寅日條).

146) "蒙兵入忠州 屠州城 又攻山城 官吏老弱 恐不能拒 登月嶽神祠 忽 雲霧風雨雷雹 俱作 蒙兵以爲神助 不攻而退"(『高麗史』 권24, 高宗 43年 夏4月 庚寅日條).

방 보급을 차단시키는 효과를 가져와서 車羅大의 철군을 결정적으로 이끌었다고 생각된다.

5월 12일에 신집평이 강도조정에 귀환하여 車羅大의 말을 전달하였다.[147] 車羅大는 "고려가 和親할 의사가 있다면서 왜 우리 병사들을 많이 죽였느냐. 죽은 자는 어쩔 수 없지만 생포된 병사는 돌려보내라"고 하였다.[148] 그는 강도조정이 강화교섭에 나서면서 일면 기습공격을 감행한 것을 맹비난한 것이다. 그러나 몽고 측도 강도조정을 속이고서 州·縣을 습격하거나 약탈한 사례가 발견되거니와, 車羅大의 불만은 후방지대를 역습당한 채 진퇴양난에 빠진 자신의 처지를 보여주는 것에 불과하였다. 그는 최항정권에게 포로송환을 요구했으며, 후방이 극도로 불안해졌음을 인지하고서 서둘러 대고려강화교섭에 나선듯하다. 신집평에 사자 30명을 반행케 하여 昇天館에 도달케 한 것이 그것을 증명한다. 고종은 5월 14일에 직접 昇天闕로 출륙하여 몽고사를 맞이하고 잔치를 베풀어주는 한편 金銀·布帛·酒器 등을 하사했다.[149] 고종출륙과 방물외교가 동시에 이뤄짐으로써 車羅大가 강화조건으로 내세운 고종의 '出迎蒙使'는 지켜졌으며, 강도조정이 최소한 강화조건의 5할은 실현한 셈이었다.

여·몽 간에 강화교섭이 진행되는 동안에도 치열한 교전이 지속되었다. 車羅大軍이 충청도 島嶼를 공격하려 하므로, 6월 1일 장군 李阡을

『高麗史』에서는 忠州城(忠州邑城)이 攻破된 사실을 전하고 있으며, 이때의 抗戰이 月嶽山城에서 이뤄진 것임을 추측케 해준다. 月嶽山城戰鬪가 악천후와 月嶽山 神靈의 도움으로 勝利할 수 있었던 것처럼 묘사되어 있으나 入保民의 決死抗戰과 逆攻 때문으로 보는 것이 보다 더 사실에 가까울 것이다.

147) "壬寅 愼執平 自羅州還言"(『高麗史』권24, 高宗 43年 5月 壬寅日條).

148) "車羅大怒曰 若欲和親 爾國 何多殺我兵 死者已矣 擒者可還 仍令三十人 伴行到昇天館"(『高麗史』권24, 高宗 43年 5月 壬寅日條).

149) "甲辰 王行昇天闕 宴客使 仍贈 金銀 布帛 酒器等物 有差"(『高麗史』권24, 高宗 43年 5月 甲辰日條).

시켜 수군 2백 명을 거느리고 충청도 방면으로 나아가서 몽고병을 막게
하였다.[150] 이천은 6월 23일에 溫水縣에서 몽고군 수십 명을 베고 포로
가 되었던 남녀 1백여 명을 탈환하였다.[151] 그리고 정확한 날자는 알 수
없으나 6월 중순경에 車羅大가 押海島 일대 도서를 공격하려다가 포기
하였음이 尹椿의 귀순 보고를 통해 확인된다.[152] 윤춘은 고종 39년에 양
근성 방호별감으로 파견되었다가 40년 也古의 제4차 침략 당시 투항한
인물이었으며, 이후 車羅大의 향도가 되어 제5차 침입에 종군했었다. 이
러한 반역행위를 해왔던 그가 강도조정에 귀순했던 이유는 押海島侵攻
이 실패하고 車羅大軍의 철군 조짐이 보였기 때문이었다. 그는 車羅大가
전선 70척으로 압해도를 공략하려 했으나 押海 군현민이 大艦에 대포
2문을 장착하고 몽고군이 오기를 기다리자 감히 두려워 응전치 못하였
다고 하였다. 또한 인근 도서를 공격하려 했으나 곳곳마다 대포를 준비
하여 기다렸으므로 결국 車羅大가 해전을 포기했다는 것이다. 윤춘은 지
금 고려가 버틸 수 있는 최선의 계책은 해도 안에 屯田을 경작하여 식량
을 얻고 육지는 淸野해서 산성에 들어가 몽고병을 기다리는 것이 상책
이라고 최항에게 아부하였다. 최항은 그의 말이 옳다고 여기고 그를 親
從將軍으로 삼아 자신을 수행케 하였다. 한편 윤춘은 귀중한 賊情을 자
세히 최항에게 보고하였다. 車羅大의 부장들이 서경으로 물러나 주둔하
자고 했으나 車羅大는 황제의 조서가 없고 전공을 세워야 하므로 여기
서 죽을지언정 결코 물러날 수 없다고 하면서 원수부 사이에서 알력이
있었음을 시사하였다.[153] 즉 해도침공 포기와 철군여부를 놓고 몽고군

---

150) "六月 庚申 朔 遣 將軍李阡 率舟師 二百餘人 禦蒙兵 于南道"(『高麗史』 권24,
　　高宗 43年 6月 庚申日條).
151) "壬午 將軍李阡 與蒙兵戰于溫水縣 斬數十級 奪所虜男女 百餘人 崔沆 以銀六
　　斤 賞士卒"(『高麗史』 권24, 高宗 43年 6月 壬午日條).
152) 『高麗史節要』 권17, 高宗 43年 6月條 참조.
153) "郞將 尹椿 自蒙古軍來 椿叛入蒙古有年 至是逃還 言曰 諸將勸車羅大退屯西
　　京 辭以無詔曰 吾寧死於此 豈可退哉"(『高麗史節要』 권17, 高宗 43年 6月條).

원수부 내에서 분쟁이 발생하여 車羅大가 부장들로부터 심한 견제를 받고 있었음을 이해할 수 있다.

압해도침공에 실패하고 후방지역마저 불안해진 車羅大는 부장들의 철수 권유를 듣지 않고 6월 하순경에 무등산 꼭대기에 진을 치고 군사 1천으로 하여금 전라남도 주·군을 노략질하게 하였다.154) 그는 최후의 순간까지 내지를 공략해서 강도조정을 굴복시킬 심산이었다. 車羅大軍의 막바지 공세에 대비하기 위해서 최항은 8월 7일에 新興倉을 풀어 자신의 家兵들에게 양식을 지급하였고,155) 동월 22일에는 장군 宋吉儒를 보내 淸州 백성을 서해의 해도에 입보시켰다.156) 가병을 진휼한 것은 강도의 수비를 강화하기 위한 것이었고, 淸州 백성들을 해도에 입보시킨 것은 전라남도에서 북상 중인 車羅大軍의 집중공격을 피하기 위해서였다. 車羅大軍은 전라도에서 북상하여 甲串江 밖에 이르러 通津山에 올라 강화도를 바라보며 일대 무력시위를 전개하다가 守安縣으로 퇴각하였다.157)

고종 43년 9월에 시어사 김수강이 몽고로부터 귀국하였는데, 그는 몽고 헌종을 설득하여 대몽강화를 임시적으로 체결하고 몽고군을 철수시키는데 결정적 공헌을 하였다. 김수강은 고종 42년 6월에 和林城에 들어가 헌종을 알현하고 파병을 청하였다. 헌종은 대고려전쟁의 추이를 지켜보면서 아직 강도조정이 출륙하지 않았으니 철군할 수 없다고 하였다.158) 이후 김수강은 1년여 동안 몽고에 머무르면서 지속적으로 철병을 요청한 듯 여겨진다.

---

154) "是月 車羅大 屯海陽無等山頂 遣兵一千 南掠"(『高麗史』 권24, 高宗 43年 6月條).
155) "秋八月 乙丑 發新興倉 賑崔沆家兵"(『高麗史』 권24, 高宗 43年 秋8月 乙丑日條).
156) "庚辰 遣 將軍宋吉儒 徙淸州民 于海島"(『高麗史』 권24, 高宗 43年 秋8月 庚辰日條).
157) "辛巳 車羅大 永寧公 洪福源等 到甲串江外 大張旗幟 牧馬于田 登通津山 望江都 退屯守安縣"(『高麗史』 권24, 高宗 43年 秋8月 辛巳日條).
158) "九月 金守剛 還自蒙古 守剛從帝 入和林城 乞罷兵 帝以不出陸爲辭"(『高麗史節要』 권17, 高宗 43年 9月條).

T. 守剛奏曰 譬如獵人 逐獸入於窟穴 持弓矢當其前 困獸何從而出 又冰雪慘
列 土脉閉塞則 草木豈能生哉 帝嘉之曰 汝誠使乎 當結兩國之好 遂遣徐趾
來 命班師(『高麗史節要』 권17, 高宗 43年 9月條)

  김수강은 車羅大의 제5-(2)차 침입이 거의 종결될 무렵에, 헌종을 설
득하는데 성공하였다. 그는 고려를 쫓기는 사냥감 짐승으로 비유하여 굴
속에 갇힌 짐승이 활과 화살을 지니고 밖에서 지키고 있는 사냥꾼 앞에
나올 수는 없는 노릇이라며 '先 蒙古軍撤收 後 君臣出陸'을 간곡히 호소
하였다. 김수강은 自主的 立場을 견지한 대몽화의론자로 생각되며, 이
당시 몽고군의 철수를 위해서 태자입조 등을 대몽강화조건으로 내걸었
다고 판단된다.[159] 헌종은 車羅大가 의욕적으로 해도침공을 시도했지만
소기의 성과를 거두지 못하였고, 후방지대인 義州마저 고려의 별초군에
게 공략당하게 되자 철군을 명령하였다고 생각된다. 그래서 그는 김수강
의 강화제안을 받아들여 우선 자신의 사신 徐趾를 고려에 파견하여 車
羅大에게 철병을 명령하고, 이후 고려조정과 출륙환도·태자입조 등의
문제를 조율해나가기로 작정하였다. 이로써 9월 23일에 車羅大는 勅使
徐趾로부터 황제의 철군명령을 받고 몽고군을 철수시키기에 이르렀다.
  車羅大軍은 철수하면서 병사 60명을 보내 艾島를 침략했으나 그 섬에
배치된 別抄에 의해서 모조리 섬멸당했다.[160] 車羅大의 마지막 해도침공

---

159) 金守剛이 積極派 對蒙和議論者라는 결정적 증거는 없다. 그러나 그는 車羅大의
   侵略 기간 동안에 崔璘에 이어 두드러진 對蒙外交 활동을 벌여 蒙古軍을 撤收
   시키고 있다. 몽고군의 철수는 高麗侵攻이 여의치 않아서 이뤄진 측면도 있지만
   金守剛이 내건 對蒙講和條件 때문에 이뤄진 측면도 있었을 것이다. 그것은 다
   름 아니라 太子入朝 등이었을 것으로 짐작되는 바, 金守剛은 이러한 조건들을
   蒙古 憲宗에게 積極的으로 제시하여 몽고군의 철수를 이끌어 냈다고 판단된다.
   그러므로 金守剛이 積極派 和議論者의 범주에 포함된다고 보아서 크게 무리가
   아닐 듯싶다.
160) "己巳 蒙兵 六十人 寇艾島 別抄 盡擒斬之"(『高麗史』 권24, 高宗 43年 冬10月
   己巳日條).

도 실패로 돌아가고 제5-(2)차 침입은 완전히 종식되었다. 이로써 최항은 강도에 계엄령을 해제하였고, 고종 42년 8월~43년 10월까지 무려 15개월이나 지속된[161] 車羅大의 제5-(2)차 침입이 종결되면서 강도조정은 다소나마 전후복구에 나설 수 있는 시간을 벌게 되었다. 한편 車羅大가 철수하면서 그의 부하 東京總管 松山이 의주를 제대로 방어하지 못한 책임을 회피할 수 없어서 고려조정에 귀순해왔다. 松山의 귀순은 車羅大의 제5-(2)차 침입 당시 몽고군이 상당히 고전했음을 반증해주며, 강도조정에게도 윤춘의 귀순과 더불어 일정부분 외교적 전과가 있었음을 시사해준다.

車羅大의 제5-(2)차 침입에서 대몽강화와 연관해서 특징적인 것은, 고려조정이 몽고조정에 적극파 화의론자인 최린과 김수강을 보내서 몽고 헌종을 설득하고, 車羅大 둔소에는 최항의 심복장군 신집평을 보내서 實利外交를 펼치고 있다는 점이다. 본래 車羅大는 최항이 고종을 모시고 出降해야만 철군할 수 있다고 으름장을 놓았다. 그러나 大院嶺戰鬪와 笠岩山城戰鬪 등에서 고려 측이 승리하고 자신의 해도침공도 여의치 않는 상황에서 '고종이 출륙해서 몽고사를 맞이하고 태자가 친조한다면 군사를 물릴 수 있다'고 하여 대몽강화조건을 다소 완화하였다. 이에 따라 그동안 대몽강화의 돌파구를 찾지 못하고 있었던 재추에서 대몽화의론이 심화되었다. 대몽화의론자들 가운데 적극파는 고종에게 우선 태자친조를 奏請하여 결국 태자친조를 조건으로 몽고군 원수부와 대몽강화가 임시적으로 체결되었다. 한편 몽고에 파견되었던 김수강도 태자친조 등 대몽강화조건을 제시했을 것으로 여겨지며 1년간 몽고 헌종에게 철군을 설득하여 종국에는 몽고병을 철수시키는 외교적 성과를 거두게 되었다. 그러므로 車羅大의 제5-(2)차 침입은 강도조정 내의 대몽화의론자의 외교적 노력과 최항정권의 항몽책이 교묘하게 잘 융합되어 몽고군을 철군

---

161) "辛未 京城解嚴 自乙卯八月 至今 凡十五月 而罷兵"(『高麗史』권24, 高宗 43年 冬10月 辛未日條).

시킨 一事例라 하겠다. 車羅大軍을 연속적으로 철수시키는 과정을 통해
서 이후 대몽화의론자들은 자신들의 정치적 지위를 강화시켜 하나의 정
치세력으로 성장해나갔을 것이며 무인집정도 강제할 수 없는 배타적인
대몽교섭의 주도권을 장악해나갔다고 생각된다.

제4절 崔氏執權期 對蒙和議論者의 系譜와 그 性格

崔氏執權期에 대두한 對蒙和議論者의 系譜를 파악하는 방법은 科擧
及第者 명단을 파악하여 座主 – 門生關係를 분석하는 것하는 것만큼 유
용한 방법은 없을 것이다. 최씨집권기 대몽관계가 개시된 高宗 6년 형제
맹약 체결 당시부터 고종 45년까지 존재한 대몽화의론자들은 4가지 부
류가 존재하였다. 고종 6~12년까지의 兄弟盟約期에는 現實的 對蒙和議
論者들,[162] 崔瑀執權期이자 對蒙抗爭期인 고종 18~36년 사이에는 親崔
瑀政權的 和議論者들, 崔沆執權期인 고종 38~44년에는 최항정권의 통
제에서 벗어난 和議論者들 가운데 積極派와 消極派, 고종 45년 이후에
는 出陸降服論者(실질적·영구적 화의론자들)들이 존재하였다. 이러한 화
의론자들의 존재양태는 화의론의 내용 못지않게 무인집정의 화의론에
대한 통제방식이나 통제력의 크기에 따라 나눠본 것이다. 그러면 먼저
화의론자들의 대몽외교 활동이나 政治勢力化 문제를 염두에 두고서 이
들의 좌주 – 문생관계를 파악해보기로 하자. 먼저 明宗~高宗代 과거급
제자 명단과 知貢擧·同知貢擧 명단을 간추리면 <별표 1>[163]과 같다.

---

162) 물론 高宗 19년 6월 15일 遷都會議에서 對蒙和議論을 제기하였던 兪升旦의 견
　　해는 이러한 現實的 對蒙和議論의 범주에 포함될 수 있을 것이다.
163) 본서 제6장 맺음말 뒤에 실어놓은 <별표 1> 明宗~高宗代 科擧及第者와 知貢
　　擧·同知貢擧 名單을 참조.

이 책의 <별표 1>에서, 明宗 1년~高宗 45년까지 科擧의 총 시행횟
수는 57회이며 及第者의 총수는 234명이다. 과거급제자 가운데 눈여겨
보아야 할 것은 명종 20년 5월에 선발된 兪升旦·趙冲·韓光衍·陳湜·劉
冲基·尹于一·李百順 등과 康宗 1년 6월에 급제한 崔滋·崔璘·孫抃·宋國
瞻·河千旦 등이다. 전자는 좌주 李知命·任濡의 門生이고, 후자는 崔洪
胤·琴儀의 문생이었는데 모두 관련사서에서 대몽사대외교 활동을 주도
적으로 담당하거나 대몽화의론을 견지한 점이 공통된다. 명종 20년에 급
제한 유승단과 그 同年들은 형제맹약기에 현실적 대몽화의론을 제기하
였고 유지하려 노력하였다. 유승단의 동년 가운데 이규보 정도가 강화천
도 이후 親崔瑀政權的 文士로서 활약하였다. 반면에 강종 1년에 선발된
최린과 그 동기생들은 강화천도 이후 최우정권의 화·전양면론 가운데
講和 부분을 보좌하면서 대몽외교에서 활약하고 있는 것이 두드러진다.
최린·최자 등은 최항집권기 후반에 이르러 몽고의 침입이 매년 연속되
고 내륙 州縣民의 피해가 가중되었을 때, 太子親朝를 주장하며 화의론을
적극적으로 주장하였다. 최린·최자의 문생은 유경의 경우를 제외하면,
최씨정권이 붕괴된 이후에 실질적·영구적 대몽화의론을 주장하였다. 대
몽화의론자의 좌주－문생 계보를 파악하기 위해서 별도로 아래의 知貢
擧·同知貢擧 명단을 작성해 보았다.

<표 4-2> 明宗 1년~高宗 46년까지의 知貢擧·同知貢擧 名單

科擧 時期	年度	知貢擧	登第期	座主	同知貢擧	登第期	座主
明宗 1. 5	1171	韓就 (政堂文學)			金莘尹 (右諫議)		
明宗 2. 7	1172	金闡 (同知樞密院使)			韓彦國 (右諫議)		
明宗 3. 6	1173	尹鱗瞻 (平章事)	仁宗 10	崔滋盛, 林存	文克謙 (禮部侍郎)	毅宗 12	李陽升 李公升
明宗 5.10	1175	閔令謨 (樞密副使)	仁宗 16	崔濡, 李之氐	郭陽宣 (諫議大夫)		
明宗 6. 8	1176	李文鐸	仁宗 24	李仁實, 崔誠	韓文俊		

科擧 時期	年度	知貢擧	登第期	座主	同知貢擧	登第期	座主
		(禮部尙書)			(大府卿)		
明宗 7. 4	1177	文克謙 (樞密院副使)	毅宗 12	李陽升, 李公升	廉信若 (判大府事)		
明宗 8. 6	1178	韓文俊 (樞密院副使)			李應招 (右諫議大夫)		
明宗 10. 6	1180	閔令謨 (門下平章事)	仁宗 16	崔濡, 李之氐	尹宗諴 (國子祭酒)		
明宗 12. 6	1182	韓文俊 (政堂文學)			李知命 (右散騎常侍)	仁宗 22	韓惟忠 崔惟淸
明宗 14. 9	1184	文克謙 (參知政事)	毅宗 12	李陽升, 李公升	林民庇 (知奏事)		
明宗 16. 4	1186	林民庇			皇甫倬	毅宗 8	崔允儀 金存中
明宗 18. 6	1188	林民庇 (參知政事)			崔証		
明宗 20. 5	1190	李知命 (政堂文學)	仁宗 22	韓惟忠, 崔惟淸	任濡 (左承宣)		
明宗 22. 4	1192	趙永仁 (參知政事)	毅宗 14	金永夫, 李知深	柳公權 (翰林學士)	毅宗 14	金永夫 李知深
明宗 24. 4	1194	崔瑜賈 (樞密院使)			崔詵 (判秘書省事)	毅宗 14	金永夫 李知深
明宗 26. 7	1196	崔詵 (樞密院使)	毅宗 14	金永夫, 李知深	李資文 (國子祭酒)		
明宗 27. 5	1197	崔讜 (參知政事)			閔公珪 (左諫議大夫)	明宗 7	文克謙 廉信若
神宗 1. 6	1198	任濡 (中書侍郎)			崔孝著 (國子祭酒)	毅宗 14	金永夫 李知深
神宗 2. 9	1199	崔詵 (參知政事)	毅宗 14	金永夫, 李知深	金平 (秘書監)		
神宗 3.	1200	任濡			白光臣		
神宗 4. 5	1201	閔公珪 (簽書樞密事)	明宗 7	文克謙, 廉信若	金平 (國子大司成)		
神宗 5. 5	1202	金平 (樞密院使)			趙準 (右承宣)	明宗 14	文克謙 林民庇
神宗 7.10	1204	閔公珪 (樞密院使)	明宗 7	文克謙, 廉信若	安有孚 (右承宣)		
熙宗 1. 7	1205	李桂長 (簽書樞密事)			崔洪胤 (判禮賓省事)	明宗 7	文克謙 廉信若
熙宗 2. 6	1206	任濡 (門下侍郎)			崔坦 (右承宣)	毅宗 22	金永胤 金光中
熙宗 4.閏4	1208	李桂長 (參知政事)			琴儀 (右副承宣)	明宗 14	文克謙 林民庇

科擧 時期	年度	知貢擧	登第期	座主	同知貢擧	登第期	座主
熙宗 6. 6	1210	崔洪胤 (樞密院副使)	明宗 7	文克謙, 廉信若	柳澤 (秘書監)		
熙宗 7.10	1211	李桂長 (門下侍郞)			趙冲 (大司成)	明宗 20	李知命 任濡
康宗 1. 6	1212	崔洪胤 (政堂文學)	明宗 7	文克謙, 廉信若	琴儀 (知奏事)	明宗 14	文克謙 林民庇
康宗 2. 7	1213	李桂長 (同平章事)			崔甫淳 (左諫議大夫)	明宗 12	韓文俊 李知命
高宗 1. 5	1214	琴儀 (簽書樞密院事)	明宗 14	文克謙, 林民庇	蔡靖 (右散騎常侍)		
高宗 2. 5	1215	崔洪胤 (平章事)	明宗 7	文克謙, 林民庇	朴玄珪 (左諫議大夫)		
高宗 3. 5	1216	蔡靖 (樞密院副使)			任永齡 (殿重監)	明宗 12	韓文俊 李知命
高宗 6. 5	1219	趙冲 (政堂文學)	明宗 20	李知命, 任濡	李得紹 (國子祭酒)		
高宗 7. 6	1220	韓光衍 (樞密院副使)	明宗 20	李知命, 任濡	李宗規 (大司成)		
高宗 9. 4	1222	崔甫淳 (參知政事)	明宗 12	韓文俊, 李知命	金良鏡 (右承宣)		
高宗 10. 6	1223	柳澤 (右僕射)			崔溥 (殿重監)		
高宗 11. 3	1224	韓光衍 (樞密院副使)	明宗 20	李知命, 任濡	崔正份 (判秘書省事)		
高宗 12. 3	1225	崔甫淳 (門下平章事)	明宗 12	韓文俊, 李知命	崔宗梓 (衛尉卿)	神宗 1	任濡 崔孝著
高宗 13. 4	1226	崔正份 (簽書樞密院事)			俞升旦 (秘書監)	明宗 20	李知命 任濡
高宗 15. 3	1228	崔甫淳 (平章事)	明宗 12	韓文俊, 李知命	李奎報 (判衛尉事)	明宗 20	李知命 任濡
高宗 17. 3	1230	俞升旦 (政堂文學)	明宗 20	李知命, 任濡	劉冲基 (國子祭酒)	明宗 20	李知命 任濡
高宗 19. 5	1232	金仁鏡 (翰林學士承旨)			金台瑞 (翰林學士)		
高宗 21. 5	1234	李奎報 (知門下省事)	明宗 20	李知命, 任濡	李百順 (大司成)	明宗 20	李知命 任濡
高宗 23. 5	1236	李奎報 (參知政事)	明宗 20	李知命, 任濡	朴廷揆 (判禮部事)		
高宗 25. 4	1238	李方茂 (簽書樞密院事)			任景肅 (刑部尙書)		
高宗 27. 5	1240	任景肅 (樞密院副使)			崔璘 (右承宣)	康宗 1	崔洪胤 琴儀

科擧 時期	年度	知貢擧	登第期	座主	同知貢擧	登第期	座主
高宗 28. 4	1241	宋恂 (參知政事)			鄭晏 (國子祭酒)		
高宗 29. 4	1242	金敞 (樞密院副使)	熙宗　2	任濡, 崔坦	薛愼 (判禮賓省事)		
高宗 31. 4	1244	任景肅 (左僕射)			洪均 (秘書監)		琴儀
高宗 33. 4	1246	崔璘 (樞密院副使)	康宗　1	崔洪胤, 琴儀	朴暄 (國子祭酒)		
高宗 35. 3	1248	洪均 (樞密院使)		琴儀	閔仁鈞 (大僕卿)	熙宗　1	李桂長 崔洪胤
高宗 37. 5	1250	任景肅 (平章事)			金孝印 (尙書左丞)	熙宗　4	李桂長 琴儀
高宗 39. 4	1252	崔滋 (樞密院副使)	康宗　1	崔洪胤, 琴儀	皇甫琦 (判大府事)		
高宗 41. 6	1254	趙修 (知樞密院事)		琴儀	尹克敏 (左副承宣)	高宗　35	洪均 閔仁鈞
高宗 42. 6	1255	崔溫 (樞密院副使)			金之岱 (判司宰監事)	高宗　6	趙沖 李得紹
高宗 45. 6	1258	崔滋 (平章事)	康宗　1	崔洪胤, 琴儀	洪縉 (諫議大夫)		

　위의 <표 4-2>에서, 知貢擧는 韓就·金闡·尹鱗瞻·閔令謨·李文鐸·文克謙·韓文俊·林民庇·李知命·趙永仁·崔瑜賈·崔詵·崔讜·任濡·閔公珪·金平·李桂長·崔洪胤·琴儀·蔡靖·趙沖·韓光衍·崔甫淳·柳澤·崔正份·兪升旦·金仁鏡·李奎報·李方茂·任景肅·宋恂·金敞·崔璘·洪均·崔滋·趙修·崔溫 등 37명이 발견된다. 지공거로 발탁된 인물들 가운데 2회 이상 禮部試를 맡았던 자들을 추려보면, 이계장이 4회, 임유·최홍윤·최보순·임경숙이 3회, 문극겸·한문준·임민비·최선·민공규·한광연·이규보·최자가 각기 2회씩 考試官을 역임하였다. 대체로 지공거의 좌주 – 문생 계보는 이양승 – 문극겸 – 최홍윤·금의 – 최린·최자의 계열과 한유충 – 이지명 – 조충·한광연·최보순·유승단·이규보로 이어지는 계보를 확인할 수 있게 된다.164) 이 두 가지 계열은 무인집권기 지공거의 좌주 – 문생관계의 주

---

164) 李益柱, 1996,「高麗 對蒙抗爭期 講和論의 硏究」,『歷史學報』151, 23~24쪽.

축이라 할 수 있다. 하나의 계열을 더 추가하자면 金仁鏡－金坵로 이지
는 계보를 들 수 있다. 김구는 고종 19년에 과거에 급제하였으며 최우의
寒士 출신으로서 최우정권 내부에서 이규보·하천단·이순목 등과 더불어
書房에서 표문작성 임무를 맡았다. 김구를 강화파 계보에 포함시킬 수
있는 이유는 그가 최항집권기인 고종 34년(1247)에 國學直講으로 있으
면서 『圓覺經』 跋文을 지으라는 최항의 명령을 거부하고 오히려 詩를
지어 최항의 대몽항전을 조소하였다는 데서 근거하였다.165)

　　동지공거를 역임한 인물들을 순서대로 중복 없이 열거하면, 金莘尹·
韓彦國·文克謙·郭陽宣·韓文俊·廉信若·李應招·尹宗諴·李知命·林民庇·
皇甫倬·崔証·任濡·柳公權·崔詵·李資文·閔公珪·崔孝著·金平·白光臣·
趙準·安有孚·崔洪胤·崔孝思·琴儀·柳澤·趙沖·崔甫淳·蔡靖·朴玄珪·任
永齡·李得紹·李宗規·金仁鏡·崔溥·崔正份·崔宗梓·兪升旦·李奎報·劉冲
基·金台瑞·李百順·朴廷揆·任景肅·崔璘·鄭晏·薛愼·洪均·朴暄·閔仁鈞·
金孝印·皇甫琦·尹克敏·金之岱·洪縉 등 55명이 등장한다. 이들 가운데
김평과 금의는 동지공거를 각기 2회씩 역임하였고, 나머지 인물들은 1회
씩 맡았다. 대체적으로 지공거에 비해서 동지공거 임명은 중복을 회피한
채 골고루 禮部試 考試官을 임용한 듯 보인다.

　　최씨집권기 지공거·동지공거 가운데 특별한 의미를 가지는 인물은
이지명·임유·최홍윤·금의·김양경·조충·최린 7사람인데, 이들과 이들의
문하생에 의해서 禮部試가 대부분 치러졌으므로 이들을 중심으로 하여
어떤 하나의 정치세력이 형성되었을 수도 있다고 보아서 무리가 아니다.
특정인의 문생들이 試官을 독점하는 현상은 고려무인정권 시기에 좌주－
문생관계를 통한 세력의 결집이 이뤄졌고, 그것을 통해 형성된 문신집단
이 존재하였음을166) 방증해주는 것이다. 이러한 문신집단은 최씨정권의

---

165) 『止浦集』 권3, 附 年譜 7年條 참조. "有堂後 除閣門祗侯 遷國學直講 時 權臣
　　崔沆 新雕圓覺經 令公 跋之 公不許 作詩 嘲之 沆怒曰 謂我緘口耶 遂左遷".

문신 문객으로 활동하면서 대몽화의론의 주축을 담당했다고 생각되는
데, 대몽전쟁기 이전의 인물들은 현실적 대몽화의론자로서의 면모를 드
러냈다. 본격적인 대몽항쟁기에 생존했던 인물들은 최우의 文士·寒士로
서 그의 통제 하에서 對蒙事大外交를 수행해나갔다. 특히 임유의 문생
이규보와 금의의 문생 하천단·이순목 그리고 김인경의 문생 김구 등은
표문작성을 도맡아 처리하였고, 금의의 문생 송국첨·최린·최자·손변(손
습경)·조수는 호궤·방물·서신·표문외교를 수행하였다. 이들에 의해서
최우집권기 당대만 하더라도 대몽외교의 거의 대부분이 수행되었음을
알 수 있겠다.

  그런데 이러한 지공거·동지공거 명단에서 특징적인 것은 대몽관계가
개시되는 고종 6년과 강화천도 직전인 고종 19년 5월 사이에 이지명·임
유의 문하생인 조충·한광연·최보순·유승단·이규보·유충기가 지공거·
동지공거를 집중적으로 맡고 있다는 점이다. 이 가운데 조충·한광연·유
충기는 앞서 살펴보았듯이 강동성전역과 형제맹약에 관련된 현실적 대
몽화의론자였다. 최보순·이규보·유승단은 강동성전역과는 무관하지만
본격적인 대몽전쟁기 이전에는 그들도 현실적 대몽화의론을 지지했을
것이다. 특히 유승단의 경우는 撒禮塔의 제1-(1)차 침입 이후 최우정권의
강화천도 강행을 비판하며 儒敎的 事大名分論에 입각하여 대몽화의론을
제기했다가 배척받은 바가 있다. 그리고 그 좌주를 분명히 알 수는 없지
만, 김인경(김양경)도 강동성전역과 연관되어 현실적 대몽화의론자의 범
주에 포함될 수 있음은 앞서 살펴보았다.

  본격적인 몽고침입기 이전에 비단 이지명·임유 – 조충·한광연·최보
순·유승단 계열의 좌주 – 문생들만 현실적 대몽화의론을 제기하였다고
보여지지는 않는다. 문극겸 – 최홍윤·금의의 계열의 좌주 – 문생들도 이
러한 대몽화의론을 제기하였거나 지지하였을 것으로 생각된다. 금의의

---

166) 李益柱, 1996, 앞의 논문, 『歷史學報』 151, 24~29쪽.

문생들인 송국첨·최린·최자·손변·조수 등이 모두 최우집권기에 대몽외
교를 맡고 있었다는 점을 통해서 이들도 撒禮塔 침입 이전에는 현실적
대몽화의론을 견지하고 있었을 것으로 판단되는 것이다. 그렇다면 고종
8년에 최우가 몽고사 這可를 추방시키려고 했을 때 현실적 대몽화의론
을 제기하였던 조정대신은 대개 이지명·임유 - 조충·한광연·최보순·유
승단 계열과 문극겸 - 최홍윤·금의 계보의 文士들이 다수를 점하고 있었
으리라 믿어진다. 또한 고종 6~8년 사이에 대몽외교를 맡아보았던 윤공
취·최일·김취려·박시윤·최의·김중문·최공·김희제 등도 이러한 대몽화
의론자의 범주에 포함된다고 보아서 크게 틀리지 않을 것이다.

이제부터 관심을 가져야 할 사항은 본격적인 對蒙戰爭期에 접어들어
서의 화의론자의 계보가 어떻게 유지되냐의 문제이다. 이지명·임유 계
열의 문생은 이규보·김지대가, 김양경 계열의 문생은 김구 정도가 활약
할 뿐이다. 이규보는 최우집권기 전반부 표문 작성을 홀로 전담하였고
문장으로써 몽고군을 물리쳤다고 호평받기까지 하였다. 김지대는 고종
30년 의례적인 표문·세공외교를 펼친 이외에 특별한 대몽외교 사례가
보이지 않는다. 김구는 문장에 능하여 최자와 더불어 이규보의 뒤를 이
을 만한 인물로 평가받기도 했으나[167] 『圓覺經』 跋文을 지으라는 최항
의 뜻을 거슬러 좌천되었고 숨어사는 신세가 되었다.

이 두 계열의 화의론자에 비해서, 최홍윤·금의 계열의 문생은 崔瑀代
에 최린·최자·송국첨·조수·손변이 활발하게 대몽외교를 수행하였고 하
천단·이순목은 외교문서를 작성하였던 사실이 확인된다. 특히 최홍윤·
금의 계열의 문생은 최우집권기에 親崔瑀政權的 外交活動을 보이다가 최
항집권기 후반부에는 적극적으로 대몽화의론을 제기하여 몽고군을 철군
시킴으로써 독자적인 정치세력으로 성장한 모습을 보여주고 있다. 송국

---

167) "後 怡謂奎報曰 誰可繼公典文翰者 曰 有學諭崔安者 及第金坵 其次也"(『高麗
史』 권102, 列傳15 崔滋傳).

첨은 撒禮塔의 제1차 침공 당시 호궤·방물외교를 통해서 몽고군 원수부와 강화를 체결하는데 커다란 역할을 하였으며, 조수와 손변은 唐古의 제2-(3)차 침입 이후 대몽강화가 체결되면서 몽고에 사신으로 파견된 바가 있다. 최린은 최우집권기에 영녕공 왕준을 禿魯花로 몽고에 보낼 때 고려사신으로 파견되었으며, 崔沆代에 太子親朝나 安慶公 王淐의 입조를 주장하며 몽고군을 철수시키고 대몽강화를 체결하는데 앞장섰다. 최자는 최항집권기인 고종 37년에 사신으로 파견된 적이 있고, 최의집권기에 태자친조를 강력하게 주장하였으며 김준집권기 초반부에 김보정과 더불어 出陸還都論·降服論까지 제기하며 실질적·영구적 대몽강화를 주장하기까지 했다. 앞서 설명했듯이, 하천단·이순목 등은 동기생인 송국첨·최린·최자·조수·손변 등의 대몽사대외교를 위한 표문을 작성하였다.

이렇게 볼 때 강화천도 이전까지는 이지명·임유 – 조충·한광연·유승단 계열의 현실적 대몽화의론이 우세했고, 고종 26년 이후에는 최홍윤·금의의 문생들에 의해 대몽사대외교가 전담되다시피 한 점을 포착할 수 있다. 특히 이 시기 송국첨·최린·최자·조수·손변의 대몽외교와 하천단·이순목의 표문작성 활동이 현저하게 돋보이며 이러한 최씨정권의 외교활동 및 외교지원활동을 통해서 최항대 이후에는 이들이 대몽화의론을 적극적으로 주장하며 세력을 결집할 수 있었다고 판단된다. 다만 같은 최홍윤·금의의 문생이라도 柳璥만큼은 대몽외교에서 활약한 사례가 찾아지지 않으며, 몽고사 多可가 반드시 출륙해야 할 조정대신 4인방으로 지목했던 만큼 親崔沆政權的 文士였다고 생각된다.[168] 그러면 지금까지

---

168) 李益柱는 琴儀 – 崔璘 – 柳璥의 계보를 對蒙和議論者 계열의 핵심세력으로 간주하고 있다(李益柱, 1996, 앞의 논문, 30~31쪽). 하지만 座主 – 門生關係 상으로 볼 때 柳璥이 崔璘의 門生이었다 하더라도 對蒙和議論을 적극적으로 주장한 흔적이 보이지 않는다. 崔沆執權期 당대만 하더라도 柳璥은 柳能·宣仁烈과 더불어 崔沆의 심복 중 심복이었다. 蒙古使 多可가 최항·주영규·이응렬과 더불어 반드시 出陸해야 할 인물로 柳璥을 거론했다는 것은 그때까지는 그가 對蒙和議

논의하였던 내용을 중심으로 최씨집권기 대몽화의론자들의 좌주−문생 관계를 표로 정리해보면 아래와 같다.

〈표 4-3〉 최씨집권기 대몽화의론자들의 좌주−문생관계의 주요 계보

좌 주	계 열	비 고
李知命·任濡	任濡−李奎報·兪升旦·李百順·韓光衍	趙冲·韓光衍: 兄弟盟約체결
	任濡−趙冲−金之岱	兪升旦: 江華遷都반대, 對蒙和議論 제기
崔洪胤·琴儀	琴儀−崔璘−柳璥	崔璘·崔滋: 화의론자 가운데 積極派
	琴儀−崔滋−李承休	宋國瞻·河千旦: 최우의 寒士,
	琴儀−宋國瞻·河千旦·孫襲卿·趙修	河千旦=表文작성
金良鏡	金良鏡−金坵	金良鏡: 江東城戰役 참여
		金坵: 최우의 寒士, 表文작성

위의 <표 4-3>에서, 좌주 계열로만 본다면 크게 이지명·임유 계열, 최홍윤·금의 계열, 김양경 계열이 존재한다는 것을 눈치챌 수 있다. 하지만 무인집권기에 국한하여 보다 더 세부적으로 좌주−문생관계를 3대까지 확장하면, 임유−이규보·유승단·이백순·한광연 계열, 임유−조충−김지대 계열, 금의−최린−유경 계열, 금의−최자−이승휴 계열, 금의−송국첨·하천단·손습경·조수 계열, 김양경−김구 계열 등 모두 6가지 계열이 나타난다. 이러한 6가지 계열의 좌주−문생관계에서 드러난 인물들은 최씨무인집권기 대몽외교를 책임졌던 자들이 대부분이다. 그들은 최우정권 내부에서 대몽사대외교를 통해서 최씨정권을 지탱시켰지만화·전 양면에 걸쳐서 대몽항전이 한계점에 도달한 최항정권 후반부에는실제적인 대몽강화 체결을 위해 최씨정권을 전복시키는 방향으로 나아갔던 것이라 하겠다.

한편 최씨정권의 대몽관계유지 기간이라 할 수 있는 고종 6~45년까지 고려조정의 인사발령명단을 추려보면 대몽화의론자의 관직 임용에

論을 적극적으로 주장하지 않았다는 것을 방증하지 않나 한다. 다만 宰樞 文臣의 대세가 和議論이었던 만큼 柳璥이 그러한 和議論에 동조하고 나서며 戊午政變에 가담했을 개연성은 높아 보인다.

대한 전반적인 흐름을 이해할 수 있으며 이들의 분포를 통해서 대몽화의
론이 어느 시기에 고조되었는지 그 대강을 짐작할 수 있다.

〈兄弟盟約期와 對蒙戰爭期 人事發令名單〉

고종 8년 윤12월	李延壽(태위 문하시랑 동중서문하평장사 판이부사), 金義元(중서시랑평장사 판병부사), 崔瑀(참지정사 이부병부상서 판어사대사), 史洪紀(지문하성사 이부상서 판공부사), 文惟弼(수사공 좌복야), 金就礪(추밀원사병부상서 판삼사사), 鄭通輔(지추밀원사 예부상서), 韓光衍(동지추밀원사 호부상서), 李勣(추밀원부사 상서좌복야), 貢天源(우복야)
고종 9년 12월	李延壽(수태보 주국), 崔甫淳(중서시랑평장사 판병부사), 史洪紀(참지정사), 金就礪(참지정사 판호부사), 文惟弼(지문하성사), 鄭通輔·韓光衍(추밀원사), 宋臣卿(지추밀원사 이부상서), 李勣(동지추밀원사), 李迪儒(좌산기상시 판삼사사), 貢天源(추밀원부사 상서좌복야), 吳壽祺(추밀원부사 공부상서), 柳澤(상서우복야), 金仲龜(병부상서 추밀원지주사), 崔甫延(형부상서), 文漢卿(공부상서), 柳彦琛(형부상서 판각문사), 咸壽(호부상서), 李公老(추밀원 우부승선)
고종 10년 6월	兪升旦(예부시랑 우간의대부), 趙晉卿(전중승)
고종 10년 12월	李延壽(수태보), 崔甫淳(수문전태학사 동수국사), 鄭通輔(판추밀원사), 韓光衍(보문각대학사), 宋臣卿·李勣(지추밀원사), 李迪儒(동지추밀원사), 貢天源(예부상서), 金仲龜(추밀원부사 상서좌복야), 柳澤(한림학사 승지)
고종 12년 12월	鄭通輔(판추밀원사 이부상서), 崔正份(첨서추밀원사 어사대부)
고종 13년 12월	貢天源(추밀원사), 柳彦琛(동지추밀원사 좌산기상시), 崔宗峻·崔正份(동지추밀원사), 丁公壽(추밀원부사 상서우복야)
고종 14년 12월	文惟弼(침지정사 판예부사), 貢天源(지문하성사 이부상서), 柳彦琛(추밀원사 예부상서), 崔宗峻(지추밀원사 좌산기상시), 崔正份(추밀원사), 崔正華(동지추밀원사 호부상서), 李元玲·奇汀·金之成(추밀원부사), 陳湜(우복야 한림학사), 史光補(병부상서), 金叔龍(추밀원 좌승선 공부상서 지이부사), 鄭畋(호부상서), 李仲敏(형부상서), 崔宗藩(추밀원 좌부승선), 李頤(우승선), 李奎報(판위위사 지제고), 庾敬玄(상서우승 지어사대사), 白敦賁(시비서감 좌간의대부)

고종 15년 12월	崔甫淳(수태사 판이부사), 金就礪(수태위 중서시랑평장사 판병부사), 貢天源·崔正份(참지정사), 崔宗峻(지문하성사 이부상서), 金仲龜(지추밀원사), 陳湜(추밀원부사 어사대부), 史光補·兪升旦(추밀원부사 좌·우산기상시), 洪斯胤(상서우복야), 崔正華(추밀원사), 朴世通(병부상서), 趙廉卿(예부상서), 金叔龍(추밀원 지주사), 金良鏡(형부상서 한림학사), 金承俊(시호부상서), 崔宗藩(좌승선), 李頎(좌부승선), 崔林壽(시비서감 좌간의대부)
고종 21년 1월	咸壽(좌복야), 朴文成(우산기상시)
고종 23년 12월	朴文成(知門下省事), 宋景仁·蔡松年(추밀원부사), 宋允·崔宗梓(좌·우복야), 田甫龜(좌승선)
고종 36년 11월	崔沆(추밀원부사 이부상서 어사대부)
고종 37년 7월	趙季珣(추밀원부사), 李世材(우부승선)
고종 37년 12월	崔沆(문하시중)
고종 41년 2월	鄭準·崔坪·林景弼(추밀원부사)
고종 41년 10월	崔璘(문하평장사)
고종 42년 2월	崔沆(감수국사)
고종 42년 8월	崔㺩(전중내급사)
고종 42년 12월	崔沆(중서령), 奇允肅(문하시랑 동중서문하평장사), 李君卿(지문하성사), 趙修(정당문학)
고종 43년 10월	崔滋(중서평장사)
고종 43년 12월	金起孫(지문하성사), 李輔·李世材·李藏用(추밀원부사)
고종 44년 7월	崔㺩(우부승선)
고종 44년 12월	鄭準(지문하성사), 李世材(어사대부), 朴洪茂(추밀원부사), 皇甫琦(좌복야)
고종 45년 3월	柳璥(추밀원 우부승선), 朴松庇(대장군), 金仁俊(장군)
고종 45년 11월	金之岱(추밀원부사), 柳璥(첨서추밀원사)
고종 45년 12월	崔允愷(좌부승선)
고종 45년 12월	崔滋(동중서문하평장사), 金起孫(중서시랑평장사), 鄭準(참지정사), 李藏用(政堂文學), 李世材(지문하성사), 趙珣(수사공), 金寶鼎(추밀원사), 金之岱(동지추밀원사), 柳璥·皇甫琦·孫挺烈(추밀원부사), 金佺·朴成梓(좌·우복야), 鄭世材(우부승선)

위와 같이 형제맹약기·대몽전쟁기에 해당하는 고종 8~45년 사이에

고려조정의 인사발령은 26차례 있었다. 이 인사발령 횟수는 按察使·兵
馬使 발령이나 三軍元帥 편제 등을 모두 빼고 온전히 宰樞급 인사발령
만을 엄선한 것이다. 앞의 명단을 자세히 살펴보면, 매우 흥미로운 사실
을 발견할 수 있다. 고종 8~15년까지는 형제맹약기에 해당하는데, 강동
성전투 당시 대몽강화를 최초로 제기한 적이 있었던 무인집정 최우와 현
실적 대몽화의론을 계속 유지하려 하였던 김취려·한광연·유승단·김중
구 등이 발견된다. 물론 이 시기 인사발령은 화의론자만 중용한 것은 아
니다. 崔宗峻·崔正份과 같은 鐵原崔氏 가문의 문사들과 吳壽祺와 같은
對契丹戰爭 유공자도 포함되어 있다. 그렇지만 강동성전투에서 몽고와
연합하여 거란유종을 격멸시키고 형제맹약을 체결하였던 장본인들이 재
추 명단에 포함되어 있고 그들의 관직이 꾸준히 승진되고 있다는 것은
예의주시해볼 만하다. 이러한 점은 최우정권이 비록 화·전양면책을 입
안하였다고 하더라도 대몽관계의 커다란 범주는 현실적 대몽강화가 그
기조였음을 방증해주지 않나 한다.

고종 21~37년까지의 인사발령은 龜州城戰鬪의 영웅 朴文成(朴犀), 최
우가 신임했던 蔡松年·田甫龜와 같은 대몽강경론자·항몽론자로 채워져
있는 것이 특색이라 하겠다. 여기에는 최씨정권 3대 집정 최항 자신도
포함되어 있다. 강화천도 이후부터 也古의 침입 이전까지는 화·전양면
책이 유지되었지만 다소 항몽론이 우세한 가운데 항몽의 중심에 서 있었
던 인물들이 중용되었음을 이해하여볼 수 있다.

同王 41~45년 사이의 인사발령에서 주목되는 것은 대몽화의론자·강
화파가 본격적으로 등장한다는 점이다 이들의 약진은 몽고군철수를 이
끌어내기 위한 대몽외교와 표문작성에 대한 반대급부로 주어진 것이다.
고종 41년 2월 鄭準·崔坪·林景弼을 필두로 하여[169] 같은 해 10월 최린,

---

169) 鄭準·崔坪·林景弼이 모두 동시에 也古의 제4차 침입군이 물러간 이후에 樞密
院副使에 임용되었다는 것은 어떤 식으로든 이들이 對蒙和議論을 펼쳐 몽고군

同王 42년 12월 조수, 43년 12월 최자 등이 재추에 임명된 것은 이들이 也古·車羅大의 제4~5차 침입 당시 대몽강화외교를 성공적으로 수행하여 몽고군을 철수시켰기 때문이었다. 정준·최평·임경필은 대몽화의론자 가운데 消極派로서 안경공 왕창의 몽고 입조에 어떤 식으로든 영향을 주었을 것으로 짐작된다. 반면에 최린·최자 등 금의의 문생들은 태자친조를 주장하면서 몽고군 원수부에의 방물·서신외교 뿐만 아니라 몽고황제에의 세공·표문외교를 수행하는 등 활발한 대몽강화교섭을 통해 자신들의 입지를 넓혀나갔다. 그 결과 몽고군을 철수시킬 수 있었고 그 공로를 인정받아 고종 41년 이후부터 재상의 반열에 오를 수 있었다고 생각된다.

고종 43년 이후의 인사발령명단을 유심히 살펴보면, 최씨가 가병지휘관이었던 金仁俊(金俊)과 문객 장군 朴松庇를 제외한다면 화의론자들이 재추 명단을 거의 채우고 있는 모습을 확인할 수 있다. 또한 대부분의 인물이 戊午政變에 가담하였거나 정변을 암묵적으로 용인하였던 것으로써, 대몽강화와 더불어 왕정복고를 희구했던 측면이 농후하다. 고종 45년 인사발령명단에 기재된 14인의 면모를 들여다보면, 강화파는 최자·김보정·김지대·정준·이세재 등이 엿보이며 나머지 인물들도 적극파이든지 소극파이든지 간에 대몽강화에 찬동하는 부류였을 것으로 짐작된다. 이렇듯 화의론자들은 재추급 인사발령에 있어서 고종 41년 이후에 본격적으로 그 모습을 드러내었고 고종 45년에는 정국을 완전히 장악하면서 무인집정이 함부로 강제할 수 없는 시대상을 연출했던 것이라 하겠다.

─────────────

을 철수시켰음을 이해하여 볼 수 있게 해주는 대목이다.

제5장

對蒙外交의 변화와 崔竩政權

車羅大의 제5차 침입이 최고조에 이르렀을 때 어렵게 항몽노선을 지속시키고 있었던 崔沆이 사망하고 그의 孽子 崔竩가 권력을 승계하게 되자 대몽관계는 일정한 변화를 예고하게 되었다. 최의는 최항대의 대몽강경론자와 대몽화의론자들의 입장을 제대로 조율하지 못하였고, 일부 심복의 측근정치에 지나치게 의존하였다. 게다가 車羅大의 매해 연속된 침입으로 인해 경제난이 심화되었으며, 중·북부 지방 주현민들의 離叛 움직임도 가시화되고 있었다. 이러한 대내외적인 상황은 최의정권이 오래 지속되지 못하고 단 1년 만에 붕괴되는 요인으로써 지목되어 왔다.

그러나 최의정권의 붕괴를 논의할 때 지금까지 연구되지 못한 것이 대몽관계 변화와 최의정권 붕괴의 상관관계이다. 최의정권이 어떠한 대몽정책을 유지하였고, 대몽관계를 둘러싼 최의와 가신집단·화의론자 사이의 이해관계는 어떠하였는지 구체적으로 드러나지 않았다고 본다. 최의정권의 대몽정책이나 대몽관계 변화가 뚜렷하게 제시되지 못한 것은 최의정권을 최항정권의 연속선상에서 파악하거나 최의정권 내부의 심복집단 분열에만 관심을 가져왔던 연구경향에 기인한다고 보아서 옳을 것이다.

저자는 최의정권 시기에 대몽관계의 변화가 두드러졌다는 것을 강조하기 위해서 최의가 대몽화의론을 적극적으로 수용하게 되는 계기와 그 시점을 포착해보고자 한다. 그럼으로써 최의가 아닌 재추·국왕이 대몽교섭의 주도권을 장악하고 대몽외교에 나서는 모습이 보다 선명하게 이해되리라고 본다. 한편 기존에 대몽강경론 입장을 옹호해 왔던 神義軍과

家兵이 점차 최의의 관심으로부터 소외되었던 이유와 최의정권에 비판
적이었던 講和派와 제휴하게 되는 측면을 戊午政變 실행 과정을 통해서
자세히 드러내고자 한다.

제1절 崔竩의 對蒙和議論 수용

   고종 44년 4월에 개시된 車羅大의 제5-(3)차 침입은 5개월 만에 종결
되었고, 그의 4차례에 걸친 대고려전쟁 가운데 가장 짧은 기간이었다는
점에서 특별한 의미를 부여할 수 있다. 전쟁이 일찍 마무리되었다는 것
은 그만큼 강도조정의 대몽강화 의지가 강렬하게 표출되었음을 말해준
다. 車羅大의 제5-(3)차 침입기간 내내 崔竩政權이 아닌 宰樞가 대몽교
섭의 주도권을 가지고 몽고군 원수부와 외교협상을 벌였다. 太子親朝 문
제에 있어서 재추 내부의 적극파와 소극파는 方法論 상에서 차이가 있
었을 뿐 모두 몽고와의 강화를 바라고 있었다. 즉 前者(적극파)는 태자의
조속한 親朝를 통해 전쟁을 영원히 종식시키자는 입장이었고, 後者(소극
파)는 몽고의 의도를 알아보기 위해서 왕실종친을 몽고군 원수부에 먼저
보내 적정을 탐지한 후에 태자가 아닌 王子를 입조시켜도 늦지 않다고
주장하였었다.[1] 또한 최의정권은 車羅大가 제5-(3)차 침공을 재개하자
곧바로 金守剛을 몽고 皇室에 보내 철병을 요청하였다. 김수강이 車羅大
의 제5-(2)차 침공 때 1년간 몽고 憲宗을 설득하여 종국에는 철군을 이끌
어냈기 때문에 최의정권은 그의 대몽외교에 희망을 걸었다. 대체적으로
최의는 부친 최항의 약화된 항몽책을 그대로 계승하긴 했지만, 재추 대

---

1) "宰樞等 請遣王子 講和於蒙古 不聽 崔滋 金寶鼎等 力請 許之 宰樞更奏 先遣宗
   親 觀變然後 可遣也 乃遣永安公僖 贈車羅大 銀瓶一百 酒果等物"(『高麗史』권24,
   高宗 44年 秋7月條).

신들의 의견을 수렴하여 보다 적극적인 대몽강화 노력을 시도하였다고
평가된다.

　몽고 제5-(3)차 침입기간 동안 대몽화의론자들 가운데 적극파는 起居
注 김수강, 將作監 李凝, 侍御史 金軾, 永安公 王僖를 총동원하여 대몽강
화에 나섰고, 소극파는 전쟁의 추이를 지켜보면서 安慶公 王淐의 몽고입
조에 동조했다고 판단된다. 적극파 화의론자들은 태자친조까지 주장했
지만 車羅大가 헌종의 특명을 받들고 고종 44년 9월에 북계로 철수하자
소극파와 타협하여 안경공 왕창의 再入朝를 추진했다고 헤아려진다. 적
극파는 대몽교섭의 주도권을 가지고 있었으므로 몽고가 재침하는 위기
상황이 재발한다면 언제든지 태자친조라는 최대 현안의 대몽강화조건을
이행하려 했을 것이다. 소극파는 태자친조보다는 안경공 왕창의 입조나
蒙古六事의 부분적 실행으로 몽고 측에 신뢰감을 회복시키려 의도했을
것으로 판단된다. 그러면 이 시기 대몽화의론자들의 활동상을 알아보기
위해 車羅大의 제5-(3)차 침입 기간에 몽고에 파견된 고려사신과 그들의
犒饋·貢物·書信·表文外交 현황을 살펴보자.

<표 5-1> 崔竩執權期 高麗使 派遣

順序	王曆	時期	武人執政	使臣內歷	派遣目的 使臣活動	蒙古側 反應	備考
1	高宗 44년	1257. 5.5	崔竩	起居注 金守剛 郎將 秦世基	몽고군 철수와 對蒙講和를 추진		高麗史
2	高宗 44년	1257. 6.5	崔竩	將作監 李凝	개성에 들어온 몽고 척후병을 犒饋함		高麗史
3	高宗 44년	1257. 6	崔竩	將作監 李凝	南京에 이른 蒙古兵에게 철군 요구	선봉대장 甫波大가 거부함	高麗史
4	高宗 44년	1257. 6.12	崔竩	侍御史 金軾	稷山에 가서 甫波大의 使者 3인을 데리고 옴		高麗史
5	高宗 44년	1257. 6.29	崔竩	侍御史 金軾	몽고사 3인과 더불어 車羅大의 屯所로 파견	車羅大가 使臣 18명 파견	高麗史
6	高宗 44년	1257. 7.20	崔竩	侍御史 金軾	귀환 보고: 車羅大가 高宗이 出陸해서 屯所에 오면 철군하겠다고 통보		高麗史 귀환 사례

順序	王曆	時期	武人執政	使臣內歷	派遣目的 使臣活動	蒙古側 反應	備考
7	高宗 44년	1257. 7	崔竩	永安公 王僖	車羅大에게 銀瓶·酒果 등을 선사하고 철병 요청		高麗史
8	高宗 44년	1257. 7	崔竩	永安公 王僖	귀환 보고: 車羅大가 太子가 오는 날 군사를 鳳州로 퇴각시키겠다고 약속		高麗史 귀환 사례
9	高宗 44년	1257. 8.6	崔竩	侍御史 金軾	車羅大에게 몽고군이 철수할 때 太子가 親朝할 것임을 천명		高麗史
10	高宗 44년	1257. 8.20	崔竩	侍御史 金軾	車羅大 屯所에 가서 酒果·銀幣 등을 주고 그의 의향을 떠 봄		高麗史
11	高宗 44년	1257. 9.7	崔竩	侍御史 金軾	귀환 보고: 車羅大가 군사를 鹽州로 퇴각	몽고 憲宗이 蒙古兵 철수 지시	高麗史 귀환 사례
12	高宗 44년	1257. 9.21	崔竩	起居注 金守剛	몽고 憲宗에게 철병시킬 것을 간곡히 요청하니 승낙		高麗史 귀국 사례
13	高宗 44년	1257. 12	崔竩	安慶公 王淐 左僕射 崔永	太子 대신에 安慶公 王淐이 몽고에 入朝		高麗史

〈표 5-2〉 崔竩執權期 對蒙事大外交 현황

年代	犒饋外交	貢物外交	書信外交	表文外交
高宗 44년 (1250)	6. 5 將作監 李凝 7.某日 永安公 王僖 8.20 侍御史 金軾	(5. 5 起居注 金守剛) 7.某日 永安公 王僖 8.20 侍御史 金軾 (12.某日 安慶公 王淐) (左僕射 崔永)	(6.某日 將作監 李凝) (6.12 侍御史 金軾) (6.29 侍御史 金軾) (8. 6 侍御史 金軾)	(5.5 起居注 金守剛) 郎將 秦世基 (12.某日 安慶公 王淐) 左僕射 崔永
횟수	총3회	총4회(2회 추정)	총4회(4회 추정)	총2회(2회 추정)

* ( )는 시행했을 것으로 추정한 것임

위의 <표 5-1·2>에서 최의집권기 對蒙事大外交로써 호궤외교 3회, 방물외교 4회(2회 추정), 서신외교 4회(모두 추정), 표문외교 2회(모두 추정)가 나타난다. 이 가운데 郎將 秦世基를 제외하면 모두가 문신이거나 왕실종친인 점이 특별히 주목된다. 이러한 측면은 대몽외교에 있어서도 文·武交差制를 적용하였던 최우나, 車羅大의 제5-(2)차 침입으로 위기상황을 맞이하여 가장 신임할 수 있던 武將을 적진에 내보냈던 최항의 외교방식과는 현저하게 다른 것이 확인된다. 최의집권기에 대몽외교를 전담하였던 인물은 호궤·방물외교에 있어서는 장작감 이응과 시어사 김식, 표문외교에 있어서는 기거주 김수강을 들 수 있다.[2] 앞서 언급했듯이, 이들 문신들은 대몽화의론자 내부에서 최의정권의 대몽정책을 대몽강화 쪽으로 급격히 쏠리게 하는데 일정한 영향을 끼쳤다고 헤아려진다.

그러면 최의정권이 車羅大의 제5-(3)차 침입 이후에 있어서 어느 시점부터 대몽화의론 쪽으로 무게중심을 급격히 옮겨갔는지 추적해보자. 이와 관련하여 아래의 사료들이 그러한 단서를 제공해 주고 있다.

A-1. 壬申 金守剛 還自蒙古 守剛 懇乞回軍 帝許之 仍遣使 與守剛偕來(『高麗史』 권24, 高宗 44年 9月 壬申日條)

A-2. 金守剛 還自蒙古 帝方自將伐宋 守剛見帝於行營 懇乞回軍 帝許之 仍遣使 與守剛偕來(『高麗史節要』 권17, 高宗 44年 9月條)

A-3. 冬十月 閔偁 自蒙古逃還 以所佩金牌獻崔竩 且曰 在蒙古時 聞大臣密議 今後不復東伐 竩悅 給宅一區 米穀 衣服 什器 拜爲散員(『高麗史節要』 권17, 高宗 44年 冬10月條)

A-4. 十一月 癸丑 令四品以上 議 遣子入朝 便否 及備禦蒙古之策(『高麗史』 권24, 高宗 44年 11月 癸丑日條)

A-5. 遣 安慶公淐 左僕射崔永 如蒙古(『高麗史』 권24, 高宗 44年 12月條)

A-6. 春正月 流大將軍宋吉儒 于楸子島 吉儒性貪酷 諂事崔沆 嘗爲夜別抄 鞫囚 縛兩手拇指 懸于梁架 合結兩足拇指 縋以重石 去地尺餘 熾炭其下 使兩人交杖腰脊 囚不勝毒 皆誣服 及爲慶尙州道水路防護別監 檢察州縣人物入島 有不從令者 必撲殺之 或以長繩 連編人頸 令別抄 執兩端曳投大水 幾絶乃出 稍蘇復如之 又奪人土田財物 朘削無厭 按察使宋彦庠 劾報都兵馬 其黨金仁俊 承俊等 私謂大司成柳璥待制柳能曰 吉儒吾素所善者 聞按察劾書已至都堂 若遽發 勢難營救 吾將乘間善辭令公 庶可免矣 惟公圖之 璥等 不得已陰戒堂吏 停稟 竩舅巨成元拔聞之 以告竩

2) 金守剛이 蒙古 憲宗에게 表文을 올렸다는 기록은 史書에서 확인되지 않으나, 일반적으로 蒙古에 入朝하여 歲貢外交를 펼칠 때 表文外交도 동반된다는 점을 염두에 둔다면, 그가 表文外交를 전개했을 가능성은 충분하다고 본다.

嗔怒 流吉儒 罵璌能仁俊等曰 吾以爾輩爲腹心不疑 乃何專擅若是耶 皆
俯伏待罪(『高麗史節要』 권17, 高宗 45年 春正月條)

위의 사료 A-1에서 고종 44년 9월 21일에 기거주 김수강이 귀국했는
데,3) A-2에서 그는 南宋을 정벌하려고 준비 중이었던 헌종의 行營을 방
문하여 몽고군의 회군을 간청하여 결국 허락을 받아냈다. 이때 김수강은
봄철 歲貢을 올리지 못한 것과 더불어 강도조정의 出陸還都 문제에 대
해서 해명했을 것이고, 태자의 입조에 대해서는 몽고군이 철수한 이후에
시행할 것임을 약속하면서 몽고병의 즉각적인 철수를 간곡히 호소했을
것으로 추측된다. 즉 그는 '先 蒙古軍撤收 後 太子入朝·君臣出陸'을 약
속하며 몽고 헌종을 적극적으로 설득하였다고 보여지는 것이다. 고종 44년
4월에 車羅大의 제5-(3)차 침공이 개시되자마자 고려조정이 김수강을 파
견하여 강화협상을 시도하자 憲宗은 고려의 적극적인 대몽강화 의지를
확인하고 南宋征伐에 전력을 다하기 위해서 車羅大에게 철군을 명령하
였다. 당장 고려 전선에서 몽고군의 전력을 소모하는 것보다 강도조정으
로부터 강화를 이끌어내고 南宋을 치는데 모든 역량을 구사하겠다는 심
산을 가졌다고 판단되는 것이다.4) 이러한 헌종의 전략구상과 맞물려 車
羅大의 제5-(3)차 침입은 최단기일 내에 종식되었던 것이다. 이는 강도조
정의 강화체결을 위한 적극적인 노력과 몽고 憲宗의 이해관계가 맞아떨
어져서 가능했다. 적극파 화의론자였던 김수강의 자주적 사대외교는 車
羅大의 제5-(2)차 침입에 이어서 이번 제5-(3)차 침공에 있어서도 유감없
이 효력을 발휘하며 최의정권이 대몽화의론에 의지하게 되는 계기를 마

---

3) 金守剛이 蒙古 帝所로 파견된 시점이 高宗 44년 5월 5일이었고, 江都로 歸還한
   일자가 같은 해 9월 21일이었다. 이렇게 본다면, 金守剛은 蒙古 皇帝의 行營에
   도착하자마자 講和交涉을 시도하였고 5개월 만에 곧바로 蒙古使와 더불어 귀국
   한 셈이 된다.

4) 姜在光, 2010, 「崔竩政權의 對蒙和議論 수용과 崔氏政權의 崩壞」, 『한국중세사
   연구』 28, 531쪽.

련해주었다.

한편 A-3를 보면 반역자 附蒙輩 閔偁이 몽고로부터 逃還하였음이 확인된다. 그는 몽고 헌종에게 강도조정이 李峴 등을 주살했으며 永寧公 王綧은 왕자가 아니라고 참소하여 車羅大의 제5-(1)차 침공의 빌미를 제공했던 장본인이었다. 그러했던 그가 강도조정으로 도환했던 이유는 어떤 내막에서일까. 우선 민칭이 최의에게 아부했던 내용부터 분석해볼 필요성이 제기된다. 그는 헌종에게 받았던 金牌를 최의에게 바치면서, 몽고 대신들이 지금 이후로 다시는 東伐(高麗征伐)을 행하지 않을 것이라고 몰래 의논하는 것을 들었다고 아뢰었다. 그가 제공한 정보가 사실인지는 확인할 수 없다. 그렇지만 당시 여·몽 사이에서 강화논의가 급물살을 타고 있었다는 점을 감안한다면 어느 정도는 사실에 가깝다고 생각된다. 최의는 그러한 정보를 전해 듣고서 곧바로 민칭에게 가택 1區, 미곡·의복·집기를 하사했으며 散員職을 주었다. 최항이 부몽배 출신 도환인이었던 윤춘에게 대우했던 것보다는 못하지만 그래도 역적이나 다름없었던 민칭에 대한 대우는 대몽강경론자·항몽론자를 자극하기에 충분했다.[5]

그러므로 민칭이 강도조정으로 급히 도망쳐 돌아왔던 이유는 여·몽 간에 강화를 체결하려는 분위기가 서서히 무르익자 부몽배로서의 자신의 입지와 위상이 격하되고 종국에는 제거될 지도 모른다는 불안감·공포감에서였을 것으로 해석된다.[6] 그는 몽고에서 죽음을 당할 바에야 차

---

5) 신설된 神義軍이나 기존의 夜別抄 무관들은 이러한 崔竩가 閔偁을 수용한 것에 대해서 적지 않은 불만을 가졌을 것으로 짐작된다. 특히 崔沆執權期 말엽에 對蒙抗戰의 최후의 보루로써 창설된 神義軍의 지휘관들은 그 어떤 軍事集團보다도 閔偁에 대해서 적개심을 가졌을 것이고, 이것은 결국 戊午政變으로 이어지는 하나의 계기를 마련했을 것으로 보인다.

6) 閔偁이 江都朝廷으로 投降해온 시점은 高宗 44년 10월이었다. 對蒙講和를 성사시킨 金守剛이 귀국했던 때가 같은 왕 44년 9월이었음을 감안한다면, 麗·蒙 사이에서 전격적인 화친 체결이 몽고 내부에서 활동 중인 고려인 附蒙輩에게 상당한 심리적 압박감을 주었던 것임에 틀림없다. 그러했기에 민칭 같은 반역자들이 마

라리 강도조정에 투항하여 모든 사실을 털어놓고 부귀영달을 누리려고
했음이 분명하다. 그렇지 않다면 민칭이 강도조정에 귀환할 까닭이 없
다. 최의가 반역자 민칭을 받아주었다는 것은 역으로 생각하면 그가 대
몽강화를 통한 전쟁억제에 희망을 걸고 있었다는 것을 반증해준다.

이러한 무인집정 최의의 의향은 A-4·5에서도 여실히 드러난다. A-4
에서 고종 44년 11월 3일에 4품관 이상 관리들을 소집하여[7] 王子의 몽
고입조 여부를 논의하였는데, A-5에서 같은 해 12월에 결국 안경공 왕
창과 左僕射 崔永을 몽고에 보냈다. 안경공을 다시 몽고에 입조시켰다는
것은 최의정권이 대몽강화를 포기할 수 없음을 드러낸 것이다. 11월 3일
에 개최된 4품관 이상 회의는 內侍少卿 宣仁烈, 寶文閣待制 柳能, 大司
成 柳璥, 右副承宣 蔡楨, 大將軍 崔瑛 등 최의의 심복들을 포함하여 적극
파 화의론자였던 崔滋와 金寶鼎 등이 총망라되어 참여했을 것이다. 이
회의에서 최의의 政房·書房·都房에 소속된 문객집단과 재추의 대신들이
몽고에 왕자를 누구로 보내야 되느냐에 대해서 격론을 펼쳤을 것으로 짐
작된다. 내시소경 선인열과 보문각대제 유능 등 소극파는[8] 적극파인 최
자·김보정 등과 조율하여 결국 안경공 왕창을 다시 입조시켜 몽고조정

음을 바꿔 곧바로 강도조정으로 귀순해 왔던 것이라 생각된다(姜在光, 2010, 앞의
논문, 532쪽의 각주 21 참조).

7) 崔竩의 관직이 右副承宣이었으므로 制度상으로 中書門下省의 宰臣과 樞密院의
상급 七樞만이 참여하는 宰樞會議에 낄 수 없었다(曺圭泰, 앞의 논문, 『高麗武人
政權研究』, 서강대 출판부, 1995, p.104의 각주 38). 따라서 車羅大의 제5-(3)차
침입 이후 武人執政 崔竩와 그 心腹들이 對蒙外交 문제를 처리하기 위해서 四品
官 이상 會議를 개최하였다고도 헤아려진다.

8) 內侍少卿 宣仁烈과 寶文閣待制 柳能은 崔竩政權의 핵심참모였고 崔竩가 가장
신임하던 文臣門客이었다. 이들이 만일 對蒙和議論者 가운데 積極派였다면 史
書에 그 활동이 등장해야 되는데 전혀 그렇지가 않다. 또한 崔竩가 제거되었을
때 함께 誅殺되었으므로 이들은 대체적으로 武人執政의 통제를 따르는 消極派
和議論者에 속해 있으면서 積極派들과 의견을 조율하여 對蒙政策을 실행하는 역
할을 담당하였던 것으로 추측된다.

의 태도를 떠보는 한편 태자입조를 최후의 카드로 활용하려는 외교전술을 펼쳤던 것으로 판단된다.

車羅大의 제5-(3)차 침입군이 철수를 서두르고 있었을 때 고종이 최의의 심복이었던 내시소경 선인열에게 紅鞓을 하사했다는 것은,[9] 혹시 그가 몽고군철수와 어떤 상관관계가 있지 않나 한다. 최씨정권시대에 정방에서 활동한 내시소경은 政色少卿으로 불렸는데[10] 政色尙書와 더불어 인사행정을 맡았으며 최씨집정의 의사를 국왕에게 전달하였다. 이러한 막중한 중책을 담당했던 선인열이 車羅大軍이 철수하고 있었을 때 고종으로부터 紅鞓을 하사받았다는 것은, 그가 안경공 왕창의 재입조를 지지했던 인물로서 적극파 화의론자들을 조율하는데 성공한 공로에 대한 포상이지 않나 하는 점이다.[11] 최의는 자신의 심복이자 대몽화의론자 가운데 소극파였던 선인열 등의 보좌를 받으며 대몽강화를 추진하였고 몽고의 재침을 막아보려 했던 것으로 헤아려진다.

또한 최의정권의 대몽강화 노력은 사료 A-6을 통해서도 확인할 수 있다. A-6은 이른바 '宋吉儒流配事件'의 전말을 다룬 것인데, 여기에서 최의정권의 대몽정책이 변화한 모습을 유추할 수 있다. 본래 宋吉儒는 起於卒伍한 인물로서 최항에게 아첨하여 야별초지유가 되었고 이후 慶尙道 水路防護別監에 보임되었는데,[12] 극히 고압적인 물리적 폭력을 사용하여

---

9) "辛酉 賜 內侍少卿宣仁烈 紅鞓一腰 崔竩腹心也"(『高麗史』 권24, 高宗 44年 9月 辛酉日條). 高宗이 內侍少卿 宣仁烈에게 紅鞓 1腰를 내렸다는 것은 비단 그가 崔竩의 心腹이었기 때문만은 아닐 것이다. 高宗이 紅鞓을 하사한 시점이 車羅大의 제5-(3)차 침입이 거의 종식되고 있었던 때였던 만큼, 어떤 식으로든 宣仁烈이 蒙古軍撤收와 연관된 對蒙政策을 집행하였기 때문이라 보여진다.

10) "崔忠獻 擅廢立常居府中 與其僚左 私取政案 注擬除授 授其黨與 爲承宣者 入白于王 王不獲已 從之 忠獻之子 怡 孫沆 沆之子 竩 四世秉政 習以爲常 其承宣 謂之政色承宣 僚佐之任 此者三品 謂之政色尙書 四品以下 謂之政色少卿 持筆橐 從事於其下者 謂之政色書題 而其所會 謂之政房 斯乃府中之私稱也"(『櫟翁稗說』 前集 一).

11) 姜在光, 2010, 앞의 논문, 534쪽.

州縣民을 강제로 해도에 입보시켜 최항정권의 대몽항전을 지탱시켰던 자였다. 그가 경상도민을 해도에 입보시킨 것은 대체로 고종 43~44년이었다고 보여지거니와[13] 해도입보 추진 과정에서 경상도민의 土田과 재물을 탈취한 것이 적발되어 慶尙道按察使 宋彥庠(宋文胄)에게 탄핵을 당하는 처지가 되고 말았다. 송언상의 탄핵안이 都兵馬使에 접수되자 송길유의 당여인 金俊·金承俊 등이 몰래 大司成 유경과 寶文閣待制 유능 등에게 그 탄핵안을 물려줄 것을 부탁하였다. 최씨가의 家奴 출신 가병지휘관이었던 김준이 유경·유능에게 특별히 부탁한 것은 이들이 최의의 심복 문신문객으로서 송길유의 탄핵안을 물릴 수 있을 정도로 막강한 정치적 영향력을 행사할 수 있었기 때문이었다. 그리고 평소에 김준이 유경·유능과 어느 정도 교분이 있었을 것이라는 점과 최씨가 가병지휘관으로서의 그의 위상을 족히 짐작하고도 남음이 있다. 송길유는 朴松庇와 더불어 김준을 최우에게 칭찬하여 그가 殿前承旨라는 南班職 말단직에 나아갈 수 있게 해 준 恩人과도 같은 존재였으므로 김준은 그와 인간적 유대관계로 연결되어 있었다. 따라서 그 누구보다도 김준이 송길유의 죄를 덮어주고 그를 구해주려고 했던 것이라 하겠다. 한편 김준 등이 야별초대장군 송길유를 구제해주려고 했던 것은 그가 처벌받게 될 경우에 대몽강경론 곧 항몽론의 입지와 위상이 급격히 감퇴할 것이라는 우려 때문이었

---

12) 宋吉儒가 慶尙道水路防護別監에 임명된 시점은 분명치 않다. 그러나 對蒙戰爭期 제4차 山城防護別監이 高宗 44년 5월에 파견되는데 이때 慶尙道水路防護別監으로 함께 파견되었을 가능성이 있다. 한편으로 慶尙道에 대한 海島入保가 강력하게 추진되었을 것으로 추정되는 高宗 43년의 어느 시점에 파견되었을 가능성도 배제할 수 없겠다.

13) 崔竩가 高宗 45년 1월에 宋吉儒를 楸子島로 流配하는 것으로 보아서, 宋吉儒는 高宗 45년 1월 이전에 海島入保를 추진했던 것이 확실하다. 그가 高宗 43년 8월 22일에 淸州民을 海島入保시켰던 것으로 보아 慶尙道水路防護別監이 되어 慶尙道民에 대한 海島入保를 강행하였던 시점은 고종 43년 후반~44년이었을 것이다. 적어도 車羅大의 제5-(3)차 침입이 종료되었던 고종 44년 9월 이전까지 慶尙道民에 대한 高壓的·强壓的 海島入保가 추진되었던 듯싶다.

다. 車羅大의 제5-(3)차 침입 이후 최의정권이 和·戰兩面策을 구사함에
있어서 대몽항전보다는 대몽강화 쪽에 보다 더 무게중심을 두고 대몽정
책을 시행하고 있었다. 그렇기 때문에 동북면병마사 愼執平과 더불어 대
몽강경론의 구심점이었던 송길유를 잃게 된다면 강도조정 내에서 대몽
강경론자들이 설 자리를 상실하게 되고 대몽화의론자들이 더욱 더 득세
하게 될 것은 자명하였다. 이러한 우려가 현실적으로 다가오자 최씨가의
가병지휘관 김준 등은 송길유를 구제하려고 직접 나선 것이었다.

　그러나 김준의 그러한 노력은 최의의 장인이었던 巨成元拔이 모든 사
실을 최의에게 밀고함으로써 수포로 돌아갔다. 도리어 최의는 크게 분노
하면서 송길유를 楸子島로 유배보냈고, 자신 몰래 都兵馬使에 올라온 송
길유의 탄핵안을 물렸던 김준과 유능·유경을 질책하였다. 최의는 崔沆
代 대몽강경론·항몽론의 최일선에서 활약해 왔던 송길유를 제거해버린
것이며, 자신의 심복 김준을 크게 질타하면서 그의 정치적 월권행위를
용서치 않았다. 이 '송길유사건'으로 인하여 최의가 김준 등을 만나보지
도 않았다고 하니[14] 가병지휘관 김준과 令公 최의의 인간적 연결관계는
느슨하게 이완되었음이 분명하다. 이것은 곧 최씨정권에 대한 절대적인
충성과 봉사를 통해서 정치적으로 성장해 왔던 家兵이 최씨집정의 전적
인 후원과 신임을 받지 못하게 되어 최씨정권 군사집단의 일각이 떨어져
나가게 한 계기가 되었다고 생각된다.[15] 비단 가병뿐만 아니라 송길유
와 인간적 연결고리로 맺어져 있었던 夜別抄指諭나 神義軍 지휘관들도
커다란 충격에 휩싸이면서 대몽강경론자들이 일대 위기감에 빠져들었을
것 같다. 송길유사건은 그 전말이 어찌되었든지 간에 최의가 대몽화의론
쪽으로 이미 급선회하였다는 근거로 여겨지며, 최씨집정과 가병·삼별초

---

14) "竩年少暗劣 不禮遇賢士 所與親信者 如柳能良伯之輩 皆庸隸輕躁 … 及吉儒之
　　貶 又與柳璥柳能金仁俊兄弟等交惡 不相接見"(『高麗史』 권129, 叛逆列傳3 崔
　　忠獻傳 附 崔竩傳).
15) 洪承基, 1995, 앞의 논문, 『高麗武人政權硏究』, 서강대 출판부, 198~199쪽.

지휘관들과의 관계가 이완되는 결과를 초래하였다. 결국 송길유사건을 통해서 최의가 대몽강경론보다는 대몽화의론에 보다 더 의지하려고 했음을 알 수 있는 것이다.

결국 사료 A群을 통해서 확인할 수 있는 사항은 최의정권이 車羅大의 제5-(3)차 침입 이후에도 대몽강화를 추진하고 있었고 항몽론자보다는 대몽화의론자에게 보다 더 큰 관심을 나타냈다는 점이다. 김수강의 대몽강화 외교가 성공한 고종 44년 9월을 기점으로 해서 최의정권이 대몽화의론 쪽으로 급선회하였음을 알 수 있다.16) 이 시점 이후에 안경공 왕창을 몽고에 다시 입조시켜 대몽강화 노선을 유지하려고 하였으며, 해도입보를 고압적·강압적으로 추진하다가 타인의 토지·재물을 착복했던 야별초대장군 송길유를 楸子島로 유배보냄으로써 대몽강경론을 위축시켰다.

최의는 몽고의 재침에 최소한의 대비를17) 기하는 한편 재추 대신의 대몽화의론을 수용하여 최씨정권을 계속 유지시켜 나가려고 하였다. 이것은 최의정권의 생존논리이기도 하였다. 그렇다고 해서 최의정권이 재추의 적극파 화의론자들의 주장을 전폭적으로 수용한 것은 아니었다. 적극파의 견해를 수용한다면 조만간에 태자친조와 출륙환도를 실현시켜야 되는데 그럴 경우 최씨정권이 완전히 붕괴해버리기 때문에 가능하지도 않았다.

어디까지나 최의는 자신의 심복 문·무신 문객들 가운데 소극파 대몽화의론자를 기반으로 하여 재추 내부의 최자·김보정 등 적극파 화의론자들과 대몽정책을 조율해나갔던 것뿐이다. 그러한 최의정권의 소극파 화의론자들로서 내시소경 선인열, 보문각대제 유능, 대사성 유경, 우부승선 채정, 대장군 최영 등을 추론할 수 있는데18) 이들 중에서도 선인열과

---

16) 姜在光, 2010, 앞의 논문, 534쪽.

17) 高宗 44년 5월 內地 山城에 대한 防護別監 파견과 對民救恤事業 등이 아마 그러한 최소한도의 전쟁 준비에 포함되지 않을까 싶다.

18) 이들 4인방은 崔氏家 家奴 崔良伯과 더불어 崔竩의 權力承繼를 성공시킨 인물들로서 崔竩의 最側近이라 해도 과언이 아닐 것이다. 이들 가운데 右副承宣 蔡楨과

유능은 최의의 심복 중 심복이었다. 특히 선인열은 車羅大의 제5-(3)차 침입이 종식될 무렵 고종으로부터 紅鞓을 하사받는 장면을 통해서 그가 최씨정권 내부에서 펼친 대몽강화 전략이 나름대로 성과가 있었던 것으로 추정된다. 유능의 경우는 최후의 순간까지 최의를 보필하는 장면을 통해서, 그야말로 최씨가에 변함없는 충성과 봉사를 다했던 인물이라고 평가된다. 그가 죽음을 맞이하는 순간까지 최의와 운명을 같이했다는 것은 대몽화의론에 있어서 선인열처럼 소극파였음이 분명해 보인다.

그런데 최의집권기에 최항대보다도 훨씬 더 대몽화의론에 의지하여 대몽정책을 실행에 옮겼다는 것은 최의가 휘하의 대몽강경론자들과 사이가 멀어지는 것을 감수한 것이었다. 그가 반역자이자 부몽배였던 민칭을 받아준 것이나 해도입보의 적극적 실행자였던 송길유를 유배보낸 것은 신의군·야별초 무관들과 가병지휘관을 자극하기에 충분하였으며, 이들 군사조직의 지휘관들이 최의의 대몽정책을 비판하게 되는 계기가 되었다고도 헤아려진다. 고종 44년 후반부에 들어와서 이러한 변화는 비단 대몽정책적 측면에서만 국한된 것이 아니다. 최씨정권을 지탱시켜 줄 수 있는 경제적 측면과 군·민의 마음을 하나로 묶을 수 있는 대민시혜적 측면에서도 최의정권은 그 한계를 드러내고 있었다.

B-1. 以江華田 二千結 屬公廩 三千結 屬崔竩家 又以河陰鎭江海寧之田 分給 諸王宰樞以下 有差(『高麗史節要』권17, 高宗 44년 9月條)

B-2. 崔竩 以將軍邊軾 郎將安洪敏 散員鄭漢珪 爲江華收獲使 攘奪民利 百姓 嗷嗷(『高麗史節要』권17, 高宗 45년 春正月條)

B-3. 竩年少暗弱 不禮遇賢士 咨訪時政 其所與親信者 如柳能崔良伯之輩 皆輕 躁庸隷 其舅巨成元拔 與竩寵婢心鏡 外施威福 內行譖訴 黷貨無厭 時 又 連歲饑饉 不能發倉賑恤 由是 大失人望(『高麗史節要』권17, 高宗 45년 3月條)

大將軍 崔瑛은 戊午政變 당시 제거되지 않고 이후 계속 활동하는 것으로 보아서 高宗 45년 3월 당시에 崔竩政權에 등을 돌린 것이 아닌가고 생각되기도 한다.

위의 사료 B-1을 보면, 車羅大의 제5-(3)차 침입이 종결되자마자 최의
는 고종 44년 9월 23~30일 사이에 강화도의 토지 2千結은 公廩에 돌리
고 3千結은 최씨가에 붙였다. 전체 5천 결 가운데 무려 3천 결을 자신의
사유지로 삼았던 것이다.[19] 그리고 그러한 조치는 車羅大의 제5-(3)차
침입이 완전히 종식되자마자 취해진 것이어서 그가 대몽강화에 어느 정
도 자신감을 가지고서 최씨정권의 경제적 기반을 확충하려고 노력했음
을 알 수 있게 해준다. 이렇듯 광대한 강화도 토지점유는 비록 최씨정권
이 경제난을 타개하기 위해 취한 극단적인 대책이었다고 하더라도 江都
백성의 최씨정권에 대한 경제적 불만요소로 작용했음에 틀림없다. 최의
는 다음 해인 고종 45년 1월에 장군 邊軾, 낭장 安洪敏, 산원 鄭漢珪를
江華收獲使로 삼아서 조세를 걷게 했는데, 이들이 民利를 긁어모아 민심
이 흉흉해졌다. 강화수획사들의 대민수탈 역시 강도 백성의 최씨정권에
대한 경제적 불만요소로 轉化하였을 것이 분명하다.

한편 B-3을 살펴보면, 최의정권의 경직되고도 졸렬한 국정운영과 총
체적인 난관이 극명하게 드러난다. 최의는 나이가 어리고 暗弱했을 뿐만
아니라 賢士를 예우하지 않았는데, 親信者였던 가병지휘관 崔良伯과 보
문각대제 유능과 같은 무리만 친하여 강도의 門閥들로부터 폭넓은 지지
를 받고 있지 못했다. 최의가 현사를 예우하지 않았다고 한 대목에서,
그가 강도조정의 대몽화의론자들의 눈치를 보면서 대몽정책을 실행시켰
지만 어디까지나 외교정책 상의 필요성에 의한 것이지 그들을 존경하거

---

19) 崔竩가 江華島의 토지 3千結을 私有地로 만든 것을 보면, 對蒙戰爭期 말엽에 崔
氏政權의 經濟難을 짐작할 수 있다. 崔氏家는 全國에 10개의 農場이 있었는데,
對蒙戰爭 후반부로 갈수록 매년 戰禍가 三南地方 內陸 깊숙이 진전됨에 따라 州
縣民이 農事를 제대로 지을 수 없었고 그에 따라 江都朝廷은 租稅收取의 어려움
이 가중되었다. 따라서 이러한 난관을 타개하기 위해서 崔竩는 崔沆代에 개간하
여 늘린바 있었던 江華島의 토지 3千結을 자신의 소유지로 확정짓고 崔氏政權의
經濟的 基盤으로 삼으려 했던 것이다.

나 그들 자체의 영향력을 인정하고자 한 것은 아니었음을 알 수 있게
해준다. 이는 곧 강도조정의 현사들이 최의를 꺼려하고 싫어했다는 의미
도 되는데, 그것은 최의가 賤出이었다는 점, 政事에 어둡고 심성이 나약
했다는 점, 그리고 최양백·유능 등과의 측근정치에 얽매여 있었다는 점
이 크게 작용한 듯싶다. 최의정권의 한계는 비단 여기에 그치는 것이 아
니라 外戚과 婢妾의 정치개입에서도 문제점이 드러난다. 최의의 장인은
巨成元拔이었고 그가 총애하는 婢妾은 心鏡이었는데, 이들은 밖으로는
威福을 베풀고 안으로는 讒訴를 일삼았으며 재물을 탐욕하는데 주저함
이 없었다. 이들이 정치에 간여하여 참소를 일삼고 뇌물을 받았다는 것
은 최의의 후원이 없이는 불가능하다. 최의의 후원 하에서 거성원발과
심경은 자신의 위상을 높여갔으며 이것은 결국 최의정권의 졸렬성을 언
급하게 되는 一要因이 된다고 보아진다.

　그러나 그 무엇보다도 B-3에서 주목해야 할 것은, 최의가 고종 44년
후반부에 군인과 백성을 진휼하지 않아서 인망을 크게 상실했다는 점이
다. 최의는 고종 44년 4월 집권하자마자 2차례에 걸쳐서 대기근에 허덕
이던 군인과 백성을 구휼하였고, 丙辰年(1256년) 이상 체납된 조세를 면
제해 주기도 하였다. 하지만 車羅大의 제5-(3)차 침입이 종식된 이후에는
더 이상 백성들을 구휼했다는 기사가 보이지 않는다. 다만 고종 45년 2월
에 해도입보한 州·縣에 대해서 1년치 조세를 면제해 주는 정도가 고작
이었다.[20] 그가 강화도의 토지 3천 결을 착복했으면서도 정작 굶주림에
고통을 받고 있던 軍·民을 구휼하지 않았던 것은 돌이킬 수 없는 실정이
었다. 최씨정권을 타도한 戊午政變 주도세력의 건의를 받아들여 고종이
최의의 창고를 열어서 王室宗親·宰樞·文武百官·軍卒·皂隷·坊里人에게
곡식을 차등 있게 지급한 것이나[21] 김준이 고종 45년 11월 집권한 이후

---

20) "二月 海島入保 州縣 免一年租"(『高麗史節要』권17, 高宗 45年 2月條).
21) "高宗 四十五年 與柳璥松庇等 誅竩 復政于王 俊進曰 竩不恤生民 坐視餓死而

최우선적으로 행한 것이 바로 軍·民을 진휼하였다는 점을 통해서,[22] 군·
민이 최의정권의 경제정책에 대해서 상당한 반감을 가지고 있었음을 어
렵지 않게 추측해 볼 수 있다.

그러면 최의정권이 대몽정책을 수행하는데 있어 크게 의존할 수밖에
없었던 강도조정의 대다수 대몽화의론자들의 최의에 대한 태도와 인식은
어떠했는가. 사료 B-3에서 간략하게 언급되어 있듯이, 최의는 賢士를 예
우하지 않았고 자신의 권력세습에 결정적 공헌을 했던 선인열·유능 등 최
측근 문신만을 신임하였다. 그렇다면 賢士로 표현된 강도조정의 문신들은
최의정권에서 배제되어 있었다고 보아서 무방할 것이다. 이들 문신들은
對蒙和議論에 있어서 적극파와 소극파로 양분되어 있었고 극히 일부가 최
씨정권을 위해서 정방·서방 등에서 봉사했지만 대다수는 최의정권에 반
감을 가지고 있었다. 이들의 최의에 대한 인식은 B-3에 나타나듯이, '그가
나이어리고 어리석으며 政事에 어둡고 心性이 나약하다'는 것으로 여겨진
다. 최항집권기 이후 강도조정의 문신들은 세력을 결집하여 화의론을 주
장함으로써 최의정권의 대몽정책 실행에 결정적인 영향을 끼칠 수는 있었
다. 최의정권은 車羅大의 제5-(3)차 침공이 개시되자마자 대몽화의론자들
의 의사를 존중하여 대몽정책을 수행했지만 그들을 예우하지는 않았다.
최의는 어디까지나 그들을 대몽외교에 활용하였을 뿐 그들의 모든 주장을

不賑貸 臣等 擧義 誅之 請發粟 賑饑 以慰人望"(『高麗史』 권130, 叛逆列傳4 金
俊傳) ; "發誼倉穀 分賜 有差 太子府二千斛 諸王 宰樞 文武百官 以至胥吏軍卒
皁隸坊里人 小不下三斛"(『高麗史』 권129, 叛逆列傳3 崔忠獻傳 附·崔誼傳).

22) 金俊政權 초기에 軍·民을 賑恤하거나 四品以下官의 祿俸을 식량으로 대체한 것
은 다음이 주목된다. "以大饑 發倉 賑宰樞孤寡婦 前衛六品以下官 及諸衛軍 坊里
人"(『高麗史節要』 권17, 高宗 46年 春正月條). "賜 諸寺院僧徒 及江華任內諸縣
人民 租有差"(『高麗史』 권24, 高宗 46年 春正月條). "大倉御史 奏倉廩已匱 無
以頒祿 乃以崔誼別庫米 一萬五千石 補四品以下祿俸"(『高麗史節要』 권17, 高宗
46年 春正月條). "賜 合入 各官吏民 租有差"(『高麗史』 권24, 高宗 46年 春正月
條). "發新興倉銀十斤 易穀種 給貧民"(『高麗史節要』 권17, 高宗 46年 2月條).

전폭적으로 수용한 것은 아니었다. 그는 적극파 화의론자들의 주장을 무시하지 않는 방향에서 선인열·유능 등 최씨정권 심복 화의론자들의 지지를 통해 최씨정권을 계속 유지해나가려 하였다. 이러한 최의의 편협한 측근정치에 더하여 강화도 토지 3천 결 점유와 대민진휼 미비에 점차 불만을 품고 강도의 문신들은 王政復古 쪽으로 기우는 것이 아닌가 한다.

　한편 최의정권이 대몽화의론 쪽으로 급선회했다고 하더라도 그것은 어디까지나 최의가 자신의 심복 중 소극파 화의론자를 토대로 하여 적극파 화의론자를 포섭하려고 했던 것뿐이었으므로 대몽전쟁은 종식될 수 없었다. 최의집권기에 적극파가 태자입조·출륙환도를 통해서 대몽전쟁을 종식시키려는 의도를 노골적으로 표출하고 있었지만 최의정권 내부의 선인열·유능과 같은 소극파를 제압할 수 없었으므로 실질적인 대몽강화는 기대하기 어려웠다. 바꿔 말하면 최의정권의 핵심참모로서 최의를 보필하고 있었던 선인열과 유능을 제거하지 않는 이상 적극파 화의론자가 꿈꾸는 실질적 대몽강화는 실현될 수 없었다. 그러므로 최의정권의 대몽화의론 수용과는 별개로 실질적 대몽강화의 실행 측면에서 대몽화의론자 가운데 적극파는 일정한 제약을 받고 있었으므로 그 한계를 드러내고 있었던 최의정권에 등을 돌릴 수밖에 없었던 것이라 하겠다.

제2절　對蒙關係의 변화와 戊午政變

1. 神義軍·家兵의 정치적 소외와
反崔竩連帶勢力의 결집

崔竩執權期에 들어와서 무인집정 최의가 추구한 측근정치와 그의 대몽화의론 수용에 따라 국내정치·대몽정책에 있어서 최항집권기와는 다른 변화가 있었음을 앞 節에서 살펴보았다. 그러한 변화는 최씨정권 心腹集團 내부의 복잡한 利害關係에 따라 그들의 분열을 가속화시켜 결국 최씨정권의 붕괴로 이어졌다.23) 이번 節에서는 최씨정권의 군사집단이었던 家兵과 중앙군이었던 神義軍이 어떠한 내막에 의해서 戊午政變24)을 주도하여 최씨정권을 타도하게 되었는지, 그리고 대몽화의론을 주장하던 문신집단의 일각이 어째서 가병지휘관 김준 등과 손을 잡고 王政復古를 내세우며 최의제거에 앞장섰는 지에 대해서 깊이 있게 고찰해보고자 한다. 이를 위해서는 먼저 최의정권의 탄생과정과 그 특성을 면밀히 살펴야 할 것이다. 이 작업이 해결되어야만 최의정권에 반감을 품은 諸政治勢力 곧 反崔竩連帶勢力을 추적해낼 수 있기 때문이다. 다음으로

---

23) 崔竩執權期 國內政治와 연관해서 崔氏政權의 崩壞를 다룬 연구는 다음이 크게 참고가 된다. 邊太燮, 1973,「武臣亂과 崔氏政權의 成立」,『한국사』7, 國史編纂委員會, 122~124쪽 ; 許興植, 1982,「1262年 尙書都官貼의 分析(上)」,『韓國學報』27, 34~49쪽 ; 洪承基, 1982, 앞의 논문,『震檀學報』53·54, 83~86쪽 ; 1983,『高麗貴族社會와 奴婢』, 一潮閣, 304~308쪽 ; 1995,『高麗武人政權研究』, 서강대 출판부, 197~200쪽 ; 野澤佳美, 1982,「金俊の政變について」,『史正』12 ; 南仁國, 1982, 앞의 논문,『大丘史學』22, 28~34쪽 ; 鄭修芽, 1985,「金俊勢力의 形成과 그 向背-崔氏武人政權의 崩壞와 관련하여-」,『東亞研究』6, 401~440쪽 ; 1995,『高麗武人政權研究』, 서강대 출판부, 283~307쪽 ; 金塘澤, 1987,「崔氏政權의 崩壞」,『高麗武人政權研究』, 새문社, 202~221쪽 ; 1999,『高麗의 武人政權』, 國學資料院, 340~362쪽 ; 金大中, 1987,「崔竩政權의 武力基盤解體와 沒落」,『朴性鳳敎授回甲紀念論叢』, 254~278쪽 ; 오영선, 1995,「무신정변·무신집권의 재조명」,『역사비평』30, 쪽288~291 ; Edward J. Shultz, 2000,「The Ch'oe Dilemma」,『Generala and Scholars』, University of Hawai'i Press, 183~186쪽 ; 姜在光, 2004,「崔氏家 家奴출신 政治人의 役割과 戊午政變의 性格」,『韓國史研究』127, 17~29쪽.

24) 戊午政變은 高宗 45년 3월 崔氏家 家兵指揮官 金俊과 文臣門客 柳璥 등이 崔竩勢力을 제거하여 崔氏政權을 타도하고 形式的이나마 권력을 국왕에게 넘겨준 사건을 지칭한다. 戊午政變이라는 용어는 許興植의「1262년 尙書都官貼의 分析(上)」(1982,『韓國學報』27)에서 그대로 따랐음을 밝혀둔다.

최의가 추구한 국내정치·대몽정책과 연관하여 가병·신의군이 무인집정의 관심으로부터 소원해지게 된 배경을 찾아내는 작업을 진행해야 될 줄로 믿는다. 가병·신의군이 夜別抄·鷹揚軍을 포섭하여 무오정변을 주도해 나가는 만큼 이들 군사조직의 최의정권에 대한 불만요소를 찾아낸다면 무오정변 주동세력의 한 軸을 설명할 수 있게 되는 것이다. 마지막으로 무오정변 주동세력의 또 다른 한 축을 형성했던 柳璥·崔昷 등 문신세력이 대몽화의론을 수용하려 노력한 최의정권을 군이 타도해야만 했던 궁극적인 이유에 대해서도 구체적인 탐구가 필요하다. 유경은 최씨정권의 문신 문객이었던 만큼 그가 최의정권에 등을 돌리게 되는 계기는 무엇이며 그가 어떻게 적극파 화의론자들까지 포섭해 나가면서 무오정변을 성공으로 이끄는가 하는 점이 드러나지 않으면 안 된다고 본다.

지금까지 종래의 연구들은 대체적으로 최항·최의의 출신적 하자나 이들이 구사한 편협한 측근정치, 그리고 김준 등 심복 가병지휘관과 신의군지휘관들의 최씨가 이탈에 주목해서 최씨정권의 몰락을 살피고 있다.[25] 그러나 저자는 그러한 기존 연구성과를 충분히 반영하면서도 최의정권이 추구한 대몽정책에 있어서 가신집단·군사조직의 상반된 이해관계를 중시하여 최씨정권의 붕괴 문제를 고찰해보고자 한다. 우선 최의집권기의 政治狀況을 알려주고 있는 사료들을 분석해봄으로써 앞서 문제제기한 사항들을 하나씩 짚어보기로 하자.

C-1. 沆 嘗以竩屬宣仁烈柳能曰 若輔導成就 獲承家業 則君等之賜也 及沆病

---

[25] 대표적으로 金塘澤은 崔氏家가 몰락할 징후는 이미 崔沆代부터 나타나기 시작하였고, 崔沆의 襲權에 반대하거나 정치적 견해를 달리한 江都 官吏들이 많았으며, 崔竩執權期에 이르러 崔沆의 心腹들이 내부분열을 일으켜 崔氏家가 崩壞했다고 해석하였다(金塘澤, 1999, 앞의 논문, 『高麗의 武人政權』, 國學資料院, 340~362쪽). 氏의 견해는 거의 定說化되어 있는데 다만 아쉬운 점으로 남는 것은 對蒙强硬論과 對蒙和議論 사이에서 崔竩政權이 보인 태도와 그 心腹集團의 향배에 대한 세밀한 분석이 없다는 점이다.

召仁烈能 執手曰 君等保護此子 吾死無恨矣 沆死 殿前崔良伯秘不發喪
按劒叱侍婢勿哭 與仁烈謀以沆言傳于門客 大將軍崔瑛蔡楨及能等 會夜
別抄神義軍書房三番都房三十六番 擁衛 乃發喪 王卽授埴借將軍 又命
爲敎定別監(『高麗史』권129, 叛逆列傳3 崔忠獻傳 附 崔埴傳)

C-2. 宋吉儒性貪酷便佞 起於卒伍 高宗時 諂事崔沆 爲夜別抄指諭 … 累遷將
軍 尋拜御史中丞 有司以系賤不署告身 沆强逼 乃署 加大將軍 爲慶尙道
水路防護別監 率夜別抄 巡州縣 督民入保海島 有不從令者 必撲殺之 或
以長繩 連編人頸 令別抄等 曳投水中 幾死乃出 稍蘇復如之 又慮民受財
重遷 火其廬舍錢穀 死者十八九 又奪人土田財物 膅削無厭 按察使宋彦
庠劾報都兵馬使 其黨金俊等 私謂大司成柳璥待制柳能曰 吉儒吾所善 聞
按察劾 書已至都堂 若遽發勢難營救 吾將乘間白令公 庶可免 願圖之 令
公指崔埴也 璥等以俊兄弟昵於埴 不得已陰戒堂吏 停棄 埴舅巨成元拔
聞之 以告 埴怒 流吉儒于楸子島 罵璥能俊等曰 吾以爾輩爲腹心 何專擅
若是耶 皆俯伏待罪 及俊誅埴 吉儒訴彦庠於俊 謀害之 王以彦庠嘗有功
命敕之(『高麗史』권122, 酷吏1 宋吉儒傳)

C-3. 舊制 奴婢雖有大功賞以錢帛 不授官爵 沆始除其奴李公柱崔良伯金仁俊
爲別將 聶長守爲校尉 金承俊爲隊正 奴等白埴曰 公柱身事三世 年老有
功 請加祭職 乃授郎將 奴隷拜祭自此始 埴年少暗劣 不禮遇賢士 所與親
信者 如柳能良伯之輩 皆庸隷輕躁(『高麗史』권129, 叛逆列傳3 崔忠獻
傳 附 崔埴傳)

C-4. 埴年少暗劣 不禮遇賢士 所與親信者 如柳能良伯之輩 皆庸隷輕躁 … 及
吉儒之貶 又與柳璥柳能金仁俊兄弟等交惡 不相接見(『高麗史』권129, 叛
逆列傳 3 崔忠獻傳 附 崔埴傳)

C-5. 沆死 埴獨任崔良伯柳能 而疎俊 俊心不平 及吉儒之敗 益相疑貳(『高麗
史』권130, 叛逆列傳 4 金俊傳)

위의 사료 C-1에서, 최항이 임종에 즈음하여 자신의 心腹 宣仁烈과
柳能에게 어린 아들 최의를 옹위하여 家業을 잇도록 해달라는 유언을
남기고 있음을 확인할 수 있다. 최항이 사망하자 당시 別將의 직책을 지
닌 가병지휘관 崔良伯이[26] 비밀리에 發喪을 하지 않고 侍婢가 울지 말

―――――――――

26) 本文 C-1에서는 崔良伯이 殿前(殿前承旨)이라고 표기되어 있다. 그러나 이는 명
백한 오류이다. 崔沆執權期에 崔良伯은 이미 別將職에 除授되었기 때문이다. 여

도록 단단히 일러둔 다음 내시소경 선인열과 공모하여 최항의 유언을 문
객에게 전했다. 최항의 유언을 전해들은 大將軍 崔瑛, 右副承宣 蔡楨, 寶
文閣待制 柳能 등이 夜別抄·神義軍·都房三十六番·書房三番을 불러 모
아 최의를 옹위한 다음에야 최항의 장례를 치렀다. 최항의 사망과 최의
의 권력세습 과정을 통해서 나타나는 인물은 선인열·유능·최영·채정과
최씨가 가병지휘관 최양백 등 5명이다. 이들이 서로 합력해서 최의를 옹
위하여 襲權시킨 것이다. 그러므로 이들은 최항의 유언을 받든 심복 문
객들이었다고 이해되며, 최항이 죽기 전에 이미 이들을 최의의 지지세력
으로써 선택하였다고도 생각된다. 그러한 측면은 최항이 선인열과 유능
에게 後嗣를 부탁했던 것에서 잘 드러난다.

　　최항이 선택하였던 유능은 全州柳氏로서 祖父가 叅知政事에 오른 柳
光植이었고 부친은 平章事에 이른 柳詔였다.[27] 유능은 조상의 음덕으로
門蔭 혜택을 받아 조정에 出仕하였으므로 그는 門閥貴族家門 출신이라
할 수 있다. 또한 그의 가계가 3대에 걸쳐 조정의 要職을 두루 역임한
것을 볼 때 강도조정 내에서 그의 입지는 굳건한 것이었고 볼 수 있다.
채정은 平康蔡氏로서 부친이 中書侍郎平章事를 지낸 蔡松年이었고 조부
도 參職에 오른 인물이었다.[28] 그도 역시 門蔭의 혜택을 입어 出仕한 다
음 계속 승진하여 右副承宣 職까지 올랐으므로 유능과 같은 문벌가문이

기서 殿前이라고 기록된 것은 생각건대, 崔良伯이 오랜 殿前承旨 경력을 거쳤고
그가 殿前承旨였을 때나 別將으로 승진했을 때나 그의 임무는 변함없이 崔氏執
政의 경호임무였기 때문이라고 보여진다.

27) 『高麗史』 권101, 列傳14 柳光植傳 참조.

28) 『高麗史』 권102, 列傳15 蔡松年傳 참조. 蔡松年이 郎將이 되었을 때 자신의 父
親이 아직 參職을 얻지 못하였으므로 자신의 말안장과 장식을 參職에 걸맞는 것
으로 교체하지 않았던 것이 밝혀지면서 崔忠獻에게 총애를 받게 되었다고 한다.
그는 崔忠獻代에 현달하였고 그의 아들 蔡楨도 崔氏家에 奉仕하면서 要職을 역
임하였다. 蔡楨은 崔竩의 權力世襲을 옹위했지만 崔氏政權 붕괴 시에는 정치적
중립을 지켰고 金俊·林衍·林惟茂政權 때에도 朝廷의 名望 있는 大臣으로 인정
받았다.

었다. 대장군 최영은 興海崔氏로서 부친이 門下侍中에 이른 崔湖였으므로[29] 그도 역시 문벌이었음은 재론을 요하지 않는다. 다만 내시소경 선인열의 경우 그 가계가 불분명한데, 최항이 특별히 유능과 더불어 그를 불러 최의의 권력승계를 부탁한 점이나 그가 고종에게서 紅鞓을 하사받았다는 점을 통해서 그도 문벌가문이었을 가능성을 배제할 수 없다. 최의의 襲權을 옹위하였던 5인방 가운데 오로지 최양백 만이 崔氏家의 家奴 출신이었을 뿐 나머지 인물들은 한 결 같이 문벌출신들로서 강도조정 내에서 일정한 영향력을 행사할 수 있는 자들로 여겨진다.

그렇다면 집권전반부에 가병·야별초 지휘관들을 총애하면서 약화된 항몽노선을 그럭저럭 지속시켜 왔던 최항이 집권말엽에 이르러 가병지휘관 최양백과 문벌가문 출신의 문객들에게 최의의 襲權을 부탁한 내막은 무엇일까. 먼저 최항이 전체 가병지휘관들 가운데 최양백을 선택한 까닭에 대해서 깊이 있게 고찰해볼 필요성이 제기된다. 최의의 습권 과정에서는 김준을 위시한 가병지휘관과 김준파 인물들이 전혀 등장하지 않는다. 이것도 또한 의문점으로 제기될 수 있는데, 대체적으로 최항이 임종에 즈음하여 자신이 총애하던 김준 대신에 최양백을 선택한 이유는 다음과 같다고 본다.

첫째, 최항은 자신의 권력승계에 결정적인 공헌을 하였던 김준을 총애하여 그의 급속한 정치적 성장을 도와주었지만 막강한 가병집단을 지휘하며 가신 문객들에게 영향력을 행사하고 있던 김준에 대한 견제의 필요성을 느꼈다. 최항집권기 말엽에 김준은 朴松庇·林衍·朴琪·李宗器와 같은 鄕吏출신 무신들, 송길유와 같은 起於卒伍한 야별초지휘관, 그리고 李公柱·金承俊 등 최씨가 家奴출신 가병지휘관을 결집시키며 하나의 政治勢力을 형성하고 있었다.[30] 또한 宋吉儒事件을 통해서 볼 때, 김준의

---

29) 『興海崔氏大同世譜』 一卷 참조. 大將軍 崔瑛의 父親으로 門下侍中 崔湖의 존재가 확인된다.

정치적 영향력은 유경·유능과 같은 고위문신에게 미치고 있는 상황이었
다. 그러므로 최항이 집권 초에 가장 신임하였던 김준을 자신의 임종에
즈음하여 멀리했던 것은, 정치세력을 나름대로 형성하고 강한 통솔력을
발휘하고 있었던 가병지휘관 김준에 대한 경계심에서 나타난 것이었다
고 생각된다.

둘째, 나이 어린 최의를 잘 보필하며 그의 통제에 가장 잘 순응할 수
있는 가병지휘관의 필요성이다. 이러한 측면을 충족시켰던 인물이 바로
최양백이 아니었나 한다. 김준은 과거에 최우의 애첩 安心을 간통한 죄
를 범해서 固城으로 귀양을 갔던[31] 적이 있던 반면에 최양백은 그 어떠
한 처벌기사도 발견되지 않는다. 이것은 결국 최씨집정이 가장 안심하고
신뢰할 수 있었던 家奴가 바로 최양백이었음을 알 수 있게 해준다.

셋째, 최의의 권력세습에 대한 고위 문·무신의 폭넓은 지지를 이끌어
낼 필요성이다. 최항집권기 말엽에 김준은 鄕吏·軍人·家奴出身 무관들
과 인간적 유대관계를 형성하면서 하나의 정치세력을 형성했던 반면에
최양백은 선인열·유능·채정과 같은 문벌출신 고위문신이나 최영과 같은
고위무관과 연관되어 있었다. 최양백은 최씨집정을 최근거리에서 경호
하는 그의 임무를 통해서 자연스럽게 최씨정권의 문객들, 특히 敎定都監
과 政房·都房에서 근무하는 고위 문·무신과 연결되어 있었던 것이다.
따라서 최항은 자신이 죽기 전에 최의의 권력세습에 대해 강도조정 고위
문·무신의 지지를 이끌어내고자 선인열·유능 등과 연결되어 있던 최양
백을 선택한 것이라고 보여진다. 그는 최양백이라면 별 탈 없이 자신의
의사를 최씨정권의 문객들에게 잘 전달할 것이고, 자신의 문객들이 강도

---

30) 『高麗史』권122, 酷吏1 宋吉儒傳, 『高麗史』권130, 叛逆列傳4 金俊傳과 林衍傳
   을 통해서 金俊의 黨與가 宋吉儒·朴松庇·林衍·朴琪·李宗器 등이었음을 알 수
   있다. 高宗 45년 당시 이들 가운데 宋吉儒·朴松庇는 金俊의 恩人과 같은 同志였
   고, 林衍·朴琪·李宗器 등은 金俊의 心腹이었다.
31) 『高麗史』권130, 叛逆列傳4 金俊傳.

조정의 문·무신을 주도할 것이리라 믿었을 것이다.

　넷째, 최양백이 가병지휘관으로서 경호임무를 수행하면서 가장 가까운 거리에서 최씨집정의 지시를 받고 그것을 문객들에게 전달하는 임무를 수행하였기 때문이었다. 최양백은 최항의 私邸에 머물러 있으면서 그의 임종을 곁에서 지켜보았으며 최항의 사망소식을 가장 먼저 문객들에게 전달하였다. 최항이 죽는 순간 그 곁에는 김준이 없었으며 그도 최양백을 통해서 主君이 사망했다는 소식을 접했다. 이것은 같은 가병지휘관이라도 그 역할이 다소 달랐을 것임을 짐작케 하는 대목이다.[32] 김준도 최씨정권의 경호임무를 맡고 있었지만 그보다 최양백이 지근거리에서 최씨집정을 보위했다고 여겨지는 것이다. 최양백은 무인집정 최항과 가장 가까운 거리에 위치해 있으면서 그의 명령을 가병집단이나 문객에게 전달하고 그 결과를 보고하는 역할을 맡았던 것이 분명하다. 반면 김준은 그 가족 전체와 이공주를 포함하여 최씨가 가병지휘관들의 폭넓은 지지를 얻고 있었다. 가병지휘관들 사이에서 이러한 역할의 차이는 최항으로 하여금 후계자 최의의 권력세습에 있어서 김준보다 최양백을 보다 선

---

32) 金俊과 崔良伯의 任務에 있어서 차이점은 曺圭泰의 「崔氏武人政權과 敎定都監 體制」(1995, 『高麗武人政權硏究』, 서강대 출판부, 96~97쪽 및 97쪽의 각주 28)에 잘 드러나 있다. 氏는 崔良伯과 같은 비서담당 親侍는 奴婢를 지휘하였고, 金俊과 같은 경호담당 親侍는 家兵을 지휘한 것으로 이해하였다. 氏의 주장대로라면 崔良伯은 家兵의 指揮官이 아니며 崔氏家 親侍組織 내에서 비서의 일원이 되는 것이다. 그러나 崔良伯이 崔瑀代에 李公柱·金俊과 같이 殿前承旨로서 임무를 같이했던 점, 崔沆의 옹립 시에 家兵指揮官의 일원으로 활약한 점, 崔沆의 임종 시에 劍을 어루만지며 侍婢가 울음소리를 내지 못하도록 엄하게 통제하고 있는 점 등을 고려해 볼 때 그는 분명 家兵指揮官이었다고 생각된다. 단지 저자는 金俊·崔良伯 모두 家兵指揮官이었는데, 崔沆執權期 말엽에 이르러 그들 사이에 역할의 차이가 발생하였다고 생각한다. 즉 金俊은 家兵의 野戰指揮官과 같은 존재가 되었고, 崔良伯은 家兵의 參謀本部長과 같은 역할을 담당하지 않았나 한다. 이러한 이들의 역할 상 차이는 각자가 연관된 政治勢力과 맞물려 자신의 정치적 운명을 결정하였다고 본다.

호하게 하였을 것 같다.

이상과 같은 요인들은 최항으로 하여금 최양백을 선택하게 하였다. 그러면 최항이 선인열·유능·채정·최영을 최의의 後援勢力으로서 선택한 까닭은 무엇일까. 먼저 이들이 맡고 있었던 관직과 최씨정권의 私的 支配機構와의 연관성을 통해서 그러한 의문을 푸는 단서를 제공받을 수 있을 것으로 본다. 당시 선인열은 내시소경, 유능은 보문각대제, 채정은 우부승선이었는데 이들은 정방에서 근무하였을 가능성이 높다.[33] 최우 집권기 이후 최씨집정에 의해 선택되어 정방에서 근무하는 최씨집정의 黨與는 政色承宣, 조정의 3品官은 政色尙書, 4品官 이하는 政色少卿이라 불렀다고 하므로[34] 최항의 문객이었던 선인열·유능·채정이 그러했을 가능성을 배제할 수 없다.[35] 특히 최의의 심복인 내시소경 선인열은 政

[33] 曺圭泰는 內侍少卿 宣仁烈을 政房員에 포함시켰지만 寶文閣待制 柳能과 右副承宣 蔡楨은 넣지 않았다(曺圭泰, 1995, 앞의 논문, 『高麗武人政權硏究』, 서강대 출판부, 93쪽). 한편 Shultz는 崔沆政權의 참모진으로 崔良伯·崔瑛·李淳牧·柳璥·崔璘·宣仁烈·柳能·蔡楨·趙季珣 등 9인을 지목하였고 이들 가운데 崔瑛·宣仁烈·柳能·蔡楨만을 崔氏家 門客으로 파악하였다. 그는 柳璥만을 政房員이라 하였고 宣仁烈·柳能·蔡楨을 政房員에 포함시키지 않았다(Shultz, 2000, 「Civil Structure and Personnel Ch'oe Hang and Ch'oe Ui」, 『Generals and Scholars』, University of Hawai'i Press, 99쪽). 그러나 崔璘·趙季珣을 제외한 나머지 7인은 史料에서 찾아지는 그 활동상을 볼 때, 모두 崔氏家의 門客들로 여겨지며 宣仁烈·柳璥·柳能은 政房員이 확실해 보인다. 右副承宣 蔡楨의 경우 그가 崔沆의 心腹이었다고 한다면 崔沆이 崔瑀代의 政房員 朴暄과 宋國瞻을 제거한 이후에 그를 政房에 넣어서 政色承宣의 역할을 담당케 했을 가능성만큼은 상존한다.

[34] "高宗 十二年 崔瑀置政房於私第 擬百官銓注 選文士屬之 號曰必闍赤 舊制 吏部掌文銓 兵部掌武選 第其年月 分其勞逸 標其功過 論其才否 具載于書 謂之政案 中書擬陞黜以奏之 門下承制勅以行之 自崔忠獻擅權置府 與僚佐 私取政案 注擬除授 授其黨與 爲承宣 謂之政色承宣 僚佐之任此者 三品謂之政色尙書 四品以下謂之政色少卿 持筆橐從事 於其下者 謂之政色書題 其會所謂之政房"(『高麗史』 권75, 選擧志3 銓注 凡選法條).

[35] 金昌賢은 高麗後期에 政房員이 일반적으로 政色承宣 1명과 실무진(政色尙書·政色少卿·政色書題) 3명으로 구성되었다고 하면서, 崔竩執權期의 政色承宣이 누구였는지 밝히지 않은 채 실무진은 柳璥 1인만을 추정하였다(金昌賢, 1994, 「고

色少卿으로 불리면서 정방에서 근무함과 아울러 왕실에 출입하여 인사 사안을 국왕에게 보고하였을 것으로 여겨진다.[36] 그리고 유능의 경우 유경과 더불어 송길유를 구제해달라는 김준의 간청을 들어주려 했으므로 그가 인사권을 행사할 수 있는 위치에 있었음을 간파할 수 있다. 그것은 결국 그가 政房員이었다는 방증사례가 아닌가 한다. 대장군 최영은 확실히 단언할 수는 없지만, 都房三十六番을 지휘하는 문객장군이었다고 생각된다.[37] 그러했기에 그가 최항의 임종 소식을 듣자마자 야별초·신의군·서방삼번 등과 더불어 최의를 옹위할 수 있었던 것이라 믿어진다. 이러한 추정이 큰 무리가 아니라면 선인열·유능·채정은 정방에서, 최영은 도방에서 근무하고 있었던 최항의 문객이자 참모진이었을 것이다. 그러므로 최항이 자신의 임종에 임박해서 최씨정권의 사적 지배기구 내에서 유력한 심복들에게 후사를 부탁한 것이리라 판단된다.

결국 和·戰兩面策으로 몽고와의 어려운 항전을 지속시키고 최씨정권

려후기 政房의 구성과 성격」, 『韓國史硏究』 87, 2~14쪽). 저자는 崔竩執權期의 政色承宣이 右副承宣 蔡楨이 아니었나 생각되며, 나머지 실무진은 宣仁烈·柳能·柳璥이었을 것으로 본다.

36) 曺圭泰는 內侍少卿이 敎定都監體制 내의 중요부서인 政房·書房·都房과 神義軍·夜別抄를 지휘·통제하거나 政房에 참여하였을 뿐만 아니라 王室과 武人執政 사이의 의견조정 및 王室統制의 기능도 수행하였을 것으로 이해하였다(曺圭泰, 1995, 앞의 논문, 98~99쪽). 崔氏家의 모든 私的 기구들을 통괄하는 敎定都監體制를 상정한 氏의 견해대로라면 內侍少卿의 역할과 위상이 대단한 것이 된다. 그러나 敎定都監이 상설기구가 아니라 국가비상시에 편제된다는 점과 그 首長인 敎定別監이 가장 신임할 수 있는 心腹을 수하로 활용한다는 측면에서 內侍少卿이 굳이 아니어도 崔氏執政에 의해 선택받은 承宣이나 尙書도 敎定都監體制 내에서 활동을 할 수 있었다고 보여진다.

37) 金塘澤은 大將軍 崔瑛이 崔氏家의 門客將軍임을 언급하였다(金塘澤, 1999, 「崔忠獻政權과 武人」, 『高麗의 武人政權』, 國學資料院, 154쪽). 그러나 氏는 그가 都房員이라고 확정하지는 않았다. 한편 李京惠는 大將軍 崔瑛이 崔竩襲權에 참여한 점이나 昇天闕에서 蒙古兵을 犒饋한 것을 통해서 그가 都房의 大將軍이었을 것으로 추정하였다(李京惠, 2002, 『高麗 崔氏武人政權期의 都房』, 서강대 사학과 석사학위논문, 41쪽).

을 계속 유지하려 했던 최항은 최의의 권력세습을 성공시키기 위해서 자신의 심복 문신들을 선택한 것이다.[38] 한편 그가 최의의 지지세력으로 선별한 선인열·유능·채정·최영 등은 최씨정권의 심복 문객이었을 뿐만 아니라 대몽정책에 있어서는 和·戰兩面論을 지탱시킬 수 있는 소극파 화의론자였다고 보여진다. 대몽관계에 있어서 최항은 太子親朝를 주장한 崔滋·金寶鼎 등과 같은 적극파 화의론자들에게 최의를 부탁할 의사가 전혀 없었다. 그는 어디까지나 최씨가를 보호해 줄 수 있는 소극파 화의론자를 원했다. 최항은 자신의 집권후반부에 대몽화의론자들에게 압도되어 대몽외교의 주도권을 그들에게 넘겨준 적도 있었다. 그러므로 그들에게 後嗣를 맡겼다가는 太子親朝 → 王政復古·出陸還都가 실행될 것이 자명했으므로 그는 그들에게 최의를 맡길 생각이 결코 없었다. 더구나 그는 집권과정에서 자신이 강도지배층 내부의 수많은 반대세력을 숙청하였으므로 잠재적인 政敵이 내외에 광범위하게 분포해 있다는 것도 잘 인지하고 있었다. 그러한 잠재적인 정적에는 王政復古勢力과 講和派가 존재한다는 것을 최항은 알고 있었으므로 자신의 심복 가운데 믿을 수 있는 화의론자들에게 최의의 안전한 권력세습을 당부한 것으로 믿어진다.

그러면 선인열·유능·채정·최영을 대몽화의론자 가운데 소극파로 볼 수 있는 근거는 무엇인가. 먼저 대장군 최영은 車羅大의 제5-(1)차 침입 당시 昇天闕에 난입한 몽고군 斥候騎에게 음식을 제공하는 犒饋外交를

---

38) 鄭修芽는 당시 崔沆政權이 蒙古와의 어려운 전쟁 때문에 蒙古 측과 타협점을 모색하고 있었다고 설명하면서 崔沆政權이 崔瑀政權과는 달리 國王·文臣의 의견을 무시할 수 없는 입장에 처해 있었다고 보았다. 그래서 崔沆執權期 말엽에 들어와서 微賤한 出身이 대부분인 金俊勢力을 배제시키고, 國王이나 高位 文·武臣의 지지를 받을 수 있었던 崔良伯勢力, 곧 宣仁烈·柳能·蔡楨·崔瑛 등을 선택하였다고 해석한 바 있다(鄭修芽, 1995, 앞의 논문, 『高麗武人政權研究』, 서강대출판부, 302~303쪽). 氏의 견해는 일면 타당하지만 對蒙關係·對蒙政策과 연계해서 崔沆이 宣仁烈·柳能 등을 선택한 이유를 자세하게 설명하고 있지는 못하다.

펼친 바 있었다. 이러한 최영의 태도로 보아 그는 대몽강경론자라고 보기는 어렵다. 그렇다고 그가 태자친조나 출륙환도를 주장한 적극파 화의론자의 범주에 포함된다는 정황도 포착하기 힘들다. 선인열의 경우 車羅大의 제5-(3)차 침공이 종료될 즈음에 고종으로부터 紅鞓을 하사받았다. 그가 紅鞓을 수여받은 것은 이미 앞 節에서 살펴보았듯이, 그의 적극적인 대몽외교전 구사에 따라 몽고군을 조기에 철수시킨 공로를 인정받았기 때문으로 추정된다. 유능의 경우 최씨정권의 마지막 무인집정이었던 최의와 최후의 순간을 같이 하였던 인물이었으므로 적극파 화의론자로는 보여지지가 않는다. 채정은 무오정변 당시에 정치적 중립을 지켰고 김준·임연정권 당시에 무인정권에 협조하다가 三別抄抗爭이 발발 했을 때 元宗勢力의 회유를 받아들여 출륙환도하였다. 때문에 그가 적극파 화의론자가 아니었나 의심할 수도 있으나, 그도 역시 최의집권기까지는 소극파의 범주에 포함된 인물이었다고 헤아려진다. 따라서 최항이 자신의 임종에 임박하여 선택한 선인열·유능·채정·최영은 소극파 화의론자들로서 최의의 대몽정책을 떠받쳐주기를 기대했던 인물들로 손색이 없었을 것으로 본다. 그리고 이들 4인 정도가 최항이 자신의 사후에 믿고 의지할 수 있었던 최소한의 심복 문객이었다고 보아서 크게 틀리지 않을 것 같다.

이상과 같은 검토가 큰 무리가 아니라면, 최항은 자신의 사후 대몽정책의 수행에 있어서나 적극파 화의론자들을 견제하는 측면에 있어서나 선인열·유능·채정 등과 같은 소극파 화의론자 계열의 문신 문객을 선택할 수밖에 없었다고 보여진다.39) 그러나 그러한 선택은 최의집권기에

---

39) 崔沆이 對蒙强硬論·抗蒙論 계열의 武臣들에게 崔竩를 부탁하지 않은 것은, 우선 그들이 지니고 있었던 강력한 軍事力을 두려워했기 때문이었다. 다음으로 생각이 미치는 것은 崔沆執權期에 이미 對蒙和議論이 고조되고 있었고 對蒙關係 상으로도 對蒙强硬論만 내세울 수 없는 對內外的 상황이 심화되고 있었다는 점이다. 그렇기 때문에 對蒙强硬論 계열에 포함된 武臣들에게 崔竩를 맡겨서 抗蒙論 일

들어와서 최항의 문객집단과 군사집단 내부의 분열과 반목을 가속화시켰다고도 여겨진다. 최의는 C-4·5에서 가노집단 가운데서 최양백, 문객집단 중에서 선인열·유능 등만을 신뢰하고 친밀했으므로 가신집단 전체를 포용할 수 없는 한계를 노정하고 있었다. 그가 가병지휘관 최양백과 문객 선인열·유능 만을 신뢰했다는 것은40) 극히 편협한 측근정치를 시행하였다는 의미도 되는데, 그러한 폐단은 그가 추구한 대몽정책과 맞물리면서 가신집단의 일각이 하나씩 떨어져나가는 연쇄현상으로 발전되어 나갔다고 헤아려진다.

　우선 최항이 가노집단 가운데 최양백을 최의의 후원세력으로 지목한 이후, C-5에서 김준은 최의정권에서 점차 소외되고 있었다. 최항이 죽고 그의 孽子 최의가 권력을 승계하여 오로지 최양백·유능만을 신임하자 김준의 마음이 항상 不平하였다고 한 것이 그것을 잘 말해준다. 최항의 권력승계에 결정적 역할을 수행하였고 가병집단을 실질적으로 영도하고 있었던 김준이 최의의 관심 밖에 있었다는 점은 그동안 정치적으로 줄곧 성장해왔던 그가 최의와 그 측근세력에 대해서 반감을 가질 수 있는 가장 근원적인 계기가 되었을 것이다. 그는 야별초대장군 송길유를 구제하려다가 최의에게 발각되어 호된 질책을 들은 이후부터는 최의가 만나보지도 않았고 서로 의심하는 사이가 되었을 만큼 주군의 관심으로부터 완전히 소외되었다. 김준이 최의에게서 소원해졌다는 것은 비단 그 개인에게만 국한된 문제는 아니었다. 최의가 김준을 소외시킨 것은 그가 거느린 가병집단 전체를 소외시킨 것과 진배없는 것이었기 때문이었다. 김준은 그 동생 金承俊, 아들 金大材·金用材·金植材, 그리고 최씨가 가노집단의 원로이자 정신적 지주였던 이공주와 서로 연대하여 강력한 가병집

변도로 國政을 운영하기를 기대하기는 어려웠을 것이라는 점이 이해된다.
40) 右副承宣 蔡楨과 大將軍 崔瑛은 崔竩의 支持勢力이었다가 戊午政變 당시 政治的 中立을 지키고 政變主導勢力에게 제거당하지 않는 것으로 보아 이들의 崔竩에 대한 친밀도는 宣仁烈·柳能의 그것에 비해 훨씬 낮았다고 생각된다.

단을 지휘하고 있었는데, 이들 전체가 주군의 관심으로부터 소외되었던
것이다. 사료 C-3에서 家奴 전체가 최의에게 달려가 최씨가에 3代를 몸
을 바쳐 충성·봉사한 이공주에게 참직을 제수할 것을 요청하여 결국 최
의의 허락을 받아내고 있음이 확인된다. C-3의 시점은 송길유사건 직후
인데, 아마 최의의 관심으로부터 소원해진 가병집단이 주군 최의에게 집
단적인 청원을 한 듯싶다. 김준 휘하의 가병집단은 송길유사건 이후 김
준 등 가병지휘관들이 최의로부터 완전히 멀어지게 되는 일련의 상황을
지켜보면서 커다란 위기의식을 느꼈고 그러한 난국을 타개하기 위해서
집단적으로 주군에게 몰려가서 이공주에게 참직을 제수토록 요청한 것
이라 하겠다.

다음으로 車羅大의 제5-(3)차 침입이 종식될 무렵에 최의가 부몽배 민
칭을 강도조정에 받아준 일이나 고종 45년 1월에 대몽강경론자 송길유
를 楸子島로 유배보낸 일은 가병뿐만 아니라 신의군·야별초 무관들에게
적지 않은 충격을 주었던 것으로 보인다. 몽고의 제5차 침입의 빌미를
제공하였던 반역자 민칭이 강도조정에 귀순해 왔을 때 최의가 그를 厚
待하자 그동안 항몽전선에서 활약해 오던 가병과 삼별초 지휘관들은 큰
불만을 가졌던 것이 분명하다. 특히 몽고군 진영에서 죽음을 무릅쓰고
탈출하여 돌아온 병사와 백성을 중심으로 편성된 신의군은 반역자 민칭
을 곱게 보았을 리가 없다. 민칭이 "몽고대신들이 지금 이후로는 다시는
고려를 침공하지 않겠다고 하였다"고 말하면서 몽고조정의 극비사항을
제공하며 최의에게 아부하였을 때, 신의군의 집단적인 불만감은 한층 고
조되었을 것으로 생각된다. 그러나 신의군 지휘관들은 그러한 불만을 주
군 최의에게 직접적으로 표출할 수는 없었다.

이렇듯 대몽강경론·항몽론의 대표적 존재였던 송길유를 추자도로 귀
양보낸 사건은 항몽의 최전선에서 목숨을 걸고 싸워 왔던 삼별초 무관들
에게 커다란 심리적 불안감을 던져주었다.[41] 최의정권이 고종 44년 9월

을 기점으로 해서 대몽화의론 쪽으로 급선회하면서 기존의 대몽강경론자의 입지는 더욱 좁아지고 있었다. 최의정권의 대몽정책은 대몽전쟁을 회피하고 선인열·유능 등의 소극파 화의론자를 중심으로 하여 최자·김보정 등 적극파 화의론자를 조율하면서 대몽외교 현안을 해결해나가는 것이었다. 그러므로 최의정권의 대몽정책은 강도조정 내부의 대몽화의론자들이 몽고 측과 강화조건을 협상해나가는 것을 주요골자로 하였으므로 대몽강경론자들의 항전논리는 다소 수그러들고 있었다. 이러한 상황 속에서 그동안 해도입보를 강도 높게 추진해 왔었던 야별초대장군 송길유가 추자도에 유배되는 사건이 벌어졌던 것이니, 대몽강경론의 최일선에 서 있었던 야별초 장교들의 정치적 위기감은 극에 달했을 것이다. 그러므로 송길유의 비리를 덮어주고 그를 구제하려다가 발각되어 오히려 최의의 관심으로부터 완전히 배제되었던 김준과 야별초지유들의 일부가 제휴하게 되었던 것이라 하겠다. 김준은 야별초대장군 송길유와 同志關係였으므로[42] 송길유사건으로 인해서 가병과 야별초 지휘관들이 서로 연대할 수 있는 계기가 마련되었을 것이라고 여겨진다.

마지막으로 최의가 구사한 측근정치와 대몽정책은 경제난과 맞물리면서 강도조정의 강화파 문신들로 하여금 최씨정권에 등을 돌리게 만들었다고 본다. 최의가 親信하였던 심복문객 선인열·유능 등은 앞서 살펴본 바와 같이 소극파 화의론자였는데 이들은 어떻게 해서든지 적극파와 조율하여 몽고와 강화를 성립시켜 최씨정권을 유지시키려 하였다. 그러나 최자·김보정 등 적극파 화의론자들은 최항이 사망하고 車羅大가 곧바로 제5-(3)차 침입을 재개하자 태자친조를 실현시켜 대몽전쟁을 종식시키려 하였다. 한걸음 더 나아가 이들은 종국에는 실질적·영구적 대몽

---

41) 金塘澤, 1999, 「최씨정권의 붕괴」, 『高麗의 武人政權』, 國學資料院, 360쪽.

42) 宋吉儒는 崔瑀에게 金俊을 칭찬하여 그가 殿前承旨라는 南班職 말단직에 나아가게 해 준 恩人과도 같은 존재였다. 그러므로 崔氏家에서 金俊과 宋吉儒의 관계는 平等한 同志關係였을 것으로 생각된다.

강화를 위해서 출륙환도까지 의도하고 있었다.[43] 이들은 아무리 최의가 대몽화의론으로 급선회했다고 하더라도 그가 추구하고 있는 대몽정책으로는 진정한 대몽강화가 실현될 수 없음을 절실히 느끼고 있었다. 최의의 심복이 아닌 강도조정의 대다수 소극파 화의론자들도 최의정권의 정국운영에 있어서의 졸렬성과 당시 심각한 경제난 때문에 더 이상 최씨정권에 의존하려 하지 않았다. 최의정권은 경제난을 타개하기 위해 給田都監을 설치하여 祿俸 대신에 토지를 문·무관에게 지급하는[44] 한편 강화도 토지 2千結까지 國庫에 붙여 경제위기를 수습하려 하였다. 이러한 최의의 대책은 극히 미봉책에 불과한 것으로 대다수 강도지배층 문신을 만족시켜줄 수 있는 궁극적인 방책은 되지 못했다. 대몽화의론자에 있어서 적극파·소극파는 각기 입장은 달랐지만 점차 최씨정권에서 離叛하려는 공통된 움직임을 보이고 있었던 것이다.

한편 C-4에서 최의가 '나이어리고 정치에 어두우며 용렬하여 賢士를 禮遇하지 않았다'고 되어 있는데, 여기서 현사는 최의의 옹졸한 측근정치와 대몽정책·경제정책을 비판하던 강도조정 및 재야의 모든 士類를 지칭할 수도 있겠다. 하지만 지금까지의 논의과정에서 누차 지적해왔듯이 현사는 최의정권에서 배제되어 있는 적극파·소극파 화의론자였음이 분명하다. 최항집권기 후반부에 이들에 의해 대몽화의론은 고조·심화되었고, 최의집권기에 접어들자마자 대몽화의론자들은 대몽교섭의 주도권을 완전히 확보하여 무인집정 최의의 대몽정책을 거의 좌우하다시피 하였다. 그러나 이들은 정권에서 배제되어 있었고 최의의 심복이었던 선인

---

43) 대표적인 積極派 對蒙和議論者 崔滋와 金寶鼎은 高宗 46년 1월에 江都는 땅이 넓은 반면 사람이 적으므로 굳게 수비하기가 곤란하므로 出陸하여 항복하는 편이 낫다고 주장하기도 하였다. "以蒙兵大至 令三品以上 各陳降守之策 衆論紛紜 平章事崔滋 樞密院使金寶鼎曰 江都地廣人稀 難以固守 出降便"(『高麗史節要』권17, 高宗 46年 春正月條).

44) "議分田代祿 置給田都監"(『高麗史節要』권17, 高宗 44年 6月條).

열·유능 등의 눈치를 보아야 했기 때문에 자신들의 정치·외교적 욕구를 실현시킬 수 없었다. 최의정권이 대몽화의론을 수용하여 강화파의 주장을 존중하기는 했지만 그렇다고 해서 화의론자들의 모든 요구사항을 수렴한 것도 아니었다. 최의정권은 단지 車羅大의 재침으로 위기에 처했을 때 강화파를 활용하여 자기정권의 안전을 도모하고 어떻게 해서든지 최씨정권을 지속적으로 유지시켜 나가는 것이 외교정책 상의 최대 목표였다. 그러므로 이들 화의론자들은 고종 말엽에 최의정권이 봉착한 정치·외교·경제적 한계상황을 최대한 활용하여 최씨정권을 타도하고 王政復古를 실행하려는 방향으로 나아가는 것이 아닌가 한다.

이상과 같은 최의집권기 정치상황을 통해서 김준과의 가병지휘관들이 최의의 관심으로부터 소원해져 있었고, 선인열·유능·최양백 등의 親崔竩擁衛勢力과 갈등을 빚고 있었음을 확인할 수 있다. 이들의 소외와 갈등은 송길유사건으로 인하여 더욱 더 첨예화되었다. 김준과 가병지휘관들의 정치적 고립은 최의정권에 대한 불만으로 옮아갔고, 外部勢力과의 결합으로 번져갔다. 김준세력은 최의정권이 민칭을 후대한 것과 대몽화의론 쪽으로 급선회한 대몽정책에 대해서 불만을 품고 있었던 신의군과 연대를 도모하였고, 송길유의 추자도유배에 충격을 받고 있었던 야별초지유들과의 제휴를 모색하였다. 한걸음 더 나아가 김준은 二軍六衛의 수장 鷹揚軍上將軍 朴成梓를 포섭하여 중앙군의 지지를 얻어내려고 하였다. 한편 유경을 필두로 한 문신세력도 적극파·소극파 화의론자들을 포섭해나가면서 김준과 더불어 최씨정권 타도를 위한 연합전선을 형성해나갔다. 특히 유경은 왕정복고의 명분으로 고종을 설득하여 反崔竩連帶勢力[45])에 국왕을 끌어넣은 장본인이라고 이해된다.[46]) 고종도 유경 등

---

45) 反崔竩連帶勢力에는 金俊을 위시한 家奴(家兵) 세력, 朴希實·李延紹·林衍 등의 神義軍 세력, 白永貞·趙文柱·吳壽山·徐均漢 등 일부 夜別抄 세력, 柳璥·崔昷 등 文臣 세력, 朴成梓의 鷹揚軍 세력, 그리고 國王 高宗이 명백하게 포함된다. 이러한 여러 정치세력 가운데 정변모의에 직접 가담하고 있는 것은 家兵·神義

문신세력을 배후에서 적극적으로 후원하면서 牽龍行首를 겸하고 있던
夜別抄指諭 趙文柱·徐均漢을[47] 김준파에게 합세시켜 정변을 묵인하였
다. 이렇게 해서 형성된 反崔竩連帶勢力은 가병·신의군·야별초·응양군·
문신(강화파)·고종으로 구성되어 있었던 것이다.

2. 親崔竩擁衛勢力의 타도와 形式的 王政復古

崔竩勢力의 측근정치와 대몽정책·경제정책에 불만을 품고 反崔竩連
帶勢力이 형성되었고, 이들은 王政復古를 명분으로 최씨정권 타도라는
공동의 목표를 성취시켰다. 반최의연대세력 가운데서도 金俊과 연계되
어 있었던 神義軍 지휘관들이 擧事를 맨 처음 제의하고 적극적으로 戊
午政變에 가담하고 있었다는 점을 눈여겨볼 만하다. 그렇다면 각기 利害
關係가 달랐을 것으로 짐작되는 이들 반최의연대세력이 왜 김준·유경을
도와 정변에 적극적으로 참여하였을까 궁금해진다. 또한 이들이 崔氏家
를 붕괴시킬 만큼 절박한 당시 정치적 상황은 무엇이었을지 의문이 든다.
이번 小節에서는 반최의연대세력의 각기 입장에 대해서, 그리고 戊午政

군·文臣勢力이다. 都房勢力이 정변모의에 포함되었는지는 사료 상으로는 알 수
없으나 일부 都房員들도 거사계획에 가담했을 것이고 戊午政變 당시 활약했을
것으로 여겨진다.

46) 柳璥은 정변을 성공적으로 이끌기 위해서 王政復古를 내세우며 國王 高宗을 어
떤 식으로든지 정변에 끌어들였을 것으로 보인다. 고종이 戊午政變 후에 柳璥을
衛社功臣 제1순위에 올려놓은 것이나, 柳璥의 私邸에서 崩御한 점을 통해서 그
와의 사전결탁이 있었음을 어렵지 않게 추측해 볼 수 있는 것이다.

47) "並力輔佐爲白在 別將白永貞 隊正朴天植 李禔 朴西挺 牽龍行首趙文柱 散員同
正朴成大 郎將辛允和 中郎將吳壽山 牽龍行首徐均漢 郎將宋松禮 別將金貞呂
呂遇昌 郎將劉存奕 康國升 散員田取千等乙良 職次超授褒賞敎是遣"(柳根榮 발
행, 1979,『文化柳氏世譜』一, 文化柳氏世譜所 影印 ; 1979,『文化柳氏世譜』,
景仁文化社, 6~8쪽의「尙書都官貼」).

變의 구체적 진행모습과 그 의의에 대해서 깊이 있게 음미해보기로 하겠다.

> D. 神義軍都領郞將朴希實 指諭郞將李延紹 密謂 璥仁俊承俊公柱 將軍朴松庇 都領郞將林衍 隊正朴天湜 別將同正車松祐 郞將金洪就 仁俊子大材用 材式材等曰 竩親近憸小 信讒多忌 不早爲之 所吾曹恐亦不免 遂定計約以四月八日 因觀燈擧事(『高麗史』권129, 叛逆列傳 3 崔忠獻傳 附 崔竩傳)

무오정변의 성공에는 신의군의 時宜適切한 가담과 지원이 결정적으로 작용하였다. 위의 사료 D에서 신의군 지휘관인 朴希實과 李延紹[48]가 김준·유경 등에게 4월 8일 燃燈會 때 최의정권을 타도할 것을 맨 처음 제의하고 있다. 이들 신의군 무관들이 김준을 위시한 반최의연대세력에게 정변을 제의하고 있는 이유는 무엇이었을까 궁금해진다.

신의군은 본래 몽고군 진영에서 탈출한 자 가운데 勇力있는 장병을 중심으로 편성된 부대였다. 이 부대는 고종 41년 12월경에 창설되고 同王 42년 4월 이후 조직적으로 편제·확대되었을 것으로 보인다.[49] 그런데 신의군 都領郞將이었던 박희실이 과거에 義州別將[50]이었던 것을 참작해 보면 신의군은 戰時에는 몽고의 침입을 방어하기 위한 野戰軍과 같은 존재였을 것이다. 이러한 신의군은 최씨정권의 對蒙抗爭意志를 대변해 주는 한편 강도정부 내의 대몽강경론을 뒷받침해주는 역할을 담당하던 부대였다. 최의정권이 고종 44년 9월을 기점으로 해서 대몽정책을 대몽화의론 쪽으로 급선회하여 운용함에 따라 신의군지휘관들은 부대의 存立名分에 위기의식을 가지게 되었다고 판단된다. 또한 앞 節에서 살펴

---

48) 李延紹는 『高麗史』 권25, 元宗 3年 冬10月 己未日條와 「高麗古都徵」 권7, 新興寺條를 통해서 볼 때, 李仁桓과 동일인물인 듯싶다.

49) 姜在光, 2004, 앞의 논문, 『韓國史硏究』 127, 19쪽.

50) "十一年四月奉旨 遣寶鼎僚屬校尉黃貞允義州別將朴希實 從詔使先還"(『元高麗紀事』 太宗皇帝 11年 4月條).

보았듯이, 최의가 반역자 부몽배 閔偁의 말을 곧이듣고 후하게 대우한 것과 대몽강경론의 상징적 존재였던 야별초대장군 송길유의 楸子島流配에 적지 않은 불만감을 토로했다고도 생각된다. 단지 위기의식에 지나지 않고 목숨에 위협을 느끼는 정도가 되었기에 신의군 무관들이 정변에 적극 가담하였다고 헤아려진다. 몽고의 실정에 정통한 신의군 도령낭장 박희실[51]과 指諭郎將 李延紹가 김준파의 가병지휘관들에게 정변을 적극 제의한 것도 이런 맥락에서 잘 이해된다.

한편 신의군과 가병 사이에서 교량역할을 담당했을 것으로 여겨지는 이는 신의군 도령낭장 林衍과 장군 朴松庇였다. 고종 41년 鎭州戰鬪에서 공훈을 세운 임연은 김준의 천거를 받아 신의군 도령낭장이 될 수 있었고,[52] 박송비는 송길유와 함께 최우대에 김준을 칭찬하여 그가 殿前承旨로 나아갈 수 있게 해 준 恩人과 같은 존재였다. 이들 신의군 무관들은 김준파 가병지휘관들과 인간적인 유대관계로 연결고리를 형성하고 있었다. 박희실·이연소·朴天植·車松祐·金洪就 등이 무오정변 이전에 김준과 어떤 연관을 맺고 있었는지는 자세히 알 수 없지만[53] 이들이

---

51) 朴希實은 金寶鼎 등과 함께 高麗 高宗 26년(蒙古 太宗 11년) 蒙古에 사신으로 다녀온 적이 있었다. 이 외에 朴希實이 몽고에 高麗使臣으로서 파견된 사례는 『高麗史』 권24, 高宗 45年 12月條와 『高麗史』 권25, 元宗 卽位年 8月條에서 잘 확인된다. 戊午政變 이후 神義軍 출신 武將이었던 朴希實이 몽고에 사신으로 파견된 것은 그가 高麗朝廷을 대표할만한 對蒙和議論者이기 때문이 아니라 과거에 몽고에 다녀온 적이 있는데다가 武將들 가운데 몽고와의 交涉에 적임자로 평가되었기 때문이었을 것이다.

52) 林衍의 부대소속에 대해서는 夜別抄說(金庠基, 1939, 앞의 논문 ; 尹龍爀, 1991, 앞의 책, 294~295쪽), 神義軍說(許興植, 1982, 앞의 논문, 『韓國學報』 27, 42~44쪽 ; 金大中, 1987, 앞의 논문, 273쪽), 都房說(金塘澤, 1987, 앞의 책, 219쪽), 中央軍說(申虎澈, 1997, 『林衍·林衍政權硏究』, 忠北大 出版部, 53~56쪽) 등이 제시되어 있다. 저자는 林衍이 神義軍무관들과 거사모의를 같이하고 있는 점, 神義軍 創設과 멀지 않은 시기에 都領郎將이 된 점, 그리고 戊午政變 당시 金俊派의 일부 夜別抄 무관들과 함께 행동하는 것을 근거로 해서 神義軍說을 따랐다. 그렇다고 해서 林衍이 夜別抄 지휘관이었을 가능성을 완전히 배제한 것은 아니다.

신의군 지휘관들로서[54] 평소에 김준의 가병세력과 친밀한 관계를 유지하고 있었다고 헤아려진다.

거사를 맨 처음 제의했던 박희실·이연소는 "최의가 간사한 자를 가까이 하고 참소를 많이 믿고 꺼리는 것이 많아 거사를 일찍 도모하지 않으면 우리들의 목숨이 위태롭게 될 것이다"라고 말하였다. 여기서 최의가 간사한 자를 가까이 하고 참소를 많이 믿었다는 대목에 주의해볼 필요가 있다. 최의가 親信했던 자들은 크게 3가지 부류가 존재했다. 첫째 선인열·유능·최양백 등 최측근 심복들을 들 수 있는데 최의는 이들과 가까이 하고 김준세력과 대몽강경론자들은 점차 멀리하였다. 둘째 반역자 부몽배 민칭을 제시할 수 있는데, 최의는 그에게서 몽고조정의 극비사항을 전해 듣게 되자 그를 우대하였다. 셋째 장인 巨成元拔과 애첩 心鏡을 거론할 수 있겠는데, 이들은 최의의 권세를 믿고 안으로 참소나 하고 밖으로는 勢道를 부리면서 끝없이 재물을 탐냈다.[55] 대체로 박희실 등이 말

---

53) 金俊政權은 元宗勢力과 林衍勢力의 결합에 의해서 崩壞되었다. 金俊이 誅殺되었던 戊辰政變 당시 將軍 車松祐는 죽임을 당했고 上將軍 金洪就는 섬으로 流配되었다. 金洪就와 車松祐가 金俊政權이 崩壞된 이후에 林衍派에 의해서 제거되었다는 것은 그들이 金俊勢力에 포함된 존재였음을 알 수 있게 해준다. 특히 車松祐는 金俊에게 海島再遷을 건의하였고, 元宗廢位와 安慶公 王淐의 옹립을 주장하는 등 對蒙强硬論의 最一線에 서 있었던 것이 확인된다.

54) 金塘澤은 政變謀議에 참여한 인물들 가운데 朴松庇·林衍·朴天植·車松祐·金洪就를 都房員으로 이해하였다(金塘澤, 1999, 앞의 논문,『高麗의 武人政權』, 國學資料院, 360~361쪽). 반면 崔元榮은 이들 가운데 林衍은 夜別抄 무관으로, 車松祐·金洪就는 都房員으로 파악하였다(崔元榮, 1995,「林氏武人政權의 成立과 崩壞」,『高麗武人政權硏究』, 서강대 출판부, 314쪽). 그러나 저자는 朴松庇·林衍·朴天植·車松祐·金洪就가 기본적으로 神義軍 무관이었다고 생각한다. 擧事謀議가 진행된 곳이 바로 神義軍 陣營이었다는 점에서 그러하고, 이들이 夜別抄 지휘관이었다는 증거가 포착되지 않기 때문에 더더욱 그러하다. 다만 이들 가운데 神義軍將軍 朴松庇는 崔氏家의 門客將軍이자 都房員이었을 가능성이 있고, 車松祐·金洪就는 神義軍 무관이자 都房員이었을 가능성을 배제하기 어렵다.

55)『高麗史』권129, 叛逆列傳3 崔忠獻傳 附 崔竩傳.

했던 최의 곁의 간사한 자들이란 바로 이러한 3가지 부류의 인물들이었
음에 틀림없다. 이들이 최씨집정에게 참소를 일삼았으므로 최의가 그 내
용을 전적으로 믿고 꺼리는 것이 많았던 것이라 하겠다. 박희실의 발언
을 통해서 가병과 더불어 신의군도 역시 고종 45년 당시에 主君 최의의
관심에서 멀어져 있었음이 확실하다고 하겠다.

그런데 이러한 3가지 부류 가운데 신의군 무관들의 목숨을 위태롭게
할 정도로 실권을 행사할 수 있는 인물은 선인열·유능 등이었다고 보여
지며, 江都로 귀순해 온 민칭은 신의군의 입지에 악영향을 끼칠 수 있는
인물이었다고 헤아려진다. 선인열·유능은 최의의 최측근 심복이자 소극
파 화의론자로서 강도조정의 적극파 화의론자와 협의하여 최의정권의
대몽정책을 대몽화의론 쪽으로 급선회하게 만든 자들이었을 것으로 앞
節에서 이미 추정해보았다. 이들은 대몽강화의 수위를 조절하면서 가병
지휘관 최양백 등과 더불어 최의정권을 끝까지 지탱시키고자 하였다. 최
의정권은 중앙군·삼별초를 활용한 대몽전투를 자제하면서 재추의 대몽
화의론자들의 의견을 경청하여 車羅大의 제5-(3)차 침입 초반부터 외교
전에 사활을 걸었으며, 결국 몽고군을 조기에 철수시키는 데 성공하였
다. 대몽강경론·항몽론의 보루와도 같았던 신의군 지휘관들은 몽고군과
의 적극적인 전투를 최의에게 건의했지만 수용되지 않았을 것이고, 이러
한 최의 측근 심복들의 대몽정책에 커다란 불만과 위기감을 가졌을 것
같다. 만일 어떤 식으로든 講和派에 의해서 대몽강화가 성사된다면 강도
조정의 대몽화의론자들이 몽고의 요구사항을 수렴하여 창설된 지 얼마
되지 않은 신의군 부대를 언제든지 와해시킬 수 있었기 때문이었다.[56]

---

56) 高宗 46년 4월 太子 倎이 蒙古에 親朝한 이후 對蒙講和가 성사되었는데, 이후
蒙古는 江都朝廷 측에 蒙古六事의 완전한 시행을 통해 臣屬할 것과 더불어 三別
抄의 名簿를 보낼 것을 줄기차게 요구해 왔다. 金俊政權은 蒙古六事 가운데 國
王親朝(太子親朝)·禿魯花派遣·歲貢納付·驛站設置 등만을 부분적으로 시행하였
고 助軍·達魯花赤設置·戶口調査 등은 江都朝廷이 처한 여러 가지 난관을 들어

이들은 자신들의 정치적 소외의 차원을 넘어서서 최의정권으로부터 자신들의 목숨에 위협을 느꼈고 공포감과 좌절감마저 가지고 있었다고 생각된다.

따라서 신의군이 무오정변에 가담하게 된 원인은 당시 강도조정 안에서 대몽화의론이 심화되고 있었고 최의의 심복들이 대몽화의론 쪽으로 대몽정책의 방향을 잡고서 대몽강경론자·항몽론자들을 종전처럼 우대하지 않을 뿐 아니라 신의군 무관들이 최의의 관심에서 소외되어 위기의식을 느꼈기 때문이었다.[57] 이러한 원인 이외에도, 최의정권이 중앙군과 삼별초를 투입하여 몽고군과의 전투에 적극적이지 않았다는 점과[58] 집

거부하였다. 물론 金俊政權은 三別抄의 名單을 보내라는 몽고 측의 요청을 묵살하였다. 이처럼 對蒙講和에 있어서 三別抄 名簿의 공개는 三別抄의 와해를 야기시킬 수 있는 중대한 문제였다.

57) 鄭修芽는 朴希實이 高宗 26년에 金寶鼎과 더불어 蒙古에 使臣으로 파견된 적이 있었던 만큼, 和議論者이자 親蒙派였던 金寶鼎과의 관계에 비춰볼 때, 그의 政治外交의인 性向은 和議論者와 연대할 수 있는 親蒙의인 性格이 있었음을 지적하였다(鄭修芽, 1995, 앞의 논문, 『高麗武人政權硏究』, 서강대 출판부, 292~296쪽). 그러나 神義軍의 부대 속성이나 對蒙戰鬪 수행 면에서 指揮官 朴希實이 親蒙의인 性向을 지닐 수 있었는지 의문이다. 그는 金俊政權이 성립하고 나서 高宗 46년 12월에 對蒙戰爭을 종식시키기 위한 條件附 對蒙講和에 나섰는데, 이때 高麗朝廷의 對蒙强硬論者를 대표해서 自主的 實利外交를 구사하면서 蒙古 憲宗과 담판한 것이지 그 자신이 親蒙派였기 때문에 蒙古에 使臣으로 파견되어 蒙古 측에 저자세 외교를 펼친 것은 아니라고 본다. 따라서 神義軍 무관 출신 朴希實은 王政復古에 찬성하는 勤王派로서 여길 수는 있으나 親蒙派라고 보기에는 무리가 있다.

58) 高宗 44년 6월 車羅大의 蒙古軍 先鋒隊가 開京·南京까지 南下하였을 때, 崔竩政權은 將作監 李凝을 보내서 退軍하기를 청하였다. 그리고 같은 달 12일 蒙古軍 先鋒隊長 甫波大가 충남 稷山까지 南下하자 侍御史 金軾을 보내 積極的인 對蒙講和 노력을 보이기까지 하였다. 崔沆이 사망한 지 얼마 안 지나서 車羅大가 再侵을 감행하자 崔竩政權은 강력한 對蒙抗戰을 펼칠 수가 없었으므로 對蒙講和外交에 오히려 희망을 걸었던 것으로 이해된다. 한편 1년 밖에 안 되는 崔竩執權期 동안 史料 상에서 中央軍·三別抄가 蒙古軍과 치른 전투가 거의 발견되지 않고 地方州縣民의 對蒙抗戰만 나타나는 점도 이런 정황을 뒷받침한다.

권 후반부에 군사를 제대로 賑恤하지 않아[59] 군대의 사기가 크게 저하된 점도 신의군 무관들이 불만을 가질 수 있는 一要因으로 작용했다. 이러한 위기의식과 불만을 가지고 있던 신의군 무관들은 자연스럽게 최의정권에서 소외되어 있던 김준파 가병지휘관들과 제휴할 수 있었던 것이다.

사료 D에서 신의군 무관들과 김준파 가병지휘관을 제외하면 문신문객이었던 유경이 정변모의에 참여하고 있음이 주목된다. 그는 어떠한 이유에서 신의군·가병과 제휴했던 것일까. 고종 27년 5월에 과거에 급제한 유경은 그의 座主가 任景肅·崔璘인데,[60] 적극파 화의론자였던 좌주 최린과는 달리 그는 소극파 화의론자였다고 생각된다. 그것은 고종 41년 7월에 강도조정의 출륙상황을 檢閱하려 온 몽고사 多可가 "최항·유경·李應烈·周永珪 등이 출륙하지 않았으니 고려가 진정으로 항복한 것이 아니다"고 트집을 잡았던 대목에서 잘 이해된다. 유경이 항몽론자들 사이에 끼어 있다는 것은 그가 대몽화의론을 적극적으로 주장한 인물이 아니었다는 것을 반증해주며, 오히려 대몽강화에 소극적이었다는 것을 입증해준다. 유경은 최항의 심복으로서 政房에 참여하여 인사권을 행사하였고 최의대에도 정방의 실무진을 역임하였다.[61] 그가 정방에서 근무했다는 것은 최씨정권 내의 문객들 가운데서도 막강한 영향력을 행사할 수 있는 위치에 있었다는 것을 말해준다. 그러했던 그가 어째서 최의정권에 등을 돌리게 되었던 것인지 궁금하다. 유경은 김준의 宋吉儒救濟 요청을

---

59) 高宗 44년 후반부~45년 초에 崔竩政權은 백성과 군사를 제대로 진휼하지 않아 人望을 크게 상실한 상태였다(『高麗史節要』 권17, 高宗 45年 3月條). 그럼에도 불구하고 崔竩는 江華島 내의 土地 3千 結을 자신이 차지함으로써 더욱 人心을 잃게 되었다(『高麗史節要』 권17, 高宗 44年 9月條). 이러한 崔竩의 사려 깊지 못한 행동은 휘하의 心腹 軍事集團의 무관들에게도 원망을 샀을 것이다.

60) 『高麗史』 권105, 列傳18 柳璥傳, 『補閑集』 卷 上, 『牧隱文藁』 권26, 「門生掌試圖」를 통해서 柳璥이 高宗 27년 5월 科擧에 及第했음을 추정해 볼 수 있다.

61) 金昌賢, 1994, 앞의 논문, 『韓國史研究』 87, 14쪽의 <표 1>정방설치부터 충렬왕 4년 10월까지 정방의 구성 참조.

들어주려다가 최의에게 발각되어 김준과 더불어 호된 질책을 들었던 적이 있었다. 主君 최의는 송길유사건 이후 유경과 김준을 아예 만나보지도 않았으므로 이들의 소외감은 극에 달했을 것이다. 이 시점 이후로 유경은 가병지휘관 김준과 서로 친밀하게 지내면서 최의정권에 대한 불만을 토로하며 반최의연대세력을 서서히 형성해갔을 것으로 추정된다.

그러나 유경이 최의의 관심에서 소원해졌다고 해서 무오정변에 가담한 이유가 쉽게 설명되지 않으며 오히려 부족한 감이 없지 않다. 혹시 그가 당시에 최의정권에서 배제되어 있었던 적극파·소극파 화의론자들을 조율하면서 문신을 대표할 만한 위치에 서 있지 않았나 생각된다. 유경은 화의론에 있어서 적극파 계열에 포함되지는 않았다. 그렇지만 그의 좌주가 최린이었다는 점에서 적극파를 조율할 수 있는 위상을 지니고 있었다고 헤아려진다. 더구나 그는 당시에 인사권을 좌지우지하던 政房員이었으므로 화의론자에 있어서 적극파든지 소극파든지 그의 영향력을 인정하지 않을 수 없었을 것이다. 최린의 門生이자 정방원으로서 최씨정권 문객들 가운데 실세의 하나였던 유경은 최의정권의 대몽정책의 한계를 절감하고 있었고 측근정치의 편협성과 경제시책의 졸렬성에도 큰 불만을 가지고 있었다고 판단된다. 그러한 불만은 송길유사건 이후 그가 김준과 더불어 최의의 관심에서 멀어지자 표면화되었고 문신의 대표자로서 가병·신의군과 연대하여 최의정권을 무너뜨리는 방향으로 나아갔던 것이라고 보아서 크게 틀리지 않을 것이다.

E. 中郞將李柱聞之 與牽龍行首崔文本 散員庾泰 校尉朴瑄 隊正兪甫等 密爲書通竩 良伯 大材之妻父也 大材以希實等謀告良伯 良伯佯應以告竩 竩急召柳能計議時 日已暮 能曰 暮夜無能爲 請以書諭 夜別抄指諭韓宗軌 遲明召李日休等勒兵 討仁俊未晩也 竩然之 大材妻在側聞之 以告大材 大材告仁俊曰 事急矣 不如早圖(『高麗史節要』 권17, 高宗 45年 3月條)

박희실·이연소·임연을 중심으로 한 신의군 지휘관들과 김준 가족을 중핵으로 한 가병지휘관들의 결합은 치밀하고도 조직적으로 진행되었다. 이러한 김준과 가병지휘관과 신의군의 결합은 최의정권을 무너뜨릴 거사계획을 논의하는데 그치지 않고 반최의연대세력을 규합하여 그 계획을 실행하는 데까지 계속 유지되었다. 이러한 반최의연대세력의 거사계획에 맞대응하여 사료 E에서 親崔竩擁衛勢力이 대책을 마련하고 있었다. 사료 E에서 친최의옹위세력으로 확인되는 부류는 가병지휘관 최양백과 유능 이외에도 中郎將 李柱, 牽龍行首 崔文本, 散員 庾泰, 校尉 朴瑄, 隊正 兪甫와 夜別抄指諭 韓宗軌·李日休가 발견된다. 이주·최문본·유태·박선·유보와 야별초지유 한종궤·이일휴는 친최의옹위세력이 그나마 동원할 수 있던 군사력이었다고 생각된다. 이들에 의해서 2가지 루트로 반최의연대세력의 擧事謀議 사실이 최의에게 전달되었다.

먼저 중낭장 이주가 어떤 경위에서인지는 자세히 알 수 없으나 신의군진영에서 개최된 거사모의를 전해 듣고서 견룡행수 최문본, 산원 유태, 교위 박선, 대정 유보 등과 더불어 몰래 최의에게 서신을 보내 사실을 알렸다. 중낭장 이주는 고종 40년 8월 全州 班石驛전투에서 야별초지유로서 別抄를 이끌고 몽고병 斥候騎 3백을 깨뜨린 인물이었다. 견룡행수 최문본은 樞密使 崔昷의 아들로서 그는 최의정권이 국왕 고종을 감시·통제하기 위해 牽龍軍에 붙여둔 인물이었다고 보여진다. 최문본 뒤에 등장하는 유태·박선·유보는 같은 견룡군 지휘관이 아니었나 한다.[62] 야별초지휘관 이주와 이들 견룡군은 최의정권과 연계가 있었던 자들로

---

62) 저자는 이전에 庾泰·朴瑄·兪甫를 夜別抄 무관으로 파악한 바 있다(姜在光, 2002, 『崔氏武人執權期 金俊·崔良伯 勢力의 成長과 對立－家奴 출신 政治人의 役割과 崔氏家의 崩壞를 중심으로－』, 서강대 사학과 석사학위논문, 35~37쪽). 그러나 本書에서는 이들 모두를 牽龍軍 무관으로 수정함을 밝혀둔다. 그 이유는 庾泰·朴瑄·兪甫가 牽龍行首 崔文本 바로 뒤에 列記되어 있고 그들이 계급 순서대로 나열되어 있는 점에서 그러하다고 본다.

서 김준·유경의 거사모의와 왕정복고 움직임을 간파하고서 즉시 최의에게 서신을 보내 사태의 심각성을 알린 것이다.

다음으로 가병지휘관 최양백이 김준의 거사계획을 최의에게 알렸다. 그는 김준과는 사돈 사이였다. 최양백은 최의를 지근거리에서 경호하는 임무를 맡고 있었지만 가병 전체를 장악하고 있지는 못한 듯하다. 그것은 그의 사위였던 金大材가 그를 정변에 끌어들이려고 했지만 그는 가병 가운데 홀로 김대재에게 응하는 척하면서 김준 측의 거사계획을 최의에게 몰래 알리고 있는 점을 통해서 분명히 드러난다. 이런 사실을 통해서, 무오정변 당시 가병의 대부분은 김준 가족과 이공주가 장악하고 있었음이 확실하다고 하겠다. 최양백만큼은 主君 최의에 대한 충성과 봉사를 철회하지 않았던 셈이다.

이주·최문본 등과 최양백으로부터 반최의연대세력의 거사계획을 접한 최의는 급히 유능을 불러 대책을 논의하였다. 유능은 "날이 이미 저물었으므로 야별초지유 한종궤에게 서신을 보내서 동이 트는 대로 야별초지유 이일휴 등과 더불어 勒兵으로 김준을 쳐도 늦지 않다"고 최의를 안심시켰다. 최의의 심복 유능은 야별초를 동원하여 김준파를 일거에 제거하고자 하였다. 야별초지유 한종궤·이일휴와 중낭장 이주가 이끄는 야별초 부대는 친최의옹위세력이 믿을 수 있는 유일하고도 가장 강력한 군사조직이었다. 신의군과 가병은 야별초의 군사적 역량과 활동범위에 비할 바가 못 되었던 것이다.[63] 당시에 야별초는 都房36番과 더불어 최씨정권을 유지시켜 주는 군사조직으로서의 임무를 수행하고 있었다. 그러나 최양백·유능 등은 모든 야별초지유들을 포섭하지는 못하였던 듯하다. 그것

---

63) 崔瑀執權期인 高宗 14년경에 탄생하여 同王 17~18년에 左·右別抄로 분기했을 것으로 추정되는 夜別抄는 最初에는 盜賊·政敵 除去를 주로 맡았지만 이후 警察任務와 더불어 首都警備·外敵防禦·國王親衛 등 公的인 任務를 맡음으로써 명실상부한 中央軍이자 國軍으로서의 모습을 보였다. 이러한 夜別抄의 폭넓은 임무와 활동 범위에 神義軍과 家兵은 필적할 수 없었던 것이다.

은 야별초지유 趙文柱·徐均漢·白永貞·吳壽山 등이 모두 김준파에 협조
하여 무오정변에 가담한 사실에서 잘 알 수가 있다. 그러므로 결국 유능
등이 동원할 수 있었던 야별초지유는 한종궤와 이일휴 정도였다고 보여
진다. 이상과 같은 친최의옹위세력을 알기 쉽게 제시해보면 다음과 같다.

〈표 5-3〉 崔竩執權期 親崔竩擁衛勢力

區分	姓名	家系/出身	高宗45년 관직	主 要 活 動	典 據
家奴 · 家兵	崔良伯	崔氏家 家奴	殿前承旨(崔怡) → 別將(崔沆)	崔氏家 家兵 지휘관으로 崔沆· 崔竩 습권에 결정적 기여, 柳能 과 더불어 崔竩정권 핵심세력으 로 활동, 金俊과는 사돈 사이(金 大材의 장인), 戊午政變 당시 최씨가에 최후까지 봉사	『高麗史』 권129, 叛逆列傳3 崔忠獻傳
文臣	柳能	祖父: 柳光植 父: 柳詔(平章事)	寶文閣 待制	崔竩의 습권시 門客동원(政房· 書房), 崔竩정권의 대표적 文臣, 戊午政變시 金俊派에게 제거됨	同上, 『高麗史』 권101, 柳光植傳
	宣仁烈		內侍少卿	崔竩의 습권에 기여, 崔沆의 親 侍, 崔竩의 心腹, 戊午政變시 金俊派에게 제거된 것으로 추 정됨	『高麗史』 권129, 叛逆列傳3 崔忠獻傳
	*蔡楨	父: 蔡松年 (門下侍郞平章事)	右副承宣	崔竩의 습권에 기여, 元宗대 對蒙交涉과 三別抄의 亂 진압 으로 관직이 門下侍郞平章事에 이름	同上, 『高麗史』 권102, 蔡松年傳
武臣	*崔瑛	興海崔氏 父: 崔湖 (門下侍中)	大將軍	崔竩의 습권시 軍事力 동원(夜 別抄·神義軍·都房 36番), 都房 員으로 추정됨	『高麗史』 권129, 叛逆列傳3 崔忠獻傳 『高麗史節要』 권17, 高宗 45年條 崔瑛가계: 興海崔氏大同 世譜(一卷) 俞甫가계: 杞溪俞氏族譜 (제1편)
夜別抄	韓宗軌		指 諭	夜別抄 지휘관, 崔竩의 심복장 교, 金俊세력을 제거하려는 계 획에 가담, 金俊派에게 제거됨	
	李日休		指 諭	夜別抄 지휘관, 崔竩의 심복장 교, 金俊세력을 제거하려는 계획 에 가담, 金俊派에게 제거됨	
	李柱		中郞將	金俊 측의 거사계획을 글로 써 서 崔竩에게 알림, 金俊·柳璥 등에게 섬으로 유배당함	
牽 龍 軍	崔文本	鐵原崔氏 父:崔昷(樞密使)	牽龍行首	金俊 측의 거사계획을 글로 써 서 崔竩에게 알림, 金俊·柳璥 등에게 섬으로 유배당함	

區分	姓名	家系/出身	高宗45년 관직	主 要 活 動	典 據
	庾 泰		散 員	金俊 측의 거사계획을 글로 써서 崔竩에게 알림, 金俊·柳璥 등에게 섬으로 유배당함	
	朴 瑄		校 尉	金俊 측의 거사계획을 글로 써서 崔竩에게 알림, 金俊·柳璥 등에게 섬으로 유배당함	
	俞 甫	杞溪俞氏 父: 俞世連 (直長同正)	隊 正	金俊 측의 거사계획을 글로 써서 崔竩에게 알림, 金俊·柳璥 등에게 섬으로 유배당함	

*표시 되어 있는 蔡楨과 崔瑛은 戊午政變 당시 제거당하지 않은 인물

위의 <표 5-3>에서 친최의용위세력은 가병지휘관 최양백과 최의의
심복이었던 유능·선인열 그리고 야별초지휘관·견룡군으로 구성되어 있
었다. 이들은 김준파 가병과 신의군 세력에 비해서 신분과 관직이 높았
다. 또한 그들은 당시 최씨정권을 유지시키고 있던 가장 핵심적인 인물
들이기도 했다. 다만 <표 5-3>에서 본래 최의세력이었던 右副承宣 蔡
楨과 大將軍 崔瑛은 무오정변 당시에 정치적 중립을 지킴으로써 제거당
하지 않았다.[64] 그러므로 이 두 인물은 최의습권 시에는 최의세력이 분
명했으나 무오정변 당시에는 친최의용위세력으로 보기 어렵다. 유능은
최의정권에 대해 강한 불만을 가지고 있었던 김준파 가병지휘관과 신의
군 무관들을 제거하기 위해 야별초의 군사력을 활용하려고 하였다. 그러
나 그의 계획이 김대재의 妻를 통해 김준파에게 누설됨으로써 사태는
급전환되었다.

F. 旣昏 仁俊率子弟 趨神義軍 見希實延紹云 事洩不可猶豫 乃召集向所與謀
　者及別將白永貞隊正徐挺李梯林衍 使衍及指諭趙文柱吳壽山捕宗軌殺之 又
　召指諭徐均漢等 會三別抄于射廳 使人呼於道曰 令公死矣 聞者皆集 璥與

---

64) 右副承宣 蔡楨과 大將軍 崔瑛은 崔竩의 權力世襲에 一助한 인물이었지만 戊午
　政變 당시에는 政治的 中立을 지켰던 것으로 보인다. 政變 이후에도 이들이 史
　書에 등장하고 주요한 직책에 머물러 있음을 통해서 그러한 추정은 가능하다.

松庇等亦至 仁俊曰 如此大事 不可無主者 可推大臣有威望者 以領衆 卽召
樞密使崔㬗 㬗至又邀朴成梓議之 仁俊召良伯 未及升堂 別抄兵以炬燒口
遂斬之 衍又斬曰休于其家 … 又索㬗及能 皆殺之 瑊仁俊㬗詣闕 百官俱會
泰定門外(『高麗史』 권129, 叛逆 3 崔忠獻傳 附 崔㬗傳)

위 사료 F에서 김준·유경을 필두로 한 반최의연대세력은 고종 45년
3월 27일에[65] 신의군과 일부 야별초의 군사력을 활용하여 최의·유능·최
양백과 최의파 야별초지유들을 제거해 나감으로써 권력의 헤게모니를 장
악하였다. 그러므로 무오정변의 전체적인 윤곽은 김준파의 가병, 신의군세
력과 최의·최양백파의 야별초세력 사이의 정치적인 권력다툼으로 그려볼
수 있다. 이제부터는 무오정변의 구체적 진행과정을 살펴보자. 사료 F에
서 김준은 거사계획이 최의와 유능에게 탄로나자 자신의 아들들을 거느
리고 즉시 신의군 진영으로 달려가서 이전에 거사를 모의했던 자들과
別將 白永貞, 隊正 徐挺·李梯를 불러 모았다. 별장 백영정은 무오정변
이후 기사에서 右邊指諭라고도 표기되어 있으므로[66] 그는 야별초 소속
임이 분명해 보인다. 그렇다면 그의 부하라고 여겨지는 대정 서정·이제
역시 야별초 하급 무신이었다고 생각된다. 김준파가 사전에 포섭해 놓은
야별초지유는 백영정 이외에도 조문주·오수산·서균한 등이 더 있었다.

그런데 신의군과 행동을 함께 하였던 백영정·조문주·오수산·서균한
등 야별초지유들이 최의와 유능으로부터 이탈하여 김준파에 가담함으로
써 반최의연대세력의 정변은 쉽사리 성공할 수 있었다. 조문주와 오수산
은 신의군 도령낭장 임연과 더불어 친최의응위세력에 포함되었던 야별
초지유 한종궤를 잡아 죽였다. 한편 야별초지유 서균한 등은 射廳에 삼
별초를 불러 놓고 길가에서 "崔令公이 이미 죽었다"고 허위소문을 퍼뜨

림으로써 최씨정권에 반감을 품고 있었던 이들을 모두 모이게 하였다. 이들 야별초지유들은 김준파와 더불어 최의의 무력기반을 완전히 제압하는데 성공하였다. 무오정변에 가담한 야별초지유들은 최의가 야별초 대장군 송길유를 楸子島에 유배보낸 것에 위기의식을 가지고서 그들 나름대로 최의정권의 대몽화의론 수용에 반감을 품고 있었던 인물들로 여겨진다. 백영정·조문주·오수산·서균한 등의 야별초 지휘관들은 같은 삼별초부대라는 인식하에 평소 신의군 무관들과 친분이 있었거나, 대몽항전의 상징적 존재였던 대장군 송길유와 직·간접으로 연결되어 있었을 것으로 보인다. 그러했기에 이들이 정변에 적극 동참한 것이라고 생각된다. 애초부터 정변의 성패 여부는 이들 야별초를 분열시키느냐 그렇지 못하느냐에 달려 있었던 것이다. 김준파에 포섭된 야별초지유들 가운데 특히 조문주(趙璊)와[67] 서균한은 견룡행수를 겸하고 있었던 것으로 보아서 勤王的인 태도를 견지하고 있었고 김준·유경이 내세운 왕정복고 명분에 충실히 따랐던 것으로도 보인다.

김준세력은 최의세력을 제거해나가는 한편 정변의 지지를 文班 전체에 걸쳐 얻어내고 정변의 실제적인 명분이 復政于王에 있음을 공포하기 위해 명망이 있었던 유경과 최온을 내세웠다. 김준파는 최온을 내세우기 이전에 이미 거사단계에서부터 유경과 손을 잡고 있었다. 앞서 살펴본 것처럼, 유경은 적극파 화의론자 최린의 문생이자 政房員으로서 최씨정권의 문객 가운데 실력자로 손꼽혔으며 문신을 대표할 만한 위치에 서

---

67) 최영호는 關聯史料를 면밀히 대조·분석하여 高宗 45년 戊午政變에 가담했던 趙文柱가 원종 10년 林衍勢力을 제거하려고 시도했다가 죽음을 당한 趙璊였음을 밝혀냈다(최영호, 2004, 「13세기 중엽 趙文柱의 활동과 정치적 성향」, 『한국중세사연구』16, 109~114쪽). 氏는 趙璊 곧 趙文柱가 高宗 말엽에 夜別抄指諭로서 牽龍行首를 겸직하였기 때문에 親王派로서 활약할 수 있었고 이후 元宗代 그는 內侍大將軍으로 보임되었으므로 줄곧 王政復古의 大義名分에 따라 행동할 수 있었다고 보았다.

있었다. 名門家門 출신인 유경이 賤出이었던 최의의 편협한 측근정치 뿐만 아니라 최의정권의 대몽정책·경제정책에 불만을 품고 있었고, 송길유사건 이후로는 김준과 더불어 主君인 최의의 관심에서 완전히 소외되어 있었기 때문에 무오정변에 가담한 것이었다. 政房員으로서 강도지배층 문신들에게 막강한 영향력을 행사하였던 유경은 최의정권에서 배제되어 있는 대다수 대몽화의론자들에게 왕정복고라는 大義名分을 주지시키면서 정변의 암묵적 지지를 호소하였을 것으로 보인다. 그가 왕정복고를 전면에 내세운 것은 정변의 正當性을 확보하고 목적의식이 서로 달랐던 반최의연대세력의 결집을 용이케 하기 위해서였다고 판단된다. 무오정변 이후 고종 45년 12월에 김준정권이 단행한 인사발령명단에 포함된   崔滋·金起孫·鄭準·李藏用·李世材·趙珣·金寶鼎·金之岱·柳璥·皇甫琦·孫挺烈·金佺·朴成梓·鄭世材·崔允愷는 각기 적극파·소극파 대몽화의론자에 포함된 인물들이 분명하다.[68] 이들 가운데 유경과 박성재는 직접 무오정변에 가담한 위사공신이었고, 최자·김기손·이장용·김지대·최윤개 등은 유경의 대의명분에 동조하였던 강도조정의 대신이었다. 이들의 광범위한 암묵적 지지가 있었기에 무오정변은 성공할 수 있었다고도 헤아려진다.

한편 반최의연대세력은 정변이 성공적으로 전개됨에 따라 주병자를 내세울 필요성을 느껴 추밀사 최온을 전면에 내세웠다. 유경 혼자만으로

---

68) 이들 가운데 關聯史書를 통해서 볼 때, 太子親朝·出陸還都를 주장한 崔滋와 金寶鼎은 對蒙和議論者 가운데 積極派였고, 비록 高宗 45년 12월의 인사발령명단에서 제외되어 있기는 하더라도 金守剛의 경우 명백히 적극파에 포함된다고 하겠다. 그리고 金之岱가 한때 몽고에 사신으로 파견되어 적극적인 대몽외교를 펼친 바 있고, 李世材가 高宗 46년 4월 太子 王倎을 모시고 對蒙講和 체결을 위해 몽고에 사신으로 나섰던 점을 고려한다면 김지대와 이세재도 대몽화의론자 가운데 적극파였을 가능성을 배제하기 어렵다. 나머지 인물들의 경우는 적극파인지 소극파인지 분명치 않으나 저자는 그들이 소극파 대몽화의론자에 가깝지 않나 여겨진다(姜在光, 2010, 앞의 논문, 548쪽).

는 文班 전체에 걸쳐서 폭넓은 지지를 얻어내는데 역부족이었으므로 주병자로서 최온을 부각시킨 것이다. 김준 등이 그를 내세운 이유는 과거에 최항이 최온의 딸에게 장가를 들었다가 그녀가 疾病이 있다는 이유를 들어 버리고[69] 곧바로 趙季珣의 딸과 혼인하였기 때문에 최온의 최씨정권에 대한 불만감을 활용하자는 의도였다. 명문가 鐵原崔氏는 최씨정권을 떠받쳐 주는 4大 家門 가운데 하나였다.[70] 崔宗峻은 최우정권에 몸담고 있으면서 강화천도에 결정적 공헌을 하였고, 崔坪과 최온은 최항정권의 對蒙抗戰에 기여하였다. 또한 최린은 대몽화의론을 주장하면서 재추의 대몽강화 여론을 최씨집정에 전하고 몽고군의 철수를 이끌기도 하였다. 그러나 최온의 경우 최항이 자신의 딸을 버렸던 것을 계기로 해서 최씨정권에 반감을 가지기 시작하였을 것으로 생각된다. 최항·최의 모두 母系가 賤出인데다가 강도 문벌의 폭넓은 지지를 받지 못하고 있던 상황에서 그의 반감은 보다 더 심화되었을 것이다. 최온의 등장으로 최씨가의 오랜 집권과 최의의 측근정치·대몽정책에 반감을 품고 있던 문신세력이 결집되었을 것임은 자명하다. 최씨집권기 4大 家門 중의 하나였던 철원최씨를 대표하는 최온이 전면에 나서 왕정복고를 외쳤을 때 그 反響은 대단했을 것이다.

유경·최온을 필두로 한 문신세력은 친최의옹위세력을 타도하고 王政을 復古시키기 위해서는 우선 김준과와 제휴해도 좋다는 정치적 계산을 미리 하였다고 여겨진다. 최씨정권을 붕괴시킨다면 그 심복 군사집단은 분열되어 약화되기 마련이므로 문신들이 무인정권을 종식시키고 권력을 잡을 수 있는 호기를 얻을 수 있게 되리라는 희망에 젖어 있었을 것이다. 유경 등의 문신이 정변에 참여했던 데에는 국왕이었던 고종의 암묵

---

69) "崔沆 嘗娶大卿崔昷女 以有病 棄之"(『高麗史節要』 권16, 高宗 37年 5月條).

70) 崔氏政權을 지탱시켜 주었던 4大 家門은 慶州金氏·鐵原崔氏·定安任氏·橫川趙氏였다. 이들 家門은 崔氏執權期에 3명 이상의 文臣 宰樞를 배출한 家系였다(金塘澤, 1999, 「최씨정권과 文臣」, 『高麗의 武人政權』, 國學資料院, 170쪽).

적인 지원이 있었을 것으로 짐작된다. 또한 고종으로서도 유경 등이 내세운 왕정복고 명분을 마다할 까닭이 없었으므로 문신세력을 지원했다고도 헤아려진다. 만일 이러한 고종의 지원을 상정한다면 야별초지유이자 견룡행수였던 조문주·서균한의 무오정변 가담 이유가 보다 선명히 드러나게 된다.

한걸음 더 나아가 김준파는 최온과 더불어 주병자로서 鷹揚軍 上將軍이었던 박성재를 맞이하였다. 정변주도세력이 그를 정변에 포섭한 것은 대내외적으로 정변의 정당성을 알림과 동시에 二軍六衛의 首長이었던 그를 통해서 府衛軍의 지지를 폭 넓게 얻어내려는 의도였다. 응양군 상장군은 본래 班主라고도 불려 중앙군 소속의 모든 부대를 대표할 수 있는 위치에 있었지만,[71] 최씨정권시대에는 그렇지 못했다. 박성재가 무오정변에 가담한 이유는 최씨정권에 의해 응양군을 비롯한 禁軍의 위상이 크게 실추된 것에 불만을 가지고 있었기 때문으로 보인다. 금군이 都房으로 재편되어 최씨정권의 신변호위를 맡거나 賦役에 동원되거나 몽고군과의 전투를 수행할 처지에 놓여 있었던 것을 고려한다면 왕정복고라는 대의명분에 응양군 상장군 박성재가 쉽게 호응할 수 있었다고[72] 생각된다.

이렇듯 가병·신의군을 主動勢力으로 삼고 일부 야별초지유들의 지원을 받는 한편 유경·최온을 대표로 하는 문신세력과 응양군세력의 후원을 확보한 김준파는 정변을 성공시킬 수 있었다. 그리고 형식적이나마 왕정복고를 이룰 수 있게 됨으로써 앞으로 政局運營에 있어서 국왕 및 문신과의 관계가 보다 중시되는 길을 열어놓게 되었다. 이러한 다양한 정치세력으로 구성된 반최의연대세력을 제시해보면 아래와 같다.

---

71) 洪承基, 1983, 「高麗初期 中央軍의 組織과 役割」, 『高麗軍制史』, 陸軍本部, 39~41쪽.

72) 金大中, 1987, 앞의 논문, 274~278쪽.

〈표 5-4〉崔竩執權期 金俊·柳璥을 위시한 反崔竩連帶勢力

區分	姓名	家系/出身	高宗 45년 당시 官職	戊午政變 직후 官職	最高官職	主 要 活 動	備 考
家奴·家兵	金俊 (仁俊)	父: 金允成, 家奴	別將	將軍	教定別監 (元宗 5년) 侍中 (元宗 6년)	崔怡 대 殿前承旨로 家兵의 지휘자 임무 수행, 崔沆옹립에 결정적 기여, 戊午政變으로 崔竩·崔良伯 세력 제거	功臣서열 2순위 (高宗 45년: 1258) 功臣서열 1순위 (元宗 1년: 1260)
	金承俊 (金沖)	金俊의 弟, 家奴	隊正	中郎將	右副承宣 (元宗 4년)	家兵의 지휘자로 戊午政變에 가담	
	金大材	金俊의 長男	承旨同正		將軍 (元宗 3년)	戊午政變시 장인인 崔良伯을 회유하려 했으나 실패	『尙書都官貼』에 金大材 兄弟 최초 관직이 承旨同正으로 나옴
	金用材 (金柱)	金俊의 次男	承旨同正		將軍 (元宗 3년)	戊午政變에 가담	
	金式材 (植材)	金俊의 三男	承旨同正		將軍 (元宗 3년)	戊午政變에 가담	
	李公柱	崔氏家 家奴	郎將		將軍 (元宗 3년)	崔氏家 家奴 원로, 崔沆옹립에 기여, 戊午政變에 가담	
文臣	柳璥	文化柳氏 祖父:柳公權 (參知政事) 父: 柳澤 (翰林學士承旨)	大司成	樞密院 右副承宣, 簽書樞密院事 樞密院副使	監修國史 (元宗 8년) 贊成事 (忠烈王 4년)	金俊과 더불어 戊午政變에 가담, 文臣들의 대표로 활동, 復政于王의 大義名分을 내세움, 정변 후 8개월 간 집권	1258년 功臣서열 1순위, 1260년에는 6순위로 하향조정됨
	崔昷	鐵原崔氏 祖父: 崔詵 (右司諫) 父: 崔宗峻 (左承宣)	樞密使		樞密院使 (元宗 1년) 平章事 (元宗 9년)	柳璥 등의 회유로 戊午政變가담, 復政于王의 대의명분을 세위주기 위한 꼭두각시 역할을 수행	鐵原崔氏 2世孫, 崔沆의 장인
門客	宋吉儒	起於卒伍	夜別抄 大將軍			崔怡에게 金俊을 천거함, 崔竩대에 楸子島로 유배됨	宋吉儒事件의 장본인
	朴琪	固城縣人			大將軍 (元宗 7년) 承宣	金俊이 固城으로 유배갔을 때 그를 도움, 金俊이 양자로 삼음, 戊午政變에 가담	
	李宗器	鄕吏(永州吏)			大將軍	戊午政變에 가담	林衍派에게 주살됨

區分	姓名	家系/出身	高宗 45년 당시 官職	戊午政變 직후 官職	最高官職	主 要 活 動	備 考
神 義 軍 (a)	朴希實	義州別將	都領郎將	將軍	上將軍 (元宗 3년)	戊午政變의 실제 주 동자, 金俊 등과 거사 계획하고 행동함	高宗 26년, 45년 몽고에 使臣으로 파견됨
	李延紹		指諭郎將		上將軍 (元宗 3년)	戊午政變의 실제 주 동자, 朴希實과 행동 을 같이 함	李延紹는 李仁 桓으로 추정됨
	林 衍	父:不知何許人 母: 鎭州吏女 本貫: 鎭州	都領郎將		上將軍 (元宗 3년) 教定別監 (元宗 11년)	金俊의 심복 장수, 金 俊을 아버지라고 부 름, 戊午政變시 崔竩 파인 夜別抄 指諭 韓 宗軌와 李日休를 주 살함	元宗의 회유로 金 俊一派를 주살하 고 자신의 정권을 수립함(1268년)
	朴松庇	寧海朴氏 鄕吏(德原吏) 父: 朴懷義	將軍	大將軍	參知政事 (忠烈王 4년)	金俊을 崔怡에게 천 거, 거사계획에 참여, 戊午政變에 가담	寧海朴氏 33世 孫, 崔氏家 門客 將軍
	車松祐	延安車氏 祖父: 車 侸 (參知政事) 父: 車受河 (郎將)	別將同正		將軍 (元宗 3년)	거사계획에 참여, 戊 午政變에 가담, 金俊 정권의 핵심 참모 역할	林衍派에게 주살 됨, 都房員으로 추정됨
	金洪就		郎將	御史中丞	上將軍 (元宗 9년)	거사계획에 참여, 戊 午政變에 가담	林衍派에게 유배 됨, 都房員으로 추정됨
	朴天湜 (天植)		隊正	散員	別將 (高宗 46년)	거사계획에 참여, 戊 午政變에 가담	高宗 45년 使臣 으로 파견됨
夜 別 抄	白永貞 (元貞)	祖父: 白景臣 (上將軍) 父: 白眞植 (上將軍)	別將	右邊指諭	將軍 (元宗 1년)	戊午政變 가담(白永 貞은 곧 白元貞임)	右邊 = 右別抄
	李梯 (李禔)		隊正		將軍 (元宗 9년)	戊午政變에 가담	林衍派에게 제 거됨
	徐挺		隊正			戊午政變에 가담	
	趙文柱 (文靑)	白川趙氏	指諭 (牽龍行首)	將軍	大將軍 (元宗 5년)	戊午政變시 韓宗軌를 주살, 高宗 45년 使 臣으로 파견	元宗 10년 林衍 에게 제거됨
	吳壽山		指諭 (中郎將)		將軍 (元宗 6년)	戊午政變시 韓宗軌를 주살함	
	徐均漢		指諭 (牽龍行首)		上將軍 (元宗11년)	戊午政變시 三別抄를 射廳에 불러 놓고 崔 竩가 이미 죽었다고 허위 소문을 퍼뜨림	

區分	姓名	家系/出身	高宗 45년 당시 官職	戊午政變 직후 官職	最高官職	主 要 活 動	備 考
神義軍(b)	朴西挺		隊正			戊午政變에 가담	宋松禮와 朴成大를 제외하고 다른 인물들의 경우는 『高麗史』와 『高麗史節要』에 등장하지 않고 있으며 오직 유일하게 『尙書都官貼』에만 등장
	朴成大 (嚴說)	父: 朴松庇	散員同正			戊午政變에 가담(寧海朴氏 족보에 朴嚴說로 등장)	
	辛允和		郎將			戊午政變에 가담	
	宋松禮	礪山宋氏 礪良縣人 父: 宋希植	郎將	直門下省事	樞密院副使 (元宗 13년)	戊午政變에 가담, 元宗 대 林惟茂를 제거함	
	金貞呂		別將			戊午政變에 가담	
	呂遇昌	咸陽呂氏 父: 呂子章	別將			戊午政變에 가담	
	劉存奕		郎將			戊午政變에 가담	
	康國升		郎將			戊午政變에 가담	
	田取千		散員			戊午政變에 가담	
鷹揚軍	朴成梓		上將軍	右僕射	叅知政事判禮部事致仕 (元宗 3년)	戊午政變에 禁軍(鷹揚軍)의 핵심인물로 가담	鷹揚軍 上將軍은 서열상 2軍 6衛의 首長
國王	王皞	父: 康宗 王貞				戊午政變에서 柳璥을 암묵적으로 지원함. 牽龍行首 趙文柱와 徐均漢을 金俊派에게 지원해 줌	形式的이나마 王政復古를 실현

위의 <표 5-4>에서 반최의연대세력은 최씨가 가병(가노), 문신, 최씨 정권의 문객, 신의군, 야별초, 응양군, 국왕으로 구분됨을 알 수 있다. 김 준파에 의한 무오정변의 성공에는 가병지휘관과 신의군 지휘관들의 역할이 상당히 컸다. 정변에 주동역할을 한 김준파의 가병지휘관은 전부 최씨가의 가노출신이었다는 점이 주목을 끈다. 이런 점에서 최씨정권은 자신의 가노들에 의해서 붕괴된 측면을 간과하기 어렵다. 主君에 대한 최선의 충성·봉사와 그것에 대한 반대급부로써 최대의 신임·후원이라는 최씨집정과 가노와의 끈끈한 관계가 이완됨으로써 최씨정권은 타도되었다 할 것이다. 신의군 무관들은 武班家門 출신인 차송우를 제외하면, 박 송비·임연·박성대·송송례 등 鄕吏出身이 눈에 띈다. 이들 가병지휘관과

신의군 지휘관은 미천한 신분 출신이 대부분이며 최항대 이후 대몽항전이 격화되어 최씨정권이 위기에 봉착했을 때 정치적으로 성장했다는 점에서 공통점을 갖는다. 신의군 무관들 가운데 김준보다 연상인 박송비 정도를 제외하면 나머지 대다수는 김준과 생사를 같이할 만한 그의 심복이거나 유대관계가 돈독한 자들이었을 것이다. 따라서 이들은 송길유사건 이후로는 김준과 함께 위기의식을 공유하고 있었고 최의정권의 측근정치와 대몽화의론 수용에 대해 불만을 토로하며 무오정변에 적극적으로 가담했다고 여겨진다.

야별초는 야별초지유 백영정·조문주·오수산·서균한의 활약이 크게 주목된다. 무오정변 당시 모든 야별초지유가 김준파에 호응했다고는 보여지지 않는다.[73] 그러나 최의세력에게 최후의 순간까지 충성을 다 바쳤던 야별초지유는 고작 한종궤·이일휴 2인에 불과하였다. 그러므로 대다수의 야별초지유들은 정치적 중립을 지켰거나 무오정변을 기점으로 하여 정변주도세력에게 협조했을 것이다. 제2차 거사모의에 가담했던 백영정은 그의 祖父가 상장군 白景臣, 父親이 상장군 白眞植으로서 상당한 무반가문이었다. 조문주는 白川趙氏 가문으로서 西海道 배천군의 향리출신으로 추정된다.[74] 그는 당시에 견룡행수를 겸직하고 있었는데, 같은 견룡행수로서 최의정권을 위해 봉사한 최문본과 잘 대조된다. 최문본

---

73) 夜別抄指諭들은 상관인 將軍·大將軍·上將軍에게 충성한 것이 아니라 崔氏武人執政 개인에게 곧바로 연결되어 있었으므로 그들 전체가 뭉칠 수도 없었고 획일적인 행동을 할 수도 없었다(金塘澤, 1999,「최씨정권과 그 군사적 기반」,『高麗의 武人政權』, 國學資料院, 312~314쪽). 이 점에서 모든 夜別抄指諭가 金俊派에 가담한 것은 아니며 그 일부가 戊午政變에 참여한 것임을 이해할 수 있다.
74) 최영호, 2004, 앞의 논문, 114~115쪽.『白川趙氏世譜』에 의하면, 趙玉이 趙文柱의 父親으로, 趙文柱가 趙璈의 父親으로 각각 기록되어 있다. 그러나 趙玉은 고려 仁宗 때 인물이었으므로 趙文柱의 父親이 될 수가 없다. 그리고 趙文柱가 곧趙璈이므로 두 사람이 父子關係일 수 없다. 따라서 族譜에 기록된 내용을 액면 그대로 신빙할 수는 없다고 본다.

은 김준·유경의 거사계획을 최의에게 알린 장본인이었고, 조문주는 최의세력의 야별초지유 한종궤를 주살하였던 인물이었다. 이렇게 보면, 최씨정권 타도냐 옹위냐를 놓고서 견룡군 내부의 분열도 감지할 수 있다. 오수산과 서균한의 가계는 자세히 알 수 없다. 오수산의 경우 조문주와 더불어 최의파의 한종궤를 주살하였고 최의의 장인이었던 巨成元拔을 제거하였다. 서균한은 무오정변에서 삼별초를 射廳에 모으고 최의가 이미 죽었다고 헛소문을 퍼뜨려 최씨정권의 군사조직이 정변주도세력에 대해서 적대감을 가지지 못하도록 만들었다. 그도 역시 당시에 견룡행수였는데, 조문주와 더불어 勤王派로서 왕정복고를 위해서 활약하였다.

한편 문신인 유경이나 최온의 역할도 무시할 수 없을 정도로 중요하였다. 이들은 무오정변에서 복정우왕(왕정복고)이라는 대의명분을 내세워 재추와 강도조정의 대다수 문신들의 지지를 이끌어내는 임무를 담당하였다. 특히 유경은 최의정권에서 배제된 적극파·소극파 화의론자들의 정변에 대한 암묵적 지지를 이끌어냈고, 최온은 정변 도중에 영입되어 최씨정권에 불만을 가지고 있던 자들을 끌어모으는데 일조하였다. 이들 문신은 김준파의 가병지휘관과 박희실·이연소·임연 등의 신의군지휘관 이외에 정변주도세력의 또 다른 한 軸을 형성하였다. 유경은 문신이었기 때문에 무력을 사용할 수 없었지만 복정우왕이라는 대의명분을 통해서 재추의 재상들과 강도조정의 문신들이 정변을 지지하도록 만들었다는 점이 무엇보다도 간과해서는 안 될 사항이다. 무오정변이 성공한 이후 김준세력이 곧바로 집권한 것이 아니라 유경세력이 잠시나마 권력을 틀어쥔 것도 이러한 배경과 무관하지 않다고 본다.

그런데 <표 5-4>에서 주의를 끄는 것은 정변을 주도한 신의군이 크게 (a)그룹과 (b)그룹으로 나뉜다는 사실이다. 신의군 (a)그룹은 김준과 더불어 거사모의를 진행했던 정변의 핵심세력이다. 이들 대부분이 후에 위사공신 8功臣이나 13功臣으로 포상받았다.[75] (a)그룹 가운데 오로지 박

천식 만이 衛社輔佐功臣[76] 명단에 그 이름이 올라 있는데, 그는 거사모
의에 참여했으나 그 계급이 隊正이었던 점에서 위사공신의 반열에 오르
지는 못했다. (b)그룹은「尙書都官貼」에 등장하는 위사보좌공신 15인[77]
가운데 포함된 9명의 신의군 무관들이다.[78] 이들도 정변 당시 적지 않은

---

75) 衛社功臣은 高宗 45년(1258) 3월에 戊午政變이 성공한 결과 高宗이 그 해 4월에
   내린 공식적인 功臣號였다. 본래 衛社功臣은 8인이었다. 이들은 공신 순위로 나
   열해 보면, 柳璥·金俊·朴希實·李延紹·朴松庇·金承俊·林衍·李公柱의 순서로
   서열이 정해졌다. 高宗 45년 11월 金俊 一派가 柳璥勢力을 8개월 만에 政界에서
   실각시킨 다음 곧바로 元宗 원년(1260) 6월에 衛社功臣을 13인으로 확대하고 포
   상하였다. 이때 柳璥은 功臣 서열이 6위로 떨어져 명목만 유지하고 있었고 金俊
   은 1위로 오르게 되었으며, 대다수 功臣이 金俊 家族 혹은 金俊 心腹이거나 그와
   연관을 맺고 있던 인물들이었던 점이 주목을 끈다.「尙書都官貼」에 나타나는 衛
   社功臣 13인을 서열대로 나열하면, 金俊·朴希實·李延紹·金承俊·朴松庇·柳璥·
   金大材·金用材·金植材·車松祐·林衍·李公柱·金洪就의 순서가 된다.

76) 衛社功臣 8功臣이나 13功臣 이외에 언급이 되는 15인의 功臣들을「尙書都官貼」
   에서는 '輔佐'라는 용어로 설명하고 있으므로 저자는 이들을 衛社輔佐功臣으로
   호칭하면 어떨까 한다. 한편『高麗史』에서는 衛社輔佐功臣 名單을 제시하고 있
   지 않으나, 衛社輔佐功臣이 모두 19명 존재했음을 알려준다. 원래 15인이었던 것
   을 19인으로 확대 포상한 것이 아닌가 한다. 그 추가된 4인의 존재는 확인할 길이
   없는 것이 유감이다. "其同力輔佐 車松祐以下 十九人 亦皆陞秩 許一子九品職"
   (『高麗史』권24, 高宗 45年 秋7月 乙亥日條).

77)「尙書都官貼」에는 15명의 衛社輔佐功臣 名單이 나열되어 있다. 別將 白永貞,
   隊正 朴天植·李禔·朴西挺, 牽龍行首 趙文柱, 散員同正 朴成大, 郞將 辛允和,
   中郞將 吳壽山, 牽龍行首 徐均漢, 郞將 宋松禮, 別將 金貞呂·呂遇昌, 郞將 劉
   存奕·康國升, 散員 田取千이 이들 輔佐功臣이다. 그런데 이들 衛社輔佐功臣 15인
   가운데 夜別抄 무관은 白永貞·李禔·趙文柱·吳壽山·徐均漢 등 모두 5인으로 파
   악되고, 나머지 10명의 무관은 모두 神義軍 소속으로 생각된다. 한편 趙文柱와
   徐均漢이 夜別抄指諭가 아닌 牽龍行首로 표기되어 있어서 이채롭다.『高麗史』
   의 기록과 연관해서 생각해 보면, 趙文柱·徐均漢은 夜別抄指諭로서 牽龍行首를
   겸했을 가능성이 높다. 夜別抄가 창설된 이후 國王의 護衛를 맡기도 했던 점을
   감안하면 이들이 牽龍行首를 겸직하고 있었다는 점도 이해가 가능하다.

78)「尙書都官貼」에 나타나는 衛社輔佐功臣 가운데 神義軍 무관은 모두 10인으로 추
   정된다. 이들 가운데 朴天植만은 (a)그룹에 포함되어 있고, 나머지 9인이 (b)그룹에
   속했다. 이 9인은 朴西挺·朴成大·辛允和·宋松禮·金貞呂·呂遇昌·劉存奕·康國
   升·田取千이다. 이들 가운데 朴成大·宋松禮·劉存奕은『高麗史』에서 등장하는데,

역할을 수행했다고 생각되는데, 박희실·이연소·임연 등의 신의군 핵심 무관들과 행동을 같이하였던 지휘관들로 보면 어떨까 한다. 아마도 이들 (b)그룹의 위사보좌공신에 해당하는 신의군 무관들은 (a)그룹의 主動武臣의 시나리오대로 정변에서 자기가 각기 맡은 임무를 수행함으로써 어느 정도 활약하지 않았을까 추정된다.

이상과 같이 무오정변은 家奴出身 가병지휘관과 鄕吏出身 신의군지휘관이 주동이 되고 이들에게 일부 야별초와 응양군이 결탁하고 유경·최온 등 문신이 호응하는 한편 국왕의 암묵적 지지를 받아 성공할 수 있었다. 이른바 최씨가 가병지휘관, 향리출신 무관, 문신, 국왕이 서로 연대하여 최씨정권의 붕괴라는 공동의 목표를 성취시켰던 것이다. 그러나 반최의 연대세력이 무오정변에 가담한 정치적 내막과 목적의식은 서로 달랐다.

김준을 중심으로 결집된 가노출신 가병지휘관들은 최의정권 출범과 동시에 최의의 측근세력에 의해서 견제되었고 송길유사건을 계기로 최의정권에서 철저히 소외되었다. 김준 등은 자신들의 정치적 위상이 크게 격하되고 장차 제거될 지도 모른다는 불안감에 사로잡혀 있었다. 한편 이들 가병지휘관은 최의의 대몽화의론 수용에도 불만을 품고 있었다. 그래서 김준파의 가병세력은 주변 세력과의 연대를 통해서 최씨정권을 타도하여 김준을 중심으로 한 새로운 정권을 창출하려고 했다.

박희실·이연소·임연 등 신의군 지휘관들은 최의가 부몽배 민칭을 수용했을 뿐만 아니라 고종 44년 9월을 기점으로 하여 대몽화의론 쪽으로 급선회한 것에 큰 불만을 가지고 정변을 적극 제의하였다. 이들은 재추와 강도조정 문신들의 대몽화의론 여세에 밀려 부대의 존립명분이 크게

이들이 夜別抄 소속이었다는 정황은 포착되지 않는다. 그러므로 이들은 神義軍 소속 무관들로 이해되는 것이다. 더구나 戊午政變 당시에 神義軍 지휘관들은 똘똘 뭉쳤고 夜別抄指諭들은 자신의 利害關係에 따라 崔竩派와 金俊派로 나뉘어 대립했으므로 아마 이들이 夜別抄가 아니라면 전부 神義軍 소속 무관들이었을 것이다. 더러는 神義軍 지휘관이면서 都房員인 자들도 있었을 것으로 생각된다.

약화되자 목숨에 위협을 느낄 정도로 절망감에 빠져 있었다. 신의군의 집단적인 위기의식은 곧 정변 제의로 이어졌고 신의군 무관들은 일치단결하여 무오정변에서 크게 활약하였다.

야별초 지휘관들이 무오정변에 가담하게 된 직접적인 동기는 크게 두 가지였다. 하나는 야별초대장군 송길유와 직·간접으로 연결되어 있었던 일부 야별초지유들이 최의정권의 대몽정책과 송길유출척에 큰 반감을 가지고 있었다는 점이다. 그래서 이들은 자연스럽게 김준세력, 신의군세력과 연대를 통해서 최씨정권 타도 쪽으로 나아갔다. 다른 하나는 야별초지유이자 견룡행수를 겸직하고 있었던 조문주·서균한이 근왕파로서 국왕 고종의 왕정복고를 위해 반최의연대세력과 결합하였다는 점을 지적할 수 있다.

반면에 유경과 최온 등 문신들은 무오정변의 또 다른 한 축을 형성하였다. 이들은 무인집정 최의가 지도자로서 구심점을 상실하고 측근정치에 매달리면서 대몽정책·경제정책에 뚜렷한 실효를 거두지 못하자 최의정권에 배제되어 있었던 광범위한 문신세력을 결집시켜 최씨정권의 붕괴에 일조하였다. 유경 등은 왕정복고라는 대의명분을 조정대신들에게 내세웠으며 복정우왕을 실현시켜 조정을 武臣亂 이전의 文臣優位의 상태로 회복시키려고 했다. 유경 등에게는 집권자 최의뿐만 아니라 그의 최측근이었던 선인열·유능 등의 문신들도 제거대상이 되었다. 선인열 등이 소극파 화의론자로서 적극파를 조율하고 있었다는 점에서는 유경과 그 처지가 비슷했지만, 그들이 건재하는 한 최의정권이 어떤 식으로든 지속적으로 유지될 것이기 때문에 제거하지 않을 수 없었다. 대몽화의론자 최린의 門生이자 政房員이었던 유경은 정변의 성공 이후에 국왕 고종의 후원과 적극파·소극파 화의론자들의 지원 속에서 8개월 간 집권할 수 있었다.

한편 국왕인 고종이 무오정변을 묵인한 것은 무신난 이후 실추된 왕권의 회복에 있었다. 왕권회복 곧 왕정복고야말로 국왕이 염원하던 바였다. 그래서 배후에서 문신의 대표자 유경을 후원하였고 견룡행수 조문주·서균한을 김준파와 결탁하게 하였던 것이다. 고종은 최우·최항과 더불어 和·戰兩面에 걸쳐 대몽항전을 지속시켜 왔던 장본인이었다. 그러한 국왕 고종의 입장에서 대몽전투를 자제하면서 대몽강화에 지나치게 의존하려 하였던 최의정권의 대몽항전은 극히 졸렬해 보일 수밖에 없었다. 그러므로 정치·외교·경제면에서 그 한계를 노출한 최의정권에 더 이상 기대하지 않고 최씨정권을 타도한 이후 국왕 스스로가 화·전양면에 걸친 대몽항전을 지속시키겠다는 심산을 하였을 것으로 이해된다. 물론 당시의 전반적인 대세는 대몽강화였지만 국왕 나름대로 의도하는 강화와 항전의 방향이 분명히 있었을 것이고 그러한 자신의 주장을 조정대신들에게 주지시키려고 하였을 것이다.

이러한 상호간 입장 차이를 명백히 하면서 반최의연대세력은 형성되었고 정변 그 당시 시점에서는 최씨정권 타도와 왕정복고라는 공동의 목표에 도달할 수 있었다. 무오정변을 주도했던 반최의연대세력은 위사공신(8명 → 13명 확대)과 위사보좌공신(15명 혹은 19명)으로 나뉘어 포상되었다. 위사공신과 위사보좌공신 안에는 가노출신 가병지휘관과 향리 출신의 삼별초 무관들이 대거 포진하고 있었다는 점에서 김준세력의 政治·社會的 特色을 잘 알 수 있게 해준다.[79) 이들 정변주도세력은 형식적이나마 왕정복고를 이룸으로써 앞으로 정국운영에 있어서 국왕·문신과 협조할 수밖에 없는 정황을 조성해놓았다. 고종이 눈물을 흘리며 김준과

---

79) 戊午政變과 金俊勢力의 執權은 高麗中期 支配勢力의 일대 변화를 가져왔다. 衛社功臣 13인 가운데, 家奴出身은 金俊·金承俊·金大材·金用材·金植材·李公柱 등 6명이나 된다. 鄕吏出身 衛社功臣은 朴松庇·林衍 등 2인이지만, 衛社功臣이 아닌 鄕吏出身 政變 가담자 朴琪·李宗器를 포함한다면 4인이 되는 셈이다. 그리고 神義軍指揮官 朴希實·李延紹 등과 衛社輔佐功臣 15명은 확실히 鄕吏出身이라고 단정지어 말할 수 없지만 지방의 유력한 土豪였을 것이다. 이런 점에서 金俊勢力의 執權은 高麗中期 社會가 가지는 身分制의 이완과 유동성을 잘 드러내주고 있다 하겠다.

유경에게 자신을 위해 큰 공을 세운 것을 치하하고[80] 百官이 임금에 대해 賀禮를 하고 있는 장면에서[81] 정변 뒤에 국왕과 문신들이 호의를 가지고 새로운 기대에 부풀어 있었음은 분명해보인다. 실제로 무오정변 주도세력은 고종 45년 3월 30일에 모든 공신, 좌·우별초, 신의군, 도방 등을 거느리고 대궐 뜰에 나아가 만세를 불러[82] 정변이 왕정복고에 있었음을 보여주었고, 고종이 4월 12일 王輪寺에 행차할 때 各番都房·야별초·신의군·書房·殿前이 왕의 수레를 호위하기도 하였다.[83] 정변주도세력은 왕정복고의 명분을 당분간 지속시키면서 반최의연대세력의 와해를 방지하고자 노력하였던 것이다. 김준세력은 이후 곧바로 들어선 柳璥政權에 어느 정도 협조하였고 김준이 유경을 실각시키고 난 후에 있어서도 국왕·문신의 의사를 존중하였다. 이것은 최씨정권의 정치·군사적 기반이 붕괴되어 국왕과 문신을 무인집정이 마음대로 강제할 수 없는 시대적인 한계가 도래했으며 김준 이후의 무인정권의 취약성을 시사해주는 것이기도 하였다.

제3절 出陸降服論의 대두와 金俊政權의 條件附 對蒙講和 체결

최씨정권이 몰락한 이후 강도조정의 對蒙關係와 對蒙政策은 큰 변화

---

80) "璥 仁俊 與昷詣闕 百官俱會泰定門外 兩府及璥·仁俊 入謁便殿 復政于王 王謂璥·仁俊曰 卿等爲寡人 立非常之功 潛然泣下"(『高麗史節要』권17, 高宗 45年 3月條).

81) "王御康安殿 百官陳賀 如新卽位 禮畢出"(『高麗史節要』권17, 高宗 45年 3月條).

82) "朴松庇 金仁俊 又率諸功臣 左右別抄 神義軍 都房等 入殿庭 羅拜呼萬歲 發崔竩家貨 分給有差"(『高麗史』권24, 高宗 45年 3月 己卯日條).

83) "辛卯 幸王輪寺 各番都房 夜別抄 神義軍 書房 殿前 擁駕而行 觀者感泣"(『高麗史』권24, 高宗 45年 夏4月 辛卯日條).

를 겪게 되었다. 최씨정권의 군사조직과 심복집단이 분열됨으로써 대몽
항전 역량이 크게 감퇴되었음은 물론이고, 대몽정책의 방향은 최의정권
때보다도 훨씬 대몽화의론 쪽으로 치우칠 수밖에 없었다. 무오정변을 성
공시킨 반최의연대세력은 王政復古를 정변의 명분으로 하였으므로 고종
과 연계되어 있고 후원을 받았던 유경이 집권하게 되었다. 얼마 지나지
않아서 몽고 憲宗은 安慶公 王淐의 재입조와 강도조정의 出陸還都 미이
행에 크게 격노하고 車羅大로 하여금 재침을 명령하였다. 이른바 車羅大
의 제5-(4)차 침입이 고종 45년 4월에 재개된 것이다.[84] 제5-(4)차 침입
군의 元帥府는 원수에 車羅大, 副將에 散吉大王(松吉大王)·余愁達(也速
達)·甫波大·王榮祖·沙居只·塔出·石剌·阿豆·仍夫·三弥·洪茶丘 등이 임
명되어 출정하였다. 당시 車羅大의 本陣은 북계와 서해도 방면으로 남하
하고, 散吉大王 휘하 몽고·동진 연합군은 동계방면으로 침투하는 이른
바 동·서 양면에 걸친 양동작전을 전개하였다. 이번 제5-(4)차 침공은 제
5-(2)차 침공에 버금갈 정도로 전쟁기간이 길었으며 서해도·춘주도와 동
계에서 주요전투가 발생함으로써 커다란 전쟁피해를 고려 측에 안겨주
었다.[85]

　車羅大의 제5-(4)차 침입의 목적은 최씨정권이 붕괴된 만큼 강도조정
으로부터 확실한 항복을 받아내고 太子親朝·出陸還都를 실현시켜 蒙古
六事를 전부 이행케 하려는데 있었다. 또 한편으로 유경정권이 지속해서
대몽화의와 출륙환도를 추진할지 그 여부를 묻기 위해서였다고도 생각
된다.[86] 이 전쟁 이후부터 대몽정책에 있어서 강도조정의 대몽화의론은

84) "辛丑 蒙兵 候騎 一千 入逾安界 遣夜別抄 禦之"(『高麗史』 권24, 高宗 45年 夏4月
　　辛丑日條).
85) 車羅大의 제5-(4)차 침입은 高宗 45년 4월에 개시되어 太子親朝를 조건으로 對
　　蒙講和 회담이 진행되는 同王 46년 3월까지 지속되었다. 그러나 對蒙講和가 체
　　결된 이후에도 王萬戶(王榮祖)와 也速達(余愁達)은 西京에 주둔하였고 이들의 局
　　地的인 침입은 고종 46년 11월까지 계속되었다.
86) 姜在光, 2011, 「金俊政權의 條件附 對蒙講和 체결과 그 歷史的 性格」, 『한국중

한층 강화되어 또 다른 모습으로 변화하고 있었다. 이러한 측면은 다음의 사료를 통해서 분명히 드러난다.

G-1. 己酉 王聞 車羅大 遣使來 覘出陸之狀 是日 出文武百官于昇天府 移市肆 修宮闕官僚家戶(『高麗史』 권24, 高宗 45年 夏4月 己酉日條)

G-2. 以蒙兵大至 令三品以上 各陳降守之策 衆論紛紜 平章事崔滋 樞密院使金寶鼎曰 江都地廣人稀 難以固守 出降便(『高麗史節要』 권17, 高宗 46年春正月條)

위의 사료 G群은 유경집권기와 김준집권기 초기에 몽고의 재침에 대응하던 고려조정의 모습과 대몽화의론의 존재양태를 자세히 보여주고 있다. G-1은 유경집권기에, G-2는 김준집권기 초기에 해당하는 내용이다. 먼저 G-1을 보면, 車羅大가 몽고사를 보내 강도조정의 출륙정황을 엿보려 한다는 첩보를 접하자, 고종은 文·武百官을 昇天府로 내보내고 시장을 옮기는 한편 궁궐과 관료의 家戶를 수리케 하였다. 이러한 고종의 즉각적인 조치는 몽고 측에 출륙환도 의사를 보임으로써 그들의 재침을 막아보려는 의도로서 유경정권의 조치나 진배없었다. 고종이 이처럼 신속하게 출륙환도를 위장한 것은 분명히 車羅大의 제5-(3)차 침입 때 몽고에 파견되었던 고려사신 金守剛이 출륙환도 약속을 어떤 식으로든 헌종에게 언급했을 가능성을 상정케 해주는 대목이다.[87]

세사연구』30, 396쪽.

87) 저자는 金守剛이 몽고 제5-(3)차 침공 때 몽고 憲宗의 屯所에 파견되어 '先 蒙古軍撤收, 後 太子入朝·君臣出陸'을 조건으로 해서 극적으로 임시적 對蒙講和에 성공했을 것으로 추정한 바 있다(姜在光, 2010, 앞의 논문, 530쪽). 이때의 出陸은 궁극적으로는 開京還都였겠지만 그 기초적 선행조건으로서 昇天府 출륙을 암시하는 것일 수도 있겠다(姜在光, 2011, 위의 논문, 396쪽 각주 13). 이러한 해석이 가능하다면, '군신출륙'의 개념은 무작정 개경으로 돌아가는 것이 아니라 고려의 文武官僚가 3番으로 나뉘어 우선적으로 승천부 출륙을 이행한 다음, 일정한 시일을 경과하여 개경으로 옮겨 완전히 정착하는 것을 뜻할 지도 모르겠다. 이른바 김수강은 단계별 출륙을 주장했을 가능성이 크다.

　그런데 G-1에서 눈여겨보아야 할 것은, 고종이 문·무백관을 승천부로 내보내고 있다는 것이다. 이러한 고종의 조치는 김수강·최자·김보정 등 대몽화의론자들의 주장에 따른 것일 수 있다. 그것도 대몽화의론자 가운데 적극파의 견해를 수용했을 가능성이 크다. 사실상 최씨정권의 붕괴로 인해 소극파의 화의론은 더 이상 무의미해졌다고도 볼 수 있다. 그러한 까닭은 소극파의 화의론은 武人執政의 통제에 순응하면서 태자친조·출륙환도를 거부하고 犒饋·方物·書信·表文·人質外交 등 事大外交의 수행을 통해서 대몽강화를 체결하려는 논의였기 때문에 최씨정권이 사라진 이상 무인정권에 복종하면서 이런 방식의 화의론을 주장하지는 않았을 것으로 본다. 따라서 G-1에서 드러난 고종의 문·무백관에 대한 승천부 출륙 조치는 적극파 화의론자의 주장에 의한 것이었고, 이들도 몸소 승천부에 출륙하였던 것이라고 할 수 있다.

　이러한 고종과 강도조정의 대몽강화 노력에도 불구하고 車羅大는 고종 45년 6월 18일에 태자와 고종이 西京으로 나와서 항복해야만 철군할 수 있다고 고집하여[88] 전쟁이 長期化되었다. 고종은 老患을 이유로 서경에 가지 않고 永安公 王僖와 知中樞院事 김보정을 車羅大의 屯所로 내보내[89] 강도조정의 실정을 호소하였다. 이때 김보정은 余愁達(也速達)에게 고종의 出迎은 불가하고 태자가 마땅히 서경에 나갈 수 있다고 몽고군 원수부를 회유하였다.[90] 그는 최자·김수강 등과 더불어 고려조정

---

88) "丙申 幸梯浦館 引見 波乎只傳 車羅大之言曰 皇帝勅云 高麗國 如實出降 雖雞犬 一無所殺 否則 攻破水內 今 國王及太子 出降西京則 便可回兵"(『高麗史』 권24, 高宗 45年 6月 丙申日條).
89) "王曰 予旣老病 不可遠行 乃遣 永安公僖 知中樞院事 金寶鼎 如車羅大屯所"(『高麗史』 권24, 高宗 45年 6月 丙申日條).
90) 金寶鼎이 車羅大의 屯所로 찾아간 것이 아니라 余愁達의 行營을 방문하여 강화협상을 추진하는 것을 통해서 볼 때, 몽고 제5-(4)차 침입의 元帥는 車羅大였지만 실제적인 전쟁수행과 외교업무는 余愁達이 도맡아 처리하고 있었음을 이해하여 볼 수 있다.

의 대표적 적극파 대몽화의론자였는데, 이 시점부터는 대몽강화 체결을
위해 태자의 출륙항복을 주장하기 시작하였다.[91]

　이후 김보정이 余愁達의 사자 8인과 더불어 귀환했는데, 같은 달 29일
에 몽고사는 몽고황제가 고려 일을 余愁達과 車羅大에게 맡겼고 태자가
항복하면 철군할 것이라고 전하였다.[92] 이를 통해서, 車羅大가 본래 고
종·태자의 西京出降을 고집하였으나 고려사신 왕희·김보정의 적극적인
외교협상의 결과 몽고군 원수부가 '太子出降'으로 강화조건을 하향 조정
하였음을 이해하여볼 수 있다. 이때 이후로 태자의 출항은 '出迎'으로
다소 누그러졌고,[93] 강도조정과 余愁達 측에서 4차례에 걸쳐 지루한 외
교전·신경전을 벌였지만 상호신뢰가 구축되지 않은 상태에서 절충안도
제시되지 않아 화평은 이뤄지지 않았다.[94] 때문에 余愁達은 강도조정이
강화를 체결하려는 의지가 없다고 판단하고 침략을 재개하였다.

　강화회담이 결렬되자 余愁達이 같은 해 7월 12일부터 약탈·파괴전을
감행하였다. 車羅大도 옛 서울 개경에 당도하여 약탈을 일삼는 한편 蒙
古大 등 15명을 강도조정에 보내서[95] 태자가 출영하면 철군할 것임을
다시 비췄다.[96] 고종이 車羅大의 태자출항 요구를 수용하지 않자 몽고
군 本陣의 집요한 공격은 더욱 심화되었다. 8월 28일에 西海道의 천연동
굴 요새였던 嘉殊窟[97]과 陽波穴[98]이 몽고군 본대에게 포위되어 모두 함

---

91) 姜在光, 2011, 앞의 논문, 397쪽.
92) "丁未 幸梯浦館 寶鼎奏曰 余愁達 語臣云 皇帝以 高麗之事 屬我與車羅大 汝知
　　之乎 吾以 爾國降否 決去留耳 國王 雖不出迎 若遣太子 迎降軍前 卽日回軍 否
　　則 縱兵 入南界 對曰 太子 當來見耳"(『高麗史』권24, 高宗 45年 6月 丁未日條).
93) 姜在光, 2011, 앞의 논문, 398쪽.
94) "戊午 余愁達 遣使來曰 國王 縱不出迎 太子 有來見之約 吾欲回兵 然 使者往復
　　數四 而太子不至 是侮我也 今 欲知一決 又遣使介 惟國王生死之 王亦不出迎
　　遣人辭謝"(『高麗史』권24, 高宗 45年 秋7月 戊午日條).
95) "戊戌 車羅大 遣 蒙古大等 十五人來"(『高麗史』권24, 高宗 45年 8月 戊戌日條).
96) "己亥 幸梯浦宮 引見 客使曰 太子出則 兵可退矣 王曰 太子有病 豈能出哉"(『高
　　麗史』권24, 高宗 45年 8月 己亥日條).

락당하고 말았다. 이때 양파혈을 지키고 있던 遂安縣令 朴林宗은 자결하
였고, 防護別監 周尹은 別抄를 이끌고 분전했지만 전사하였다. 가수굴
방호별감 盧克昌도 몽고병에게 포로가 되었다.99) 守令과 방호별감이 정
예 별초군까지 거느리고서 입보하였던 가수굴과 양파혈이 함락되었다는
것은 북계나 서해도 諸山城의 상당수가 파괴되어 무용지물이 되었음을
알려주고, 북부지방 州縣民이 최후의 보루로써 활용한 천연동굴도 은신
처가 될 수 없었음을 시사해준다.

한편 車羅大의 제5-(4)차 침입 때는 중·북부지방 주현민의 投蒙 현상
도 두드러지게 나타났다. 고종 45년 5월에 葦島에 입보한 博州人들이 국
가에서 파견한 도령낭장 崔乂와 휘하 별초군을 죽이고 몽고에 투항하는
사태가 벌어졌다.100) 淸川江 하구에 자리잡은 위도는 北界兵馬判官 金
方慶이 섬 안에 제방과 저수지를 건설함으로써 장기입보항전이 가능토
록 만든 요새였는데, 입보민이 몽고군에게 투항함으로써 전략적 가치를
상실하고 말았다. 박주인이 몽고병에게 투항한 이유는 酒色에 빠져 국사
를 돌보지 않고101) 입보민의 생활여건을 보장하지 않은 채 해도입보항

---

97) 嘉殊窟은 『高麗史』 卷58 地理志3 黃州牧 土山縣條와 『新增東國輿地勝覽』 卷55
   平安道 祥原郡 山川條에서, 佳殊窟로도 등장한다. "土山縣 本高句麗息達 憲德
   王 改今名 … 有佳殊窟"(『高麗史』 권58, 地理志3 黃州牧 土山縣條). "觀音山
   大明一統志 音作門 在郡北二十里 山中有窟 名曰佳殊 內有石 或觀音像 或鼎
   形 甚奇怪"(『新增東國輿地勝覽』 권55, 平安道 祥原郡 山川條).

98) 陽波穴은 그 위치가 불분명하지만 高麗時代의 西海道에 있었던 유명한 천연동
   굴이었을 것으로 보인다.

99) "乙巳 蒙兵 攻西海道 嘉殊窟 陽波穴 皆降之 陽波穴 有上中下三穴 蒙兵 自山
   上 縋下甲士於上穴口 槍斧皆不得入 蒸草投穴中 遂安縣令 朴林宗 自縊死 防
   護別監 周尹 率別抄 出戰 民潰 尹中流矢 死 嘉殊穴別監 盧克昌 亦被擒"(『高
   麗史』 권24, 高宗 45年 8月 乙巳日條).

100) "博州人 避兵 入保葦島 國家 遣 都領郎將崔乂等 率別抄 鎭撫之 州人 反殺乂
    及指諭尹謙 監倉李承璉 乂所領兵 皆逃匿蘆葦間 跡而盡殺之 遂投蒙古 唯 校
    尉申輔周 乘小舟 逃來 告於兵馬使 卽遣兵 追之 取婦女幼弱而還"(『高麗史』
    권24, 高宗 45年 5月條).

전만을 강요하였던 北界知兵馬使 洪熙와 같은 관리들의 작태 때문이었다. 고종은 즉시 홍회를 파면하고 判秘書省事 金之岱를 北界知兵馬使에 임명하여 민심을 위무하였다.[102] 6월 14일에는 북계 諸城의 戶長·郞將들에게 銀 1근과 흑비단 2필을 하사하여[103] 軍·民을 위로하는 한편 투몽사태를 방지하려 하였다.

고종 45년 이전까지는 해도입보민이 몽고군에게 함락된 사례는 있었어도[104] 투항한 적은 익히 없었다. 그러므로 해도에 입보한 박주인의 投蒙事例는 최초의 일이 된다. 박주인의 투몽사례는 극심한 생활고를 겪고 있었던 북계의 해도입보민이 강도조정을 離叛함으로써 해도입보항전 시대의 한계가 도래했음을 알려준다.

또한 같은 해 9월 11일에는 廣福山城[105]에 피난한 아전과 백성이 방호별감 柳邦才를 죽이고 몽고군에 투항하였다.[106] 광복산성 입보민도 아마 위도 입보민과 비슷한 상황에 처해 있다가 방호별감을 죽이고 몽고병에 투항한 것이라고 생각된다. 12월에는 龍津縣人 趙暉와 定州人 卓

---

101) "熙耽嗜女色 不恤國事 一方離心"(『高麗史節要』 권17, 高宗 45年 5月條).

102) "北界知兵馬事 洪熙免 以判秘書省事 金之岱 代之"(『高麗史節要』 권17, 高宗 45年 5月條).

103) "賜 北界諸城 戶長 郞將 各 白銀一斤 皂羅二匹"(『高麗史』 권24, 高宗 45年 6月 壬辰日條).

104) 高宗 45년 이전에 蒙古軍의 水戰 감행으로 海島가 함락되거나 入保民이 붙들려간 사례는 2건 발견된다. 高宗 41년 2월 16일에 몽고 兵船 7척이 葛島를 침입하여 民戶 30戶를 붙잡아 간 것이 하나이고, 高宗 44년 8월에 蒙兵이 神威島를 侵攻하여 함락시킨 것이 다른 하나이다.

105) 廣福山城은 그 존재가 나타나지는 않으나 『新增東國輿地勝覽』 卷47 江原道 伊川縣 山川條를 통해서 볼 때, 伊川 廣福山의 안에 위치해 있는 山城임이 확실하다. "廣福山 在縣北六十里 山高險 又有岩石如城 周十五里 內有居民"(『新增東國輿地勝覽』 권47, 江原道 伊川縣 山川條). 蒙古軍 一部隊가 廣福山城을 侵攻한 것을 보면 車羅大의 제5-(4)차 침공 루트에 江原道 內陸地方이 포함되어 있음을 알 수 있겠다.

106) "戊午 廣福山城 避難吏民 殺防護別監柳邦才 降於蒙兵"(『高麗史』 권24, 高宗 45年 9月 戊午日條).

靑이 和州를 포함한 15州를 들어 몽고에 투항함으로써 화주에 몽고의
직할령인 雙城摠管府가 두어졌다.[107] 조휘와 탁청은 동북면병마사 신집
평의 竹島入保 명령을 피해서 도망친 동계인이었다. 이들이 오히려 朔方
道·登州·文州 사람들을 규합한 다음 散吉大王의 몽고병을 인도하여 高
城을 공격한 것이다. 이 고성전투에서 최항집권기 이래 대몽강경론의 최
일선에서 활약해 왔던 신집평 등은 전사하였고 동계민의 해도입보항
전에 치명상을 입게 되었다. 같은 달 23일에는 達甫城 입보민이 방호별
감 鄭琪를 붙잡아서 몽고군에 투항하였다.[108] 달보성은 그 위치를 알 수
없으나 같은 해 9월 자진해서 몽고군에게 투항하였던 광복산성과 가까
운 黃海道 谷山의 達寶山古城[109]이었을 것이다.

고종 45년 5월 위도에 입보한 박주인의 투몽, 9월 광복산성 입보민의
자진항복, 12월 화주를 중심으로 한 동계 15州人의 투항과 달보성민의
항복은 강도조정의 항전의지를 상당부분 감퇴시켰고, 재추 내부에서 대
몽화의론을 고조시켰다. 앞의 사료 G-2에서 고종이 3품관 이상 관리들
에게 항복할 것인지 항거하며 지킬 것인지를 진술케 하였을 때, 평장사

---

107) "蒙古 散吉大王等 領兵來屯古和州之地 愼執平 自僑寓竹島 糧儲乏少 分遣別
抄 請粟於朝廷 催運他道 守備稍懈 龍津縣人 趙暉 定州人 卓靑等 與朔方道
登文州 諸城人合謀 引蒙兵 乘虛 殺執平 登州副使朴仁起 和州副使金宣甫 及
京別抄等 遂攻高城 焚燒廬舍 殺掠人民 遂以和州迤北 附于蒙古 蒙古乃置雙城
揚管府于和州 以暉爲揚管 靑爲千戶"(『高麗史節要』 권17, 高宗 45年 12月條).
108) "戊戌 達甫城民 執防護別監 鄭琪等 投蒙古兵"(『高麗史』 권24, 高宗 45年 12月
戊戌日條).
109) 尹龍爀은 정확한 典據를 달지 않고 達甫城의 위치를 黃海道 谷山에 있는 山城
으로 비정하였다(尹龍爀, 1991, 앞의 책, 126쪽). 아마 그가 達甫城을 谷山에 비
정한 것은 그곳에 達寶山(達雲)이 있으므로 達寶山과 達甫城이 서로 그 음이 비
슷한데서 착안한 것이 아닌가 한다. 達寶山은 谷山 북쪽 35里에 있다. 한편『新
增東國輿地勝覽』卷42 黃海道 谷山郡 古跡條에는 達寶山古城이 등장한다. 이
山城이 達甫城이라고 단정할 수 없지만 그러했을 가능성도 높아 보인다. "達寶
山古城 石築 周一萬五千六十尺 今廢"(『新增東國輿地勝覽』 권42, 黃海道 谷山
郡 古跡條).

최자와 추밀원부사 김보정은 "江都는 땅이 넓고 사람이 드물어 굳게 지키기 어려우므로 나가 항복하는 편이 낫습니다"라고 진언하였다. 최자와 김보정은 3품관 회의에서 出陸降服論을 제기하였던 것이다. 이들은 고종 46년 1월에 이르러 더 이상 대몽항전이 불가함을 고종에게 주지시키면서 출륙환도 의향을 나타낸 것이다.

최씨정권기 전체를 통해볼 때, 태자친조를 대몽강화조건으로 제시한 적극파 화의론자가 최항집권기 후반부터 대두하기는 했어도 이처럼 출륙환도를 공언하는 데까지 이르지는 않았다. 그러므로 최자와 김보정이 출륙환도를 전제로 하여 주장한 출륙항복론은 실질적이면서도 영구적인 화친을 추구하고 있다는 점에서 실질적·영구적 대몽화의론이라 그 개념을 정리할 수 있을 듯하다.[110]

이러한 실질적·영구적 대몽화의론, 곧 출륙항복론은 비단 최자와 김보정 개인만의 견해는 아닐 것이다. 고종 45년 후반에 이르러 대몽항전이 그 한계를 드러내고 지방 주현민의 투몽사태가 속속히 재현되고 있던 상황에서 재추와 강도조정의 대신들은 이러한 부류의 화의론을 강력하게 제기하였을 성싶다. 특히 최씨집권기 대몽강화외교의 일선에서 활약해 왔던 최린·최자의 문생들은 그의 의견을 대폭 수용하였을 것으로 생각된다. 그리고 元宗 11년에 원종의 출륙명령에 따라 출륙환도했던 대다수 문신들은 고종 46년 1월 당시에 최자·김보정의 의견에 내심으로 동조하고 있던 자들이 많았으리라 여겨진다.

그러나 이때는 김준세력이 柳璥一派를 몰아내고 권력을 잡았던 시기였다. 무오정변 이후 왕정복고와 대몽강화의 새로운 기대에 부풀며 유경정권이 출범했지만 유경은 車羅大의 제5-(4)차 침입에 맞서 제대로 항전하지 못하고 있었고, 政房의 인사권을 독점하여 조정의 권력을 독식하고 있었으므로 고종이 김준세력의 건의를 받아들여 그를 실각시켰던 것이

---

110) 姜在光, 2011, 앞의 논문, 403쪽.

다.111) 그러므로 8개월 만에 유경정권은 몰락한 셈인데, 그러한 배경에는 김준세력의 견제와 고종의 묵인도 있었지만 무엇보다 유경이 和·戰 양면에 걸쳐 대몽항전을 제대로 펼치지 못한 점도 작용했다고 본다.

김준정권은 출범하자마자 강도 주변의 軍·民에 대한 4차례의 賑恤을 실시하였고,112) 鄭芝를 서북면병마사에, 金允候를 동북면병마사에 임명하여113) 흐트러진 대몽항전자세를 다시 추스렸다. 또한 대몽전투도 매우 적극적으로 수행하였다. 고종 45년 12월말의 岐岩城戰鬪,114) 同王

---

111) 金俊은 金承俊·林衍의 참소를 듣고 高宗에게 고해서 柳璥勢力을 제거하였는데, 이때 柳璥의 측근 武臣들을 제거하였다. 金承俊과 林衍이 柳璥을 참소한 내용은 아마도 柳璥이 將軍 禹得圭, 指諭 金得龍, 別將 梁和 등과 친밀하여 私的인 軍事力을 배경으로 역모를 도모하고 있다는 내용이었을 것으로 추정된다. 高宗도 柳璥이 政房을 장악하고 銓注權을 행사하면서 權力을 독식하며 私的인 軍事力을 키우고 있는 것을 좌시하지 않았고 金俊勢力과 균형을 맞추려고 하였던 것으로 보인다. "金承俊 林衍等 諸功臣 斬將軍禹得圭 指諭金得龍 別將梁和 流郞將慶元祿于島 初柳璥誅崔竩 置政房于便殿之側 掌銓注 凡國家機務皆決焉 金承俊自謂功高秩卑 心常怏怏 璥聞之 謂承俊曰 以公之功 雖一日九遷 亦可也 然循資除授 國家常典 卿以隊正 越四等 授中郞將 不可謂不超資也 承俊益銜之 璥多置甲第 權勢日熾 門庭如市 承俊林衍等諸功臣 忌之 譖于金仁俊 仁俊以聞于王 王欲奪其權 罷璥承宣 除簽書樞密事 囚璥所善者 得圭得龍梁和元祿 璥聞之 詣闕語仁俊曰 卿始與璥 同心擧義 復政王室 有如骨肉之親 雖善讒者 不能間也 豈圖今日如是耶 仁俊愧射 諸功臣 不言而退 遂斬得圭等"(『高麗史節要』권17, 高宗 45年 11月條).

112) 金俊이 柳璥과 더불어 戊午政變을 성공시키고 곧바로 대대적인 軍·民에 대한 救恤事業을 전개하였다. 柳璥執權期에는 對民救恤事業이 눈에 띄지 않다가 金俊執權期에 이르러, 그것도 執權初期에 4차례의 救恤事業이 등장한다. 이는 金俊政權이 蒙古의 再侵으로 흐트러진 民心을 휘어잡기 위한 對民救濟策의 일환이었다. "以大饑 發倉 賑宰樞寡婦 前銜六品以下官 及諸衛軍 坊里人"(『高麗史節要』권17, 高宗 46年 春正月條) ; "賜 諸寺院僧徒 及江華任內諸縣人民 租有差"(『高麗史』권24, 高宗 46年 春正月條) ; "賜 入 各官吏民 租有差"(『高麗史』권24, 高宗 46年 春正月條) ; "發新興倉銀十斤 易穀種 給貧民"(『高麗史節要』권17, 高宗 46年 2月條).

113) "戊午 以鄭芝 爲西北面兵馬使 金允候 爲東北面兵馬使"(『高麗史』권24, 高宗 46年 春正月 戊午日條).

46년 1월 3일의 金剛城戰鬪,[115] 같은 해 2월의 寒溪城戰鬪,[116] 같은 해 3월의 春州 泉谷村戰鬪[117]에서는 고려의 삼별초와 주현민이 합심하여 몽고군을 모두 격퇴시켰다.[118]

금강성·한계성·천곡촌전투는 모두 동계방면에서 벌어진 전투였는데, 쌍성총관부의 蒙古軍·東眞軍과 投蒙高麗軍民이 합력하여 진행된 만큼 당시 강도조정은 상당한 위기상황에 몰려 있었다고 볼 수 있다. 車羅大의 제5-(4)차 침입의 최대 전과는 바로 쌍성총관부의 설치에 있었다. 몽고의 散吉大王과 普只官人은 쌍성총관부의 투몽고려군민으로 하여금 동계의 州·縣을 공격케 했으므로 김준정권으로서는 사활을 걸고 이들을 방어해야만 하였다. 특히 금강성전투에서는 강도에서 別抄(三別抄) 3천이 특파되어 쌍성총관부에서 남하한 散吉大王의 몽고군을 잘 막아냈다.[119] 이들 별초 3천은 이후 한계성전투와 천곡촌전투에 각기 참여하여

---

114) "丁未 蒙古 攻成州岐巖城 夜別抄 率城中人 與戰 大敗之"(『高麗史』 권24, 高宗 46年 春正月 丁未日條) ; "春正月 蒙古 攻成州岐巖城 夜別抄 率城中人 與戰 大敗之 城中饑 人相食 移于昇天府新城 給糧與田"(『高麗史節要』 권17, 高宗 46年 春正月條).

115) "東眞 寇金剛城 遣別抄三千人 救之"(『高麗史』 권24, 高宗 46年 春正月條).

116) "二月 登和州等 諸城叛民 自稱官人 引蒙人來攻寒溪城 防護別監安洪敏 率夜別抄 出擊 盡殲之"(『高麗史節要』 권17, 高宗 46年 2月條).

117) "東眞國兵 率登和州叛民 屯于春州泉谷村 有神義軍五人 詐稱車羅大使者 馳入其屯曰 觧爾弓劒 置于一所 咸聽元帥敎命 高麗太子 將入朝 汝何殺高麗使者器成 而奪國賱乎 爾罪當死 皆伏地股栗 於是 揮鞭召別抄 兵 四面攻之 無一脱者 遂得國賱及器成等衣服而還"(『高麗史節要』 권17, 高宗 46年 3月條).

118) 姜在光, 2007, 「1250~1270年代 神義軍의 對蒙抗戰과 政治活動」, 『한국중세사연구』 23, 248~249쪽.

119) 金剛城戰鬪에 투입된 別抄 3千을 東界의 州縣別抄軍으로 볼 수도 있으나 저자는 金俊政權이 金剛城을 구원키 위해 急派한 三別抄라고 이해하고 싶다. 그러한 까닭은 金剛城戰鬪에 바로 이어지는 寒溪城戰鬪에서 防護別監 安洪敏이 夜別抄部隊를 이끌고 있었다는 점, 春州 泉谷村戰鬪에서는 神義軍의 존재가 확인된다는 점에서 金剛城戰鬪 종료 이후에 三別抄 3千이 각기 寒溪城과 泉谷村에 투입되어 對蒙戰鬪를 치렀을 가능성이 높다. 그러므로 이 別抄 3千은 中央軍인 三別抄로 보아 무리가 없을 것 같다(姜在光, 2007, 위의 논문, 248쪽).

혁혁한 전공을 세우기도 하였다. 김준정권이 들어서서 어렵게 전개되던 대몽전쟁의 전세를 그나마 반전시킨 것이다. 사료 G-2는 이러한 김준정권의 적극적인 대몽전쟁이 한창 수행되고 있었을 때 제기된 出陸降服論·出陸還都論이었으므로 당장에 수용되기는 어려웠다고 본다.

고종 45년 후반부와 46년 초반 사이에 재추를 포함한 강도조정의 고위 문·무신들 가운데 일부는 출륙환도까지 바라는 출륙항복론자들이 존재했지만, 이들은 약화된 항몽노선을 견지하고 있었던 김준정권과 대몽정책을 조율해야만 했다. 김준집권기 이후 강도조정의 대신들은 지속적인 대몽항전의 한계와 무인정권의 약화에 따라 거의 대부분 태자친조를 통한 대몽강화를 희구하고 있었다. 그들 가운데 최자와 김보정 같은 인물은 출륙환도까지 주장하였고 그러한 의견은 점차 공감대를 확산시키고 있었다. 이러한 분위기는 비단 문신에만 그치는 것이 아니라 근왕적인 태도를 견지하면서 대몽전쟁에 회의적이었던 강도조정의 일부 무신들도 마찬가지였다.

바로 이러한 시기에 김준정권은 재추와 조정대신들의 태자친조·출륙환도를 통한 실질적 대몽강화에 제동을 걸기 위한 무인정권 자체의 외교적 생존논리를 개발해야만 했고 그러한 노력은 정권이 신임할 수 있는 무관을 몽고에 파견함으로써 실현되었다. 김준은 무오정변에서 행동을 함께 하였던 신의군 지휘관 출신 장군 박희실과 야별초지유 출신 장군 조문주를 몽고 헌종의 行營에 파견하여 무인정권의 입장에서 강도조정의 대몽강화 의사를 전하게 하였다.

H-1. 甲辰 遣 將軍朴希實趙文柱 散員朴天植 如蒙古 請達魯花赤曰 本國 所以未盡事大之誠 徒以權臣擅政 不樂內屬故爾 今 崔竩已死 卽欲出水就陸 以聽上國之命 而天兵壓境 譬之穴鼠爲猫所守 不敢出耳(『高麗史』권24, 高宗 45年 12月 甲辰日條)

H-2. 壬子 別將朴天植偕車羅大使者溫陽加大等九人還奏曰 朴希實趙文柱至

車羅大屯所謂曰 我國但爲權臣所制違忤帝命者有年矣 今已誅崔竩 將復
舊都 遣太子朝見 車羅大等喜形於色曰 若太子來則 須及四月初吉(『高
麗史』권24, 高宗 46年 3月 壬子日條)

H-3. 朴希實趙文柱 偕蒙使尸羅問等 來 帝賜希實文柱金符 爲萬戶 初希實等
謁帝于陜州 帝曰 汝國王每食言 汝等 何爲來耶 希實 具陳表意 仍奏請
罷西京義州屯兵 令民安業 帝曰 爾等 旣欲與我同心 何憚我兵駐爾境 且
西京以外 嘗爲我兵駐處 爾國若速出島 第勿令侵擾耳 太子之行 不出汝
國則 可與俱還 如入吾地 其以單騎來朝(『高麗史節要』권17, 高宗 46年
8月條)

위의 사료 H群은 김준정권이 고종 45년 11월에 출범한 이후 몽고 헌
종과 체결한 대몽강화외교의 顚末을 알려준다. 그런데 여기서 눈여겨보
아야 할 것은, 대몽화의론자 가운데 문신이 대몽외교를 주도하고 있지
못한 점이다. 오히려 박희실·조문주(趙璥)·朴天植 등 무오정변에서 김준
파로서 활약했던 무신세력, 곧 삼별초 출신 무관들이 대몽외교에 나서고
있다는 점이 주목된다.[120]

먼저 H-1에서 김준은 같은 해 12월 29일(갑진일)에 신의군 출신 박희
실·박천식, 야별초지유 출신 조문주를 몽고에 보내 대몽강화외교를 추
진케 하였다. 박희실과 조문주는 당시 그 계급이 장군이었는데 본래 출
신이었던 신의군과 야별초의 장군이었는지는 확실하지 않다. 김준이 강
도조정의 고위문신들을 보내지 않고 특별히 이들을 몽고에 파견한 이유
는 무엇이었을까. 그것은 실질적·영구적 대몽화의론, 즉 출륙항복론을
주장하는 문신들과는 별도로 자신이 가장 신임할 수 있는 화·전양면론
계열의 무신들을 내세워 자주적 입장에서 몽고 憲宗에게 고려 측의 사
정을 잘 이해시키고 외교적 양보를 얻어내려 했기 때문으로 판단된다.

특히 박희실은 신의군 도령낭장 출신으로서 최의집권기 당시 최의의
附蒙輩 閔偁 수용, 야별초대장군 송길유의 楸子島流配, 그리고 최의정권

120) 姜在光, 2011, 앞의 논문, 408쪽.

의 대몽화의론 수용에 불만을 품고서 김준에게 정변을 제의했던 장본인이었다. 그리고 산원 박천식은 박희실의 부하였다. 한편 조문주는 무오정변 때 야별초지유로서 견룡행수를 겸직했었던 명망 있는 무관이었다.[121] 이러한 입장을 견지했었던 삼별초 출신 무관들이 김준정권에 협조하면서 대몽강화외교에 뛰어들었다는 것은, 김준정권이 재추·조정대신들의 즉각적인 출륙환도, 혹은 출륙항복론에 제동을 걸 수 있는 어떤 대몽외교를 추구했음을 시사해준다.

사료 H-1을 보면, 박희실·조문주 등은 몽고 達魯花赤에게 다음과 같은 두 가지 사항을 주지시키면서 대몽강화외교를 개시하였다. 하나는 "고려가 事大의 誠意를 보이지 못한 것은 權臣이 정치를 오로지하고 內屬되기를 좋아하지 않았다"고 말하였다. 이것은 몽고에 복속하지 않고 항쟁한 모든 책임을 최씨집정 개인에게 뒤집어씌우는 것이며, 현정권과는 무관한 것임을 천명한 것이다. 대몽전쟁기에 고종과 조정대신, 김준·박희실·조문주를 비롯한 무장들도 상황에 따라서 최씨집정에게 항전을 주장했는데, 박희실 등이 전쟁책임을 최씨집정에게만 돌린 것은 그러한 책임에 대한 면죄부를 획득하려고 의도하는 것에 지나지 않았다. 다른 하나는 "최의가 이미 죽어 출륙해서 上國의 명령을 듣고자 하나 天兵이 지경을 위압하므로 쥐구멍을 고양이가 지키고 있는 셈이라 나갈 수 없다"고 항변하였다. 이는 박희실 등이 고려조정의 전통적인 '先 蒙古軍撤收 後 對蒙講和' 입장을 다시 전달한 것이었다. 먼저 몽고군이 철수해야만 태자친조·군신출륙 등 강화조건을 이행할 수 있다는 논리였는데, 이것은 이미 김수강이 몽고 제5차 침입 당시 2번이나 활용하여 성공을 거둔바 있었던 외교카드였다.[122]

---

121) 戊午政變 당시 夜別抄指諭였던 趙文柱(趙璥)는 『尙書都官貼』을 통해서 볼 때, 牽龍行首를 겸직하고 있었음을 확인할 수 있다(柳根榮 발행, 1979, 『文化柳氏世譜 - 尙書都官貼 수록 -』, 景仁文化社).

122) 姜在光, 2011, 앞의 논문, 409쪽.

한편 H-2를 보면, 별장 박천식이 車羅大의 사자 溫陽加大 등 9인과
함께 돌아와서 그간의 외교활동 상황을 고종에게 보고하고 있음이 확인
된다. 박천식은 박희실·조문주가 몽고에 가기 전에 먼저 車羅大의 둔소
에 가서 고려 측의 강화조건을 전달하였음을 알렸다. 박희실 등이 車羅
大에게 통보한 사항은 3가지였다. 첫째는 權臣의 압제 때문에 황제의 명
을 거슬러 온 지 오래인데 최의를 이미 죽여서 그러한 분위기는 쇄신되
었음을 알렸다. 둘째는 강도조정이 다시 옛 서울 開京으로 돌아올 것임
을 밝혔다. 셋째는 태자를 몽고에 입조시켜 황제를 찾아뵐 것임을 약속
하였다. 이를 종합해보면, 박희실 등은 車羅大에게 권신 최의를 제거한
사실을 알리고 출륙환도·태자입조를 약속한 것이다. 車羅大는 박희실·
조문주의 강화교섭 노력을 일단 수용하면서 만일 태자가 출륙해서 온다
고 할 것 같으면 4월 초엽이 吉하다고 하였다. 몽고군 원수부와 박희실
등의 강화회담은 결실을 맺어 車羅大의 사자 溫陽加大 등 9인이 박천식
을 따라 강도로 오게 되었던 것이다. 이후 여·몽전쟁은 소강 국면으로
접어들었고 여·몽 간에 치열한 외교전이 전개되었다.

그런데 H-3을 보면, 박희실·조문주가 고종 46년 3월에 車羅大의 둔
소를 방문하여 강화조건을 타진하고 곧바로 陝州에 있는 몽고 헌종의
行營으로 가서 강화회담을 한 후 5달 만인 같은 해 8월에 귀국했음을
알 수 있다. 이때 박희실·조문주와 몽고 헌종 사이에서 실질적인 강화협
상이 이뤄졌다. 맨 처음에 헌종은 고려왕이 매번 食言을 하는데 박희실
등을 왜 보내왔느냐고 힐문하면서 못마땅한 감정을 토로하였다. 그는 고
려왕이 親朝하지 않을 뿐더러 출륙환도를 식언하는 것에 대해서 불만감
을 표출한 것이었다. 이에 박희실은 가져간 表文의 뜻을 갖추어 전달하
고 西京과 義州의 屯兵을 모두 파하여 백성들로 하여금 편안히 생업에
힘쓸 수 있도록 배려해주기를 청하였다. 헌종은 고려가 귀부해왔으면서
왜 몽고병이 고려영토 안에 주둔하는 것을 꺼리느냐고 오히려 반문하면

서, 먼저 고려가 속히 섬에서 나오면 군사들을 보내 침노하여 시끄럽게
하지 않을 것이라고 말하였다. 몽고황제는 강도조정의 출륙환도가 우선
적으로 시행되어야만 몽고병의 지속적인 침략이 없을 것임을 천명한 것
이다. 다음으로 헌종은 태자 王倎이 출륙하지 않았다면 박희실 일행을
즉시 돌려보내고,123) 만일 출륙하여 몽고영토 안에 들어오면 單騎로 와
서 朝會하게 할 것을 엄명하였다. 헌종은 대몽강화를 위해서는 출륙환도
를 최우선과제로서 부각시키는 한편 태자친조를 조속한 시일 안에 시행
할 것을 촉구한 것이다.

　사료 H群을 종합하면, 박희실 등은 몽고 達魯花赤와 車羅大를 각기
만나124) 강화조건을 제시한 뒤 곧바로 몽고 황제의 행영을 방문하여 최
씨정권의 붕괴 사실을 전하는 한편 의주·서경에 주둔한 몽고병의 철수
를 요청하였다. 이때 박희실 등은 헌종에게 그동안 事大之誠을 제대로
하지 못한 이유를 해명하고 나서 태자친조를 대몽강화조건으로 제시하
였다. 반면 헌종은 고려태자가 單騎로 입조할 것을 엄명하는 한편 강도
조정이 당장에라도 출륙환도를 이행하면 군사를 보내 침범치 않을 것을
약속하였다. 결국 사료 H군은 김준정권의 특사 박희실·조문주와 몽고
헌종 사이에서 태자친조 문제 타결을 통해 강화협상이 어느 정도 무르익
고 있었음을 나타내준다.

---

123) 高宗 45년 12월 당시 蒙古 憲宗은 太子 王倎이 出陸하여 蒙古에 入朝하지 않
　　는다면 朴希實 등의 對蒙講和外交를 백지화시키고 다시 再侵을 의도했을 것으
　　로 본다.
124) 高宗 45년 8월 13일에 車羅大의 제5-(4)차 침입군 本陣이 開京에 주둔하면서
　　昇天府·交河·峯城·守安·童城 등지에 軍士를 풀어 보내 羊馬를 掠奪하였다. 그
　　리고 車羅大의 本隊가 9월 24일에 窄梁으로부터 甲串江 밖에 駐屯하여 江都를
　　위협하였다. 이후 蒙古軍 本陣의 一部가 忠州까지 南下했던 기록은 보이고 있
　　으나 本隊가 京畿道 이남까지 南下했다는 기록은 등장하지 않는다. 따라서 車
　　羅大의 本陣은 高宗 45년 年末까지 開京 혹은 江華島 對岸에 駐屯하면서 江都
　　朝廷을 압박했다고 보여진다.

그런데 사료 H군에서 몽고 헌종과 박희실 사이에서 출륙환도에 대한
입장 차이는 구체적으로 무엇이었으며 출륙환도의 전제조건은 무엇이었
는지 확인되지 않는다. 출륙환도 문제를 둘러싼 여·몽 간의 외교전과 관
련하여 아래의 사료가 매우 주목된다.

> I. 十一月 李世材 偕蒙使於散等來 世材在燕都 洪福源子 使人訴於帝曰 高麗
> 出降非眞也 世材知之 先告也速達曰 聞有讒者 願勿聽 也速達卽收福源子
> 遣於散 偕世材 來審出陸之狀 於是 發軍三十領 創宮闕於舊京 於散責以出
> 陸稽緩 大將軍朴希實曰 頃者吾與尸羅問謁帝 勅臣等曰 爾國 必運木石營
> 宮室 限三載罷兵 待營構畢 卽令出居 況今嗣王未還 臣等何敢自專 且帝豈
> 忘言也 於散默然(『高麗史節要』 권17, 高宗 46年 11月條)

위의 사료 I를 살펴보면, 고종 46년 11월에 김준정권이 출륙환도를 위
장하기 위해서 軍士 30領을 발하여[125] 舊京(開京)에 궁궐을 창건하는 토
목공사를 시작하였을 때, 也速達(余愁達)의 사자 於散이 강도조정의 출
륙이 심히 더딘 것을 책망하였음이 포착된다. 이때 대장군 박희실이[126]
"몽고황제가 3년을 기한으로 舊京에 궁궐을 조성하고 공사가 끝나면 강
도에서 옮겨 살라고 했으며, 지금 後嗣王이 돌아오지 않았는데 우리 신하
들이 어찌 마음대로 할 수 있겠는가?"라고 하며 於散을 정중히 타일렀다.
바로 박희실이 말한 대목에서 박희실·조문주 등 삼별초 출신 무관이
몽고 헌종과 체결한 대몽강화외교의 핵심적인 내용을 접하게 된다. 그것

---

125) 金俊政權이 총동원한 軍士 30領은 江都와 그 인근 지역에 배치되었던 府衛軍
과 別抄軍의 총합이었다고 헤아려진다. 高麗中期 이래 中央軍制가 문란해져서
府衛軍의 軍額이 다 차지 않았을 뿐만 아니라 蒙古와의 長期戰爭으로 인해서
사망자·부상자도 많이 속출했으므로 30領은 3萬에 이르지 못했을 것이다.

126) 朴希實은 高宗 45년 12월 蒙古에 入朝했을 때 將軍 직책을 지니고 있었는데
同王 46년 11월에는 大將軍으로 승진되어 있다. 그가 승진하게 된 배경은 아마
몽고 憲宗과의 '條件附 對蒙講和外交'를 성사시킨 功勞를 國王으로부터 인정
받았던 데 연유한다고 파악된다.

은 다름 아니라, '강도조정의 출륙환도는 3년을 기한으로 舊京復舊工事
가 완전히 끝나는 대로 시행하며 이때 몽고군도 완전히 철수한다'는 것
이었다. 박희실 등이 고종 45년 12월에 헌종의 행영에 찾아가서 외교협
상을 벌인 결과 태자친조는 즉각적으로 시행하고, 출륙환도는 3년을 기
한으로 구경복구공사가 완료되면 실행하겠다는 대몽강화외교를 성사시
켰다고 이해할 수 있는 것이다. 물론 3년을 기한으로 구경복구공사를 완
료하겠다는 내용은 박희실이 가지고 간 김준정권의 표문에 담겨 있었을
것으로 추정되며 몽고 헌종이 그것을 추인한 것이라고 생각된다.

　태자친조를 통해 대몽전쟁을 종식시키고 출륙환도 時限을 3년 정도
확보하는데 성공했다는 점에서 박희실 등이 펼친 대몽외교는 '條件附
對蒙講和 外交'라고 정의할 수 있을 듯하다. 3년이라는 기간의 확보는
위기에 처한 강도조정이 소생할 수 있는 시간적 여유를 주었고, 김준정
권이 출륙환도를 지연시키면서 몽고와 벼랑끝 외교전을 전개할 수 있는
계기를 마련해주었다. 따라서 삼별초 무관 출신 박희실·조문주가 펼친
조건부 대몽강화 외교는 김준정권이 의도하는 바를 충족시켰으며, 재추
와 조정대신의 출륙항복론을 견제할 수 있는 그 당시 김준정권의 최선의
대안이었다고 헤아려진다.

　신의군 도령낭장 출신 박희실과 야별초지유 출신 조문주 등이 몽고
헌종의 행영을 방문하여 조건부 대몽강화 외교를 성공시키자, 여·몽 사
이에서 전쟁은 소강국면으로 접어든 채로, 태자친조 문제를 둘러싸고 치
열한 외교전이 전개되었다. 郝經의 「高麗歎」을 통해서 볼 때, 그 당시
태자친조는 곧 강도조정의 굴욕적인 항복으로 비춰졌으며[127] 대몽전쟁

---

127) 「高麗歎」을 지은 郝經은 본래 金人이었으나 金이 망하자 전향하여 蒙古 世祖
　　의 潛邸 舊侶를 거쳐 文翰官으로 立身한 인물이었다. 학경은 고려 太子 王倎이
　　몽고황제에게 항복하러 몽고에 入朝하고 있던 상황을 비탄한 심정으로 읊었다.
　　『陵川集』권10, 歌詩, 高麗歎, "前年令公輔太子 釣魚山前見天子 掩面過市衆
　　皆哭 哭聲痛入燕人耳 幾廻事宋事遼金 不似今番冤苦深 甘心曲股渾不信 要把

29년에 종지부를 찍고 대몽관계에 일대 전환점을[128] 마련해 주었던 대사건이었다. 그러면 태자친조를 둘러싼 강도조정, 김준정권, 몽고 사이의 입장 차이와 갈등에 대해서 깊이 있게 고찰해보도록 하겠다.

> J-1. 癸丑 王引見溫陽加大等 于康安殿 溫陽加大問 太子入朝之期 王以五月
>   對 溫陽加大怒曰 我兵進退 在太子行李遲速 若待五月 何其晚也 王不得
>   已約以四月 仍贈金銀布帛 溫陽加大又云 欲見太子 面約(『高麗史』권24,
>   高宗 46年 3月 癸丑日條)
> J-2. 丙子 太子 出宴客使 于重房 期以四月二十七日(『高麗史』권24, 高宗 46年
>   3月 丙子日條)
> J-3. 甲午 遣太子倎 奉表 如蒙古 叅知政事李世材 樞密院副使金寶鼎等 四十
>   人 從之 百官餞于郊(『高麗史』권24, 高宗 46年 夏4月 甲午日條)
> J-4. 大將軍金仁俊 欲奉安慶公 嗣位 兩府議曰 元子繼体 古今之通義也 況 今
>   太子代王入朝 而以弟爲君可乎 遂頒遺詔(『高麗史』권24, 高宗 46年 6月
>   壬寅日條)

위의 사료 J-1에서, 車羅大의 사자 溫陽加大가 고종 46년 3월 10일에 태자입조 시기를 확정하러 강도에 왔을 때[129] 고종과 몽고사의 팽팽한 외교전 모습을 포착할 수 있다. 태자입조 시기 문제를 놓고서 고종은 5월에 태자를 보내겠다고 하였다. 그러나 溫陽加大는 몽고병의 진퇴가 태자 行李(사신단)의 遲速에 달려 있다면서 5월은 너무 늦다고 으름장을 놓았다. 결국 고종은 4월 중에 입조시키겠다고 약속했는데, 이는 溫陽加大가

　　　高麗都殺盡 嗚呼哀哉 何時免此殺戮運"
128) 고려 太子 王倎의 1259년 몽고 入朝는 고려 입장에서 對蒙戰爭 종식과 對蒙講
　　和를 위해서 어쩔 수 없이 선택한 최선책이었겠지만, 몽고 입장에서는 고려의
　　실질적인 항복으로 받아들였다. 憲宗 몽케에 이어 즉위한 世祖 쿠빌라이는 태자
　　왕전을 高宗에 이은 고려국왕에 책봉하였을 뿐만 아니라 그를 통해 고려의 武
　　人政權을 견제하고 蒙古六事의 시행을 강력하게 압박해나갔다. 그러므로 본격
　　적인 元干涉期 도래 이전에 몽고의 간섭이 1259년 이후 태자 왕전(이후 元宗)을
　　매개로 어느 정도 침투되고 있었다고 할 것이다.
129) 溫陽加大는 車羅大가 보낸 使者임은 앞의 사료 H-2에서 잘 확인된다.

4월 초반에 태자입조를 희망하고 있던 車羅大의 의사를 관철시킨 것이었다. 溫陽加大는 한 술 더 떠서, 4월 입조를 태자의 면전에서 약속받겠다고까지 하였다. 그는 대고려강화외교의 주체를 고종이 아닌 태자로 바꾸고 있었는데, 그것은 고종이 老病 중에 있는데다가 과거에 최씨정권의 대몽항전에 협조해왔기 때문에 고종을 꺼려한 것임에 틀림없다.

한편 J-2에서 태자 왕전은 3월 13일 혹은 23일에[130] 溫陽加大 등을 위해 연회를 베풀어주었다. 태자가 직접 나서 대몽강화외교를 주관하고 몽고사를 달랬던 것이다. 이날 重房에서는 태자의 입조시기를 4월 27일로 확정하여 4월말에 친조할 것임을 몽고사에게 밝혔다. 宰樞會議가 아닌 중방에서 태자입조 시기를 결정한 것은 당시가 戰時였다는 점과 김준정권이 가병과 삼별초를 중심으로 한 무인연합정권[131]이었던 점에서 잘 이해된다. 김준정권이 비록 무인정권이었다고 하더라도 최씨정권처럼 절대적 권력을 가진 무인정권은 아니었고, 과거 최씨가 가병지휘관, 신의군·야별초지휘관, 府衛軍 지휘관 등이 서로 이해관계가 복잡하게 얽혀 있었으므로 重房政治[132]가 재현된 것이었다. 당시 김준이 대장군

---

130) 本文의 사료 J-2의 干支가 3월 丙子日로 되어 있으나 이는 『高麗史』 撰者의 명백한 오류이다. 丙子日은 3월 干支의 순서상 丙辰日(13일)이거나 丙寅日(23일)이어야 맞는다.

131) 金俊政權은 金承俊·金大材·金用材·金植材 등 金俊 一家의 家兵지휘관, 朴希實·李延紹·林衍 등 神義軍 출신 무관, 趙文柱·吳壽山·徐均漢·白永貞 등 夜別抄指諭 출신 무관, 鷹揚軍 上將軍 朴成梓가 서로 느슨하게나마 연합함으로써 유지될 수 있었다. 그러므로 김준은 서로 다른 이해관계로 인해 언제든지 상충될 수 있는 다양한 군사집단을 조율해야 하는 입장에 처해 있었다고 헤아려진다. 이것은 무인집정 김준의 정권 장악과 유지에 있어서 崔氏武人政權과는 다른 취약점으로 작용했을 것이다.

132) 重房政治는 高麗武人政權 초반부에 해당하는 李義方·鄭仲夫·李義旼政權 때 시행되었는데, 重房의 上將軍 8명, 大將軍 8명 도합 16명의 고위 무관들이 국가 중대사와 정치현안을 의논하였다. 중방정치는 崔氏武人政權처럼 절대권력을 지닌 무인정권이 탄생하기 이전의 과도기에 시행된 무인연합 형태의 정치 방식이라 하겠다.

이었으므로 그는 중방회의에 참석하여 태자입조 시기를 결정하는데 일정 부분 관여했을 것으로 생각된다.[133]

여·몽 사이에서 태자친조 시기가 결정되자 김준정권은 태자입조를 실행에 옮길 수밖에 없었다. 사료 J-3에서, 고종 46년 4월 21일에 태자 왕전은 국왕의 표문을 가지고 몽고에 입조하였다. 김준정권은 당초 중방회의에서 4월 27일로 결정하였던 일자보다 6일 앞서 태자친조를 실행하였다. 그것은 고종이 4월 11일에 病勢가 매우 위독하였기 때문에[134] 날짜를 앞당겨 태자를 몽고에 보낸 것이라 이해된다. 다른 한편으로 태자가 하루 빨리 몽고에 친조해야 강화를 체결할 수 있다고 역설해왔던 대몽화의론자들의 주장이 반영된 것이라 추정된다.[135]

고려 사신단은 참지정사 李世材와 추밀원부사 김보정을 필두로 하여 40인이 태자를 수행하며 몽고로 출발하였다. 태자의 사신단에서 주목되는 인물은 출륙환도론·출륙항복론을 제기했었던 김보정과 대몽화의론자 이세재인데, 이 두 인물은 적극파 화의론자로 보아서 손색이 없다. 태자가 몽고에 입조하는 것은 몽고육사 가운데 한 가지 의무사항을 이행하는 것에 불과했으나 실질적으로 고려가 몽고황제에게 굴욕적으로 항복하는 것이나 진배없었다.

태자의 몽고 입조는 몽고의 대고려정책에 있어서나 김준정권의 대몽정책에 있어서나 일정한 변화를 초래하였다. 몽고는 장차 고종의 뒤를 이어 고려국왕에 등극할 태자 왕전을 움직여 출륙환도를 실현시키고 몽고육사를 이행토록 정치·외교적 압력을 행사하려고 의도했을 것이 자명

---

133) 重房會議에서 太子 王倎의 入朝 시기를 1259년 4월 27일로 결정한 것은 大將軍 金俊의 의사가 일정하게 반영되었을 것으로 짐작된다. 김준은 몽고 원수 車羅大가 4월 초순에 태자를 입조시켜야 된다고 억지를 부렸던 것을 누그러뜨리고 태자입조 시기를 다소 늦추는데 성공했다고 생각된다.

134) "夏四月 甲申 王病篤 分遣近臣 禱諸神祠 道殿 赦二罪以下囚 又放生"(『高麗史』 권24, 高宗 46年 夏4月 甲申日條).

135) 姜在光, 2011, 앞의 논문, 417쪽.

했다. 강도의 문신들도 의주·서경에 주둔한 몽고군을 철수시키고 平和
時代를 보장받을 수 있다면 출륙환도를 마다하지 않는 분위기였다. 한편
박희실을 통해 3년을 기한으로 출륙환도할 것을 약속했을 뿐만 아니라
태자가 몽고에 항복을 청하러 입조한 이상 김준정권은 어떤 식으로든 몽
고의 외압을 받지 않을 수 없었다. 김준정권으로서는 평화를 얻는 대신
개경환도를 비롯한 몽고의 외압(몽고육사)에 다방면에서 능동적으로 대
처해야 하는 크나큰 숙제를 안게 된 것이다.[136]

　使行길에 오른 태자는 몽고 東京에서 고려에 대한 재침략을 준비하고
있던 也速達·松吉大王을 설득하여 공격을 멈추게 하고 그들과 강화협상을
추진한 다음 몽고황제의 行營으로 나아갔다.[137] 반면 태자를 수행하였던
참지정사 이세재는 6월 8일에 也速達·松吉大王이 보낸 몽고사 周者·陶高
와 함께 먼저 돌아왔다.[138] 강도에서 고종을 알현한 몽고사는 6월 10일에
대몽강화의 표시로 강도의 內·外城을 파괴할 것을 주장하였고,[139] 고려조
정은 그러한 요구를 거부할 수 없었다. 전반적인 대몽강화의 추세 속에서
몽고사의 요청을 거부하면서까지 재항전을 도모하기 어려웠기 때문이었다.

---

136) 姜在光, 2011, 위의 논문, 417~418쪽.

137) "世材奏云 五月 十六日 太子至虎川 大雨 水漲溢 從者 皆請 留宿 以待水落 太
子不聽 遂行 越一日 至東京 東京人曰 明日 大兵 將向高麗 太子 遣臣及金寶
鼎 各以白銀五十斤 銀尊一 銀缸一 酒果等物 遺元帥余愁達 松吉大王 十九日
太子見松吉 松吉曰 皇帝親征宋國 委吾及 征爾國業 已發兵 爾何來耶 太子荅
曰 我國 惟皇帝及大王之德 是賴 僅保餘喘 將奉觴 于大王及諸官人 然後 入覲
于帝故來耳 松吉曰 汝國 已離江都乎 太子曰 州縣民 已出島矣 王京則 待皇帝
區處 以徙都耳 松吉曰 王京猶在島中 何可罷兵 太子曰 大王 嘗言 太子入朝則
罷兵故 今我來爾 兵若不罷 小民 畏懼逃竄 後雖敦諭 誰復聽從 大王之言 其可
信乎 松吉等 然之 駐兵不發 乃遣 周者等來 爲壞城郭也"(『高麗史』 권24, 高宗
46年 6月 庚辰日條).

138) "庚辰 蒙古元帥 余愁達 松吉大王 所遣 周者 陶高等 與叅知政事李世材 來"(『高
麗史』 권24, 高宗 46年 6月 庚辰日條).

139) "壬午 王引見客使 于時御宮 周者等 諭以壞城之事"(『高麗史』 권24, 高宗 46年
6月 壬午日條).

결국 김준정권은 대몽강화의 성의를 표시한다는 명목 하에 6월 11일과 18일에 각기 내·외성을 파괴하는 모양새를 취했다.[140] 김준은 몽고사에게 엄청난 뇌물을 주어 외성을 전부 파괴하지 못하도록 하였지만, 몽고의 외압을 수용할 수밖에 없었다는 점에서 변화된 대몽관계를 절감하지 않을 수 없었다.

김준정권이 대몽강화를 위해서 어쩔 수 없이 태자입조를 찬성하였더라도 태자를 활용한 몽고의 외교적 압박을 두려워하여 특단의 조치를 강구하였다. 김준은 6월 30일에 국왕 고종이 崩御하자마자[141] J-4에서처럼 安慶公 王淐을 차기 國王에 옹립시키려 하였다. 안경공은 국왕·태자를 대신하여 2차례나 몽고에 입조한 경력이 있는데다가 과거에 최씨정권의 和·戰兩面策에 협조했었던 왕자였다. 그러므로 김준정권이 附蒙化될 우려가 있었던 태자 대신에 안경공을 새로운 고려 국왕에 옹립하려했던 것으로 볼 수 있다. 안경공을 국왕에 옹립시킬 경우 김준정권은 몽고의 조종을 받지 않은 국왕을 통제할 수 있다는 정치·외교상의 이점을활용할 수 있었다.

그러나 김준정권의 안경공 옹립 계획은 兩府의 반대로 무산되었다. 양부의 대신들은 "元子가 國體를 잇는 것이 古今의 通義이며, 지금 태자가 국왕을 대신하여 입조한 마당에 아우로써 임금을 삼는 것이 옳은 일인가?"라고 대장군 김준을 반박하였다. 그런 다음에, 고종의 遺詔를 반포하였다. 국왕의 유조는 태자 왕전으로 하여금 後嗣를 잇게 할 것이며, 陵墓制度는 간소히 하고 상복은 3일만 입으라는 내용이었다.[142]

---

140) "癸未 始壞江都內城 客使督役甚急 諸領府兵 不堪其苦 泣曰 若知如此 不如不城"(『高麗史』권24, 高宗 46年 6月 癸未日條) ; "庚寅 客使 聞外城不壞曰 外城猶在 可謂誠服乎 盡壞乃還 國家 賂以重寶 卽令都房 壞外城"(『高麗史』권24, 高宗 46年 6月 庚寅日條).

141) "壬寅 王薨 于柳璥第"(『高麗史』卷24 高宗 46年 6月 壬寅日條).

142) "其略曰 余德薄負重 疾病彌留 惟王位不可久虛 矧予元子 其德足以升聞于上 乃命以位 凡爾官司 各執爾事 聽受嗣王之令 嗣王奉使未還間 軍國庶務 聽於太

양부 대신들이 안경공을 받들려 했던 김준의 계획을 수포로 돌아가게 했던 장면을 통해서, 김준정권이 대다수 대몽화의론자들과 심각한 의견 충돌이 있었고 그러한 충돌에서 물러섰음을 알 수 있다. 김준은 집권하자마자 삼별초 출신 무관을 활용해서 무인정권의 입장에서 조건부 대몽강화를 체결하여 재추 대신들의 출륙항복론을 견제하는 데는 성공했다. 그렇더라도 안경공 옹립 건에 대해서는 대몽화의론자들의 거센 반대와 명분 있는 태자옹호론으로 인해 양보할 수밖에 없는 처지로 내몰렸다.[143] 재추 대신들이 무인집정 김준의 의도를 무산시키고 차기 국왕으로서 태자 왕전을 지지한 것은 비단 고종의 유조때문 만은 아니었다. 김준의 계획대로 안경공 왕창을 차기 국왕에 옹립할 경우 몽고의 재침을 받을 것이 자명했고, 태자친조를 통해 어렵게 이룩하였던 대몽강화를 스스로 폐기해야 하는 모순적 상황을 우려했기 때문이었다. 김준은 출륙항복론자들의 양보를 얻어내 무인정권 입장에서 '조건부 대몽강화'를 실현하는 대신에 안경공 옹립 계획을 포기하고 대몽화의론자들의 태자옹호론을 수용함으로써 무인정권을 유지시켜 나갔다고 생각된다.[144]

요컨대 김준정권은 출범하자마자 재추 문신을 제쳐놓고 박희실·조문주 등을 통해서 몽고와 적정한 선에서 타협하여 조건부 대몽강화를 성사시켰다. 그럼으로써 강도조정 내의 대몽화의론자들을 포용하고 그들과의 충돌을 최소화시키면서 10년 長期執權의 礎石을 다질 수 있었다.

孫 山陵制度 務從儉約 易月之服三日而除"(『高麗史』권24, 高宗 46年 6月 壬寅日條).

143) 金俊이 安慶公 王淐 옹립계획을 결국 철회한 것은 對蒙和議論者들이 高宗의 遺詔를 바탕으로 완강히 太子 王倎을 옹립해야 한다고 주장함으로써 金俊政權 측의 대의명분이 부족하였던 점이 주효하게 작용하였다. 그리고 대몽관계 측면에서, 김준이 독단으로 安慶公 王淐을 차기 국왕에 올릴 경우 蒙古 황제에 대한 반역으로 간주되어 몽고군의 再侵을 받을 수 있어서 어렵게 성사시킨 對蒙講和를 스스로 포기하고 싶지 않았기 때문이었을 것이다.

144) 姜在光, 2011, 앞의 논문, 419~420쪽.

제6장

맺음말

本書에서 저자는 崔氏政權의 蒙古侵入에 대한 외교적 대응과 그 변동 모습을 면밀히 분석해보았다. 이를 통해 최씨정권이 추구했던 對蒙政策의 기조는 和·戰兩面策을 균형 있게 추진함으로써 蒙古六事 이행을 완화시키거나 거부하는 것이었음을 이해할 수 있게 되었다. 또한 최씨정권이 자신의 文臣 門客이나 王室宗親을 통해서 대몽전쟁의 위기 국면마다 對蒙事大外交를 적극적으로 수행함으로써 몽고군의 철수를 이끌어내고 임시적으로 講和를 체결했음을 알 수 있게 되었다. 한편 최씨정권 내부의 對蒙和議論者가 崔氏執政의 대몽외교에 일정한 영향을 끼치면서 최씨정권에 협조해 오다가 和·戰 양면에 걸쳐 최씨정권의 대몽항전이 한계를 드러낸 최항정권 후반~최의정권 시기에는 태자친조·출륙환도에 관한 견해 차이로 여러 층위로 분열되었고 최씨정권을 붕괴시키는데 동참했음을 확인할 수 있었다. 그러면 本文에서 중점적으로 다루었던 내용을 요약하는 것으로 結論을 대신하고자 한다.

먼저 제2장에서는 兄弟盟約期에 있어서 몽고 측의 歲貢納付 압력에 주목하여 최씨정권의 외교적 대응 자세가 어떠했는가와 江華遷都의 외교적 배경에 대하여 살펴보았다. 아울러 遷都抗爭期 山城·海島入保策과 최씨정권의 抗蒙姿勢, 그리고 地方統治問題 3자의 상호관계에 대해서도 고찰해보았다. 高宗 5년 말엽에 고려 東界에 도래한 몽고 1萬軍은 몽고 皇太弟 斡赤斤 휘하의 遼東軍士였을 가능성이 높았으며 그들은 다음 해 2월 高麗 五軍과 더불어 江東城戰鬪를 치르고 契丹遺種을 격멸한 다음 兄弟盟約을 체결할 것을 고려조정에 강요하였다. 이때 최우는 주저없이 대몽화의론을 펼치며 몽고의 요구를 수용해 우선 몽고군을 철수시키자고 역설했는데, 그의 주장을 받아들인 최충헌은 五軍元帥 趙冲에게 結和牒文을 보냈다. 조정의 의결에 따라 조충·김취려는 十將軍을 대동하고 몽고군 진영으로 나아가 合眞·扎剌와 야전에서 임시방편으로 형제맹약을 체결하였다.

형제맹약은 동아시아 전통사회에서 가장 등급이 약하고도 평등한 국제조약이었다. 그러나 兄弟盟約體制 상에서 고려는 해마다 몽고에 대해 세공납부를 이행하도록 규정되어 있었고 몽고사신이 東眞路(曷懶路)를 통해서 고려에 입국할 수 있었을 뿐 고려는 몽고 측에 사신을 파견할 수조차 없었으므로 일방적·강압적인 불평등 조약이나 다름없었다. 이 체제 하에서 고려는 몽고에 매년 8~9월에 세공을 납부하도록 되어 있었던 듯하다. 고종 6~12년에 이르기까지 몽고의 收貢使가 12차례 개경에 도달하여 과도한 공물량을 부과하였으며 더러는 고려에서 생산되지 않는 희소한 특산품까지 요구하였다. 또한 幹赤斤 이외에도 扎剌·蒲黑帶까지 공물을 요구함으로써 그 세공요구는 중층적·다원적인 것이었다. 蒙古使는 정복자임을 내세워 거만한 태도로 조정 대신들에게 고압적인 모습을 보였고 국왕 앞에서도 무례를 서슴지 않았다. 이러한 몽고의 세공납부 압력에 직면하여 최충헌정권은 고종 6년에 北界 興化道에 국한하여 大城入保體系를 점검하였고, 최우정권은 고종 8년경부터 화·전양면책을 입안하기 시작하였다. 즉 기존의 형제맹약체제를 그대로 유지하는 한편 몽고의 있을 수도 있는 침입에 대비하여 東界 要害處 3곳에 성을 쌓는 한편 개경의 羅城을 대폭 보강하였던 것이다. 이러한 화·전양면책은 외교적 대응책으로써 최우정권의 생존논리였고 대몽전쟁시기에도 그대로 계승되는 면모를 보였다.

고종 18년 8월에 몽고가 著古與被殺事件을 표면적 명분으로 삼아 본격적인 침공을 감행한 이후부터 대몽전쟁이 시작되었다. 몽고 太宗은 金

國 배후의 위험요소를 제거하는 한편 고려를 복속시켜 막대한 공물을 획득하고 東眞征伐에 助軍시킬 심산으로 침략한 것이었다. 撒禮塔의 제1차 침공에 맞서 고려는 龜州城·西京城·慈州城 등지에서 국지적인 승리를 거두었으나 草賊까지 가세한 고려 三軍이 安北府戰鬪에서 패전함에 따라 최우정권은 서둘러 蒙古軍 元帥府와 강화를 맺지 않을 수 없었다. 결국 같은 해 12월에 강화가 체결되었으며, 撒禮塔은 엄청난 액수의 공물을 요구하였고 더불어 王室宗親·大官人의 자녀 및 부녀자까지 인질로 강요해왔다. 고종 19년 정월부터는 몽고 태종의 칙사가 개경에 도달하여 高宗親朝와 蒲鮮萬奴 정벌을 위한 助軍을 요구하였으며, 북계 大城 14城과 主要地에는 達魯花赤과 探馬赤軍이 분산 배치되었다. 몽고는 이때부터 본격적으로 몽고육사의 이행을 촉구하기 시작한 것이다. 이러한 몽고 측의 제반 요구들은 고려의 완전한 복속을 의도하는 것이었으며 그것들 가운데서도 가장 기초적인 사항은 공물납부였다. 최우정권은 성의를 갖춰 몽고에 세공을 바쳤으나 "撒禮塔이 공물 수량이 적다고 大怒하였고 고려사신단을 구금했다"는 교위 宋得昌(宋立章·宋義)의 보고를 접수받은 즉시 전격적으로 강화천도를 단행하였다. 물론 천도 후보지 물색은 이미 고종 18년 12월 중반부터 타진하고 있었다. 그렇지만 몽고의 지나친 세공 압박을 감당할 수 없었던 최우정권이 수차례의 천도논의 끝에 강화천도를 단행한 것은 그러한 몽고 측의 요구를 거부·회피하려 의도했기 때문이다. 그러므로 강화천도는 최씨정권의 안보라는 차원 이면에 몽고의 과도한 공물 요구를 포함한 몽고육사에 대한 최우의 효과적인 외교적 대응책으로서의 성격을 지녔다고 할 수 있다.

강화천도 이후 최씨정권은 산성·해도입보책에 의한 방어전략을 최종 확정하여 대몽항전에 나섰다. 최씨집정이 채택한 해도입보책은 고종 3년 가을에 蒲鮮萬奴가 蒙將 木華黎에게 쫓겨 고려 압록강 하구의 어느 섬으로 숨어들어간 것에 영향을 받았다고 추정되며, 고종 6년 7월에 興化

道의 군비실태를 점검할 때 유효한 대몽항전 전략으로 수립되었다고 생
각된다. 해도입보처는 관련사서 상에서 鐵島·薪島·紫燕島·江華島·席島·
蔚陵島·莞島·葦島·葛島·槽島·仙藏島(仙甘島)·大府島·押海島·艾島·昌
麟島·神威島·猪島·竹島·松島·德積島 등 20개 섬이 발견되는데, 전략상
으로 北界·東界와 西海道에 집중되어 있는 것이 특징이다. 대몽전쟁기
말엽 몽고 제5-(2)차 침공 시에는 몽고군 원수 車羅大가 海島侵攻까지
감행하면서 특히 전라남도·충청남도 서해안 도서들이 조운로·보급로 확
보 상에서 그 중요성이 크게 급부상하였다. 고종 말년에는 북계·동계병
마사영이 아예 해도로 옮겨질 정도로 해도입보가 최후의 항전 수단으로
써 활용되기도 하였다. 이러한 해도입보책을 구사하여 최씨정권은 주현
별초군과 식량·무기·군수물자를 보존함으로써 長期戰을 유도하는 한편
몽고군으로부터 水戰을 감행케 하여 그들의 출혈을 강요하는 효과를 가
져오기도 하였다.

그러나 해도입보책은 몇 가지 측면에서 결정적인 단점을 드러냈다.
먼저 해도입보민이 육지의 산성입보민·주현별초군과 연계해서 몽고군
과 전투를 치르는 데 제한적이었고 최씨정권이 수많은 해도를 일사불란
하게 통제하기가 사실상 불가능하였다. 다음으로 몽고 제5차 침입 당시
해도입보민의 안정적인 생활여건을 보장하지 못해 입보민이 반란을 일
으키는 경우도 발생하였다. 마지막으로 대몽전쟁기 말엽에 최씨정권이
고압적 태도를 보이며 강제로 해도입보를 추진했으면서도 백성들에게
토지탈점과 불법적 수탈을 자행함으로써 그들의 자발적인 항전 역량을
스스로 반감시켰다는 점을 들 수 있다.

해도입보와 더불어 최씨정권은 육지의 주현민에 대해서 山城入保抗戰
을 독려하였다. 이 항전방식 역시 고종 6년 7월에 북계 興化道 제성의
전쟁준비 실태를 점검하였을 때 입안되었으리라 추정된다. 최씨정권기에
해당하는 몽고 제1차~제5-(3)차 침입 때까지 몽고군과 전투를 치렀던

산성·읍성은 西林城(古鐵州城) 등 84 사례가 확인된다. 이 84개의 산성·
읍성 중 중요한 巨鎭에는 600명 정도의 주현별초군이 편제되어 있었으
며, 이들 별초군은 단독작전에 있어서나 야별초와의 합동작전에 있어서
나 혁혁한 戰功을 세웠다. 산성입보항전과 별초군의 항전은 최우집권기
당대에는 어느 정도 효력을 발휘하였다. 그러나 최항집권기에 접어들어
也古의 제4차 침입부터는 조금씩 이 항쟁방식에 위기가 도래하였다. 也
古軍은 楊山城(禾山城)·東州山城·鳳儀山城·三角山城·楊根城·天龍山城·
權金城(雪嶽山城) 등 7성을 함락시켰고, 車羅大가 이끄는 제5차 침입군도
1255~1257년 사이에 光州·安城·忠州·玄鳳·珍原·甲向·王果(玉果) 등 諸
城을 攻拔하였다. 이러한 산성입보항전의 위기는 다음과 같은 이유 때문
에 도래한 것이었다. 첫째 洪福源·李峴·閔偁·韓洪甫와 같은 附蒙輩들과
永寧公 王綧이 고려 산성의 위치와 병력·군수자원, 방어능력 등을 상세
히 몽고 황제에게 고해바침으로써 군사기밀이 누출되었다. 둘째 也古와
車羅大의 제4~5차 침입이 가을 추수철 직전 혹은 봄철 파종기에 이뤄
짐으로써 내지 주현민이 가을걷이를 제대로 할 수 없었을 뿐만 아니라
농사를 제때 지을 수 없어 흉년과 기근에 시달려야 했다는 점을 지적할
수 있다. 셋째 최씨정권이 산성입보민의 자발적인 항전을 유발할 수 있
도록 최대한의 경제시책을 베풀고 民生을 보살피는데 미흡했다는 점을
들 수 있다. 이러한 여러 요인이 서로 복잡하게 맞물리면서 산성입보책
이 위기를 맞게 되었고 양계를 비롯한 북부지방 백성들이 강도정부에 반
기를 들고 몽고에 투항하는 사태가 빈발하였던 것이다.

　대몽전쟁기 地方統治는 기존의 兵馬使·按察使 중심의 7道 1界 체제
에 臨時使行體制가 부가되는 형식으로 이뤄졌다. 軍事的 목적의 임시사
행은 三道巡問使와 防護別監이 있었다. 삼도순문사는 안찰사의 군사적
기능을 보완하는 한편 民亂 방지를 위해 파견되었고, 방호별감은 내륙의
요충지 산성(대성)을 방어하는 임무를 맡았다. 經濟的 목적의 임시사행

은 敎定收獲員과 宣旨使用別監이 존재했다. 교정수획원은 租稅收取를 위해서 최씨집정이 독단으로 파견하였고 선지사용별감은 국왕의 교지를 받드는 것을 형식적 절차로 하여 租稅·貢賦 수취에 합법성을 보장받았다. 교정수획원·선지사용별감은 최우집권기 당대부터 내륙에 파견되었는데 백성들을 수탈하여 원망의 대상이 되었으며 대몽전쟁 말엽에 모두 혁파되었다. 民事的 목적의 임시사행으로서는 勸農使(勸農別監)·蘇復別監·按撫使(按撫別監)이 분견되었다. 권농사는 백성들의 농사를 권장하여 안정적으로 식량을 확보하도록 돕기 위해 파견되었고, 소복별감은 전쟁 피해가 컸던 지방에 나아가 주현민의 삶을 복구시키는 임무를 띠고 있었으며, 안무사는 반란지역이나 해도입보처에 파견되어 백성들을 安集시키는 사명을 맡고 있었다. 그러나 몇몇 소복별감들의 예에서 알 수 있듯이, 백성들의 삶을 회복시키는 데 관심을 두지 않고 오히려 그들로부터 수탈을 일삼게 됨으로써 州縣民이 점차 강도정부로부터 이반하게 되는 一要因을 제공하기도 하였다. 임시사행체제는 최씨정권이 대몽전쟁 수행이라는 특수상황에서 고육지책으로 고안해낸 정권유지 수단이자 대몽항전 지원 체계와도 같았다.

제3장에서는 최씨정권이 구사하였던 對蒙事大外交의 구체적인 사례를 犒饋外交, 貢物(方物·歲貢)外交, 書信外交, 表文外交, 人質外交, 고종의 出陸外交로 나누어 각각을 고찰해보았고 그 특성과 의미까지 추적해보았다. 호궤외교는 敵軍에게 음식을 후하게 대접해서 그들의 적개심을 누그러뜨리고 和親意思를 전달하는 외교방식이었다. 이 외교방식은 戰場에서만 나타나며, 대몽사대외교 가운데 가장 먼저 시행된다는 점에 그 특징이 있다. 대몽전쟁기에 모두 9차례 나타나는 호궤외교는 왕실종친이나 御史(侍御史)가 수행했던 측면이 두드러진다. 그것은 호궤외교가 대몽사대외교 가운데 맨 처음 시행되는 것이기 때문에 국왕을 대신할 수 있는 왕실종친과 국왕과 연계되어 있는 어사(시어사)가 몽고군 원수부에

파견되어 강화의사를 전달했기 때문이었다. 최우집권기에만 국한해보면, 최우의 측근이었던 閔曦와 최우의 寒士였던 宋國瞻이 호궤외교를 전담했던 것이 특색이라 할 수 있다.

공물외교는 크게 方物外交와 歲貢外交 2가지로 구분되었다. 전자는 戰場에서 몽고군 원수나 副將 그리고 使者에게 방물을 제공하여 강화의사를 전달하는 것이고, 후자는 몽고황제에게 성의를 갖춰 바치는 春秋進獻이었다. 방물·세공외교는 관련사서에서 모두 23회 산견되며, 시행되었을 것으로 추정되는 세공외교는 총 18회에 달했다. 방물외교는 몽고군 원수부에 강화의사를 타진하는 한편 몽고군의 철수를 목표로 시행되었고 세공외교는 고종 18년 12월에 여·몽 사이에서 협약하였던 1년에 2회 춘추진헌을 이행하기 위한 것이었다. 공물외교는 호궤외교 이후 시행되는 경우가 대부분이었고, 전장에서 시행되는 방물외교는 의례히 서신외교를 수반하였으며, 몽고황제에의 세공외교는 표문외교와 동반하는 경우가 많았다. 최씨정권은 공물외교를 위해 상당한 수량의 국가예물과 각종 물품을 준비하였고, 부족한 경우 百官으로부터 추렴하는 방식까지 취하면서까지 적극적으로 이 외교에 임하였다. 특히 撒禮塔의 제1-(1)차 침입, 也古의 제4차 침입 그리고 車羅大의 제5-(4)차 침입 때에는 엄청난 액수의 공물을 몽고 측에 전달하면서 몽고군의 철군을 이끌어내기도 하였다. 전체적으로 보아 공물외교는 몽고육사 가운데 세공납부 조항을 이행하여 몽고군의 철군을 이끌어내고 몽고와 임시적으로 강화체제를 유지하려는데 그 시행 의의가 있었다.

서신외교는 호궤·방물외교가 차례로 시행된 다음에 시행되거나 방물외교와 더불어 추진되기도 하였다. 대몽전쟁기 관련사서에서 등장하는 서신외교는 총 18회가 확인되며, 시행되었을 것으로 추정해 본 서신외교는 13회에 달했다. 서신외교는 최씨집권자의 대몽강화·몽고군철수에 대한 의사를 서찰에 담아 몽고군 원수에 전달하는 형식으로 진행되었다.

강화천도 이전에 시행된 서신외교는 주로 몽고의 과도한 공납 요구와 인질상납 강요에 항변하는 면모를 보였다. 강화천도 이후 고종 19년 12월까지는 강화천도의 당위성을 변호하고 宋立章·趙叔昌을 몽고로 잡아 보낼 수 없음을 알렸으며, 국왕과 최우가 출륙하여 몽고사를 접대할 수 없을 뿐만 아니라 몽고에 親朝할 수 없음을 전하였다. 處仁城勝捷 이후 대몽강경론이 우세하여 한 동안 서신외교는 시행되지 못했다. 고종 26년에 재개된 서신외교에서는 唐古元帥와 晉卿丞相에게 고려의 어려운 경제상황을 참작해줄 것과 唐古의 군사행동을 자제해줄 것을 부탁하였다. 고종 40~44년 사이의 서신외교에서는 몽고군이 먼저 철수한다면 나중에 '太子親朝·君臣出陸'을 이행하겠다는 강화조건을 전하였다. 전반적으로 이 외교방식은 전장에서 몽고군 원수부와 강화조건을 협상하고 몽고군의 철군시기를 조율하기 위해서 추진되었던 측면이 농후하다.

표문외교는 호궤·방물·서신외교가 차례로 시행된 다음에 최종적으로 세공외교와 더불어 추진되었다. 이 외교방식은 전장에서 서신외교로 해결하지 못한 외교현안을 표문을 통해 몽고황제에게 陳情함으로써 최씨정권이 몽고군철수를 위해 최후로 실행에 옮겼던 외교전술이었다. 대몽전쟁기에 시행된 표문외교는 총 9회가 확인되며, 시행되었을 것으로 추정되는 사례는 모두 25회나 된다. 최씨정권은 표문외교를 통해서 몽고와 君臣關係를 계속 유지하는 한편 몽고육사 문제를 조율해나갔다. 고종 18년 당시에 최우정권은 표문을 통해 몽고의 고려침공이 부당한 것임을 항변하는데 주력하였다. 강화천도가 단행된 고종 19년에는 몽고의 과도한 納貢·納質 요구에 항의하였고, 아울러 몽고육사 가운데 국왕친조·조군·호구조사의 불가함을 호소하였다. 처인성승첩 이후에 최씨정권의 대몽항전자세가 오히려 강화되면서 표문외교는 두절되었다. 그러나 唐古의 제2-(3)차 침입 이후 재개된 고종 25년의 표문외교에서 1년에 2회 세공을 지속적으로 납부할 것을 약속하였다. 고종 26~27년의 표문외교에서는 출륙환도와 국왕친조 문제에 대한 항변을 위주로 외교전을 전개하였으며, 고종 28년에는 禿魯花 파견 대상자를 확정지어 몽고육사 가운데 납질 의무를 이행하였음을 밝혔다. 이후 고종 29~39년까지의 표문외교는 발견되지 않으나 의례적 춘추진헌과 더불어 시행되었으리라 짐작된다. 몽고 제4~5차 침입 때의 표문외교는 출륙환도 의향을 전하고 고종 대신에 安慶公 王淐이 몽고에 입조하는 이유를 밝혀 몽고군의 철수를 이끌어내는 방향으로 활용되었다. 전체적으로 보아 이 외교방식을 통해서 최씨정권이 몽고의 과도한 납공·납질 요구에 항변함으로써 그 수량을 감소시킨 효과를 가져왔다고 판단된다. 또한 국왕친조·조군·호구조사·達魯花赤설치 등 몽고육사와 출륙환도 이행 문제에 있어서도 적절한 거부 이유를 제시함으로써 몽고와 그 문제를 항시 협상할 수 있는 창구를 열어놓고 외교전을 펼쳐나갔다는데 표문외교의 시행 의의가 있었다.

인질외교는 대몽강화 체결을 위해서 몽고 측이 요구한 인질을 보내는 외교방식이었다. 撒禮塔의 제1차 침공 이전부터 몽고 皇太弟 斡赤斤는 각종 匠人, 中國語에 능통한 자, 처녀에 이르기까지 다양한 인질을 요구해 왔었다. 물론 최씨정권은 斡赤斤의 요구를 묵살한 바 있었다. 본격적으로 대몽전쟁이 개시되고 임시적으로 여·몽 사이에 강화가 체결된 고종 18년 12월에 撒禮塔은 엄청난 수효의 인질을 요구했는데, 대부분 王族·大官人의 자제나 부녀자였다. 이에 더하여 그는 고종 19년 초반부터 각종 匠人과 수놓는 부녀자를 몽고에 보내라고 강요하였다. 또한 고려 백성들을 선발하여 몽고의 開州館·宣城山 밑에 이주시켜 농사짓게 하라고 엄포하였다. 최우정권은 이러한 몽고 측의 인질요구에 대해 적절한 이유로 거부의사를 밝혔지만 북계 농민 3천 명을 선발하여 몽고로 보내는 데 합의하였다. 북계 농민 이주 건은 몽고육사 가운데 납질과 조군 의무사항 양자를 모두 충족시키는 것이었다. 최우정권은 나머지 왕실·종친·대관인의 자녀를 보내는 문제와 장인 발송 건은 이행하지 않았다.

그러나 唐古의 제2-(3)차 침입 당시 慶州가 도륙되고 皇龍寺 전체가 소
실되는 참사가 발생하자 최우정권은 태도를 돌변하여 인질파견 요구에
응하였다. 당시 몽고 장수 吾也而는 철군조건으로 禿魯花 파견을 요청하
고 있었으므로 최우정권은 고종 28년 4월에 왕실종친 가운데 영녕공 왕
준을 고종의 '愛子'라고 칭하여 衣冠子弟(質子) 15인과 함께 몽고에 보
냈다. 영녕공의 입조는 몽고 측에 고려의 항복으로 비춰졌고 고종의 친
조를 대신한 효과가 있는 만큼 임시적으로 대몽강화가 체결되는데 결정
적 역할을 하였다.

　　고종의 출륙외교는 몽고육사의 하나인 國王親朝를 이행하기에 앞서
고려왕이 몽고에 복속할 의사가 있다는 것을 표면으로나마 보여주기 위
해서 江都에서 육지로 나와 펼쳤던 외교방식이었다. 몽고는 고종 19년
1월부터 국왕친조를 요구해왔지만 최우정권은 여러 가지 변명을 나열하
면서 거부의사를 분명히 하였다. 몽고 憲宗은 也古의 제4차 침입 당시
高宗親朝가 실제적으로 어렵다면 고려왕이 강도 밖으로 나와서 몽고사
를 영접하기라도 해야 한다고 엄포하였다. 이때 헌종은 국왕의 출륙을
몽고군의 철군조건으로 제시했던 것이다. 고종 41년 11월 몽고군 원수
也古가 忠州山城을 공함시키는데 실패하고 北還하자 고종은 즉시 昇天
府로 출륙하여 대몽강화 교섭에 임했다. 이것이 고종이 시행한 최초의
출륙외교였다. 강화천도 이전에는 납공·납질 문제가 가장 큰 현안이었
지만, 천도 이후에는 출륙환도와 더불어서 고종친조가 최우선적 현안으
로 떠올랐다. 몽고황제는 다음과 같은 이유에서 국왕친조를 관철시키고
자 하였다. 첫째 고려왕을 입조시켜 강·온 양면으로 회유하여 자신의 정
치·외교적 목적을 만족시키려고 했다. 둘째 국왕친조가 성사된다면 몽
고육사의 나머지 다른 의무사항들은 연쇄적으로 실행될 수밖에 없다. 셋
째 몽고에 臣屬한 고려왕을 활용하여 최씨정권을 붕괴시키려 의도하였
다. 이와 같은 효과 때문에 몽고 측에서는 줄기차게 고종친조를 요구해

왔던 것이다. 반대로 최씨정권은 그것을 거부·회피·지연해왔던 것이라 하겠다. 고종은 재위 40년에 처음 출륙한 이후 4차례 더 승천부로 나아가 몽고사를 맞이하면서 철군외교를 펼쳤다. 이때 이후로 고종의 출륙외교가 지니는 의미는 몽고군의 철수가 가시화되었음을 알려주는 것이었다. 더불어 몽고 측에서 고종친조가 현실적으로 어렵다는 것을 인정하고 태자친조 쪽으로 몽고육사의 의무사항을 변경해나가고 있었다는 것을 시사해준다.

제4장에서는 최씨정권 내부에 존재한 對蒙和議論者의 면모와 그들이 제기한 화의론의 내용, 그리고 講和派의 층위와 역할에 대해서 검토해 보았다. 이를 통해서 최씨집권기 각 정권별로 대몽화의론의 내용이 달랐으며, 崔沆代 이후에 강화파가 무인집정의 통제에서 벗어나 화의론을 전개하면서 대몽외교를 점차 장악해나가는 장면을 포착할 수 있었다. 최충헌집권기에 대몽화의론은 江東城戰役 당시부터 제기되었다. 몽고군의 도래와 그들의 軍糧支援·助軍 요구에 고려조정 대신들이 당황하면서 마땅한 대응방안을 찾지 못하고 있었을 때, 최우는 몽고군과 협력하여 거란유종을 격멸하고 조속히 몽고군을 고려 땅으로부터 철수시키자면서 現實的 對蒙和議論을 제의하였다. 이에 재추가 동의하였고 의심이 풀렸다. 최충헌은 최우의 대몽화의론을 수용하여 고종 5년 12월 몽고군 원수부에 군량을 지원해주었고 고종 6년 1월에 結和牒文을 보냈으며 2월에는 결국 조군함으로써 강동성전투를 치르고 거란유종을 격멸시켰다. 그러므로 최충헌대 화의론은 최씨정권 내부에서 먼저 제기되었고 재추 대신들을 선도하였다고 할 수 있다. 재추 대신들뿐만 아니라 강동성전투의 당사자였던 고려군 원수 趙冲과 金就礪, 부장 韓光衍·金良鏡 등도 최우의 화의론에 동조했을 개연성이 크다. 조충이 홀로 몽고군을 전혀 의심할 것이 없다면서 조정대신을 설득한 장면이나 문사 김양경이 자청해서 군량을 지원해 주는 모습에서 이들이 적어도 대몽화의론을 수용하고 있

었음을 알 수 있다. 그리고 결화첩문을 몽고군 부원수 扎剌에게 전한 尹公就·崔逸도 그들 자신이 화의론자였거나 화의론에 찬동했던 인물이 분명해 보인다. 또한 조충의 同年으로서 거란유종을 격멸시키고 개선한 조충을 환영해준 陳湜·劉冲基·尹于一·李百順 등도 넓게 보아 대몽화의론 계열에 포함된 인물로 보아 무방하다. 한편 이 시기 몽고사 蒲里代完(蒲桃)을 맞이한 朴時允과 崔義도 이러한 현실적 대몽화의론을 지지하고 있었던 인물로 여겨진다. 강동성전역 당시의 화의론은 몽고군을 도와 거란유종을 하루바삐 격멸시키고 몽고군을 철수시키자는 것이었으므로 몽고의 세공압박이 본격화되기 전까지는 매우 유효적절하고 타당한 외교적 대응이었다.

최우집권기에 들어와서, 대몽화의론은 3가지 모습으로 전개되었다. 첫째는 고종 7~12년의 형제맹약기에 나타나는 현실적 대몽화의론이고, 둘째는 고종 19년 강화천도 이전 兪升旦의 儒敎的 事大名分論에 입각한 대몽화의론이며, 셋째는 고종 18~36년 대몽전쟁기의 최씨정권의 한사나 조정 문신들에 의한 親崔瑀政權的 화의론이다. 형제맹약기에 몽고사가 자주 고려를 방문하여 과도하고도 중층적인 세공납부 압력을 가해오는 한편 국왕 앞에서 극히 무례한 태도를 보이자 최우정권은 몽고사신을 추방하고자 하였다. 4품관 이상 회의에서 조정 대신들은 최우의 몽고사 추방에 반대하였고 軍勢의 強弱을 현실적으로 인정하면서 몽고와의 화평을 그대로 유지할 것을 주장하였다. 이러한 현실적 대몽화의론은 이미 최우 자신이 주장한 바 있었으나 이 당시 최우는 화·전양면책을 입안하는 쪽으로 급선회하고 있었다. 4품관 이상 회의에서 현실적 대몽화의론을 주장한 인물은 재추대신 李延壽·金義元 등과 형제맹약을 체결하였던 김취려·한광연·김양경 등이었을 것으로 추정된다. 한편 최우가 동계 요해처 3곳에 성을 쌓아 장래에 예견되는 몽고침입에 대비하고자 하였을 때, 知奏事 金仲龜는 民弊論과 愼重論을 들고 나와 축성방어책에 반대하였다. 넓게 보아 김중구의 축성반대는 현실적 대몽화의론에 포함된다고 하겠다.

고종 19년 6월 15일 제4차 천도회의에서 유승단은 천도항쟁이 궁극적인 몽고방어책이 될 수 없음을 역설하면서 사대명분론에 입각하여 대몽화의론을 제기하였다. 그의 주장은 開京固守論과 더불어 당시 개경 문벌귀족의 2대 대안이었는데, 형제맹약기의 현실적 대몽화의론의 맥락을 계승하고 있었다. 유승단의 주장에 내심으로 동조하고 있었던 인물은 그의 同年 韓光衍·劉冲基·尹于一·李百順 등이었을 것이며, 조충의 아들로서 몽고군에게 자진 투항한 다음 고종 18년 12월 대몽강화체결에 공훈을 세웠던 趙叔昌도 그러한 대몽화의론을 지지했을 것으로 생각된다. 유승단의 대몽화의론은 몽고와의 전쟁을 회피하고 그들에게 더욱 事大之誠을 다하여 화친을 확고히 하자는 것이었지만, 몽고가 납공·납질 요구를 강화하고 고려의 북계를 장악한 채로 재침을 준비하고 있는 당시 위급한 국제정세 속에서 채택되지 못했다.

강화천도 이후에는 친최우정권적 화의론이 몽고군철수와 정권안보 차원에서 제기되었다. 이 시기에는 과거 형제맹약기에 현실적 대몽화의론을 제기하였던 재추 대신이나 천도회의에서 유승단의 견해에 동조하였던 문·무신들이 점차 최우정권의 화·전양면책을 지지하면서 대몽강화 교섭에 나섰다고 판단된다. 특히 최씨정권의 한사나 최씨정권에 협조한 문신이 대몽외교를 전담하고 있다는 점이 주목된다. 최씨정권의 화·전양면책을 유지시키고 몽고와 임시적으로 강화를 체결했던 인물은 宋國瞻과 宋彥琦가 대표적인데, 송국첨은 최씨정권의 한사 출신으로서 撒禮塔의 제1차 침공 당시 대몽강화를 맺었고 송언기는 구주성전투의 영웅이었던 宋文胄(宋彥庠)의 동생으로서 4차례나 몽고에 입조하여 唐古軍의 철수와 禿魯花 파견 시기를 조율하는 등 대몽강화 외교를 도맡아 처리하였다. 이들과 더불어 表文作成을 전담하였던 핵심 인물로서 李奎

報·河千旦 등을 거론할 수 있다. 이규보는 최씨정권의 대표적인 문사로서 최우집권기 전반부에 표문을 거의 대부분 작성했으며 정권보위에 일등공신이 되었다. 하천단은 최우의 한사 출신으로서 이규보의 사망 이후 표문작성에 현저한 공적을 세웠다. 이들 이외에도 崔璘·金守精·趙修·孫抃·金之岱 등도 공물·표문외교를 실행하면서 최씨정권의 화·전양면 항전을 떠받쳤다. 최씨정권의 한사나 친최우정권적 문사들은 몽고군을 철수시키기 위해서 무인집정 최우에게 화친을 건의하였고 그들 스스로가 사신이나 표문작성자로서 활약하였다. 그러므로 이들은 어디까지나 최우정권의 유지와 대몽항전에 기여했다고 볼 수 있었다.

최항집권기에 들어와서 최우 당대의 친정권적 화의론은 대·내외적인 여러 요인들로 인해 변모하기 시작하였다. 무엇보다 고종 38년 제2차 大空位時代를 청산하고 새 황제로 등극한 몽고 헌종이 고종친조와 출륙환도를 강렬하게 요구해오면서 기존에 여·몽 사이의 형식적 강화체제에 위기가 도래하였다. 한편 賤出이자 승려출신이었던 최항의 권력세습에 달가워하지 않았던 조정 대신들이 점차 무인집정의 통제에서 벗어나 화의론을 적극적으로 제기하였다는 점을 눈여겨 볼만하다. 고종 38년 10월의 4품 이상관 회의에서는 고종친조 대신에 태자친조를 찬성하는 화의론자와 고종친조를 반대하고 태자친조도 유보적인 입장을 보였던 화의론자가 대두하였다. 전자는 화의론자 가운데 적극파라 할 수 있고 崔璘·崔滋·金寶鼎 등이 여기에 속했다. 후자는 소극파로 볼 수 있는데 柳璥·宣仁烈·柳能 등 최씨정권의 심복이 여기에 해당하였다. 최항정권은 후자의 견해를 수렴하여 "고종친조가 老病으로 어렵고 승천부에 新闕을 조성하여 금년에 出陸을 준비하고 있다"고 몽고 헌종에게 통보하였다. 헌종은 출륙의 진위를 파악하기 위해 몽고사를 고려에 보냈고 고종의 '出迎蒙使'를 엄명하였다. 也古의 침입에 앞서 영녕공 왕준은 고종의 출륙이 어려우면 태자나 안경공이 출륙해서 몽고사를 맞이해야 전쟁을 면할 수 있다고 충고하였다. 최항정권은 그러한 몽고 측 요구사항을 모조리 거부하고 재추의 대몽화의론을 억누른 채로 전쟁을 선택하였다.

也古의 제4차 침입 당시 제기된 화의론의 특색은 전쟁이 불리하게 전개될 때마다 몽고군철수를 위해 태자친조 문제가 거론되었다는 점이다. 여러 차례 재추회의에서 대신들은 태자를 친조시키는 방향과 왕자를 입조시키는 쪽을 놓고서 고민하였다. 최항은 태자친조를 극력 거부하였지만 春州城이 也古에게 도륙되고 天龍山城·楊根城이 투항하자 태자친조 문제를 재추와 국왕에게 맡겨버렸다. 재추와 4품관 이상이 태자친조를 거론하였다는 것은 그들이 화의론자로서 이미 하나의 정치세력을 형성하고 자신의 의사를 관철시키려 했다는 것을 의미한다. 최항은 결국 대몽화의론자와 조율하여 태자친조 대신 안경공 왕창의 몽고입조를 허락하였다. 이것은 최항정권과 재추의 화의론자들이 서로 한걸음씩 물러나 합의를 본 것이지만 결과적으로는 강화파의 정치·외교적 승리나 다름없었다. 최항은 집권 후반부에 대몽교섭의 주도권을 재추 대신들에게 점차 상실해가고 있었던 것이다. 이러한 상황은 車羅大의 제5차 침입 때에도 마찬가지였다. 최항은 재추와 4품관 이상의 화의론을 묵살할 수 없었고 오히려 화의론자의 도움을 받아야만 몽고군을 철군시킬 수 있었다. 이당시 고종의 칙사로 파견된 대표적인 화의론자 金守剛은 공물·표문외교를 전개했을 때 '출륙환도·태자친조'를 약속하며 헌종을 설득하여 2차례나 몽고군을 철수시키는 데 결정적 공헌을 하였다. 김수강은 몽고군이 먼저 철수한다면 단계별로 출륙환도를 이행하고 고종 대신에 태자가 입조할 것임을 천명하면서 남송공략에 치중하고 있던 몽고 헌종의 외교적 양보를 얻어내는 데 성공함으로써 강도 조정 내 대몽화의론자들의 위상을 끌어올렸다.

車羅大의 제5차 침입 기간 동안 몽고군의 철군조건 가운데 하나로 굳혀진 것이 태자친조였다. 그런 만큼 강화파의 주장이 지속적으로 유지되어 나가는 한편 오히려 한층 강화되는 면모를 보였다. 이제 태자친조는 최씨정권이 이행하지 않으면 안 되는 몽고육사의 최대 현안이 되었다. 최우집권기에 화·전양면책을 떠받치며 정권유지에 협조해왔던 화의론자들이 최항집권기 말엽에는 무인집정도 함부로 강제할 수 없는 하나의 정치세력으로 정착하였고 그들이 대몽교섭의 주도권을 장악한 채로 대몽외교를 전담해나가면서 자신들의 의사를 하나씩 관철시켜 나갔던 것이라 하겠다.

최씨집권기 대몽화의론자의 계보는 座主로 보아 크게 3가지로 구분되었다. 대몽화의론자들은 그들의 좌주가 任濡, 琴儀, 金良鏡인 경우가 대부분이었다. 이것을 座主－門生關係로 다시 구분하면 임유－이규보·유승단·이백순·한광연 계열, 임유－조충－김지대 계열, 금의－최린－유경 계열, 금의－최자－이승휴 계열, 금의－송국첨·하천단·손습경·조수 계열, 김양경－김구 계열로 세분된다. 임유 계열은 2가지, 금의 계열은 3가지, 김양경 계열은 1가지 계보가 나타난다. 좌주가 임유인 화의론자들은 최충헌~최우집권기에 주로 활약하였고 현실적 대몽화의론을 제기하였다. 반면에 금의를 좌주로 둔 화의론자들은 최우집권기 후반에 등장하여 정권에 협조하다가 최항대에 두드러지게 활동하였다. 이들은 대몽전쟁이 최고조에 올랐을 무렵 태자친조를 거론하는가 하면 무오정변 당시 최씨정권을 붕괴시키는 데 일부가 참여하거나 암묵적 동의를 표하기도 하였다. 금의의 문생 가운데는 송국첨·하천단과 같은 친최우정권적 화의론자와 유경과 같은 소극파 화의론자가 섞여 있기는 하지만 전반적으로 보아서 금의 계열의 강화파가 최씨집권기 후반부의 대몽외교를 전담하면서 정치적으로 성장하였다고 보아 크게 무리가 없다.

마지막으로 제5장에서는 대몽외교의 변화와 최의정권의 몰락을 서로 유기적으로 연관시켜 고찰해보았다. 이 과정에서 최씨정권의 문객집단이 분열한 결과 최씨정권이 몰락했다고 하는 기존의 연구 시각 못지않게 최의정권이 대몽외교 노선에 일정한 변화를 가져온 점을 정권붕괴 요인으로써 지목할 수 있었다. 최항집권기보다도 더욱 약화된 항몽노선을 견지할 수밖에 없었던 최의는 집권하자마자 대몽교섭권을 재추와 국왕에게 완전히 넘겨주었다. 그는 車羅大의 제5-(3)차 침입 당시 대몽전쟁에 적극적이지 않았으며 김수강 등 대몽화의론자의 강화외교를 통해서 최단기간 내에 몽고군을 철군시키는데 성공하였다. 강화파의 외교적 성과에 고무된 최의는 고종 44년 9월을 기점으로 대몽화의론을 수용하였다. 최의는 몽고와의 전쟁을 회피하면서 선인열·유능 등 화의론자 가운데 소극파에 해당하는 일부 심복에 의존하면서 최씨정권을 유지하려 하였고 그들을 지나치게 편애하는 측근정치를 펼쳤다.

대몽화의론에 경도된 최의의 대몽정책 변화는 그동안 抗蒙의 일선에서 활약해 왔었던 金俊 등 家兵 지휘관과 朴希實·李延紹·林衍 등 神義軍 武官의 불만을 낳았다. 가병·신의군 지휘관들은 최의로부터 夜別抄大將軍 宋吉儒가 楸子島로 유배된 사건에 충격을 받고 있었던 일부 夜別抄指諭들을 포섭하였으며 鷹揚軍까지 끌어들였다. 한편 가병·신의군 무관들은 최의정권의 편협한 側近政治와 經濟施策에 반감을 품은 유경·崔昷 등 문신들과도 연대하여 反崔竩連帶勢力을 형성하였다. 이 반최의 연대세력은 결국 고종 45년 3월에 王政復古(復政于王)을 명분으로 戊午政變을 일으켜 4대 62년간 집권한 최씨정권을 붕괴시키고 형식적이나마 정권을 국왕에게 돌리는 데 성공하였다.

최씨정권이 몰락한 이후 무오정변 주동세력의 하나였던 유경이 집권하였지만 곧이어 車羅大의 제5-(4)차 침공이 개시되었다. 몽고군의 재침에 대한 유경의 대몽전쟁 수행 능력이 부족하다는 점이 드러난 데다 金俊勢力이 유경의 政房에서의 인사권 장악과 重房 무인 포섭에 대해서 철저하게 견제를 했던 결과 유경정권은 8개월 만에 실각하고 말았다. 유경정권을 몰락시키고 집권한 김준은 기존의 최씨가 가병과 신의군 무관

들을 중심으로 하여 정국을 운영하였다. 그는 집권 초기에 三別抄를 동
계와 春州道 방면으로 투입하여 車羅大의 제5-(4)차 침입군과 적극적인
전투를 벌여 雙城摠管府 이남으로 몽고군이 남하하는 것을 저지하였다.
김준정권은 무오정변의 결과 재추의 講和派와 연대해서 정치를 전개할
수밖에 없었지만 재추 대신들의 실질적·영구적 대몽화의론, 곧 출륙항
복론을 수용할 의사가 없었다. 그래서 김준은 태자친조는 허용하여 대몽
강화를 체결토록 하되 즉각적인 출륙환도는 거부하였다. 김준정권은 고
종 45년 12월에 신의군 무관 출신이었던 장군 朴希實와 야별초지유 출
신 장군 趙文柱를 몽고 헌종의 행영으로 보내 이른바 '條件附 對蒙講和'
를 체결하였다. 그 주요골자는 태자친조를 통해서 대몽강화를 이룩하고
西京과 義州에 주둔한 몽고군을 모두 철수시킴과 아울러 개경복구공사
가 완료될 때까지 출륙환도 기간을 3년 정도 확보하는 것이었다. 이러한
조건부 대몽강화 외교가 성공함으로써 강도조정이 그동안의 戰禍에서
치유할 시간적 여유를 얻을 수 있었고 출륙환도 문제로 차후 몽고와 외
교전을 전개할 수 있는 전기를 마련하게 되었다. 삼별초 무관을 통한 조
건부 대몽강화는 김준정권이 재추의 대몽화의론자들과도 어우러지면서
장기집권체제를 공고히 할 수 있는 礎石을 다져놓았던 것으로 평가할
수 있었다.

부 록

明宗~高宗代 科擧及第者와 知貢擧·同知貢擧 名單[1)]

科擧 時期	年度	及第者	順番	親族關係		知貢擧	同知貢擧	備考
明宗 1. 5	1171	林㲆	1			韓就	金莘尹	選擧志 科目 選場
明宗 2. 7	1172	張聞慶	1			金闡	韓彦國	選擧志 科目 選場
明宗 3. 6	1173	崔時幸	1	父: 崔瓘?		尹鱗瞻	文克謙	選擧志 科目 選場, 高麗列朝榜
明宗 5.10	1175	白龍變	1			閔令謨	郭陽宣	選擧志 科目 選場
明宗 6. 8	1176	秦幹公 (秦獻衣)	1			李文鐸	韓文俊	選擧志 科目 選場, 李文鐸墓誌銘
		李瑞林	2	祖: 李台降(檢校太子少保)	父: 李彦均(檢校太子詹事)	李文鐸	韓文俊	李瑞林墓誌銘
		許京	3	祖: 許純(試刑部侍郎)	父: 許利涉(典廐署丞)	李文鐸	韓文俊	高麗列朝榜, 許珙墓誌銘, 李世華墓誌銘
		尹威	4	祖: 尹彦仁	父: 尹德瞻	李文鐸	韓文俊	高麗列朝榜, 東國李相國集 37 國子 司業尹公哀詞
明宗 7. 4	1177	崔基靜 (崔洪胤)	1	祖: 崔思齊(平章事)	父: 崔灌(平章事)	文克謙	廉信若	選擧志 科目 選場, 破閑集 上 世以科第取士, 補閑集 上 崔景文公洪胤
		閔公珪	2	祖: 閔懿(戶部員外郎)	父: 閔令謨(平章事)	文克謙	廉信若	高麗列朝榜, 高麗史 閔湜傳, 閔宗儒墓誌銘
明宗 8. 6	1178	陳光恂	1			韓文俊	李應招	選擧志 科目 選場
		金冲	2	父: 金滋齡(樞密院堂後官)		韓文俊	李應招	金冲墓誌銘, 東國李相國集 8 呈內省 諸郎
明宗 10. 6	1180	李得玉 (李仁老)	1	曾祖: 李頠(平章事)		閔令謨	尹宗諴	高麗史 李仁老傳, 破閑集 下 僕先祖
		崔祗禮	2	祖: 崔濡(平章事)		閔令謨	尹宗諴	高麗史 閔令謨傳, 高麗史 崔濡傳
		崔祗元	3	祖: 崔濡(平章事)		閔令謨	尹宗諴	高麗史 閔令謨傳, 高麗史 崔濡傳
明宗 12. 6	1182	許徵	1			韓文俊	李知命	選擧志 科目 選場
		崔甫淳	2	父: 崔均(禮部侍郎)		韓文俊	李知命	高麗史 崔甫淳傳,

---

1) 이 표는 朴龍雲, 1990, 『高麗時代 蔭敍制와 科擧制 研究』, 一志社, 390~414쪽
   의 '資料: 科試 設行과 製述科 及第者' 가운데 明宗~高宗代까지의 及第者 名單
   을 저자가 再構成해 본 것이다. 再構成 과정에서 及第時期 미상자의 及第 年月
   이 밝혀진 경우도 더러는 있었다.

科擧 時期	年度	及第者	順番	親族關係	知貢擧	同知貢擧	備考
							崔甫淳墓誌銘
		任永齡	3		韓文俊	李知命	補閑集 上 英烈公 任學士永齡
明宗 14. 9	1184	琴克儀 (琴儀)	1	父: 某(昌安宅衛典)	文克謙	林民庇	選擧志 科目 選場, 高麗史 琴儀傳, 琴儀墓誌銘
		趙準	2	祖: 趙時彦(追封 左僕射) 父: 趙永仁(平章事)	文克謙	林民庇	高麗列朝榜, 高麗史 趙永仁傳
		王逢辰	3	宋나라 進士			別賜及第
明宗 16. 4	1186	宋惇光	1		林民庇	皇甫倬	選擧志 科目 選場
明宗 18. 6	1188	李唐髦	1	父: 李知命(政堂文學)	林民庇	崔証	選擧志 科目 選場, 高麗史 李知命傳
		李化龍	2	父: 李尙敦(閤門祗候)	林民庇	崔証	高麗史 卷20 明宗 18년 6월조
明宗 20. 5	1190	皇甫緯	1		李知命	任濡	選擧志 科目 選場
		趙冲	2	祖: 趙時彦(追封 左僕射) 父: 趙永仁(平章事)	李知命	任濡	高麗史 趙冲傳, 東國李相國集 36 趙冲誄書, 補閑集 上 趙文正公器識
		李奎報 (李仁氐)	3	父: 李允綏(戶部郎中)	李知命	任濡	高麗史 李奎報傳, 李奎報墓誌銘
		韓光衍	4	祖: 韓安中(左僕射) 父: 韓約(叅知政事)	李知命	任濡	韓光衍墓誌銘, 東國李相國集 25 同年宰相書名記
		陳湜	5	祖: 陳俊(叅知政事) 父: 陳光賢(樞密副使)	李知命	任濡	梅湖遺稿 梅湖公小傳, 東國李相國集 25 同年宰相書名記
		兪升旦 (兪元淳)	6		李知命	任濡	高麗史 兪升旦傳, 東國李相國集 25 同年宰相書名記
		劉冲基	7	父: 劉羲(學士)	李知命	任濡	補閑集 上 趙文正公器識, 補閑集 上 劉學士羲, 東國李相國集 9 劉同年冲祺見和次韻荅之
		尹于一	8		李知命	任濡	補閑集 上 趙文正公器識
		申禮	9	祖: 申淑(叅知政事) 父: 申作孝(大府卿)	李知命	任濡	東國李相國集 27 爲同年薦崔相國書
		崔克文	10	父: 崔孝悌(學士)	李知命	任濡	東國李相國集 27 爲同年薦崔相國書
		尹儀	11		李知命	任濡	東國李相國集 11 尹同年儀
		金延脩	12		李知命	任濡	東國李相國集 13 訪金

科擧 時期	年度	及第者	順番	親族關係	知貢擧	同知貢擧	備考
		李百順	13		李知命	任濡	同年延脩家用古人詩韻 補閑集 序, 補閑集 卷 上
明宗 22. 4	1192	孫希緯	1		趙永仁	柳公權	選擧志 科目 選場
		崔祗義	2	祖: 崔濡(平章事)	趙永仁	柳公權	選擧志 科目 崇奬之典
明宗 24. 4	1194	金君綏	1	祖: 金富軾(門下侍中) 父: 金敦中(承宣)	崔瑜賈	崔詵	高麗史 金君綏傳, 選擧志 科目 選場
		吳闡猷	2	父: 某(州副司戶)	崔瑜賈	崔詵	吳闡猷墓誌銘
明宗 26. 7	1196	趙挺觀 (趙挺規)	1		崔詵	李資文	選擧志 科目 選場
明宗 27. 5	1197	房衍寶	1		崔讜	閔公珪	選擧志 科目 選場
明宗代 급제자	미상	金仁鏡 (金良鏡)	1	父: 金永固	미상	미상	高麗史 金仁鏡傳, 止浦集 3 上座主 金相國
明宗代 급제자	미상	任溥	2	祖: 任懿(平章事) 父: 任元厚(門下侍中)	미상	미상	高麗列朝榜, 高麗史 任溥傳
明宗代 급제자	미상	任濡	3	祖: 任懿(平章事) 父: 任元厚(門下侍中)	미상	미상	高麗史 任濡傳, 補閑集 上 任良淑 公濡
明宗代 급제자	미상	柳澤	4	祖: 柳寵(檢校少府少監) 父: 柳公權(政堂文學)	미상	미상	高麗列朝榜, 高麗史 柳澤傳
明宗代 급제자	미상	金台瑞	5	祖: 金世麟(贈左僕射) 父: 金鳳毛(平章事)	미상	미상	高麗列朝榜, 高麗史 金台瑞傳
明宗代 급제자	미상	吳世材	6	祖: 吳學麟(翰林學士)	미상	미상	高麗史 吳世材傳, 東國李相國集 37 吳先 生德全哀詞
明宗代 급제자	미상	李公老	7	父: 李尙材	미상	미상	高麗史 李公老傳
明宗代 급제자	미상	趙通	8	玉果趙氏	미상	미상	高麗史 趙通傳
明宗代 급제자	미상	崔祗忠	9	祖: 崔濡(平章事)	미상	미상	選擧志 科目 崇奬之典
明宗代 급제자	미상	咸淳 (咸脩)	10	祖: 咸德侯(尙衣奉御) 父: 咸有一(工部尙書)	미상	미상	高麗史 咸有一傳, 咸脩墓誌銘
明宗代 급제자	미상	閔湜	11	祖: 閔懿(戶部員外郞) 父: 閔令謨(平章事)	미상	미상	高麗史 閔湜傳
明宗代 급제자	미상	權敬中	12		미상	미상	高麗史 權敬中傳
明宗代 급제자	미상	蔡靖	13		미상	미상	高麗史 蔡靖傳
明宗代 급제자	미상	李侃 (李方榮)	14	祖: 李之正(侍郞) 父: 某(左僕射)	미상	미상	李侃墓誌銘
明宗代 급제자	미상	李松茂	15	祖: 李棟民(權知監察御史) 父: 李勝章(監察御史)	미상	미상	李勝章墓誌銘
明宗代 급제자	미상	李百中	16	祖: 李棟民(權知監察御史) 父: 李勝章(監察御史)	미상	미상	李勝章墓誌銘
明宗代 급제자	미상	田甫龍	17	祖: 田寵文(禮賓卿) 父: 田元均(左僕射)	미상	미상	田元均墓誌銘
明宗代 급제자	미상	金公粹	18	祖: 金位(追封 左僕射)	미상	미상	金元義묘지명 金元義配

科擧 時期	年度	及第者	順番	親族關係	知貢擧	同知貢擧	備考
				父: 金元義(平章事)			印氏墓誌銘
明宗代 급제자	미상	崔永濡	19		미상	미상	西河集 6 賀新及第崔永濡啓, 高麗史 安劉勃傳
明宗代 급제자	미상	金仲權 (金施政)	20	金壤金氏	미상	미상	東國李相國集 年譜
明宗代 급제자	미상	李允甫	21		미상	미상	破閑集 中 文順公家集
明宗代 급제자	미상	金台臣	22		미상	미상	破閑集 中 及第金台臣
明宗代 급제자	미상	金蘊琦	23	父: 金莘尹(判大府事)	미상	미상	破閑集 中 江夏黃彬然
明宗代 급제자	미상	金平	24		미상	미상	選擧志 科目 國子 試之額
明宗代 급제자	미상	白光臣	25	父: 白司淸(太僕卿)	미상	미상	白貫華墓誌銘, 破閑集 下 白學士
明宗代 급제자	미상	安有孚	26		미상	미상	選擧志 科目 國子 試之額
明宗代 급제자	미상	崔坦	27		미상	미상	選擧志 科目 選場
明宗代 급제자	미상	李得紹	28		미상	미상	高麗史 卷21 神宗 5년 閏12월
明宗代 급제자	미상	李宗規	29		미상	미상	選擧志 科目 選場
神宗 1.6	1198	田敏儒	1		任濡	崔孝著	選擧志 科目 選場
		崔宗梓	2	祖: 崔惟淸(平章事) 父: 崔詵(平章事)	任濡	崔孝著	高麗列朝榜, 高麗史 崔詵傳
		白貫華	3	祖: 白司淸(太僕卿)	任濡	崔孝著	白貫華墓誌銘
神宗 2.9	1199	崔得儉	1		崔詵	金平	選擧志 科目 選場
神宗 3.	1200	趙文拔	1	父: 某(州吏)	任濡	白光臣	高麗史 趙文拔傳, 選擧志 科目 選場
		陳澕	2	祖: 陳俊(叅知政事) 父: 陳光賢(樞密副使)	任濡	白光臣	高麗史 陳俊傳, 梅湖遺稿 梅湖公 小傳
神宗 4.5	1201	崔宗俊 (崔宗峻)	1	祖: 崔惟淸(平章事) 父: 崔詵(平章事)	閔公珪	金平	高麗史 崔宗峻傳, 選擧志 科目 選場, 補閑集 下 崔宣肅公宗峻
神宗 5.5	1202	黃克中	1		金平	趙準	選擧志 科目 選場
		任孝明 (任孝順)	2	祖: 任元厚(門下侍中) 父: 任濡(平章事)	金平	趙準	高麗史節要 卷14 5년 5월조, 高麗史 任濡傳
		李世華	3	父: 某(檢校大將軍)	金平	趙準	李世華墓誌銘, 東國李相國集 後集 4 古律詩 李諫議
神宗 7.10	1204	印得侯	1		閔公珪	安有孚	選擧志 科目 選場
		金宜	2	父: 金作辛	閔公珪	安有孚	高麗列朝榜
神宗代 급제자	미상	林得侯	1		미상	미상	高麗史 卷21 熙宗 1년 6월조
神宗代 급제자	미상	鄭肅	2	海州鄭氏	미상	미상	高麗列朝榜
神宗代 급제자	미상	庾靖	3	祖: 庾弼(平章事)	미상	미상	高麗史 庾資諒傳,

科擧 時期	年度	及第者	順番	親族關係	知貢擧	同知貢擧	備考
				父: 庾資諒(左僕射)			庾資諒墓誌銘
神宗代 급제자	미상	庾敬玄	4	祖: 庾弼(平章事) 父: 庾資諒(左僕射)	미상	미상	高麗史 庾資諒傳, 高麗茂松郡大夫人 庾氏 墓誌銘
神宗代 급제자	미상	庾珪	5	祖: 庾弼(平章事) 父: 庾資諒(左僕射)	미상	미상	高麗史 庾資諒傳, 庾資諒墓誌銘
神宗代 급제자	미상	陳溫	6	祖: 陳俊(叅知政事) 父: 陳光賢(樞密副使)	미상	미상	梅湖遺稿 梅湖公小傳, 高麗史 陳俊傳
神宗代 급제자	미상	崔頤	7		미상	미상	高麗史節要 卷14 熙宗 1년 5월조
神宗代 급제자	미상	鄭公賁	8		미상	미상	高麗史節要 卷14 熙宗 1년 5월조
神宗代 급제자	미상	朴玄珪 (朴玄圭)	9		미상	미상	東國李相國集 33 樞密 副使朴玄珪乞退三度依 允敎書
神宗代 급제자	미상	柳公器	10		미상	미상	補閑集 下 及第柳 公器
神宗代 급제자	미상	閔康鈞	11	祖: 閔令謨(平章事) 父: 閔公珪(平章事)	미상	미상	牧隱文藁 8 賀竹溪 安 氏三子登科詩序
神宗代 급제자	미상	閔迪鈞	12	祖: 閔令謨(平章事) 父: 閔公珪(平章事)	미상	미상	牧隱文藁 8 賀竹溪 安 氏三子登科詩序
神宗代 급제자	미상	閔光鈞	13	祖: 閔令謨(平章事) 父: 閔公珪(平章事)	미상	미상	牧隱文藁 8 賀竹溪 安 氏三子登科詩序
神宗代 급제자	미상	崔溥	14	祖: 崔讜(平章事) 父: 崔臣胤(尙書)	미상	미상	選擧志 科目 選場, 高麗史 崔讜傳
神宗代 급제자	미상	崔正份	15		미상	미상	高麗史 卷21 熙宗 2년 9월조
熙宗 1. 7	1205	馬仲奇	16		李桂長	崔洪胤	選擧志 科目 選場
		張良守	17	蔚珍張氏	李桂長	崔洪胤	張良守紅牌
		閔仁鈞	18	祖: 閔令謨(平章事) 父: 閔公珪(平章事)	李桂長	崔洪胤	高麗列朝榜, 閔頔墓誌銘
熙宗 2.6	1206	庾亮才	1		任濡	崔坦	選擧志 科目 選場
		金敞 (金孝恭)	2	安東金氏	任濡	崔坦	高麗史 金敞傳, 補閑集 下 金政堂敞
		李中敏	3		任濡	崔坦	補閑集 上 任良淑 公濡
		王侚	4		任濡	崔坦	補閑集 上 任良淑 公濡
		金珪	5		任濡	崔坦	補閑集 上 任良淑 公濡
		葛南成	6				補閑集 上 任良淑 公濡
熙宗 4. 閏4	1208	皇甫瓘	1	永川皇甫氏	李桂長	琴儀	高麗列朝榜, 選擧志 科目 選場
		金孝印	2	父: 金敏成	李桂長	琴儀	高麗列朝榜, 高麗史 方慶傳, 補閑集 上 任良淑 公濡

科擧 時期	年度	及第者	順番	親族關係	知貢擧	同知貢擧	備考
熙宗 6.6	1210	金泓	1		崔洪胤	柳澤	選擧志 科目 選場
熙宗 7.10	1211	姜昌瑞 (姜彰瑞)	1	父: 姜福民(司戶)	李桂長	趙冲	選擧志 科目 選場, 高麗列朝榜
熙宗代 급제자	미상	金弁 (金琪)	1	祖: 金闡(同知樞密院事) 父: 某	미상	미상	高麗史 金仁存傳, 東國李相國集 33 金弁 讓中書舍人不允批答
熙宗代 급제자	미상	鄭晏 (鄭奮)	2	祖: 鄭世裕(刑部尙書) 父: 鄭叔瞻(平章事)	미상	미상	高麗史 鄭晏傳
熙宗代 급제자	미상	李程	3	父: 李仁老(諫議大夫)	미상	미상	高麗史 李仁老傳, 破閑集 下 僕先祖
熙宗代 급제자	미상	李穰	4	父: 李仁老(諫議大夫)	미상	미상	高麗史 李仁老傳, 破閑集 下 僕先祖
熙宗代 급제자	미상	李榲	5	父: 李仁老(諫議大夫)	미상	미상	高麗史 李仁老傳, 破閑集 下 僕先祖
熙宗代 급제자	미상	閔良鈞	6	祖: 閔令謨(平章事) 父: 閔公珪(平章事)	미상	미상	牧隱文藁 8賀竹溪 安 氏三子登科詩序
熙宗代 급제자	미상	朴廷揆	7		미상	미상	選擧志 科目 選場
康宗 1.6	1212	田慶成	1		崔洪胤	琴儀	選擧志 科目 選場
		崔滋 (崔宗裕) (崔安)	2	祖: 崔允仁(試殿中內給事) 父: 崔敏(僕射)	崔洪胤	琴儀	高麗史 崔滋傳, 海州崔氏戶口單子, 補閑集 上 任良淑 公濡
		康疏屬	3		崔洪胤	琴儀	高麗列朝榜
		崔璘	4	祖: 崔讜(平章事) 父: 崔臣胤(尙書)	崔洪胤	琴儀	高麗史 崔璘傳, 補閑集 上 任良淑 公濡
		孫抃 (孫襲卿)	5	樹州孫氏	崔洪胤	琴儀	高麗史 孫抃傳, 補閑集 上 任良淑 公濡
		洪鈞	6	開寧洪氏	崔洪胤	琴儀	補閑集 上 任良淑 公濡, 東文選 23 卒知門下省 事洪鈞弔書
		趙脩	7		崔洪胤	琴儀	補閑集 上 任良淑 公濡
		李淳牧	8	父: 李益端(川司戶)	崔洪胤	琴儀	高麗史 李淳牧傳, 補閑集 上 任良淑 公濡, 李德孫墓誌銘
		尹有功	9		崔洪胤	琴儀	補閑集 上 任良淑 公濡
		宋國瞻	10	鎭州宋氏	崔洪胤	琴儀	高麗史 宋國瞻傳, 補閑集 上 任良淑 公濡
		河千旦	11	利安河氏	崔洪胤	琴儀	高麗史 河千旦傳, 補閑集 上 任良淑 公濡
		趙賁	12		崔洪胤	琴儀	補閑集 上 景文 公洪胤
康宗 2.7	1213	許受	1		李桂長	崔甫淳	選擧志 科目 選場
康宗代 급제자	미상	薛愼	1	祖: 薛挺叔(四門博士) 父: 薛宣弼(檢校軍器監)	미상	미상	高麗史 薛公儉傳, 薛愼墓誌銘

科擧 時期		年度	及第者	順番	親族關係	知貢擧	同知貢擧	備考
康宗代	급제자	미상	王譜	2	父: 王惟(禮賓卿)	미상	미상	高麗史 王譜傳
康宗代	급제자	미상	韓光胤	3	淸州韓氏	미상	미상	稼亭集 12 韓永行狀
康宗代	급제자	미상	朱慶餘	4	綾城朱氏	미상	미상	高麗史 朱悅傳
高宗	1. 5	1214	金莘鼎	1		琴儀	蔡靖	選擧志 科目 選場, 補閑集 中 金壯元 莘鼎
高宗	2. 5	1215	廉珝	1		崔洪胤	朴玄珪	選擧志 科目 選場
高宗	3. 5	1216	庾碩	1	祖: 庾應圭(殿中監) 父: 庾世謙(戶部侍郎)	蔡靖	任永齡	選擧志 科目 選場, 高麗史 庾碩傳
高宗	6. 5	1219	金仲龍 (金之岱)	1	淸道金氏	趙冲	李得紹	高麗史 金之岱傳, 選擧志 科目 選場
			許邃	2	祖: 許利涉(典廏署丞)	趙冲	李得紹	高麗列朝榜, 高麗史 許珙傳, 許珙墓誌銘
高宗	7. 6	1220	朴承儒	1		韓光衍	李宗規	選擧志 科目 選場
高宗	9. 4	1222	梁木敷	1		崔甫淳	金良鏡	選擧志 科目 選場
高宗	10. 6	1223	曹均正	1		柳澤	崔溥	選擧志 科目 選場, 高麗史 張鎰傳
			張鎰 (張敏)	2	昌寧張氏	柳澤	崔溥	高麗史 張鎰傳
			金允升	3		柳澤	崔溥	東國李相國集 16 次韻 劉大諫冲祺
高宗	11. 3	1224	孫琬	1		韓光衍	崔正份	選擧志 科目 選場
高宗	12. 3	1225	林長卿	1		崔甫淳	崔宗梓	選擧志 科目 選場
			韋元	2	江華韋氏	崔甫淳	崔宗梓	高麗列朝榜, 高麗朝科擧事蹟
高宗	13. 4	1226	吳乂	1		崔正份	兪升旦	選擧志 科目 選場
高宗	15. 3	1228	李敦	1		崔甫淳	李奎報	選擧志 科目 選場, 東國李相國集 李奎報 年譜
高宗	17. 3	1230	田慶	1		兪升旦	劉冲奇	選擧志 科目 選場
高宗	19. 5	1232	文振	1		金仁鏡	金台瑞	選擧志 科目 選場
			金坵 (金百鎰)	2	祖: 金作新(右僕射) 父: 金宜(閤門祗候)	金仁鏡	金台瑞	高麗史 金坵傳, 金坵墓誌銘, 止浦集 3 金坵年譜, 金坵神道碑銘
高宗	21. 5	1234	金鍊成	1	祖: 金永固(閤門祗候)	李奎報	李百順	高麗史 金仁鏡傳, 選擧志 科目 選場
高宗	23. 5	1236	朴曦	1		李奎報	朴廷揆	選擧志 科目 選場, 東國李相國集 李奎報 年譜
高宗	25. 4	1238	池珣	1		李方茂	任景肅	選擧志 科目 選場
高宗	27. 5	1240	張天驥	1		任景肅	崔璘	選擧志 科目 選場

科擧 時期	年度	及第者	順番	親族關係	知貢擧	同知貢擧	備考
		柳璥	2	祖: 柳公權(政堂文學) 父: 柳澤(右僕射)	任景肅	崔璘	高麗史 柳璥傳, 補閑集 卷 上, 牧隱文藁 26 門生 掌試圖
高宗 28. 4	1241	崔宗均	1		宋恂	鄭晏	選擧志 科目 選場
		元傅 (元公植)	2	祖: 元承胤(左司諫) 父: 元瑨(都齋庫判官)	宋恂	鄭晏	高麗史 元傅傳, 元傅墓誌銘
		李邵	3	父: 李陽俊(中郎將)	宋恂	鄭晏	高麗列朝榜, 石灘集 下 附錄 恭愍王 9년 謗木 李仁範
高宗 29. 4	1242	洪之慶	1	豐山洪氏	金敞	薛愼	選擧志 科目 選場, 洪崖遺稿 附錄 都僉議 舍人洪崖公墓誌銘
		韓惟善	2		金敞	薛愼	補閑集 下 金政堂敞
高宗 31. 4	1244	魏珣	1		任景肅	洪鈞	選擧志 科目 選場
		閔滉	2	祖: 閔公珪(平章事) 父: 閔仁鈞(大司成)	任景肅	洪鈞	高麗列朝榜, 閔頔墓誌銘
高宗 33. 4	1246	梁貯	1		崔璘	朴暄	選擧志 科目 選場, 增補文獻備考 184 選擧 考 1 科制 1 高宗 33년조
高宗 35. 3	1248	金鈞	1		洪均	閔仁鈞	選擧志 科目 選場
		尹克敏	2	祖: 尹德瞻 父: 尹威(國子司業)	洪鈞	閔仁鈞	高麗列朝榜, 許珙墓誌銘, 陽川郡夫人許氏墓誌銘
高宗 37. 5	1250	金應文	1		任景肅	金孝印	選擧志 科目 選場
		李行儉	2	祖: 李陽眞(贈 左僕射) 父: 李湊(左僕射)	任景肅	金孝印	高麗史 李行儉傳, 稼亭集 12 奇子敖行狀
高宗 39. 4	1252	柳成梓	1		崔滋	皇甫琦	選擧志 科目 選場
		李承休	2	京山李氏	崔滋	皇甫琦	高麗史 李承休傳, 動安居士集 行錄 1 病 課詩
		金承茂	3	祖: 金仁鏡(平章事) 父: 金鍊成(左僕射)	崔滋	皇甫琦	高麗史 金仁鏡傳, 動安居士集 行錄 3 哭 金侍御
高宗 41. 6	1254	尹正衡	1		趙脩	尹克敏	選擧志 科目 選場
		崔瑞	2	祖: 崔洪胤(平章事) 父: 崔淳(戶部侍郎)	趙脩	尹克敏	崔瑞墓誌銘, 金倫墓誌銘
		權㫜	3	祖: 權守平(樞密副使) 父: 權趙(翰林學士)	趙脩	尹克敏	元權文淸公墓誌銘, 高麗史 權㫜傳, 陽村集 35 東賢事略 權 贊成諱㫜
高宗 42. 6	1255	郭王府 (郭預)	1	祖: 郭琦 父: 郭垺	崔溫	金之岱	高麗史 郭預傳, 選擧志 科目 選場

科擧 時期	年度	及第者	順番	親族關係	知貢擧	同知貢擧	備考
		金須	2	祖: 金偉(三司使) 父: 金鏡亮(大將軍)	崔溫	金之岱	金光載墓誌銘, 金台鉉墓誌銘, 高麗史 金台鉉傳
高宗 45. 6	1258	張漢文	1		崔滋	洪縉	選擧志 科目 選場
		許珙 (許儀)	2	祖: 許京(禮賓少卿) 父: 許遂(樞密副使)	崔滋	洪縉	許珙墓誌銘, 高麗史 許珙傳, 陽村集 35 東賢事略 許 中贊諱珙
		薛公儉	3	祖: 薛宣弼(檢校軍器監) 父: 薛愼(樞密副使)	崔滋	洪縉	高麗列朝榜, 高麗史 薛公儉傳
高宗代 급제자	미상	白文節	1	祖: 白汝舟(禮部郎中) 父: 白景瑄	미상	미상	高麗列朝榜, 高麗史 白文節傳
高宗代 급제자	미상	宋彦琦	2	父: 宋恂(平章事)	미상	미상	高麗史 宋彦琦傳
高宗代 급제자	미상	朴恒 (朴東甫)	3	春州朴氏	미상	미상	高麗史 朴恒傳
高宗代 급제자	미상	崔昷	4	祖: 崔詵(平章事) 父: 崔宗梓(僕射)	미상	미상	高麗史 崔昷傳, 高麗史節要 卷16 高宗 37년 5월조
高宗代 급제자	미상	崔雍	5	祖: 崔讓(雜織署令) 父: 崔貞紹	미상	미상	高麗史 崔雍傳
高宗代 급제자	미상	崔守璜	6	溟州崔氏	미상	미상	高麗史 崔守璜傳
高宗代 급제자	미상	朱悅	7	父: 朱慶餘(恩賜及第)	미상	미상	高麗史 朱悅傳
高宗代 급제자	미상	俞千遇 (俞亮) (俞証)	8	長沙俞氏	미상	미상	高麗史 俞千遇傳
高宗代 급제자	미상	李湊	9	祖: 李英梓(直史館) 父: 李陽眞(贈 左僕射)	미상	미상	高麗史 李湊傳, 稼亭集 12 奇子敖 行狀
高宗代 급제자	미상	河卓回	10	晉州河氏	미상	미상	高麗列朝榜
高宗代 급제자	미상	朴寅	11		미상	미상	高麗史 卷22 高宗 14년 12월조
高宗代 급제자	미상	史挺純	12		미상	미상	高麗史 卷23 高宗 33년 5월조
高宗代 급제자	미상	崔坪	13	祖: 崔詵(平章事) 父: 崔宗蕃(承宣)	미상	미상	高麗史 崔坪傳
高宗代 급제자	미상	金保宜	14		미상	미상	高麗史 崔雍傳
高宗代 급제자	미상	李涵	15	祖: 李允綏(戶部郎中) 父: 李奎報(叅知政事)	미상	미상	高麗史 李奎報傳, 東國李相國集 李奎報 年譜
高宗代 급제자	미상	金守剛	16		미상	미상	高麗史 金守剛傳, 選擧志 科目 升補試 神 宗 8년 5월조
高宗代 급제자	미상	李藏用	17	父: 李儆(樞密院使)	미상	미상	高麗史 李藏用傳,

科學 時期	年度	及第者	順番	親族關係	知貢擧	同知貢擧	備考
		(李仁祺)					選擧志 科目 國子試之額
高宗代 급제자	미상	鄭可臣 (鄭興)	18	父: 鄭松壽(鄕貢進士)	미상	미상	高麗史 鄭可臣傳
高宗代 급제자	미상	田文胤	19		미상	미상	高麗史 兪千遇傳, 高麗史 卷25 元宗 1년 9월조
高宗代 급제자	미상	崔牧	20		미상	미상	高麗史 兪千遇傳
高宗代 급제자	미상	李穎	21	慶源李氏	미상	미상	高麗史 李穎傳
高宗代 급제자	미상	韓康 (韓璟)	22	父: 韓光胤(禮賓卿)	미상	미상	高麗史 韓康傳, 稼亭集 12 韓永行狀
高宗代 급제자	미상	金時彦	23	一直金氏	미상	미상	新增東國輿地勝覽 24 慶尙道 安東 人物조
高宗代 급제자	미상	李益培	24	祖: 李奎報(叅知政事) 父: 李涵(司宰少監)	미상	미상	高麗史 李益培傳
高宗代 급제자	미상	任翊	25	祖: 任濡(平章事) 父: 任景肅(平章事)	미상	미상	高麗史 任翊傳
高宗代 급제자	미상	崔允愷	26	祖: 崔均(禮部侍郞) 父: 崔甫淳(平章事)	미상	미상	高麗史 崔甫淳傳, 選擧志 科目 國子試之額
高宗代 급제자	미상	洪烈	27		미상	미상	高麗史 金坆傳
高宗代 급제자	미상	李需 (李宗冑)	28		미상	미상	高麗史 李需傳, 高麗史 崔滋傳
高宗代 급제자	미상	尹諧 (尹誧)	29	父: 尹良庇(茂松縣戶長)	미상	미상	高麗史 尹諧傳, 尹澤墓誌銘
高宗代 급제자	미상	金龍	30	父: 某(戶長)	미상	미상	高麗史 金遷傳
高宗代 급제자	미상	朴暄 (朴文秀)	31	公州朴氏	미상	미상	高麗史 朴暄傳
高宗代 급제자	미상	金裕	32		미상	미상	高麗史 金裕傳, 高麗史 金俊傳
高宗代 급제자	미상	安孝德	33	外祖: 朴仁碩(戶部尙書)	미상	미상	朴仁碩墓誌銘
高宗代 급제자	미상	金軾	34	外祖: 朴仁碩(戶部尙書)	미상	미상	朴仁碩墓誌銘, 高麗史 卷24 高宗 44년 6월조
高宗代 급제자	미상	吳壽升	35	祖: 某(州副司戶) 父: 吳闡猷(工部郞中)	미상	미상	吳闡猷墓誌銘
高宗代 급제자	미상	尹維楨	36	父: 尹良庇(檢校詹事)	미상	미상	尹莘傑墓誌銘
高宗代 급제자	미상	李瑨	37	固城李氏	미상	미상	李嵒墓誌銘, 李仁成墓誌銘
高宗代 급제자	미상	朴應貴	38		미상	미상	東國李相國集 14 以公事免官閑居
高宗代 급제자	미상	任景肅	39	祖: 任元厚(門下侍中) 父: 任濡(平章事)	미상	미상	高麗史 任濡傳, 東文選 30 任景肅讓試中書舍人知制誥,

科擧 時期	年度	及第者	順番	親族關係	知貢擧	同知貢擧	備考
							牧隱文藁 8 賀竹溪安氏 三子登科詩序
高宗代 급제자	미상	任景謙	40	祖: 任元厚(門下侍中) 父: 任濡(平章事)	미상	미상	牧隱文藁 8 賀竹溪安氏 三子登科詩序, 高麗史 任濡傳, 補閑集 中 及第金台臣
高宗代 급제자	미상	任景恂 (任景純)	41	祖: 任元厚(門下侍中) 父: 任濡(平章事)	미상	미상	牧隱文藁 8 賀竹溪安氏 三子登科詩序, 高麗史 任濡傳, 稼亭集 12 奇子敖行狀
高宗代 급제자	미상	申成用	42	高靈申氏	미상	미상	新增東國輿地勝覽 29 慶尙道 高靈 人物조
高宗代 급제자	미상	李方茂	43		미상	미상	選擧志 科目 選場, 東文選 26 李方茂爲樞 密院副使官誥
高宗代 급제자	미상	宋恂	44	鎭州宋氏	미상	미상	高麗史 宋彦琦傳, 選擧志 科目 選場
高宗代 급제자	미상	皇甫琦	45		미상	미상	選擧志 科目 選場, 高麗史 卷23 高宗 32년 10월조
高宗代 급제자	미상	崔溫	46		미상	미상	高麗史 卷24 高宗 41년 9월조, 選擧志 科目 選場
高宗代 급제자	미상	洪縉	47	南陽洪氏	미상	미상	高麗史 洪奎傳, 選擧志 科目 選場
高宗代 급제자	미상	鄭芝	48		미상	미상	高麗史 卷24 高宗 46년 정월조, 選擧志 科目 選場
高宗代 급제자	미상	朴倫	49		미상	미상	高麗史 卷25 元宗 3년 4월조, 選擧志 科目 選場
高宗代 급제자	미상	郭汝益	50		미상	미상	高麗史 韓洪甫傳, 選擧志 科目 選場
高宗代 급제자	미상	李顗	51		미상	미상	選擧志 科目 選場, 禮志 嘉禮 東堂監試放 牓儀
高宗代 급제자	미상	郭汝弼 (郭如弼)	52		미상	미상	高麗史 卷25 元宗 4년 5월조, 選擧志 科目 選場

<별표 2>

高麗의 使臣 파견(戰場 사신왕래 포함) : 高宗대 對蒙戰爭期

順序	王曆	時期	武人執政	使臣내력	派遣目的 使臣活動	蒙古側 反應	備考
1	高宗 5년	1218. 12	崔忠獻	中軍判官 金良鏡	蒙古軍에 軍糧 1천 석 지원	扎剌가 접수	高麗史
	高宗 5년	1218. 12	崔忠獻	高宗의 使臣	牛酒를 제공하며 蒙古軍 영접	扎剌가 접수	元高麗紀事
2	高宗 6년	1219. 1.13	崔忠獻	知權閣門祗候 尹公就 中書注書 崔逸	結和牒文 발송, 對蒙講和 의지 전달	扎剌가 접수하고 答謝함	元高麗紀事
3	高宗 6년	1219. 2월 초	崔忠獻	兵馬使 金就礪	哈眞·扎剌와 助軍문제를 협상하러 十將軍과 神騎軍을 이끌고 蒙古軍 진영에 감	哈眞이 金就礪를 환영하며 兄으로 대접함	高麗史, 金公行軍記
4	高宗 6년	1219. 2.20	崔忠獻	中軍元帥 趙冲 兵馬使 金就礪	江東城에서 契丹賊을 격멸시킨 후 哈眞·扎剌와 元帥府끼리 兄弟盟約을 체결	高麗王의 兄弟盟約 승인을 얻어오라 함	高麗史 元高麗紀事
5	高宗 6년	1219. 2.23	崔忠獻	侍御史 朴時允	蒙古詔使 蒲里帒完 奉迎	오만·무례	高麗史 元高麗紀事
	高宗 6년	1219. (2.23)	崔忠獻	崔義	蒙古使 9인 접대		崔義墓誌銘
6	高宗 8년	1221. 봄	崔瑀	金仲文	蒙古接伴使가 되어 東藩(동계?)에 왕래함	팔찌와 식기를 제공함	金仲文墓誌銘
7	高宗 8년	1221. 9	崔瑀	郎中 崔琪 將軍 金希磾	著古與가 무례하므로 崔琪이 감금시킴, 장군 金希磾가 문을 열고 위로해 달램	著古與가 고려의 냉대에 불만을 품음	高麗史 몽고사 접대
8	高宗 8년	1221. 9	崔瑀	將軍 金希磾	金希磾가 類會使가 되어 蒙古使 這可의 만행을 꾸짖음	金希磾의 처분에 따름	高麗史 몽고사 접대
9	高宗 8년	1221. 10.4	崔瑀	將軍 金希磾	金希磾가 類會使가 되어 蒙古使 喜速不花의 武裝을 해제하고 禮服을 입게 함	金希磾의 처분에 따름	高麗史 몽고사 접대
10	高宗 8년	1221. 12.12	崔瑀	將軍 金希磾	詩로써 동진국사를 탄복케 함		高麗史 몽고사 접대
11	高宗 18년	1231. 10.1	崔瑀	殿中侍御史 金孝印	平州에 감금된 蒙古使 2인에게 몽고군의 침략 이유를 물어봄	撒禮塔이 平州를 도륙함	高麗史
12	高宗 18년	1231. 10.20	崔瑀	郎將 池義深	蒙古使 2인을 개경에 데려옴	고려의 항복강요	高麗史

順序	王曆	時期	武人執政	使臣내력	派遣目的 使臣活動	蒙古側 反應	備考
					* 蒙古使: 阿土와 여진인		
13	高宗 18년	1231. 11.11	崔瑀	北界分臺御史 閔曦	귀환 보고: 權皇帝 撒禮塔이 高官이 와서 항복할 것을 강요함		高麗史 귀환 사례
14	高宗 18년	1231. 11.29	崔瑀	監察御史 閔曦 郞中 宋國瞻	高宗이 閔曦·宋國瞻을 보내 唐古·蒲桃·迪巨 陣營에 牛酒를 보내며 맞이함		元高麗紀事
15	高宗 18년	1231. 12.1	崔瑀	御史 閔曦	蒙兵이 興王寺를 공격하자 高宗이 閔曦를 보내 蒙兵을 犒饋하고 和親을 체결함	고려와 和親을 체결함	高麗史 元高麗紀事
16	高宗 18년	1231. 12.2	崔瑀	御史 閔曦 知閣門事 崔琪	閔曦가 蒙古使 2인과 함께 오자 崔琪이 接伴使가 되어 蒙古使를 영접함	使臣團 44인이 高宗에게 文牒을 송부	高麗史 元高麗紀事
17	高宗 18년	1231. 12	崔瑀	迎送副使 金仲文	金仲文이 迎送副使가 되어 蒙古使를 40여 일이나 접대		金仲文墓誌銘
18	高宗 18년	1231. 12.4	崔瑀	(미상)	唐古·迪巨·蒲桃 원수에게 물품 제공함: 方物外交		高麗史
19	高宗 18년	1231. 12.5	崔瑀	懷安公 王侹 軍器監 宋國瞻	撒禮塔에게 土産物 제공하고 몽고군을 犒饋함		高麗史 元高麗紀事
20	高宗 18년	1231. 12.16	崔瑀	(미상)	唐古·迪巨·撒禮塔의 아들에게 물품을 제공함		高麗史
21	高宗 18년	1231. 12.26	崔瑀	(미상)	唐古에게 물품 제공		高麗史
22	高宗 18년	1231. 12.29	崔瑀	將軍 曹時著	撒禮塔과 그 처자, 부하 장수들에게 국가예물을 제공		高麗史
23	高宗 18년	1231. 12.29	崔瑀	大將軍 趙叔昌	著古與피살사건, 몽고 사추방사건, 阿土포박사건 등을 해명하는 表文을 전달		高麗史
24	高宗 19년	1232. 1	崔瑀	後軍知兵馬事 崔林壽 監察御史 閔曦	몽고의 요청에 따라 龜州城民을 설득하여 항복케 함	蒙古使가 朴犀를 죽이려 함	高麗史
25	高宗 19년	1232. 1.11	崔瑀	懷安公 王侹 首宰 金就礪 大將軍 奇允肅	철수하는 몽고군을 위로하며 영송함	군사를 철수시킴	高麗史
26	高宗 19년	1232. 2.17	崔瑀	懷安公 王侹	蒙古使 都旦과 함께 귀환함		高麗史 귀환 사례

順序	王曆	時期	武人執政	使臣내력	派遣目的 使臣活動	蒙古側 反應	備考
27	高宗 19년	1232. 3.4	崔瑀	郎中 閔懷迪	蒙古使 都旦을 접대했으나 대접이 소홀하다고 하며 閔懷迪을 때려죽임		高麗史
28	高宗 19년	1232. 3	崔瑀	通事 池義深	撒禮塔에게 국가예물과 서신을 전달함		高麗史
		1232. 3	崔瑀	中郎將 池義源 錄事 洪臣源 金謙?	撒禮塔 屯所에 국가예물과 文牒을 보내 옴		元高麗紀事
29	高宗 19년	1232. 3	崔瑀	西京都領 鄭應卿 前靜州副使 朴得芬	선박 30척에 農民 3천명을 이끌고 몽고 開州 館으로 가서 농사짓는 인원 전달함	몽고 영토로 고려농민 이주를 요청함	高麗史
30	高宗 19년	1232. 4	崔瑀	懷安公 王侹 後軍陣主 大集成	몽고의 요청에 따라 慈州城을 항복시키려 했으나 城主 崔椿命이 抗戰을 고집함		高麗史
31	高宗 19년	1232. 4.12	崔瑀	上將軍 趙叔昌 侍御史 薛愼	國贐과 表文을 받들고 몽고에 入朝 / 撒禮塔에게 書信 * 書信내용: 貢物·人質 상납에 대한 고려의 항변		高麗史 元高麗紀事
		1232.	崔瑀	侍御史 薛愼 大將軍 趙叔璋	薛愼이 副行李使가 되어 몽고 궁궐에 들어가 국가의 중요한 일들을 처리함		薛愼墓誌銘
32	高宗 19년	1232. 6.15	崔瑀	校尉 宋得昌	귀환 보고: 撒禮塔이 牒文에 언급된 물품을 바치지 않았다고 하며 大怒함		高麗史 귀환 사례
33	高宗 19년	1232. 7.1	崔瑀	高宗	宣義門 밖에서 蒙古使 9인을 영접하고 詔書를 받음		高麗史
34	高宗 19년	1232. 7	崔瑀	內侍 尹復昌	北界의 모든 達魯花赤들의 弓矢를 빼앗으려다 그들에게 사살됨		高麗史
35	高宗 19년	1232. 8.1	崔瑀	大將軍 閔曦 司錄 崔滋溫	西京의 達魯花赤를 암살하려 시도함	西京人의 叛亂이 일어남	高麗史
36	高宗 19년	1232. 9	崔瑀	(미상)	蒙古官人에게 書信을 주어 江華遷都의 사정을 변호함		高麗史
37	高宗 19년	1232.	崔瑀	將軍 金寶鼎	高宗의 表文을 올리고		元高麗紀事

順序	王曆	時期	武人執政	使臣내력	派遣目的 使臣活動	蒙古側 反應	備考
	19년	10		郞中 趙瑞璋	陳情함		
38	高宗 19년	1232. 11	崔瑀	(미상)	沙打官人에게 書信을 보내 崔瑀를 接待使로 보낼 수 없음과 趙叔昌·宋立章을 잡아 보낼 수 없음을 통보		高麗史
39	高宗 19년	1232. 11	崔瑀	(미상)	몽고 황제에게 陳情表를 올려 貢物 납부와 蒲鮮萬奴정벌 문제에 대해 항변함		高麗史
40	高宗 19년	1232. 11	崔瑀	(미상)	몽고 황제에게 狀啓를 올려 著古與被殺事件과 蒙古使追放事件 등을 나름대로 해명함		高麗史
41	高宗 19년	1232. 11	崔瑀	(미상)	撒禮塔에게 書信을 보내 皇帝에게 파견할 高麗使의 처우를 부탁함		高麗史
42	高宗 19년	1232. 12	崔瑀	(미상)	蒙古大官人에게 書信을 보내 억류된 高麗使를 석방한 것에 사례하고, 高宗·崔瑀의 親朝는 어렵다고 통보함		高麗史
43	高宗 19년	1232. 12	崔瑀	(미상)	蒙古大官人에게 書信을 보내 高麗使가 다시 蒙古軍진영에 억류돼 있으므로 의구심이 생겨 황제께 答書를 보낼 수 없다고 통보함		高麗史
44	高宗 19년	1232. 12	崔瑀	(미상)	東眞國에 書信을 보내 處仁部曲의 小城에서 撒禮塔을 사살했으며 몽고군이 철수했음을 통보함		高麗史
45	高宗 20년	1233. 5	崔瑀	大將軍 鄭毅 大將軍 朴祿全	몽고로부터 西京人을 회복하기 위해 파견되었으나 洪福源 등에게 피살당함		高麗史
46	高宗 21년	1234. 2.3	崔瑀	將軍 金寶鼎	몽고군 진영에 사신으로 파견됨	東眞에 騎兵 1백 명 잔류	高麗史
47	高宗 25년	1238. 12	崔瑀	將軍 金寶鼎 御史 宋彦琦	高宗의 表文 전달: 蒙古의 침입을 배제하고 貢納약속	다음 해 4월에 사신 파견	高麗史

順序	王曆	時期	武人執政	使臣내력	派遣目的 使臣活動	蒙古側 反應	備考
	高宗 25년	1238. 12.24	崔瑀	將軍 金寶鼎 御史 宋彦琦	고종의 표문을 가지고 몽고에 입조함		元高麗紀事
48	高宗 26년	1239. 6	崔瑀	起居舍人 盧演 詹事府注簿 金謙	高宗의 表文 전달	8월에 사신 파견	高麗史
		1239. 6	崔瑀	禮賓卿 盧演 禮賓少卿 金謙	進奉使 盧演과 副使 金謙이 表文을 받들고 몽고에 入朝		元高麗紀事
49	高宗 26년	1239. 12.12	崔瑀	新安公 王佺 少卿 宋彦琦 將軍 金寶鼎 등 148인	高宗 대신 王室 宗親인 新安公 王佺이 入朝함, 表文을 받들고서 朝貢함	다음 해 3월에 사신 파견	高麗史 元高麗紀事
50	高宗 27년	1240. 3	崔瑀	右諫議大夫 趙修 閤門祇候 金成寶	表文 전달과 歲貢 납부		元高麗紀事
		1240. 4	崔瑀	右諫議 趙脩 閤門祇候 金成寶	表文 전달과 歲貢 납부	9월에 사신을 파견	高麗史
51	高宗 27년	1240. 6	崔瑀	堂後 金守精	堂後 金守精이 唐古 屯所에 가서 牒文과 方物 전달		高麗史
52	高宗 27년	1240. 12	崔瑀	禮賓少卿 宋彦琦 御史 權韙	歲貢 납부 / (表文 전달) (* 禿魯花 대상자 통지)	다음 해 4월에 사신 파견	高麗史
		1240. 12	崔瑀	禮賓少卿 宋彦琦 侍御史 權韙	使臣團을 이끌고 入貢함		元高麗紀事
53	高宗 28년	1241. 4	崔瑀	永寧公 王綧과 衣 冠子弟 10인, 樞密院使 崔璘 將軍 金寶鼎	몽고에 禿魯花 파견 / (表文 전달과 歲貢 납부)	8월에 사신을 파견	高麗史
54	高宗 29년	1242. 5.13	崔瑀	侍郎 宋彦琦 中郞將 李陽俊	(表文 전달과 歲貢 납부)	12월에 사신 파견	高麗史
55	高宗 30년	1243. 1.23	崔瑀	樞密院副使 崔璘 秘書少監 金之佾	方物납부 / (表文전달)		高麗史
56	高宗 30년	1243. 7	崔瑀	柳卿老, 丁瑨	(가을 歲貢 납부와 表文 전달)	10월에 사신 파견	高麗史
57	高宗 30년	1243. 12.13	崔瑀	郞中 柳卿老	(몽고에 表文 전달)		高麗史
58	高宗 31년	1244. 4.23	崔瑀	員外郞 任咽壽 郞將 張益成	(表文 전달과 歲貢 납부)	7월에 사신을 파견	高麗史
59	高宗 32년	1245. 4.15	崔瑀	員外郞 朴隨 郞將 崔公瑁	(表文 전달과 歲貢 납부)		高麗史
60	高宗 32년	1245. 10.21	崔瑀	新安公 王佺 大將軍 皇甫琦	高宗 대신에 新安公 王佺이 다시 入朝 / (表文 전달과 歲貢 납부)	고려 사신을 억류 시킴	高麗史
61	高宗	1247.	崔瑀	起居舍人 金守精	阿母侃의 군사를 犒饋함		高麗史

順序	王曆	時期	武人執政	使臣내력	派遣目的 使臣活動	蒙古側 反應	備考
	34년	8					
62	高宗 35년	1248. 2	崔瑀	樞密院使 孫抃 秘書監 桓公叔	(表文 전달과 歲貢 납부)		高麗史
63	高宗 35년	1248. 10.19	崔瑀	郞將 張俊貞 祇侯 張暐	(表文 전달과 歲貢 납부)		高麗史
64	高宗 36년	1249. 閏2.20	崔瑀	新安公 王佺	4년간 몽고에 억류되어 있다가 귀환함		高麗史 귀국 사례
65	高宗 36년	1249. 4.10	崔瑀	郞將 金子珍 校書郞 沈秀之	(몽고 定宗의 사망에 따른 弔問使 파견) (表文 전달과 歲貢 납부)		高麗史
66	高宗 36년	1249. 6.14	崔瑀	侍郞 安戩 郞將 崔公柱	(表文 전달과 歲貢 납부)		高麗史
67	高宗 37년	1250. 1.27	崔沆	郞中 崔章著	(崔瑀사망 소식과 表文 전달)		高麗史
68	高宗 37년	1250. 2.24	崔沆	樞密院副使 崔滋 中書舍人 洪縉	(表文 전달과 歲貢 납부) * 江都의 出陸의사를 전함	6월에 사신을 파견함	高麗史
69	高宗 37년	1250. 3.18	崔沆	郞中 崔章著	몽고가 왕실 宗親과 홍복원 부친의 入朝를 요구함	몽고가 崔章著를 귀국시킴	高麗史 귀국 사례
70	高宗 37년	1250. 7	崔沆	左司諫 鄭蘭 郞將 魏公就	(表文 전달과 歲貢 납부)	12월에 사신 파견	高麗史
71	高宗 38년	1251. 2.22	崔沆	同知樞密院事 崔璟 上將軍 金寶鼎	(表文 전달과 歲貢 납부)		高麗史
72	高宗 38년	1251. 7.9	崔沆	少卿 林惟式 郞將 趙元奇	(表文 전달과 歲貢 납부)	10월에 사신 파견	高麗史
73	高宗 39년	1252. 1.21	崔沆	樞密院副使 李峴 侍郞 李之蔵	(表文 전달과 貢物 납부) * 새 황제 憲宗 즉위 축하사절	7월에 사신 파견	高麗史
74	高宗 40년	1253. 8.13	崔沆	郞將 崔東植	蒙古大軍이 이유 없이 쳐들어 왔으니 고려를 선처해 달라고 호소함	高宗의 出陸여부를 6日이내로 통보 요구	高麗史
75	高宗 40년	1253. 9.3	崔沆	大將軍 高悅	也古가 철수하면 내년에 國王·臣下가 親朝할 거라는 書信 전달 /方物 外交 전개	也窟이 高悅을 억류시킴	高麗史
76	高宗 40년	1253. 11.4	崔沆	永安伯 王僖 僕射 金寶鼎	高宗의 書信 전달, 土物 제공		高麗史
77	高宗 40년	1253. 11.16	崔沆	永安伯 王僖	也古에게 國贐禮物을 주면서 退兵을 청함	憲宗이 也古를 召還함	高麗史

順序	王曆	時期	武人執政	使臣내력	派遣目的 使臣活動	蒙古側 反應	備考
78	高宗 40년	1253. 11.17	崔沆	高宗 夜別抄 80인	高宗이 昇天府로 出陸하여 蒙古大와 講和협상 추진	高宗의 늦은 出陸을 힐난함	高麗史 高宗出陸 1회
79	高宗 40년	1253. 11.24	崔沆	(미상)	高宗이 也古에게 軍士 1만 잔류와 達魯花赤설치 불가, 성벽 파괴 불가를 전함		高麗史
80	高宗 40년	1253. 11.24	崔沆	(미상)	몽고관리 胡花에게 고려의 土物 공급이 어렵다고 통보		高麗史
81	高宗 40년	1253. 12.28	崔沆	安慶公 王淐	몽고의 요구에 의한 고려 王子의 親朝, 貢物 납부(表文 전달)		高麗史
82	高宗 41년	1254. 3	崔沆	秘書少卿 李守孫 四門博士 金良瑩	(表文 전달과 歲貢 납부) * 懿州에 3년간 구류 당해 그곳에서 사망함	懿州에 구류함	高麗史
83	高宗 41년	1254. 閏6.8	崔沆	中書舍人 金守精	(表文 전달과 歲貢 납부)		高麗史
84	高宗 41년	1254. 7.17	崔沆	高宗	昇天府로 出陸하여 蒙古使에게 出陸 의사를 보임	진정한 항복이 아니라고 주장	高麗史 高宗出陸 2회
85	高宗 41년	1254. 7.17	崔沆	安慶府典籤 閔仁解	반역자 閔偁이 영녕공 綧은 고종의 親子가 아니라고 참소했으며 고려가 李峴 등을 처단했음을 몽고황제에게 고해바쳤다고 보고함	車羅大의 고려침입으로 이어짐	高麗史 귀국 사례
86	高宗 41년	1254. 7.23	崔沆	(미상)	고려실정을 자세히 살핀 蒙古使 多可의 말을 경청할 것을 아뢰는 表文을 올림		高麗史
87	高宗 41년	1254. 8.19	崔沆	安慶公 王淐	蒙古에 入朝한 후 蒙古使 10인과 더불어 귀국함		高麗史 귀국 사례
88	高宗 41년	1254. 8.22	崔沆	大將軍 李長	車羅大 등에게 물품 선사	群臣의 出陸시 辮髮 강요	高麗史
89	高宗 41년	1254. 9.10	崔沆	御使 朴仁基	車羅大에게 酒果, 幣物 제공		高麗史
90	高宗 41년	1254. 10	崔沆	叅知政事 崔璘	車羅大에게 철병을 요청		高麗史
91	高宗 41년	1254. 12.26	崔沆	叅知政事 崔璘	車羅大의 牒文을 가지고 옴	崔沆이 高宗을 모시고 出陸해야지 철병함	高麗史 귀환 사례

順序	王曆	時期	武人執政	使臣내력	派遣目的 使臣活動	蒙古側 反應	備考
92	高宗 42년	1255. 1.17	崔沆	大將軍 崔瑛	昇天城에 도착한 몽고 騎兵 1백 명을 犒饋함		高麗史
93	高宗 42년	1255. 1.17	崔沆	平章事 崔璘	몽고에 方物을 바치고 철병을 요청하는 表文을 올림	車羅大가 使臣을 보내 옴	高麗史
94	高宗 42년	1255. 6.9	崔沆	侍御史 金守剛 郎將 庚賓弼	몽고에 方物을 바치고 철병을 요구함 / (表文 외교)	車羅大軍 철수	高麗史
95	高宗 42년	1255. 9.14	崔沆	平章事 崔璘	蒙古使 6인과 함께 昇天館에 도착, 몰래 崔沆이 車羅大의 再侵 소식을 전함	車羅大軍이 西京에 도착함	高麗史 귀국 사례
96	高宗 43년	1256. 3	崔沆	大將軍 愼執平	車羅大 屯所에 파견됨, 강화조건 협상 / (書信 외교)		高麗史
97	高宗 43년	1256. 4.12	崔沆	大將軍 愼執平	귀환 보고: 車羅大가 高宗이 出迎하고 太子가 親朝한다면 철수하겠다고 함		高麗史 귀환 사례
98	高宗 43년	1256. 4.15	崔沆	大將軍 愼執平	車羅大 屯所에 가서 蒙兵이 철수한다면 그 어떠한 요구도 수용하겠다고 전함		高麗史
99	高宗 43년	1256. 5.12	崔沆	大將軍 愼執平	귀환 보고: 車羅大가 고려측이 蒙兵을 많이 살해한 것에 분개했다고 말함		高麗史 귀환 사례
100	高宗 43년	1256. 5.14	崔沆	高宗	高宗이 昇天闕로 出陸하여 蒙古使를 맞고 方物外交실행		高麗史 高宗出陸 3회
101	高宗 43년	1256. 9	崔沆	侍御史 金守剛	金守剛이 몽고 憲宗을 설득하여 蒙兵을 철군케 함	憲宗이 徐趾를 보내 撤軍명령	高麗史 귀국 사례
102	高宗 44년	1257. 5.5	崔竩	起居注 金守剛 郎將 秦世基	몽고군 철수와 對蒙講和를 추진 / (表文 전달과 歲貢 납부)		高麗史
103	高宗 44년	1257. 6.5	崔竩	將作監 李凝	개성에 들어온 몽고 척후병을 犒饋함		高麗史
104	高宗 44년	1257. 6	崔竩	將作監 李凝	南京에 이른 蒙兵에게 철군 요구함	선봉대장 甫波大가 거부함	高麗史
105	高宗 44년	1257. 6.12	崔竩	侍御史 金軾	稷山에 가서 甫波大의 使者 3인을 데리고 옴		高麗史

順序	王曆	時期	武人執政	使臣내력	派遣目的 使臣活動	蒙古側 反應	備考
106	高宗 44년	1257. 6.29	崔竩	侍御史 金軾	몽고사 3인과 더불어 車羅大의 屯所에 감	車羅大가 使臣 18명 파견	高麗史
107	高宗 44년	1257. 7.20	崔竩	侍御史 金軾	귀환 보고: 車羅大가 高宗이 出陸해서 屯所에 오면 철군하겠다고 함		高麗史 귀환 사례
108	高宗 44년	1257. 7	崔竩	永安公 王僖	車羅大에게 銀瓶·酒果 등을 선사하고 철병 요청		高麗史
109	高宗 44년	1257. 7	崔竩	永安公 王僖	귀환 보고: 車羅大가 太子가 오는 날 군사를 鳳州로 퇴각시키겠다고 약속함		高麗史 귀환 사례
110	高宗 44년	1257. 8.6	崔竩	侍御史 金軾	車羅大에게 몽고군이 철수할 때 太子가 親朝할 것임을 천명함		高麗史
111	高宗 44년	1257. 8.20	崔竩	侍御史 金軾	車羅大 屯所에 가서 酒果·銀幣 등을 주고 그의 의향을 떠 봄		高麗史
112	高宗 44년	1257. 9.7	崔竩	侍御史 金軾	귀환 보고: 車羅大가 군사를 鹽州로 퇴각시킴	몽고 憲宗이 蒙兵 철수 지시	高麗史 귀환 사례
113	高宗 44년	1257. 9.21	崔竩	起居注 金守剛	몽고 憲宗에게 철병시킬 것을 간곡히 요청하니 승낙함		高麗史 귀국 사례
114	高宗 44년	1257. 12	崔竩	安慶公 王淐 左僕射 崔永	太子 대신에 安慶公 王淐이 몽고에 入朝함 (表文전달과 歲貢 납부)		高麗史
115	高宗 45년	1258. 5.5	과도기	高宗	昇天闕로 出陸하여 波養 등 9인을 引見함		高麗史 高宗出陸 4회
116	高宗 45년	1258. 6.18	과도기	永安公 王僖 知中樞院事 金寶鼎	西京에서 車羅大와 만나서 講和협상을 추진함		高麗史
117	高宗 45년	1258. 6	과도기	知中樞院事 金寶鼎	귀환 보고: 太子가 出陸하여 軍前에서 항복하면 철군할 것이라 함	余愁達이 使者 8명을 보냄	高麗史 귀환 사례
118	高宗 45년	1258. 7.4	과도기	知中樞院事 金寶鼎	余愁達이 白馬山에서 太子를 만나보기를 요청함	余愁達이 太子가 猫串江으로 오라고 통보	高麗史
119	高宗 45년	1258. 7.7	과도기	譯語 康禧 員外郎 李祿綏	譯語 康禧가 酒果를 주어 余愁達을 위로하고 李祿綏가 太子의 病患을 알림	余愁達이 자신을 기만했다며 최후통첩함	高麗史
120	高宗	1258.	과도기	員外郎 李祿綏	귀환 보고: 余愁達이 고		高麗史

順序	王曆	時期	武人執政	使臣내력	派遣目的 使臣活動	蒙古側 反應	備考
	45년	7.12			려의 거짓을 알았다면서 병사를 풀어 노략질을 일삼음		귀환 사례
121	高宗 45년	1258. 8.6	과도기	永安公 王僖	車羅大의 屯所에서 귀환: 講和협상 결렬	蒙古大 등 15인을 보냄	高麗史 귀환 사례
122	高宗 45년	1258. 9.27	과도기	安慶公 王淐	安慶公 王淐이 蒙古使와 더불어 귀국함		高麗史 귀국 사례
123	高宗 45년	1258. 9.28	과도기	高宗	昇天闕에 出陸하여 蒙古使를 맞이하고 講和를 협상함		高麗史 高宗出陸 5회
124	高宗 45년	1258. 10.3	과도기	全光宰	車羅大를 犒饋하고 철병을 요구함		高麗史
125	高宗 45년	1258. 12.29	金俊	將軍 朴希實 將軍 趙文柱 散員 朴天植	崔竩를 이미 제거하여 出陸하고자 하나 몽고 大軍이 두려워 나오지 못한다고 함		高麗史 政變勢力 외교
126	高宗 46년	1259. 1.23	金俊	刑部侍郎 李凝	西京에 주둔한 王萬戶, 沙居只 屯所에 가서 講和 협상함		高麗史
127	高宗 46년	1259. 2.26	金俊	刑部侍郎 李凝	귀환 보고: 高宗이 尹椿, 松山의 말만 믿고 出降하지 않는 것을 힐난함		高麗史 귀환 사례
128	高宗 46년	1259. 3.9	金俊	別將 朴天植	귀국 보고: 朴希實, 趙文柱가 車羅大 屯所에서 太子入朝와 出陸還都를 조건으로 講和 협상하였음		高麗史 귀국 사례
129	高宗 46년	1259. 4.21	金俊	太子 王倎 僉知政事 李世材 樞密副使 金寶鼎 등 40인	對蒙講和를 위한 表文을 가지고 蒙古에 入朝함		高麗史 太子의 入朝
130	高宗 46년	1259. 5.16	金俊	太子 王倎 일행	松吉大王과 講和협상 추진	松吉이 고려침공계획을 철회함	高麗史
131	高宗 46년	1259. 6.8	金俊	僉知政事 李世材	李世材가 余愁達의 使者 周者, 陶高 등과 함께 옴		高麗史 귀국 사례
132	高宗 46년	1259. 6.17	金俊	安慶公 王淐	몽고사신을 전송함		高麗史
133	高宗 46년	1259. 6	金俊	別將 朴天植	몽고에 高宗의 訃告를 전함		高麗史節要
134	高宗	1259.	金俊	將軍 朴希實	陜州에서 憲宗을 만나	憲宗이 사신 尸羅問	高麗史節要

順序	王曆	時期	武人執政	使臣내력	派遣目的 使臣活動	蒙古側 反應	備考
	46년	8		將軍 趙文柱	表文을 전하고 義州, 西京의 蒙兵을 철수할 것을 요청한 다음 귀국함	등을 보냄	귀국 사례
135	高宗 46년	1259. 9	金俊	別將 朴天植	也速達의 저지로 인해 高宗의 訃告를 몽고에 전하지 못하고 돌아옴	也速達이 加大只大를 보내옴	高麗史節要 귀환 사례
136	高宗 46년	1259. 11	金俊	僉知政事 李世材	李世材가 也速達의 사신 於散 등과 함께 옴	也速達이 於散을 보내 出陸情況을 살핌	高麗史節要 귀국 사례

* 派遣目的·使臣活動에서 ( )로 묶은 것은 추정 사례임

<별표 3>
蒙古使臣의 고려 파견(戰場 사신왕래 포함) : 高宗代 對蒙戰爭期

順序	王曆	時期	武人 執政	使臣 內歷	入國目的 使臣活動	高麗側 反應	備考
1	高宗 5년	1218. 11월?	崔忠獻	蒙古의 使臣	蒙古使 40인이 배를 타고 定州에 와서 牒文을 전하며 講和 체결을 요구함	講和를 거부함	趙冲墓誌銘
2	高宗 5년	1218. 12.2	崔忠獻	箚剌의 使者	고려 측에 軍糧 요청	軍糧 운송함	元高麗紀事
3	高宗 6년	1219. 1.14	崔忠獻	箚剌의 使者	고려조정이 結和牒文을 보낸 것에 대한 답례	對蒙講和를 수용함	元高麗紀事
4	高宗 6년	1219. 1.23	崔忠獻	蒲里帒完 등 10인	高麗朝廷에 講和 요청, 蒙古皇帝 詔書 전달, 고려국왕에게 무례함	崔先旦이 蒙古使 추방을 건의함	高麗史, 哈眞이 보낸 사신
		1219. 1.24		蒲里帒也	몽고황제의 조서를 가지고 고려를 宣諭함		元高麗紀事
5	高宗 6년	1219. 9.9	崔忠獻	蒙古使 11인, 東眞國使 9인	세공납부 독촉	歲貢 납부함	高麗史
		1219. 9.11		慶都忽思, 紇石烈 등 10인	皇太弟·哈眞·箚剌의 공물납부 요구 전달	歲貢 납부함	元高麗紀事
6	高宗 7년	1220. 9	崔瑀	堪古若, 著古歟, 東眞 2인	皇太弟 國書를 전달하고 歲貢을 재촉함	歲貢 납부함	元高麗紀事
7	高宗 8년	1221.봄	崔瑀	미상	(세공 납부 독촉)	金仲文이 接伴使로 호송	金仲文墓誌銘
8	高宗 8년	1221.7	崔瑀	宣差 山木觲, 東眞使 4인	女眞을 치는 일로 고려를 설득하러 옴	고려왕이 表文을 바침	元高麗紀事
9	高宗 8년	1221. 8.7	崔瑀	著古與 등 13인, 東眞人 8인	皇太弟 國書를 전달하고 過度한 歲貢 요구, 扎剌·蒲黑帶도 공물을 요구함	著古與의 무례로 蒙古使에 대한 거부 반응 보임	高麗史, 元史
		1221. 8		著古歟	蒙古使로 파견		元高麗紀事
10	高宗 8년	1221. 9.12	崔瑀	這可 등 23인	歲貢(國贐)을 독촉함	蒙古使 입국 거부 반응	高麗史
11	高宗 8년	1221. 10.4	崔瑀	喜速不花 등 7인	(歲貢 독촉)	類會使 金希磾가 蒙古使무장 해제함	高麗史, 元史
		1221. 10		喜速不瓜	(歲貢 독촉)		元高麗紀事
12	高宗 8년	1221. 12.12	崔瑀	蒙古使 3인, 東眞使 17인	(歲貢 독촉)	金希磾가 詩로써 東眞使를 감복시킴	高麗史
13	高宗 9년	1222. 8.16	崔瑀	蒙古使 31인	(歲貢 독촉, 內情탐지)		高麗史

順序	王曆	時期	武人 執政	使臣內歷	入國目的 使臣活動	高麗側 反應	備考
14	高宗 9년	1222. 10	崔瑀	著古歟 등 12인	고려의 納款之實을 살 피러 옴		元高麗紀事
15	高宗 10년	1223. 8	崔瑀	宣差 山木儞, 東眞使 12인	皇太弟의 國書를 전달하 고 歲貢을 재촉함	歲貢 납부함	元高麗紀事
16	高宗 11년	1224. 1.9	崔瑀	扎古也 등 10인	(歲貢 독촉, 內情탐지)		高麗史
		1224. 2		宣差 著古歟 등	(歲貢 독촉, 內情탐지)		元高麗紀事
17	高宗 11년	1224. 11.13	崔瑀	著古與 등 10인	(歲貢 독촉, 內情탐지)	歲貢 납부함, 저고여 피살	高麗史
		1224. 12		宣差 著古歟 등	(歲貢 독촉, 內情탐지)		元高麗紀事
18	高宗 18년	1231. 10.1	崔瑀	阿土 등 2인	항복을 권유하는 撒禮塔 의 牒文을 가지고 옴	平州에서 蒙古使를 잡아가둠	高麗史
19	高宗 18년	1231. 12.1	崔瑀	蒙古使	開京政府에 항복 권유와 講和 체결	閔曦가 蒙兵 屯所 에 가서 和親 체결	高麗史
		1231. 12.2	崔瑀	撒禮塔 使者 44인	撒禮塔의 文牒을 高宗 에게 송부함	閔曦가 蒙古使를 대 동함	元高麗紀事
20	高宗 18년	1231. 12	崔瑀	撒禮塔의 使者 3인	高麗王의 순종과 항복을 강요	懷安公 王侹이 撒 禮塔에게 土産物을 바치고 講和 체결함	高麗史
		1231. 12	崔瑀	阿兒禿, 洪福源	撒禮塔이 阿兒禿과 洪 福源을 開京에 보내 高 宗을 부름	懷安公 王侹을 보 내 和議를 청함	元高麗紀事
21	高宗 18년	1231. 12.10	崔瑀	蒙古使 8인	고려산 송골매 수컷 암 컷을 달라고 요청함	蒙使에게 宴會베풀 고 土産物 제공	高麗史
22	高宗 18년	1231. 12.23	崔瑀	撒禮塔의 使者 稍馬 등 9인	과도한 수량의 각종 공 물과 인질 상납을 요구	撒禮塔과 휘하 장수 들에게 國贐을 제공	高麗史
23	高宗 18년	1231. 12.23	崔瑀	烏魯土, 只賓木	고려의 三軍陳主가 撒 禮塔에게 가서 항복하 라 강요함	고려 三軍이 항복함	高麗史
24	高宗 19년	1232. 1.1	崔瑀	蒙古使	(龜州城 慈州城의 항복 권유)	蒙古使를 위한 宴會 개최	高麗史
		1232. 1	崔瑀	몽고 詔使	황제의 勅書를 전달하고 고려를 設諭함		元高麗紀事 元史 高麗傳
25	高宗 19년	1232. 2.17	崔瑀	都旦 등 24인	貢物요구, 龜州城主 朴 犀의 처벌 요구, 고려 農 民을 開州館으로 이주시 켜 농사짓게 할 것을 요청	朴犀를 歸鄕조치함, 撒禮塔에게 國贐 제공	高麗史
26	高宗 19년	1232. 5월	崔瑀	몽고 詔使	황제의 勅書를 전달하고 고려를 設諭함		元高麗紀事 元史 高麗傳
27	高宗	1232.	崔瑀	達魯花赤	北界 龍岡 宣州에 머물		高麗史

順序	王曆	時期	武人 執政	使臣內歷	入國目的 使臣活動	高麗側 反應	備考
	19년	5.30		4인	면서 軍政과 民政 시행		元高麗紀事
28	高宗 19년	1232. 7.1	崔瑀	蒙古使 9인	(고려의 江華遷都 힐문)	高宗이 宣義門 밖에서 詔書를 받음	高麗史
29	高宗 20년	1233. 4.24	崔瑀	몽고 詔使	고려의 5가지 罪를 책망하며 高宗의 親朝와 東眞國 정벌에 동참 요구	몽고요구 거부	高麗史 元高麗紀事
30	高宗 25년	1238. 5.12	崔瑀	蒙古使	새로 항복한 고려인 趙玄習·李元祐 등을 宣諭함		元高麗紀事
31	高宗 26년	1239. 4	崔瑀	甫可阿叱 등 12인	蒙古使가 高宗의 親朝 강요 * 高麗使 黃貞允과 義州別將 朴希實이 蒙古使와 더불어 귀국함	6월에 몽고에 사신 파견	高麗史 元高麗紀事
32	高宗 26년	1239. 5.11	崔瑀	몽고 詔使	홍복원의 族屬을 취함		元高麗紀事
33	高宗 26년	1239. 8	崔瑀	甫加波下 등 137인	高宗의 親朝를 다시 강요	12월에 몽고에 사신 파견	高麗史
34	高宗 26년	1239. 9	崔瑀	몽고 詔使	(貢物 납부, 高宗 親朝 강요) * 金寶鼎·宋彦琦가 蒙古使를 따라 귀국함	貢物 납부함	元高麗紀事
35	高宗 26년	1239. 10.13	崔瑀	몽고 詔使	庚子年(1240)에 高宗이 親朝할 것을 엄명함		元高麗紀事
36	高宗 27년	1240. 3	崔瑀	豆滿阿叱 등 7인	(고려의 내부정황 탐지) * 高麗使 盧演이 몽사와 더불어 귀국함	4월에 몽고에 사신 파견	高麗史
37	高宗 27년	1240. 5	崔瑀	몽고 詔使	高宗의 親朝와 禿魯花 요구	다음 해에 禿魯花 파견	元高麗紀事
38	高宗 27년	1240. 9	崔瑀	多可, 坡下道阿叱 등 17인	蒙古使가 다시 高宗의 親朝를 說諭함 * 新安公 佺이 蒙古使와 함께 귀국함	12월에 몽고에 사신 파견	高麗史
39	高宗 28년	1241. 4	崔瑀	伊恃, 合剌阿叱 등 4인	(唐古가 사신을 보내 고려 측에 貢納, 人質 요구)		高麗史
40	高宗 28년	1241. 8	崔瑀	伊恃, 合剌阿叱 등 8인	(唐古가 사신을 보내 고려 측에 貢納, 人質 요구)		高麗史
41	高宗 29년	1242. 12.을축	崔瑀	蒙古使 30인	(고려 측에 貢納 요구)	蒙古使에게 金銀皮幣 제공	高麗史
42	高宗 30년	1243. 10.계사	崔瑀	伊加大·阿土·奴巨 등 24인	(고려의 내부정황 탐지)	12월에 몽고에 사신 파견	高麗史
43	高宗 31년	1244. 7.을사	崔瑀	阿土 등	(고려의 내부정황 탐지)	蒙古使를 위한 宴會 개최	高麗史

順序	王曆	時期	武人 執政	使臣內歷	入國目的 使臣活動	高麗側 反應	備考
44	高宗 34년	1247. 3	崔瑀	東眞國 千戶의 使者	東眞人 50명을 귀환시 킬 것을 강요함	東眞人의 越境을 일 체 금지	高麗史
45	高宗 36년	1249. 8.15	崔瑀	몽고황후의 宣諭使	高宗의 親朝 등을 요구		元高麗紀事
46	高宗 37년	1250. 6.경자	崔沆	多可, 無老孫 등 62인	江都의 出陸情況을 살피 러 옴, 國王의 迎接 요구	몽고사에게 연회를 베풂	高麗史
47	高宗 37년	1250. 12.병진	崔沆	洪高伊 등 48인	昇天館에서 高宗의 迎 接 요구, 開京還都의 불 가함 인정, 中城 축조에 유 힐문	高宗이 梯浦宮에서 蒙古使를 迎接함	高麗史
48	高宗 38년	1251. 10.18	崔沆	將困, 洪高伊 등 40인	새로운 황제 憲宗이 高 宗의 親朝와 開京還都 요구	高宗이 梯浦에서 蒙 古使 영접	高麗史
49	高宗 39년	1252. 7.16	崔沆	多可, 阿土 등 37인	高宗이 出陸하여 몽사를 맞으면 백성이 出陸하지 않아도 좋으나 그렇게 하 지 않으면 고려를 공격 하겠다고 詔書를 전함	新安公 佺이 出陸 하여 蒙古使를 맞 이하고 高宗이 梯 浦館에서 영접함	高麗史
50	高宗 40년	1253. 5.19	崔沆	阿豆 등 16인	(也窟大王이 阿豆 등을 보내서 高宗의 出陸과 항복을 강요)	高宗이 蒙古使를 梯 浦宮에서 맞고 宴會 베풂	高麗史
51	高宗 40년	1253. 8.12	崔沆	也窟의 使者	고려가 6事와 出陸還都 를 이행하면 철군할 것 이고 그렇지 않으면 토 벌하겠다고 위협함	낭장 崔東植을 也 窟 둔소에 보내 철 군을 요청함	高麗史
52	高宗 40년	1253. 8.13	崔沆	也窟의 使者	高宗의 出陸 여부를 6일 이내로 알리라고 엄포함	戰亂 통에 빨리 올 수 없다고 통보함	高麗史
53	高宗 40년	1253. 11.16	崔沆	蒙古大 등 10인	高宗이 江華에서 나와 몽고사를 맞이하면 몽 고군을 철수시키겠다고 약속	高宗이 昇天府 새 대궐에서 몽고사를 영접	高麗史
54	高宗 40년	1253. 11.23	崔沆	也窟의 使者	達魯花赤을 두고 고려의 城들을 헐겠다고 엄포함	蒙古使의 요구사항 거부함	高麗史
55	高宗 40년	1253. 12.8	崔沆	阿母侃의 使者	(몽병 1만 주둔, 達魯花 赤 설치, 성벽 파괴 문 제 등을 강요)	高宗이 梯浦館에서 蒙古使를 영접함	高麗史
56	高宗 41년	1254. 7.17	崔沆	多可 등	강도정부의 出陸 상황을 살피러 파견	高宗이 昇天府 새 대궐에서 몽고사를 영접	高麗史
57	高宗 41년	1254. 8.19	崔沆	蒙古使 10인	(강도의 내부상황 탐지) * 安慶公 淐이 蒙古使 와 함께 귀국함	高宗이 梯浦宮에서 蒙古使에 宴會를 베풂	高麗史

順序	王曆	時期	武人 執政	使臣內歷	入國目的 使臣活動	高麗側 反應	備考
58	高宗 42년	1255. 2.4	崔沆	阿豆, 仍夫 등 4인	(出陸還都와 高宗·崔沆의 出降을 요구)	高宗이 蒙古使를 위해 宴會개최	高麗史
59	高宗 42년	1255. 9.14	崔沆	蒙古使 6인	(出陸還都와 高宗·崔沆의 出降을 요구)	高宗이 梯浦에서 몽고사를 영접함	高麗史
60	高宗 43년	1256. 9	崔沆	徐趾	車羅大의 撤軍을 명령함	金守剛이 몽고 憲宗을 설득하여 撤軍케 함	高麗史
61	高宗 44년	1257. 6.12	崔竩	甫波大의 使者 3인	江都朝廷과 講和 조건을 협상	侍御史 金軾이 蒙古使를 데리고 옴	高麗史
62	高宗 44년	1257. 7.4	崔竩	車羅大의 使者 18인	(出陸還都와 高宗·崔竩의 出降 요구)	高宗이 梯浦館에서 蒙古使에게 宴會를 베풂	高麗史
63	高宗 44년	1257. 9.22	崔竩	蒙古使	(出陸還都와 太子의 親朝 요구)	高宗이 梯浦館에서 蒙古使를 迎接함	高麗史
64	高宗 45년	1258. 5.5	과도기	波養 등 9인	江都朝廷의 出陸정황을 살핌	高宗이 昇天府 대궐로 나와서 蒙古使를 접견	高麗史
65	高宗 45년	1258. 6.17	과도기	波乎只 등 6인	國王·太子가 西京에 나와 항복하면 撤軍하겠다 함	高宗이 梯浦館에 나가 引見	高麗史
66	高宗 45년	1258. 6	과도기	余愁達의 使者 8인	太子가 出陸하여 항복하면 撤軍하겠다고 함	高宗이 梯浦館에 나가서 蒙古使를 영접	高麗史
67	高宗 45년	1258. 7.10	과도기	余愁達의 使者	太子가 出迎하지 않은 것을 힐책하며 고려에 최후통첩을 함	太子를 余愁達 屯所에 보내지 않음	高麗史
68	高宗 45년	1258. 8.21	과도기	蒙古大 등 15인	太子가 出陸하여 오면 撤軍할 것임을 재강조	太子가 병환중이라고 거부함	高麗史
69	高宗 45년	1258. 9.27	과도기	蒙古使	(몽고 憲宗의 조서를 전하며 太子의 親朝 요구)	高宗이 昇天闕에 나가 蒙古使를 迎接함	高麗史
70	高宗 46년	1259. 3.9	金俊	溫陽加大 등 9인	太子의 入朝시기를 4월로 일방적으로 확정함	高宗이 康安殿에서 蒙古使를 引見하고 太子 入朝를 승낙함	高麗史
71	高宗 46년	1259. 6.8	金俊	周者, 陶高 등	江都의 內·外城을 허물라고 엄포함	高宗이 임시대궐에서 蒙古使를 접견함, 內·外城 허물기 시작함	高麗史
72	高宗 46년	1259. 11	金俊	於散 등	江都의 出陸상황을 살핌	군사 30領을 발하여 開城에 궁궐 조성	高麗史節要
73	高宗 46년	1259. 12	金俊	阿介 등	몽고에서 도망친 尹椿·閔偁·韓洪甫·張升才·郭汝益·松山을 돌려보내라고 엄포	유배보낸 閔偁만을 소환함	高麗史節要

* 入國目的·使臣活動에서 ( )로 묶은 부분은 추정한 것임

참고문헌

1. 文獻史料

『高麗史』　　　　『高麗史節要』　　『元高麗紀事』　　『元史』
『新元史』　　　　『元史新編』　　　『三國史記』　　　『三國遺事』
『東文選』　　　　『東國李相國集』　『高麗圖經』　　　『東國通鑑』
『東史綱目』　　　『東國兵鑑』　　　『朝鮮王朝實錄』　『高麗大藏經』
『輿地圖書』　　　『世宗實錄地理志』『新增東國輿地勝覽』『大東地志』
『增補文獻備考』　『高麗古都徵』　　『中京誌』　　　　『江華府志』
『慶尙道續撰地理志』『續修增補江都誌』『常山誌』　　　『京畿道邑誌』
『全羅道邑誌』　　『慶尙道邑誌』　　『忠淸道邑誌』　　『平安道邑誌』
『江原道邑誌』　　『黃海道邑誌』　　『咸鏡道邑誌』　　『補閑集』
『破閑集』　　　　『櫟翁稗說』　　　『益齋亂藁』　　　『止浦集』
『動安居士集』　　『圓鑑錄』　　　　『西河集』　　　　『梅湖遺藁』
『南陽詩集』　　　『洪崖遺藁』　　　『拙藁千百』　　　『謹齋集』
『稼亭集』　　　　『湖山錄』　　　　『陵川集』　　　　『松雪齋集』
『魯齋遺書』　　　『牧庵集』　　　　『高麗列朝榜』　　『登科錄』
『前朝科擧事蹟』　『文化柳氏嘉靖譜』『安東權氏成化譜』『海東榜目』
『鎭川宋氏大同譜』『鎭川林氏世譜』　『鐵原崔氏世譜』　『杞溪兪氏世譜』
『興海崔氏大同世譜』『寧海朴氏世譜』『延安車氏世譜』　『白川趙氏世譜』
『礪山宋氏世譜』　『咸陽呂氏世譜』

2. 史料集 / 資料集 / 調査報告書

朝鮮總督府, 1919, 『朝鮮金石總覽』上; 1976, 亞細亞文化社.

李蘭暎, 1969, 『韓國金石文追補』, 亞細亞文化社.

成均館大 大東文化研究院, 1973, 『高麗名賢集』 1·2·3.

黃壽永, 1976, 『韓國金石遺文』, 一志社.

許興植, 1976, 『韓國中世社會史資料集』, 亞細亞文化社.

＿＿＿, 1984, 『韓國金石全文』, 亞細亞文化社.

李基白, 1987, 『韓國上代古文書資料集成』, 一志社.

民族文化推進會, 1991, 『韓國文集叢刊』.

金龍善, 1993, 『高麗墓誌銘集成』, 한림대 아시아문화연구소.

_____, 1997, 『改訂版 高麗墓誌銘集成』, 한림대 아시아문화연구소.

文化財管理局, 1977, 『文化遺蹟總覽』 상·중·하.

東國大 江華島學術調査團, 1977, 『江華島學術調査報告書』.

李龍範, 1977, 「江華島 防禦의 歷史的 考察」, 『江華島學術調査報告書』.

京畿道, 1978, 『우리고장의 文化財總覽 - 指定文化財篇 -』.

淸州大 博物館, 1978, 『彌勒里寺址發掘調査報告書』.

淸州大 博物館, 1979, 『彌勒里寺址2次發掘調査報告書』.

韓國文化財硏究院, 1979, 『中原郡彌勒里石窟 實測調査報告書』.

慶北大 博物館, 1980, 『慶尙北道文化財地表調査報告書』.

金秉模, 1984, 『歷史都市 慶州』, 悅話堂.

金顯吉, 1984, 『中原의 歷史와 文化遺跡』, 靑芝社.

文化財管理局 文化財硏究所, 1984, 『皇龍寺遺蹟發掘調査報告書(Ⅰ)』.

忠州工業專門大 博物館, 1984, 『忠州山城綜合地表調査報告書』.

江華郡, 1985, 『江華山城現況調査報告書』.

木浦大 博物館, 1986, 『務安郡의 文化遺跡』.

忠州工業專門大 博物館, 1986, 『忠州山城 및 直洞古墓群 發掘調査報告書』.

漢陽大 博物館, 1986, 『南漢山城地表調査報告書』.

慶尙北道, 1987, 『八公山史蹟地表調査報告書』.

大邱大 博物館, 1989, 『符仁寺址一次發掘調査報告書』.

全南大 博物館, 1989, 『金城山城地表調査報告書』.

忠州工業專門大博物館, 1992, 『德周寺 磨崖佛과 德周山城 地表調査報告書』.

尙州靑年會議所, 1992, 『尙州』.

忠州産業大學校博物館, 1995, 『忠州山城 2次 發掘調査報告書』.

忠北大學校中原文化硏究所, 1998, 『原州 鴿原山城·海美山城 地表調査報告書』, 도서출판 학연문화사.

韓國佛敎總覽 編纂委員會, 1998, 『韓國佛敎總覽 - 1998年版 -』, 財團法人 韓國佛敎振興院.

아산시 충남발전연구원, 1999, 『牙山 鶴城山城 정밀지표조사보고서』.

忠北大學校 中原文化硏究所 龍仁市·龍仁文化院, 1999, 『處仁城·老姑城·寶蓋山城 地表調査報告書』, 학연문화사.

忠北大學校中原文化研究所・淸州市, 1999,『上黨山城-綜合地表調査 및 文獻資料集-』, 도서출판 직지.

忠北大學校中原文化研究所・堤川市, 1999,『堤川 德周山城 地表調査報告書』.

인천카톨릭대학교 겨레문화연구소, 2000,『고려시대 강화도읍사의 재조명』.

이형구, 2000,『고려 가궐지와 조선 정족진지』, 동양고고학연구소・전등사.

忠北大學校中原文化研究所・春川市, 2000,『春川 三岳山城』, 도서출판 학연문화사.

慶尙北道文化財研究院・尙州市, 2001,『尙州 今突城 地表調査報告書』.

선문대학교고고연구소・강화군, 2001,『강화도 마니산 고려 이궁지 지표조사보고서』.

3. 單行本 研究書 / 學位論文 / 飜譯書

1) 단행본 연구서

金庠基, 1948,『東方文化交流史論考』, 乙酉文化社.

_____, 1961,『高麗時代史』, 東國文化社.

旗田巍, 1965,『元寇』, 中央公論社.

李基白, 1968,『高麗兵制史研究』, 一潮閣.

_____, 1978,『新羅時代의 國家佛敎와 儒敎』, 韓國研究院.

_____, 1983,『高麗軍制史』, 陸軍本部.

巖村 忍, 1968,『モンゴル社會經濟史の研究』, 京都大學人文科學研究所.

高柄翊, 1970,『東亞交涉史의 研究』, 서울대 출판부.

全海宗, 1970,『韓中關係史研究』, 一潮閣.

邊太燮, 1971,『高麗政治制度史研究』, 一潮閣.

姜晋哲, 1980,『高麗土地制度史研究』, 고려대 출판부.

朴龍雲, 1981,『高麗時代 臺諫制度研究』, 一志社.

_____, 1985,『高麗時代史』, 一志社.

_____, 1990,『高麗時代 蔭敍制와 科擧制 研究』, 一志社.

_____, 1996,『고려시대 開京 연구』, 一志社.

_____, 1997,『高麗時代 官階・官職研究』, 高麗大 出版部.

_____, 1999,『고려시대 中書門下省宰臣 연구』, 一志社.

_____, 2000,『고려시대 尙書省研究』, 景仁文化社.

許興植, 1981,『高麗科擧制度史研究』, 一潮閣.

_____, 1989,『韓國佛敎史研究』, 一潮閣.

洪承基, 1983,『高麗貴族社會와 奴婢』, 一潮閣.

_____, 1995,『高麗武人政權研究』, 서강대 출판부.

李樹健, 1984,『韓國中世社會史研究』, 一潮閣.

李丙燾, 1986,『高麗時代의 研究-改訂版-』, 亞細亞文化社.

金塘澤, 1987,『高麗武人政權研究』, 새문사.

_____, 1999,『高麗의 武人政權』, 國學資料院.

柳在城, 1988,『對蒙抗爭史』, 國防部戰史編纂委員會.

河炫綱, 1988,『韓國中世史研究』, 一潮閣.

閔丙河, 1990,『高麗武臣政權 研究』, 成均館大 出版部.

金龍善, 1991,『高麗蔭敍制度研究』, 一潮閣.

尹龍爀, 1991,『高麗對蒙抗爭史研究』, 一志社.

_____, 2000,『고려 삼별초의 대몽항쟁』, 一志社.

李佑成, 1991,『韓國中世社會研究』, 一潮閣.

李貞信, 1991,『高麗 武臣政權期 農民·賤民抗爭 研究』, 고려대 출판부.

_____, 2004,『고려시대의 정치변동과 대외정책』, 景仁文化社.

盧啓鉉, 1994,『高麗外交史』, 甲寅出版社.

金 鍾, 1994,『삼별초 그 황홀한 왕국을 찾아서』상, 바들산.

張東翼, 1994,『高麗後期 外交史研究』, 一潮閣.

洪承基 編, 1995,『高麗武人政權研究』, 西江大 出版部.

韓國精神文化研究院 編,1996,『譯註『高麗史』食貨志』.

申虎澈, 1997,『林衍·林衍政權研究』, 忠北大 出版部.

黃秉晟, 1998,『고려무인정권기연구』, 新書苑.

金昌賢, 1998,『高麗後期 政房 研究』, 高麗大 民族文化研究院.

申虎澈 編, 1999,『林衍·林惟茂政權研究』, 忠北大 出版部.

李鎭漢, 1999,『고려전기 官職과 祿俸의 관계 연구』, 一志社.

Edward J. Shultz, 2000,『Generals and Scholars - Military Rule in Medieval Korea-』, University of Hawaii Press.

金潤坤, 2002,『고려대장경의 새로운 이해』, 불교시대사.

金晧東, 2003,『고려 무신정권시대 文人知識層의 현실대응』, 景仁文化社.

金渭顯, 2004,『高麗時代 對外關係史 研究』, 景仁文化社.

2) 학위논문

William E. Henthorn, 1963,『Korea, the Mongol Invasions』, E. J. Brill, Leiden.

Edward J. Shultz, 1976,『Institutional Developments in Korea under the Ch'oe House: 1196~1258』, Unpublished Doctoral Dissertation, Hawaii University.

金光植, 1992,『高麗 崔氏武人政權의 佛敎界 運用에 關한 研究』, 건국대 사학과 박사학위논문.

金晧東, 1992,『高麗武臣政權時代 文人知識層의 研究』, 영남대 사학과 박사학위논문.

張東翼, 1992,『麗·元 關係史 研究』, 부산대 사학과 박사학위논문.

鄭景鉉, 1992,『高麗 2軍 6衛制研究』, 서울대 국사학과 박사학위논문.

朴漢男, 1993,『高麗時代 對金外交政策研究』, 성균관대 사학과 박사학위논문.

權寧國, 1994,『高麗後期 軍事制度 研究』, 서울대 국사학과 박사학위논문.

蔡雄錫, 1995,『高麗時期 '本貫制'의 施行과 地方支配秩序』, 서울대 국사학과 박사학위논문.

申安湜, 1996,『高麗 武人執權期 地方社會의 動向에 關한 研究』, 건국대 사학과 박사학위논문.

李淑京, 1996,『高麗後期 賜牌田 研究』, 서강대 사학과 박사학위논문.

李益柱, 1996,『高麗·元關係의 構造와 高麗後期 政治體制』, 서울대 국사학과 박사학위논문.

김아네스, 1997,『高麗初期 地方支配體制 研究』, 서강대 사학과 박사학위논문.

金惠苑, 1999,『高麗後期 藩王研究』, 이화여대 사학과 박사학위논문.

鄭修芽, 1999,『高麗中期 改革政治와 北宋新法의 受容』, 서강대 사학과 박사학위논문.

金大中, 2002,『崔忠獻 政權 研究』, 서강대 사학과 박사학위논문.

金洛珍, 2003,『高麗 禁軍 研究』, 서강대 사학과 박사학위논문.

姜在光, 2002,『崔氏武人執權期 金俊·崔良伯 勢力의 成長과 對立 – 家奴 출신 政治人의 役割과 崔氏家의 崩壞를 중심으로 – 』, 서강대 사학과 석사학위논문.

李京惠, 2002,『高麗 崔氏武人政權期의 都房』, 서강대 사학과 석사학위논문.
洪希承, 2003,『崔瑀 執權期에 등용된 寒士의 政治的 成長』, 서강대 사학과 석
　　사학위논문.

3) 번역서

D'Ohsson 著 田中萃一郞 譯, 1933,『ドーソン蒙古史』, 三田史學會.

Luc Kwanten 著 宋基中 譯, 1984,『遊牧民族帝國史』, 民音社.

A. M. Khazanov 著 金浩東 譯, 1990,『遊牧社會의 構造』, 지식산업사.

Vladimirtsov 著 周采赫 譯, 1990,『몽골 사회제도사』, 대한교과서주식회사.

스기야마 마사아키 著 임대희·김장구·양영우 譯, 1999,『몽골 세계제국』, 신
　　서원.

4. 硏究 論文

1) 國內 論文

金庠基, 1938·1939·1941,「三別抄와 그의 亂에 就하야」(一)·(二)·(完),『震檀
　　學報』9·10·13.

_____, 1948,「高麗 武人政治 機構考」,『東方文化交流史論攷』, 乙酉文化社.

尹武炳, 1953,「高麗 北界地理考」上·下,『歷史學報』45.

閔丙河, 1959,「武臣執權時代에 대한 一考－武臣政治의 性格과 文臣의 地位
　　를 中心으로－」,『史學研究』6.

_____, 1973,「崔氏政權의 支配機構」,『한국사』7, 국사편찬위원회 ; 1990,『
　　高麗武臣政權研究』, 성균관대 출판부.

李基白, 1960,「高麗 軍人考」,『震檀學報』21.

_____, 1965,「高麗 州縣軍考」,『歷史學報』29.

_____, 1967,「高麗史 兵志의 檢討」,『震檀學報』31.

_____, 1968,「高麗 軍役考」,『高麗兵制史研究』, 一潮閣.

_____, 1968,「高麗 兩界의 州鎭軍」,『高麗兵制史研究』, 一潮閣.

_____, 1968,「高麗 府兵制說의 批判」,『高麗兵制史研究』, 一潮閣.

_____, 1968,「高麗 軍班制 下의 軍人」,『高麗兵制史研究』, 一潮閣.

_____, 1978,「韓國의 傳統社會와 兵制」,『韓國學報』6.

정영호, 1960,「八公山 符仁寺」,『考古美術』5.

韓㳓劤, 1961,「麗末鮮初 巡軍硏究 - 麗初 巡檢制에서 起論하여 鮮初 義禁府 成立에까지 미침 - 」,『震檀學報』22.

金成俊, 1962,「高麗政房考」,『史學硏究』13.

李佑成, 1962,「閑人·白丁의 新解釋」,『歷史學報』19.

_____, 1964,「高麗朝의 '吏'에 對하여」,『歷史學報』23.

_____, 1977,「高麗武臣執權下의 文人知識層의 動向」,『嶺南大開校30周年紀念論文集』.

金潤坤, 1964,「麗末鮮初의 尙瑞司 - 政房에서 尙瑞司로의 變遷過程을 中心으로 - 」,『歷史學報』25.

_____, 1978,「江華遷都의 背景에 關해서」,『大丘史學』15·16.

_____, 1978,「高麗 武臣政權時代의 敎定都監」,『嶺南大 文理大學報』11.

_____, 1979,「抗蒙戰에 參與한 草賊에 對하여」,『東洋文化』19.

_____, 1981,「三別抄의 對蒙抗戰과 地方郡縣民」,『東洋文化』20·21.

_____, 1993,「별초군의 조직」,『한국사』18 - 고려무신정권 - , 국사편찬위원회.

秦弘燮, 1964,「八公山 符仁寺址의 調査」,『考古美術』53.

河炫綱, 1965,「高麗食邑考」,『歷史學報』26.

_____, 1991,「武臣政變은 왜 일어났는가」,『韓國史市民講座』8, 一潮閣.

南都泳, 1966,「典牧司에 대하여」,『歷史學報』30.

高柄翊, 1965,「書評: 헨손『蒙古侵略下의 高麗』」,『歷史學報』29.

_____, 1969,「蒙古·高麗의 兄弟盟約의 性格」,『白山學報』6.

_____, 1973,「元과의 關係의 變遷」,『한국사』7, 국사편찬위원회.

_____, 1977,「高麗와 元과의 關係」,『東洋學』7.

黃鍾東, 1967,「蒲鮮萬奴 國號에 대하여」,『啓明史學』1.

朴菖熙, 1969,「崔忠獻小考」,『史學志』3.

_____, 1973,「武臣政權時代의 文人」,『한국사』7, 국사편찬위원회.

_____, 1988,「李奎報의 본질에 대한 연구(Ⅰ)」,『外大史學』창간호.

_____, 1989,「李奎報의 본질에 대한 연구(Ⅱ) - 그의 40代 이후의 의식의 변용에 대하여 - 」,『外大史學』2.

_____, 1990,「李奎報의 본질에 대한 연구(Ⅲ)」,『外大史學』3.

_____, 1991,「武人政權下의 文人들」,『韓國史市民講座』8, 一潮閣.

宋炳基, 1969,「高麗時代의 農莊 - 12世紀 以後를 中心으로 - 」,『韓國史研究』3.

任昌淳, 1971,「松廣寺의 高麗文書」,『白山學報』11.

朴廣成, 1972,「金浦掘浦와 轉漕倉에 대하여」,『畿甸文化研究』1.

閔賢九, 1972,「高麗의 祿科田」,『歷史學報』53·54.

_____, 1973,「月南寺址 眞覺國師碑의 陰記에 대한 一考察」,『震檀學報』36.

_____, 1974,「高麗後期 權門勢族의 成立」,『湖南文化研究』6.

_____, 1978,「高麗의 對蒙抗爭과 大藏經」,『韓國學論叢』1.

_____, 1980,「李藏用小考」,『韓國學論叢』3.

_____, 1983,「高麗後期의 軍制」,『高麗軍制史』, 陸軍本部.

_____, 1985,「高麗後期 班主制」,『千寬宇先生還曆紀念史學論叢』, 正音社.

姜晋哲, 1973,「몽고의 침입에 대한 항쟁」,『한국사』7, 국사편찬위원회.

邊太燮, 1973,「武臣亂과 崔氏政權의 成立」,『한국사』7, 국사편찬위원회.

_____, 1973,「農民·賤民의 亂」,『한국사』7, 국사편찬위원회.

_____, 1978,「武臣政權期의 反武臣亂의 性格」,『韓國史研究』19.

林奎孫, 1973,「高麗王朝의 警察制度」,『東國大學論文集』11.

洪承基, 1973,「高麗時代의 雜類」,『歷史學報』57.

_____, 1982,「高麗 崔氏武人政權과 崔氏家의 家奴」,『震檀學報』53·54 ;
      1983,『高麗貴族社會와 奴婢』, 一潮閣 ; 1995,『高麗武人政權研究』,
      서강대 출판부.

_____, 1983,「高麗初期 中央軍의 組織과 役割」,『高麗軍制史』, 陸軍本部.

_____, 1996,「高麗 武人執權時代의 儒教와 民亂」,『震檀學報』81.

周采赫, 1974,「洪福源一家와 麗元關係」,『史學研究』24.

_____, 1974,「高麗內地의 達魯花赤 置廢에 관한 小考」,『淸大史林』1.

_____, 1976,「初期 麗元戰爭과 北界 四十餘城 問題」,『史學會誌』16.

_____, 1977,「札刺와 撒禮塔」,『史叢』21·22.

_____, 1979,「初期 麗蒙戰爭 略察 - 兩軍의 작전여건을 중심으로」,『淸大史
      林』3.

_____, 1989,「몽골·고려사 연구의 재검토 - 몽골·고려 전쟁사 연구의 시각
      문제 - 」,『애산학보』8.

_____, 1989,「몽골·고려사 연구의 재검토 - 몽골·고려사의 성격 문제 - 」,『國
      史館論叢』8.

金毅圭, 1975, 「高麗武臣執權期 文臣의 政治的 動向」, 『史學論志』 3.

_____, 1981, 「高麗武人政權期 文士의 政治活動」, 『韓㳓劤博士停年紀念史學論叢』.

_____, 1992, 「高麗武臣執權期와 文臣」, 『國史館論叢』 31.

金英夏, 1976, 「公山城考」, 『東洋文化研究』 3.

朴龍雲, 1977, 「高麗時代의 海州崔氏와 坡平尹氏 家門 分析」, 『白山學報』 23.

_____, 1978, 「高麗時代의 定安任氏·鐵原崔氏·孔岩許氏 家門 分析」, 『韓國史論叢』 3.

_____, 1982, 「高麗時代 水州崔氏家門 分析」, 『史叢』 26.

_____, 1993, 「高麗時代의 東萊鄭氏 家門 分析」, 『泰東古典研究』 10.

_____, 1994, 「고려후기의 必闍赤(필자적, 비칙치)에 대한 검토」, 『李基白先生古稀紀念韓國史學論叢』 (上).

徐閏吉, 1977, 「高麗의 護國法會와 道場」, 『佛敎學報』 14.

尹龍爀, 1977, 「崔氏武人政權의 對蒙抗戰姿勢」, 『史叢』 21·22.

_____, 1980, 「蒙古의 2차 侵寇와 處仁城 勝捷－특히 廣州民과 處仁部曲民의 抗戰에 주목하여－」, 『韓國史研究』 29.

_____, 1982, 「고려의 海島入保策과 몽고의 戰略變化－麗蒙戰爭 전개의 일양상－」, 『歷史敎育』 32.

_____, 1984, 「13세기 몽고의 침략에 대한 호서지방민의 항전－고려 대몽항전의 지역별 검토 (1)－」, 『湖西文化研究』 4.

_____, 1986, 「高麗의 對蒙抗爭과 江都－江華遷都(1232)와 江都經營을 중심으로－」, 『高麗史의 諸問題』, 三英社.

_____, 1986, 「高麗 對蒙抗爭期의 民亂에 대하여」, 『史叢』 30.

_____, 1987, 「대몽항쟁기 고려 무인정권의 江都生活」, 『崔永禧先生華甲紀念韓國史學論叢』.

_____, 1989, 「몽고의 慶尙道 침입과 1254년 尙州山城의 승첩－高麗 對蒙抗戰의 지역별 검토 (2)－」, 『震檀學報』 68.

_____, 1990, 「고려 대몽항쟁기의 佛敎儀禮」, 『歷史敎育論集』 13·14.

_____, 1991, 「몽고의 침략에 대한 고려 지방민의 항전－1254년 鎭州(鎭川)民과 忠州 多仁鐵所民의 경우－」, 『國史館論叢』 24.

_____, 1994, 「三別抄의 蜂起와 南遷에 관하여」, 『李基白先生古稀紀念韓國史

學論叢』(上), 一潮閣.

_____, 1994, 「三別抄 珍島政權의 성립과 그 展開」, 『韓國史研究』 84.

_____, 2002, 「고려시대 강도의 개발과 도시정비」, 『역사와 역사교육』 7.

鄭杜熙, 1977, 「高麗 武臣執權期의 武士集團」, 『韓國學報』 8.

金南奎, 1978, 「高麗 勸農使에 대하여」, 『慶南大論文集』 5.

_____, 1978, 「高麗의 別監에 대하여」, 『慶南大論文集』 5.

_____, 1989, 「兩界의 監倉使와 그 機能」, 『高麗兩界地方史研究』, 새문사.

_____, 1989, 「武臣執權期 兩界 地方勢力의 政治的 動向」, 『高麗兩界地方史研究』, 새문사.

柳永博, 1978, 「藏書閣所藏 笠嚴山城圖 考證」, 『國學資料』 30.

張東翼, 1978, 「高麗後期 銓注權의 行方」, 『大丘史學』 15·16.

_____, 1992, 「元의 政治的 干涉과 高麗政府의 對應」, 『歷史教育論集』 17.

_____, 1992, 「麗·元 문인의 交遊 - 性理學 導入期 高麗文人의 學問的 基盤 檢討를 위해 -」, 『國史館論叢』 31.

金龍善, 1979, 「金仲文墓誌銘」, 『美術資料』 24.

_____, 1988, 「新資料 高麗墓誌銘 17點」, 『歷史學報』 117.

李永子, 1979, 「天頙의 湖山錄」, 『韓國佛教學』 4.

蔡尙植, 1979, 「高麗後期 天台宗의 白蓮社 結社」, 『韓國史論』 5.

_____, 1984, 「高麗後期 佛教史의 전개양상과 그 경향」, 『歷史教育』 35.

閔德植, 1980, 「鎭川大母山城의 分析的 研究」, 『韓國史研究』 29.

申榮勳, 1980, 「彌勒大院의 研究」, 『考古美術』 146·147.

崔貞煥, 1980, 「高麗 祿俸制의 運營實態와 그 性格」, 『慶北史學』 2.

朴宗基, 1981, 「13세기 초엽의 村落과 部曲」, 『韓國史研究』 33.

_____, 1994, 「14세기 군현구조의 변동과 향촌사회」, 『14세기 고려의 정치와 사회』.

孫弘烈, 1981, 「忠州奴軍의 亂과 對蒙抗戰」, 『湖西文化研究』 1.

_____, 2003, 「金允侯 將軍」, 『忠州의 人物(III) 김윤후·이수일·조웅』, 충주시·충주대박물관.

張叔卿, 1981, 「高麗武人執權下 文士의 動態와 性格」, 『韓國史研究』 34.

趙仁成, 1981, 「高麗 兩界 州鎭의 防戍軍과 州鎭軍」, 『高麗光宗研究』, 一潮閣.

_____, 1985, 「崔瑀政權下의 文翰官 - '能文'의 人事基準을 중심으로 -」, 『東

亞研究』 6 ; 1995, 『高麗武人政權硏究』, 서강대 출판부.

秦星圭, 1981, 「圓鑑國師 冲止의 生涯」, 『釜山史學』 5.

_____, 1982, 「圓鑑錄을 통해서 본 圓鑑國師 冲止의 國家觀」, 『歷史學報』 94·95.

_____, 1984, 「林椿의 生涯와 現實認識」, 『韓國史硏究』 45.

_____, 1987, 「眞覺國師 慧諶의 修禪社活動」, 『中央史論』 5.

崔完基, 1981, 「高麗朝의 稅穀運送」, 『韓國史硏究』 34.

金晧東, 1982, 「高麗 武臣政權下에서의 慶州民의 動態와 新羅復興運動」, 『民族文化論叢』 2·3.

_____, 1986, 「高麗武臣政權時代 繪畵에 나타난 文人知識層의 現實認識論」, 『慶大史論』 2.

_____, 1990, 「高麗 武臣政權時代 文人知識人 安置民의 現實認識」, 『嶠南史學』 5.

_____, 1994, 「『破閑集』과 『補閑集』에 나타난 무신정권시대의 文人知識人像」, 『嶠南史學』 6.

_____, 1994, 「高麗 武臣政權時代 在地勢力과 農民抗爭」, 『한국중세사연구』 1.

南仁國, 1982, 「崔氏政權下 文臣地位의 變化」, 『大丘史學』 22.

方東仁, 1982, 「雙城摠管府考」 上, 『關東史學』 1.

_____, 1990, 「麗·元關係의 再檢討 – 雙城摠管府와 東寧府를 中心으로 –」, 『國史館論叢』 17.

許興植, 1982, 「1262년 尙書都官貼의 分析(上)(下)」, 『韓國學報』 27·29.

_____, 1983, 「眞靜國師의 生涯와 時代認識」, 『東方學志』 35.

_____, 1984, 「佛敎와 融合된 高麗王室의 祖上崇拜」, 『東方學志』 45.

_____, 1989, 「湖山錄의 새로운 寫本과 補完」, 『大丘史學』 36.

金塘澤, 1983, 「武臣政權時代의 軍制」, 『高麗軍制史』, 陸軍本部.

_____, 1986, 「高麗 崔氏武人政權과 國王」, 『韓國學報』 42 ; 1987, 「崔氏政權과 國王」, 『高麗武人政權硏究』, 새문社 ; 1999, 『高麗의 武人政權』, 國學資料院.

_____, 1987, 「최씨정권과 그 군사적 기반 – 都房·夜別抄·神義軍 조직의 정치적 배경」, 『高麗武人政權硏究』, 새문社 ; 1999, 『高麗의 武人政權』, 國學資料院.

_____, 1987,「崔忠獻政權과 武人」,『高麗武人政權研究』, 새문社 ; 1999,『高麗의 武人政權』, 國學資料院.

_____, 1987,「崔氏政權과 文臣」,『高麗武人政權研究』, 새문社 ; 1999,『高麗의 武人政權』, 國學資料院.

_____, 1987,「崔氏政權의 崩壞」,『高麗武人政權研究』, 새문社 ; 1999,『高麗의 武人政權』, 國學資料院.

_____, 1999,「崔滋의『補閑集』저술 동기」,『高麗의 武人政權』, 國學資料院.

_____, 1999,「무신난과 무인정권의 역사적 성격」,『高麗의 武人政權』, 國學資料院.

_____, 1999,「임연정권과 고려의 개경환도」,『高麗의 武人政權』, 國學資料院.

林允卿, 1983,「崔忠獻政權의 成立과 그 性格」,『梨大史苑』20.

鄭鍾瀚, 1983,「高麗 兩界의 民田과 그 所有關係의 變化」,『慶北史學』6.

車勇杰, 1983,「鳥嶺 關防施設에 대한 研究(Ⅱ)-鷄立嶺路 問題의 정리」,『崔永禧先生華甲紀念韓國史學論叢』.

_____, 1985,「鎭川의 都堂山城과 吉祥祠」,『邊太燮博士華甲紀念史學論叢』.

朴恩卿, 1984,「高麗後期 地方品官勢力에 관한 研究」,『韓國史研究』44.

安秉祐, 1984,「高麗의 屯田에 관한 一考察」,『韓國史論』10.

李相瑄, 1984,「高麗時代의 隨院僧徒에 대한 고찰」,『崇實史學』2.

장세원, 1984,「高麗武人政權 末期의 對蒙政策」,『群山實業專門大 論文集』7.

조계찬, 1984,「高麗 武臣執權期의 對金關係考」,『東亞大 大學院論文集-人文社會科學-』8.

박경안, 1985,「高麗後期의 陳田開墾과 賜田」,『學林』7.

이정희, 1985,「高麗後期 徭役收取의 實態와 變化」,『釜山史學』9.

오일순, 1985,「高麗前期 部曲民에 관한 一試論」,『學林』7.

_____, 1994,「고려후기 토지분급제의 변동과 祿科田」,『14세기 고려의 정치와 사회』.

張俊植, 1985,「遺跡을 통해서 본 鷄立嶺」,『蕊城文化』7.

鄭修芽, 1985,「金俊勢力의 形成과 그 向背-崔氏武人政權의 崩壞와 관련하여-」,『東亞研究』6 ; 1995,『高麗武人政權研究』, 서강대 출판부.

崔壹聖, 1985,「高麗의 萬戶」,『淸大史林』4・5.

姜芝嬫, 1986,「高麗高宗朝 科擧及第者의 政治的 性格」,『白山學報』33.

金炫榮, 1986,「고려시기의 所에 대한 재검토」,『韓國史論』15.

_____, 1988,「高麗 高宗·元宗時代의 民亂의 性格」,『梨大史苑』22·23.

李鍾文, 1986,「崔沆의 詩에 대하여」,『語文論集』26.

劉璟娥, 1986,「李承休의 生涯와 歷史認識」,『高麗史의 諸問題』, 三英社.

兪瑩淑, 1986,「崔氏 武臣政權과 曹溪宗」,『白山學報』33.

崔壹聖, 1986,「歷史地理的으로 본 鷄立嶺」,『湖西史學』14.

金光哲, 1987,「麗蒙戰爭과 在地吏族」,『釜山史學』12.

金大中, 1987,「崔竩政權의 武力基盤解體와 沒落」,『慶熙史學 - 朴成鳳敎授回甲紀念論叢 - 』.

金載名, 1987,「高麗時代의 京倉」,『淸溪史學』4.

羅滿洙, 1987,「高麗武人執權期의 國王과 文班」,『震檀學報』63.

李慶喜, 1987,「崔忠獻家門 硏究」,『釜山女大史學』5.

崔柄憲, 1987,「修禪結社의 思想史的 意義」,『普照思想』1.

成鳳鉉, 1988,「林衍政權에 관한 硏究」,『湖西史學』16.

劉璟娥, 1988,「高麗 高宗·元宗時代의 民亂의 性格」,『梨大史苑』23·24.

金光植, 1989,「高麗 崔氏武人政權과 斷俗寺」,『建大史學』7.

_____, 1992,「崔沆의 雙峯寺 寺院勢力 構築과 李延年亂」,『水邨朴永錫敎授華甲紀念 韓國史學論叢』上.

_____, 1995,「對蒙抗爭期의 寺院政策」,『高麗武人政權과 佛敎界』, 民族社.

金九鎭, 1989,「麗·元의 領土紛爭과 그 歸屬問題 - 元代에 있어서 高麗本土와 東寧府·雙城摠管府·耽羅摠管府의 分離政策을 중심으로 - 」,『國史館論叢』7.

金浩東, 1989,「蒙古帝國의 形成과 展開」,『講座 中國史』Ⅲ.

申安湜, 1989,「高麗中期의 別抄軍」,『建大史學』7.

_____, 1992,「대몽항쟁기 민의 동향」,『역사와 현실』7.

_____, 1993,「高麗 崔氏武人政權의 對蒙講和交涉에 대한 一考察」,『國史館論叢』45.

柳昌圭, 1989,「고려 무인정권시대의 文人 朴仁碩 - 고문 존중·계승과 관련하여 - 」,『東亞硏究』17.

_____, 1995,「崔氏武人政權下의 都房의 설치와 그 向方」,『高麗武人政權硏究』, 서강대 출판부.

이재범, 1989, 「崔氏政權의 성립과 山川裨補都監」, 『成大史林』 5.

_____, 2004, 「대몽항전의 성격에 대하여 - 계층별 항전을 중심으로 - 」, 『白山學報』 70.

盧明鎬, 1990, 「高麗後期의 族黨勢力」, 『李載龒博士還曆紀念韓國史學論叢』.

邊東明, 1990, 「李承休의 『帝王韻紀』撰述과 그 史書로서의 性格」, 『震檀學報』 70.

徐明禧, 1990, 「高麗時代 鐵所에 대한 硏究」, 『韓國史硏究』 69.

河炫綱, 1990, 「李承休의 史學思想 硏究」, 『東方學志』 69.

朴鍾進, 1991, 「高麗時期 稅目의 用例檢討」, 『國史館論叢』 21.

_____, 1994, 「고려후기 재정 운영의 변화」, 『14세기 고려의 정치와 사회』.

_____, 1995, 「고려무인집권기의 토지지배와 경제시책」, 『역사와 현실』 17.

_____, 2002, 「강화천도 시기 고려국가의 지방지배」, 『한국중세사연구』 13.

吳宗祿, 1991, 「高麗後期의 軍事指揮 體系」, 『國史館論叢』 24.

權寧國, 1992, 「武臣執權期 地方軍制」, 『國史館論叢』 31.

_____, 1997, 「武臣執權期의 中央軍制」, 『崇實史學』 10.

李仁寧, 1992, 「蒙古 侵入과 處仁城大捷 小考」, 『畿田文化』 10.

蔡雄錫, 1992, 「고려 중·후기 '무뢰(無賴)'와 '호협(豪俠)'의 행태와 그 성격」, 『역사와 현실』 8.

김아네스, 1993, 「高麗時代의 察訪使」, 『韓國史硏究』 82.

김인호, 1993, 「이규보의 현실이해와 정치경제 개선론」, 『學林』 15.

李貞信, 1993, 「13세기 농민·천민 봉기 - 외세 침입기를 중심으로 - 」, 『宋甲鎬敎授停年退任記念論文集』.

_____, 1994, 「고려 고종대 의주민의 항쟁」, 『史叢』 43.

_____, 1995, 「고려무신정권기의 敎定都監」, 『東西文化硏究』 6.

_____, 2001, 「永寧公 王緯 연구 - 몽고침략기 왕족의 모습 - 」, 『民族文化硏究』 35.

_____, 2004, 「永寧公 王緯을 통해 본 고려와 몽고관계」, 『고려시대의 정치변동과 대외정책』, 景仁文化社.

梁義淑, 1993, 「高麗 禿魯花에 대한 硏究」, 『南都泳博士古稀紀念歷史學論叢』.

_____, 1993, 「麗·元 宿衛考 - 新羅의 對唐 宿衛外交와의 比較 중심으로 - 」, 『東國史學』 27

무인집권기연구반, 1994, 「무인집권기 연구동향과 과제」, 『역사와 현실』 11.

안병우, 1994, 「고려후기 농업생산력의 발달과 농장」, 『14세기 고려의 정치와 사회』.

李益柱, 1994, 「고려후기 몽고침입과 민중항쟁의 성격」, 『역사비평』 24.

_____, 1996, 「高麗 對蒙抗爭期 講和論의 研究」, 『歷史學報』 151.

이혜옥, 1994, 「고려후기 수취체제의 변화」, 『14세기 고려의 정치와 사회』.

金昌賢, 1994, 「고려후기 政房의 구성과 성격」, 『韓國史研究』 87.

_____, 2003, 「강화의 왕도 경영」, 『신편 강화사』(상), 강화군.

_____, 2004, 「고려 개경과 강도의 도성 비교고찰」, 『韓國史研究』 127.

_____, 2005, 「고려시대 강화의 궁궐과 관부」, 『國史館論叢』 106.

金洛珍, 1995, 「牽龍軍과 武臣亂」, 『高麗武人政權研究』, 서강대 출판부.

_____, 2000, 「高麗時代 牽龍軍의 設置와 任務」, 『歷史學報』 165.

金尙範, 1995, 「崔瑀의 執權과 寒士」, 『高麗武人政權研究』, 서강대 출판부.

金秀美, 1995, 「高麗武人政權期의 夜別抄」, 『高麗武人政權研究』, 서강대 출판부.

宋寅州, 1995, 「高麗時代의 牽龍軍」, 『大丘史學』 49.

오영선, 1995, 「최씨집권기 정권의 기반과 정치운영」, 『역사와 현실』 17.

_____, 1995, 「무신정변·무신집권의 재조명」, 『역사비평』 30.

_____, 1996, 「高麗 武臣執權期 私兵의 성격」, 『軍史』 33.

曺圭泰, 1995, 「崔氏武人政權과 敎定都監體制」, 『高麗武人政權研究』, 서강대 출판부.

崔元榮, 1995, 「林氏武人政權의 成立과 崩壞」, 『高麗武人政權研究』, 西江大 出版部.

全慶淑, 1997, 「高麗 崔氏執權期의 都房」, 『韓國學研究』 7.

金基德, 2000, 「고려시대 강화도읍사(江都史) 연구의 爭點」, 『史學研究』 61.

서각수, 2001, 「고려 무인정권기 교정도감에 대한 고찰」, 『典農史論』 7.

李興鍾, 2002, 「對蒙講和와 文臣의 役割」, 『洪景萬敎授停年紀念韓國史學論叢』.

강옥엽, 2004, 「고려의 강화천도와 그 배경」, 『仁川文化研究』 2.

姜在光, 2004, 「崔氏家 家奴출신 政治人의 役割과 戊午政變의 性格」, 『韓國史研究』 127.

_____, 2007, 「1250~1270年代 神義軍의 對蒙抗戰과 政治活動」, 『한국중세사연구』 23.

_____, 2008, 「對蒙戰爭期 崔氏政權의 海島入保策과 戰略海島」, 『軍史』 66.

_____, 2009,「蒙古의 제1차 침공과 被陷 北界 14大城의 抗戰」,『韓國史研究』
　　　146.

_____, 2009,「對蒙戰爭期 崔氏政權의 山城入保策과 地方統治」,『전쟁과 유
　　　물』창간호.

_____, 2010,「崔竩政權의 對蒙和議論 수용과 崔氏政權의 崩壞」,『한국중세
　　　사연구』28.

_____, 2011,「金俊政權의 條件附 對蒙講和 체결과 그 歷史的 性格」,『한국
　　　중세사연구』30.

최영호, 2004,「13세기 중엽 趙文柱의 활동과 정치적 성향」,『한국중세사연
　　　구』16.

2) 國外 論文

箭內亘, 1910,「蒲鮮萬奴事蹟考」,『史學雜誌』21-2·3·5.

_____, 1913,「東眞國疆域考」,『滿鮮歷史地理』2.

_____, 1914,「成吉思汗の滿洲經略に關する二三の研究」,『東洋學報』4-2.

_____, 1918,「蒙古の高麗經略」,『滿鮮地理歷史研究報告』4.

池內宏, 1922,「金末の滿洲」,『滿鮮地理歷史研究報告』10.

_____, 1922,「蒲鮮萬奴の國號について」,『東洋學報』12-4.

_____, 1924,「蒙古の高麗征伐」,『滿鮮地理歷史研究報告』10.

_____, 1924,「高麗朝の大藏經(下)」,『東洋學報』14-1.

_____, 1924,「高麗朝の大藏經にする一二の補正」,『東洋學報』14-4.

_____, 1926,「高麗の三別抄について」,『史學雜誌』37-9, ; 1963,『滿鮮史研
　　　究』中世篇 3.

_____, 1933,「巖井學士の『蒲鮮萬奴國號考』を讀む」,『東洋學報』20-4.

_____, 1963,「蒲鮮萬奴の國號に關する問題の再檢討」,『滿鮮史研究』中世 3.

巖井大慧, 1932,「蒲鮮萬奴國號考」,『東洋學報』19-4.

_____, 1933,「蒲鮮萬奴國號考 補正」,『東洋學報』20-3.

丸龜金作, 1935,「高麗の十二漕倉について」,『靑丘學叢』21.

金鍾國, 1960,「高麗武臣政權の特質に關する一考察」,『朝鮮學報』17.

村上正二, 1960,「蒙古來牒の飜譯」,『朝鮮學報』17.

內藤雋輔, 1934,「高麗兵制管見」,『靑丘學叢』15·16 ; 1961,『朝鮮史研究』.

山口修, 1957,「蒙古軍の高麗侵入」,『熊本大學 法文論叢』9.

_____, 1972,「蒙古と高麗(1231)－蒙古の第一次高麗侵攻－」,『聖心女子大學論叢』40.

金載洪, 1966,「一三・一四世紀高麗と蒙古の關係について」,『朝鮮歷史における諸問題』.

北村秀人, 1969,「高麗時代の所制度について」,『朝鮮學報』50.

_____, 1979,「高麗時代の漕倉制について」,『朝鮮歷史論集』上.

_____, 1985,「高麗時代の渤海系民大氏について」,『三上次男博士喜壽記念論文集』.

旗田巍, 1977,「高麗の武人崔氏の家兵」,『白初洪淳昶博士還曆紀念史學論叢』, 螢雪出版社.

_____, 1978,「高麗武人の政權爭奪の形態と私兵の形成」,『古代東アジア史論集』上, 吉川弘文館.

_____, 1979,「高麗の武人と地方勢力-李義旼と慶州」,『朝鮮歷史論集』上.

_____, 1982,「日本と高麗-蒙古襲來を中心にして」,『韓國文化』4-10, 주일대한민국대사관.

萩原淳平, 1977,「木華黎王國下の探馬赤軍について」,『東洋史研究』36-2.

松浦茂, 1978,「金代女眞族の構成について」,『東洋史研究』36-4.

野澤佳美, 1982,「金俊の政變について」,『史正』12.

村井章介, 1982,「高麗三別抄の叛亂と蒙古來襲前夜の日本」上・下,『歷史評論』382・384.

森平雅彦, 1998,「駙馬高麗國王の成立－元朝における高麗王の地位についての豫備的 考察－」,『東洋學報』79.

_____, 1998,「高麗王位下の基礎的考察－大元ウルスの一分權勢力としての高麗王家」,『朝鮮史研究會論文集』36.

_____, 2001,「元朝ケシク制度と高麗王家－高麗・元朝係における禿魯花の意義に關聯して」,『史學雜誌』110-2.

Gari Ledyard, 1964,「The Mongol Campaigns in Korea and the Dating of the Secret History of Mongols」,『Central Asiatic Journal』9-1.

Edward J. Shultz, 1979,「The Military-Civilian Conflict of Koryo Dynasty」,『Studies on Korea in Transition』, Honolulu.

_____, 2000, 「The Ch'oe House: Military Institutions」, 『General and Scholars』, University of Hawai'i Press.

_____, 2000, 「Civil Structure and Personnel Ch'oe Hang and Ch'oe Ui」, 『Generals and Scholars』, University of Hawai'i Press.

_____, 2000, 「The Ch'oe Dilemma」, 『Generala and Scholars』, University of Hawai'i Press.

찾아보기

ㄴ

경인한국학연구총서